『新子学』论集

四辑

张耀 编

学苑出版社

图书在版编目（CIP）数据

"新子学"论集．四辑/张耀编．—北京：学苑出版社，2022.10

ISBN 978-7-5077-6514-4

Ⅰ.①新… Ⅱ.①张… Ⅲ.①中华文化-文集 Ⅳ.①K203-53

中国版本图书馆 CIP 数据核字（2022）第 194945 号

责任编辑：战葆红
封面设计：徐道会
出版发行：学苑出版社
社　　址：北京市丰台区南方庄 2 号院 1 号楼
邮政编码：100079
网　　址：www.book001.com
电子信箱：xueyuanpress@163.com
联系电话：010-67601101（营销部）　67603091（总编室）
经　　销：新华书店
印　刷　厂：北京建宏印刷有限公司
开本尺寸：700×960　1/16
印　　张：51.5
字　　数：685 千字
版　　次：2022 年 11 月北京第 1 版
印　　次：2022 年 11 月北京第 1 次印刷
定　　价：200.00 元

会通诸子学，开辟"新子学"新境界
——《"新子学"论集（四辑）》序
陆永品

中华文明史绵延数千年，历时三百余年的先秦诸子时代是其中的高光时刻，如果将中国古代史视为一条长龙，这三百年可谓是龙头上的眼睛，其中蕴含着古代中国的灵魂。诸子思想作为早期中国的文化遗产，其学说推动了历史长河前行的巨浪，其争鸣在历史长廊中一次又一次地回荡，其洞见使后世学者对之频频回望。我们在新时代要承袭传统文化、开辟新的文化方向，就必然要从诸子思想入手，传承诸子学，开辟"新子学"新境界。这大概是"新子学"理念自2012年被方勇教授提出后，历时十年而讨论声音未曾消竭的重要原因。十年中的"新子学"讨论涉及诸多问题，此处主要就其中的某些内容谈一些自己的看法。

"新子学"能够给我们带来关于诸子学的全新认识。传统的诸子学常有门户之见，认为各派之间"道不同不相为谋"，故而将各个思想家分门别类、挑断了之间思想联系的筋脉，诸子学也由浑融如一的整体变成了博杂拼凑的集合。当今"新子学"要开出子学研究新局面，就要思考如何从诸子共识入手，先观其汇通，以此为基础再剖析其差异。

诸子之学在生成的源头那里本就是相通的。前诸子时代思想界盛行的是"尚德"的观念，而儒道两家的创始人孔子与老子，他们的学说便皆以德为重要内容。或谓孔老之德各有所指，不能混为一谈，但我们应看到这种差异是表面的，他们的共识才是深层的。举个小例子，孔老关于"德"最显著的一处分歧在于"以德报怨"还是"以直报怨"的问题。老子讲"报怨以德"（《老子》六十三章），而《论语》中恰巧有这样一段话与之"针锋相对"，其谓：

> 或曰："以德报怨，何如？"子曰："何以报德？以直报怨，以德报德。"（《论语·宪问》）

孔子此处强调报怨以直而不以德，其根源在于"报"涉及的不仅是私人的品行，"报"之原则的确立亦影响到了天下人利害得失，《礼记》中孔子对此问题有所讨论，他提到"报者，天下之利也"（《礼记·表记》）孙希旦注："德、怨之报得其公，则人皆知怨之不宜树而竞于德矣，故曰'天下之利'。"① 可见，这种"直"代表着公正性、原则性，是有原则的以"怨"报怨，这种原则性亦是承袭了周代尚德的传统。老子以德报怨，这种德是一种玄德、至德，王弼注所谓："小不足报，大怨天下所欲诛，顺天下之同者，德也。"这同样是主张自己以公心处之，不可妄生私怨去报复。可见，在报怨时无论是"以直"还是"以德"都是要以公，孔子与老子在这方面是相通的，不存在谁否定谁的问题，他们共同否定的是被私恚冲昏头脑而挟私滥施报复的作法。在这方面，老子教给我们在面对仇家时去尝试向平静自然的心态回归，孔子则让此时的我们树立礼义之心来调节自己易失控的行为。做到这些修心的工夫，便首先能保证我们自己不在仇恨中迷失自我乃至丧失性命，进而能避免我们与他人的关系处在一种冤冤相报的恶性循环中。至于如何处理仇人，是听任自然待其自毙还

---

① （清）孙希旦撰：《礼记集解》，北京：中华书局，1989年，第1300页。

是践行礼义绳之以法，这便是一个"时"的问题，需要我们用实践智慧去拿捏。可见，孔老将西周春秋的政治德论扩展到了普通人的生活中，先王的政治理念发展成为了普通人的生活智慧，孔老思想在源头上相通，在落实到人们日常生活上时亦是相通的。

另外，诸子学各派形成的背景在大体上都是相同的，他们都处在诸侯纷争、人心思安的乱世。面对这种情景，诸子各派便有一个共同目标——"治"。汉初司马谈便总结诸子各家共同的宗旨便是"务为治"，现在方勇教授也将"治"列为诸子学与"新子学"的核心要素。先秦诸子求"治"，是在周代礼乐文明崩溃后，面对社会乱象，各思想家构想各种新的文明形态来恢复社会秩序，方勇教授在这方面有相关的论述："围绕着建立一个怎样的文明体和如何建立这个文明体，早期的思想家们既能汲取古代的资源，又能深刻观察现实，他们独立思考，大胆发言，形成了众多流派。……原始儒家温厚活泼，开通多元，……原始道家宗旨清晰，意在构建更宽松更有活力的小规模文明体，……墨家是儒学价值的直接挑战者，开辟了论战的新视野，……法家后起，代表了诸子学新兴力量，指引了当时政治体的发展"。[①] 这种看法比传统的"救弊说"体现了更开阔的格局，《淮南子·要略》所提出的"救弊说"同样认为诸子学的关键在于致治，但在它看来，诸子各派是为了救一时一地之弊而产生的，这间接否定了诸子各派理论的普遍适应性，容易使人们认为诸子学只是权宜之计。"新子学"认为诸子各派提出了一套套文明构建方案来达成治理，各派思想中蕴含的是对文明长远的考虑。正因为诸子各派皆秉持着对文明的远见来反思东周乱象，所以他们提出的致治方案皆具有长久性，奠定了秦后两千余年的思想文化格局，秦后历史中所尝试的各种发展模式皆能在先秦诸子那里找到源头。可见，先秦诸子思想

---

① 方勇：《三论"新子学"》，《光明日报》2016年3月28日，第16版。

都针对着致治的时代课题，又共同参与了中国文明的建构，它们的整体性与共通性是主要方面，各派所体现的思想多样性对于这种整体性来说又是一种很好的补充。

当然，在认识到诸子各派的会通整全的一面后，我们还要反思是哪些因素割裂了原有的浑融合一之态，以及如何避免我们的诸子学滑向支离破碎的境地。方勇教授在反思诸子学研究的历程时，提到《汉书·艺文志》分家派与现代学术分学科对诸子学的负面影响，他在《五论"新子学"》中有这样有趣的比喻："经《汉志》离析归类而垂示于后世的诸子百家，已像垂挂在架子上晾晒的面条，彼此之间都是分离的，每条虽长度有余，而宽度、厚度则甚为有限，这就严重导致了治学者思路的狭隘化""本来中国人的文化心理久已有'九流十家'之框架，而西学又从横向切过来，简直把垂挂着的诸子'面条'切成了一寸一寸的碎片。"① 既然知晓了碎片化的病理，我们也应该对症下药。

一方面，我们要打破学科造成的认知框限，将文史哲各科的研究旨趣与研究方式融汇到诸子学的研究中，尤其是文学的研究方式，在当代关于诸子学的研究中一直较边缘，然而文章理路的剖析、人物形象的解读等等文学式的路径对于认识诸子思想亦有着重要意义，它们完全可以与各种哲学式的路径相互补充。比如，我们结合文章学的知识剖析诸子文章理路，可以弥补哲学式研究仅关注界定概念、推演结论、构建框架的单一式手法，将两模式结合后，可以使每个理论命题的上下文脉络呈现出来（包括前文的烘托铺垫以及后文的发挥延伸），由此既保证了哲学的准确性，又兼顾了文学散文那种令人回味无穷的体悟空间。再比如，我们讨论各个思想家在本人文章及他人文章中的形象，有助于哲学式研究更好地把握各家理论宗旨的异同，因

---

① 方勇：《五论"新子学"》，《光明日报》2020年4月25日，第11版。

为人的想法不完全靠文字表述，行为、情绪、环境等构建人物形象的元素亦是折射思想的棱镜，对比诸子形象的差异能让我们更具体形象地认识各家思想的差异，文学与哲学两种路径由此实现了良性的互补。

另一方面，我们要打破家派造成的认知框限。前文我们已经展示了各派间是相会通的，我们设定某派某家的主要意义在于文献分类的方便，不能以之作为解读某一子思想的绝对前提。我们应通过分析此学者与其他学者的思想异同来判定他在先秦思想格局的位置，在对比时，不能仅限于同一学派的比较。比如，庄子不仅要与老子、黄老比较，还要和儒家的孟子、名家的惠施、法家的韩非、阴阳家的邹衍乃至不易划分学派的杨朱、慎到做对比，在这种复杂的相对关系中我们才能给庄子的思想定位。

总之，以上展望、设想都是"新子学"日后可以尝试的方向，有待各位贤达去开辟探索。"新子学"的探索之路还很漫长，探索的过程也会有分歧，正如先秦诸子围绕各类关键问题皆有激烈论争，但只要我们秉持各家皆务于"治"的精神，保持平等对话的平台，那么"新子学"也会在争鸣中得到推进、走上历史的舞台。

目 录

五论"新子学" ………………………………… 方　勇 / 1
"务为治":"新子学"的学术理念与价值要求 ……… 方　勇 / 10
《子藏》编纂与诸子学的当代发展
　　——2017 年 5 月 19 日在北京大学中文系的
　　　　讲演 ……………………………………… 方　勇 / 31
"新子学"与中华文化认同
　　——在新加坡国立大学的讲演
　　　（2019 年 9 月 18 日） ………………………… 方　勇 / 44
走出《汉志》束缚　实现整体观照
　　——在"诸子学研究反思与'新子学'建构展望高端论坛"
　　　上的讲演 ………………………………………… 方　勇 / 54
胡适之弟子　子学之传承
　　——《紫庵文集》序 ……………………………… 方　勇 / 67
"诸子学的传承及其时代精神"
　　对话（选登） ……… 陈鼓应　陈彦瑾　陈赟　方勇
　　　　　　　　　　　　张涅　郝雨　张耀　陈志平 / 98
论作为"新子学"核心资源的庄学理念 …………… 欧明俊 / 145
经学与子学关系论之我见
　　——方勇先生《五论"新子学"》读后 ……… 欧明俊 / 168

由"经尊子卑"到"经先子后"的回归及其

  文化意义 ………………………………… 李　华 / 172

"新子学"该翻过《汉志》这座山 …………… 张　涅 / 177

论方勇的"新子学"理念

  ——读《方山子文集》札记 ……………… 张　涅 / 181

《汉书·艺文志》的局限与子学研究的

  整体性视野 ……………………………… 杨　玲 / 202

后《汉书·艺文志》时代的"新子学" ………… 陈志平 / 208

《汉书·艺文志》对典籍的结构化过程 ………… 袁　朗 / 216

"新子学"的历史维度及其整体观念

  ——关于《五论"新子学"》的思考 ……… 李小白 / 221

从"道术将为天下裂"与"诸子出于王官"之辨试析

  "子学"精神与"新子学"的旨趣 ………… 李天啸 / 232

如何理解"多元"

  ——"新子学"的历史面向 ………………… 吴剑修 / 254

先秦诸子"学"与"术"的嬗递、宗旨与功能

  ——兼论"新子学"的实践品格 …………… 徐昌盛 / 265

"新子学"浅说

  ——由陆建华、方勇二位先生的文章谈起 … 徐宏勤 / 281

论"新子学"的学理构成 ………………………… 欧梦越 / 295

"新子学"理念的倡导与展开

  ——以方勇先生的论说为中心 ……………… 上官文坤 / 307

"新子学"与传统文化创新性发展的理论思考 …… 郝　雨 / 321

古今学问事，十年"新子学"：从学术构想到

  文化关切 ……………………… 曾建华　苏诗悦 / 338

论"新子学"对现代学术的意义
　　——以"人学合一"的"子学精神"对专家学术的
　　　启发为例 ………………………………… 张　耀 / 355
人工智能时代的"新子学"试探 ……………… [韩] 金把路 / 365
"新子学"的发展要注重出土文献的整理和研究 …… 万佳俊 / 377
诸子学研究的一个重要问题：从解读到阐释
　　——论诸子学研究的深化与提升 ………………… 刘韶军 / 385
政治正确：从哲学失言到纯净哲学
　　——西方论调、汉学主义与"新子学" ……………………
　　………… [德] 维亚切斯拉夫·维托夫　赵志勇 译 / 409
"新子学"与多元"西学"的对话
　　——兼解"钱学森之问" …………………… 田　鹏 / 437
冯友兰世界中的子学、经学与新子学 ……………… 陆建华 / 454
现代诸子学发展的学科化路径及其反省
　　——从胡适、魏际昌到方勇 …………………… 刘思禾 / 478
贯注"子学精神"的子学文献整理与"新子学"建构
　　——写在方勇《方山子文集》
　　　出版之际 ………………………… 韩高年　张　安 / 519
论"《子藏》学"的定位
　　——兼谈其与子学史、"新子学"的区别 ……… 孙　广 / 532
"新子学"呼唤先秦诸子主体思维的回归
　　——从《论语·子罕》"子在川上曰"
　　　章义说起 ……………………………………… 揣松森 / 543
为"新子学"再进一解：借造论开发经中义蕴
　　——以《孟子》"圣之时者"章为例 …… （台湾）曾昭旭 / 558

"新子学"与经典价值的再发现
　　——由"新四书"的建构谈起……………………张　泰／571
从"卮言"论《庄子》"齐物"概念所蕴含的
　　子学精神………………………………［韩］朴荣雨／581
"新子学"视野下的《墨子》"平均主义"思想……王泽宇／609
"新子学"背景下孙子学文献整理与孙子学重构
　　——兼评《子藏》对孙子学文献整理的贡献…李桂生／619
从孔老对"道"的同质性理解谈"新子学"
　　的精神…………………………………………李星瑶／645
"新子学"研究：历史、现状、问题
　　与建议………………………………刁生虎　白昊旭／657

媒体报道

反思《汉书·艺文志》探索早期中国思想
　　——"第八届'新子学'国际学术研讨会"
　　　综述…………………………………………刘思禾／709
诸子学研究的回顾、反思与展望
　　——"第八届'新子学'国际学术研讨会"
　　　大观……………………………………………王　浩／714
第八届"新子学"国际学术研讨会在西北师范大学
　　举办……………………………………………杜　萍／739
培养后备人才　凝聚整体力量
　　——第二届"诸子学博士论坛"综述…………苇　杭／741
以《子藏》为木铎　开子学之新篇
　　——首届"《子藏》学"研讨会议综述………何雪利／761
"诸子学的返本与开新论坛"纪要…………………张　耀／774

探索中国文化创造性转化 "新子学" 研究引
　　学界热议 ………………………………… 陈　香 / 781
纵贯诸子之 "体"，横彰新子之 "魂"
　　——"第九届'新子学'国际学术研讨会"
　　　召开 ……………………………… 张　愈　贾楚楚 / 785
纵贯诸子之 "体"，横彰新子之 "魂"
　　——第九届 "新子学" 国际学术研讨会
　　　成功召开 ……………………………… 王若弦 / 790
"新子学" 如何由学术理念向文化立场
　　转化 ……………………………… 贾楚楚　张　愈 / 793
筑牢子学之基　唤醒子学之魂
　　——第九届 "新子学" 国际学术研讨会举行 … 黄　柯 / 800
第九届 "新子学" 国际学术研讨会举行 ………… 孙　闻 / 803
第九届 "新子学" 国际学术研讨会举行 ………… 李子木 / 804
第九届 "新子学" 国际学术研讨会举行 ………… 李桂杰 / 805

编后记 ……………………………………………… 张　耀 / 807

五论"新子学"

方 勇

我们倡导"新子学"理念已经有七年之久,《四论"新子学"》则开始涉及《汉书·艺文志》有关经子关系论和子学源起论所存在的问题,并进而辨析了传统诸子学的诸种旧说,分析了诸子时代的思想主题。本文拟在"四论"基础上对《汉志》所存在的问题作进一步剖析,希望能从它的长期束缚中解脱出来,以便让人们建立起一种诸子学的整体观,努力从诸子原典中寻求仍具活力的思想资源,从而为中华文化的重构提供强有力的支持。

一

西汉之末,刘向奉诏领校群书,每校完一书,便条其篇目,撮其指意,撰成提要,而后汇为《别录》。其子刘歆,略依《别录》体例,复著成《六略》,又叙各家源流利弊,总为一篇,谓之《辑略》,故总名为《七略》。东汉初年,班固则增损《七略》撰成《汉志》,并析其《辑略》为总序而置于志首,以叙述先秦学术思想之源流及得失。

史称刘向为研治《谷梁》经的名家,又撰有《尚书洪范五行传论》，喜言五行灾异之说，并据以论证现实政治。刘歆早年通习今文经《诗》《书》《谷梁》，后又建议将《左氏》《毛诗》《古文尚书》列于学官，从而开启了研究古文经学之先河。在王莽改制篡权的过程中，他率群儒同僚以谶纬符瑞竭尽效忠之能事，最后却因深信谶语而招致亡身之祸。班固出身儒学世家，与其父班彪一样"唯圣人之道然后尽心焉"（《汉书·叙传》），也以维护帝制下的政教合一为己任，把"圣人之道"作为自己著述的原则。所以，他撰写《汉书》的目的，就是要论证西汉皇权的合理性和东汉王朝的正统性。班固又奉诏撰成《白虎通义》，继董仲舒"天人感应"神学目的论的唯心主义哲学体系之后，以今文经学神秘化了的阴阳五行来进一步解释一切自然和社会现象。以上三人的思想行为，正是汉代意识形态领域尊经崇儒、谶纬神学日益盛行的产物，对《汉志》的思想宗旨和编纂体例产生了深刻影响。

客观来看，刘向虽喜言五行灾异之说，但其《别录》所汇集的大致还只是各种整理本的提要。随后刘歆删削《别录》而成《七略》，使之成为一个相当完整的目录，分门别类，写上大小序言，并提出"九流十家"之说，将他的学术理念贯穿于内，其中最主要的便是"经尊子卑"。接着，班固通过损益《七略》而撰成《汉志》，则进一步确立了一套以六经和孔子《论语》《孝经》等为核心，以诸子、诗赋等五类知识为辅弼的知识谱系，尊儒经，黜百氏，明示儒经作为常道和一切知识本源的存在价值，也将经子之间源与流的关系彰显无遗。《汉志》这种内含价值判断的经子派分的概念系统，明确给人以经是常道而诸子则是异端，且诸子淆乱道统的历史认知。经学本位的史家班固，在处理这个问题时，显然没有遵守史学求真的价值取向，而是选择经学家的儒经正统观念来构筑《汉志》的知识系统，于是各类知识与儒经之间的深浅远近之关系，经由《汉志》明显带有价值判断的次序安排而定下了基调。

汉儒独尊儒学，借助谶纬之学神化孔子，相比于他们整理编辑完善的作为常道、正统的儒经，被其认定为思想异端的诸子之学，自然就难复先秦时期子学的地位。《汉志》昧于经子之间源头上的共同义理取向，着意贬低子学价值，这种主观性成见固然关乎时代的学术与精神，但将经与子视为源与流、本与末的关系，确乎割裂了经子之间的内在统一性和联系性。《汉志》这种刻意独尊孔学以确立儒经神圣权威的做法，传达的是固守儒经的人对待古代典籍的态度，以及由此建立的典籍阅读路径，带有汉朝针对士人阅读范围的明确期许与规划。因此，借由《汉志》的知识谱系及其依凭官方正史得以流传的机会，先秦以来多元化的典籍便遵循着以班固为代表的儒家经学立场，自觉或不自觉地完成了对自身身份的程序化确认，身处其中的诸子学也由此明确地被"规训"了。

《汉志》还以董仲舒所谓的"仁义礼智信五常之道"配合儒家经典，意在凸显经为常道的文化意识，想要借助儒经构建一套稳固的、自我循环的、静态的经典世界，从而抬升儒经并将之作为统摄、持恒宇宙万有的根本点。它以五常观念臧否诸子，从五常的角度评判诸子的思想价值。尽管它也意识到诸子之学有其存在的合理性，但细绎其文，仍难以掩饰其贬抑诸子的态度。总之，《汉志》构筑了以"艺"为代表的经学核心知识系统，并置"文"所代表的诸子、诗赋等五类知识于经学之下，预设了经为常道的思想前提，以此分派经学之下的各类知识序列，较为清晰地划分了各类知识之间的逻辑关系。《汉志》以下，传统的目录学著作多以此原则建立知识结构，四部之学的目录划分更是强化了经与子之间的知识差等系统。

其实，自汉武帝采取董仲舒"独尊儒术"的建议之后，其他各家思想也并没有完全被"罢黜"。如史称"中兴之主"的汉宣帝，认为施政应当杂用"霸道""王道"，不能一味专任儒术，太子刘奭（汉元帝）见其所用"多文法吏，以刑名绳下"，于是谏言说："陛下持刑太深，宜用儒生。"宣帝便厉声斥曰："汉家自有制度，本以霸王道杂之，奈何纯任德教，用周政乎！"还叹息说："乱我家者，太子也！"而刘奭登基之后，果然因柔仁好儒，终于导致威权旁落，成了汉王朝衰落的起点。这说明在武帝以后的西汉中后期，并非只是依据儒术来治理天下，而汉元帝违背父命，好儒术、斥名法，却真成了"乱我家"的起始者。所以东汉初的有识之士桓谭，便著论大力提倡"霸王道杂之"之治道，而极意非毁俗儒之愚陋、谶纬之虚诞。王充更以道家自然无为为立论宗旨，痛斥以董仲舒为代表的天人感应神学目的论。他还"博通众流百家之言"，尤其发扬了道家的大无畏批判精神，撰写了《问孔》《刺孟》两篇专论，对儒学特别是汉代经学进行论难，甚至向儒家圣人孔子、孟子公开挑战。

二

曹魏时期，郑默曾被任命为秘书郎，在魏国崇文馆主管三阁图书秘籍，所著《中经簿》凡十四卷，变更了刘歆《七略》、班固《汉志》之著录体系，分群书为甲、乙、丙、丁四类，并大致取消了其关于"经尊子卑"，以儒经为核心，以诸子、诗赋等五类知识为辅弼的一系列文字思想之表述。西晋初，秘书监荀勖与中书令张华奉命整理书籍，乃依《中经簿》更著《中经新簿》十六卷，总括群书，分为四部，在对待儒家经典和诸子、诗赋等的态度上，亦基本与郑默相一致。南朝宋时，秘书丞王俭领校国家藏书，后著有《七志》三十卷，略依刘歆《七略》、班固《汉志》之体例，分图书为经典、诸子、文翰、军书、阴阳、术艺、图谱七类，但似亦并无明显的"经尊子卑"等文字思想之表述。南朝梁阮孝绪，继刘歆《七略》、班固《汉志》、王俭《七志》等之后，尽力罗致宋齐以来公私所藏典籍，悉加研究分类，著成《七录》十二卷，分图书为经典、记传、子兵、文集、术伎、佛法、仙道七类，首置总序一篇，虽对儒家思想甚为肯定，但并没有表现出"经尊子卑"的思想观念。总之，在魏晋南朝的三百年中，众多著录艺文的著作仅是在图书目录学意义上借鉴了刘歆《七略》、班固《汉志》的一些编纂经验，并没有沿袭《汉志》所确立的所谓诸子百家为"六经之支与流裔"的基本价值判断，为一般治学者提供了经与子之间互动、涵化，乃至思想活跃的广阔自由空间。

到了隋唐时期，统治者奉行的基本上是儒、道、释三教并重的文化政策，而又坚持以儒学立国。因此，奉命修史者率以班固《汉书》为准的，尤其推崇据刘歆《七略》损益而成的《汉志》。其典型代表《隋书·经籍志》便认为："自是（指魏晋）之后不能辨其流别，但记书名而已。博览之士，疾其浑漫。"对魏晋南朝所修艺文志多数没有大小序予以严厉批评，以为这样不仅不能辨明学术源流，而且还混淆了各部之间的尊卑关系。因此，《隋书·经籍志》远袭了《汉志》的基本框架结构。

在对待诸子的态度上，《隋书·经籍志》较《七略》《汉志》已更进一步。本来，刘歆曾佐王莽仿《周礼》而行新政，这一思想体现在《七略》上便是推出了"诸子出于王官说"。然而，刘歆之说虽经班固《汉志》得到推广，但先秦诸子的特点仍难掩盖。因此，《汉志》的"诸子出于王官说"虽主张诸子乃王官之学的流裔，但"清庙之守""稗官""议官"等说法还是较为含混，并非《周礼》所能涵括。《隋书·经籍志》不仅继承了《汉志》的说法，还明确以《周礼》中的职官作为诸子之源，使之逐一对应。这样一来，以《周礼》为代表的"六经"似乎更成了诸子起源的文献依据，从而进一步加强了诸子与各职官之间的联系，使"经尊子卑"的经学思维得到了彻底的巩固。此后，自《旧唐书·经籍志》《新唐书·艺文志》而下，亦莫不以"经尊子卑"为基本的价值判断，至清四库馆臣犹以为"经禀圣裁，垂型万世"（《四库全书总目·经部总叙》），"余皆杂学也"（《四库全书总目·子部总叙》）。

由于刘向《别录》、刘歆《七略》在唐代已亡佚，班固《汉志》从此就获得了"独尊"的地位，清乾隆时状元金榜甚至说："不通《汉·艺文志》，不可以读天下书。《艺文志》者，学问之眉目，著述之门户也。"正是凭借其崇高地位，《汉志》所坚持的"经尊子卑"的价值判断便长久地昭示于后世，简直像孙悟空头上的"紧箍咒"深深地嵌在中华文化的肌理上，从而不断加强了董仲舒所提出的"独尊儒术"主张对中华文化的影响，致使历代儒生几乎莫不以儒经作为道体的示现，以为宇宙、世间的一切真理皆蕴含其中，而视诸子则为离经叛道、淆乱道体的邪说，视诸子学为"攻乎异端"的学问，故诋毁之声不绝于耳，必欲罢黜之而后快。正是在这种情况下，《汉志》所谓诸子为"六经之支与流裔"的价值判断便使儒经与诸子长期成了一种主奴关系，小说家甚至连奴才都算不上。这其中最典型的例子之一便为晚明杰出思想家李贽，被神宗皇帝定为"敢倡乱道，惑世诬民"之罪而予逮捕，并将其书籍悉尽焚毁，最终使他自刎于狱中。

唐高祖李渊登基后虽也以儒学为立国之本，实际上却实行了"三教"共存的政策。至唐玄宗李隆基，更是对老子屡屡加封，并把《老子》《庄子》《列子》《文子》钦定为"经"，成为科举必考的内容。正由于唐朝前期实行了"三教"并重的宽松政策，才有力推动了贞观之治、开元盛世的到来。宋代理学家意欲阐扬先秦儒家的本真思想，但由于儒学在思维的深度等方面存在着很多欠缺，所以他们便私下吸收了大量的道家、佛教思想理论和思维方法，从而使儒学获得了新生和发展。明代后期的王阳明倡导心学，还公然声称"儒、佛、老、庄皆吾之用，是之谓大道"，对晚明那场声势浩大的人性解放运动产生了有力的推动作用。由此说明，《汉志》的地位即使崇高，董仲舒"独尊儒术"的影响极为深远，但儒学还是往往收拾不住，需要子部之学参与进来，共同推进中华民族政治和文化向前发展。

明末清初的傅山著有《庄子批点》《荀子评注》《淮南子评注》，对《老子》《管子》《墨子》《公孙龙子》《鬼谷子》《商君书》等也皆有注疏，并公然以"异端"自命，积极倡导"经子不分"之说，大胆地把诸子与六经列于平等地位，彻底否定了《汉志》"经尊子卑"的价值体系，从而开启了近代诸子学的先声。而后的乾嘉学派，对经学、史籍、诸子等无所不治，这也大大改变了诸子原来为"六经之支与流裔"的附庸地位，对《汉志》的经子观构成了进一步的挑战。

降至晚清民国，三千年未有之大变局给予思想界以切肤之痛。西学携欧美坚船利炮之势，冲破国门，士人们惊叹之余，借同属器用之学的诸子学来回应，强调"西学源出诸子"之说。尤其在社会危局不断加深，救国呼声日趋高涨的情况下，诸子学不仅在器用之道上可与西学抗衡，甚至西方社会科学也被认为大致都在先秦诸子学的讨论范畴之内。经学对此束手，士人对诸子学的推崇由此超越了经学，经子关系真正开始了逆转。接着，士人们在应对西学之中诸如社会进化论一类强调进化与变通的文化思潮时，原本被视为器用之学的诸子学因具备道体的属性而更被刻意重视。"中学为体，西学为用"的文化立场，进一步抬升、扩大了诸子学的实用价值和适用范围，经验世界的变化作用到理念世界的结果，使诸子学的器用角色渐渐淡化，其作为道体的色彩则得到大大加重。因此，先秦诸子学更带给国人以文化自信，认为诸子学与西学有相通、相颉颃之处，诸子学正代表了哲学的原创与现代精神。今天的"新子学"重视先秦诸子作为中国哲学本源和大宗的地位，也了解到西学进化论给予近代学界认同和阐扬诸子学的推助之功，但又看到了西学自身的问题意识不应作为理解诸子时预设的前提，和诸子学面对着的由《汉志》"九流十家"及其演化而成的图书四部分类所带来的挑战。

三

班固在参考、损益司马谈《论六家要旨》、刘歆《七略》等基础上著成《汉志》，将先秦至西汉各学派分为"九流十家"，各系于某一"王官"之下，并以此来分别著录他们的著述。中国两千多年来的图书分类方法都可以看成是对《汉志》的继承和发展，《汉志》之后的"四部分类法"也是在整合《汉志》的分类理念并根据当时书籍留存情况而开创的一种分类方法，这从便于读者特别是从图书管理分类方面来看无疑是有积极意义的。

但"新子学"注意到，所谓先秦诸子百家，"百家"有众多的意思，这给我们的启示就是当时的学术文化氛围很宽松，即站在诸子百家的立场上，不同的观点可以互相争辩、互相吸收，先贤们也并非仅仅在获取知识，而是出于现实需求凝练思想中的应对之策。然而，人们按照"九流十家"立场去思考问题，思路就有很多限制，相当于一条河，它的上游原本很宽，水流滔滔富有气势，结果到了一个地方非要把水道分成几条小渠，各出水口便不见了原始迸发时的滔滔之势，显得很不自然。或者说，经《汉志》离析归类而垂示于后世的诸子百家，已像垂挂在架子上晾晒的面条，彼此之间都是分离的，每条虽长度有余，而宽度、厚度则甚为有限，这就严重导致了治学者思路的狭隘化。

西方早在亚里士多德之后，自然科学与人文科学已经开始分家，其中的内理则在于哲学上知识论与认识论的分疏。在这种情况下，西方的哲学、历史、艺术各得其所，各有所长，而我们在百年以来西方思想长驱直入的态势下，却还来不及明其就里，便匆匆以此三者来划分中国思想资源，将中国传统学问分为了文、史、哲等诸学科，由此造成各学科之间往往缺乏自觉与共识，而不能或不愿相通，研究路径越来越趋于产出客观知识和狭窄化，处处有削足适履之感。其中最关键的环节就在于现代学科体系硬是要把原本经世致用的整体诸子学作为一种知识的来源看待，并由此让中国人与生俱来的历史敏锐感深陷于严谨的学科知识界限之中，使中国人文社会科学既丢失了自身的文化传统，也无法真正贡献出与西方一样具有前瞻性的研究预判。本来中国人的文化心理久已有"九流十家"之框架，而西学又从横向切过来，简直把垂挂着的诸子"面条"切成了一寸一寸的碎片。从某种意义上来说，这正是当今人文社会科学研究方法与传统的"九流十家"思维模式共同作用到子学研究而导致的碎片化倾向，致使具有整体性思维观照的古典学研究范式严重失语。

因此，当今的诸子学研究，必须要求有整体性的视野，正视西学与诸子学之间互动的历史过程，从历史的整体联系角度对二者加以认识和考察，由此构成诸子学研究区别于一般人文社会科学研究方法的特殊角度。诸子学研究应该有关于整体发展的明确目标和取向，需要有意识地让它形成一门内含整体逻辑思维和发展体系的学科，即使是对某一子的研究也应该与文化整体联系起来，零乱的、盲目的、碎片化的研究状况，只能说明我们对近代以来子学研究的对象和任务缺乏充分的自觉。作为一种文化现象，诸子学的整体效应无疑可以为中国文化重构提供有力的理论支撑。诸子百家本身内在诸形式之间的相互关系和在不同历史时期的表现，及由此产生的规律性发展特征，甚至诸子学在人类文明发展过程中的历史实践和作用，正需要借由合适的人文社会科学方法的研究给人们以清晰的认知，对此我们的"新子学"将黾勉为之。

（原载于《光明日报》2020年04月25日第11版，作者单位：华东师范大学先秦诸子研究中心）

"务为治":"新子学"的学术理念与价值要求

方 勇

"新子学"的孕育要追溯到对子学的文献整理及学术史梳理的工作中,因此与近代以来的诸多"新学"有别,"新子学"对诸子思想研究的支离破碎感触尤深。以诸子中的庄子思想为例,从古至今与之相关的论述层出不穷,然而,历史上庄子的思想演变脉络、其在先秦学术格局中的定位、其所涉及后世研究文献以及在中国文化史中的地位等关键问题长期没有得到正视,因为古人解《庄子》多是借《庄子》浇自己块垒,历代积累的成果虽多,却是各言其志,让人眼花缭乱,极少有人从先秦诸子的整体视域来理解庄子思想,抑或从中华文化的发展脉络中来定位其思想价值,抑或为构建学术体系而整理其研究文献并撰写学术史。由此,站在历史的纵贯线与时代的横剖面上看,诸子思想研究的碎片化令人忧心。当然,这种感受不是从评判相关研究著作的学术贡献与价值角度而来,只是深感于诸子思想研究被裹挟在时代的浪潮中而并非浪尖上的弄潮儿。因此,"新子学"从中国古典文化的基本架构出发,首先辨析了诸子思想作为一个整体所发挥的作用以及背后的理论框架与价值立场,再由此深入近代以来中国文化与西方文化碰撞的内在机理,重新唤醒诸子学的内在生命力与时代担当,并对中国与世界在未来的关系给予一些愿景与远景。

一、"诸子学"的破碎：当前诸子思想研究的困境

"诸子学"虽常被用来指称先秦诸子思想及相应研究，但实际上却是一个较为空泛的概念，在"诸子学"这个"瓶子"里掺杂着文献、目录、思想、哲学诸多研究范畴。换言之，诸子思想研究的蓬勃并非代表着已经触及了"诸子学"的"体"与"魂"，之前的诸子学研究一直存在"体"之离散与"魂"之缺失的问题。

子学之"体"是离散的，其表现为我们对"诸子学"整体的样貌与结构缺乏了解，未能把握各派理论关联。因为先秦诸子文献中除了主流的几位学者之外，其他诸子著作散佚严重，许多子书只是以只言片语出现，而这些未有完整文本传世的诸子又恰好可能是诸子思想系统的关节点，缺了他们，人们便无法从局部的碎片中看到整体的关联。比如慎到作为道家到法家之间的过渡式人物，其著作《慎子》却散佚了，这便使我们难以洞悉道、法两派之间的真正关联，致使将两家割裂开来，给诸子学整体造成了巨大的裂缝。故而，从清代至今，关于这类子书的辑佚工作已深入展开，比如对于《慎子》的佚文，钱熙祚、严可均、谭朴森（Paul Thompson）等学者已有辑录，而且新出土的文献如上博简《慎子曰恭俭》亦能帮助我们还原慎子思想更全面的样貌。此外，类似尹文、杨朱这类学者在先秦也是重要一子，却都在后世隐没不彰。因此加强对他们散佚文献的复原与阐释，当然有助于我们补全先秦思想拼图的残缺处，从而形成对诸子学的整体观照。然而，散佚文献的复原仍只是诸子学整体观的必要条件，而非充分条件，如果我们内心对诸子学没有一个整体的认识，即使看到了先秦诸子所有的完整文献，那么呈现在我们眼前的仍是一堆

散乱的材料，也仍旧既无"体"也无"魂"。可见，"诸子学"从文献梳理的意义上尚无法做到对历代诸子思想演变的系统总结，仅能展示零散文献材料的客观事实，这也正反映了之前"诸子学"研究工作的瓶颈所在：仅依靠辑录传世佚文、释读出土文献等路径而无法实现"诸子学"整体性研究的"体"。换言之，现有的诸子学研究之"体"并不能彻底解决子学碎片化的问题。

当然，诸子学之"体"的离散还表现为目录学上"子部"本身的不断扩容，以及内容的杂乱。而这一现象的根本原因在于，作为"子部"核心的"诸子学"因为缺乏实际的共同理论指归，因而在丧失了"诸子学"之"魂"的同时，还导致了"诸子学"与"子部"的边界不甚清晰。事实上，《汉书·艺文志》中的《诸子略》虽然首次对先秦诸子学的展开进行了系统梳理，但在此过程中，《汉志》对小说家的处理就模糊诸子学的核心理论。"小说家"被列入诸子十家的同时，又被规定不能与儒、墨、道、法等九流并列。换言之，《汉志》对小说家的这种处理办法恰恰模糊了先秦诸子学的边界，为后世子部扩容开了先河。具体来看，小说家所著内容或为道听轶闻、或为虚构故事，归之《春秋》目下则真实性不足，归之诗赋则缺乏艺术形式，无所归置之时，汉人只能将其归于同样以"立说"为宗旨的诸子。然而诸子所立之说与小说家所立之说差异实多，这两种"说"虽都是出于人的构思创造，可诸子是据于大道而立说，思想性、体系性强，绝非"小说"之所能比，汉人也意识到这点，故而在列十家后又标出了九流，以示区别，认为"诸子十家，其可观者，九家而已"。① 可见，把小说家置于诸子略，是为了应对文献分类标准上的漏洞，其代价便是模糊了诸子学的边界，但凡"自成一说"而又不好划分类别的文献皆可与诸子相比附，进而划归到子部的阵营

---

① （汉）班固：《汉书》，北京：中华书局，1962年，第1746页。

中。比如在《隋书·经籍志》中，天文、历数、五行、医方及军事等门类的文献都归入了子部，这一现象一直恶化并延续到清代，当时即使像《四库全书》的子部也仍不免为大杂烩，其归类原则正是"自六经以外立说者，皆子书也"，① 这显然与《汉志》收小说家的思路是一脉相承的。上述"立说者皆为子"的归类原则有着深厚的历史积淀、形成深远的历史影响，人们基于对子部的杂芜印象而习惯性地认为子学是无所不包而漫无边界的，其内容的零碎是理所当然的。总之，先秦诸子之学在子部之学中的核心地位被湮没了，诸子与农书、医书、数术、技艺等知识类型的区别亟待厘清，同时与"兵家"的内部关系亦亟待说明。不确定"诸子学"的边界，则子学研究的破碎问题永远得不到解决。

如前所述，以上仅是"诸子学"之"体"的问题，更重要的是，"诸子学"之"魂"亦亟待招回。所谓"诸子学"之"魂"是对"诸子学"所对应的诸子百家系统的自觉，先秦诸子在相互争鸣中确认了自身的位置，他们有共同的概念、论域、问题意识，处在同一个系统之中，虽然当时人们对此没有明确的理论表述，但他们有这种自觉，我们亦可以说此时的子学之魂是存在的，此时的诸子学亦如同鲜活的生命体。而到了后世，随着语境的变迁，这类共同的概念、论域逐渐模糊、丧失，诸家共处的系统也被儒家独尊所破坏，子学之魂自然泯灭。在当代重现子学之魂未必是要复兴儒、墨、道、法诸家，重建先秦诸子的系统，我们只是追求在理论上达成对诸子系统的自觉，用现代的理论语言把上述先秦诸子共通的元素表述出来，所以对当代人来说，重寻子学之魂的过程也是子学研究的理论自觉及建构子学理论框架的过程。因为没有理论自觉之"魂"的统摄，学者便会仅针

---

① （清）永瑢等撰：《四库全书总目》，北京：中华书局，1965年，第769页。

对诸子某一家研究，而忽略了此家派所处的诸子百家系统，没有在各家相互关联的整体性思维上来理解该家派，造成的结果自然是诸子各家的研究互不相通，诸子学整体上零散破碎。

为了在理论上重寻子学之魂，我们有必要回顾它是如何在历史上逐渐消散的。可以发现，《汉志》体系的形成在此过程中发挥着关键作用。《汉志》所确定的诸子学框架门派壁垒森严，各类子学文献被整齐地划归为九流十家，这的确给诸子学构建了一定的框架，方便我们最快地把握诸子学概貌。但是人们以《汉志》所设定的九流十家的框架来看待诸子思想时，会过度关注他们基于家派的相异，以致忽略了他们的相通，忽略了一些不好划分家派的学者，同时还会因为计较各派的优劣尊卑而忽视子学的整体系统性。总之，以《汉志》所定的框架来看子学，会给我们的思路设定很多的限制，子学在先秦原本如一条河流，各学者的思想相互激荡，涌起思想的浪花，而流到汉代中期，在《汉志》中汇集拥塞，然后划成好几条小水渠分流，这样条理虽然清晰，但也因而失去气象，各种思想的自由碰撞更是不可复得，在此框架下研治子学难免会思路狭隘、不见全貌，这也是我们之前文章之所以着重反思《汉志》的原因之一。

此外，"诸子学"之"魂"的丢失还在于近现代西方学科化分类体系的支解，哲学、文学、史学各种学科的研究范式在阐发先秦诸子时侧重点各不相同，各种研究路径之间难有汇通。在这种体系中，学者研究子学多是服务于本学科的理论探讨，因此子学文献沦为一类材料，可随意割取以服务于该学科的相关理论，这相当于是将原已支离的子学又进一步切割，其中的实质，也出于西方的知识体系与中国整体知识体系的差异。

正因"诸子学"的"体"与"魂"被破坏，使得"诸子学"不仅先后成为"经学"与"西学"的附庸，更导致其理论上的失声。在"经学时代"的学术体系中，失去了整全之体与核心之魂的诸子学，被古人视为"六经之支与流裔",① 成为经学的附庸。现代人则突出其义理特质，视之为哲学的附庸，尤其是近代以诸子比附西学的潮流，看似是以我为主，宣扬西方的思想吾固有之，其实这抛弃了子学的固有问题意识，把子学当作给西学接驾的车舆，以致子学的形式中填充的都是西学的内容，将之称为附庸亦不为过。

附庸地位是子学在近现代理论争鸣中失声的重要原因。传统经、史、子、集各学科门类中相继诞生了新史学、新文学、新经学，传统的思想流派中也出现了新儒家、新道家、新法家、新墨家，而子学在这场学术创新的浪潮中却缺席了，20世纪中没有一个以子学为中心的理论，这是值得反思的。其中问题的关键便是子学一直处于附庸地位，一直在替其他的理论发声，而未能找到自己的声音。

二、为"治"与文明：重现诸子学整体性的切入点

承接现代诸子思想研究中的困境，"新子学"自觉担当起寻找"诸子学"的"体"与"魂"的工作。"新子学"在当代关于文化方向的理论争鸣中登场，以复兴子学为己任，以探索中华文化的新方向为归旨，期待以诸子学为基础在理论界发声。

"新子学"作为子学在新时代的新发展形态，在开新前必然要返本，即重聚子学之体，重寻子学之魂。为构建子学完整的"体"，当代学界已做了许多工作，如创办诸子学刊、启动《子藏》工程、策划《中国诸子学通史》等，相比之前关于某一子书零散的辑佚或阐发，这些努力都体现了明显的系统性与整体观，使子学逐渐摆脱了破碎的形态。

---

① （汉）班固：《汉书》，北京：中华书局，1962年，第1746页。

但在寻找子学之魂的工作上，"新子学"还要展开长久的探索，因为"魂"涉及了关于子学理论自身的自觉，这是一个更精微的问题。笔者曾指出："'新子学'就是试图摆脱哲学等现代分科体系的窠臼，建立以诸子传统为研究对象，具有相对独立研究范式的现代学术体系。……它不是像哲学、文学那样的学术分科，而是诸如敦煌学、海外中国学那样成熟的学术体系。"① 这类学术体系一般都有一个核心，以此贯通各种研究对象、凝聚各种学科门类，那么诸子学的核心又在哪儿呢？

如果一定要寻找到一个理论命题来贯通诸子各家的思想，笔者首先会想到的是司马谈《论六家要旨》对诸子学的概括，其谓："《易大传》：'天下一致而百虑，同归而殊涂。'夫阴阳、儒、墨、名、法、道德，此务为治者也，直所从言之异路，有省不省耳。"② "新子学"锁定百家之学"务为治"的理论旨趣，认为诸子关注的是在当时天下大乱的中国如何达成人世间的秩序、达成什么样的人世间秩序。换言之，诸子是围绕"治"这个问题的思考者。

"治"这个古典的概念有什么样的现代内涵呢？从现代的眼光看，"乱"是众人间的争夺，"治"是对众人的安顿与凝合。诸子的治不仅包括社会的稳定，更意味着人们形成共同、恒常的生活方式及价值偏好等关键内容，周末之所以天下大乱就是源于这类关键内容趋于解体，诸子致"治"正是从这个基础层面来展开。一个文明的基础就是为一群人所共同遵守的某种东西，可见上文提到的几类关键内容亦是文明的核心构成要素，故而可以说求治的诸子也是在探讨构建文明的路径。

---

① 方勇：《"新子学"：目标、问题与方法》，《光明日报》2018年4月7日，第7版。

② （汉）司马迁：《史记》，北京：中华书局，1959年，第3289页。

周代崩溃后，各家学派都针对建立一个什么样的新文明及如何建立这个新文明给出了自己的方案。先秦是文明转型的时代，也是构想新的天下秩序的时代，围绕着建立一个怎样的文明体和如何建立这个文明体，早期的思想家们既能汲取古代的资源，又能深刻观察现实，他们独立思考，大胆发言，形成了众多流派。具体来看，儒家看重"周文"所留存的形式（礼），致力于赋予其意蕴（仁），使客观制度得到内在精神的加持来恢复其活力，其底色是人文的，其立场是传统的、保守的，其诉求是发展周文。墨家则是要变革周文，一方面它对待精神层面的元素是追求彻底化、理想化，把儒家仁、义推进成为兼爱、尚同等主张；另一方面，它亦偏重功利的效果，以此为标准来衡量事物价值，故有节葬、非乐的主张。这两方面无疑会破坏周文所遗存的形式，墨家相比儒家显然更激进，但是两派都有对人文的追求，比如共有的"尚贤"主张都体现了对人之力量的推崇。道家则是要超越周文，认为还有一些更超越的东西在儒、墨的人文性之上，即依凭自然之道，社会可自发地形成秩序，而不必依赖人之"有为"的力量，制度的规范及人的贤智皆非致"治"的根本。法家则是要"重构"周文，这不是说它和儒家一样要重回周的文明形态，而是说它看重周有"文制"之盛，要在制度上下功夫，把"周文"变更为"秦制"，以制度达成功利目标，靠制度淡化人的作用及精神的价值，形成新的文明形态。

  以上通过文明（抑或"致治"）的视角对诸子的学说间的异同做了阐发，我们可以发现这个视角对诸子学的整体性研究有着重要意义。首先，"治"这个问题为各派别的思想搭建了一个沟通与争鸣的平台，"治"的问题将各派关联，呈现出了各派在子学整体脉络中的位置，从而使学者研究各派思想时能保持整体性意识。其次，先秦诸子的争鸣所围绕的焦点如天与人、古与今、礼与法、差序与齐同等问题，这些是各家在探讨文明形态时所遵循的基本线索，亦在深层上构建了诸子学形成的框架，诸子学的整体性必立基于此，子学的复兴必有赖于此。最后，以治的问题为中心，诸子与农医巫卜的区别便可彰显，后者是关于物的技术，与安治众人的学问不同，同时诸子与兵家的关联亦可说明，兵事是统率众人的学问，"治"亦是其追求，将兵家（尤其是孙子）纳入诸子中来看待也是有道理的，如此一来，原本杂芜的子学有了边界，它的身份更加明晰。

当然，如果仅从现代社会的背景中理解"治"的问题，诸子学的整体面貌会呈现为一种偏向于现实实际治理以及相应政治操作的特点。因此，对于"治"的理解还要将其还原到先秦诸子的古典语境之中。对于司马谈所说的"治"的问题，先秦诸子除了将之对应为"天下"的秩序关切外，还表现为《庄子·天下》篇所说的"道术"问题。正如近代学者对于"天下"的论述一样，先秦诸子所谓的"天下"不仅是一种人世间的理想秩序模型，还关涉这种理想秩序模型的价值根源从何而来的问题，以及这一理想秩序模型如何实际形成的机制问题。也正因此，诸子学所说的"治"，除了现实政治操作外，还要考虑"天人关系"的分疏，以及相关认识与夏、商、周三代史实的相互关系。结合上文所说的对先秦诸子学各家学派相互关联与发展的认识，我们认为诸子学的根本关切在于如何从三代史实那里继承不同的秩序模式，并通过诸子自身的理论阐发，使之重新适应于春秋战国时代的实际需求。也正是在这样的背景下，我们认为先秦诸子学共享着同样的概念逻辑系统，只是运用了不同的言语进行描述与言说。

总之，在"新子学"的理解中，"诸子学"研究应以"治"的问题为终极关怀，以文明的视野为切入角度，回归诸子经典文本，重新理解其论述脉络、整理出其独特的概念系统、阐发出其命题的原初意蕴，从而形成全新的子学研究路径。

三、"一致而百虑":中华文化的主体性与包容性

司马谈以"一致而百虑"来说明诸子求治路径的同异问题,我们亦可以此概括诸子各家构思文明的多样路径所呈现出的整体特征,在当代的学术话语体系中,诸子学的这种特征可以表述为"一体多元":即"诸子学"有着共同的价值来源从而体现出"一体"特征的同时,又出于不同诸子自身的不同理论创构而实现了方法的"多元化"。"新子学"不仅要借文明来观照子学并提出学术新理念,更要借子学反过来观照文明来提出文化新理念,这便是"新子学"由学术而文化的深层逻辑。质言之,为了构建以"治"为内核的文明,诸子各家体现了司马谈所说的"一致",故而他们所共铸的文明形态也具备一种统一性,同时具体诸子在发展自身理论学说时也展现着韧性和连续性,而这些工作在汉代经学体制确立后,又保证着文明的韧性与连续性,这也为中国文化的主体性奠定了基础。将诸子学的这种运思过程置换到当下的时代语境中,诸子的致思路径又体现了"百虑"的多样性,所以他们所共铸的文明形态又具有包容性。故而,下文将从"一致"与"百虑"两个层面来具体阐述"新子学"的学术理念及文化立场。

(一) 从子学整体性到文化主体性

在"新子学"看来,子学研究与对文明的关怀是相辅相成的:一方面,可以从中华文明的层面理解诸子学意义;另一方面,可以以诸子学为枢纽理解中华文明的发展。上文从文明构建的角度说明了子学是一个整体,这亦说明了当诸子学作为一个整体出现时,代表了古人在构思文明时的框架,凝聚了古人在这方面的智慧结晶。同时,以

诸子学为视角来理解中华文明，可以发现中华文明自身的统一性和连续性，帮助我们在当下确立文化主体性。

诸子各家的论战与融合塑造着中国的独特文明形态，其影响体现在多种方面："诸如中国宗教传统的缺失，中国文官制度的早熟，中国家族形态的影响，政教关系的特征，对政治与人性之间关系的理解，这些都是重要的文明形态问题，最后往往聚焦于最佳治理模式上"，① 可见，百家虽是着眼于如何在当时乱世中致治，然而其思路已影响到中华文明在之后的走向。诸子以"治"为目标，以诸子理论为基础，先秦后两千余年的中华文明的体系核心亦落在"治国平天下"这一外王的层面（内圣层面的心性之学亦服务于此）上。而从现实效果来看，这两千年间的文明史亦呈现出稳定的状态，安治是常态、动乱是非常态。可见，中国文明内容上虽博大多姿、难以一言概之，但"治"却可以被视作它的关键理念，围绕着"治"，中国文化在内部可获得一种统一性，在外部可获得一种区别于其他文明的标识。显然，这类内容是中国文化主体性的基础，而理解它的关键切入点又恰恰是"务为治"的诸子学，诸子不同主张在致治的目标下是互补的，这种互补彰显着诸子各家在"治"之问题上的共通性，这类共通之处亦是中国之所以为中国的标识所在，"新子学"也在聚焦于此，并以此明确文化主体性。

中国文明在"治"上的统一性反映到历史上便是发展的连续性，因为一种关注"治"的文明在形态上将会是稳定的，不可能轻易地中断夭折，其发展必定是连续长久的。而这又必然与诸子学密切相关，因为诸子学的产生本来就是中国文明演进之连续性的体现。诸子在构思时亦得助于周之前各代的文化资源：如儒家中孟子崇尚尧舜，

---

① 方勇：《新子学：目标、问题与方法》，《光明日报》2018年4月7日，第7版。

荀子推重周公，墨家用夏政，这些都是众所周知的。除此之外，在不少学者看来，老庄亦可能与商代遗存在南方的传统有关，① 还有农家标榜神农、黄老援附黄帝，这虽有托古的成分，但炎黄二祖不可全判为虚构，农家、黄老完全可能受益于其历史影响，尽管这种影响相比于夏、商、周的传统显得十分微弱。可见，诸子学说是之前各类文明形态的一次大总结，它发生于思想、理论层面，最终促成了新文明形态的产生。诸子学说与三代文化虽不能说是完全承袭，但也绝不是彻底的断裂，诸子的文明构思一部分源于对现实的反思及自己的创见，但还有一大部分是源于前代智慧的结晶，这类内容以隐秘的形式沉淀在他们生活的世界中，潜移默化地影响着他们的思考，他们则以理论的方式完成了对这类内容的升华。

上文体现了子学在历史上"继往"的一面，子学亦有"开来"的一面。秦代之后的中国文明，不是先秦儒、墨、道、法任何一派所构想的形态，而是各派构想的综合，中华文明的发展也不是儒家一条线索，墨、道、法诸家都以或隐或显的方式参与其中。"中国历史的发展并非只有儒家一条线索，而大致上是儒、墨、道、法等齐头并进的，其实任何时代如果只有一家独大，那么我们的文明便会出现问题，难以持续。比如秦代专任法家为治，结果很快便动乱灭亡；汉代中期只推尊儒学，结果汉室有篡劫之祸；魏晋只崇尚《老》《庄》玄谈，结果使中原板荡，等等，那么每当这种'独尊'的弊端暴露后，其他家派的思路便会兴起，把文明发展的路线拉回正轨。中华文明发展的稳定与持续主要依靠着多种思想路线的互补，诸子各家在'求治'问题上不同的致思方向经过博弈逐渐达成一种均衡，它们形成的合力推动着中华文明以平稳态势发展，很少出现过于极端的路线。

---

① 劳思光：《新编中国哲学史》（第1卷），桂林：广西师范大学出版社，2005年，第56页。

……诸子百家提供的多元的文明建构思路为之后中华文明的发展提供了充分弹性,每当文明陷于一偏而停滞时,通过回顾这个时期,后人总能得到源头活水,打开思路。"① 可见,因为有诸子百家的基底,中华文明在之后的发展中具备强大的后劲与韧性,展示广阔的腾挪空间,成为世界上唯一一个不间断发展至今的古老文明体。

所以说,子学在中华文明史上有继往开来的枢纽地位,它崛起于东周末期,避免了三代与后世文明的断裂,又汇总三代上古的智慧经验,在文明的发展上提供多样路径与腾挪空间,避免了文明在后世的中绝。可见,子学与中国文明连续性的关系是值得我们关注的理论课题。而不间断的古老文明又是中华文化独异于世界其他文化的重要标识,是形成中华文化认同的重要依据。作为历史连续性之保障的子学,必然有助于我们探寻中华文化的主体性。

以上展示了"新子学"由学术而至文化的理论演进路径,下面我们亦可从文化反观与子学相关的学术问题。具体而言,"新子学"将子学研究与文化主体性相关联,这有助于我们在传统及现代的学术体系中恰当地给子学定位。

一方面,在经、子关系上,基于文化主体性的观照,两者间不必是主奴关系,亦不必是敌对关系,而是一种相辅相成的关系。因为经学主体还是周人政教文明留下的五经系统,它们主要是三代积累的文献成果,子学亦是三代经验智慧的理论化,经、子间本就一脉相承,"六经"系统包含了中华学术最古老、最核心的政治智慧,因而在历朝历代均受到重视,西汉以降一直被尊为中华文化的主流思想而传承至今。子学系统则代表了中华文化最具创造力的部分,是个体智慧创造性地吸收王官之学的思想精华后,对宇宙、社会、人生的深邃思考

---

① 方勇:《"新子学"与中华文化认同——在新加坡国立大学的讲演(2019年9月18日)》,《管子学刊》2020年第1期。

和睿智回答。而在秦代之后，经学的发展又常借助子学充当其理论的"源头活水"，人们在子学中寻找阐发经学文本的思想资源。可见，如果我们将经学理解为以六艺为主体、围绕它们展开阐释的学问，那么经、子之间本就是相互成就的，①在中华文明的发展中，它们表里相依地发挥作用，这种关系只有从立足于文化主体性的立场来观照才能被揭示。

另一方面，在子学与西学的关系上，子学不是西学附庸，它是对"中国性"的理解，必须从中国文明的视野来审视它，这意味着子学与西学在本质上是有差异的，子学应以坦然的姿态面对西学。首先，在西学的参照下，我们应发现子学内部的趋同性，以孔、老关系为例，之前文章讨论过："在今天多元文明的语境下，我们体认到，孔、老之间的同质性要大于差异性。……'新子学'主张，在面对西方文化的背景下，深入把握早期经典中的相通之处，熔铸出新解，这当是学术创新的途径。"② 其次，我们还应进一步反思西方现代学术所存在的盲点，"新子学"追求回归中国性，不能将西学的问题意识作为理解诸子时代思想的前提，"我们正是要以古典中国的语言、思维、判断来洗刷现代头脑中的这些前提"，具体来说，可以理解为子学研究者"不是心里先存着一个西方范例，然后研究诸子学，而

---

① 当然，如果特意强调"经"与权力的关系，把六艺完全等同于先王的大法而非先民的集体智慧，把后世的经术视为一套由权力所支持的学术权威，那么这种视域下的经学必然与子学相对立，因为子学本质上是私学，它在生成时没有权力的支持，而是诸子个人的理论创造。这种理解方式自有其道理，但本文主要讨论文明发展的问题，与官学、私学的关涉不大，故暂不采用这种理解方式。

② 方勇：《三论"新子学"》，《光明日报》2016年3月28日，第16版。

是努力回到'原始语境',在诸子时代的整体语境中运思。"① 总之,秉持文化主体性立场,我们可以使子学独立坦然地面对西学,而不必蹈之前以子学比附西学的覆辙。

(二)从子学多样性到文化包容性

从上文可知,各派对于为治的目标是"一致"的,但关于路径的构思却是"百虑",而这种"百虑"亦非意味着支离破碎,因为各家不同主张之间的关系"辟犹水火,相灭亦相生"。② 这意味着:没有一家是绝对的真理,每一家必须在与其他家派相互对照中来明确自己的定位;没有一家可以被忽视、抹去,每一家都是在子学整体的思想生态中生发出的链条,具备自己的独特价值。在争鸣的过程中,诸子当然是各不相让,都希望彻底驳倒对方的理论,但从客观效果上来说,这种开放的辩难其实是激活了各家原创思维,面对对手的辩难,各思想家会把自己的理论开发得更深入、更系统、更合理。在这种模式下,没有一个"子"能主宰其他的"子",异己学说的存在是自己学说完善的必要条件,"新子学"正是要将这种子学现象凸显出来,并将其中的多元、开放、关注现实的"子学精神"提炼出来。

在"新子学"视野下,先秦诸子各派间地位平等、充分互动,保持着思想生态的多样性,这是值得后世人借鉴的。"新子学"警惕随意将异己学说定为"异端"而消灭之,这种做法是对思想生态的最大威胁,正如自然生态中仅有单一物种会导致崩溃的结果一样,随意消灭"异端"使自己学说膨胀必然使思想界的创造力集体衰退。

基于对多样性的坚持,"新子学"对中国传统文化的理解也突出

---

① 方勇:《新子学:目标、问题和方法》,《光明日报》2018年4月7日,第7版。

② (汉)班固:《汉书》,北京:中华书局,1962年,第1746页。

其包容性的一面。一方面，中国传统文化对于其内部的任何文化元素不轻易推尊至极端，不追求黄茅白苇、整齐划一的思想文化氛围。因为诸子各家理论共同铸就了中华文明，各派思想之间的张力亦承袭于中国传统文化之中，但如上文所说，这种张力在后人的实践中被巧妙地转化为一种弹性的处事方式，给文明的发展创造了可腾挪的空间，比如儒家的入世与道家的出世本是一对矛盾的理念，但在后人那里却调和成了一种互补的生活方式，保证了古人面对各种环境都能进退有余。在这种文化氛围中，个体有较宽松的选择空间，没有宗教式条规来框限人们的生活，社会体现了较强的世俗性及人文性气息，这种社会对于人们多样的行为及习惯也有着一种包容性。

另一方面，中国传统文化对于任何外来文化不轻易排斥，在尝试引进它们的同时，刺激自身在相关传统的基础上演生出与之相近的文化元素，从而保持自己的多样的形态与发展的势头。这种特征亦得益于诸子学对文明的影响。因为一种文化能理解、接受异质的文化，其前提是它内部本来就是多样丰富的，其内部的多样元素为嫁接异质文化提供了条件。而诸子学则是中国文化多样性的最直接源头，历史上的诸子学也正发挥了嫁接异质文化的作用，最典型的例子便是印度佛教初入中国时与老庄思想的格义，以及之后佛教融入中国文化形成禅宗亦离不开老庄思想的助力。到了近世，西学进入中国，也曾依靠诸子学各派的嫁接，只是这个过程未能像之前吸收佛教一样坚持中国本位，所以引起了很多争议，上文已有论及。总之，中国文化由于内含着多样性的诸子学，从而使自己在面对外来文化时呈现出包容性，这是毋庸置疑的。

文化上多样性与包容性的原则亦关系到"新子学"对诸子学自身学术的定位。一方面，"新子学"与经学、儒学并不对立，但它反对历史上积淀的经学思维或者以道统自居的态度，这种思维与态度挤压了理性商讨的空间，破坏了思想多样性与文化包容性。故而"新子学"要使《论》《孟》离经还子，置于先秦诸子的系统中，其价值才能得到充分发挥。另一方面，子学与西学也不是对立的关系，子学自身的多样性恰可与作为文化"他者"的西学相发明，基于"家族相似"的原理，通过西学各理论流派间的异同来更好地理解子学内部的结构。总之，基于对中国文化包容性的认识，"新子学"希望引领更包容、自信的学术研究态度。

四、"中国之治"："新子学"与另一种全球化的可能性

在当前古今中外思想交错的背景下，"新子学"所持的立场显然是以古通今、以中应外，中国有自己的传统，虽然当前受到冲击，但它未完全断裂，"新子学"致力于延续这个传统，并助力开启新的文明形态，实现长久发展。在"古"的统摄下，"今"只是传统自我发展历程中的一个环节，不能因为当今时代有变局就否定传统，而是要创造性地发展传统以适应变局；在"中"的统摄下，"外"亦是为我所用的资源，不能照搬其他文明模式而湮没中国性，而是要接触其他文明，来激发自身文明的多种可能性。"新子学"希望中国能理解自己的传统，从而在面对现代性的机遇与挑战时能充分发挥自身优势。"新子学"也希望中国在世界文化格局中找到立足的位置，从而从容地投身于全球化浪潮而不至迷失自我。为了实现这一诉求，我们从世界文明的角度看待一个文明的源头知识体系与这个文明基本价值诉求，甚至是相应的精神信仰之间的关系。

"新子学"归根到底是关于中国如何在世界范围内认知自身的研究，因此我们的目的不在于推出普遍性哲学的主张，而在于从中开发出一些有价值的理论问题，比如上文提到了整体性与多样性的统一、主体性与包容性的统一。换言之，我们是否可以为当下的世界寻找到

一种基于共识的多元这种理论主张？事实上，在全球化的当下，如何解决文明冲突的问题，以及对这一问题作出探讨的思想工作，在任何文明形态与思想领域中都普遍存在。当然，美国依然在推行其文化中心论的主张。客观来看，美国的价值推广工作在"二战"后确实取得了相应的效果，比如在美国的支持与带领下，不仅欧洲迅速从"二战"的创伤下重新复活，还有亚洲许多国家也快速步入了资本主义市场经济的现代社会。但与此同时，美国的这种价值推广也在近40年给世界带来了很多问题，比如"二战"后中东地区战争日益频繁的局势，虽然这些战争有争夺石油资源的实际经济目的，但从发动战争的背景来看，文明的冲突是动乱的根源之一。因此，随着中国政治、经济实力的不断提升，中国文化能对此给出什么样的解答？是否能给其他文明提供思路？是否能解决文明冲突的实际困境？"新子学"也期待在这方面有所探索。

现实已表明，中国对世界的影响是深远的，而这种影响应从物质层面向文明模式层面递进，上文探讨的"诸子学"模式的"中国之治"对于一些国家可能具有一定的参考。从诸子百家"务为治"塑造了中国历史的内部来看，中国之所以在严格意义上的宗教缺位这一前提下，还能在外来文化的洪流下保有自身文化的延续性，其中的根本原因就在于"诸子学"的一体多元。

具体来说，要保存文化延续性，就要避免外来异质信仰对中国文明独特价值源头的彻底颠覆，而中国文明则相对从容地在现实社会中化解这种风险。因为，一方面，"诸子学"作为中国文明的基石之一，"诸子学"的思考模式既让人们保有着对共同历史源头的承续，从而体现出"一体"的特征，不至于在文化的碰撞中失其本根；另一方面，诸子学本身有"多元"理论进路，使中国文化应对外来文化时更包容、灵活，同时，这种理论进路蕴含着一种不完全超越人世，而是从"天人合一"角度论述现实秩序整体性的思维。这种

"天人合一"的角度意义尤其重大，换言之，中国历史之所以不被中断，主要因为中国文化在面临其他超越性宗教时，以三代之法这种具有"人""神"统一的理解特性，可以在思想论证层面消解掉不同文明相遇时必然出现的"诸神之争"。事实上，从中国民间信仰形成的角度看，"诸子学"的这种运思特征正是儒、释、道得以相互结合的基础，只有在这一基础上，"天庭"系统中才能开拓出同时安放孔、老、释三教的广阔空间。因此，如果将"诸子学"的理论特征视作一个圆心，我们当代的世界是否可以与中国古代社会形成一个半径不同的同心圆，就成为"诸子学"是否能解决文明冲突的关键所在。

如前所述，虽然现代世界的文明冲突在很大程度上表现在经济领域的相互斗争，但从文明得以延续的角度来看，经济是至关重要的，没有任何一个文明会否认现实物质基础的重要性，不同文明所争执的不过是不同宗教伦理下对于现实经济运作支配的不同方案。因此，如果我们把经济运作提升到文明存续的高度上来看，在文明冲突的现实困境下，不同文明就应该有自主选择适合自身社会经济运作的权利，同时也应该充分意识到自身应秉持对其他经济运作模式不进行干预的原则。事实上，中国当前在亚、欧、非大陆展开广泛的经济合作，正是践行这种理念。中国一方面意识到经济共同发展的重要性，但也充分理解不同地区对于经济发展模式的不同选择，因此中国只提供一种经济运作的契机与可能性，而不实际介入当地政府与文明的经济运作机制中。由此我们不难看出，在解决了经济问题这一当下世界中最为重要的议题之后，文明冲突的解决就在于不同文明之间是否可以像"诸子学"一样找到一个共同的人类价值源头。

不可否认，单纯从不同文明的宗教诉求来看，想要弥合诸神之间的争斗是痴人说梦，因为大多数宗教都具有尊奉至上神的特征。宗教战争并不是当下的产物，在两千多年的人类历史中，不同宗教间的冲突从未停止过。但当下与过去的一个显著区别在于，人类目前所面临的最大危机已经不在于不同信仰之间的争执,而在于整体人类与自然科学发展之间的巨大张力。自信息革命以来,人类的生存境况发生巨大变化,当下正在进行的人工智能革命愈发将有限的人类生命拓展到无限的时空中去。这种变革当然给我们带来了很多便利,但也在很大程度上让人类自以为实现了人类自身的神性化。所谓的人类自身神性化的本质就在于,人类凭借着有限的躯体,却要施展无限的权利拓展与所谓的义务承担。实际上,用这个视角来看待文明冲突,我们会发现诸神之战的本质在于假借诸神灵魂的人类之战,每一个族群都认为自身的思维、信仰是亘古真理,并寄希望于强加于他人之上。

但反观"诸子学"的基本特征,中国先哲始终在"天人关系"的背景下保持着对自身有限性的理解与相应的敬畏。中国文化总是在"大地"这样现实的层面来努力耕耘自身文化的延续。而这种在近代西方学界看来是不可理喻的泛宗教化文化特质,恰好因其自身对"神""人"边界的保留,以及对相互关系的尊重而承载了数次异族入侵以及佛教与基督教的传入所带来的挑战。这也就是说,如果不同文明能意识到人类目前所面临的根本问题是自然与人类的边界问题,而不是不同文明之间价值准则的优劣问题,那么不同文明之间就可以像"诸子学"当时一样寻找到一个共同的现实价值源头,并把不同价值的理论之争下降到一种"多元"化的方法之争上。而这正是由"诸子学"整体性所带来的"中国之治"的实际方法与现实效应。

从这一点上来看,"新子学"通过"一体多元"的方式,既讨论了世界影响下的中国这一时代问题,又将论域推至中国参与下的世界这一未来畅想。同时,这种看似逆全球化的发展模式才是符合人类有限性这一实际特质的全球化解决方法。当然,我们要重申,这种解决方案的效力在于人类不通过科技来拓展自身的无限性,以及由此改变有限性下的人类伦理基本特质。

总而言之，先秦诸子思想及其整体面貌在经历古代"经学"与近代"西学"的全面统率之后已经完全迷失了自身的基本定位。其中不仅关涉目录学意义上的"经""史""子""集"之间的相互关系，和一般文化意义上的"儒""释""道"（宗教与诸子学说的相互关系，以及宗教之间的相互关系）的对立与相辅相成、中西比较意义上的"宗教"与"哲学"的内在纠葛（只有知识没有信仰），更直接反映在先秦诸子思想的基本价值立场定位与相应的整体理论框架与诉求上。因此，"新子学"深感现代诸子思想研究的破碎化现状，期以世界的眼光（处理宗教与经济的问题）重审诸子学的前世今生，提出"一体多元"的基本价值立场，从而恢复先秦诸子学"务为治"的理论指归，廓清诸子百家的思想主脉，以"中国之治"的秩序格局看待现在世界的中国与未来中国的"世界"。

（原载于《中国社会科学评价》2022年第1期，作者单位：华东师范大学先秦诸子研究中心）

《子藏》编纂与诸子学的当代发展
——2017年5月19日在北京大学中文系的讲演

方 勇

各位老师,各位同学:

大家好!很高兴能有机会来作这次讲演,今天要和大家一块探讨一下《子藏》与诸子学发展的问题。之所以选这个题目,某种程度上是因为它在故地重游时有种纪念意义。所谓"故地重游",是指我之前在北大中文系跟随褚斌杰先生做过两年博士后,这里的一草一木我还是比较熟悉的,而这期间我的课题恰好是"庄子学史",之后则以此为基础拓展至整个诸子学研究,构建出了我现在的学术格局。所以这里很像一个起点,现在回到这里和大家分享我最近的研究状况,颇有做"述职报告"的意思,也算是纪念那两年的美好时光,来感谢褚先生的栽培之恩和诸位中文系前辈、同事的支持、帮助。

我们现在要说的诸子学,它是一个既传统又新兴的学科。说它传统是因为它的源头可上溯至先秦诸子的时代,是我国传统学术的重要组成部分,而说它新兴,则是因为它在近现代中国学术、文化转型的过程中得到了全新的发展,被赋予了不同于古代的理论价值和研究范式。这种状态下的诸子学有着历史的厚重,又有着现实的活力,研究者对它应当充满信心,但是如果要从更严格的眼光去审视,这两方面又都存在着问题。它有着悠久的传统，但它的源头和高潮都在先秦，对于它之后的发展，国人的认知很模糊，在他们的意识中，子学的历史似乎是一个虎头蛇尾的历史，甚至少数学者也基于此来质疑子学是否参与了中国文化主流的构建。另一方面，它借现代学术的东风，呈现出新的生命力，但很多研究方法都是一种探索，尚存争议，比如以西学知识随意比附子学的研究方法，我们很难靠它们再开辟诸子学的新途。故而现代研究者对诸子学有自信心，也有紧迫感，自信来自沉寂了千年的子学在现代迎来了快速的复苏，紧迫来自我们还要追求"诸子学的全面复兴"，要消除复兴道路上的各种问题。

"诸子学的全面复兴"是我在2012年的学术研讨会中提出的口号，这一提法之后得到许多学者的回应，因为这不是一个空洞的口号，它呼应着诸子学界先贤和今人的诸多实质性努力。早在民国时期，诸子学研究的先行者罗根泽先生便意识到当时正处勃兴中的诸子学存在的问题，在他曾提出"从西洋哲学的铁蹄下救出中国哲学"，针对的就是时人拿诸子与西学妄为比附的问题，同时他还大致设想了诸子学研究的五条新路径，理念在当时也是颇为超前。几十年之后，在当时还是设想的课题现在已经被充分探究，诸子学的学术成果已经相当丰富，而且在理论研讨外，以诸子学为中心的各种学术活动正在被实践，其中包括创建实体的研究机构、创办长期的学术刊物、出版系列的学术丛书、召开大型的学术会议等等。这些努力对诸子学理论探讨都有直接的推动作用，我们倾力为之，是很有意义的。不过，还有两种活动蕴含的意义更为长远，这便是我们现在正进行的《子藏》工程和"新子学"探索，它们的价值不仅体现在推动诸子学研究的深入，更在于能应对前文提到的重大问题，助力于"诸子学的全面复兴"。

《子藏》是一项专门针对子学著作的大型古籍整理工程，它收集了从先秦到南北朝的各类子书，以及中华人民共和国成立之前人们对它们的校核、注释、研究的专著。其收录文献的形式也是丰富而全面，目前所知有关各子的白文本、注释本、节选本、抄本、校注本、批校本以及专题论著等都在搜求范围之内，并择其善者而收录之。《子藏》工程的价值不仅在于整理文献，它更大的意义在于彰显子学的文化，这正如《大藏经》《道藏》之于佛教、道教的作用。正是有这种文化诉求，我们在《子藏》之后又进行理论升华，提出了"新子学"理念，和《子藏》一样，"新子学"也不是单一的纯学术工作，它着眼于对传统中国文化的重审和当代中国文化的重构。《子藏》和"新子学"都有着高远的立意，故而它们对诸子学的发展有着无可比拟的价值，下面，我以《子藏》工程为主，对这方面的价值进行详细的分析。

一、《子藏》与子学传统

首先分析一下《子藏》对于绍续子学传统的意义，这正对应着开头提到的第一个方面的问题。在我们一般人对于古代学术的认知中，每一时代都有其代表性的学术形态，比如先秦的子学、两汉的经学、魏晋的玄学、隋唐的佛学、宋明的理学、清代的朴学。我们提到子学，首先会想到先秦，但先秦之后的时代，我们印象中便只有经学、玄学等其他学术，子学似乎再也没有回到学术的主流中，子学在这段时间发展如何，我们很难从前人的研究成果中得到清晰明确的认识，故而在一般人对于国学的认知中，子学的传统似乎有个巨大的断裂，而且是一个将近两千年的断裂。我们现在常说文明的开新需要回顾这个文明的轴心时代，但我们回顾我们自己的轴心时代——先秦子学时代的时候，却发现它有些模糊和隔阂，这跟轴心时代年代久远有关（其他文明亦有类似情况），但子学传统的"断裂"在其中也产生着重要的作用。众所周知，西方文艺复兴时代回顾的是古希腊这个轴心时代，两个时代虽然也相隔千年之久，但古希腊的文化被之后的拜占庭帝国（东罗马）很好地保存，这为文艺复兴的巨匠回顾古希腊的辉煌提供了宽广的桥梁，由此可见连绵不断的传统对于文化的复兴和文明的开新有着多么重要的意义。我们现在做的《子藏》也有这种价值，萧汉明先生认为《子藏》这个工作"如果说得大一点，相当于欧洲16世纪文艺复兴时代所做的事情"①。具体来看，《子藏》的一个重大意义在于它能让看似断裂的子学传统从历史的长河中再次浮现。在我们的印象中，子学在先秦后便不再是学术的主流，但这并不意味着它就此停滞，如果我们深入历史文献中去爬梳时就会发现，后世还有大量继承先秦诸子著述形态的子书，亦有大量校勘注解诸子著作的成果，更有不计其数的零散评述解析分布在各类书籍中，它们总量巨大，但却又与其他类型的文献混同在一起，深潜于历史长河的底层，不为人所注意。《子藏》把这些内容搜寻整合起来，向世人展示了其庞大的体量，比如，它的首批成果《子藏·道家部·庄子卷》便收录了著作302部，共162册，这是很出乎一般人意料的，之前大家以为严灵峰先生所辑的《庄子集成》172部已经很全、很多了，没想到《子藏》又发掘了比它将近多一倍的材料。当然，《庄子卷》只是一个开始，《子藏》其他几批成果正在陆续发布，预计整个《子藏》完成之后，将能收录5000种著述，共出版约1200册，整个体量大致和《四库全书》相当。这让我们看到子学在先秦后亦有着丰硕的成果，虽然它不是主流，但仍凝聚了后世学者巨大的心血与智慧。而且还应该看到，这些成果的分布范围又广阔涵盖了后世的各个朝

---

① 梁枢：《〈子藏〉：为诸子继绝学——华东师范大学〈子藏〉工程巡礼》，《光明日报》2010年7月19日，第12版。

代，其中，关于先秦诸子的注解阐发在历代自然都屡有新作问世。此外，各代也都涌现了各具特色的成果，其典型者如：汉魏六朝的子书，不仅承袭着先秦诸子著述的形态，也传承着他们"立言"的精神；唐代相关的类书与抄本，虽然可能只是记录诸子著作中的某一文段，但对校勘意义极大；宋代相关的刻本，作为某些子书的最早刻本，版本价值极高；明代关于诸子文本的文辞评赏，发掘了诸子文章的文学价值；清代关于诸子文本的考据，见解精辟，常有不刊之论；民国相关的专题研究，以现代学术路径展开研究，对我们有极大的启发，可见子学在先秦的高峰后，在历代也有着新的发展，它作为一种传统，不仅体量庞大，也是延绵不绝、屡屡开新，它在历史长河中虽然潜于底层，但却是一股汹涌而绵延的波流。从这方面看，子学在先秦的高潮过后，它的传统并未断裂，仍以蓬勃之势暗自发展，最终迎来了在近现代的复兴。先秦和近现代两处子学高峰之间并不是空白，只是人们被烟云浩渺的历史文献遮蔽视野，未能看到下面所掩盖的过渡主线，那么《子藏》就是追求把这条隐的线给凸显出来，接上这个在人们印象中已经"断裂"的传统。当然这意味着《子藏》要深入历史文献的烟云中去爬梳摸索，蕴含着极大的工作量与各种不可预测的因素，故而陈鼓应先生把《子藏》工程和"青藏铁路"工程相类比①，以说明其难度之大，但基于复兴子学的使命感，无论路有多艰难，我们也要走下去。

当然，我们如此努力地凸显这一传统的连续性，不仅只是为了发挥其象征意义、给诸子学研究增加自信，更是为了帮助现代的学者更好地去认识先秦诸子的思想世界，毕竟我们在回顾的是轴心时代，《子藏》所搜集的历代子学研究材料是我们返本开新的重要凭借。这

---

① 梁枢：《〈子藏〉：为诸子继绝学——华东师范大学〈子藏〉工程巡礼》，《光明日报》2010年7月19日，第12版。

些材料之所以重要，一则因为它们的丰富性，二则因为它们的时代语境与先秦诸子更接近，没有我们现代人那种强烈的隔阂感。这种接近又不仅体现在版本源流或语言训诂上，更体现在某些问题意识深层的相通上。还是以《庄子》为例，现代学者基本将《庄子》置于现代学术体系中来研究，将《庄子》文本和各自学科的专业知识结合，哲学、文学、社会学、政治学等学科学者都对它作出了不同的阐发，得出了很多有价值的论断，但它们能否反映庄子整体、本真的思想面貌，这也有待商榷，因为学者们大多通过近人的注本来理解《庄子》原文，但庄子思想如同迷宫，仅凭这些简单表面的注释就能疏通它吗？即使是现在比较通行、权威的《庄子集解》《庄子集释》，也多是以解释局部文句见长，对文章的整体脉络和思想的整体结构论述较少，这跟清代朴学学风有关。可见，仅以这类材料为凭借，今人分学科的研究更易出现断章取义的情况。这时，《子藏》中搜集的其他相关著作便能体现出它们的独特价值，比如陆西星的《南华真经副墨》、释德清的《庄子内篇注》、林云铭的《庄子因》、宣颖的《南华经解》、刘凤苞的《南华雪心编》等等，这些专著的一个共同特点是，除了解释字义而外，更致力于庄子整体思想以及文章整体脉络的研究，能帮助学者全面深入地把握《庄子》。《子藏》其他几批成果所收录的类似著作还有很多，对于研究其他诸子的思想同样有着巨大的帮助，可以说，这条子学传统的重现为今人把握先秦诸子的真脉提供了重要线索。正是意识到这些著作如此巨大的学术价值，《子藏》项目组在编纂它们时一直秉持全且精的理念，"全"就是要把这类著作尽量全部搜寻出来呈现给学界，所谓"精"，就是要像《四部丛刊》一样，尽可能选择最好的版本，让版本来体现其学术价值。此外，为了方便学界更好地使用这套丛书，《子藏》项目组还会为每种著述撰写提要，考述著者生平事迹，揭示著作内容，探究版本流变情况。先按各个系列出版提要单行本，并在单行本出齐后汇总为《子藏总目提要》。这些在文献整理的基础上精心撰写而成的提要，可以很好地起到学术导航的功用。可以相信，通过我们这些努力，《子藏》将会成为打通先秦诸子思想世界的新桥梁。

除了探究先秦诸子思想外，这条传统本身也极具思想史价值。通过研究这些文献，我们能发现，历代人对诸子文本的阐释都或多或少地渗透着各自时代的思想，而诸子思想经过这种阐释也与各时代的思潮发生融合，共同参与了中国文化的构建。所以，我曾经说过，子学从来都是当下之学，它如同鲜活的生命体，不断发展演变，这一过程贯穿了中国历史，影响了中国文化。之前我们多强调诸子思想如何在先秦这个"源"上影响着中国文化，而通过《子藏》我们看到了子学传统在先秦后历代思想史上的重要地位，便能意识到它也在"流"上塑造着中国文化。

当然，这种塑造不仅反映在文本阐释的层面上，也体现在历代思想家对于诸子思想的借鉴与应用上，这些都处于更隐性的层面，仅靠《子藏》搜集文献是无法将其完全展现的，所以配合《子藏》工程，我们研究中心还有诸子学术史、接受史的研究计划，现在我的博士生和博士后都在做这方面的研究，每一人针对某一子在某一时代的传播、研究、应用情况进行详尽的梳理，侧重诸子思想与各时代思潮的互动，力图更全面地展示诸子思想对后世中国文化的定型所发挥的重要塑造作用。此外，我们提出的"新子学"理念，也是追求以这方面的历史事实为基础，对此进行理论上的升华，从而完成对中国传统文化的重审，进而实现对当代文化的重构。这些都是题外话，我们之后再进行详细讨论，还是回到《子藏》本身意义上来看，可以说，《子藏》为我们重现的这条子学传统是对诸子学自身的一种完善，也是对中华文明史的一种丰富。

二、《子藏》与子学开新

以上分析的是《子藏》对于子学传统的意义，属于往回看，下面我们应该尝试着往前看，分析《子藏》对于诸子学研究局面开新的作用。文献的整理对于一门学科的发展有着重要的意义，这是被无数事实验证的学术规律。傅璇琮先生在《子藏》研讨会上曾列举过很多学术史的例子说明这一点，认为宋诗高峰的出现实际上与宋人对唐诗的编纂、刻印分不开，清代宋诗派、同光体诗的形成、发展同样如此，都与当时宋集的大量编纂、刻印有关；再以《四库全书》为例，这部大型古籍丛书的编纂以及《总目提要》的撰写也都大大促进了当时学术的发展和繁荣，影响遍及方方面面。傅先生的论述能给予我们很大启发，我们有理由相信《子藏》作为继上述重大文化工程后的又一文献宝库，它对诸子学发展必然起到长久的推动作用。就像敦煌藏经洞的发现造就了敦煌学一样，《子藏》的出现必然带来诸子学新一轮的发展。

具体来说，这种新发展最直接地体现在诸子学新的学科增长点上。由《子藏》搜集整理的诸多文献材料本身就是一种重要的研究对象，上文已经提到了它们的学术价值和思想史价值，我们除了利用它们外，也要对此做一番详细的研究，一则展现古典学术的特色与成就，二则为当代诸子学研究范式的创新提供借鉴。还是以庄子学研究为例，《子藏》的《庄子卷》将为庄子研究打开新的世界，学者在此基础上有很多课题可以发掘，比如可以专题的形式集中探寻庄子某一理论在后世的变迁，可以分学派、分宗派的形式集中探讨各派的庄子学，可以地域或时代的形式集中描述某一空间或某一时间段的庄子学，还可以对某一部有创见、有影响的庄学著作进行个案研究等等，这种广阔的开拓空间无疑会吸引更多学者投入更多精力加入庄子的研究中来。当然，不惟庄子学，《子藏》其他几批成果同样会给其他诸子的研究注入全新的活力。之前，这些子学著作都淹没于浩瀚的历史文献中，极少被人所注意，《子藏》将它们全面系统地呈现给学界，学者在其中必然会发现更多新的课题，为诸子学研究开启新局面。

而从长远来看，《子藏》对诸子学的开新还有更深层的影响，这主要反映在理论层面上。我们现在发展诸子学，不能仅追求"量"的增加，更要追求"质"的飞跃，这种"质"的飞跃便是一种诸子学研究理论或理念的革新，这就涉及了我们提出的"新子学"理念。"新子学"同样是推动诸子学发展的一个至关重要的元素，它致力于摆脱哲学等现代分科体系的窠臼，建立以诸子传统为研究对象，具有相对独立研究范式的现代学术体系。学科化是诸子学在现代发展的必然命运，章太炎《诸子学略论》、陈柱《诸子概论》等以"诸子"命名的著作很多都是承袭传统子学的范畴和问题，未能以现代学科化的眼光进行深入系统的理论建构，诸子学没能在他们手中融入现代学术，之后胡适、冯友兰等人关于中国哲学史的论著虽然将诸子学带入了现代学术，但诸子学本身也付出了支离割裂的代价。"新子学"就是要吸取这两方面的经验，为诸子学发展开一条新途，把诸子学打造成像敦煌学、海外中国学一样的综合性学术门类，在现代学术体系下谋求一个独立的地位和完整形态。我们的《子藏》工作，恰是与这种努力相呼应，它把相关的文献整合聚集起来，正反映着"新子学"对独立形态的诉求，在这方面，它可以被视为"新子学"理念的物质载体，经过这种整合而形成的庞大文献集成，对于"新子学"的探索无疑会增加更多的理论自信。而《子藏》内部的结构划分也契合了"新子学"对独立研究范式的追求，《子藏》并没有依照现代学科体系把子学文献分为政治、哲学、军事等门类展开搜集，在这方面我们主要还是承袭了传统的十家划分法，并参考《道藏》以"部"命名，形成"道家部""法家部""名家部"等门类，这能很自然地体现子学内在的纹理脉络。并且我们将文献搜集的标准定在思想性著作上，原来子部的医卜数术等技艺性作品都不收录，这更能凸显诸子作为思想家的本质。这些划分原则和选择标准并非率然为之，这背后的考虑是跟"新子学"相呼应的。"新子学"理念是《子藏》项目启动后提出的，但《子藏》早在筹划时其整体的思路中便有了与"新子学"相通的意识。此外，"新子学"还追求发掘"子学精神"，以此作为诸子学发展的核心理念，增强诸子学自身的标识性，而这种发掘的过程必然要经历一个博采约取的阶段，《子藏》所提供的庞大体量文献正是为这一工作提供了很好的基础。可见，《子藏》和"新子学"分别在文献和理论两方面齐头并进，共同推动诸子学向独立完整的形态发展。

"新子学"关注诸子学的自身建设，究其本源，其实也是为了助力中国文化的建设。"中国性"是"新子学"理论探讨的一个重要关怀，诸子时代在中华文明的发展史中有独特地位，诸子所讨论的问题影响着中华文明的进程，"新子学"就是要在这一基础上进一步探索中国文明的基本形态。这时的《子藏》便能配合着"新子学"发挥出其独有的作用，因为它是以子学为线索而对中国两千年来的学术文献进行的整理，它是中国古人在这方面智慧的结晶，也是一座蕴藏着中国文化真精神的宝库。上文所提到的"诸子问题"大都经由这类文献得以保存并深化，《子藏》收录的子书白文自然忠实地呈现了这类问题在当时争鸣的原貌，而它所收录的相关注释阐发则展现了后世对这些问题的深化。之所以有这种"深化"，这跟子学的学术形态有密切关系。子学本身就有一种不迷信权威的精神，故而子书的相关注析与经书注解不太相同，经注强调师法规矩，少有突破，而注子书则没有这么多框框，作者秉持着自主思考与批判意识，能和诸子形成一种"对话",将问题进一步向深层推进。而这种深化的过程,也是中华文化积淀发展的过程,《子藏》数以千计的相关著述整合起来更是展现了中国文明整体的演进。而"新子学"应该在此基础上梳理这些问题,分析这些"对话",进而将这类"对话"继续下去,将子学打造成贯通中国传统文化的桥梁与重构中国当代文化的基石。另外,我在《三论"新子学"》中又提出了"新子学"要"重构元典""唤醒价值"①,它们跟当代中国文化重构关系更为切实紧密,"重构元典"的想法为中国文化经典加入了更多诸子著作,《子藏》中相关的研究注解将会发挥无可比拟的参考价值,而"唤醒价值"则突出诸子思想对当代实践的指导意义,但这仍要配合《子藏》的文献才能使之发挥最大功效。综上,为了诸子学全面的复兴,"新子学"要突出诸子学的独立完整形态及标识性的"子学精神",《子藏》便是承载这一理念的物质实体,同时,"新子学"又追求发现"中国性"以及重构典范、唤醒价值,《子藏》便是启发这些创新的源泉。《子藏》与"新子学"配合,将为子学开创新局面发挥更大的作用。

结　语

进行至此,我的演讲也接近尾声,在最后,我想借这次故地重游的机会来梳理一下我治学经历和学术源头的问题,因为我感觉我每一段经历都在指引着我向现在的学术格局发展,不同的经历赋予了我多样的学术源头,而这些源头又都汇通于我庄子学及诸子学的研究。具

---

① 方勇:《三论"新子学"》,《光明日报》2016年3月28日,第16版。

体来看，我出生于浙江浦江，这里是个人才辈出的地方，如明代有开国文臣之首宋濂，而宋濂著有《诸子辨》一书，它是古代重要的诸子学研究著作，而它兼顾文献辨析与义理阐发，更是与我们现在诸子学努力的方向一致。至于我的祖先方凤，他是宋末元初重要的遗民诗人，他坚持隐逸的志趣，作品中有很多《庄子》的印记，这种偏好也影响到了我的庄学研究。在硕士研究生阶段，我追随河北大学魏际昌先生，魏先生研究先秦两汉文学，在他的指导下，我对这一时期的典籍有了较深入的把握，为之后专治子学打下了基础。而魏先生的导师则是胡适先生，胡先生为诸子学的现代转型作出了开创性贡献，诸子学多元平等的精神与胡先生的思想倾向也很契合，我们现在调整、发展他的研究路径，也是对胡先生、魏先生这脉学统的延续。在博士研究生阶段，我跟随吴熊和先生研习唐宋文学，这让我对唐到清代的文献情况有了较全面的了解，为之后撰写《庄子学史》和编纂《子藏》铺平了道路，而且吴先生一直鼓励我做大格局的学问，建议我在子学这块领域上开疆拓土，对我的启发和帮助特别大。之后来到北大中文系做博士后，开始进行《庄子学史》这个课题，成为我学术生涯的全新起点，褚斌杰先生在这个过程中从整体思路上给了我很多指导，让我很快找准了研究思路。而北大中文系又恰是胡适先生曾工作的地方，至今在这还能感受到他留下的影响力，这也时刻鼓励我要有大的志向，做些像胡适先生那样能掀起时代思潮的事。而出站之后，我来到华东师大工作，除了继续《庄子学史》的撰写，我也在思考诸子学的发展与时代思潮的问题，因为华东师大中文系一直有理论创新的传统，20世纪系里老前辈钱谷融先生提出"文学是人学"的理念也是在思想界引起了很大的波澜。正是在这种宏大目标的指引下，我把学术研究范畴由庄子学逐渐拓展至诸子学，既而有了《子藏》和"新子学"等一系列的探索，逐步构建了现在的学术格局。所以谈到这，我感到我自身的学术向现在这个方向发展，有自己主观的选择，但更多的似乎是命运冥冥中的引导，有了这些缘，进而结出这些果。所以最后我还要借这次机会向过去帮助过我的各位导师和前辈以及同事表示感谢，为了不辜负诸位的厚爱，我还会在诸子学这条路上继续前行，为实现"诸子学的全面复兴"而努力！

（本文由博士生张耀据讲演录音整理而成）

（原载于《诸子学刊》第十九辑，作者单位：华东师范大学先秦诸子研究中心）

"新子学"与中华文化认同
——在新加坡国立大学的讲演
（2019年9月18日）

方　勇

各位专家、各位学者：

　　大家好！今天应新加坡国立大学中文系之邀来做这次讲演，我感到很高兴。这次我想讨论一下诸子学、中华文化认同、中国历史这三者之间的关系，并思考"新子学"在其中应发挥什么样的作用。"新子学"是以中华文化的发展为旨趣的，之前学界一直关注"新子学"与中华文化重构的问题，而近期我认为"新子学"与中华文化认同的问题也应该得到讨论。在座的各位学者都是在中国外研究中国文化，可能对华人心中的中华文化认同感有更多深刻独到的理解，所以我想借此机会交流一下我的相关想法，请各位多提意见。

一、关于"文化认同"的界定

　　文化是什么？这是个看似简单却很难回答的问题。说它简单是因为它是一个常用的学术词汇，在使用它时即使受众是普通民众也没有必要做解释。说它难是因为一旦进行解释，那产生的说法将是五花八门，我曾了解到的说法不下几十种。所以此处我很难对它下确切定义，只能描述它的一些特质，这可以通过文化与文明的对比来体现。我认为文明可简单理解为某个群体所创造的物质、制度、艺术等方面成果的总和，它显得直观、具体，而文化则对应着这些成果在形式上的特征与内在精神的特质，它需要我们的细心感受，需要专家学者的理论总结。所以"文明"一词显得宏大，文化则显得精微，文明的研究主要以物为基础，文化的研究更多地以人来切入。所以文化的研究常以人的思想、行为、信仰、审美等方面的研究为背景，要做一番汇通提炼的工作，由此呈现出的"文化"在某种程度上近似于对某类风格、特质的揭示。

明白了这层关系，我们便能用一个比喻来形容文明与文化：中华文明像把火炬，历经数千年未尝熄灭，中华文化便是它发出的火，这团火的主体是在火炬端头上，但它又在散播火种，在新的地方燃烧，以上正对应着中华文化在华夏大地生生不息又在海外传播发展的伟大历史。中华文化的这团火其实一直是在海外华人身上传承着，他们的思维、行为总保存着中国人的特质，他们携带着中华文化的火种，又在待人接物中影响周围，散播着中华文化的火种，可以说，他们的海外生活本来就是中华文化发展传播历程中的一部分。中华文化附着于他们的根性中，发挥着难以磨灭的影响，他们的心中打上了中华文化的烙印，他们对中华文化认同感很值得我们研究。

文化认同是某类人对某类文化的归属感，这种归属感包括感情上的亲切、思想上的认可、社群组织上的依赖等诸多方面。海外华人对中华文化的认同的具体表现形式很多，比如对汉语的熟悉与掌握，对中华传统婚丧等礼仪规范的遵守，欲了解中国历史与现状的热情等等。那么在这些林林总总的现象背后，我们能否总结出核心的元素来帮助我们理解中华文化认同的实质？这可以结合上文关于文化的界定来分析，文化是种精微的事物，那么关于中华文化的认同，我们必须往深处看，达到人的认知、思维层面，才能充分理解它的存在。当涉及这个层面时，很多人会想到主流的儒家思想，那是否就可以认为儒家思想就是中华文化认同的全部？抑或说儒家中的心性、道统应设为当前中华文化认同的绝对核心？

我认为这是值得商榷的。华人深层的认知、思维具有中国色彩是源于历史传承的塑造，中华历史对中华文化认同有着决定性意义，而我们的历史绝非儒家道统的简单演绎，它是基于古代人民的实践而产生的，而在思想层面则是由诸子百家思想共同推动的。所以，如果要提炼中华文化认同的核心，我们不能把目光只放在儒家上，而是要从把握诸子百家的思想做起。下面我尝试对该说法中的各部分命题依次进行阐发。

二、作为民族凝聚力之源的历史

历史对于中华民族来说有着非同寻常的意味。中华文明是世界上唯一一个延续数千年而且从来没有中断的古文明，历史对于中华文明的价值之巨大是身处其他文明类型的人们所难以理解的。而且中国自古便有重史的传统，大多数朝代都有自己相应的史书，每个家族也都尽量撰写自己的族谱，重要人物去世后也会有相应的传记祭文来回顾生平，中国人将事件固定为文字，以对抗时间的冲蚀。由此，事件不再是随起随灭的偶然而是不断积累的财富，时间不再是没有变化的循环而是日日趋新的演进。这使中华民族形成了强烈的历史意识，所谓"历史意识"很接近古人所说的"述往事，思来者"（《史记·太史公自序》），人们在历史记载中了解过去的事情，继而将自己与之关联，找到自己当前存在的意义，从而为未来的发展确定方向。这种历史意识深深地烙在中华民族的深层思维中，它又进一步强化了全民族对共同历史和共同命运的认可，每当危亡关头，这会产生强大凝聚力，保证各方同舟共济，使得中华文明的历史延绵不断。

就当代现实来看，中国人的文化认同感更多的是建立在共同的历史与共有的历史意识之上。即使目前社会变化日新月异，新旧更替愈发迅速，中华民族仍保持着对"根"的关切，当代的我们总会自觉或不自觉地将自己置身于中华文明发展的进程当中，自豪于古代文明未尝中断的奇迹，并以之作为中华文明的独特之处，形成一种文化自信心。在此基础上，我们总能有充足的动力参与到中华文明的继承与开新中去，在其中找到自己的存在感与历史意义，即使是远在异国的华人，也会意识到自己是中华文明的火种，期待它的延续，把自己作为中华文明传播过程中的一环。

中华文化认同以我们共同的历史为基础，这与美国文化认同形成了对比，一般认为美国文化认同是基于一些口号，它们将这个移民国家的民众凝聚起来，典型的如亨廷顿提到的"美国信念"如"自由，平等，个人主义，代议制政府和私有财产制"等原则。美国人不像我们那样注重历史，一方面它建国时间较短，另一方面它视自己为新思想的实验所，强调美国例外论，认为用之前人类的历史无法解释美国，这是美国人对自己文明独特性的认识。可见，文化的认同总是与一国的历史国情相关的，中华文明有自己的独特性（历史悠久无中断），生成了我们独特的文化认同模式，这种独特性应得到我们的重视。

三、认同感的历史基础：诸子的多元性与中华文明的韧性

那么下面我们将要探讨中华文明延绵千年不绝的原因到底何在？古人多以儒家道统说来解释它，将道统视为中国历史的关键线索，并

强调道统的传承对中华文明的演进有着决定性作用。但到了现代，人们意识到中华文明的博大意涵很难被这样简单地笼括。我们认为，中华文明的绵延并非儒学一家的贡献，诸子百家亦参与了文明的构建，这为中华文明在之后的发展中提供了强大的后劲与韧性。

具体来看，儒、墨、道、法四家各自立说宗旨不同，有些主张甚至如水火不相融，但正是这种差异性给他们带来了互补的可能。司马谈认为："易大传：'天下一致而百虑，同归而殊涂。'夫阴阳、儒、墨、名、法、道德，此务为治者也，直所从言之异路，有省不省耳。"（《史记·太史公自序》）班固指出："（诸子）其言虽殊，辟犹水火，相灭亦相生也。"（《汉书·艺文志》）这些都说明了各派在表面对立下的互通之处。后世儒学虽然被官方定为一尊，但在政治和修身诸多方面，道家都是与之互补的，修身治国只讲儒家、谨遵礼数难免过于繁琐，道家的简省对此是一种补救。如果道家是救儒者拘于"礼"的问题，那么法家则对治儒者滥于"仁"的问题，儒家在政治上过于理想化，认为宽仁教化之功无所不及，这似乎不太现实，法家强调法律制度的保障作用，使社会秩序化、条理化，有些地方是儒家做不到的，中国历代国家治理也都是儒法并用、儒法互补的。另外，儒重道轻技、重仪服轻功实、由亲亲之爱来推导普济大爱，墨家针对这些方面做出了纠正，他们重视技术劳动、强调节俭节葬、主张兼爱尚贤，墨家作为学派虽然没能在后世延续，但其学说仍作为一种思想遗产传承，使儒者不断反思、调整自己的理论路向。

可见，中国历史的发展并非只有儒家一条线索，而大致上是儒、墨、道、法等齐头并进的，其实任何时代如果只有一家独大，那么我们的文明便会出现问题，难以持续。比如秦代专任法家为治，结果很快便动乱灭亡；汉代中期只推尊儒学，结果汉室有篡劫之祸；魏晋只崇尚《老》《庄》玄谈，结果使中原板荡；等等，那么每当这种"独尊"的弊端暴露后，其他家派的思路便会兴起，把文明发展的路线拉回正轨。中华文明发展的稳定与持续主要依靠着多种思想路线的互补，诸子各家在"求治"问题上不同的致思方向经过博弈逐渐达成一种均衡，它们形成的合力推动着中华文明以平稳态势发展，很少出现过于极端的路线，这种发展虽然在某方面的效果上不及独尊某派来得那么明显（因为某派在某特定领域总会产生奇效，如法家在富国强兵方面、道家在休养生息方面都有显著功效），但它在整体上是最优的。总之，在为中华文明塑形的先秦时代，诸子百家提供的多元的文明建构思路为之后中华文明的发展提供了充分弹性，每当文明陷于一偏而停滞时，通过回顾这个时期，后人总能得到源头活水，打开思路。

四、认同感的当代条件：诸子的多元性与中华文明的当前与未来

以上疏通了中华文化认同与中国历史及诸子思想之间的关系，以中国绵延不绝的历史为中介，我们大概可以把握到诸子思想在增强中华文化认同感上的关键作用。下面再结合当前现实做些思考，更能看到二者间的紧密关系。

在当前，如果仅以古代某种单一的思想来激发大家对中华文化的认同感，那效果恐怕不佳，因为现代社会日新月异，人们的生活愈发丰富，古代某类单一的思想很难全面地对接当代生活，因而很容易被人边缘化。但我们将诸子学的框架引进来时，情况会发生大的改观，它博大精深的内涵会让现代人在很多方面产生共鸣。

道家有"道法自然"的理念，其关注点虽然主要集中在人事方面，但我们仍可以引申到人与自然环境的层面上，思考人如何与天地

万物和顺共处。当代人们对现代文明产生的生态破坏有极强的警惕，开始反思人类中心主义的问题，中国人经历了经济发展与环境破坏并存的阶段，对这方面的问题尤为关注。国人可以从道家的论述中汲取智慧，看到我们中国文明在这类问题上与西方现代文明之间的不同思路，感触中国文化的独特之处，关于中国文化的认同感正是在这样一类类具体问题的思考中提升的。

儒家对伦理与道德的推重保证了中华文明的稳定持久，对于未来中华文明的平稳发展同样有重要意义。当代中国面临着"道德危机"，这是现代社会的通病，因为人在一味追求物质与效率的时候常会导致内心情感的麻木。西方也面临过这类问题，他们力图结合他们的宗教传统来克服它，而我们能利用的则是我们的儒家思想资源。儒家先哲对群体的人伦、自身的心性进行了全方位的探讨，只要人类的家庭还存在、社会关系还存在，这些思想就永远不会过时。儒家基于僵化礼教而提出的一些人伦主张在当今可以商榷，但一些基于仁恕思想而生成的理念对于激发当代人的道德感与同情心有着重要作用。可以说，在应对自然与社会的现代性危机时，道家与儒家都体现了中华文化独有的优势，这提升着我们文化的自信心，也增强着文化的认同感。

法家治国偏重外在法律制度的保障，这适应了当时宗法制解体、社会流动加剧的现实。而当代中国城市化进程加速，社会流动超越了之前各个时期，传统的熟人社会逐渐被新的生人社会取代，人们逐渐意识到客观的条规、人际间的契约、行政治理能力等元素的重要性。这些元素在法家那里其实都有充分的阐发与论证，现代人会感叹先人意识之超前，他们的思索对现代社会治理问题会有如此大的启发。这也再次提醒我们，中国的文明不是西方所想象的只有村落宗族、田园牧歌式的单一形态，相应的中国文明构建思路也不是只以儒家的亲亲为全部，法家思路保障了国家、社会的凝合力，对中华文明在过去壮大自身有重要意义，同时它对中华文明在当今迎接现代化也有重要价值。

总之，从以上几个问题中我们可以看到多元的诸子学思想对于保障中华文明绵延、壮大的关键作用，亦体会到它们是保障中华文明在当今变局中开新、续篇的重要资源，上文提到我们的文化认同来自对中华文明继往开来的自觉，所以诸子学与中华文化认同的紧密关系不言而喻。

五、"新子学"对中华文化认同的推进

既然诸子学对中华文化的认同有如此重要意义，那么作为诸子学形态革新的"新子学"在这方面必然也会有重大的推进作用。

首先，"新子学"强调诸子学的整体性，它追求探寻诸子共同的问题意识、提炼深层的"子学精神"、寻求子学独特的研究路径，使诸子百家不再以零散的形态出现。零散的形态意味着人们只关心某一家某一子，只见树木不见森林，继而认为诸子学只是各家各子研究的简单罗列。"新子学"先把诸子学视为整体继而分析其多元结构，这突出了诸子学及其核心特质在中华文化中的存在感，而这样一种以子学多元性为特征的中华文化必然会得到更多的认同。

其次，"新子学"把诸子各家放到文明构建的大视野下来审视，我在《四论"新子学"》中提到对待"周文"的不同态度是诸子时代争论的根本。在那个礼崩乐坏的时代，之前固有的文明模式已出现危机，那么该如何看待周文的价值，在构建新的文明形态时应设定哪些原则，理想的文明形态应是什么样子，针对这些问题，诸子各家提出了各自的文明建构路径。这大体上有保守和激进两种倾向：儒家是保守的，它希望承袭复兴周文，把周文的精髓用仁义等理念来表达，

以此作为"礼"之推行践履的保障；墨家和法家则追求在周文的基础上来革新，墨家是对儒家文明构想的进一步理想化，兼爱、尚贤、尚同等主张都是想要打破儒家仁义等理念的"局限"性，法家则是对儒家文明构想的现实化调整，法、术、势都是外在强制性的设置，它对世界的预设将道德排斥在外；道家则属于激进的一端，因为"周文"的一大特征在于人文性，儒、墨、法都是在此基础上往不同方向的发展，而道家则追求对人文的一种超越，它不是不讲人文，而是要寻求比人文更高一层的存在来统摄之，可以说，它在思考有别于周文的另一种文明形态。"新子学"意在揭示：儒、墨、道、法及其他诸家都为中华文明的构建贡献了思路，中国文化的演进呈现的是不同根干融合发展的多元关系。上文提到中华文化的认同是基于历史的，"新子学"对我们文明史深层脉络的揭示会给中华文化的认同奠定理性的认知基础。

另外，"新子学"强调"唤醒价值"，根据《三论"新子学"》的说法，我们要把诸子学研究的旨趣从知识构造转出，重新唤醒传统资源的价值意义，让经典回到生活境遇中。由上文可知，诸子学从一开始就参与了中华文明的构建，所以我们当前可以借之洞察中华文明在现代遇到的基本问题，在此视角上产生的问题解决方案可能不是唯一的，却应该是最接近中国社会的。"新子学"会让诸子学更广泛深入地进入人们的生活，人们面对现实问题时可以充分参考先秦哲人的智慧，了解他们在遇到类似问题时的应对思路。而文化认同多落在人们的现实生活的层面，与现实产生密切关联的"新子学"会更好地推动中华文化认同在人们心中的深入。

总之，"新子学"是一项长久的文化事业，它致力于诸子学的全面复兴，将自身与中华文化的命运密切地关联起来。如果说中华文化重构的问题是在时间的维度上面向中国的未来，那么中华文化认同问题便是在空间维度上面向海内外中华儿女，"新子学"一直在为未来中华文化的方向作努力求索，也将为中华文化在全球的更广泛影响贡献自己的力量。

我的发言就到这里，谢谢大家！

（本文由博士生王泽宇、张耀据讲演录音整理而成）

（原载于《管子学刊》2020年第1期，作者单位：华东师范大学先秦诸子研究中心）

走出《汉志》束缚　实现整体观照
——在"诸子学研究反思与'新子学'建构展望高端论坛"上的讲演

方　勇

一

这次"新子学"论坛给我规定的题目是《五论"新子学"》。《五论"新子学"》到现在为止还只有一个思想雏形，形成书面文字大概还需要一段时间。本次讲演我会对《五论"新子学"》中所涉及的问题做一个大体介绍。《四论"新子学"》围绕《汉书·艺文志》（以下简称《汉志》）等问题进行了相关讨论。《五论"新子学"》还将沿着《四论》的思路进一步对《汉志》进行深入探讨。我们如果要重新建构一套新的诸子学的研究模式，就必须触及《汉志》。

今年7月下旬的兰州会议，关于"新子学"的讨论便涉及这个问题。我在这次会议上说，现在需要"对《汉志》动一动了"。会上有不少学者认为"动一动"这个提法很好，对于《汉志》既不能全盘推翻，也不能因仍其旧，全盘接受。我在当年读硕士的时候便接触到《汉志》，对于它的发展脉络也做过不少梳理。我的硕士学位论文是《论先秦小说》，关于小说的概念很复杂，涉及历代经籍志、艺文志的著录情况，所以对这些做过反复的梳理。《汉志》出来以后，《隋书·经籍志》基本上套用了《汉志》思路，少有调整。到后来的《旧唐书·经籍志》《新唐书·艺文志》《宋史·艺文志》《元史·艺文志》等也基本都是对《汉志》的沿袭。这个影响根深蒂固，太深远了。到修《四库全书》的时候，书目分类做了比较大的调整，但是基本的框架也同样没有什么变化；《四库全书》对子部这一块调整比较大，有一些是子部书籍被归到"史部杂史类"去了，但是总的来说没什么太大改变，特别是在理念层面上。所以，我们要改变整个学术思路，推动思想文化的更新和发展，就必须动一动《汉志》。现在看来，"对《汉志》的动一动"只是一个开始。《诸子学刊》（二十一辑）准备专门组织一个栏目讨论《汉志》，现在已经收到七八篇有关《汉志》的文章。我今天的这个讲演，如果能整理出来，就放到栏目的第一篇。这刚好对于他们谈的那些东西是有些感发作用；同时也可以理解成他们那些文章实际上是在我这个框架之下生发出来的，因为这些问题有一些已经在《四论"新子学"》里面谈到了。

今年10月25日，我要去台湾参加经学国际学术研讨会，是由"中研院文哲所""中国文化大学"以及香港浸会大学合办的。我本来不准备参加，因为今年下半年特别忙，好几个会要参加，我们自己还有会议需要组织。但主办方再三邀请，我也就不好再推辞。参加这次会议的主要是研究经学的学者，一些学界前辈也都会出场。我这次要去讲的便是《汉志》，主要涉及的是《四论"新子学"》里的内容，我将把这些东西讲给研究经学的学者听一听，他们可能会有一些触动。明年10月份台北将举行第九届"新子学"国际学术研讨会，会议重要议题之一就是《汉志》。所以我现在在构思《五论"新子学"》，在《四论"新子学"》的基础上，从《汉志》切入，再谈到学科建设，今天我会谈谈这个框架。

先秦诸子百家，"百家"只是虚数，古人讲到"三""九""百""千"等数字的时候，往往都是虚指。"百家"到底有多少家，搞不清楚。《墨子》里面提到百国《春秋》，"百国"其实也是虚指，指当时有很多个诸侯国的历史书，但是具体有哪些诸侯国也搞不清楚。概括言之，"百家"有很多的意思，这给我们的启示是什么呢？就是当时的思想氛围很自由的，很多人在一起自由讨论，像国际会议一样。然后到了《汉志》，就规定为"九流十家"，就相当于后来开一个会议，只能谈哲学，或者只能谈哲学里面的《周易》，被框得很死，这跟刘向、刘歆、班固有很大关系。

　　大家都很了解，在汉初的时候黄老之学就盛行了七八十年。所谓"黄老"，"黄"指"黄帝"，只是托名而已，后来的医学书籍包括房中术都要托名黄帝，因为不借助一个这样的名人，不足以把一种学问推动起来。"老"则是指老子。老子在战国时期的地位就很高，差不多是经典的地位。《庄子》在黄老学当中也非常重要，《淮南子》里面引用《庄子》的地方有200多处，而且有的是整个寓言完整引用的。但是它的地位只是作为一种思想性材料，而不是作为经典来引用的。《老子》文字是作为一个个结论来引用的，《淮南子》中有"故曰"等词，下面往往便是《老子》之语，这说明了《老子》在当时的崇高地位。

　　当时即使是黄老学盛行，《淮南子》里面也涉及了很多其他思想，比如儒家思想、法家思想、墨家思想，所以历代著录的时候，有的把它归到道家，有的则归之杂家，很难定其归属。汉初那些所谓儒学的著作中如《新书》《新语》等，也有很多道家、法家的思想。汉初七八十年的思想界大致就是这么一个状况。后来，汉武帝采取了董仲舒"独尊儒术"的建议。我们现在教科书说所谓的"独尊儒术"，似乎就是一刀切，其他各家思想全部被废掉，然而，实际情况并不是这样的。比如宣帝时，其太子刘奭（汉元帝）见宣帝所用"多文法吏，以刑名绳下"，于是便谏言说"陛下持刑太深，宜用儒生"。宣帝便说："汉家自有制度，本以霸王道杂之，奈何纯任德教，用周政乎！"还叹息说："乱我家者，太子也！"结合宣帝的这些话，在武帝以后的西汉中后期实际上并不是真的独尊儒术。这就相当于唐太宗李世民，虽然把孔子推到最高的地位，而又认老子为其本家，表面上他最尊重的是孔子，但实际上是儒、道、佛并用。汉代也是这样。那么，《汉志》小序里面所反映出来的这种"经子观念"，跟当时的实际情况是不太一样的。

从学者的思想角度来看，司马迁的思想有点偏向于黄老学，因为他的父亲是黄老学学者，班固在《汉书·司马迁传》里面就批评他"论大道则先黄老而后六经"。由于他主要思想倾向是黄老学，所以他能够做到不以成败论英雄，这便和《汉书》不太一样。《汉书》是比较纯的儒学，因为班固的家族就是世代传承儒学的，比如他的父亲班彪。但是，司马迁对孔子十分尊重，所以《史记》有《孔子世家》《仲尼弟子列传》。世家是非常高的等级，仅次于帝王本纪，司马迁把孔子放到诸侯王这一个等级来描写他，足以想见他对孔子的推崇。由此可以看出，在独尊儒术的时候，司马迁其实是各家学术都有用之。即使是后来写《汉志》的班固，他在学术上的观点是尊儒术，但在实际生活当中又表现出来一些道家的思想，他写的《幽通赋》大量引用《庄子》典故，以表达人生无常的思想。所以看他的学术层面，跟看他的内心世界是不一样的。

二

从另外一个角度讲，刘向是受命整理古籍的。现在我们看到的存世的这些先秦典籍，大部分都是经过汉儒整理的，我们已看不到原来的东西了，除非是出土的。秦始皇焚书坑儒，有一个挟书令，随便藏书是违法的。挟书令一直到汉文帝的时候才废除，这时民间的书籍才慢慢出来。挟书令废除后，民间献书日益增多，这导致朝廷书库堆积如山，各种版本很多。那个时候书籍多是以竹简为载体，需要有人来整理，这个任务就落到刘向手里。刘向整理古籍大概花了19年工夫，跟司马光一帮人修《资治通鉴》时间差不多，结果还没弄完刘向去世了。他的儿子刘歆原来是协助他的，在他死后，刘歆继续受命整理古籍，但是他做的时间不长，差不多两年左右。根据现在学者的考证，刘向的《别录》可能只是一个个提要，一部书校写完成，刘向便写一个提要附到后面说明一下。刘向后来又把这些提要收集起来，汇成《别录》，它不是一个有体系的东西。后来刘歆按照他父亲的《别录》而著成《七略》，根据推测，从《别录》到《七略》，在理论体系上应该是做了很大的推进。他把刘向《别录》里面的文字进行大量压缩，然后作成一个相当完整的目录，分门别类，然后再写上小序——《汉志》中现在留存的小序应该是刘歆所作。这些小序对于"经子关系"观念的推进起到决定性作用——在刘向那里可能这是一般的提要，而到了刘歆手里，他便提出"九流十家"的说法，并将他的学术理念贯穿其中，这之中最主要的一个理念便是"经尊子卑"。

至于"诸子出于王官"说，估计也是刘歆弄出来的，刘向可能没有提到这个东西。当然，"诸子出于王官"说也不能完全说是他的独创，因为在《庄子·天下》里面就说"古之道术有在于是者，墨翟、禽滑厘闻其风而说之""古之道术有在于是者，关尹、老聃闻其风而悦之"等等。诸子没有亲见古代道术，而只是耳闻，然后就沿着道术的某一方面发展了。比如儒学站在这个角度立说，认为只要有仁、义、礼、智、信，就能够治理好天下，这仅仅看到了事物的一面，而不及其他，带有很大的局限性；法家又站在那个角度立说，认为实行严刑峻法就能够使天下安宁，而不能看到事物的另一面；阴阳家又说你们这都没用，只要顺应自然就能够天下大治。凡此便是《庄子·天下》里所说的"一曲之士"了。《天下》篇已经涉及学术源头追溯的问题，从大道到道术，再到方术。方术就是一方之术，现在我们搞哲学的、搞文学的、搞物理的都是一方之术。在《汉志》中，"九流十家"都属于方术，而以六艺为代表的古代王官之学则属于道术。我想，《汉志》是不是可能受到《天下》篇的启发，只是换一个角度而已。古代学在官府，官方学术有明确的分工却又是有机的统一体，这是学术的最初形态。等到后来，王官离散，学术散流天下，便衍生出"九流十家"等学术宗派，这就是"道术将为天下裂"了。刘歆讲"诸子出于王官"应该是没有什么文本依据的，但是理论上是不是可能受到了《天下》篇的一些启发？

我们也不能那么武断，说刘歆一点道理都没有，比如说"道家者流盖出于史官"，道家是老子开创的，《史记》记载他是柱下史，我读书时的时候，几次问业师魏际昌先生"柱下史"是什么意思？他说，柱下史就是朝廷议事时站在柱子下面记录的史官。他的解释是不是有点想当然，我也不知道。但是顾名思义，大概也就是这个意思吧。史官善于总结历史经验，懂得古今成败之道，不懂得历史的人，往往只看到一些眼前的现象。《老子》作为史官，能够写出五千言的《道德经》，这大概也是对历史兴亡成败的一种哲理性的总结。所以从这个角度来讲，"道家者盖出于史官"，可能是也有点道理的。刘歆为"九流十家"各自追述他们的官学源头，大致上是不可靠的，但是你说这百分之百是胡说八道，这也不见得。历代以来，对他这套理论也没什么怀疑，到了我的祖师爷胡适才作《诸子不出于王官论》，抨击这套理论的不可靠。胡适的批判，在当时引起了很大的轰动。

三

到现在为止，我觉得对《汉志》的研究或者局限在目录学的角度，或者旧话重提，谈"诸子是否出于王官"，自从《四论"新子学"》出来以后，我们另辟蹊径，谈另外的问题了，也引起了很多讨论。而且从现在的发展势头来看，我想这仅仅只是一个开始，在重估《汉志》这个问题上还有可能会引起一个很大的波澜。假如不是《汉志》，不是刘歆在《七略》的小序中将"经子关系"作了这么一个定论，可能在汉代灭亡之后，"独尊儒术"这一套意识形态就会被统治者所抛弃，而不是影响中国两千余年。"独尊儒术"本来不是铁板一块，但《汉志》这个东西就像孙悟空头上的"紧箍咒"，嵌在中华文化的肌理上，从而加深了"独尊儒术"对中华文化的影响。如果不弄出一个《汉志》来，那么随着东汉后期儒学的崩溃，"经尊子卑"的这个思想观念可能在当时就已经垮台，而董仲舒"独尊儒术"的建议在政治上的影响肯定没后来这么深远，正是借助《汉志》，董仲舒的建议随着《汉志》的流传而坚持下来。从这个角度说，《汉志》的影响不仅表现在学术上面，更表现在文化上面，表现在意识形态上。所以，后来诸子百家都被压制，如明末李贽这样的思想家也最终冤狱自杀、清代唐甄的《潜书》都被当成离经叛道的东西了。从诸子百家的角度来看，他们的这些思想是极其具有创新意义的；但是从正统儒学来看，这些东西则被目为离经叛道。

《汉志》以文本的形式把"经尊子卑"的思想固定下来，所以从这个角度来看的话，我们真的需要动一动《汉志》了。提出了这些思路，我觉得在讨论《汉志》便有很多话题可说了。刚才我已经讲过了，诸子百家给我们的感觉是自由自在，随便发言，无所顾忌的，即使是贬讽侯王也没有关系。比如孟子见梁襄王以后说他"望之不似人君"，他这种话都敢说的，不像后来一提到君主便是皇恩浩荡，山呼万岁。诸子百家给大家一种自由宽松的环境，可以充分发挥自己的个性和特长。而到了《汉志》，经尊子卑的关系固定之后，对于儒学不利的话便是离经叛道，是绝对不能讲的。在这种情况下，诸子只是作为一种补充，地位是很低的，儒学与诸子成了一种主奴关系，小说家甚至连奴才都算不上。

　　从学科分类来看，特别是从图书管理分类方面来看，我觉得《汉志》所起的积极作用是比较多的。中国2000多年来的图书分类方法都可以看成是对《汉志》的继承和发展，《汉志》之后的"四部分类法"也是在整合《汉志》的分类理念并根据当时书籍留存情况而开创的一种分类方法，我觉得还是基本上可取的。但是要拿这个东西去框意识形态，去指导整个大的文化方向，问题就出来了。我并不是说《汉志》一点积极作用也没有，我从来没有这个意思。在兰州的学术会议上，有的人主张要全盘推翻《汉志》，这一点我倒不是很赞同。《汉志》有它积极的方面，如果没有《汉志》的书籍分类，我们读书就没有条理了。所以清朝金榜就说："不通《汉·艺文志》，不可以读天下书。《艺文志》者，学问之眉目，著述之门户也。"从读书角度来看，这句话也是很有道理的，但是放到政治思想方面，我觉得《汉志》对我们的禁锢还是太大了。所以，对于《汉志》我们还是要分两方面去看。任何东西没有绝对的真理，也没有永远不变的真理，在这个场合下是真理，换一个场合可能就是谬误了，所谓放之四海而皆准的真理，恐怕只是骗骗小孩子的。真理是相对的，是有时间和地域限制的。《汉志》在汉代的时候突出"经尊子卑"的学术立场可能有其合理性，因为君主需要统筹那么大一个国家，以一家为主的思想意识形态是行之有效的。但是，现在情况变了，当今世界是一个多元的世界，这样的情况之下，你还用《汉志》的那一套观点，显然是不行的。

　　《汉志》除了把我们框定在"经尊子卑"的这一套话语体系之下，同时又把我们的思想框到"九流十家"的分类当中。本来在诸子百家的立场上，我们思考问题是自由的、任性的。然后，我们按照"九流十家"立场去思考问题，思路就窄了很多。就像一条河，河流的上游原本是很宽的，结果到了一个地方非要把水道弄得很窄，出水就变小了，不自然了。现在分这个学、那个学，学术分科细化，当然这也是一个自然发展的趋势。但是有的时候太过人为，所以导致现在学术的面太窄，思路太窄，《汉志》是负有一定责任的。如果不是《汉志》，按照自然发展，学术可能也会沿着这个方向发展，但是不至于这样。

百年以来，西方的文化理念长驱直入，如入无人之境。我们一边不断批判我们古代的东西如何无用，如何腐朽，把传统说得一文不值；一边说外国的东西如何好，月亮也比中国的圆。西方的学术比较注重学术分科，待西学进入中国之后，中国传统学问又分成文、史、哲等学科。本来中国人的文化心理已经有"十家九流"这种框架在了，思想已经被切割成一块块、一条条的了。现在西学进来，又进一步细分。一边是传统的影响，一边是西方的影响，两相结合，现在我们已经没有一个整体观念了，对传统思想也缺乏一种整体性的观照。学中文的人局限在文辞文献的研究上，搞历史的人则重视史实和实证。中文系的人看哲学系的文章，觉得他们说得太过玄虚了，而在哲学系的人看来，中文系的人还在搞老一套，简直可以被废弃了。如此，学科之间便不相沟通了。要知道，文史哲在古代语境下本来是一体的，先秦学术的最大特点就是文、史、哲不分家，三位一体，密不可分。这不可分的东西现在却已经分成文、史、哲三家了，互相不能融通，更何况让文、史、哲三科以外的学者来看，他们之间更加不能沟通了。我刚才说了，因为长期受到传统的"十家九流"的影响，已经一点点把你框起来了，更何况还来一种横向的西方分科思维的影响呢！其综合影响所及，便让学人们只见到问题的某一个侧面，这连《天下》篇中讲的"一曲之士"都算不上了。

四

国家大概有点认识到这个问题，便提出了一个"跨学科学习"，哲学系的学生可以来中文系听课，反之亦然，说是要拓展知识面，培养他们的综合能力。我一想，这比以前更加糟糕了。因为跨学科的培养，只能建立在学生有一定功底的基础上，这样才能成功。现在语文教学的目的主要是应付考试，学生是没有什么基础的，只是在中学里面学了几篇古文，在这种情况下让刚进入大学的学生漫无边际地去跨学科听课，结果只能泛泛地学些东西，最后也不可能有些扎实的根柢。做学问是要讲究根柢的。我们读研究生的时候，没有一位老先生会问你已写了几篇文章，一般都会要求我们把功底打好，把基础打实了。现在没有一个导师会讲，你功底打好了没有，都是问你发了几篇文章。现在确能出现一大批专家，但是出不了博雅君子，更不要说贤人、圣人了。当然，学术风气变了，学术的标准也在跟着变，你去互联网上看看，到处都是国学大师，连那些几乎没有接触过国学的人，也被贴上了国学大师的标签。国学大师的标准在变，整个学术碎片化、世俗化，就像佛教一样，到了清朝就明显地走向世俗化了。烧香拜佛的人很多很多，只知道佛会保佑你，但是佛是什么东西，他们是不知道的。针对这一些现象，我觉得我们需要有一个构想，以应对当前的文化局面。

"新子学"首先是代表了一种文化立场，当然它也是一种学术，但根本而言，还是一种文化立场。今年7月份我们去瑞士参加世界中国哲学大会，"新子学"便是作为一个圆桌会议的议题。出席会议之前，我们想去拜访一位德国学者维亚切斯拉夫·维托夫，他是研究"新子学"的，先后以德文、英文发表过有关"新子学"的学术论文。他便说，你们将"新子学"放在哲学里面不是好事，因为根据他的理解，"新子学"首先应该是一种文化立场，如果放到哲学里面的话，就完全推向学理化了。作为一种文化立场的"新子学"，它是有中国性的。它与哲学不太一样，哲学可能是探讨一些共同性理念的。当然，"新子学"也可以探讨哲学问题，但是他是有文化立场的，它是有中国性的，只有在中国的文化立场上才能首先提出"新子学"。在2017年10月份台北第五届"新子学"国际学术研讨会上，我就说"新子学"到底是一个什么东西呢？中华民族到了汉初的时候，董仲舒提出了"罢黜百家，独尊儒术"的建议，将中国文化调整为以儒学为主，并延续了两千余年。本来春秋战国时期，随着铁器的广泛使用，耕牛也被使用起来了，大部分耕地被开垦出来，原来比较富有的国家，因为面积比较小，没有新的荒地可以被开垦了，这就导致了各个国家之间政治经济发展的不平衡，出现了诸子百家争鸣的新局面。我在台湾的这次会议上提出了"文化地理板块"的说法，从文化地理板块的角度来说，这还只是文化板块内部的震荡，但这次震荡已经引起了春秋战国的诸子百家争鸣。而自清末以来，除了板块内部的震荡，几个大陆板块之间又相互碰撞起来了，所以弄得中国人晕头转向，简直不知所措。这次文化板块之间的震荡，远非春秋战国时期的震荡所能比拟。我们现在所处的时代是"战国"林立的时代，思想界也随之引起了巨大的变革。从长远的观点来看，这次思想界的震荡仅仅只是一个开始，新的学术的建立也刚刚开始不久。春秋战国时期经历四五百年才建立起诸子百家的思想体系，我们这次文化的震荡才仅仅一百余年，它远远没有结束。如果有大的眼光，我们还是能够做出大的学问来的，能做出一种大的思想建构，而非修修补补的学问。

  从文化地理板块的角度来说，因为这一轮的冲击，除了板块内部的震荡以外，还有外部板块之间的冲击。所以在这个时候，董仲舒所提出的两千年以来"独尊儒术"的体系已经解体，不再适用了。所以我们大家要像董仲舒那样，努力寻找中华文化的大方向，不能仅仅是发几篇学术文章。我在台湾出席第五届"新子学"国际学术研讨会时就是这么讲的，后来在兰州第八届"新子学"国际学术研讨会上致辞时也讲到这个，今天又将这些观点讲述了一遍。我们提倡的

"新子学"有些人可能觉得只是诸子学研究方法的革新，其实远远不止于此，虽然这个意思也在里面，但不是主要目的。不管成功或者失败，或者只有部分成功，我们也要与大家一起尝试寻找中华民族的文化发展大方向。我们不是仅仅着眼于现在几十年，更要着眼于未来一个长时间段文化的发展，着眼于董仲舒之后下一轮文化发展的大方向。社会变革的节奏越来越快，董仲舒"独尊儒术"的文化策略沿用了2000多年，现在我们所构想的文化理念可能沿用不了那么长时间，但是最起码我们有这种志向，这才是中国士大夫的责任所在。

　　鉴于这样的理解，在学科建设方面，我觉得中华民族号称有5000年的文明史，而且是一个连续不断的文明体，在世界上也是独一无二的。我们所倡导的"新子学"主张，重构中华民族的未来文化，必须坚持"中国性"，要有主体意识，不能因为一个多世纪以来西方经济超过我们了，就觉得我们的文化已经腐朽了，可以丢在一边了。特别是有一些人，他们对古典文化了解得也不深入，总觉得中华的传统文化已经落后了。西方文化虽然在理论形态方面远远超过我们，比如抽象思维、逻辑思维，但这只是一个方面，这些方面我们可以吸收，但是我们不能走向虚无主义，失去自身文化的主体性。从历史的角度来看，佛教进入中国以后，一般的说法是东汉末年，一开始只是在朝廷内部传播，只是将佛祖当成一种神仙供奉的，后来才逐步转向民间。佛教一开始是通过"格义""连类"的方法与中国文化相比附以传播它的思想。但是过了这个阶段，到了僧肇的时候，他已经不满足于"格义"的方法，他要对中国传统文化主动出击了。魏晋玄学发展到东晋，整个玄学的主体由最初的老子学转向庄子学，最后被佛学所代替。魏晋南北朝玄学的基础是佛学，佛教势力特别大。后来唐宋时期，佛教集中到禅宗，它主要是用老庄的思想进行思想建构。但是最后佛教思想也只能被我们中华民族这个文化主体所吸收，成为我们传统文化的一个补充。儒学发展到北宋，因为其本身缺乏思辨的能力，它本来是一种偏重伦理的学说，缺乏抽象思维。所以宋代理学家吸收了佛教一些思辨的因素和老庄中思辨的因素补充自身，由此产生了宋学。宋学比起汉学，其思辨能力大大提高了。

现在，中国的文化也不可能用西方的东西来取代，不然我们都成了"亡国奴"了。现在还没有到世界大同的社会，文化还是有地域性的。自然科学可以说基本上没有国界的，但是人文科学是有地域区分的，不可能全球只有一种文化模式，所以西方的东西只能允许它作为我们的一个补充，他们好的东西我们吸收进来，但是我们的主体的地位不能让它们替代，当然它们也不可能替代我们。

在学科建设上，我们应该适当恢复学院制的做法，来培养一批文科人才，特别是在传统文化这一块，经、史、子、集四部之书放到一起来学，让学生将基础打好。比较好的方法是，先读经书，然后读史部之书、子部之书，然后再读小学方面的书籍。在这个基础上，再去让他们阅读哲学等方面的书籍。这样的话，他们的学问就有可能做大了。但是，现在做不到这一点，哲学的就直接学哲学，不再读经典了。读历史的就直接读历史了，而且分得太细了。这就导致了学术的碎片化，至多只能培养出一批专家。当然，专家对于学术的发展也很重要，但从文化的总体发展来说，只有在通与博的基础上再充分个性化发展的贤能大才，才有可能在文化的整体性推进上真正起到创造性的建构与引领作用。

（本文由博士生吴剑修据2019年9月15日讲演录音整理而成）

（原载于《诸子学刊》第二十一辑，作者单位：华东师范大学先秦诸子研究中心）

胡适之弟子　子学之传承
——《紫庵文集》序
方　勇

粤自清末国危，华夏板荡，凡豪杰之士，莫不甘洒热血，欲以再定乾坤。若政治、经济、军事、外交，皆有其人焉。至于学林，如海宁观堂、新会任公、余杭枚叔、绩溪适之之俦，则尤其翘楚，今焉思之，几可比美周秦诸子也。此数子者，虽身经乱离，而其学术行谊，仍克彪炳史册，其何哉？盖国运维艰，其济民之心切，故发而为论，其立言之旨高。其继之者，尤当战火之弥漫，目击生民转乎沟壑，其家国之情，救世之志，未必让于师辈焉；其学术之精，发言之妙，未必逊于前贤焉。特以危亡在即，禁网随密，其说有不得其传者，此诚时势之可悲者也。中有人焉，则先师紫庵先生也。先生亲承胡适之学统，身历百年之变局，其救国济民之血气尤刚，其正学立言之志趣尤笃。然遭际坎坷，声名不彰，手泽或罹湮灭之灾。予既忝列门墙，蒙恩深渥，岂可不表而出之，忍使先师之名不闻于后世哉！

一

先师魏公讳际昌，生于清光绪三十四年（1908），字紫铭，又字子铭、子明，号紫庵，其先河北省抚宁人也。祖化纯公，年二十举秀才，平生以授馆为业，间掌官司文牍。光绪初，化纯公携妻刘氏及二子献廷、献瑞，"闯关东"至吉林，遂占籍焉。献廷公娶某氏，生子世昌；继娶刘氏宗瑞，生子际昌、运昌，女毓贞（后改名媛）、毓贤。

化纯公秉儒素家风，颇具威严，阖府上下莫不敬且惧焉。先生既生，方咿呀学语之时，化纯公即试授以《千家诗》《唐诗三百首》，皆足成诵。化纯公喜，以为孙辈之中，独先生为颖慧，故最为宠爱。及化纯公卧病，抚其背而叹曰："绍承家学，以光门楣，其汝乎！其汝哉！"时先生已入小学，化纯公遂于其归学之时，复授以先秦儒典，至十四岁已通四书五经矣。先生之学，诚基始于此，虽至耄耋之年，于此类儒典犹足倒背，其家学之深如此！方此之时，先生亦初识声律，发为吟咏。尝订数百首于一册，以请于化纯公，化纯公逐一手批之，先生习焉，遂于诗词一道有所会心矣。其一生吟咏成习，亦肇乎此焉。故先生尝赋《化纯公礼赞》诗数首，晚年复增以小序，绳绳乎称颂无已，盖终其生未尝或忘也！唯化纯公所批先生少年之作，早已亡佚，先生晚年已检而不得，惜哉！

一九二一年秋，先生考入吉林省立第一师范学校初中班。任教于该校者，或出身北大等名校，或尝留学东、西洋，术业有专长，品性各异方。先生受其熏习，学业有进，识见益广。及入高中，高亨先生为文字学教师，于先生教益尤多，后数十年，一皆亲同师友。时先生学业甚优，而家境颇窘，遂以工读之故，为守图书馆于晚间，先后凡三年。于是先生乃克博览群书，益深其学。而当时新思，亦随《语丝》《创造》《呐喊》《彷徨》诸新书，而入乎先生之眼矣。一九二九年秋，先生考入吉林大学教育系文学组，于传统课业之外，阅外国作品颇多，如高尔基《母亲》、托尔斯泰《战争与和平》、狄更斯《双城记》等，既为先生日后授外国文学之本，更成其研治国学以资比较之度也。

"九一八"事变，东北沦亡，吉林大学旋亦解散，先生乃于一九三二年春逃亡北平。是夏，考入北京大学中文系，乃于其学术生涯，肇开新局焉。北大乃"新文化"之源，先生向慕久矣，乃今得入北大，而流离之苦，亦为之稍解矣。于是少问世事，专心学业，日怀讲义笔记之册，循钟声以出入于教室，广听胡适、鲁迅、周作人、钱玄同、刘半农、马叙伦、刘文典、黄节、林损、罗庸、罗常培等名师之课程，学以大进。即今所存先生所批俞平伯《词选》、余嘉锡《目录学发微》诸讲义观之，则先生用心之专、用力之勤，可概见矣。而其中所论，亦间有异于师说之处，则其会心自得者也。先生少时，尝从化纯公习《文字蒙求》《字学举隅》《续三十五举》等，又尝从高亨先生研治《说文》，于汉字音义及字体流变素有根柢，故于北大之时，尤用心于唐兰"钟鼎文研究"、沈兼士"右文研究"、马衡"金石研究"、魏建功"古音系研究"等课。今存先生手批唐兰《殷墟文字研究》《商周彝器文字研究》讲义，皆行楷小字，密布其中，或训释甲骨，或补证金文，广采博涉，逐字训解，显为课后补充整理，是其用心之所在也。先生尝撰《尔雅集释》，更于课暇之时，常驻北大图书馆以研治《说文》，凡三年有奇，终成《说文解字汇释》八十万字。先生亦尝欲以古文字学终其一生，然世事多舛，身不由己，而《说文解字汇释》书稿亦于"文革"时遭红卫兵之劫以亡佚，至今不可得。而先生此志，遂成永恨矣！

　　北大诸师之中，先生尤善胡适先生，每听其授课，即肃然起敬，点滴入神，届乎欣赏之境。先生之作白话文，亦受胡适先生之感召也。一九三四年秋，先生拟以公安一派为学位论文之题，乃请胡适先生为指导教师。胡适先生欣然应允，且荐周作人先生同为指导。先生从之，遂撰为《袁中郎评传（附年谱）》。先生方卒业，茫茫然不知何往，适北大研究院招收研究生，胡适先生为导师之一。于是先生报名应试，果名列榜上，仍以胡适先生为导师。胡适先生以"桐城谬种"之说时兴,命先生治桐城派,先生从之,二年而成《桐城古文学派小史》,凡二十万言。此书非唯近代首部研治桐城派之专著,亦首倡桐城乃"学派"而非"文派"之论,于桐城派研究之事影响深远,至今仍为典范焉。

一九三七年,先生甫卒业,而"七七事变"突发,民族危亡,悬于一线。先生既惊且痛,只恨身微力弱,不能报国。流亡北平,本自贫苦,值此大乱,几无以为生。乃于八月六日,抛妻别子,南逃谋生,自称"二度牛郎"以嘲,悲亦极矣!南逃之途,其颠沛坎坷,不待烦言,而日寇盘查袭扰,恒存性命之忧。经天津、烟台、济南、徐州,终至于南京,遂入国民党召组之"青年战地服务训练班",矢志抗日图存。翌年二月,训练班奉命南行,经安徽、江西而至武汉,先生乃受命赴河南禹县等地,指导民众抗日之事。九月,又移先生于湖南省教育厅。此后数年,先生皆处湖南,先后任湖南省立第一民众教育馆馆长、省立第八中学校长、省督学等职,于社会教育、民众教育用力尤多,撰有《社会教育在湘西》《中国民众教育史刍议》等文。

在湘之时,先生曾兼任广东省立文理学院教授,所授"《说文》研究""文字声韵概要""中国文学史""汉唐散文选"等,皆北大所学之朴学、汉学、文学系统也。一九四四年秋,转陕西南郑,任教于国立西北医学院,教授"中国文学史""近代文学史""文字声韵概要""读书指导""大学国文选"等,并撰有《随园先生年谱》等,均源出其北大所治之学也。

抗战既胜,先生受命为吉林省政府接收专员、教育部东北院校接收专员。翌年秋,高亨先生时为东北中正大学中文系主任,邀先生,先生应之,设"中国文学史""古代散文选""经学概论"等课。时高亨扰于庶务,先生实主其事。后复与高亨诸先生,共组"国学研究会",以期专注文史、翻新国故。并于《沈阳日报》副刊特辟国学专栏,由高亨先生撰为发刊词,先生所撰《孔门弟子学行考》亦分期刊焉。

国民党失势于东北,中正大学旋迁北平。一九四九年初,征先生为华北"剿总"焦实斋办公室秘书,以教授之故,获同少将待遇,其职则联络北师大、清华、燕京及设院北平诸东北院校也。时先生尝于勤政殿宴请各校教授以咨和战之见,又与齐白石、潘龄皋、朱家濂等多所往来,更尝奉命送胡适、陈寅恪、梅贻琦等乘机离平。北平之和平解放,先生实有力焉。后亦尝与叶剑英、林彪、薄一波、陶铸等共产党领袖有所交际。

北平既和平解放,先生乃入于"华北大学政治研究所",以学习马列主义及毛泽东思想,并就其政治问题予以首次"交待"。一九五〇年三月,移先生于西北艺术学院中文系,开设"文学概论"等课。然该校本"鲁艺学院",教职员皆以文艺为工农兵,与先生所持传统学术扞格不合,遂于翌年二月调入西北大学中文系。方此之际,先生又因"历史问题"作第二次"交待",所幸尚可勉力从事学术,聊以自慰。

一九五二年七月,以夫人于月萍先生任教于天津师范学院历史系故,先生亦调入该校中文系任教授,开设"苏联文学""现代中国名著选读""中国文学"等课。一九五四年,该系设古典文学研究室,先生遂与顾随、韩文佑诸先生共事,每聚讲切磋,相得甚欢。方此之时,先生所撰《苏联文学》《中国文学史》《古典文学读本》讲稿乃告厥成,又撰有《李白评传》《汉魏六朝赋》等。值暇,先生常往天津劝业场书铺访书,先后购得古籍旧帙千余卷,自喜坐拥书城。然是年之后,政治风波愈演愈烈,先生所受调查亦日见严重,而先生之厄,亦终于来袭矣。

一九五五年,"肃反"大行,先生遭迫,乃就其"历史问题"作第三次"交待"。一九五七年,又"大鸣大放",先生又被迫作第四次"交待",并与夫人于月萍同划为"右派"。一九五八年三月,先生遭开除公职,押杨柳青农场劳改,夫人于月萍则于学校农场强制劳动。一九六〇年,先生以胃疾呕血,乃得返城治疗。是年,天津师范学院改名河北大学。翌年九月,先生五十四岁,乃摘除"右派",发往中文系资料室,从事于洒扫、登记资料工作,间或运煤、烧锅炉。夫人于月萍则发往校图书馆打卡片、排架子。至一九七八年,先生夫妇得以平反,乃出资料室、图书馆而重登讲坛。自开除公职后,凡二十余年,先生仅于劳作之际吟诗自慰,甚若"文革"之时,终日批斗、虐待不休,即吟诗亦成奢望矣。然先生赋性坚韧,未尝一日而忘学问。无论劳作之暇、斗室之居,凡有可为,即争分秒以治学术,或撰新著,或理旧稿。先生七十岁时,尝致信亲戚,自谓病体稍愈,即于疗养之暇,整理《桐城古文学派小史》《李白评传》《唐六如评传》《先秦法家思想管窥》《两汉训诂学》诸旧作。是可见先生之视学术,其重犹愈性命也!

一九七九年,河北大学中文系设助教进修班,先生始克授课,乃为青年教师讲授《庄子》。一九八〇年春,河北大学拟请先生重登讲台,为本科生授课;秋,又与詹锳、韩文佑、胡人龙诸先生合招中文系首届古代文学硕士。于是先生大为振作,肆情学术,自谓"本科开课讲专题,研究生班更属奇。已非五十年代事,垂老雨后显虹霓"(《保定去者》)、"固已及耄耋,犹作苦登攀。学如逆水舟,拼搏始过关"(《八一年元旦放歌抒情》)。其生平要著,若《先秦散文研究》等,皆此时之作也。一九八三年秋,先生始独自招收先秦文学研究生(方勇、李金善),于是携弟子遍游各地,以参加学术会议。教研之余,先生每与乎各类学术文化活动,勠力于各学会、协会之筹建,先后推为河北省古代文学研究会会长、河北省语言文学会副会长、河北省燕赵诗词协会会长、保定诗词楹联学会会长、河北太行文化交流促进会名誉会长、中华诗词学会常务理事、中国屈原学会副会长、中国诗经学会顾问。就中尤以筹组中国屈原学会，及张大楚辞之学，贡献尤多，于学术研究之外，成其推动学术之大德焉。

先生一生博览群书，其旧学根柢尤为深厚。其所撰著，非唯广及四部，亦且纵贯古今，且涉于海外之学。上述之外，今《紫庵文集》所收，尚有《周易》研究、《尚书》研究、《三礼》研究、《甲骨文释例》《钟鼎文研究泛论》《六书字例》《右文说》《假借说》《郑公孙侨大传及其年谱》《先秦学术散论》《〈论〉〈孟〉研究》《先秦诸子的"名学"问题》《诸子散论》《先秦两汉训诂学》《楚辞综论》《史传散论》《西汉散文钜子合论》《中国古典文学讲稿》《古典文学散论》《中华诗词发展小史》《汉魏六朝赋》《唐代边塞诗析论》《李白评传》《明清文学》《杂文序跋》《毛主席著作语文析论》等等，蔚乎大观，洋洋非孤陋浅薄者所能望其项背也。

先生之学，皆出于根柢，发为广博。先生少秉庭训，幼承家学，既而稍广其学，而不为所迁，于小学之道浸淫久焉。于以治甲骨钟鼎之文，《尔雅》《说文》之理，积力既久，发之遂广，故驰骋于四部，出入于百代，皆无往而不自得焉！观乎此，则以深厚广博为尚之传统学术，庶几未堕于地哉！后之学者，其亦念哉！

予始侍先生于一九八三年秋，厥后十载有余，皆得亲炙。每念先生渊雅广博之学、霁月光风之怀，未尝不效河伯之叹。然先生每云："昔在北大求学之日，尝闻钱师玄同先生自谓其学不及俞樾之十一。今我魏某，亦未敢望钱师之十一矣！"小子闻之，愈益惕惕焉。而先生确乎以此自勉，虽至耄耋，犹"口不绝吟于六艺之文，手不停披于百家之编"（方勇《祭恩师紫庵魏际昌先生文》）。小子自忝列门墙，每周登门请益，皆师母于先生开门以导，先生恒正襟危坐于书桌，非批阅古籍，即执笔撰稿焉。问之《论》《孟》，先生皆倒背如流，其章句先后皆丝毫不爽，非吾侪颠倒含混以记诵之类也。一九九三年夏，先生不慎仆于学校大澡堂中，脑部震荡，视物重影、听声变音，予尝陪侍医院焉。时予将赴国际《诗经》学术研讨会，方草论文，遂多以《诗经》之事请于先生。先生虽半处昏迷，而问之必答，答之必中，无少爽忒。予惊其于《诗经》之烂熟，而愈感先生之不可及也！予既卒硕士之业，即为先祖凤公搜辑遗文，汇为《方凤集》，而限于学力，其间有不可句读者，久思不得，遂以请于先生。先生一见之而定其可否，不假思索。学问之力，有如是夫！河北清苑吴氏至德堂之后，家藏明清八股文及科举试卷若干，欲为之释读，遂遍访冀内高校中文教师，而皆不能。一九九四年后，乃经人引介，往谒先生。先生甫接稿而成诵，如庖丁之解牛，闻者无不豁然而明。后予闻之，益增崇慕焉。故尝语人曰："先生之饱学如此，吾辈虽竭力步趋，亦不可仿佛其十一。然著述少见，学说不彰，如卒然不可讳，其学随身去，非唯先生有抱憾之悲，亦斯文之一厄也！予等忝列门墙，当尽弟子之责焉。"

予与李金善兄乃先生独自招收之首届研究生，后三年又招一届，即不复收。方吾侪入学之日，先生即辟其门外一屋为读书室，出其珍藏线装书命予二人细读。犹记予二人所读之书，首部即《尚书孔传参正》，纸已发脆，乃先生珍藏，盖两阅月而读毕焉。先生又每周授课一次，凡先秦要籍，皆执黄脆手稿，逐部讲解。每告予二人曰："唯根柢是务！"予二人常侍先生出席学术会议，从先生遍游国内，故得拜见俞平伯、钱钟书、王力、吕叔湘、郭晋稀、饶宗颐、姚奠中诸先生。诸先生举止言谈之中，交际往来之间，无不可见其学养之深厚、气象之博大。今之学者，每露其局促之气象，陈言发论之际，每需遍索枯肠，寻章摘句，以文其面，更遑论"风力"矣。噫，可深省哉！

亲炙诸先生之时，予每有"目击道存"之感。静言思之，盖诸先生之提携后进也，但问其根柢如何，如此方克登高致远，未尝以文章为事也。而今天道转移，为人师者，但以一技之长授诸生，以求其快；问答之际，亦无非几篇文章、刊于何处之类，何无聊之甚邪！其学术志趣之别、气象之异，亦由此判然矣！

予尝请古今学术之别于先生，先生曰："古之学术，见之于日用常行之间，体之于身心性命之内；今之学术，治之以寻行数墨之法，流之于聚讲空谈之表矣。"旨哉言也！夫屈原行吟，但为忠贞；子长撰著，以究天人。即陈寿之辈，虽有索贿之说，亦未见其为稻粱谋也。是古人之治学，志成一家之言也。今之学者，或攻乎章缝，碌碌于雕虫；或徒事玄虚，夸夸于空谈。或逢迎时势以谋利，或捐弃道义以远害。呜呼，其何以对古之人哉！此吾所以喟然于时势者再四也！

二

先生平生自许北燕抚宁人，谓"予家抚宁，距榆关四十里"（《山海关登临怀古》自注），"美哉我抚宁，英才代代现"（《南戴河抚宁新建区》），"某则北燕老汉，似我之古代乡亲，不服老之关汉卿，竹筒倒豆子，慷慨悲歌，一吐为快。"（一九九五年致张远齐函）晚年还特为《抚宁县志》撰序，并携夫人于月萍返乡探亲，于此故籍尤具深情，其诗曰："我有家族兮在抚宁，农耕负贩兮五世纪。秫米为粥兮蔬菜羹，短衫敝屣兮谋朝夕。关东漂流兮祖与父，孩提倾慕兮船厂地。教以扫洒兮学《诗》《书》，青青子衿兮由是起。回首前尘兮七十载，皑皑白头兮返故里。老泪盈眶兮思亲人，旧屋虫声兮犹唧唧。遂享膏腴兮饮旨酒，亲友依依兮送不已。碧桃一筐兮祝寿考，行行屡顾兮心悒悒。灯下恍惚兮热中肠，似梦实真兮何自疑。"（《重返祖籍抚宁县荣庄》）

抚宁今属河北省秦皇岛市，殷商时孤竹国之土也。夷齐不食周粟，即孤竹君之子也。始皇东巡，魏武登临，气吞山河，猗吁壮哉！

其风气所被，燕赵遂多慷慨悲歌之士，仗节死义之臣。若夫东北，虽古称蛮荒，而清初以降，民多出关谋生。因地处苦寒，物产不丰，其人乃相协互助，以抗天地，故成豪爽刚毅之风、重义轻生之俗。先生尝赋诗以赞化纯公，谓其"隆眉俊目立亭亭，威而不怒处士风"、"敌前廉守民族节，病后退食子孙中"（《化纯公礼赞》），深具燕赵之风、东北之度。先生虽少习儒典，浸淫乎"温柔敦厚"之《诗》教，然其燕赵血脉、东北民风，固不可掩，绝非白面书生、冬烘先生之比也。

一九二四年，先生年方束发，不过就学初中尔，察知吉林文教之弊，而毫无畏惧，放言以抨击之。一九二七年起，先生弱冠，则恒与于吉林学生运动，以张爱国之势，如"反对吉敦铁路延长""打倒卖国贼刘芳圃""五卅惨案示威游行""五五国耻纪念"等，先生皆在焉。一九二八年"易帜运动"，先生更不避逮捕之险，毅然出任纠察队长，引游行之队伍，闯吉林省议会。男儿血性，士夫豪气，固如是哉！一九二九年考入吉林大学，又尝任吉林省学生联合会召集人，召组学生爱国运动，更与奉天及关内平津沪上诸学生会、爱国组织交通声气，协同并进。于是不举事则已，举则疾风暴雨、凌厉无前。若夫师长之劝阻、军警之拦截，乃至辱骂殴打、逮捕监禁之事，不恤也。今之文弱书生，何可比也！一九三四年秋某日，特务至北大东斋搜捕，诸生皆愤，围而殴之，先生亦与焉。翌日被逮，虽备受凌辱，未尝屈也。一九四六年春，东北收复未久，梁华盛履新副军长及警备司令，至即大设宴会，并招日本妓女歌舞以伴。先生时为接收专员兼教育厅主任秘书，见之愤然，因拍案而起，厉声云："东北沦亡十四年矣，吉林父老皆喁喁望治。乃主席甫下舟车，即以此为尚，其何以对东北父老邪？"梁大怒，举枪欲杀先生，以众劝得止，而仍逐出先生焉。

自一九四九年六月入"华北大学政治研究所"，先生虽间受"改造",屡作"交待",而血性不改,刚克如故。华北大学政治研究所结业后,发先生于西北艺术学院教学,三月至长安,而七月即以病辞归。一九五五年所作《自传》,谓该校本鲁艺学院,故于生活教学,均要求甚严。先生自觉精神不快,兼以旧病复发,乃辞职就医。所谓"辞职就医"显系托辞,"精神不快",则其"归欤"之深故也。一九五四年后,先生遂为"肃反"之要犯。先生一九六八年所作"交待",自诉其心怀不满,以为当政刁难于己。傅作义立于天安门上,而己本下属,反遭清算,尤为不平。故为学者呼冤,论当政之未能礼贤下士云。一九五七年,天津诸民主党派,集会献策于党,而先生于天津民革市委之席,大论当政应以民为上,以戒陈胜吴广之事也。夫人于月萍先生,亦于民进天津市委建言,在上者当深入群众,不可以亲信为进步者。于是夫妻二人,均论为深藏之反党分子,于先生并被控煽动匈牙利事变,随即强遣于农场劳作,受尽折磨。后先生题其天津师院西湖村居室曰"放庐",又于一九八〇年六月五日所赋《水上公园联欢即景》诗后自注云:"颜曰'放庐',言被逐耳。"是可知此等摧折,于先生身心为害尤深,故虽七十三岁高龄,犹耿耿于怀而不得自释也。

予自一九八三年九月忝列先生门墙后,于先生学术之高深,固高山仰止矣,而更见其素具血性之气焉。然此血性之气,与其学术何关,则未克深思。从先生既久,近年又董理先生文集,方略有所知焉。

一九八五年六月二日,予侍先生自杭州往游绍兴,先生甫至,即往徐渭旧宅青藤书屋,低徊留之,久焉而不能去,乃赋《青藤书屋》云:"我爱青藤书屋,特立独行拔俗。'一尘不到'真语,'中流砥柱'可书。岂真无功社稷,海防助理胡督。只缘皇家昏暗,羞与奸佞为伍。诗文饶有奇气,丹青脍炙东土。故事至今风传,明代杰出人物。"五日,复侍先生由杭州往游苏州,至于九日,先生执意往寻桃花坞，及徒步寻至，唐寅旧居早已荡然无存，唯新建民居井然而列，而先生犹自驻足良久，不愿即去。一九八七年五月中，先生携门人孙兴民，辗转火车与汽车，凡数十小时，途经千余里地，赴于湖北公安，以与乎公安派学术讨论会，并提交《晚明"公安三袁"合论》一文。先生以耄耋之年，于徐渭、唐寅、三袁诸晚明士子，其向往之深，何至于此！予时大为不解。至于今日，乃知此数人之习行、气禀与行谊，皆足以发先生之共鸣，而其文章与学术，亦予先生以启迪也。

先生于《胡适之先生逸事一束》一文，自述其于一九三四年告胡适先生以志趣而请指导。而所谓志趣，即欲以研治"独抒性灵，不拘格套"而以率真自然为求之公安三袁也。适胡适先生方倡"反对假古董"之说，立为应允，而告先生可专研袁中郎一人，于是先生乃定其题为《袁中郎评传》。既受教于胡适、周作人二先生，先生勠力九月，乃成其《袁中郎评传》，凡十五万字焉。于此之前，先生所作《明代公安文坛主将——袁中郎先生诗文论辑》一文，已刊于《北强月刊》一九三四年第一卷第六期矣。

昔周作人先生之授先生也，为开具书目，如《袁中郎全集》《白苏斋类集》《焚书》《徐文长文集》等，大抵皆有"离经叛道"之意存焉，正合先生之所求。方此之时，先生复撰《唐六如评传》，以见唐寅叛逆之性。嗣后，先生乃间出《徐文长论》《看李卓吾批评〈琵琶记〉戏文后》《晚明"公安三袁"合论》等文，以抒其胸中久郁之不平焉。

先生之撰《唐六如评传》也，于"六如坎坷一生，愤而玩世，喜笑怒骂，对立权位"之度，尤深致其同情仰慕之意。《徐文长论》一文，又于徐渭"敢发议论""非圣叛道"之风多所褒崇，以为徐氏之诗文书画，均"蔚为奇葩，流传不朽"。而其《明清小品诗文研究》（《北强月刊》一九三五年第二卷第五期）总论二人，略曰：

"唐、徐二人，或以高才被黜，不见齿于缙绅之林，遂激其豪放，流为俳俚之诗。或以布衣称奇，耻入王李之党，又因一生坎坷，几番死活，乃至鬼怪诗文，重迭而出。今细按二家，虽或稍嫌轻浮，或略近古怪，而其创始开新之精神，后人矜式之成品，固不容埋没焉。"即此可见，晚明诸子之种种，先生均感同身受，故虽至末年，犹念念在兹也。

先生晚年尝赋《论公安三袁》诗云："公安论三袁，齿颊溢香满。信手抒性灵，排斥摩霄汉。高山终可仰，流水潺潺见。海阔恣鱼跃，天高任鸟旋。"以为公安"三袁"之于文学也，非唯尚徐渭之"叛逆精神""不满现实狂放不羁"（《徐文长论》），亦深见启于李贽思想之神髓，"如鸿毛之遇顺风，巨鱼之纵大壑"，故得发为高论，创立独见。谓其兄弟同心，携手战斗以成名，诚史之所罕见，故先生论之，尤重其"同"，以为同为进士、同能出入释氏、同与李贽为友、同反"七子"之陈言、同作"独抒性灵"之文、同有文集传世。其所"同"者，虽"三苏"亦难比焉（《晚明"公安三袁"合论》）。又总论之曰："同声相求，同气相应，中郎先生所推许者，必皆任性率真、手口直抒之文字，德不孤，必有邻，谁谓先生单调哉？"（《明代公安文坛主将袁中郎先生诗文论辑》）先生以"三袁"况之"三苏"，而尤称其主将中郎，谓其"德不孤，必有邻"，诚前人所不敢言，且窃以己为中郎之"邻"，可谓数百年后之同调也！故先生居"放庐"而血性不减，而其诗文亦步武随之焉。

先生尝赋《奉命批〈海瑞罢官〉和搞资料展览而获谴》云："注定'运动员'，无语暗呼天。蠢在批海瑞，竟尔敢发言。《早春的二月》，资料亦空展。《北国江南》丑，人是我难全。搜集终何用，罗列等'炮弹'。奉命供驱策，表现惹笑谈。花发失颜色，蝉鸣自令残。雨来风满楼，雀去避屋檐。在数莫逃遁，由它去熬煎。"其自注云："主持批判的人，说我'在数难逃'，只能听之而已。""文革"

前夕，先生仍以"老右派""国民党残渣余孽"之身被贬于中文系资料室任杂务。以上命之故，先生遂以《北国江南》《早春二月》《林家铺子》《海瑞罢官》诸影剧，时所谓"毒草"者，布为展览，并同列吴晗《灯下集》《读史札记》《朱元璋传》诸书。而时以先生所布，未克突出政治重点，不符批判《海瑞罢官》之需，遂责先生以有意破坏、"在数难逃"。故先生作为此诗，以示抗争焉。当此极穷之时而先生犹自不屈，则尤可见其禀赋刚克，未可尽泯焉。

赋诗言志，本先生之家学，先生亦尝屡告其子孙，谓其愿为诗人。然先生早年诗作，散佚殆尽。今所见其于一九三七年卢沟桥事变后至一九四五年抗战胜利间所作，凡"流亡""抗敌""文教""胜利"诸篇六十余首，大抵发其悲愤之情、抗争之志，纪其困苦之状、去留之迹，谓之"诗史"可也。虽其后迫于时势，多有违心之作，而其精气所在，固不可掩焉。予忝列先生门下之初，人有善诗者论《紫庵诗草》用语浅近、体格俚俗，予亦疑之而不敢决。后予与弟子整理《紫庵文集》，见先生少年初学时所作《化纯公礼赞》，已谙熟格律，且用语典雅。又见其手稿修订诗歌之迹，多有本句甚雅而改句反俗者。乃知先生之诗，其通俗显白，正有意为之也。盖先生从胡适先生习白话，而又以公安"三袁"独抒性灵为圭臬之故也。

先生既尚"三袁"、徐渭、李贽等晚明诸子之学，复承胡适先生之学统，故当其教学本科，乃即元明清杂剧、小说诸俗文学研而治之，故有《关汉卿戏曲艺术特色及其思想》《关汉卿戏曲散论》《〈水浒〉散论》《看李卓吾批评〈琵琶记〉戏文后》《讲史小说〈三国志演义〉》《漫话〈三国演义〉中的"桃园弟兄"》诸文，所著《明清文学》之论《三国志演义》《西游记》《儒林外史》《红楼梦》等，尤深入肌理而自成体系焉。

自其内观之，先生之治元明清杂剧也，固有抒其胸中块垒之意焉。故其论徐文长《四声猿》，极许其冲破藩篱之叛逆精神，与夫不满现实之狂放不羁，称曰"蔚为奇葩，流传不朽"（《徐文长论》）。行文之际，而先生痛快淋漓、激情澎湃之情，亦已跃然于纸上矣。若夫明清小说，则先生恒津津于"桃园弟兄"，故其《漫话〈三国演义〉中的"桃园弟兄"》一文，于刘备之仁、关羽之义、张飞之雄、赵云之忠、诸葛之智，尤多共鸣，故极其赞美之事。自其研治之术观之，则先生颇受惠于胡适先生之明清小说研究也，其用语显白通俗，则尤足为先生学白话于胡适之征焉。

然自论定为"右派""国民党残渣余孽"，又经"文革"之摧残，先生之血气心志，亦不得不稍为之沮。非唯多有违心之作，其他诗作之风骨，亦不复前日之凛然矣。至于学术，亦如是焉。五十年代初，先生撰《明清文学》，于《水浒》中宋江等梁山人众，极许其"替天行道""人民革命"。一九五六年刊于《天津日报》之《我对孔子教育思想的体会》，亦盛赞孔子为"教育家"。然"批林批孔"之后，此类之说，亦不得不随势转移。其一九七四年一月六日致亲友信札，自谓"批林批孔"之势愈演愈烈，己虽为之撰文，而每置学术于政治之上，故不得"结合"。又七月廿日札，自谓为撰此类文章而疲，胃痛、溃疡及脊椎诸病复发。虽强支病体，违心撰为《从"樊迟请学稼"说起——批判反对劳动教育的孔子》《为奴隶主阶级抹彩树碑立传的"述作"——批判孔子反动的文史观点》二文，然仍觉己之学术不合政治之命，其无可奈何之态，亦甚显白矣。一九七五年，毛泽东于谈话中论《水浒》反贪官不反帝王，演为"批《水浒》"之大运动，举国风从。先生不敢不从，乃撰为《〈水浒〉散论》一文，并以此交《水浒》学术研讨会。此文之中，又极贬宋江为首恶，称梁山众人为"残民以逞"，与其前论《水浒》全然背戾矣。

先生血性刚克，故一九五〇年于西北医学院尚克拂袖而去。然随即发农场劳动数载，身心俱为重创。一九六一年去"右派"之称，发赴中文系资料室任杂役，虽得重亲典册，思振旧业，然惊魂未定，时势难为，固未敢与于旧学焉。故不得已而以《毛主席著作语文析论》为题，用力数载，至一九六四年秋乃成其十五万言之稿，以献礼于国庆，与前日之"拂袖而去"，不可同日而语矣。

　　虽然，先生之血性，终不可尽淹杀之也。二十世纪八十年代末，屈原研究之风大盛，而异端邪说亦随之而起，先生每愤然指斥之。并致函同道，痛斥"风气不正""邪祟太多"，如以太阳为生殖器之象、"路漫漫其修远兮"之"修"为"灵修"、女媭为母、婵娟乃妾，于是屈子为"淫人"、三闾为"狂夫"矣！而主持者多为乡愿之辈，任其雌黄，遂至泛滥。（一九八八年七月十二日致赵逵夫函）是先生犹能仗义直言之也。予素悲吾先祖南宋遗民凤公，少负异才，长而遭亡国之祸，乃痛哭长歌，用嗣商仁人义士之志，而既殁之后，诗文零落殆尽，收于《四库》者，已是残膏剩馥矣。故予既获硕士学位，即尽力辑校其遗文，汇为《方凤集》以付梓。先生闻之，为赋《为方勇贤棣颂其廿四代祖方凤处士》竹枝词五首。意犹未足，复赋《礼赞浦江南宋遗老方凤先贤并柬其裔孙方勇硕士》云："浦阳说古郡，春秋早有名。仙华毓灵秀，黄旨传飞升。迨及元入统，佳域酿纷争。南人遭歧视，儒生最蹭蹬。宋末之遗逸，理学为正宗。忠贞多不二，修养似天纵。贤者称方凤，谢翱亦同行。创立月泉社，攘臂对刀丛。从者以千数，挥泪思杭京。不食异代禄，安贫乐蒿蓬。诗文留千载，后世沐清风。裔孙曰方勇，二十四代承。执笔颂祖德，绳绳始发声。最难在辑佚，矻矻未常空。缵续固应尔，士也古道兴。"末署"八十六叟魏际昌"。是知凤公之行谊，直可引北燕老叟为之共鸣，亦其血性犹未尽灭之征也夫！然则，先生绕指之柔，孰为之哉？噫，悲夫！

三

先生幼承庭训，其要以儒典为本；至北京大学，又治古文字与集部之学；厥后延及史部，而尤长于诸子之学。由是经史子集，融会贯通；周秦明清，一以贯焉。而其个性之鲜明，遭际之坎坷，尤足体之于身，会之于心也。然世事多艰，故先生之论著虽多，而大都未及面世，故方今之世，声名不隆焉。

先生生前，唯其《桐城古文学派小史》由河北教育出版社于一九八八年付梓。此本先生一九三七年所成之硕士论文，乃从业师胡适之议而定其选题者也。胡适曰："人皆谓'桐城谬种，选学妖孽'，其然邪否邪？贤棣可审辨之。"此题大违时风，而先生欣然受之，及成，果不负业师之厚望。然此特先生早岁之所著，不足以衡论先生平生之学术也。今之学者，则或以先生为楚辞学者，亦不知先生者也。即先生生平而论，先生遍治先秦经典，未尝专以楚辞为事。唯一九八二年，先生已寿届七十有五，以应会议之故，方与屈学结缘。至其屡出于活动之场、会议之席，其意亦在乎追攀屈臣，会晤旧友，以祛半生之落拓寂寞也。然则先生之学何主邪？权而论之，先生生平学术之要，寔在诸子矣。

先生之作为诸子专论也，殆肇乎求学北大之日，《北强月刊》一九三五年第二卷第三期所刊之《先秦诸子论学拾零》，则今可考见之最早者也。该文之所论列，老子、孔子、子夏、曾子、子思、墨子、庄子、孟子、荀子、韩非子及《吕氏春秋》，于先秦诸子，几无所不备矣。后更有《〈管子〉和管仲》《谈谈孔子的思想体系》《孔子的"礼学"》《孔子》《墨翟与〈墨子〉》《孟子》《商鞅〈商君书〉》《慎到之作》《荀况与〈荀子〉》《吕不韦和〈吕氏春秋〉》《韩非的

〈韩非子〉》《李斯》《董仲舒与汉代学术思想》《从〈春秋繁露〉等书看董仲舒的哲理文章》《桓谭》《东汉的散文大家王充及其〈论衡〉》《葛洪与青虚山》《说道家》等专文分论先秦汉魏六朝诸子。论其成书，则有三焉，一曰《先秦散文研究》，二曰《〈论〉〈孟〉研究》，三曰《先秦诸子的"名学"问题》，则尤为先生精义之所存焉。

惟此三著，当成于一九七八年至一九八二年之间，其余专论当亦多成于此时。盖先生自幼颖悟，长而个性益显，又处风云际会之北大，乃感百家之说有裨学术，故作《先秦诸子论学拾零》，以为"先秦诸子，思想绚烂，空前启后，蔚为大观，世之追本学术者，莫不渊源于此"。其治晚明诸子之学，亦以唐寅、徐渭、李贽、公安"三袁"之辈，身处政局大变之世，步武老庄之行谊，个性张扬，率真自然，不为世俗所拘。故先生之本科论文，以公安"三袁"为题，而尤以中郎为选也。后先生命途多舛，备受折磨，其意志不坠而一意学术者，盖孔子之知其不可为而为之、老庄之与世浮沉以全真葆性、晚明诸子之虽居乱世而率性不迁，皆有以助之也。故先生或拂袖而去，或潜龙勿用，或吐真于浊世，或负罪于畎亩，吟咏以自适，虚与委蛇也。唯当此之时，欲研治诸子以自广，则势有所不可也。自一九六一年得除"右派"之称，先生即任杂役于中文系资料室，始克稍理旧业，乃稍藉趋附时政为机，以泛滥于诸子百家之中矣。及一九七六年，"王张江姚"乃灭，先生得重理旧稿，始肆力于诸子之学，此《先秦散文研究》《〈论〉〈孟〉研究》《先秦诸子的"名学"问题》之所由成也。

太史公曰："盖文王拘而演《周易》；仲尼厄而作《春秋》；屈原放逐，乃赋《离骚》；左丘失明，厥有《国语》；孙子膑脚，《兵法》修列；不韦迁蜀，世传《吕览》；韩非囚秦，《说难》《孤愤》；《诗》三百篇，大抵贤圣发愤之所为作也。"先生七十年之学术，至此恰当炉火纯青之时。而积郁既久，其发之也薄，而此三部子学著作之名世垂久，固理之所当然也。然则先生不愧为胡适子学之嫡传人也！

胡适之治诸子也，实开现代诸子学之端，其要则谓经学不尊于子学，诸子不出于王官，儒学亦不重于百家，九流之学，皆当平等。若其研治之术，则见之于其修中国哲学史之事矣。而先生之治子学，则赓续胡适之途辙而演进之，尤足为辨章学术、考镜源流之仪型也。质而言之，则现代学科体系渐趋完备，先生之子学，即处中文系而缘先秦两汉散文史、训故史之方以成，其所撰三著，皆为现代学科深化之迹，而有文史汇通之特征，与夫思想史之意义也。

以《先秦散文研究》论之，先生之治子学也，务考诸子之文、溯诸子之世，此皆学科深化后诸子学研究之新态。其学术犹存旧学博通之意，亦现代学科何以承传统学术之明征也。先生之治先秦散文也，兼包四部，若其论刘歆与今古文、论周公等，皆非今之散文史所可涉足。然自传统学术观之，博通当世之事，乃专论成立之基，其过专于一事者，则无本之学，必入于隘矣。胡适尝于《中国哲学史大纲》自序，深论欲治哲学史，必以述学为根本。所谓述学者，即从史料见哲人之真面目也。先生之学，亦有承乎此，而其尤重诸子文献之内理，则不同于胡适，是即诸子学处学科体制之新变也。

复以《〈论〉〈孟〉研究》论之，亦可见先生之所长矣。书分十章，首叙《论语》之版本、篇目及其释名，次论《孟子》之语句章法，三曰《论语》之"仁"，四曰《论语》之"君子""小人"，五曰孔子对"仁"之发展，六曰孔子之文教工作，七曰孟轲和《孟子》，八曰再论孔孟对劳动之轻视，九曰《论》《孟》文学艺术及其同异，十曰小结。《论》《孟》二书，儒家之大端也，然古之治《论》《孟》者，或以其漫无体系，章句训诂以释之；或以其附会"四书"，理气性命以牵之，要皆非《论》《孟》本旨也。先生之著《〈论〉〈孟〉研究》也，深论二书非零篇碎简之可比，其精义要道，皆一以贯之，即篇章之际、论列之序，亦皆有合于儒道，是其貌散而神聚，外分而内连也。至其陈说，论文体、篇章则必溯之《诗》《书》，说仁义、政治则必归乎东周，皆于学术史而求得其平，不牵附他说，亦不以今衡古。誉其可誉，贬其当贬，立足当世，以观去取。其文深于训诂，熔铸章句，以彰其义理，后先相承，体系遂立，而根柢之深固，学术之渊雅，亦卓然见于纸上焉。前辈学人之可慕，殆如是哉！

　　权而论之，先生之论诸子"名学"，尤足重视，而其大要存乎《先秦诸子的"名学"问题》《先秦散文研究》《先秦两汉训诂学》焉。若《先秦诸子的"名学"问题》，则先生论诸子名学之体系也。书分八章，逐子而论，凡孔子、墨子、孟子、荀子、老子、庄子、韩非子、尹文子等，皆体其名学之概要而述焉。《先秦散文研究》虽以先秦散文为目，而其间广列诸子训诂之文而论之；《先秦两汉训诂学》则于训诂学之演进及辞书要籍作为专论。合此二者与《先秦诸子的"名学"问题》，乃成先生以先秦诸子名学为体，以训诂研究为辅翼之先秦名学体系焉。惟此体系，颇受惠于胡适等近代学者之风，而其超迈学科、兼采中西之体悟，则尤可见先生于名学研究之创为新方，于名学学科之独具只眼。

　　先生曰："正名就是认字，诂训所以通经。"此正先生名学之要义也。先生以"名学"源出先秦"字学"，即后所谓"训诂学"者也。而训诂之术，几遍见于诸子本文，故"名学"非名家所专，而为诸子百家所共有，即秦汉明清之小学、汉学，亦靡所不至矣。较诸同时学者，先生之论诸子名学也，其理论架构、研究对象与夫研治之方，皆纯然中国而不外鹜。入其名学体系，则外此学科之知识虽多，而皆为名实关系之旁证，可为诸科之比，不可为名学之本矣。质而言之，先生以训诂遍见乎诸子，故以"正名"为本，以"名实相符"为要，遂成其网罗百家、囊括诸子之名学体系。以此言之，则诸子之论名学也，皆可自正名训诂以贯之而得其要焉。于是先秦诸子之名学，遂得一定义，而其要义，亦得以一法贯通焉。夫如是，则诸子之名学虽各异，而其所思所想、高下利弊，遂得有唯一之权衡矣。自兹以往，其治先秦名学者，当不复据一端而斥百家，或仅杂凑诸子以为说矣。

先生之著《先秦诸子的"名学"问题》，盖本乎胡适《先秦名学史》。胡适有名学而无名家之论，先生亦承而用之。然胡适之论名学也，实以西学之"逻辑学"为本，而先生之论名学，则自训诂而立其大体。其所以然者，一则先生于文字训诂之学素有专长，又尝自谓欲以古文字学终其一生，是可见也。二则"逻辑学"本西学之要，于先秦之世，固有扞格。故先生以训诂而代胡适之"逻辑"，诚本于志趣，立乎中国之选也。以此言之，则"中国化"先秦名学完整之思想体系，胥由先生而立也！

予生于浙东，乡俗祖训，素所熏习。齿在踊立，有志文史，既冠，乃游心辞林，笃意坟典，虽见嗤乎流麦，恒自乐于翰府。凡经史百家，汉赋晋文，靡所不览。既而负笈燕赵，忝列魏公门下，凡十有一载，心志益广，每友古人于千载之上，而颇欲有所作为也。逮求学武林，转治宋元文学，并上探隋唐，下窥明清，庶几可以贯通周汉，接续六朝，不负昔日魏公博通之教也。后求学京师，追踪胡公适之之业，乃愈肆力于诸子之学，窃欲承接学脉之万一也。故既寄踪沪上，即创建先秦诸子研究中心，创办《诸子学刊》，用弘师业；毅然启动《子藏》编纂工程，蒐天下之遗籍，极百家之大观，以沾溉子学，贻功来兹。又仰观俯察，驾而上之，改操觚者之故步，发"新子学"之雄唱，祈乎风云回薄，挥斥八极云尔。

昔班固作《志》，子分十家，区而别之，各不相属。然胡适先生作《诸子不出王官论》，以为"古无九流之目，《艺文志》强为之分别，其说多支离无据"，"其最谬者，莫如论名家。古无名家之名也，凡一家之学，无不有其为学之方术，此方术即是其'逻辑'。是以老子有无名之说，孔子有正名之论，墨子有三表之法，《别墨》有墨辩之书，荀子有《正名》之篇，公孙龙有名实之论，尹文子有刑名之论，庄周有《齐物》之篇，皆其'名学'也。古无有'名学'之家，故'名家'不成为一家之言。惠施、公孙龙，墨者也。观《列子·仲尼》篇所称公孙龙之说七事，《庄子·天下》篇所称二十一事，及今所传《公孙龙子》书中《坚白》《通变》《名实》诸篇，无一不尝见于《墨辩》，皆其证也。"业师魏公，亦以诸子百家兼而治之、通而论之，如其谓韩非之学，其渊源甚广，非一家所能尽论之也。韩非之学固有儒、法之渊源，而道、墨之说，亦皆有之。若老子之论天道、仁义无用，若墨子之名理、"非命"，韩非皆取而用之，且多所更张。又其虽从学荀卿，而仅取其"性恶""积习"之说，不从其"隆礼""儒效"之论（见《韩非的〈韩非子〉》）。胡、魏二先生，皆汇通诸子，以求其实，固吾"新子学"之所取法焉。

且胡适先生之著《中国哲学史大纲》也，黜置经学，一以诸子为本，亦不以儒学独尊，而倡乎诸子多元，百家平等，故其所论列，先老子而后仲尼焉。于是班《志》以诸子为"六经之支与流裔"之说，《四库》以"自六经以外立说者皆子书"之论，遂为学界所质疑，而子学遂尔大张其势于天下矣。业师魏公，亦早祛经子之藩篱，"诗说《三百》尊毛郑，文重先秦爱老庄"（《暑期古代文学讲习会开课志喜》）。故著《〈论〉〈孟〉研究》，以孔孟与诸子齐观。又著《先秦诸子的"名学"问题》，以为儒、道、名、法，"并无二致"。故其论先秦名学，厥为诸子所共成，而其源流演进之际，诸子之同亦大于异也。先生所论诸子之学，尤能无所偏主而存其多元，所重亦不在乎诸家名学之异同，而以诸子学理之交互融通为要，巍乎大矣。予之倡为"新子学"者，亦主乎"离经还子"，欲以无所偏主而存其多元焉。

"新子学"发端于《"新子学"构想》，借《光明日报》"国学"版之力，于二〇一二年十月二十二日问世。自是而有《再论》《三论》《四论》《五论》之作，学界为之耸动。九载以来，上海、厦门、兰州、台北与韩国，相继举"新子学"国际学术研讨会，迄已九届矣。而相关论文，亦逾三百，其作者遍及中国内地及港台，与夫东南亚、欧美之域。与乎此者，学者无论其本业为经史子集，抑或儒道名法，皆深入其中；治新闻传播之学者，且攘臂其间；即经商之士，亦有仿"儒商"而倡"子商"者，以为儒家以商业为末道，而诸子如管仲，则每有足以济商道之说者。若夫中学教育，亦屡以"新子学"为要点而时习之，遍乎中土；甚而国家高考命题，亦有"新子学"之目焉。其势至此，殆沛然莫之能御也矣！

夫"新子学"者，非惟绍续胡、魏二先生之所迹，若诸子平等、老在孔先等要论而已，更欲履二先生之所以迹，欲以"新子学"研治之方，谋文化重建之道也。故以一时新说视"新子学"者，皆未得其要义焉。吾侪所倡，固治学之方法，亦文化之立场焉。胡适先生自信为治中国哲学之开山，所著《中国哲学史大纲》，诚乃现代学术之典范。而《诸子不出王官论》《说儒》诸文，尤足扫清寰宇，肇开新局，是乃开源，非"预流"之可比也。胡适先生于此，尤深具自觉，故自谓此数文足以转移中国学术之故辙，而入乎新途焉（唐德刚译注《胡适口述自传》）。今"新子学"亦秉承此道，故尤具学术创新与思想变革之意义（陈鼓应先生语）。兹可得而述焉。

以治学之方言之，《汉志》"经尊子卑"与夫理学"道统异端"之思，于诸子之学尤多遮蔽。今"新子学"力辟之，亦欲以还诸子之本真，彰子学之价值焉。我中华文化，诚以先秦诸子之学最具创发之义。诸子取王官之学，观先秦之世，溯之于乾坤宇宙之上，行之于社会常行之间，体之于身心性命之内，发之于言语文辞之表，立为宗旨，以觉斯民。于以垂型万世，遂成我华夏文明之基焉。乃刘汉罢黜百家，独尊经术，赵宋理学大兴，力排"异端"，于是学术笼罩于经学，治道咸系于"道统"，二千年间之学术，皆以此二者为权衡，而子学之光，遂见式微矣。今以"新子学"观之，秦汉以降，贤士大夫或承子学之绪余，或申子学之要义，或行子学之运用，绵绵绳绳，相承不绝。于以观我华夏学术，虽曰一统，实则多元，有似黄河长江，支流漫延；老庄非止乎隐逸，亦南面之术，为历代君王所宝；墨、法、名、杂、兵、阴阳诸家，一皆关乎世道之隆替、生民之福祉，代有传续。持子学务实、多元、平等、开放之立场，以其无所依傍、兼容并包、与时俱进之态势，演为诠解旧子、融纳经史以成"新子学"治学之方，重审二千年之学术，则经学不足限，"道统"不足拘，百家为振于千古，学史为新于将来矣。二〇一九年，予获批国家社科基金重大项目《中国诸子学通史》，即欲以"新子学"统而摄之，撰为学术史新著，以承胡适先生"重写中国文化史、宗教史和思想史"之志业，而成就文化理念、思想立场之新貌焉。

以文化立场言之，方今之世，古今之转化，中西之会通，已为学林之共识，然辗转焦灼，莫所适从。今之倡为"新子学"也，亦欲以承国学之主脉，合时代之风云，发诸子之哲思，开将来之慧命，而彼此是非之争，二元对立之说，在所当弃。观之以子学之道，自能得其环中，以应无穷，于是古今不二，中西非对，皆为至道之妙运，是即"新子学"之体系也。自"新子学"观之，我华夏文明以子学为基，故能笼络三教、包罗百家；于异端歧说，未尝轻诋以排之，而皆参取其可者，援为己用，以它山之石，攻我之宝玉，于是多元并存，盈科而进，垂数千年而莫之能御焉。故"新子学"者，尤重儒、道、墨、法诸子之学，引之以西学之石，试之以时代之错，切之磋之，琢之磨之，以成当世之宝玉，开来日之新学。子虽旧学，其命惟新，当如是哉！当如是哉！

今我广开国门，国力日昌，而全球竞争之势，亦愈演愈烈。昔之子学，自当根乎斯世，以作为"新子学"也。今欲作为"新子学"者，必弃其古今中西二元对立之思，而以我中华传统之子学为本，立足当世，以迎西学，取其精而去其粗，弃其迹而存其理焉。欲为"新子学"者，必超乎旧之"经学时代"，不可屈从于威权，不可拘拘于陈迹，唯当以"子学精神"为法，无所依傍，敢创新说，多元并存，以务于治，则庶几得古今赓续之迹，见将来之微几也。

诸子之世，固礼崩乐坏，而晚清变局，更胜于斯。予观夫数千年世界，其文化之演变，譬如大陆板块之漂移也。其先则各自为政，自有其生住异灭之迹；及其相接相撞，大侵于小，强凌于弱，于是火山发焉、海啸作焉，虽弱小不胜大者，而其间斗争之势尤巨也；既而相连相接，而其矛盾冲突，发展演变，已成一体之态，非复孤立矣。百年以降，中西文化之势，何异于是？其初则西强中弱，故西学之侵中国也，其震撼波折之巨，不待言矣。而我中国人民，值此异质之文化，亦无所适从，唯慒焉以随时势而已。今我国家昌明，民智大开，而我中华文明之所向，自当重为厘定焉！"新子学"之深意，正为此而发，欲以寻我华夏文化之所当行者也。故以"追溯元典，重构典范，唤醒价值"为实践之方、创新之法，使我中华文化突破旧日之格局，开创将来之新篇，以屹立于现代世界。世运转移之际，其文化大局之趋向，固当世学林之时代课题。昔胡适之倡为"新文化"，即其"再造文明"之精神所在也。今吾侪倡为"新子学"，亦欲以绍胡、魏二先生之精神，于民族化、中国化思想体系之建立，与夫中华文化之前路，作为尝试。即不能至，而此心向往之意、献愚之诚，亦庶几大白于天地，昭彰于世人矣。唯祈百家众派，勿以门户为见，捐弃前嫌，共创伟业，以勠力于我中华文化之新局焉！

质而言之，方今之世，可谓"大时代"矣。而勇于任事，长于智慧，固学者不可推辞之重责也。吾辈黾勉以焉，上承胡公适之之精神，中继魏公际昌之理路，以承诸子之旧学，开来日之新篇。则胡、魏以降之"新子学"学统之脉，庶几见用于当世，彰明于后来也矣。

四

先生一生向学，而命途多舛；著作等身，而散佚孔多。昔承欢祖父膝下而学声律，积所作诗词数百，订为一册以自珍，乃亡佚久矣。求学北大之日，又尝勤力三载以撰为《说文解字汇释》，而"文革"被抄，至今不可得其下落。其间所著《袁中郎评传》，盖亦非今《袁中郎先生诗文论辑》也。执教西北，所著《随园先生年谱》《苏联文学讲稿》《现代中国名著选读讲稿》《中国新文学史讲稿》，则片言无存矣。又先生好吟咏以言志，而"文革"前后十有余年，今亦不见有诗作存世。盖下笔谨慎若寒蝉，放言之未敢，或有挥涕之咏，亦不可不付之炉灶者，惧罹不意之殃也。嗟夫！

时维一九七六年，先生年届六十有九，忽闻"王张江姚"为灭，禁网随亦松弛，乃得稍理旧作。翌年中秋，先生尝致函亲戚，谓其病体稍康，每于疗养之暇，整理七十以前之旧作，"如《桐城古文学派小史》（北大研究院论文）、《李白评传》（河大专题讲义）、《唐六如的生平》（东大校刊特辑）、《先秦法家思想管窥》（西大学术讲演）、《中国人道主义人性论代表作选论》（广东师院课艺）、《两汉训诂学初编》（广东师院讲义）、学习毛主席著作心得体会'成语典故考释''古为今用范例''伟大的文风'等等，都凡五六十万言，非谓有何藏传之价值，且当它古稀知谬之总结吧。另有《回忆录》活页数百，才写到'九一八'事变以前，亦属此类。"此先生知来日之无多，欲以手泽传之后世之始也。然此所论列，今亦有不可得见者矣。

一九八六年，先生董理诗作，汇为《紫庵诗草》，翌年复成《紫庵诗草续编》。后尝与香港金陵书社签订合约，欲以自费出版，不知何故未果。同年，复选取部分论著，送交中州古籍出版社，而终未见付梓。一九九三年，先生托昔之本科弟子杨国久为选编文稿，定名《魏际昌诗文选集》，凡五十万言，厘为九类，一曰《毛著古籍语文汇释》，二曰《先秦诸子》，三曰《嬴秦以来文字考释》，四曰《古代辞书》，五曰《辞赋》，六曰《纪传》，七曰《诗词曲》，八曰《明清文学》，九曰《现代文学》，以付于河北大学出版社。然累年无果，先生愤而于一九九五年上书该校领导云："昌之诗文选集，已按学校规定程序，提请准予出版，其事业经二年，迄无下文，俟河之清，人寿几何？念我行年已八十八岁，值此反法西斯战争胜利五十周年之际，亦拟有所表示，所以旧事重提，希望校领导予以成全，不胜迫切待命之至。"虽其情切如此，而终不果成。

先生一生不幸，而晚景尤为凄凉寂寞。一九九三年，夫人于先生致函昔日同窗，自谓回首六十余年来，恨多于悔，总之为悔恨交加。建国四十四年，而大好年华，皆葬送于养猪、种菜、养鸡等杂役，虚度廿二载光阴。今生活自理已感困难，拟寻养老院或老人公寓以度晚年矣。（分见是年六月三十日、十二月二十日信）其绝望之情，溢于言表。甚而先生孜孜一生，但求垂文后世，然至晚年，反自谓"老夫耄矣，无能为也已"（一九九七年致黄中模函，时年九十）。以为身将就木，文将成灰，故愤而出售古籍、字画、古董、书稿等，即北大所作笔记三册，亦尽付之回收废旧之人焉。或止之，则曰："天下之无用者，书而已矣。"

先大父铭公执教私塾，与先生同庚。故予忝列魏门，既执弟子之礼，且怀孙辈之情也。方予之寄踪于北大也，既已遥祭铭公矣，先生既殁，乃祭告云："维公元一九九九年，岁次己卯，孟夏之月，受业弟子方山子，谨以清酌时羞，致祭于恩师紫庵魏际昌先生之灵曰：呜呼！先生天纵聪明，四岁始读四书。一生寄情坟典，唯以篇什自娱。口不绝吟于六艺之文，手不停披于百家之编。设帐授徒，承其指画，多有法度可观；以诗会友，多司洛社之盟，每为耆英所敬重。愚忝门下，始睹典型之在眼前；数载之后，乃知学问之有门径。讵意一旦大雅云亡，幽明永隔，悲曷可言！惑莫予解兮蔽莫予揭，顽莫予破兮错莫予纠，则予将何所适从？所幸教诲犹响耳际，风范仍在目前。但愿悲恸于此时，而报师恩于久远也。敢献俚词，用佐薄奠。灵其有知，唯祈鉴此。哀哉，尚飨！"

予侍先生之日，先生夫妇每曰："纵观历代，凡文人之有德操者，得全身者鲜矣。"予尝疑之，先生治文，夫人治史，何子孙无一与乎文史者邪？乃今则知之矣！嗟夫！先生夫妇一生治学，年寿皆逾九十，而心迹不得表于后世，必将抱憾于泉下也。又先生师承胡适，尤以师恩为念。虽当日批胡之风甚嚣尘上，学者多翕然从之，先生亦尝有不得已之言，然先生窃辑其报刊之关乎胡适者，订为一册，秘藏于箱箧；及晚年又撰《胡适之先生逸事一束》，于师弟相接之事，皆叙之历历，如在目睫，更作诗以结之曰："鲰生顶礼保定道，无限温情在亲仁。"又赋《缅怀导师胡适之先生》诗云："谁说师道不应尊，立雪程门古有人。况是适之胡夫子，天开云影见精神。白话文学今胜昔，实验主义论本根。即知即行生活美，见仁见智各求真。能广交游能久敬，循循善诱倍温熏。泰岱巍巍让丘垤，江河滚滚入海深。道山久归依台岛，茫茫大陆失亲亲。日月交辉宇宙里，心香一瓣赋招魂。"一九九八年先生九十一岁，适值北大百年校庆，先生于珍藏之中，特出先生与胡适先生等人一九三五年之合影以授予，命捐赠母校。凡此之类，皆足见先生之情深也。昔报考胡适先生之研究生者，凡五十余人焉，入胡适先生之选者仅四人而已。此四人者，侯封祥未曾报到，阎崇璩辍学半途，皆未成学；李棪虽入胡适先生之门，而主于南明史与甲骨文，别有专业指导。予尝询诸台湾学界长辈，胡适先生有研究生在台湾否？长辈咸谓胡适先生未尝招研究生于彼处也。故胡适先生之学脉，唯先生独得其传焉。盖先生于此，亦深感学统传续之重责也。小子荷蒙业师厚恩，故不遑寝处，深惧无以报师恩于万一。乃窃拟理先生之遗稿，溯胡适之学统，以孚先生之深望焉。

　　既献祭文，越数月，予始执教沪上。一日，上海古籍出版社编审熊君来访，予与之谋划出版事宜，并示以先生之油印本《先秦散文研究》《〈论〉〈孟〉研究》，熊君颇有促成之美意，予欣欣然有喜色焉。日后，予门下弟子既众，以为整理先生手泽之役，可以经之营之矣。二〇〇五年春四月，予与师弟孙君兴民晤于京师，遂以先生书稿付梓事宜商略之，并于二十四日晚，拜见夫人于月萍先生于其孙女家，适当夫人寿登九十之时也。时夫人直卧床上，几如槁木，予心悲之，乃曰："弟子欲董理先生遗文，以为《紫庵文集》。"并请夫人多作回忆，嘱其孙女录音以存，以备日后采择。夫人曰："不意弟子尚存此心也！"潸然泪下，孙君数为之拭而不止也。不数月，而夫人溘然长逝矣。呜呼哀哉！夫人一生治史，亦可谓勤矣，吾当以其遗著附业师之后也，岂可厚此而薄彼也哉！

　　自兹以往，而整理先生夫妇遗著之事，遂间次以行。予先嘱博士后崔志博、刘思禾等远赴燕赵，探其家中所藏，并剌取官藏密档，以为整理之始。终得先生夫妇手泽而录入者，凡一百三十万字。二〇一五年，有孙广者来投门下，予视其出身国学院，根柢出乎同辈之上，乃于翌年三月嘱其继任之，率同门而力役焉。于是《紫庵文集》之事，乃入于正轨。初，孙广年少，唯以前所录入百三十万言逐一雠校而已，凡一载有奇，而其稿初理矣。予因思先生夫妇之稿绝不止此，乃于二〇一七年十二月，复命孙广等赴北京先生孙女家中，重检先生遗稿。孙广因于其家藏丛杂旧稿之中，逐页检视，虽片纸单词，不敢稍忽，以辑其遗。既又从先生孙女赴保定，会崔志博于河北大学，以探遗稿于先生书室。数日，孙广乃携一行李箱遗稿以归沪上，凡重数十斤。既至，孙广乃入《子藏》编纂室，闭门十余日以阅读之，据其内文、纸张等，分门别类，由是合残为全，合页为篇，合篇为部，以见其规模，草为目录以呈。又据先生档案、目录、书信等言及论著处，列为未见之目以呈于予。予因遍托学界师友，复命门人弟子，广为搜求，庶几稍得其梗概焉。后亦陆续有得，而其亡佚者尚多，则无奈之何矣。孙广既大致分其类目，为存先生之手稿，于是携同门逐页扫描，以为整理之资，而原稿则仍存。既，乃交崔志博予以录入，仍交孙广，携同门以事校对。略计其数，则已逾五百万言矣！校对之时，孙广通读全稿，乃知前所得百三十万言多有混杂者，乃重为厘定体例，予以编次，于是先生著述之宏规可见矣。二〇一九年秋，孙广乃始交予审理。予因逐字审定，而孙广为佐。时门人吴剑修、李小白、刘洁等，亦多有助力。唯孙广所拟体例，仍多有不当者，予因多与相商，终定今稿之体。翌年仲夏以还，校样间至自京，予乃屏去杂务，夙兴夜寐，以尽力于校雠之役。举凡标点、字词、引文、款式等，其讹误舛乱，在在皆有，虽至细至微，必覆诸原稿，考诸经典，以为諟正。时日既长，数度病倒。然念恩师之厚德，学统之重任，故唯一意奋进，未敢稍懈。是役也，始于二〇〇五年，迄已十六载矣，后先与役者近五十人焉。今既竣工，合于先生之遗著，得字凡五百有余万，析为精装三十二开本十有一册，以授人民出版社，由师弟孙君兴民躬任责任编辑，不数月即可发行，亦可以慰魏、于二先生于地下矣！

《文集》之外，河北清苑吴占良君，于先生晚年多所亲炙，情尤笃厚，尝为先生作《紫庵老人画传》，后先生止之而不果。闻予董理先生文集事，欣然相助，为访得先生遗著尤多。予知其尝为先生作传犹有存稿，乃请以旧稿为本，益以所闻，以为先生生平之纪。吴君亦慨然允诺，勠力以焉，遂成《魏际昌传》。予门人李波，长于文献，予素重之，乃请以先生档案及《文集》所涉先生生平，撰为《魏际昌年谱》。李波欣然应之，积数年之功，乃成其稿，而先生之生平井然矣。此二人者，诚先生之功臣，而予之所深感者也。

整理先生之稿，其所以迁延十六年者，以其艰难也。而其尤难者，殆有三焉。一则搜集之难。先生遗稿可轻易得之者，不过《桐城古文学派小史》及其论楚辞文等数十万字而已，其余均散佚久矣，难于搜求。吾等或求之于家藏，或检之于网络，或购之于书肆，或乞之于师友，或访之于各地图书馆，并推其与先生有关之文献而遍检之，如北京大学校史、民国时有关回忆录等。其间辛苦，非外人所得而知也。二则编次之难。先生遗稿仅有少数油印本可谓成编，大多数均为零篇碎简。至少有数千页手稿，前后无所连属，极为零散。即先生成编之著，亦多有体例不合者，如油印本《先秦散文研究》中收入论郑玄训诂学之类，尤为舛乱。吾等整合编次，调整体例，其数殆不下十次。而如个别篇章是否先生遗著，尺牍文章之年代先后等，亦需逐一考订。三则校对之难。先生遗著，无论手稿、油印、排印，或字迹难辨，或缺损严重，而引文有误、标点混乱，尤与今之出版体例不符，而在订补之列。于是十六载春秋忽焉而去，而昔日之硕士、博士，今已为教授、博导矣！

先生魂归道山之后，予屡于梦中见之。今夏六月七日，又于梦中见先生，乃告以董理文集事宜，先生喜不自胜。今文集将出，想先生于泉下，必当颔首曰："吾道南矣！"然此稿之成，非特先生一人之事也。自吾人观之，此胡、魏学统赓续不绝之征，而吾人亦当由以知学统、学脉之所存与其所以广之者也。自学术观之，则"新子学"之学统、学脉，亦由以彰其渊源，而播其影响于后世矣。后之学者，岂有不宝之者邪！老子云："死而不亡者寿。"是先生不死矣！

二〇二一年十二月谨序于沪上

（原载于《紫庵文集》，人民出版社2022年版，作者单位：华东师范大学先秦诸子研究中心）

"诸子学的传承及其时代精神"对话（选登）

陈鼓应　陈彦瑾　陈赟　方勇
张涅　郝雨　张耀　陈志平

2021年5月5日下午，华东师范大学先秦诸子研究中心在上海举行了"诸子学的传承及其时代精神"对话会，陈鼓应、陈彦瑾、陈赟、方勇四位先生就"诸子学的传承及其时代精神"议题展开了充分对话。此次对话由黄冈师范学院文学院院长陈志平教授主持，华东师范大学校长钱旭红院士莅临现场致辞，整个对话采用了线上、线下同步直播互动的形式，一共持续了四个半小时，据统计，共有300余人参加，其中有不少学者和研究生还与陈鼓应、陈彦瑾、陈赟、方勇四位先生积极互动对话，气氛十分活跃。今选取部分录音予以整理刊登，以飨读者。

化育天下，道通为一

陈鼓应

（北京大学哲学系人文讲席教授、《道家文化研究》主编）

各位朋友：大家好！

我的发言拟分成两个部分。

（一）

刚刚钱校长提到了一个世界性问题，就是科技与人文的冲突。我也想从这个角度来谈谈我对贯穿中国传统文化中的人本主义思想。

1968年前后，美国夏威夷大学哲学系曾召开一系列东西哲学研讨会，由Charles A. Moore教授主持，参与研讨的有我的师辈方东美、陈荣捷、唐君毅、谢幼伟、吴经熊、梅贻宝诸位先生，其后将诸位论文汇编成《中国人的心灵》（Chinese mind）。我在这里主要以书中所收录陈荣捷先生的四篇文章作为引子，来提供一些思考。文章分别是《中国哲学之理论与实际——特论人本主义》《中国哲学史话》《中国形而上学之综合》和《中国宗教中之个人》，主题都是论述中国哲学与中国文化的人本主义思想。我们从陈荣捷先生的论述可知，中国的哲学与文化具有浓厚的人本主义精神，这个特点也明显表现在中国人生活的各层面。中国哲学强调理论与实际的亲缘性，儒家经典长久维系了中国文化与生活之统一与和谐，先秦道家庄子"内圣外王"的理想人格，为儒家所接受，形成了浓厚的人本主义气氛，进而佛学也受到儒、道二家关注人性的影响。因此，无论是儒释道哪一家，都有鲜明的人本主义特质。顺着陈荣捷先生给出的提示，我想接着谈谈中西文化对比的几点看法。

第一，中西方哲学最明显的区别在于人本主义与神本主义之对比。

西方哲学中充满着浓厚的神本主义色彩，各大家都在理论系统上论证：上帝是唯一的主宰。正如尼采曾批评的，西方传统哲学中注入了过多神学的血液。西方哲学建构的根基是Being与Non-being这样一对概念，如怀特海指出的，这一对概念的分化，导致西方自然观的"两橛化"（bifurcation of nature），形成一种不可沟通、融合的局面，宇宙观割裂为此岸与彼岸。

反观中国，自商周以后就有祖神崇拜的基因，《诗》《书》《易》等先秦典籍都富有人本思想、人道情怀，一直伴随着先民们浩浩荡荡几千年一直到今天。先秦诸子中的道家，一方面主张"道生物"，认为道乃宇宙万物的本源和根基，但同时道物关系从来不是割裂的，其后的儒道各家，总是将自然、宇宙看为有机、连续的整体。在这种整体性宇宙观、世界观的深远影响之下，中国文化传统中涌现出了多元性的人文思潮。

第二，中、西文化间存在着刚性与柔性的对比。

美国哲学家 Richard Tarnas 在《西方心灵的激情》（*The Passion of the Western Mind*）中，曾论述西方文明是刚性的文化。他认为西方心灵的历史可以概括为阳刚的性格，古希腊以来的传统皆为男性所创造、塑形和赋予其活力，被英雄式的冲动所支配，压抑了阴柔的心灵。而现当代生活，笼罩在人工化、机械化的环境中，阳刚意识形成狂妄自大，丧失了阴柔的统一与和谐，显露沉重危机。而中国文明是柔性的，《吕氏春秋·不二》总结老子思想说"老聃贵柔"，如三十六章谓"柔弱胜刚强"，七十六章谓"坚强者死之徒，柔弱者生之徒"。"守雌""守柔"的概念屡见于《老子》，如二十八章谓"知其雄，守其雌，为天下谿"。守静、处后、守柔也蕴含着内敛、凝练、含藏，并非回避、退缩，而是在事物的对待关系中掌握事物全境的智慧。

第三，中国文化不仅是一种以人本主义为主体的文化，在"道"的视域观照下，也激荡着各家各派之间的多元交融。

《老子》二十一章谈论"道"时说："自今及古，其名不去，以阅众甫。"从中，我们可以看到中国文化"执古御今"的历史意识与生命感。正如方东美先生在《新儒家哲学十八讲》曾提到的，中国哲学自先秦至宋明，有一个共通点，用司马迁的话来说就是"究天人之际，通古今之变"。就是说，无论哪一派哲学都不像西方的思想往往以个人为中心形成独特思想系统，都要表达出历史的延续性（historical continuity），要与其他各派的哲学思想发展，彼此呼应，上下连贯，形成时间上的整体联系，绝无所谓思想的孤立系统。古今、天人皆贯通融合在"道"的视域之下，而非彼此割裂、隔绝不同的。

（二）

接下来我想谈谈庄子，尤其是他的齐物精神，也能体现各家的相互会通，且具备"化育天下，道通为一"时代性。"齐物论"一般有两种解释，一种是"齐物"论，一种是齐"物论"，前者意在说明万物之平齐，后者意在指出"物论"之多元。由这一点所引发出的哲学思考，我想大致可以分为三部分，分别是是非标准的衡定、开放包容的心灵和多样和谐的文明。

第一，是非标准的衡定。

人类社会中，由于个体间的差异和风俗习惯、宗教信仰、生活方式的不同，造就了不同的思维方式与价值判断，产生了各种是非的"标准"，这就是庄子眼中的"物论"。人们持有各种"价值判断"，被蓬草堵塞心智，陷入无休无止的竞争与对抗中。为解决"彼"与"此"，"是"与"非"的差别对立，庄子提出了"道枢"与"两行"。枢，就是门上的转轴，"道枢"，简言之就是以枢喻道，掌握了道就好像进入了环的中心，从而可以应付无穷的是非，正所谓"恢恑憰怪，道通为一"。庄子所主张的"道通为一"是欣赏保留彼此长处和特点，个体在群体中相互涵摄、会通、融合，以大道统御万物。所谓"两行"正如方东美先生所说：就是把一切对于真理的陈述，落到无穷的相对系统里面去。在这个无穷的相对系统里，每一个理论都有它独特的观点，每一个理论都有它成立的理由，应拿出"公心"容纳别人的立场与见解，而不是以"私心"来表达自己的偏见。

以"道枢"为总原则，灵活运用"两行"之法，是庄子哲学中的大智慧。在当今文化视域下，由于受西方文明的冲击，人们对个体的关注往往较多，以个人为中心的"本我"理念也在迅速扩张，这种思想带来的张扬与独断,恰恰是庄子所否定的。

第二,开放包容的心灵。

《齐物论》开篇从"吾丧我"写起,接着写地籁、人籁、天籁,之后写到"众窍为虚",这是点明了宁静虚明的返射才是涵育心灵的工夫。这需具有包容性与开放性的特质方能达成,最终达到"十日并出,万物皆照"的至臻境界。他从个人存在主体的认识与感受出发,去深掘生命的内涵与意义,在满眼皆是物欲的时代,努力探求生命的主体性,这也就是"物物而不物于物",这对于欣欣然沉醉于物质享受的现代人来说,实在是一种点拨,也是一种警醒。

《齐物论》中有三处用"以明"做结尾,分别是:"欲是其所非而非其所是,则莫若以明。""是亦一无穷,非亦一无穷也。故曰:莫若以明。""是故滑疑之耀,圣人之所图也。为是不用而寓诸庸,此之谓'以明'。"庄子的"以明",指的是去除个人的主观成见,即"成心",通过虚静工夫使心灵达到空明灵澈的至高境界,摆脱主观是非、曲直、有用与无用之纠结,这是庄子哲学的重要原则。

若用现代目光来审视,庄子《逍遥游》意在宣扬万物自由的真谛,而《齐物论》则是阐发万物平等之公理,二者能昭示庄子的人生慧见,通向天地"大美"。这种自由平等主要包含以下三个方面:一、要依循人的自然本性行事;二、要尊重个体之间天然的差异性;三、要从规范主义的桎梏中解脱出来。这三个方面,都需要以开放的心灵作为支撑,这是人文主义最重要的底色。

《庄子·天地》中还有"爱人利物之谓仁",这包含着至慈至尚的人文情怀,而这恰恰是现代人所缺乏的。这些年来,我一直主张重建道家的人文精神。相较而言,老子提倡的"圣人之治",重点在无为之"用"上,试图为侯王之治提供理论借鉴;而庄子更看重心灵境界的开垦与守护。十年前,我曾研究过《庄子》内篇的心学,指出其开放的心灵与审美的心境是其"心学观"的两个侧重点,外篇与杂篇也是如此。庄子以"道"张扬其心，使心与"道"相契合，从而建构起对理想世界的向往与追慕。

第三，多样和谐的文明。

中国先秦诸子就是我们所谓多元化、多边化的文化样式。整个地球文明也是由不同价值、不同文化和不同生活方式组合而成的，大家都应该相互汇通借鉴，包容化宇，方能缔造辉煌灿烂的人类文明。中国文化的包容性有目共睹，《论语》提倡"礼之用，和为贵"，道家思想则更是育化了多元互融，平等互鉴的民族思想，这促使中国文化在不断地扩容与增添多元中达到了"天下大同"的至高境界。

简单来说，"道"是道家思想的最高范畴，在具备创生性、全整性、过程性、境界性等基本特征的同时，还具有"不可言说"性，这就为"道"的认知性、探求性、仿效性和独特体验性留下了巨大的空间。《庄子·则阳》有"万物殊理"的言论，《知北游》甚至提出了"道在瓦甓""道在屎溺"的说法，足可见在庄子眼中，世间万物，各色人群都有属于自己的"道"，各自没有高下、尊卑、是非、贵贱的差分。

世界文明都是从生生不息的个体文化中诞育起来的，要有交融互惠的态度与眼光，切不可搞文化霸权，或妄图以一种文化取代甚至是消灭另一种文化。正如尼采所讲的："千百桥梁通向一个未来。"且每个文化都有或大或小的扩散面，影响甚至改变着周边国家和地区的思想与文明，中国文化也是如此。中国的历史与文化，又不仅是通过典籍，还是通过家庭传承的。比如我的母亲，她不识字，但这并不妨碍她向我传递先贤思想的人文情怀与精神给养，这是靠世世代代的中国人言传身教延续下来的。

就我今日所讨论的人本主义和人文精神的角度而言，我们要守住养护好这个根基，中国文化才能长久地具备蓬勃向上的生命力。当下诸子学的发展，也应该以宣扬道家文化为基底，重振先秦文明，让多元浑融的中国文化,在任何时候都不会失去各家诸子的精神底色。

我要说的就是这些,谢谢大家!

浅谈诸子学的普及与日用

陈彦瑾

(人民文学出版社编审)

"诸子学的传承及其时代精神"是一个宏阔的议题,作为一名编辑工作者和诸子学的学习者、受益者、传播者,我想从当代传播、普及日用的角度来切入议题,谈谈自己的一点浅见。

任何一种思想学说,只有当它进入了人心,进入了生活,成为百姓日用之常识的时候,才真正具有绵长的活力和生命力,也才能产生真正持久的影响力。所以,如何使诸子百家璀璨的思想学说穿越千年时光,照亮今天时代的人心,这是诸子学传承与发展绕不过去的任务——这其实也是诸子学的大众化普及课题。笔者认为,诸子学的大众化普及就是诸子学的思想、学说能够成为今天人们的生活常识,可以日用,可以解决当下问题,从而让大众受益。

显然,对于大众来说,千余年前的学问显得颇为遥远。当前,大众对于古代思想学说有三个常见的认识误区:(1)认为这是古代人的学问,和当代人没有关系;(2)认为这是纸上的学问、典籍里的知识,和当下生活没有关系;(3)认为这是学院里专家学者们的专门学问,和普通大众没有关系。这三个认识误区,在诸子学与当代生活、百姓日用之间构筑了一道无形的鸿沟。如何才能打破鸿沟?我想,这需要专家学者们亲力亲为,走出学院,走向大众,躬身于文化启蒙与大众普及。在这个过程中,人本主义和生命关怀,应成为诸子学大众化普及的基本立场。

历史地看，诸子学在历代传承和发展中，都曾走入不同时代的人心，在不同时代产生过影响，究其原因，人是核心。因为，任何时代都由一个个具体的人构成，今天时代也不例外；也是因为，诸子学派虽然各有其说，但究其核心，各家学说无非都是在讲述对于"人"的认识和对于"生命"的关怀，如：人是什么？人性是善还是恶？生而为人，生命有何意义？人应当如何活着、如何在这个世界安身立命？人应当如何活得更好？人与人应当如何对待相处？人应如何看待自己的过去、现在和未来？人在天地自然中如何安放自己的身心？人应如何突破自我，如何战胜人性的弱点，如何面对挫折痛苦？人的生命能否突破肉身的局限，实现精神的永恒？人类应当创造怎样的理想生活等等。一句话，诸子百家学说都以"人"为原点，围绕"人的生命"展开，从"人的生命需求"出发；诸子学的精神可以说就是一种淑世精神——让人活得更好，让人类世界更美好。

因此，从人的生命视角去看，千余年前的学问并非和今天的我们没有关系，相反，恰恰和我们每一个人切身相关。当我们立足于人的生命需求、人的生命成长、人的生命体验和境界去看"仁""无为""齐物""慈""孝"等诸子学的核心概念时，会更容易找到这些学说和人的生命联系。可以说，作为一名中国人，怎么看待自我，怎么看待生命，怎么看待世界，怎么度过有意义的一生——中国人最基本的世界观、人生观、价值观的源头，都可以追溯到两千余年前的诸子学说。因此，诸子学并不是只有象牙塔里专家学者去研究的学问，而是每一个中国人都应了解的生而为人的常识，这种常识可以帮助中国人找到活着的意义，可以让人的一生过得更加和谐幸福，可以让人正确面对人生中的各种挫折、变化，让人的生命实现升华。总而言之，诸子学是有利于人的生命实践的思想学说。无论历史和时代如何变迁，这些思想学说承载的精神和文化，早已融入中国人的血液，成为中国人的心灵基因，只不过，大众处于一种日用而不知的状态，他不知道，那些看起来高深遥远的学问，其实就时刻流淌在自己血脉里，是自己生活常识、工作常识、情感常识、生命常识的一部分，让自己在生活中面对各种状况的时候，能够从中获得文化的指引，精神的支撑，情感的力量。

例如，从人本立场和生命关怀角度看，被称为"中国文化三条根"的儒、释、道三家学说对人和生命的关怀是各有侧重的：（1）儒家把人放在人伦关系、家国社会中，侧重解决人在人世间的安身立命问题；（2）老庄把人放在宇宙、天地、自然大背景中，侧重抒发人的真性情，追求人的心灵自由，强调人对世俗的超越、对有限存在的超越；（3）释家把人放在永恒的变化中，探讨人的烦恼痛苦产生的原因和消灭的方法，侧重解决人的烦恼痛苦问题，追求使人离苦得乐。所以中国人常说，少年立志入世时，要多读儒家，学习如何做人，如何待人，如何在世间安身立命，如何在家国社会中找到自己的生存位置；中年阅世颇深后，读读老庄，可以将视线从世俗社会转向自然天地宇宙，如同呼吸新鲜空气一样放飞心灵，体会自由广博的生命境界；而当遇到坎坷挫折时，不妨读读释家，可以对变化无常的人生有种哲学高度的观照，从而坦然面对这烦恼人生。可见，当一种思想学说落实到人的生命体验、生命成长的时候，它才能超越时空，焕发出鲜活的意义。而我们说的中国传统文化的复兴，归根结底复兴于人，依托于人，依托于人对优秀传统文化的生命亲证。

需要强调的是，当前诸子学的传承与大众化普及不仅要立足于人本主义和生命关怀，还要处理好道和器的关系，或者说本体和实践的关系。和西方哲学不同，诸子学是一种生命之学、身心之学，它和个人体验密切相关。笛卡尔说"我思故我在"——思与我是分离、对立的；诸子学却是"我即思者"，思想即是思想者，人与学问、思想不能割裂。孔子说的"仁"和老子说的"道"都不是独立于人的思想，而是人的生命体验、生命状态、生命境界，学问与人高度重合，人成即学成。这决定了诸子学传承特点之一是体道之人必须知行合一、与道合一，成为载道之器。故而诸子学的传承、普及方式往往都是老师带弟子、将教学与日常生活相结合的言传身教，即老师将自己领悟的道德境界、生命状态通过生活中的言传身教传递给弟子，就像一盏灯点亮另一盏灯一样。这种体验式教学与西方分科教育完全不同。可以说，诸子学的人才养成教育是通识教育、整体教育，以人的成长和身心安顿为目标，这为当代人才养成教育提供了丰富、多元的思想资源。人才培养是诸子学淑世精神的重要体现，也是诸子学大众化普及的重要方式。

今天时代，科技文明和器物的兴盛，能够帮助我们拉近时空，走近传统，但器所承载的道究竟为何，它和人的生命有什么关系，却少有人追问。器物至上，以至于道的迷失，是普遍现象。当前的国学热往往就流于工具性和符号化，多表现为汉服、书画、古琴、舞蹈等才艺培训，正所谓"游于艺"，却忽略了"志于道，据于德，依于仁"。可见，诸子学大众化普及的前提是要有真正吃透、领会并体证了诸子学说之精髓的老师。老师若将学问和生命、生活割裂，自己不能信奉、受用，又如何使学生信奉、受用？老师必须自己先验证、做到，才可能指点学生验证、做到。也即是说，当前诸子学传承发展的关键在于有没有真正的载道者和实践者，有"得道"的老师作为载道之器，自己受用之后推己及人，以研究、讲学、编纂、出版、阅读、对话、交流、办书院、人才培训等各种方式去传播、去普及，才能让诸子学成为大众日用常识的同时，确保其传承和普及不偏其宗，不离其精神。

总之，诸子学是一个宏大的开放的学术和文化概念，它未来有无限的可能性。探讨诸子学的传承与发展，这是为往圣继绝学，也是为社会谋福利、为人类谋幸福。因为，一个人活得有意义、有价值、有利于他人，就是对社会最大的贡献，而包括诸子学在内的优秀传统文化，正是能够使人活得明白、活得有价值、活得有意义、活得有利于他人并有利于世界的学说和文化。当前，已经有一批青年学者走出了象牙塔，通过讲学、培训等方式在躬身实践诸子精神。所以，我们有理由相信，未来青年的爱豆（偶像）中，不仅仅有影视明星，恐怕也会有圣人、真人、贤人、君子。因为，诸子学或许不能帮一个人实现世俗意义的成功，却可以教人正确面对世俗生活的诸多现实问题，可以给人面对人生一切问题的思想武器。这正是中国优秀文化不可思议的力量所在：无用之大用。

诸子学诞生的世界历史时刻及其问题意识

陈 赟

（华东师范大学哲学系教授、思想文化研究所副所长）

各位专家、各位学者：

大家好！非常高兴有这样一个向陈鼓应先生致敬的机会。陈鼓应先生是道家研究的领袖性学者，他的老庄研究哺育了一代又一代的学者，他主编的《道家文化研究》是道家研究的最重要学术平台。同时，也向方勇教授致敬，他编撰的《子藏》《诸子学刊》以及提出的"新子学"理念极大地推动了诸子学的研究。

从世界历史视域来看，诸子学诞生在什么样的时刻，它为什么问题意识所主道？对此，已有两种不同的概念刻画，一是雅斯贝尔斯在1949年代提出的"轴心时代"，一是沃格林在1970年代提出的"天下时代"。"轴心时代"说的是从公元前800年到公元前200年的600年时间内，世界主要文明体都产生了一次思想的飞跃，各自以自己的方式凸显了人的自我意识，这种对人的理解伴随着一种超越性意识，导致了对人的崭新理解，即从治教合一的帝王所领导礼法共同体成员的归属给定的身份中解放出来，从而在心灵秩序中直接与超越性沟通，从而突破了此前神话时代，从而有了一种新纪元的意识。沃格林天下时代，以为"轴心时代"所指向的超越性意识与人的自我意识，只涉及精神突破，但天下时代，伴随着精神突破的还有历史编纂与帝国征服，这三元组构沟通构成了天下时代的特征。这个时代最重要的特征是权力与精神的分离，以欧阳修的话来说，就是从治出于一到治出于二的结构性转变。此前的文明担纲主体是治出于一的帝王，或艾森斯塔特所谓的"神王"，他们既是政治王者，又是宗教上的祭司，他们垄断了通天的权利，这种垄断本身又构成其统治的合法性基础。但在天下时代，治出于二，教统与治统分化，原先的帝王那里发生"统治的去神化"（艾森斯塔特），被贬抑为王者一位、天子一爵，但都是人爵，而不再是天爵；帝国征服的结果是无法建立具体的社会，人们不可能通过依附于一个具体社会的方式定义人的身份，不得不在心灵秩序中寻求生存真理，文明的担纲者于是成为教统内的领袖——圣贤（中国）、哲人（希腊）、先知（以色列）；而历史编撰本身强化了从宇宙论帝国秩序到天下时代普世秩序（普世宗教与普世帝国的对峙）的转化而产生的新纪元意识，从此人类的历史意识突破了原初宇宙意识。

　　精神和权力平行性、多元文明的平行进展在轴心时代或天下时代出现。诸子学就诞生于这个一个世界历史时刻并参与了这个人类新纪元的建构。孔子以有教无类原则开启了面向一切人的教育，突破了三代礼法秩序的等级体制；孟子强调每个人皆可以尽心的方式知性、以知性的方式知天，从而打破了三代以上帝王对通天权的垄断；庄子强调每个人皆由气化所生，都是天之所子，这就打破了帝王以感生神话将其家族神圣化从而使得天子被专指王者的状况；庄子提出的道术将为天下裂，指的正是宇宙论帝国秩序中治出于一的帝王向着圣、王、神、明的分化。天道不再专指三代以上原初宇宙经验中宇宙中的最高事物，而是在天下时代被分化为世界的神性或超越根基，与此相应，天道不再仅仅与帝王之间具有类比性，其功能不再仅仅是确证帝王统治的合法性，而是向一切人开放，成为每个人求索生存真理的根据，而且，天道在人的心灵那里获得了一个接收它的感受中枢，由此而向精神性的生存敞开。

随着轴心时代或天下时代刻画的人类历史的新纪元而诞生的是生存真理的不同形式：在以色列出现了救赎的真理，在希腊出现了人学的真理，在中国则出现了中道真理。这些真理的特征是由个人与超越性的关系加以界定的。在人求索根基的生存张力经验中，该张力的两极分别被符号化为神（超越性根基）和人，一方面受到来自超越极的推动或牵引，一方面又受到来自人极的拉力，生存真理的形态就是由这两种力的结构性张力所界定。当超越极被空前凸显，生存真理的天平大大倾倒在超越极那里，这就出现了救赎真理。在以色列那里，对于超越极的强调使得生存真理超越了人类社会，甚至超越了宇宙的节律，社会与宇宙甚至被视为封闭心灵的必须被突破的场所，因此世界及其历史成为被逃离的区间，人的生存被"出埃及记"的象征所传达，生存真理被引向脱离宇宙与历史的灵性的救赎，也就是灵性的自由及其创造性。而在古希腊的哲人那里，出现了以心灵（灵魂）作为超越性之感受中枢相的意识，由此而使得原初宇宙论体验所关涉的宇宙论风格的真理向着智性意识关联着的人学真理的分殊化形式，哲学则是这一分殊化形式的符号形式。

而在先秦诸子那里，则产生了中道的真理，即在天人之际，以及其伴生形式如出世与入世、隐与显、方内与方外等之间获得平衡的中道真理。即出即入、出入无疾，在个人、社会与宇宙之间，在天地人三才之间获得平衡的意识。生存真理被开放在天经、地义、人情的相互共属与相互贯通之中。不朽或永恒的问题没有被引向时间与历史之外，而是在时间与历史、在社会与宇宙之内的持续，这种在历史中的不朽,与救赎真理、人学真理那种在时间之外的不朽。中国思想所奠定的中道超越的模式,才是真正的居间平衡,它是一种不需要超越者的超越,在自然科学不断突破救赎真理与人学真理所预设的终极有为宇宙图景的智识背景下,它无疑具有更大的接受基础。就此而言,诸子学的纪元并没有远离我们而去,反而可能重新成为我们理解世界、历史与人性的良性资源。

【回答一】

方达提出的一个问题是沃格林和雅斯贝尔斯的这种语境是不是适合中国,是不是要来论证基督教文明的一个普及性的问题。恰恰相反,因为雅斯贝尔斯通过轴心时代挑战的正是黑格尔围绕着基督教建立的世界历史新纪元的思想,对于黑格尔以基督教三位一体解说世界历史,雅斯贝尔斯说这个只在基督教世界有效,对整个人类来说它是不够的。雅斯贝尔斯很反感黑格尔将共时性的各大文明编织到历史长河当中,比如说把包括中国在内的东方世界视为人类历史的开端,然后是希腊世界、罗马世界,最终到了日耳曼世界,这样黑格尔所处的欧洲就成为世界历史的进程的顶点。雅斯贝尔斯反对的正是这样一种一元论的线性文明史观,而要提出基于文明的多元性与平行性的普遍世界观念。轴心时代所发现的那些新纪元的意识并不是在某一个地方出现而后传播到不同地区,而是在不同文明中各自出现了新纪元意识。就此而言,这是一种放眼世界的普遍历史眼光。我们今日研究诸子学,如果不仅仅把诸子学理解为中国的一个地区性现象,而是作为一个世界意义的现象来看,就必须在世界视域中来理解它。诸子学的未来意义在于它与我们的相关性,这种相关性不能通过在诸子学内部的研究就能获得,而是必须理解并诊断我们时代的症状,而后才可能给出药方。我们不可能在病候都不清楚的情况下,就将诸子学作为药方。更何况,诸子学并不是一个结构紧密、思想一致的整体,而是一个松散的、具有百家争鸣性的张力性的智识传统。

　　传统对诸子学的起源，即将其视为宗周的王官学的分殊化进展，这是有道理的。六艺学也是从宗周王官学分殊出来的。无论是六艺学还是诸子学都是在轴心时代或天下时代精神与权力分化的语境中产生的。这种分殊化现象具有不可逆的特征，不可能通过回返宗周王官学的方式建立分化了的经史子的统一性，而必须在经的主干下，将子史作为羽翼，以建立文明的统一性。这种统一性对于文明论中国的建构是十分必要的。只是由于当代的意识形态化或教条化的理解，人们接受了一些信条，才会产生对统一性的非理性抗拒。但如果只有不断的分化，而没有统一的话，那么无论是政治的中国还是文明的中国，都将没有基础，那么，与此相应的可能就是我们生活在其中的国家也就不再拥有如此的版图。六艺学的经典化，以及作为文明论中国的大一统得以支撑的经典符号，它是具有巨大的意义的；我们研究诸子学，未必要通过否定六艺学在中国文化中的意义来提升诸子学的地位。诸子学作为智识场景中的重要部分，以其开放性而构成防范六艺学教条化与意识形态化的解毒剂，同时它也是更新六艺学自我解释的重要思想资源。事实上，六艺学的经典化首先是在诸子学内部推动的，诸子们之间各是其是、各非所非的情况，本身就被诸子们视为导致是非淆乱的危机性症候，它不是带给人们以安定与平静，而是心灵的失序。所以荀子的《非十二子》对那些持之有故言之有理然而又相互矛盾的诸子学论述的危害，看得很清楚。精神与权力的分化也必然要求新的合作或统一，否则无论是精神还是权力都将受到来自对方的伤害，这是后轴心时代或后天下时代的首务。

【回答二】

　　关于圣王传统和周代天命的流变的问题。所谓圣和王传统，在诸子时代发生了巨变。之前的统治者是帝王，或神王，神权与政权合一，天事与人事杂糅未分。轴心时代随着圣人观的出现，圣人被作为人伦之至的"天爵"被提出，在圣统的基础上处理帝王之统，从而出现了尧舜禹汤文武周公，这些符合圣人之统的帝王被纳入道统，这是本于圣人之统对帝王之统的处理方式。在此基础上才有所谓的圣帝圣王问题。本来帝王并非圣人。但这样一种纳帝王入圣人之统的方式着眼的不是权力秩序，而是精神秩序，其核心是基于文化，而不是基于政治。但若就帝王之统而言，帝王之别乃是五帝时代与三代之别，五帝则是半人半神、神事即人事的统治者兼宗教领袖，他们主要不是通过制度（礼）进行统治，而是通过德（习惯法与宗教仪式等）；但三代王者神守国与社稷国分化，三代内部出现了上帝与上天的不同，即从作为祖宗神到普天的转化，这使得周代成为三代礼制的顶峰，礼乐制度达到了空前的完备。周人从殷人的附属小邦到有天下的中国的演变，不得不诉求政治合法性，于是普天之说出现，帝被整合到天的思想之中。而且天命作为政治合法权基础被视为无常的，它只是保佑敬德保民的统治者，这就是周人的天命思想的成就，它使得天朝着超越性与普遍性的维度迈出了一大步骤。如果没有这个步骤，就很难有诸子学的继续的推进，而这一推进的目标就是把言说天下统治合法性的天命，转换为生存真理的超越论根据。诸子学在当时采用了层级性的推进方式：在个人道德上，天命向每个人平等地开放，每个人皆可以在其心性中，在道德生活中与天命直接沟通，这就开启了天命与生存真理的关联，儒家所谓的仁义礼智信这五常之德是面向每一个人的，圣人完备地体现了实现五常的最高人性之可能性；在政治体制与社会伦理中，继续保持礼所指向的等级性与差序性，不同的人伦角色与位分，仍然必须按照其所在的位置来行事，从而在礼的层面而有与天道的不同关联方式，王者在礼的差序中仍然位居最高塔尖位置，即便人人在道德上平等，但在政治上尊君、在伦理上敬长、尊贤，仍然为超越性的天道所要求。

诸子学的传承与孔老对话

方 勇

（华东师范大学先秦诸子研究中心主任、《诸子学刊》主编）

各位学者、各位同学：

下午好！这次对话是由陈鼓应先生发起的。好几个星期以前，陈先生就从台北给我打电话，想趁这次来大陆，在上海搞一个诸子学的对话。陈先生的主要考虑在于该怎么借孔老对话推动中国文化发展，以及以儒道为核心的诸子学如何助力中国文化重构，这一议题不是一种纯理论的学术化研究，有着鲜明的人文关怀，其落脚点正在于中国文化的前进方向这一时代命题。

和陈先生先后几次通电话后，我们就确定了时间与人选。根据陈先生的提议，邀请陈彦瑾老师来，主要是为了把诸子学推向大众：诸子学怎么跟大众文化融合起来？怎么让高高在上的经典文化、诸子文化面向大众，向大众传播，在大众思想、行为、生活当中发挥作用？陈彦瑾老师在人民文学出版社是从事这方面编辑工作的，已经出了很多书，许多是配合教育部推行的中学参考书来做的，对于诸子学面向青少年学生、面向不同群体的推广，她是很有经验的。那么邀请陈赟老师加入是出于什么考虑呢？陈赟老师有深厚的哲学学术背景，而且是汇通中西哲学，多少年来，他一直把诸子学作为研究的重点之一，所以我们请陈赟老师在世界大文化背景下，来探讨发展中国诸子文化的问题。

那么我该讲一点什么呢？根据陈先生提议，我主要是从诸子学的传承方面来谈，涉及诸子学特点、发展路径等，特别要落实到诸子学如何以"新子学"形态参与到中华民族文化重构这一问题上来。

陈鼓应先生在阐说孔老对话时专门强调了老子思想中的人文色

彩，这对我们理解孔老相通有重要启发。孔子、老子都面临着东周时期礼崩乐坏的局面，但两人对周礼态度截然不同，孔子主张发展它，老子主张超越它，这是我们所周知的。但值得注意的是，无论是发展还是超越，孔老都体现了同一个指向：不再完全依靠礼之客观条规的约束来调节人的行为，而是寻找人之所以具有良好行为的内在动力。这在孔子那里体现得很明显，孔子认为礼如果仅被局限于典章名器、条文制度，将毫无意义，"礼云礼云，玉帛云乎哉？乐云乐云，钟鼓云乎哉？"（《论语·卫灵公》）他要寻求人之所以能克己复礼的精神基础，这便是仁，所谓"人而不仁，如礼何？人而不仁，如乐何？"（《八佾》）而仁这种品质又是根源于人心，由内而发、不能靠外在规训来刻意形成。老子其实有相近的看法，在《德经》首章，他便指出"失仁而后义，失义而后礼"，在刻意的程度上，仁、义、礼三个层次一层比一层强，仁是自然爱人情感，为之但不是有意去为，义是固定的原则，不仅为之而且有意地去做，礼则更刻意，不仅自己去做，而且还要拉着别人来做，即"攘臂而仍之"，更有强制性。通过这种对比，老子凸显出仁作为内在动力促发了人之善行，与孔子的论述可谓殊途同归。当然，老子又讲"失道而后德，失德而后仁"，在仁上面又设定道、德等元素的存在，但这里的德仍是人善行的内在依据，它算是道家对仁的"升级""改造"，与仁一样发挥着内在性价值源头的作用。

可见，孔老将善行的根源追溯到人的内在层面，而之前则是圣王制定礼制规训人们为善，再之前部落首领则借巫术天意诱慑人们为善，但是，孔老将善行根源追溯到人的内在层面，为善的根源在于人本身，这极大提高了人的尊严与价值，体现了鲜明的人文色彩。我们讲诸子学，会提到雅斯贝斯的"轴心时代"和帕森斯的"哲学突破"，而人文意识其实是两者的共同前提："轴心时代"讲求文明的定型，而文明的构建必然依靠人文的积淀；"哲学突破"讲求理性的运用，而理性必然依靠人自身内在世界的觉醒，人文意识为此疏通了道路。可以说，孔老在人文性上有共识，继而联手拉开了诸子时代的剧场帷幕，只是从中间拉开帷幕时，两人必然要朝相反方向前进，我们不能只看到他们方向的异，更应记住他们出发点的同。

此外，礼制、巫术之所以能发挥作用，在于其背后权力的支撑，礼由王权保证推行，巫术由首领"绝地天通"后凭权力来垄断。孔老推重人文，则凸显了个人内在精神的作用。这正呼应着前边陈赟老师所提到的诸子时代是治教分离、君师有别的时代，这个时代赋予了个人内在世界的超越性，天道不仅对帝王开放，亦对每个人的心灵开放。这时，人们发现了自己的内在精神世界，每个人都可凭借自己内心把握天道，构想天下秩序，这亦是诸子争鸣的肇端。

构想天下秩序，最终指向的是文明形态的建构，即充满了人文意识的人们希望自主地制订人如何共处、合作的方案，这在蒙昧的巫卜时代和稳定的礼乐时代是绝不可能出现的情况。上文提到善行的动力源于人之内在，这是孔老在微观层面对人文问题的探索，而此处文明形态建构则是诸子在宏观层面对人文问题的探索，这两个层面是相通的。"新子学"在之前大量讨论了文明这个宏观层面的问题，对诸子各派关于文明形态的不同构想有过深入的总结，下面为大家再复述一下。

中国夏商周三代文明，到周朝达到了一个高峰，"郁郁乎文哉"，就是孔子对西周礼乐文化的一种感叹。但是夏商周文化，特别是西周建立起来的礼乐文化，到春秋战国时期衰落了。诸子百家提出了不同的主张。以孔子为首的儒学主张恢复西周文明，要把它振兴起来。准确地说，孔子要求完全恢复到西周，特别是西周初年周公时期的状态中去，他连做梦都要梦到周公，"甚矣吾衰也！久矣吾不复梦见周公"。孔子毕其一生就是要恢复西周这种已经衰落的文明，他认为这是自己的天职，是终身致力的理想，故曰"吾其为东周乎"（《论语·阳货》）。而当时最与周相近的还是他的母邦鲁国，所谓"齐一变至于鲁，鲁一变至于道"（《论语·雍也》）。孔子只着意于恢复传统，没想过变革传统。所以，子路讥讽他迂腐，固守名教，他则讥弹子路之不学，不明白自己的理想。当然，孔子的自信不仅来自周礼曾经致太平的历史经验，亦来自孔子对周礼的精神维度所作的理论探讨，这便是仁者爱人、克己复礼等命题，前面已有讨论。之后的儒家在理论上有更多的推进，但在理想上仍与孔子保持一致。墨家所主张的文明形态跟儒家不太一样，他们觉得西周的礼乐制度有一些是不可取的，尤其世袭贵族拥有特权、占据要位、生活奢靡，故而他们更加强调重用贤者，反对孔子所推崇的西周以血缘关系远近来区别各种关系、确定政治地位的宗法政治。在政治上打破了这层血缘关系，墨家自然对于以亲亲为基础的仁所含有的"狭隘性"感到不满，于是主张"兼爱""尚贤"，大家应该平等地爱，心胸应该更加博大。所以墨家对西周文明不是像孔子一样去肯定它，而是觉得应该以另外一种框架重建，追求的是一种有别于儒家的文明。至于法家，它在战国中后期列国争战的过程中兴起，富国强兵是其核心诉求，故而它专门修正政治体系的运行法则，以法来代替礼，以加强行政效率。吴起治楚，"明法审令，捐不急之官，废公族疏远者，以抚养战斗之士"（《史记》本传）。《商君书》谈时势之变："上世亲亲而爱私，中世上贤而说仁，下世贵贵而尊官。"韩非更明言"废先王之教"（《问田》）。这些都指向周人之礼乐秩序。原有刑不上大夫的礼制被亲疏贵贱一断于法的原则取代，原来一个以礼相敬相爱的社会发展为以法为基础尚功、抑私的社会，这种文明形态与周代文明亦有所不同。

老庄道家的主张与上述各种文明构想又不一样。这里面当然也有南北文化的区别。以中原为主体的文化稍微保守一点，以儒学为主，向往西周的那种文明体。而老子传为楚国苦县人，庄子成长于商丘一带，也属于楚国的边缘地带，他们离中原传统文明中心有一定距离，受到传统文明的影响不太明显，故而他们思想上自由度更大一些。那么老庄的文明体制是什么？它是一种没有文明的文明，不要有束缚人性的礼乐制度，让万物按照自然本性发展自己的天性，让自己的个性充分展示出来。这种文明要求万物，特别是人类，自由地多元地发展，不要困在一个模式当中，更加不要用很多条条框框、很多绳索把它捆绑起来。

所以总的来说，先秦诸子百家，都有自己追求的理想，按照自己的理想来重建三代已经衰落的文明体，各有所长，不是后来我们所理解的只有儒学一家在重构整个中华文明主体。可是到了汉代，刘歆《七略》与班固《汉书·艺文志》将儒学直接上接先王之道，同时又把周礼不同职官与诸子百家一一对应，无形之中让后人产生了一种印象：先王之道，这个体现最高文明的道由儒学接续，其他诸子百家都只属于某一官，相当于我们现在学科分类的某一个具体学科，不具有独立的身份与价值。

在这种叙述下，先王之道只由儒学传承，后来宋明理学又理出了一个道统，这就使其他都成了"歪门邪道"，只有儒学一家乃至其中一支是光明正大的。但我们去回顾一下可知，先秦诸子百家，并不只有儒家强调先王之道。墨子最重视夏禹精神，老庄重视先王的内容更多，但有很多我们没听说过。所以梳理夏商周文化的不是只有儒家一家。到了汉武帝采取董仲舒的建议独尊儒术、罢黜百家后，人们的理解就变了，儒家真成了先王之道的唯一载体。从《汉书·艺文志》《隋书·经籍志》和《旧唐书·经籍志》《新唐书·艺文志》等下来，一直到《四库全书总目提要》，都是沿着这个思路来展开学术史回顾的，这就把原本多元的追求文明的理想狭隘化了，认为只有儒学一家独自撑起了中华民族的文化，而且只有它是正面的，其他都是异端或者儒学支流，这实在是置历史事实于不顾。

这种理解不但有违历史事实，更阻碍中国文化发展。董仲舒倡导独尊儒术，经过了两千年左右的发展，到了清朝就衰落下去，不能再支撑中国文化的前进。那么，这就涉及了我们在独尊儒术这种两千年的文明体衰落以后，下一个文明体该怎么构建的问题了。

如果继续沿着独尊儒术这条路走下去，对于中华民族发展、我们文明的建构，是会带来一些问题的。现在我们文化强国不仅是要重新发扬儒学，把儒学当中那些精华发扬光大，同时也需要把诸子百家的精华提炼出来，这大概就是我们现在搞诸子学要好好考虑的问题。现在可能有不少人认为建设文化强国，传承中华民族优秀文化传统，把孔子请出来就解决问题了，其实不是那么简单的。我们主张，孔子应当回归到子学上面去，把经学等这些后来强加在上面的东西剔除掉。儒学思想中自然有很多好的东西，比如它围绕仁、义、礼、智、信五类德目而阐发的多种主张，对于我们构建一个道德的社会有着巨大的意义。但仅依靠这些资源尚不能应对复杂的现代社会，我们要寻求诸子各家思想资源的支持。

比如法治社会的建设，儒学里面是不太强调的，所以我们应当用到法家。现在的法律条文和法律体系，虽然许多是西方引进过来的，不是先秦法家的那些了，但重视法治的基本理念，中国历史上是由法家提出来的。兵家讲富国强兵，这也是儒家的薄弱环节，孔子是不谈这些事的。现在面对着复杂的世界，强兵是发展经济、稳定政治的基础，所以兵家我们也不能放弃掉。经济方面，我们现在已经认识到无商不富，一个国家一个民族，如果商业上不去是富不起来的。但儒学不重视商业，把商业看成是"末"，所以重商思想的构建，一定要汲取诸子学的力量。举一个例子，比如温州经济模式，改革开放初期，它基本上可以理解为儒家思想在起作用，自己家人和亲戚一起办工厂办公司，但是发展到一定阶段，它就搞不下去了。所以后来有本领的人强强联合聚集到一起，打破血缘关系，这就是墨家的"尚贤"政治，它支撑温州经济持续向前发展。这个例子说明，中国文化的进一步发展，光靠儒家一家是不行的。

那么，面对着强势的西方文化和全新的现代社会，我们怎么发展自己中华民族的文化？

我们不难意识到，在城市化和工业化、信息化的时代，社会多元发展，个人日益独立，陌生人社会成为基本的生活环境。这时，再像古代让一切事务都统摄在一个推崇血缘化尊卑秩序的价值系统中，这是难以想象的。我们肯定不能闭关自守，要吸收人类一切优秀的文化，但同时我们也是有主体性的，有文化立场的，所以，我们的文化应该建立在中华民族既有文化基础之上，不能全盘西化。但是既有的文化基础也不完全等于儒学，毕竟面对着这么复杂的世界文化，儒家一家是应对不了的。所以我们认为，现代中国的文明秩序构建是一个长期过程，无论中学西学，都是必要的资源，而中学里的所有学说，在当今时代都有其特殊价值，故而诸子学说一定不能忽视。

要充分发扬诸子学说的作用，大概需要从诸子百家里面整合出一种"子学精神"，把有用的东西好的东西提取出来组合起来，以应对当今世界。"子学精神"未必能直接在社会经济层面发挥作用，但它是催生诸子学之学术争鸣、思想创造的原动力，这种精神可理解为：学者崇尚人格独立、精神自由，学派之间平等对话、相互争鸣，各家论说虽然不同，但都能直面现实深究学理，不尚一统而贵多元共生等等。未来中国文明构建的过程，将是重现百家争鸣的过程，并形成百家共存的格局，"新子学"将努力开掘出更多资源，为百家共鸣创造条件，为中华文明的重构拓宽路径。

"新子学"如何在传统思想文化中开掘出更多学术资源？这要求我们必须重审学术史，在观念上摆脱儒学独尊时代留下的"陈见""偏见"，比如把诸子学看成是囊括各家的"杂烩"，是经学的"支与流裔"，显然，前者忽视了诸子学的整体性，后者忽视了诸子学独立性，都是需要纠正的。

我们之前讲孔老汇通，并不是说只有孔子跟老子两个人的汇通对话，实际上从广义上面来说，所谓孔老汇通，也就是整个诸子学的汇通。为什么这么说呢？老子开创了道家，先秦许多学者又或多或少与老子有些关系。这不是偶然的，《老子》思想本身就具有多维的阐发空间，它能启发、孕育并包容各种思想。正如司马迁在《史记》老子本传中所评价的那样："（庄子、韩非）皆原于道德之意，而老子深远矣。"老子思想在先秦能延伸出庄子、韩非两位思想风貌迥异的学者，正说明了其内涵之深、见地之远。老子这种开放、包容的思想体系无疑能催生诸子学说多姿多彩的思想风貌。儒家这一脉所孕生的学派同样很多，比如墨家与儒家渊源关系极深，根据《淮南子·要略》，墨子刚开始是学儒的，后来自创墨家，但墨家很多理论与儒家分享着共同的前提，墨家一些主张如兼爱、尚同，则可以视作儒家相关主张的加强版。再加上儒道两家在后世的巨大影响力，所以总的来说，诸子百家，从大的方面来看，是可以用儒道来概称的。所以我对陈先生孔老对话的理解，广义上面来看，也可以理解成是整个诸子学的对话。

这里所说整个诸子学的对话，指向一种整体性的诸子学。"新子学"主张对诸子学研究应该有一个整体观，我们现在对诸子学的研究不是一加一，不是儒、墨、道、法、阴阳、名等各派学说拼凑起来就是诸子学。诸子各家要整合起来，把一些属于精华的东西整合起来，把这些东西拿出来应对现实，建设未来的文化。所以我们主张，应该像汉初黄老学那样根据需要来吸收其他各家学术，以便更加适合于现实，具有可操作性。前面陈赟老师提到，如果只是按照诸子百家各自面貌，而不是从整体观来看的话，可能会造成分裂的局面，"新子学"理论仍摆脱不了人们对诸子学大杂烩的印象。所以我们在理解诸子整体性的时候，要提炼诸子各派共同关注的问题，亦即文明形态的问题，具体包括家庭与政治的问题、政教关系的问题、人性与制度的问题，人与物的问题等等，由此来观照、对比诸子各家解决这些问题的不同思路，由此概括出古人思考这类问题的逻辑与路径，并类推出其他可能的思考维度或解决方案。这种系统性、理论化的研究，宏观上为我们整体地理解诸子学提供了一个有效框架。上述问题是经典的问题，是贯穿整个文明发展的基本问题，未来如何解决这类问题、使我们的文明继续发展，前面所提到的诸子各家的解决方案对此有很重要的启发。

而从微观上讲，在整体的对照下来理解个体，亦可发现每一派、每一子思想的亮点与价值所在——诸子各家总是在相互争论、相互对立中才确立了自身的位置与立场。而对于某一子，我们同样应持有整体性的研究态度，即对他展开文史哲的跨学科综合研究。现在对某一个子，比如《庄子》，搞文学的觉得《庄子》是文学佳作，搞哲学的人觉得这是哲学资料，搞历史的人是把寓言故事当史料来解释，支离破碎。我们要比较完整地理解诸子，就要摆脱学科壁垒，在文明问题的观照下，广泛吸收各学科的成果与方法，以问题为导向而不是以学科范式为根据，做到真正的融汇贯通。

假如站在这个层面上来理解诸子学，那么到现在为止对诸子学的研究，我觉得是属于刚刚起步的阶段，只是作为哲学史料，作为文学研究对象，作为历史学一个论证历史的资料而已。我们现在只是做了一些基础性的工作，希望今后能加强诸子学的整体性研究，思考怎么凭借这个资源来探索整个中华民族以后文化发展的大方向。我们认为，在固有的中国传统文化当中，从思想性的角度来理解，大概诸子学是最能应对现实的，因为正是现实发生了重大困难，诸子学每一家才给出了个性化的解决办法。整体的诸子学能够为推动整个中华民族文化大发展起到作用，那个时候诸子学的作用才真正显示出来，我们近年大力推动"新子学"，用心主要在此。

刚刚郝雨教授提到近现代诸子学发展这个问题，我想再说几句。传统的经学，实际上在清朝末年之后，作为原来那种严格意义上的经学基本已经不存在了，但是我们所讲的经学意识，在我们民族血液当中都可以找到。比如，我们考虑问题比较单一化，好的就是好的，坏的就是坏的，不像老庄特别是庄子一样，万物都在变化的，北冥之鱼可以变为高飞九万里的鸟，一切都处于变化当中，而经学化的儒家灌输给我们的就是基本上不变的观念。我们民族的传统文化当中，这种经学思维根深蒂固，在一定程度上需要有诸子百家这种多元的思维来加以综合，否则思想太固化了，不太可能出现有太多原创力的科学家或个性化的艺术家，在文化层面上，我们需要加以反省。引进诸子学这种开放的理念来破除中华民族文化当中的经学思维，这可能不是我们这一代人能完成的，可能需要几个世纪，因为这种思维已经深入我们血液当中了。我们习惯照本宣科，习惯模仿照搬，习惯盲从权威，大概都有经学思维在里面。不用子学精神破除这些桎梏，很难谈文化自信，一味模仿、照搬、因循、盲从的人有什么自信可言？而缺乏了这种自信，我们要屹立于民族之林或者走在人家前面就有点难，因为文化是民族发展的根基。

  这次对话由陈鼓应先生发起，我们先秦诸子研究中心举办，今天我自己感觉活动挺成功的——除了这个会场以外，线上还有很多人在听。对于参与的几位老师，对于在会场上的老师同学，对于线上参与的学者或者研究生等等，特别是对于陈先生，我作为主办方表示衷心感谢！谢谢大家！

"新子学"能引导现时代的文化思潮

张 涅

（浙江科技学院人文学院中文系教授）

尊敬的陈鼓应先生等专家：

  今天对话的议题"人类社会的人文危机""优秀传统文化与诸子学""中国力量与诸子学""优秀传统文化的教育普及"等，都很有时代性，有张力。我的理解，核心是如何认识诸子学的问题，就是诸子学在传统文化中有什么样的地位？诸子学能否展现中国智慧和思想力量？能否对解决21世纪人类社会的人文危机提供一些思想资源和启迪，以及如何介绍和传播诸子思想？

9年前，方勇教授提出"新子学"的理念，就说道："诸子学如何全面复兴，及其在中华民族文化伟大复兴中应承担什么样的责任，仍值得探究。"（《"新子学"构想》）这些议题显然需要从几个方面展开，但因为时间关系，不能具体地阐述。只是认为，展开这些议题，前提是得判定：现代新儒家难以引导现时代的文化思潮，新儒学不能成为现时代的主导思想。这其实也是一种讨论：对于中国传统思想的认识，是"新子学"（转向以后的诸子学研究），还是现代新儒家（或新道家、新法家），更适宜成为主导性的？因为当前学界提倡新儒学的比较多，影响也大，这里就对"新子学"与现代新儒学而言。

这当然是从思想史研究的角度说的。"新子学"就是一个基于思想史的认识。假如就做学问、做学术研究而言，当然各有价值，相互不可取代。而且，这里也只是就"主导性"方面说的。思想史的内容非常丰富，非主导性的，研究也有必要，这毫无疑义。

大家知道，对于思想史主潮的认识，有一个基本的出发点，就是依据当下的需要。所谓"思想史"的"史"的梳述，本质上说，是为当下的社会发展需要寻找思想资源和启发。按史华慈的说法，就是"着重在人类对他所处的生活环境的意识反应"。

那么，在现时代，"新子学"与现代新儒家相比，哪个更合乎需要呢？也就是说，包括阴阳、儒、墨、法、道、名、兵、杂各家，并且在此基础上加以融通提炼的"新子学"能提供给现时代的思想资源多，还是基于孔子儒家而吸取各家的、而且把重点放在心性修养方面的新儒家更有价值？个人以为，理性的认识，应当选择前者。

理由很多，简单的、最显白的一条是：在现时代，旧文化思想已经崩坏，新文化思想尚在建设中——从晚清开始的一百多年，正是这样一个大转折时期——这里需要政治、伦理、法律、经济、军事等领域的改革和建设，需要思想方针和思维形式的再认识。而这些，在中国传统文化思想中，"新子学"能够提供最多的资源，给予我们最多的启迪。

从历史的粗线条看，现时代近似汉初。汉初是一个重建制度规范，也重建文化体系的时代，我们现在也是。重建包括制度和文化两个层面；制度规范与文化体系是相互关联、相互作用的。相较而言，制度规范相对容易建构，而文化体系更多与个体性和传统性关联，重建更复杂、更困难。因此，我们需要丰富的文化思想资源（当然包括西方的文化思想）。先秦诸子有各种政治规划、人生理想、教育理念、经济措施，以及本体论和方法论等等，以"新子学"为主导就是必需的。在中国历史上，只有先秦诸子有过广泛的、深刻的思考，而且塑造了中华民族的文化品格。因此李零说："复兴子学，才是重归古典。"（《唯一的规则——〈孙子〉的斗争哲学》）曹峰说："回到诸子去！"（《中国古代"名"的政治思想研究》）"新子学"只是有更充分的自觉。

为什么说现代新儒家不可能成为现时代的主导思想、引领文化思潮呢？因为它有两个根本性的问题：一是作为思想基础的"性善"本质上是一种信仰，一种价值追求，而不是客观理性。其当然有不可忽略的思想价值，可以作为人类文明的标杆，但是分析不断出现的现实问题、寻找解决的方案不是其所长。孟子曾被认为"迂远而阔于事情"（《史记·孟子荀卿列传》），并非全然无稽之谈。二是其所思考的主要在个人道德修养的范畴内，认为提高人的道德素质是解决所有社会问题的关键。其实，这不是一个历史的大转折期最主要、最迫切需要解决的。历史的大转折期，首先要解决政治的问题。政治问题解决了，再讨论道德问题、个人的生命意义问题，才是合适的。且莫论"性善"说作为信仰是否能够成立，向形而上发展的理路是否对人的本质关怀，就其关注的领域看，已脱离了历史的发展场景。

大家知道，儒家是在汉初走上中国历史的主舞台的。它能够在百家争鸣中胜出、获得独尊的地位，是因为讲"礼"的等级性，讲"仁"的爱有等差，这些思想合乎那个时代的需要。当时社会，最基本的单位是家庭，家庭主要由血缘关系构成，天然有辈分和近疏差别，所以"仁"的等差性是合理的。而且从经济上看，当时小农业生产劳动，有关技术在战国时期已经成熟，后人只要听祖辈的，就能获得生产和生活的经验。《诗经·七月》就是关于小农业劳动和生活经验的总结，根据《七月》所说的，知道什么时候吃什么、做什么，生存就没有问题了。因此祖辈自然成为权威，是等级在上的。这样，等级性的社会规范和政治结构是合理的，也合乎那个时代的需要。这个是常识，费孝通的《乡土中国》已经讲得很清楚。但是进入现代社会以后，不是小农业文明的时代了，科技发展日新月异，祖辈不再可能成为权威，所以家庭在社会结构中的重要性也大大降低，儒家思想就跟不上社会发展的需要了。那些等差性原则，与现代社会的普遍价值观念相矛盾，更有违现代政治准则。由此看，再以"仁"为现时代的指导思想，就不合时宜，至少是不周全的。

许多学人只讲仁爱，不讲礼教、礼制，还想去掉仁爱的等差性，使儒家思想具有普世性、现代性价值。例如蔡元培说："平日所言之仁，则即以为统摄诸德完成人格之名。"（《中国伦理学史》）梁启超说："'仁'者何？以最粗浅之今语释之，则同情心而已。"（《先秦政治思想史》）这在阐释学中是成立的，当然也有意义。但是我们也得认识到，假如只抽象地讲仁爱，忽略等差的规定性，那实际上已经与传统割裂开来了。这样的话，现代所需要的"爱"，从墨家的"兼爱"中去转化可能还更容易些，不必一定要从儒家的"仁"中去转化。新墨家就强调这一点。

现代新儒家是从陆王心学一脉过来的。陆王心学形成在宋明时期，当时的思想任务，主要是回应印度佛学的冲击，解决个人生命意义的问题，这当然也是中国文化自身发展的需要。大家知道，当时的社会政治制度没有大的问题，基本合乎那个时代经济和社会发展水准；需要解决的，是在那个体制下的伦理问题、个人生命意义的问题。因此，陆九渊讲"发明本心""尊德性"，以修养为本，作为对程朱理学的补充是极有意义的，可谓回答了那个时代的问题。但是，到了明代的中后期，专制政治的衰败已经呈现，已不能适应社会经济的发展。按通行的政治术语说，已经是反动的了。而王阳明只提倡"致良知"，重视心学一脉，发展修养之道。这使孟子一脉的儒学发展到了高峰，但从另一方面看，这也是缺乏对政治体制方面的思考的。应该说，这不是超一流思想家的表现。超一流的思想家，必然站在时代的前列，指示历史发展的方向。

这个可以与明代后期的几位思想家比较。王阳明生于1472年，在1529年过世。后来的李贽，生于1527年，于1602年过世，比王阳明晚了半个世纪。一般认为他受到"阳明学"支流"泰州学派"的影响，但却提出了"天之立君，本以为民"（《藏书》）的主张，成为明末清初启蒙思想家"民本"思想的先道。再晚一个半世纪的黄宗羲（1610—1695），更明确提出"天下为主，君为客"（《明夷待访录·原君》），主张以"天下之法"取代"一家之法"（《原法》）。可见王阳明并没有超越时代的政治思想认识。

到了20世纪，中国社会的制度问题更加迫切需要解决，而产生于20世纪20年代的现代新儒家，只是以接续宋明"道统"，发挥"心"（或"理"）的学问为己任。他们认为，中国文化的复兴，也就是中国文化的现代化，中国文化精神的新拓展；这只能从"内圣"出发，走由"内圣"开出"外王"的道路。例如贺麟说："广义的新儒家思想的发展或儒家思想的新开展，就是中国现代思潮的主潮。"

"儒家思想的命运，是与民族的前途命运、盛衰消长同一而不可分的。"(《儒家思想的新开展》) 这对于提升中华民族的自尊心和自信心方面当然贡献巨大，但认为中国的现代政治，能够通过"内圣"功夫开拓出来，那肯定是迂阔了。

很显然，仅仅着眼于儒学一脉，或者以儒学为本吸收其他各家学说，那远远满足不了时代需要。现代新儒家只重视从尧舜到孔孟的"道统"，只尊奉《论语》《孟子》《孝经》及"五经"，甚至对《荀子》也持批判否定态度，这肯定不可取。以此指导社会政治建设和新文化发展，不会有实效的；相关的道德教化，也很可能事倍功半。梁涛提倡"新四书"——《论语》《孟子》《礼记》《荀子》，把《大学》《中庸》放回到《礼记》中，把《荀子》放进来，比新儒家眼界开阔了，但还是有局限。

相比较，"新子学"理念更符合现时代的需要。因为它能够提供丰富的思想资源，可被我们借鉴，起到指导性作用。"新子学"的理念主要有四点：一是指出各家学说都是平等的，各有价值意义。如方勇教授说的，是"多元框架"(《四论"新子学"》)。例如杨朱的"贵己"(《吕氏春秋·审分览》)，孔子的"发愤忘食，乐以忘忧"(《论语·述而》)，庄子的"独与天地精神往来"(《庄子·天下》)，这些人生观没有对错好坏，都是可以接受的。孔孟的"德政""王道"，老子的"无为而无不为"(第三十七章)，商君关于农战、赏刑的法规，韩非子的术治策略，荀子的礼治主义，这些政治的经验教训都值得我们重视。二是全面认识，包括人生、社会和自然世界的方方面面，而不局限于一家一说，或者某一领域。诸子思想除了人生论、政治论，还有宇宙论，例如"天人合一"说、"天人之分"(《荀子·天论》)说。还有认识论，例如《公孙龙子》讲感觉主义，《墨经》讲逻辑理性。这些都是在"新子学"的范畴内。三是强调诸子思想开放而且不断发展着的。诸子著作原本是学派的论文集，学派的形成经过了近百年甚至二百多年的时间，后期的思想会有流变，后来的人又根据各自时代和个人的需要作不同的阐释。因此说，开放和发展是诸子学的本质形态。"新子学"切实于这一点，避免系统化理论构架造成的固态化症结。四是要求把诸子思想综合起来。近来的诸子研究，大多守着一本书主义，而且特别热衷于新出土文献，这当然极有必要，但是从思想史的要求看，还属于基础性、周边性的。因此，"新子学"一方面注重做会通诸子学各家各派的研究，另一方面要求概括提炼诸子的精神。

方勇教授认为："将儒学视为中国思想的主流与正统，不免失于偏狭。"（《三论"新子学"》）还指出，"新子学"的研究要致力于中国学术文化的转型，处理好多元与会通之间的关系，并且以返归自身的方式来处理学术研究中世界性与中国性的张力。（见《再论"新子学"》）这些观点可引导我们进入今天的议题，也指示诸子学研究的转向。

我的发言到这里，谢谢大家！

从诸子学到"新子学"

郝　雨

（上海大学新闻传播学院教授、传媒研究中心主任）

先生们、女士们：

刚才几位专家学者，尤其是陈鼓应先生，从诸子学的内涵结构、价值意义等方面进行了深入阐述。我想沿着这样的一条思路，按照本次对话的主题要求，重点谈谈对于诸子学的"传承"以及我国未来文化如何建构的问题。

（一）关于传统文化"断裂"

如果我们今天把诸子学的传承甚至作为整个的我们复兴传统文化这样的一个战略的核心问题，那么我们对于复兴传统文化主旨的理解，我在这儿斗胆提出一个重要的疑虑，就是很长时间以来，我们大家对于传统文化的整体性理解，是否都陷入了一种误区？什么意思呢？复兴传统文化，近年来整个是我们的一个主流的声音。但是，为什么要复兴传统文化？前提是什么？大家很可能都会想到我们坊间或者是我们整个的学界都流行的一个说法。什么说法呢？那就是因为20世纪中国的文化尤其是传统文化发生了两次"断裂"。一次是"新文化运动"，一次是"文革"。那么我在这儿要提醒大家的是，这样的一个基本判断作为我们复兴传统文化的一个重要前提。我斗胆地告诉大家，这个判断是错误的，我可以再强调一句："这个判断是错误的！"为什么？大家想一想，如果按照这样的一种观点，首先我们的新文化运动的意义和价值全部被否定了，不光是鲁迅这一代文化先驱给我们开创的中国文化的现代化的进程，它的现代文化的起点意义，我们遗失掉了。而且大家最近都在看纪念中国共产党成立一百周年的一部电视剧《觉醒年代》，我们的革命先驱这样的一次"历史觉醒"，也就是代表整个我们民族的一次"思想觉醒"，也是从此开始的。如果说我们新文化运动反传统，反儒家思想文化，反错了，那么首先我们就要考虑如何评判新文化运动，如何评判我们这个民族的觉醒，如何开始了我们这个曾经多灾多难的民族从站起来、富起来到强起来的历史起点？所以说我这里要特别给大家讲的，20世纪初，五四新文化运动的"反传统文化"，并没有反错。包括我们大家在看《觉醒年代》的时候里面有个细节，就是说李大钊在韩文公祠里边避难，有个学生就问他，李先生您不是反儒家的？你怎么会专门跑到韩愈这样一个庙里来住呢？他说我反儒家不是反对儒学，而是反对历代的统治者所推行的专制主义文化和政治体制。大家注意,《觉醒年代》的主体故事都是历史真实的再现,并不是艺术的虚构和创作。鄙人在这里插进来这么一个电视剧里的小故事作为一个小插曲,目的就是为了证明,20世纪初的五四新文化运动,并不是传统文化断裂的什么"罪魁祸首",而新文化运动提出的"反传统文化",其所反的也并不是原本意义上的"传统文化"。那么,这里就非常有必要真正搞清楚,中华传统文化的断裂究竟是在何时?而新文化运动反对的传统文化,又到底是指什么样的"传统文化"?

刚刚方勇教授也特别强调了一下,在中国春秋时代的诸子时期,是一个轴心时代百家争鸣充满活力的一个时期。也就是说,我们原本的中华传统文化的结构不是这么简单的,不是单一的,而且它绝对并不是儒家唯一的。而到了汉代,公开提出来"罢黜百家,独尊儒术"。而且,它是一种政治的行为,是一种靠统治阶级的强制的力量来推行的一个文化政策。所以在这儿我要纠正一个我们已经有很多人都已经陷入进去的一个误区,就是:中国的传统文化的确发生过断裂,但是断裂不在20世纪,也更不是新文化运动,而是在汉代。那么大家想一想"罢黜百家",这是一个颠覆性的摧毁性的对中国传统文化的一种否定,还有比这更彻底"断裂"的一个过程吗?所以,新文化运动为什么要坚持"反传统",原因就是"罢黜百家"之后,独尊一家的文化体制和结构,这种单一性质的文化长期延续并被统治者不断强化,鲁迅就是用两个字来概括中国的2000多年一家独尊的传统文化就已经变成了"吃人"的文化。为什么呢?一个很简单的道理,就是罢黜百家之后独尊儒术,而一个民族的文化长期地由一种思想来统治,独尊一家,那么他自然就失去了这种多元文化的交流碰撞,也就逐渐失去了他自我更新的这样重要能力,所以鲁迅在当时才提出来,"别求新声于异邦",所以才开始从"西风东渐"一直到"中体西用""西体中用"再到"全盘西化",经历了这样的一个复杂的渐进过程，这个过程我想讲起来也是特别复杂，我不展开讲了。那么总而言之，到了新文化运动的20世纪的初期，我们的独尊一家文化的这样的一个后果就是我们文化的"吃人"，高度概括地说，也就是这样的一个道理。

所以今天我们在讨论"复兴传统文化"的话题，我们如果首先把它的前提定为新文化运动和文革"断裂"了传统文化（关于"文革"的问题今天我们不谈，因为情况更复杂），但是，对于新文化运动断裂传统文化，起码这样的基本的判断是错的。这样的一个判断如果还保留在我们的学界，保留在我们的整个的文化思想领域，那么这会把我们带入一个巨大的文化的误区。刚刚方勇教授也谈到了，如果我们又回到新文化运动之前的那样的一个独尊一家的文化的情境当中，在我看来那就是要重新给我们的民族带来又一场灾难，而且一定是空前的灾难。所以，今天请大家仔细想一想，以前我们习惯性地把传统文化等同于儒家文化，我们是不是都理解错了。或者起码是我们的理解都有问题，都不够全面。是不是这样的？

（二）关于"诸子学"的时代传承

所以今天我们对话的主题叫作"诸子学的传承及其时代精神"。这个概念我是要反复地给大家强调的，而且我觉得今天方勇教授他没有提到，最近几年我们一直在力推他倡导的一个概念叫"新子学"。那么，如果说我们承认我们中华民族的真正优秀的传统文化在诸子时代，并且由诸子百家共同构成，那它就是一个多元的结构，那么我们现在对于传统文化的复兴，就一定要找到这样的一个源头，我推荐大家去关注一下近年来关于"新子学"的讨论，看一看2012年以来《光明日报》连续发表的我们方教授的有关文章和具体的理论主张，大家去了解一下我们应该把诸子学的传承定位到一个什么样的位置上。

这里，我们不妨再回顾一下方勇教授在《再论"新子学"》中描述的研究规划。"新子学"工作包括三个部分：文献，学术史，思想创造。这是逐步深入的研究步骤，也是并进的三个方面。显然，这里最终的目标是思想创造。所以，我本人也认为，"新子学"的提出，并不只是仍然把子学作为一个学科来进行专业研究，并不只是要在学术理解和阐释上囿于"子"或"新子"等概念之辩，更不是把它作为局限在其传统考据本身的"新"学问，而是要从子学中寻找到真正使我们民族具有强大发展潜力的根本，其中最需要找到的就是蕴含在诸子百家之中的中国智慧。

那么，"新子学"到底是什么呢？我认为，"新子学"首先并不是一个有着简单确指的研究对象，而是一个学术范围和文化研究领域。这个概念的所指，本身就应该是尽可能包容的最大泛指。它是一个宏大概念，而不是一个能够简单定义的学科名词。"新子学"提出和建设九年以来，我本人一直以现代文化学者的身份参与其中。而且在我本学科的许多朋友和同道当中，也多有指责我的"不务正业"（不在我自己的新闻传播研究领域）！然而，我之所以一直坚持，就是因为我深刻认识到了这个"新子学"确实是要"努力寻求中华民族文化发展的大方向"！而这也正是我们的现代文化学者们所孜孜以求的。而这不也正是我们的许多不同学科共同一致的大方向吗？多年前，我发表的第一篇关于"新子学"的文章就是《"新子学"对现代文化的意义》（《文汇报》2012年12月17日），其中就明确表示："新子学"作为一面新的文化旗帜，必将在整个文化学界更大规模地激越起复兴民族传统文化的时代潮流。而且，这样一个看似只属于古代文学、古代哲学以及古代思想史领域的课题，并不仅仅是一个古代文化的研究范畴。它也为现代文化研究者提供了新的学术方向。

（三）"新子学"的传承建构及创新发展

传统文化和现代文化当然存在巨大分野。在文化历史转型过程中，甚至是存在着你死我活的对立斗争关系。但在文化发展和建设的正常运行阶段，一个民族的文化精神，就需要整体联通和贯穿，就需要把传统与现代进行科学理性地融合对接，才能创新发展。

首先，现代性问题是21世纪的一个时代问题。近年来，我国学术界深刻揭示了现代性的中国内涵与时代表达，进一步围绕马克思唯物史观视域中的现代性思想的具体表征、价值意义及发展路径等问题展开，推动了中国现代性问题的探索及理论构建。这对于我们当今的复兴传统文化和创新性发展的研究提供了重要的基础理论。

那么，把传统文化的精华和糟粕加以厘清，把传统文化与现代文化的矛盾分歧辩证分析，从而摒弃和排除传统中腐朽落后之部分，并找到二者之间得以达到契合相融的精神对接点，正如习近平总书记所说"传统文化在其形成和发展过程中，不可避免会受到当时人们的认识水准、时代条件、社会制度的局限性的制约和影响，因而也不可避免会存在陈旧过时或已成为糟粕性的东西。这就要求人们在学习、研究、应用传统文化时坚持古为今用、推陈出新，结合新的实践和时代要求进行正确取舍"（习近平《在纪念孔子诞辰2565周年国际学术研讨会暨国际儒学联合会第五届会员大会开幕会上的讲话》），这就是创造性转化和创新性发展重点解决的根本性问题。通过对我国传统文化经典的全面考察，我们认为人文精神在我国最本真的传统文化中有着深厚的历史渊源，只是在汉代提出"罢黜百家"之后，在封建专制主义统治下，逐渐出现重大变异，以至渐渐形成鲁迅所揭露的"吃人"本质。既然人文精神在传统与现代之间都有着共同本质的相通，只是曾经被专制主义所毁，所以，把这些从历史的视角分辨清楚，传统与现代的融合发展就找到了最本质的契合点。

党的十八大以来，习总书记一再指出，弘扬中华优秀传统文化，"要处理好继承和创造性发展的关系，重点做好创造性转化和创新性发展"。这就要按照时代特点和要求，对那些仍有借鉴价值的内涵和形式加以改造，赋予其新的时代内涵和现代表达，"使中华民族最基本的文化基因与当代文化相适应、与现代社会相协调"（《习近平谈治国理政》）。

关于创新性发展，当今而言，最紧要而且也最容易落实的，就应该是各个领域和学科理论的中国体系的原创性建设。而中国理论和中国体系的建设，归根结底是要立足中国传统文化的丰厚土壤。那么，如何完整把握中国传统文化的最基本构成，"新子学"研究具有方向性意义。

譬如20世纪80年代以来，我国传播学领域一直在呼吁和寻求传播学的中国化建设，但是三十多年过去了，传播学的中国化却一直停留在纸上谈兵上。几年前我通过研究发现，传播学的中国化之所以进展缓慢，根本在于我们缺乏一种原创意识。随着习近平总书记在多次讲话中指出，我们要增强理论自信和中国体系的原创意识，我又进一步发现，传播学中国体系的原创建设，一定要建立在中国传统文化的基础上。而自从接触到"新子学"之后，我更加清楚了中国传统文化的基本构成在哪里！于是，我把学术视野比较集中地放在诸子百家核心的经典文本上，从而发现了可以支撑中国媒介批评学体系的三大理论支柱：一是中国媒介批评的理论之魂——诸子百家一直主张的人文精神；二是蕴含于诸子之学为核心的传统文化中的中国智慧；三是诸子百家开辟的中国传统批评方法。到2015年，我完成了《中国媒介批评学》的体系建构，成为对传统文化创新性发展的一种比较具体的尝试和探索，对推动中国化媒介批评教育及媒介批评实践的深入发展起到了一定作用。

因为时间关系，我就谈到这儿，多谢大家。

"新子学"与人文精神的回归

张　耀

（复旦大学哲学学院博士后）

各位先生、各位学友：

大家好！很荣幸有机会聆听此次会议，本次会议的主题是"人文精神与诸子学的传承"，十分地吸引人，因为它正点中了我们时代的一些问题，而各位老师的发言也极有启发，因为老师们都对相关问题给出了自己的应对思路。这里提到的时代问题可以概括为当代人文主义的危机，在座各位应该都是文科学生、文科学者，相信最近大家也像我一样面临着一个精神上的危机，就是我们人文学科的意义何在？尤其是在前两天"文科生误国"的论调引发热烈争议后，我们文科生更是处于一个尴尬的位置，对自己的当下和未来都很迷茫。

我们会问，人文危机来自何处？是因为科学太发达，挤压了人文的生存空间？未必，科技应该是与人文互动的关系。像我们现在强调数字人文，就是追求用科学助力于人文学科的研究，而且尝试的效果也是引人瞩目。可见，科学与人文不是对立的。

所以，人文危机的源头只能是人文学科自己出了问题。准确地说，人文的危机源于人文学科的产业化，做文科的研究就如同工业流水线一样生产，这在西方的社会科学中表现得是比较明显的，比如学者称美国的社会科学的研究方法是一种"精致的平庸"，就是说这些研究者都侧重于用本学科标准化的研究方法做研究，至于研究的问题是什么，有什么意义，这不太重要。换句话说就是：研究的内容可以平庸，但研究的方法必须精致。这是典型的工业化作风，这造成的问题就是西方的学科体系特别精密，各学科有自己的方法，互不相通，学者都在自己的小天地里生产标准化的学术产品。很不幸，文史哲等学科目前的趋势也向美国社会科学的范式靠拢，精致的平庸已成为普遍现象。而学术研究是人文氛围的源泉，这个源泉被产业化给阻塞了，人文氛围自然会面临危机。具体来看，产业化的结果必然是分工明确化，故而现代学科研究内容狭隘，虽体系精细，但也有道术为天下裂的破碎感。这必然导致这些学科缺乏对社会整体性的关注，遗忘人的存在，对文明的形成与发展形成不了深层的认识，与人的生活也是脱钩的，人文学术上的危机必然会传导至社会层面的人文精神危机。

在当代发展诸子学有助于应对人文的危机，诸子学产生于中华文明的轴心时期，它是当时思想家从不同角度思考文明形态而形成的思想结晶，各家的眼光都放在了文明形态这种大问题上，他们都是在关注人本身的特点，以及人与他人的关系，还有就是人聚在一块后如何能达成秩序，所谓百家殊途同归皆务于"治"，他们讨论的问题本来就是很有人文性的。可以说，诸子学本身便有着很强的人文情怀，它在审视文明时有很广阔的视野。那么这样看，对于学科碎片化所导致的人文危机，发展诸子学可以算是一种可能的应对方式。

方勇先生近年提出了"新子学"概念，这是诸子学在当代新形态，我注意到"新子学"有一个很重要的诉求就是子学学术研究的整体性，要警惕西方的学术分科体系割裂子学原本的整全形态。而子学之所以有整体形态的原因便在于各家都在围绕文明为中心展开讨论，因为文明这个问题是人的问题，是涉及各个学科的综合性问题。我想，"新子学"这种重整体重人文的学术研究理念不仅是某种学科的方法论，它更应该是一种文科领域的治学原则，一种能应对当前人文危机的治学原则。简单地说，我们做文科研究时，能否超脱流水线上匠人的自我设定，而是将自己看作心系文明、视野广阔的一个"子"，让自己与两千年前的诸子精神相接，这是破题的关键。

要做到这点，就要培养像诸子一样自成一家的气概。当前文科研究拘束于精致的理论框架，学者只是这个"先进"流水线上的工人，前人提供了太多既成的样本模版，助长了我们研究者的惰性。这时回顾先秦诸子无所依傍、在理论上全靠自己探索建构的创业史，必然有一些激励作用吧。自成一家在诸子那已成为一种风尚，如章太炎所说"唯周、秦诸子，推迹古初，承受师法，各为独立，无援引攀附之事。虽同在一家，犹且矜己自贵，不相通融"（章太炎《论诸子学》）。当今学界已很难看到这种古风了，追求高效的学术生产机制也不可能允许这种古风了，但自成一家的精神仍是我们所要追求的理想境界。只有朝这个方向发展，自己的学问才可能做大。而所谓"做大"的表现便是学者开始使用自己自由的思想进行思考，不再重复前人的老路或卡在本学科固有的几个问题上强赋新词，而是把眼光放到更广阔的时代中来，在学术研究上向文明层面的大问题靠拢，与人们的现实生活产生互动，如此方能使人文研究探索出新道路。

怀着这种心志展开的学术研究，必然与时代的脉搏同振、能拨动同时代人的心弦。而且这种研究不仅是一种理论探索，更是对现实世界的实践改造，这亦是诸子学的真精神，明代胡应麟认为诸子各家都是"终其身、竭其力以殉其书"（《少室山房笔丛·九流绪论》），诸子这种"以身殉书"的作风才体现了学术的价值所在。当学者以实践者的身份返回社会，用自己的知识与思想影响身边人既而推至整个社会，这时社会大众会重新燃起对人文的热情，人文危机亦得以化解。

从以上角度看，人文精神与诸子学是一对我中有你、你中有我的组合，当代传承诸子学、发展"新子学"其价值在于人文精神的复兴、其切入点亦在于对子学中人文意识的发掘。

因为时间关系，我就简单地说这些。谢谢大家！

诸子学的传承主体与"新子学"的未来形态

陈志平

(黄冈师范学院文学院院长、教授)

尊敬的陈先生、方教授、各位专家、同学们：

大家下午好！非常荣幸参加"诸子学的传承及其时代精神"对话会，并担当此次会议的主持人。今天在座的都是学界大咖，大家都非常熟悉，不需要我作过多介绍，所以我今天的主要工作就是执行会议议程，控制会议的时间。到目前为止，会议已经进行了四个半小时，大家依然兴致高昂，足见对诸子学传承这个问题非常关注，迫切想听听权威们的高见。作为主持人，我不得不干"煞风景"的工作，对此次对话会进行总结，并夹藏"私货"，发表一点自己的看法。

此次会议是陈鼓应先生发起，由陈鼓应先生、方勇教授、陈赟教授、陈彦瑾编审等就"人类社会的人文危机""优秀传统文化与诸子学""中国力量与诸子学""优秀传统文化的教育普及"等话题进行讨论的对话会，全程采用了线上、线下同步直播互动的形式，据统计，共有300余人参加了此次活动。

今天的会议主题是"诸子学的传承及其时代精神"，传承和时代精神是两面一体的。我一直在想如果这是一篇论文的题目，该如何谋篇布局呢？"诸子学的传承"的主体是谁，即谁来传承诸子学；传承的内容是什么，即传承诸子学的哪些要素。另外，为什么要传承，如何传承，传承的呈现形态是怎样的，都是值得讨论的。我受专家发言和现场观众启发，主要想就诸子学的传承主体和"新子学"的呈现形态两点来谈。

"诸子学"由谁来传承呢？今天我们在此讨论诸子学，本身就是对诸子学的传承，这是人文学者对传统文化命运的焦虑，是一种自觉的文化使命担当。正如方勇教授发言谈及陈鼓应先生发起此次对话会缘由所说："陈先生的主要考虑是在于该怎么借孔老对话推动中国文化的发展，以及以儒道为核心的诸子学该怎样助力于中国文化重构，这不是一种纯理论、专题化的研究，而是有鲜明的人文关怀，落脚点在中国的文化的前进方向这种大的时代问题。"学者研究的是一个个具体问题，思考的却往往是具有时代意义的大问题。这些年来，方勇教授一直在通过诸子学研究，践行自己的文化使命。他曾呼吁各个领域的专家，"团结起来，为诸子学的全面复兴而努力"；继而提出"新子学"，为诸子学研究指明了方向，得到了社会各界广泛而热烈的响应。"新子学"国际学术研讨会已经开到了第八届，全国诸子学博士论坛也已经开了两届，可以说诸子学的研究者是诸子学传承的主体。

但另一方面，我们也不应该忽视诸子文化爱好者甚至是普通人群对诸子学的传承。刚才有位观众说是带着自己的孩子来的，虽然孩子还小，可能不懂诸子学说的是什么，也不懂专家们讨论的是什么，但他就想让孩子感受这种文化的氛围，同时他提出想让专家当场举一个诸子学说在实际生活中应用的例子，给孩子留下文化记忆。这说明在民间，普通人也是诸子学的传承者。他们对诸子学有需求，想了解，想传播，有自觉的传承意识。甚至可以说，诸子学从来就不应该仅仅是专家学者书斋中的玩物，更不应该是纸面上的文字，而还应该是百姓的生活日用，是融入百姓日常思想和行为规范的要素，这才是民族的文化基因。前面陈鼓应先生回忆自己的经历时指出，中国的文化，"传播的途径很广，一个是通过典籍传承文化，一个是通过家庭传承文化"。陈先生的母亲不认识字，但是这并不妨碍她给陈先生传递先贤思想的人文情怀与精神给养，"这是融化在血液中的民族意识，并不是靠读典籍得来的，而是靠世世代代的中国人，言传身教不断延续下来的"。这段经历是很有意思的,形象地展示了文化的"隐性"传承问题。传承有时是看不见、摸不着的,是无形的,没有文字,没有记载,甚至没有痕迹,如春风化雨一般。这种"隐性"传承更值得注意,因为它更广泛、更深入、更持久,也更有生命力。专家在自身传承文化的同时也应该回应这种"隐性"传承。陈彦瑾女士说应该重视经典的普及工作,"注重'立志',关注'意义的生成'和个体实证的诸子之学,对于国人个体价值的自我确立乃至中华文化的自我认同都具有重要价值。编辑是读者与作者的桥梁,其重要职责正在于将这种兼具本体色彩和实践特性、切实作用于个体生命的诸子学以更轻松准确的方式让更多人接受"。"大家写小书,就是文化普及一个很好的方法。"从两个传承主体的角度看,文化普及是很有必要的。

  由此,我想说几句题外话,就是儒家在诸子学中地位问题。在中国历史上,儒家几度面临危机,其在社会生活中的支配性地位却始终没能被其他学说取代。如东汉末年,天人神学崩溃,儒学处于崩溃和重建之中,思想界经历了很长一段时间的混乱无序。在没有外来思想的刺激下,当思想从"一元"重回"多元"时,往往是从前各种思想的竞争与平衡,故而此时的在上位者和思想家们纷纷在先秦百家的学说中寻求治国理政的武器,诸子之学重光了。法家、名家、道家,甚至沉寂已久的墨家学说也非常活跃,但儒学却依然是统治者推崇的意识形态,始终占据主导地位。甚至到"五四"时期,打倒孔家店,实际上儒学依然存在,并拥有一定的地位。究其原因,就是儒学已经完全融入了中国人的日常生活,"百姓日用而不知",普通百姓才是儒学的最主要和最主动的传承者。在农业文明中,儒家有其独特地位,这是不容否定的。所以一味否定儒家,而忽视它和中国农业社会、与普通百姓的联系,是盲目而不切实际的。而随着信息化时代的到来,儒家存在社会基础日益瓦解,地位才会逐步降低,"还经于子"才有了可能性和可行性,而其他诸子才获得与之平等的机会,在思想上形成新的子学时代。

诸子学是中华优秀传统文化的代表和精髓，开掘其现代价值，可以为构建中华现代文化添砖加瓦。但诸子学本身又是一个复杂而松散的体系，流派林立，素有百家之称，学派之间争鸣不息，观点互异，学派内部也存在异议。因此对于诸子学的传承，应该如何进行，是很值得讨论的。方勇教授在《"新子学"构想》中指出："从历史中走来的子学，其灵活多样的方式、鲜活的思想内容，总与丰富多彩的现实世界保持着交互相通的关系。"我们既可以传承子学的思维方式，亦可以传承子学的思想内容，这些是我完全赞同的，以为为诸子学的传承指明了方向、路径。

《"新子学"构想》提出，当下子学正"律动出全新的生命形态——'新子学'！"那么，"新子学"到底会呈现什么样的形态呢？却值得思考。我曾撰有《"新子学"摭论》，讨论过此问题。在此略作阐述，向各位专家请教。根据历史上曾经出现过的诸子成长历程，子学最终呈现的形态不外乎两种，一种是以某一学派为主，自我更新，蜕变为崭新的学派，如新儒家、新墨家、新法家等，此时学派依然独立存在，故可以称之为分裂；一种是吸纳百家精华，融百家思想为一，形成一种全新的子家，故可以称之为聚合，其不成功者则流为杂家。

无论分裂还是聚合，其基本思路是旧的子学虽然不能完全适应时代的发展需求，但其中有好的、合用的成分，如果能够将其中这些成分提炼出来，重新利用，必然能促进子学发展，裨益于时代。如民国时陈柱尊就曾呼吁："吾以为今日欲复兴中国，莫急于复兴儒家之立诚主义，道家之知足主义，法家之法治主义，墨家之节用主义。此四者为中国民族今日之最缺乏者。……故提倡复兴此四者，实为今日对症发药最急最要之国。"（《中国复兴与诸子学说》）而张岱年则区分了中国哲学中的"活的与死的"，"有一些倾向，在现在看来，仍是可贵的，适当的"，"这可以说是中国哲学中之活的"，反之则是"死的"。中国哲学中既有"历久常新的"，又有"死而复生"的，"假如旧学说中有一些观念，在后来能复活之时，也必须有所变易，只能是表面上复返于初，不会是真实的复返于初"（《中国哲学中之活的与死的》）。一切的"复兴"，实则是一种新的阐发，从这个意义上说，先秦以后的一切的子学都是"新子学"了。然而问题是，诚如陈柱尊所论，儒、道、法、墨等诸家学派复兴，是复兴为新儒家、新道家、新法家、新墨家，还是融四家为一，即融合"儒家之立诚主义，道家之知足主义，法家之法治主义，墨家之节用主义"，形成一全新的子家呢？至此，子学的复兴就分成了分裂和融合两条路径，前者形成新的学派，如西汉初年，"因阴阳之大顺，采儒墨之善，撮名法之要"，从而形成了一种新的思想，这种思想，当时人司马谈称为道家，今人熊铁基则称之为"新道家"。而后者虽然也是"兼儒、墨，合名、法"，却是熔铸百家，综合诸家思想为一，在历史上往往走向了杂家，如《吕氏春秋》《淮南子》等。如以一家为基质而兼融百家，则往往可以形成诸如新道家、新儒家之类的学派。如兼涉百家，并无轩轾之分，则可能形成杂家。

我们今天谈诸子学的传承，也是以为诸子思想中有部分思想在现在仍有借鉴意义，具有时代价值，可以为当下所用，这和两汉以来倡道诸子的思路并无二致。然撷出诸家精华，是继续在该学派内部的逻辑理路和思想体系中发展，还是融合百家精华为一，杂糅成家呢？这是我们将面临的问题。"新子学"的发展，目前形态未定。我个人倾向于融百家思想为一，但历史上试图融百家思想为一的努力如《吕氏春秋》《淮南子》，都没能形成深刻的思想，最终都不算成功。或许在新的时代，"新子学"能突破历史，成为一种全新的学派。我对此很有期待！

最后，作为本次对话的主持人，我还得尽到自己的义务，执行最后一项会议议程。各位专家、现场的同学们，网络上的朋友们，非常感谢大家来参加此次对话会。此次会议我们就"人类社会的人文危机"等议题展开了深入讨论，专家们妙见迭出，引人深思，相信此次对话是有幸参与此次盛会的我们这些后辈学人一辈子的回忆，将会在诸子学研究上留下浓墨重彩的一笔。再美的宴席总有曲终人散之时，我们今天的这场思想盛宴到这里就结束了，谢谢大家！

（本文由博士生王泽宇据录音整理而成）

（原载于《诸子学刊》第二十三辑）

论作为"新子学"核心资源的庄学理念

欧明俊

方勇先生于2012年10月22日在《光明日报》"国学版"发表《"新子学"构想》一文，首次提出并系统阐发了"新子学"概念，引起学术界热烈反响，"新子学"可谓"应运而生"，极具学术价值和现实意义。"新子学"是一种学术新理念，"新"在新思维、新观念、新视角、新方法，是对传统诸子学的扬弃。研究者的学术使命是努力"激发"传统子学的学术生命力，继承并发扬光大。"庄学"指《庄子》一书中体现的包括庄子和庄子后学学术思想体系，博大精深，与孔学、墨学一样，是"一家"即一派之学，而非一人之学。先秦诸子学皆是"新子学"重要的传统资源，笔者强调的是，庄学"道术"理念是"新子学"的最核心资源。

一

《庄子》中的"道术"理念是"庄学"思想体系的集中体现。《庄子》最早论及"道术"概念，主要集中于《天下》篇，《大宗师》亦出现1次。《庄子》论及"术"概念共16次，如《天地》中出现2次，指"浑沌之术"，"术"即是"道"，《天下》中出现1

次，亦是"道"，《达生》《山木》中，"术"即技术、方法，"方术"连称，对应的是"道术"。

《庄子·天下》，历代学者如陆西星《南华真经副墨》、王夫之《庄子解》、胡文英《庄子独见》、陆树芝《庄子雪》、马叙伦《〈庄子天下篇〉述义》等，皆以为庄子自作，为《庄子》后序。林云铭《庄子因》则以为是订《庄子》者所作无疑，胡适《中国哲学史大纲》也断言是一篇绝妙的后序，却决不是庄子自作。实际上，《天下》无论为庄子抑或庄子后学所作，皆是道家庄子学派立场，论古之道术到百家之学，进退诸子，宗本老子。顾实概括《天下》篇曰："《庄子》书之叙篇，而周末人之学案也。不读《天下》篇，无以明庄子著书之本旨，亦无以明周末人学术之概要也。"① 《天下》篇实为一部开创性的先秦学术史的总结性著作。

《庄子·天下》曰："天下之治方术者多矣，皆以其有为不可加矣！古之所谓道术者，果恶乎在？曰：无乎不在。曰：神何由降，明何由出？圣有所生，王有所成，皆原于一。"唐成玄英《庄子·天下》"疏"曰："上古三皇所行道术，随物任化，淳朴无为，此之方法，定在何处？假设疑问，发明深理也。"② 认为"道术"特指"上古三皇"所行之"术"。明陆西星注"方术"曰："道术局于一方也。"③ 即认为"道术"为整全之"方术"，方术为"道术"之部分。胡朴安说："此篇第一句云：'天下之治方术者多矣。'此即治天下之术也，最古有政无学，其后政学不分，其后政学分为两途。……伊尹、太公、辛甲、鬻子、管子是古之道术有在于是者，政也；关尹、

---

① 顾实：《〈庄子·天下篇〉讲疏》卷首，北京：商务印书馆，1928年，第1页。

② （清）郭庆藩：《庄子集释》，北京：中华书局，2004年，第1065页。

③ 方勇：《庄子纂要》，北京：学苑出版社，2012年，第825页。

老聃闻其风而说之,学也。政学之分,始于此乎?"① 认为"方术"即"治术",政学不分,是谓"道术",政学分为两途,是谓"方术"。马叙伦解释说,"欲建一行而使万物毕出于是者亦谓之道术"②。曹础基认为:"方术乃一方之术,与下句'道术'不同,道术是反映天道之术,是普遍适用的,包罗万象的,而方术只适用于某一方面,是局部适用的。"③ 陈鼓应总结道:"所谓道术,就是对于宇宙人生作全面性、整体性、本源性的把握的学问。'内圣外王'为理想的人格状态。"④ "方术"乃"特定的学问,为道术的一部分",而"道术"是"洞悉宇宙人生本原的学问"⑤。方勇《庄子纂要》说:"所谓道术,就是古代天人、神人、至人、圣人对大道进行全面体认的学问,它包含了宇宙间的一切真理。而后世的百家曲士却不能继承古人的这种体道精神,仅仅执一察之见以评判天地,究析万物,结果就使'道术'分裂成各种各样的'方术'。可见,所谓'方术',就是拘于一方,对大道的某一方面有所'闻'的学问,所以它只能反映出宇宙间全部真理中的某一个方面。"⑥ 诸家皆肯定"道术"的整体性、本源性和普适性,而"方术"只是"道术"的一部分。

郭象《庄子注·天下》解释"皆原于一"曰:"使各物复归其根,抱一而已,无饰于外,斯圣王所以生也。"⑦ 成玄英"疏"曰:

---

① 胡朴安:《庄子章义·天下》总论,《朴学斋丛书》第二集本,1943年。
② 张丰乾编:《庄子天下篇注疏四种》,北京:华夏出版社,2009年,第240页。
③ 曹础基:《庄子浅注》,北京:中华书局,1982年,第492页。
④ 陈鼓应:《庄子今注今译》,北京:中华书局,1983年,第852页。
⑤ 陈鼓应:《庄子今注今译》,北京:中华书局,1983年,第856页。
⑥ 方勇:《庄子纂要》,北京:学苑出版社,2012年,第823页。
⑦ (清)郭庆藩:《庄子集释》,北京:中华书局,2004年,第1065页。

"原，本也；一，道。虽复降灵接物，混迹和光，应物不离真常，抱一而归本者也。"① 王夫之《庄子解》认为："一者，所谓天均也。原于一，则不可分而裂之。"② "一"即"道术"的整全性，浑然一体，不可分割。

上述古今学者对"道""道术""方术"和"一"的解读是全面、深刻的。"道术未裂"时代，"道术"即是"道"，"已而不知其然之谓道"（《庄子·齐物论》）。"道"乃"本原""本质"，"古之道术"是浑一、整体、全体的，庄子答东郭子问"道"，曰"无所不在"（《庄子·知北游》），道术"无乎不在"，《天下》篇曰："古之人其备乎！配神明，醇天地，育万物，和天下，泽及百姓，明于本数，系于末度，六通四辟，小大精粗，其运无乎不在。"天下"道术"既包含天道，也包含人事，是统一完备的整体。术者，所以行道也，"术"赋予"道"的现实意义。"道术"一体时代，"古之人，其知有所至矣。恶乎至？有以为未使有物者，至矣，尽矣，弗可以加矣。"（《庄子·庚桑楚》）看待自然和社会是一整体。道即是"一"，"一而不可不易者，道也"（《庄子·在宥》）；"道通为一"（《庄子·齐物论》）；"《记》曰：通于一而万事毕，无心得而鬼神服。"（《庄子·天地》）"道"周遍万物无所遗，道术不分，"道"具有永恒性，日用而不知。"古之道术"为"古人之大体"，是对宇宙和社会、人生的根本性、整体性把握。

"夫道未始有封，言未始有常。"（《庄子·齐物论》）"不离于宗，谓之天人；不离于精，谓之神人；不离于真，谓之至人；以天为宗，以德为本，以道为门，兆于变化，谓之圣人。"（《庄子·天下》）只有天人、神人、至人、圣人才能掌握"道"，"术"则是具

---

① （清）郭庆藩：《庄子集释》，北京：中华书局，2004年，第1065页。
② （清）王夫之：《庄子解》，北京：中华书局，2004年，第352页。

体的各家各派之学。学术有"道术"和"方术"之分，"道"是本体，"术"是方法，"道术"为根本原理，是整体学问，天地之道通而为一。《天下》篇认为，各家各派皆认为己之学说好得无以复加，却忽略了自古即有的"道术"，这种"道术"无所不在，与"神""明"相关，与"圣""王"相连，非常神妙。"道术"是天下学术的总源，要依"道"而行。《大宗师》中的"道术"，则指人作用于自然的方式、方法。庄子强调，"古之道术"完美无缺，此"道术"即是"道"的化身，是作为宇宙本源的"道"落实到人间，"古之道术"是一种"内圣外王"之道。梁启超《〈庄子天下篇〉释义》曰："内圣外王之道，一语包举中国学术之全部，其旨归在于内足以资修养，而外足以经世。"① 庄子赋予"道"以"内圣外王"的实践品格。"道术"乃治天下大经、大法所托寓，探索治天下的要旨大义。治学"求道""明道"为本，为治国平天下，运用"道术"，可以到达"内圣外王"的极佳之境。天下大乱的原因即是"内圣外王"之道不明。

西周以前无私学，文化典籍皆由官方专职巫史掌管，这类史官世代相传，故《天下》篇曰："其明而在数度者，旧法、世传之史尚多有之。"史官之学承继传统血脉，敬天法祖，崇拜鬼神，"学术"与政治统治之"术"天然联系。西周时，周天子以其强大的王权保证宗法秩序的运行，典章制度也由王室保管，孔子曰："天下有道，则礼乐征伐自天子出。"史官之学，学在官府，官师合一，"道术"一体，"道术"即为"治道"，完整地体现在周人稳定的制度设计和社会、政治理想。王国维《殷周制度论》曰："中国政治与文化之变革，莫剧于殷、周之际。……殷、周间之大变革，自其

---

① 梁启超：《梁启超全集》（第八册），北京：中华书局，1999年，第4676页。

表言之，不过一姓一家之兴亡与都邑之移转；自其里言之，则旧制度废而新制度兴，旧文化废而新文化兴。又自其表言之，则古圣人之所以取天下及所以守之者，若无以异于后世之帝王；而自其里言之，则其制度文物与其立制之本意，乃出于万世治安之大计，其心术与规摩，迥非后世帝王所能梦见也。"① 周朝建立，宗法制度，以德配天，敬德保民，新制度代替旧制度，新文化代替旧文化，指向"王天下"的伟大理想，是为了千秋万代的长治久安。周人的文化制度创造，是中国历史文化的高峰，建立了一个运行三千年的文化共同体。

"天下大乱，贤圣不明，道德不一。天下多得一察焉以自好，譬如耳目鼻口，皆有所明，不能相通。犹百家众技也，皆有所长，时有所用。虽然，不该不遍，一曲之士也。判天地之美，析万物之理，察古人之全，寡能备于天地之美，称神明之容。是故内圣外王之道，暗而不明，郁而不发，天下之人各为其所欲焉以自为方。悲夫！百家往而不反，必不合矣！后世之学者，不幸不见天地之纯、古人之大体，道术将为天下裂。"（《庄子·天下》）感叹各种学术从大"道"中分裂开来，由"合"而"分"，最早反思"道术分裂"之弊。

春秋时，天子失官，周室疲敝，整个社会秩序遭到破坏，"礼崩乐坏"。诸侯之国各自为教，官师合一的王官之学式微，官学衰而私学兴，官师之学分裂而为私家之学，王官之学转化为诸子之学，道与教分离，道与术分离，学与政分离，各派蜂起，"百家争鸣"，纷纷著书立说，众说纷纭，互为水火，各是其所是，各得一偏，而罕窥全体、大用。诸子针对时政时弊，提出不同的救世方略，奔走于天下，诸子虽异趣，但皆务为治。夏商周一脉所系之华夏文明传统面临分裂，大道愈说而愈棼。道术本"一"，而裂变为诸子百家的"方术"，

---

① 王国维：《观堂集林》（上），北京：中华书局，1959年，第451页。

完整的"道术"已不复存在。"方术"阶段，包括庄子在内的百家之学，只是"一曲之士"，皆"各为其所欲焉以自为方"，自以为是，"得一察焉以自好"。"世俗之人，皆喜人之同乎己，而恶人之异于己也。同于己而欲之，异于己而不欲者，以出乎众为心也。"（《庄子·在宥》）人们自以为聪明，所谓"圣智礼法"，已非"道术"，人们"明乎礼义，而陋于知人心"（《庄子·田子方》）。百家各执一端，皆将己之"方术"视为"道术"。古之道术本无乎不在，而方术能够认识片面之真，只是得道之一偏，虽"皆有所长，时有所用"，但"寡能备于天地之美，称神明之容"，皆有所明而不能相通，执一己之见以为大道，见木不见林，不识"古人之大体"，不得大道之全，割裂了整体，距离本源的"道术"越来越远。南宋林希逸曰："内外之道至此不明，人各以其所欲而自为方。……道术之在天下自此皆分裂矣。"① 人类由完满的"至德之世"发展到分裂的世界，文明异化。

庄子明确指出"道术"与"方术"的本质不同。"道术"是古人对宇宙本原和事物变化规律的认识，具整全性、整体性、周遍性。先王之整体"道术"分裂为百家"方术"，方术如枝杈，从"大道"总根上分生出来，由道术合一变为道术分立，学术由"混沌"状态发展为分化状态，"内圣外王"之道不明。庄子们忧心"道术"往而不返，希望重回"道术为一"。

明代释性涵概括《庄子·天下》曰："夫道术者，大而无外，小而无遗。今天下之治道术者，恃一察之明，各自以为至，而不知是卷道术而为方术，不该不遍，一曲之士也。是以庄子不得已，恐后世之学者，不幸而不见天地之大全，故历叙百家众技之说，以晓明邪正路

---

① （宋）林希逸撰，周启成校注：《庄子鬳斋口义校注》，北京：中华书局，1997年，第492页。

头之有差别,使学者知有大道之乡,而不迁于曲学阿世、自私自利之途,以丧其真。此书之所以作,以见己之学,一皆本于道德而非方术,将以救世也。"① 谭元春曰:"周也慨叹衰晚民生离于王风,儒效不臻,别墨满天,故伤心卒章,有'后世学者,不见天地之纯、古人大体'之语。"② 钟泰分析说:"全者谓之道术,分者谓之方术,故道术无乎不在,乃至瓦甓屎溺皆不在道外。若方术,则下文所谓'天下之人各自为其所欲焉,以自为方'者,既有方所,即不免拘执,始则各为其所欲,终则以其有为不可加。其有者,其所得也,所得者一偏,而执偏以为全,是以自满,以为无所复加也。此一语已道尽各家之病。……若学虽一偏,而知止于其分,不自满溢,即方术亦何尝与道术相背哉!"③

庄子深深忧患,深刻反思,力图找到一条通往"内圣外王"的自由之路:"以此退居而闲游,江海山林之士服;以此进为而抚世,则功大名显而天下一也。静而圣,动而王,无为也而尊,朴素而天下莫能与之争美。"(《庄子·天道》)顺应于"道"而为,无为而治。天下视域中的"道术",处于一种混沌不分状态,整全、完备、合一,庄子主张全域观照,解决社会问题。

《天下》篇"道术"观念来自《庄子·应帝王》中寓言:"南海之帝为儵,北海之帝为忽,中央之帝为浑沌。儵与忽时相与遇于浑沌之地,浑沌待之甚善。儵与忽谋报浑沌之德,曰:人皆有七窍,以视听食息,此独无有,尝试凿之。日凿一窍,七日而浑沌死。"所谓"浑沌",实为太初浑然一体的"道"的象征。《庄子·大宗师》借孔子口说:"鱼相造乎水,人相造乎道。相造乎水者,穿池而养给;

---

① 释性通:《南华发覆·天下》题解,明天启间刻本。
② (明)谭元春:《南华真经评·天下》篇末总论,明崇祯八年刻本。
③ 钟泰:《庄子发微》,上海:上海古籍出版社,2002年,第756页。

相造乎道者，无事而生定。故曰：'鱼相忘乎江湖，人相忘乎道术。'"人与天地融为一体，达到物我"两忘"的境界。特别强调"人相忘乎道术"，人只有融入自然，方能体悟出"大道"。"道术"具普遍性，道术未裂时，世界是个大混沌，万物相异复相同，"自其异者视之，肝胆楚越也，自其同者视之，万物皆一也"（《庄子·德充符》）。"物无非彼，物无非是"（《庄子·齐物论》），既然万物自有是非，无须辩而自明，正确的做法是"莫若以明"，抛却成见，不违背自然规律。

庄学本宗老子之言，是古之"道术"的正宗传承者。班固《汉书·艺文志·诸子略》曰："道家者流，盖出于史官，历记成败、存亡、祸福、古今之道，然后知秉要执本，清虚以自守，卑弱以自持，此君人南面之术也。……曰：独任清虚，可以为治。"① 所谓"君人南面之术"，即治国之术、政治哲学，是以"道"和人的天性自然而然治理天下，顺应天道，独任"清虚"之道，无为而治，便可以使天下大治。先秦学术格局是从合一走向分裂，从整体走向分化，皆为"治术"。

"古之道术"，是"大道"与"学术""治术""政术"合一，知行合一，为治理好天下。道术"以天为宗，以德为本"（《庄子·天下》）。《天下》崇一抑分，而"内圣外王"正是《天下》视为"一"的"古之道术"，人类可以明察"大道"，《天下》试图给出社会治理的"良方"。

---

① （汉）班固：《汉书》，北京：中华书局，1962年，第1732页。

二

庄子及其后学以后，历代学者对"道术"分裂有不同的认识，有的肯定，但批评和反思者更多。虽有经、史、子、集之分，经学、史学、文学之分，儒、释、道之分，汉学、宋学之分，理学、心学之分，近代的中学、西学之分，但多批评分析之学，反思持续的分裂对"道术"的消解，而重视整体之学、会通之学，强调道术合一、政学合一、文道合一、知行合一、学行合一，主张在大"道"体系中看待学术。庄学"道术"理念在精神上深刻影响了历代学者的学术理念。

《淮南子·精神训》曰："夫天地运而相通，万物总而为一。能知一，则无一之不知也，不能知一，则无一之能知也。"① 强调"一"即认识世界的整全性。司马迁《报任少卿书》自称"欲以究天人之际，通古今之变，成一家之言"，是以大心胸、大视野做大道、大体、大境界的学问。

"道术分裂"后，学者各是其是，坚持一曲之见，其弊也不能不有以矫之。程颐即清醒地认识到："今之学者歧而为三：能文者谓之文士，谈经者泥为讲师，唯知道者乃儒也。"② 又说："古之学者一，今之学者三，异端不与焉。一曰文章之学，二曰训诂之学，三曰儒者之学。欲趋道，舍儒者之学不可。……今之学者有三弊：一溺于文

---

① 刘文典：《淮南鸿烈集解》，北京：中华书局，1997年，第224页。
② （宋）程颢、程颐：《二程遗书》，上海：上海古籍出版社，2000年，第144页。

章，二牵于训诂，三惑于异端。苟无此三者，则将何归？必趋于道矣。"① 他强调学问应求大"道"即整体性，而视分裂为弊端，特别重视"儒者之学"，认为只有通过"儒者之学"才能复归于大"道"学术。朱熹反思文道分裂，主张文必与道俱，批评苏轼"文自文而道自道"。

康熙十五年（1676），黄宗羲《离别海昌同学序》一文曰："学问之事，析之者愈精，而逃之者愈巧。三代以上，只有儒之名而已，司马子长因之而传儒林。汉之衰也，始有雕虫壮夫不为之技，于是分文苑于外，不以乱儒。宋之为儒者，有事功、经制改头换面之异，《宋史》立《道学》一门以别之，所以坊其流也。盖未几而道学之中又有异同，邓潜谷又分理学、心学为二。夫一儒也，裂而为文苑、为儒林、为理学、为心学，岂非析之欲其极精乎？奈何今之言心学者，则无事乎读书穷理；言理学者，其所读之书不过经生之章句，其所穷之理不过字义之从违，薄文苑为词章，惜儒林于皓首，封己守残，摘索不出一卷之内，其规为措注，与纤儿细士不见短长。天崩地解，落然无与吾事，犹且说同道异，自附于所谓道学者，岂非逃之者之愈巧乎？"② 他告诫诸生："诸子之在今日，举实为秋，摘藻为春，将以抵夫文苑也；钻研服、郑，函雅正，通今古，将以造夫儒林也；由是而敛于身心之际，不塞其自然流行之体，则发之为文章，皆载道也，垂之为传注，皆经术也。将见裂之为四者，不自诸子复之而为一乎？"③ 原始儒学演变为儒林、文苑、理学和心学，"一儒"而"裂之为四"，

---

① （宋）程颢、程颐：《二程遗书》，上海：上海古籍出版社，2000年，第235页。

② （宋）黄宗羲著、陈乃乾编：《黄梨洲文集》，北京：中华书局，1959年，第477页。

③ （宋）黄宗羲著、陈乃乾编：《黄梨洲文集》，北京：中华书局，1959年，第477页。

学者竟然"天崩地解，落然无与吾事"。黄宗羲承认学术发展，"析之者愈精"，但他深刻反思，"逃之者愈巧"，弊端日显，决心将分裂的"文苑、儒林、文章、经术"四者"复之而为一"，知行合一，经世济用，改变理学、心学严重脱离实际的状况。钱大昕《味经窝类稿序》曰："尝慨秦汉以下，经与道分，文又与经分，史家自区《儒林》《道学》《文苑》而三之。夫道之显者谓之文，六经、子、史皆至文也，后世传《文苑》，徒取工于词翰者列之，而或不加察，辄嗤文章为小技，以为壮夫不为。"① 他强调"道"为根本，经、道、文不应分裂，经、史、子本身就是"至文"。

鲁曾煜《穆堂别稿序》曰："古之学者出于一，今之学者出于三：曰道学也，经学也，词学也。"② 他不满本为一体的学术分裂为三。戴震《与方希原书》曰："古今学问之途，其大致有三：或事于义理，或事于制数，或事于文章。"③ 段玉裁《戴东原先生年谱》中称"先生合义理、考核、文章为一事，知无所蔽，行无少私，浩气同盛于孟子，精义上驾乎康成、程、朱，修辞俯视乎韩、欧"④。戴氏欲沟通三者而使之合一。姚鼐《述庵文钞序》曰："余尝论学问之事，有三端焉：曰义理也，考证也，文章也。是三者，苟善用之，则皆足以相济；苟不善用之，则或至于相害。"⑤ 他强调义理、考证、文章三者不可偏废，然必以义理为质，而后文有所附，考据有所归。在《复秦小岘书》中，姚鼐强调："鼐尝谓天下学问之事，有义理、文章、考证三者之分，异趋而同为不可废。一途之中，歧分而为众

---

① （清）钱大昕：《潜研堂文集》卷二十六，《四部丛刊初编》本。
② （清）李绂：《穆堂别稿》卷首，清乾隆十二年刻本。
③ （清）戴震：《戴震文集》，北京：中华书局，1980年，第143页。
④ （清）段玉裁：《戴东原先生年谱》，载于《戴震文集》附录，北京：中华书局，1980年，第246页。
⑤ （清）姚鼐：《惜抱轩文集》卷四，《续修四库全书》本。

家，遂至于百十家。同一家矣，而人之才性偏胜，所取之径域，又有能有不能焉。凡执其所能为，而龃其所不为者，皆陋也，必兼收之乃足为善。若如鼐之才，虽一家之长，犹未有足称，亦何以言其兼者？天下之大，要必有豪杰兴焉，尽收具美，能袪末士一偏之蔽，为群材大成之宗者。鼐夙以是望世之君子，今亦以是上陈之于阁下而已。"①姚鼐自谦无能，呼吁"有豪杰兴"，写出义理、文章、考证三者兼备的大文章、真文章。姚鼐《敦拙堂诗集序》曰："夫文者，艺也，道与艺合，天与人一，则为文之至。"②强调道与艺结合，天赋与学力相济，各方面兼长统一，达到既调和汉学、宋学之争，又写出至善至美文章的目的。③曾国藩曰："有义理之学，有辞章之学，有经济之学，有考据之学。义理之学，即《宋史》所谓道学，在孔门为德行之科，辞章之学，在孔门为言语之科；经济之学，在孔门为政事之科；考据之学，即今世所谓汉学也，在孔门为文学之科。此四者缺一不可。予于四者略涉津涯，天质鲁钝，万不能造其奥窔矣。唯取其尤要者，而日日从事，庶以渐磨之久，而渐有所开。"④曾国藩将义理、辞章、考据与"经济"之学合为一体，又与"孔门四科"对应，也是强调会通之学。

章学诚《文史通义·原道》曰："盖官师治教合，而天下聪明范于一，故即器存道，而人心无越思。官师治教分，而聪明才智不入于范围，则一阴一阳入于受性之偏，而各以所见为固然，亦势也。……而诸子纷纷，则已言道矣。庄生譬之为耳目口鼻，司马谈别之为六

---

① （清）姚鼐：《惜抱轩文集》卷四，《续修四库全书》本。
② （清）姚鼐：《惜抱轩文集》卷四，《续修四库全书》本。
③ 欧明俊：《"文学"流派，还是"学术"流派？——"桐城派"界说之反思》，《安徽大学学报》2011年第6期。
④ （清）曾国藩：《曾国藩全典》，北京：北京出版社，2008年，第230—231页。

家，刘向区之为九流。皆自以为至极，而思以其道易天下者也。"①《答沈枫墀论学书》曰："三代以还，官师政教不能合而为一，学业不得不随一时盛衰而为风气。当其盛也。盖世豪杰竭才而不能测其有余；及其衰也，中下之资抵掌而可议其不足。大约服、郑训诂，韩、欧文辞，周、程义理，出奴入主，不胜纷纷。君子观之，此皆道中之一事耳。未窥道之全量，而各趋一节以相主奴，是大道不可见，而学士所矜为见者，特其风气之著于循环者也。"②批评一般人株守一端，"未窥道之全量"。章氏观点即来自《庄子·天下》。《文史通义·原道》曰："训诂名物，将以求古圣之迹也，而侈记诵者，如货殖之市矣。撰述文辞，欲以阐古圣之心也，而溺光采者，如玩好之弄矣。……宋儒起而争之，以谓是皆溺于器而不知道也。夫溺于器而不知道者，亦即器而示之以道，斯可矣。而其弊也，则欲使人舍器而言道。……义理不可空言也，博学以实之，文章以达之，三者合于一，庶几哉周、孔之道虽远，不啻累译而通矣。"③《与陈鉴亭论学》曰："其稍通方者，则分考订、义理、文辞为三家，而谓各有其所长，不知此皆"道"中之一事耳。著述纷纷，出奴入主，正坐此也。"④ 强调义理、博学、文章都是道中之一事，三者合于一，才能见其大。《与朱少白论文》指出："道混沌而难分，故须义理以析之；道恍惚而难凭，故须名数以质之；道隐晦而难显，故须文辞以达之。三者不

---

① （清）章学诚著、叶瑛校注：《文史通义校注》（上），北京：中华书局，1985年，第132—133页。

② （清）章学诚：《章学诚遗书》卷九，北京：文物出版社，1985年，影印本。

③ （清）章学诚著、叶瑛校注：《文史通义校注》（上），北京：中华书局，1985年，第140页。

④ （清）章学诚：《章学诚遗书》卷九，北京：文物出版社，1985年，影印本。

可有偏废也。义理必须探索，名数必须考订，文辞必须闲习，皆学也，皆求道之资，而非可执一端谓尽道也。"① 《文史通义·博约》批评说："徇于一偏而谓天下莫能尚，则出奴入主，交相胜负，所谓物而不化者也。"② 章氏特别重视综合会通。《文史通义·原学》曰："学博者长于考索，岂非道中之实积，而骛于博者，终身敝精劳神以徇之，不思博之何所取也？才雄者健于属文，岂非道体之发挥？而擅于文者，终身苦心焦思以搆之，不思文之何所用也？言义理者似能思矣，而不知义理虚悬而无薄，则义理亦无当于道矣。"③ 感叹三者分裂之弊。《文史通义·言公》感叹："呜呼！世教之衰也，道不足而争于文，则言可得而私矣；实不充而争于名，则文可得而矜矣。言可得而私，文可得而矜，则争心起而道术裂矣。"④ 批评有意为文，"争心起而道术裂"。《文史通义·史释》曰："道不可以空铨，文不可以空著。三代以前未尝以道名教，而道无不存者，无空理也；三代以前未尝以文为著作，而文为后世不可及者，无空言也。"⑤ 章氏之学，以识见长，能见其大，经学、理学、心学、文学，能综合为一，合德行、文章、经济而自成一家。

贺熙龄感叹："夫学术至今日而益裂矣。其高焉者空谈心性而不求诸实用；其卑焉者溺于训诂考据，龂龂于一名一物之微；又其下者剽窃词章以图幸进。而皆置身心于不问，故其出而临民也，卤莽灭裂，以利禄为心，而民物不被其泽。"⑥ 可谓切中要害。魏源《两汉

---

① （清）章学诚：《章学诚遗书》卷二十九，北京：文物出版社，1985年，影印本。
② （清）章学诚著，叶瑛校注：《文史通义校注》（上），第165—166页。
③ （清）章学诚著，叶瑛校注：《文史通义校注》（上），第154页。
④ （清）章学诚著，叶瑛校注：《文史通义校注》（上），第182页。
⑤ （清）章学诚著，叶瑛校注：《文史通义校注》（上），第231页。
⑥ （清）贺熙龄：《寒香馆文钞》卷二，道光二十八年刻本。

经师今古文家法考叙》曰:"今日复古之要,由训诂声音以进于东京典章制度,此齐一变至鲁;由典章制度以进于西汉微言大义,贯经术、政事、文章于一,此鲁一变至道也。"① 以古学为重,贯经术、政事、文章于一,而非回到过去,是以"复古为解放"。

冯志沂(1814—1867)《书致经堂记后》曰:"古之学者一而已,后世之学何多歧也。昔孔子之门有德行、有言语、有政事、有文学,有狂有狷,一皆奉圣人为依归。唯子夏、子游论议时不合,亦未尝著书相非也。后之学者何异是也?曰时无圣人,故学术莫能相一也。圣人没而遗言在于经,苟求诸经则亦何为其多歧也?曰不求诸经,而专己自是者之蔽也。世之公患在士大夫不悦学,而一二才俊之士又不唯经之是求,乃沾沾曰吾汉学、吾宋学也。百工技艺之人,术业各殊,其志于巧一也。学圣人者所从入各殊,其志于圣一也。吾未闻百工技艺者之相非也。今也志圣人之志,学圣人之学,而乃愤焉操同室之戈自为吾道树之敌,则经之不明,学之不振,非佛、老、杨、墨所当任其咎矣。"② 主张变通、融合,治道术合一之学。冯志沂《吴桐云文序》感叹:"夫文章、经济、道学之判而不复合也久矣。士大夫当随便平时,周旋台阁,以文雅相尚。遇小事变,辄缩手拊舌,莫能画一策、赞一词。又或薄涉先儒理学之书,即高自标置,视天下事为不足为。有以民生利病之说进者,率目为近功利而不可与入尧舜之道,宜乎?盗贼起,兵事委之椎鲁之夫,饷事委之贪猾之吏,文人学士皆为高阁无用之物,而天下事几至于不可为。"③ 主张只有文章、经济、道学合一,才能治理好天下。

道、经、政、教、学、术、文本为"一"。汉代以后,史家将儒

---

① (清)魏源:《魏源集》,北京:中华书局,1976年,第152页。
② 冯志沂:《适适斋文集》卷一,《续修四库全书》本。
③ 冯志沂:《适适斋文集》卷二,《续修四库全书》本。

林与文苑分而为二；宋二程惧"文以害道"，文、道分裂，崇道斥文，则走向另一极端；《宋史》别立"道学"之目，儒林、文苑、道学遂区而为三，文学与儒学、道学分裂。

熊十力《答邓子琴》说："中国旧学家向有四科之目，曰义理、考据、经济、辞章。此四者，盖依学人治学之态度不同与因对象不同，而异其方法之故。故别以四科，非谓类别学术可以此四者为典要也。"①他欣赏治学不分科的传统，认为是"旧学家"的常规认知。顾颉刚《古史辨》第一册自序强调，"中国的学问是向来只有一尊观念而没有分科观念的"，"旧时士大夫之学动则称经、史、词章，此其所谓统系，乃经籍之统系，非科学之统系也"②。古人学术，没有类似西方的分科观念，经、史、词章三分，实际上还是统一的整体。

清末引进西方学术分类、分科观念，学术研究走向"专科化"，学术风气转变，由推崇"通学"转为注重"专科"之学。提倡学术独立，改变了传统道、经、政、教、学、术、文一体的"道术"理念。

三

"新子学"是对传统子学的新阐释和新发展，其本质精神，是一种学术新理念、新体系、新创造，应有"理念自觉"。"新"并不意味着抛弃"旧"，应继承传统子学精华，重视本土话语，充分尊重古人智慧，体认古人思想，合理扬弃，将诸子思想进行创造性转化。

庄学"道术"理念，学术整体观，博大精深，是"新子学"的最核心资源。我们今天应以庄解庄，以庄学思维、精神和"道术"

---

① 熊十力：《十力语要》，北京：中华书局，1996年，第211页。
② 顾颉刚：《我与古史辨》，上海：上海文艺出版社，2001年，第36页。

理念理解和研究"新子学",在"道术"整体体系中研究"新子学",重视大本、大原、大体,追求学术的本源性、根本性和整全性。应深刻反思分析性的分科学术、专门学术的局限性,以"道术"理念弥补其不足,综合会通,由分而合,弥合"学术分裂"。绝不能满足于就庄子论庄子,就子学论子学,就纯学术论纯学术。

当下学术研究,严重分裂,弊端日益显露。文与学分裂,文、学本为一体,"文"指文采、辞章,"学"即学养、学识,文中有学,学中有文,学识不是外在于文学的;文章与义理分裂,不讲义理,放弃"道",舍本逐末;文学与考据分裂,文学与语言文字学分裂。学术与思想分裂,"纯学术"观念,剥离思想,是对"学术"的狭隘化理解。自然科学与人文、社会科学分裂,知与行分,学与行隔,学与术分裂。

研究传统学术,也是分裂严重。文学与经学分裂,"经"是文学的本源,是文学的灵魂,"纯文学"独立,将二者对立起来;文学与史学分裂,本来《左传》《史记》等,既史又文;文学与子学分裂,子学以"立意"为宗,文学以"言志""抒情"为宗,《庄子》本来也是文学。官与师分离,文与教分裂,学统与道统分离,文统又与道统、学统分离,学与道离,术又与学离,道德、气节、事功、学术、文章本为一体,学术从中分离出来,文章又从学术中分离出来。

学术"专科化""专门化",是当代国际学术的主流,自有其合理性、必要性。但毋庸讳言,分工过专过细,一个学科、专业被肢解成好几个小部分,研究者往往自限于各自的领域,肢解研究对象,只见树木,不见森林,只知部分、枝节,不知整体、本质。不少学者为"一曲之士",拘于一隅,识小遗大,满足于一家、一书、一体、一代、一科之学,且沾沾自喜。学科之间,往往疆界分明,壁垒森严,孤立隔绝,本为"大道"的"道术"成为支离破碎的"小道",甚至变成纯粹的技能,不见性灵,不见思想,学术严重异化。

当代学科观念,"新子学"可将诸子学分为不同的学科进行研究,如哲学、政治学、伦理学、逻辑学、教育学、文学等,这种研究是必要的,但仅仅如此分科研究是不够的,那只是诸子学的一面,不是全体。笔者强调,充分体认庄学"道术"整体理念,深刻反思自古以来特别是近百年来完全采用西方学科分类硬套和肢解传统学术而带来的学术"分裂"之弊。"道术"理念,直言宇宙大道,道术一体,体用不二,道是本,术是末,道是体,术是用,各家相须为用,"道"是学术灵魂和本质精神。学者应学行合一、知行合一,学通天、地、人,为"天人合一"之学、会通之学、整体之学,追求道术合一、学道合一、文道合一、政学合一、政教合一,"内圣外王"合一,重视学术的整体性、整全性,部分是整体中的部分,与整体不可分割,学术整体观、文化整体观博大精深。要善于继承传统子学的精髓,重视学术的关联性、会通性、系统性、综合性、全面性,弥合"学术分裂"。应在学术"整体""大体""大道"视野中看待和研究"新子学",重返传统"道术"贯通一体的学术路数,激发其内在生命活力,走返本开新之路,存旧统,更开新域①。

学者应心在学术,有使命感和悲悯情怀,有识见,追求真理,代表公论,谋食,更要谋道。不仅仅站在民众、民族和国家的立场思考问题,更要站在世界和人类的立场思考问题。要坚守"道",不能将学术技术化、功利化、工具化,舍本逐末,降低学术品位。要时刻警惕观念封闭,思维单一,自说自话,警惕新的"学术分裂"。

方勇先生《再论"新子学"》说:"就深层意义而言,'新子学'是对'子学现象'的正视,更是对'子学精神'的提炼。学者

---

① 参见欧明俊:《"新子学"界说之我见》,载《诸子学刊》第九辑,上海:上海古籍出版社,2013年,第9—15页。

崇尚人格独立、精神自由，学派之间平等对话、相互争鸣。各家论说虽然不同，但都能直面现实以深究学理，不尚一统而贵多元共生，是谓'子学精神'。"① 呼吁重视"子学精神"的提炼，提倡原创性、多元性的"子学精神"。庄学思维和学术精神最值得重视。

　　庄学的混沌思维，认为"道"以及宇宙万物混沌统一，是一整体，世间一切变化皆出于自然本真，人为的因素是外在、附加的。主张"道通为一"，"天地与我并生，而万物与我为一"（《庄子·齐物论》）。齐物论是一种整全的认识论，用混一、完整的观念把握世界，世界原本是"一"，然"天下之人各为其所欲焉以自为方"（《庄子·天下》），总要分出是非彼此，偏执一端，执着于"我"。混沌思维，看似消极，实则极有深刻独特的理论价值。庄学的整体思维，主张"天人合一"，"一"思维，一种从根本上、大局上全面、系统把握事物的本源、本质，超越细枝末节的高级思维，而不是局部、片面的解剖、分析。整体思维是多维思维，避免单一，是系统思维，避免孤立，重共性、整体、宏观，不肢解研究对象，不支离破碎。庄学的相对思维，承认并重视相对性，一切是相对的，"彼亦一是非，此亦一是非"（《庄子·齐物论》），是非由自己内心认定，辩论能定胜负，却不能定是非，双方既不能进行肯定判断，也不能进行否定判断。有用和无用也是相对的，贵贱、大小、有无、是非，都是相对的，是由人的主观决定的，没有客观标准。相对思维突破了非此即彼的二元对立的直线思维模式，不对立，不绝对化，不独断、独尊，有纠偏之效。庄学多否定思维，怀疑和否定存在的合理性。庄学思维本质上是一种创造性思维。庄子敢于并善于表达自己的新思想，且充分表达自己的新思想，且站在全人类立场，将其思想全部表达出来。而绝大部分学者的思想表达是不充分表达、非完全表达，是有限

---

① 方勇：《再论"新子学"》，《光明日报》2013年9月9日，第15版。

性表达，是保留、收敛、克制的表达。比较而言，以经学思维为代表的是模式化思维，是守旧思维，是唯一思维、专制思维、绝对思维，是肯定思维，不利于创新。

庄子具有独立人格和自由精神。"独与天地精神往来"，"不为轩冕肆志"，与天为徒，游于"广漠之地""无穷之门""无极之野""无何有之乡"。推崇大襟怀、大见识、大境界，一种超越的宇宙情怀，超越世俗的功利眼光，摆脱理性知识的羁绊。庄子胸中另有境界，非凡可喻，以破世间方隅之见。庄子以怀疑的态度对待一切，特别批判儒、墨诸家绝对论的是非观、价值观，认为独断论严重破坏了人们心灵上的宁静，加速了世界的沉沦。庄子怀疑现实存在的合理性，敢于并善于解构，其怀疑精神可启发人的心智，打破价值标准的僵化。庄学最具批判精神，认为无休止争斗、厮杀，"残生伤性"（《庄子·骈拇》），一切祸乱都是来自求治的事功之心，圣人"其存人之国也，无万分之一；而丧人之国也，一不成而万有余丧也（《庄子·在宥》）。怀疑、批评、否定，不盲从，从某种程度上说，庄学就是一种批判的理论，而不是"颂赞"的理论。批判精神是一种可贵的学术精神，没有这种精神，学术就不能创新发展，社会就不能进步。庄学具反思精神，人本性恶，自己制造各种仇恨，制造恐怖，物欲横流，变成物质的俘虏，掠夺地球资源，环境恶化，最终是自己毁灭自己。庄子们对人类的未来是悲观的，但根本不是什么"反文明"。认为强权暴政是人世间众乱之源，"治，乱之率也，北面之祸也，南面之贼也"（《庄子·天地》）。深刻反思人类文明"进步"造成的异化，揭示了人类认识和智力的有限性。时为乱世，"礼崩乐坏"，庄学有强烈的文化担当精神，著书立说，目的在于以其理论为救世良方，其学术是"道术"，与现实、政治、道德密切相关，是有"功利"的，而不是关起门来研究纯而又纯的学术。清胡文英《庄子独见·论略》曰："庄子眼极冷，心肠极热。眼冷，故是非不管；心肠热，故感慨万端。虽知无用，而未能忘情，到底是热肠挂住；虽不能忘情，而终不下手，到底是冷眼看穿。"① 庄子表面上无情以应世，实质上对世道治乱始终有一颗"热心"，有人间情怀，关注世道人心，充满当下关怀、现实关怀、人文关怀、终极关怀，有强烈的忧患意识、责任意识、承担意识、使命意识，济世、救世，以天下安危为己任，充满人性的光辉。强调顺应"道"来进行社会治理，道通为一，"天人合一"，尊重自然规律，人与人、人与社会、人与自然和谐合一，而不是冲突对立。柔弱不争，"无为"是以退为进，无为不等于消极。这种担当精神正是当下不少学者缺乏的，有人主张只要做好纯而又纯的学问，物欲横流，道德沦丧，民生疾苦，皆与我无关。

今天提倡"新子学"，要善于剥离庄学的极端化表达，把握其精神实质，充分重视和吸收庄学智慧，学习和继承庄学思维和学术精神，弘扬庄学"道术"理念，努力弥合"学术分裂"。要有高远宏大的学术理想，进行"纯学术"研究外，更要注重"当下关怀"，寻求解决现实和政治问题的答案。"新子学"要充分重视传统"道术"路数，研究者要有人文理想，真正以天下为己任，讲"终极关怀"，不仅要解决现实、政治问题，更要解决思想问题、精神问题，解决人生问题，解决人类生存和未来问题，努力为中华民族的未来，为人类未来指出一条光明大道②。

庄学的"道术"理想在过去，我们今天不可能回到遥远的过去，也没有必要完全回到过去。我们应做的是，坚守学术之"道"，弘扬

---

① （清）胡文英：《庄子独见》，上海：华东师范出版社，2011年，第6页。

② 欧明俊：《"新子学"界说之我见》，载《诸子学刊》第九辑，上海：上海古籍出版社，2013年，第9—15页。

庄学"道术"理念的合理因素，再合理吸纳西学资源，定能开创"新子学"的新局面。当然，历史演进到今天，学术研究，部分和全体、分析和综合皆重要。王国维《〈国学丛刊〉序》曰："夫天下之事物，非由全不足以知曲，非致曲不足以知全。虽一物之解释、一事之决断，非深知宇宙人生之真相者不能为也。而欲知宇宙、人生者，虽宇宙中之一现象、历史上之一事实，亦未始无所贡献。"① 这是至理名言，也是我们应当采取的正确态度。

（原载于《诸子学刊》第十五辑，作者单位：福建师范大学）

---

① 王国维著，姚淦铭，王燕主编：《王国维文集》（下），北京：中国文史出版社，2007年，第518页。

经学与子学关系论之我见
——方勇先生《五论"新子学"》读后

欧明俊

方勇先生《四论"新子学"》(《光明日报》2018年10月13日)开始涉及班固《汉书·艺文志》有关经子关系论所存在的问题，认为刘歆以"六艺"论先王之道，此即尊经；而以诸子论战国学术，以子学为"六艺"之"支与流裔"，此即卑子。刘氏此说并非历史事实，经非儒家一家所专，早期经学发展有多条线索。刘歆重构历史，离析经学、儒学及子学，这一扭转奠定了后世的一般看法。凭借《汉书》的崇高地位，"经尊子卑"观念遂由此世代传承。"六艺"不是儒家一家独享的资源，而是诸子共享。方先生《五论"新子学"》(《光明日报》2020年4月25日)进一步论证，《汉志》以下，四部之学的目录划分强化了经与子、艺与文的高下尊卑、等级秩序，以经学为纲，统合子学。《汉志》进一步确立了一套以"六经"和孔子《论语》《孝经》等为核心，以诸子、诗赋等五类知识为辅弼的学术体系，视诸子为离经叛道，必欲罢黜之。《汉志》所谓诸子为"'六经'之支与流裔"的价值判断使儒经与诸子长期成了一种主奴关系。刘向、刘歆父子和班固将经与子视为源流、本末关系，割裂了经子之间内在统一性和联系性。《隋书·经籍志》远袭《汉志》基本框架结构，"经尊子卑"的经学思维得到彻底巩固。此后，自《旧唐书·经籍志》《新唐书·艺文志》而下，亦莫不以"经尊子卑"为基本价值判断，至清四库馆臣犹以为"经禀圣裁，垂型万世"（《四库全书总目·经部总叙》），"余皆杂学也"（《四库全书总目·子部总叙》）。方先生强调指出，自汉武帝"独尊儒术"后，诸子思想并没有完全被"罢黜"，王充写《问孔》《刺孟》，对儒学特别是汉代经学进行论难。明末清初，傅山公然以"异端"自命，倡导"经子不分"，把诸子与"六经"列于平等地位，彻底否定了《汉志》"经尊子卑"的价值体系，从而开启了近代诸子学的先声。方先生所论精辟深刻。

  先秦时，"六经"只是古代流传下来的"政教典章"，本没有所谓"经"，也没有所谓"经学"。"六经"一词最早出现于《庄子·天运》，庄子认为"六经"所载不过是"方术"，而不是整体的"道术"。庄子眼中，"六经"价值并不是最高。"原儒"本是"子"，儒学尽管在战国时成为"显学"，但只是十家之一。原生态的先秦诸子也讲经，区别在于，儒家以传承、解释经典为己任，诸子则不恪守经典。汉武帝采纳董仲舒建议，"罢黜百家，表章'六经'"。班固自称是周公和孔子信徒，具有浓厚的正统思想，《汉书·艺文志·诸子略》尊崇儒家，冠于诸子，认为"于道最为高"，实质上开启了《论语》由"子"升"经"之路。班固以经学安身立命，置经学于诸子之上，以"六经"权衡诸子，以诸子为"六经"之"流裔"。吴根友、黄燕强《经子关系辨正》（《中国社会科学》2014年第7期）反思孔子经典化的"六经"上升为汉以后文化典范，造成九流之学皆出于"六经"的假象。经、子高下之分，经学制度化，"尊经卑子"成为主流学术观念，影响广泛深远，观念有其"历史局限性"，但其主流、正统地位仍应给予充分尊重。朱熹以《礼记》中《大学》《中庸》与《论语》《孟子》并列为"四书"，并为官方所认可，《孟子》"升格"入经。元代，"四书"为试经之首，优于"五经"，地位大大提升，以"四书"为代表的"孔孟之学"取代以"五经"为代表的"周孔之学",对宋代以后政治和文化的实际影响最大。经书是由史书和子书"升格"而"建构"出来,"经"和"经学"随时代政治和思想文化需要而不断改写。(参见张寿安《从"六经"到"二十一经"——十九世纪经学的知识扩张与典范转移》,《学海》2011年第1期)经学谱系旨在维护主流文化的神圣性、权威性、稳定性和连续性,对此应充分体认。

嵇康"非汤武而薄周孔",李贽"离经叛道",轻蔑"六经",《童心说》否定"六经"崇高地位,消解经学,是为"卑经尊子"。传统经学之弊在于以正统自居,专制、独尊,排斥"异端",保守、僵化、停滞,不敢创新;长期被视为"异端"的子学则标新立异,生动活泼。刘勰《文心雕龙·诸子篇》指出"经子异流",以子离经,"尊经"基础上,重视子学独立地位。陆九渊重子轻经,经为子服务,经用来证明子,《语录上》曰:"学苟知本,'六经'皆我注脚。"清末,面对三千年未有之大变局,经学束手无策,子学开始"复兴",经子关系逆转。光绪二十八年(1902),《钦定京师大学堂章程》以朝廷名义正式使用"诸子学"概念,"诸子学"作为一专门学科,取得独立合法地位,与经学并列,经学、子学平等。1919年,胡适《中国哲学史大纲·导言》说:"从前作为经学附属品的诸子学,到此时代,竟成为专门学。""五四"新文化运动,挑战经学权威,消解经学,胡适视经学为史科,肢解、颠覆经学,经学体系不复存在,子学则兴盛。

当代不少学者主张返经入子,离经还子,经、子平等,甚至不必再分经、子。其实,《论语》《孟子》早已由"子"升"经",应尊重学术思想史实际,仍应视为经学,在历史语境中评价,不必轻易地以子学"解构"经学。儒家既是经的代表,也是子的代表,同时也可以视为子学。经学为古代大经大法,代表主流思想。汉代"独尊儒术"以后,儒学从子学转向经学,经学和"经学化"的儒学成为官方之学，并制度化，后来成为科举考试的标准，成为统治工具，形成传统思想文化的"大传统"，诸子如道、法、墨等成为"小传统"，子学一直被正统经学挤压排斥，多处于边缘地位。今天应反思"尊经卑子"传统观念，突破经学专制、独尊的学术格局，提倡多元和经、子一体，做整体性会通研究。古代正统观念，经者，常道也。刘勰《文心雕龙·宗经》曰："经也者，恒久之至道，不刊之鸿教也。"郑元勋《媚幽阁文娱·自序》曰："'六经'者，桑麻菽粟之可衣可食也者。"光绪二十四年（1898），《京师大学堂规条》仍明确规定："'五经''四子书'如日月经天、江河行地，历万古而常新，又如布帛菽粟不可一日离。"皆强调"六经"如同人们生活必需品。必须指出，经学是传统文化的核心部分，是主心骨，历久弥新，永远不会过时。今天，应凸显子学的价值和地位，争取话语权，子学与经学平等理性对话，但同时强调，子学不应取代经学的尊崇地位，应警惕消解经学的倾向，警惕另一种"话语霸权"。

（原载于《湖南工程学院学报》2020年第3期，作者单位：福建师范大学）

由"经尊子卑"到"经先子后"的回归及其文化意义

李 华

20世纪20年代,因"感受汉儒《诗》学的刺戟",顾颉刚先生在《诗经的厄运与幸运》中指出,经学色彩之于《诗经》,是幸运亦是厄运。正是有赖于这一特点,《诗》才得以流传至今;但也同样基于此点,《诗》的真实面貌最终却被王道理论和政教思想的"藤蔓"层层掩盖而难现真容。诚哉斯言。顾颉刚先生不仅明确指出了汉儒经学化阐释经典的利弊所在,也提醒当时及后世学者在阐释儒家经典时,应以更为审慎与中立的态度努力回归经学典籍的文本,以尽可能地减弱其背后的经学光环所带来的阐释偏差。

八十余年后,方勇先生又以"新子学"的概念提醒我们,在面对先秦诸子典籍时,我们同样应当注意剥离后世学者附会其上的经学附庸地位及经学先导的阐释习惯,而尽可能地回到子学时代,回归原始文本,恢复诸子原貌,尤其是恢复其中最具生命力及现实意义的部分,以对今日中华传统文化的复兴以及现阶段的文化建构,提供精神助力与智力支持。

两次问题的提出,均出现在每个世纪的早期,并与当时的文化发展与变迁大势关联密切。前者之于经学,后者之于子学,又均对学术界如何面对中华文化中最具生命力和影响力的文化学术遗存提出了新的阐释思路和研究要求。顾颉刚先生与胡适先生曾有师生之谊,而方勇先生则是胡适先生的再传弟子。二说跨越时空，相映成趣。

这也提醒我们，每一次学术上的重大转折，往往与其背后的文化发展与变革大势关系密切。如果从"新子学"向上追溯至"经尊子卑"概念形成的时代，我们发现无论是"经尊子卑"的形成，还是"经先子后"的回归，也恰恰与中华文化发展的重要节点一一对应。

一、"经尊子卑"的建构是秦汉一统局面下的文化重构需要

先秦诸子学说，不仅在轴心时代大放异彩，也是构成中华文化多元性的重要文化因素。但是，随着汉代经学的发展，"经尊子卑"趋势逐渐出现，子学渐渐成为经学附庸。然而，反观战国、秦汉时期经、子地位的变迁过程能够发现，"经尊子卑"的建构是秦汉社会文化重构的必然结果。

春秋战国时代，王纲解纽、文化下移，诸子纷纷从不同的角度来探讨在乱世中立足以及未来一统局面下长治久安的各种可能，士人的地位和作用得以彰显，甚至出现"一怒而诸侯惧，安居而天下熄"的说法。稷下争鸣，更是轴心时代智慧与学术发展的顶峰。然而随着秦灭六国、天下一统局面的出现，社会需要的不仅是车同轨、书同文，更需要在思想与文化上达成一致，秦代的以吏为师、禁《诗》《书》百家语，无不是为达成思想与文化一致所做出的种种努力。汉代初年，黄老与儒学乃至秦火余烬后的诸子尚有流布空间，然而从汉文帝时期《孟子》得立"传记博士"到汉武帝的"罢黜百家，表章六经"，从汉宣帝的石渠阁会议到汉成帝时，刘向削《别录》成《七略》，以六艺冠群书之首——"经尊子卑"的现象被一步步落实，学术上的一统与政治一统的需要步步呼应，轴心时代的文化、学术也最

终完成了服膺于一统局面的最终变迁。

可与之相佐证的是汉代子学发展土壤的逐渐消失。河间献王刘德广召儒生，网罗儒家经典，得到了汉武帝的高度重视，汉武帝曾亲自把盏钦命赐酒，并赐金帛奖赏。与之同时的淮南王刘安也广召门人宾客，广涉众说，并与门客编成《淮南鸿烈》，然而这却成为其最终殒命的重要罪状："阴结宾客，拊循百姓，为叛逆事。"当我们站在历史长河的下游向上游回顾时，才会发现，其历史进程中的每一次迂回，均有其必然性，刘德和刘安命运的云泥之别，或许从他们做出经、子的不同选择时已然注定。

无论是独尊儒术，还是刘安不为时代所容，无不昭示着一个新的时代的到来，政治的一统局面迫切需要学术与思想上的一致与之呼应。诞生于轴心时代的子学，已经失去了支撑其发展的时代因素和政治土壤，而经学则成了一统局面下学术发展的最佳方向。可见，"经尊子卑"，是当时大一统局面初建情况下文化重构的必然选择；刘向的典校群书、"尊经抑子"，则是对这一文化现象的如实记录与学术回响。

二、"经先子后"是当代学术、文化发展的双重要求和必然结果

如果说"经尊子卑"的理念，是彼时文化重构与价值选择的必然要求；那么"新子学"理论的提出及"经先子后"的回归，则是现今社会文化与学术发展的必然结果。所谓"经先子后"，是"新子学"理念下对经、子关系的重新界定：二者只有时间先后上的差距，而并无尊卑之别。

其一，随着综合国力和文化自信的增强，"传承和弘扬中华优秀

传统文化"成为当今的文化发展大势，这让我们有机会重新审视中华文明中历久弥坚的文化基因所在。其二，20世纪后半叶开始，地不爱宝，大量出土文献重见天日，为我们重新回到诸子时代，乃至"重写学术史"提供了丰富的资源。其三，方勇先生将毕生心血投于庄子及诸子学研究，且一直主持承担着子藏工程，"新子学"的提出，正是源于对诸子学及其与文化发展变迁的长期思考。其四，与方勇先生"新子学"相呼应，国际汉学界也开始反思长期以来的"经尊子卑"问题，并主张恢复子学独立性。与"新子学"同时或稍后，戴梅可（MichealNylan）、齐思敏（Mark Csikszentmihalyi）等国际知名汉学家提出，应将西方语言体系中的 Confucius（孔子）以及 Mencius（孟子）重新翻译回"Kongzi"与"Mengzi"，应将这些被神圣化了的先贤重新视为一个纯粹而独立的个体。虽然仅仅看似一个翻译习惯的改变，但其背后却是对经子关系的反思，以及汉学研究中对中国文化本位回归的认可。此外，刘跃进先生及其高足徐建委等，近年也致力于对《汉书·艺文志》地位的重新估量与对周秦两汉文本的重新审视（同一时期不同领域、不同地域的研究者，依据各自的研究经历所引发的倡导，殊途同归、完美契合），这似乎是轴心时代世界不同区域间圣贤的集中出现、相映成趣的一次翻版。

而以上的一切，也都在时刻提醒我们："经尊子卑"是一统帝国建立后，文化重构与价值选择的结果；而"新子学"的提出，则在当今传统文化复兴中具有双重意义，这既是我们对传统文化价值和意义的回归与审视，也是时代变迁、文化重建、学术发展的必然结果。并且，在这次新的文化重构过程中，我们应从轴心时代诸子百家的思想与智慧中，直接摄取其中仍具活力和价值的因素，而不应把目光再局限于秦汉文化重构之后所筛选和保留的智慧与成果。

三、刘向与《汉志》是由"经尊子卑"回归"经先子后"的必经途径

如果说此前的"新子学"理论为学界提供理解先秦诸子的思路,那么 2020 年 4 月 25 日《光明日报·国学版》所刊载的方勇先生《五论"新子学"》一文,则通过将关注点聚焦于刘向及《汉志》,为我们从学术与学理上指明了回归诸子原貌的具体路径:努力廓清还原诸子时代原貌,是回归诸子时代智慧的必然途径和关键,是廓清刘向、刘歆与《汉志》对汉代及之后的影响。

不可否认,时至今日,《汉志》仍是我们理解先秦两汉文化发展和典籍遗存的重要参考,也是我们通过文献重构汉代,尤其是汉代以前文化社会的重要凭借和依傍。然而,我们同样需要清醒地意识到,《汉志》所记载的并非当时文献的全部,且刘向等人的个人学术经历与经学硕儒身份也对我们利用有限文献重现当时的真实学术面貌造成了深远影响,遑论以此为基础重构诸子时代。因此,在利用《汉志》重构先秦两汉学术与文化世界时,我们需要做的是认真检讨《汉志》,尽量摸清何处打上了刘向个人与汉代社会文化的双重烙印,并在其后的研究中努力避开或克服这些影响;尤其是《汉志》是如何处理经子关系的,其程度、思路如何。而以上的一切,均是帮助我们重返诸子时代原貌的重要依据。

唯有如此,我们才能让子学摆脱长久以来的经学附庸地位和经学化阐释习惯,达成从本源上重新寻找中华文化的生命力所在的重要意义,并为今日建设提供文化支持。

(原载于《湖南工程学院学报》2020 年第 3 期,作者单位:山东师范大学齐鲁文化研究院)

"新子学"该翻过《汉志》这座山

张 涅

现在关于诸子的分类认识主要来自《汉志》。其中"十家"的分法,以及从政治思想价值出发摒弃"小说家"而成的"九流"说,成为学界的一般认识。可以说,《汉志》确立了两千年来诸子学研究的方向和范畴,是"旧子学"的理论高峰。"新子学"若确实是"新"的,是现时代诸子学研究的新发展,就必然要翻过《汉志》这座山。

方勇先生的《四论"新子学"》《五论"新子学"》即主要对此而言。其指出,我们在肯定《汉志》贡献的同时,还应该注意其中的两个问题:一是分"经"与"子","经尊子卑",没有充分认识诸子的思想价值;二是把"子"分为"九流十家",有狭隘化的导向,对于诸子思潮的整体性、丰富性重视不够。前者属于内容价值方面,后者则与研究的方法论相关。这两个问题都是有感于诸子学的研究现状而发的,且深入了根源。

《汉志》在文献学上的地位无疑是崇高的,后人需要不断地攀登这座大山。在学术史上的价值也不可否定,若要系统认识先秦思想及两千年来的学术传统,自然绕不过去。但是我们也应该看到,《汉志》还兼具思想史著作的性质,在这个方面,其总结并指导那一个时代的学术思想,同时又不免为那个时代所局限。如方勇先生所言,

《汉志》的思想宗旨和编纂体例是汉代意识形态领域尊经崇儒、谶纬神学盛行的产物。而且"《汉志》昧于经子之间源头上的共同义理取向，着意贬低子学价值，这种主观性成见固然关乎时代的学术与精神，但将经与子视为源与流、本与末的关系，确乎割裂了经、子之间的内在统一性和联系性""《汉志》所谓诸子为'六经之支与流裔'的价值判断便使儒经与诸子长期成了一种主奴关系"（《五论"新子学"》）。这是对于《汉志》及其所确立的两千年诸子学史的客观疏述。确实，所谓的"六经"并非汉儒所言的原本就是儒家经典，而是包括墨、道、法诸家在内的共同思想资源。形成于春秋末以前的"经"，与春秋末以后形成的"子"，是在同一个思想流域内。其中流向、流速不同，即关于政治人生的探索方向各异，有规制与批判、高卓与实用、阔大与精专等区别，应该加以辨述，但是没有尊卑之分。《汉志》的"经尊子卑"观念只是那个时代的主流学术思想的要求；一直被奉为经典，也是因为其合乎两千年来以儒术为核心的专制时代的需要。在现时代，我们从客观出发，看到的是各种政治的规划和百家争鸣的思想图景。

而且，"九流十家"的分法虽然基本上抓住了各学派创始人的思想特质，但是忽略了学派思想的复杂性，以及互相争鸣交流而形成的整体状态。学界周知，到了战国中后期，各家在坚持己说的同时，吸收了其他家的思想。有的基本上融合起来，例如《荀子》吸纳《老子》"道"的客观性思想，提出"天人之分"，又融"法"入"礼"，"礼""法"并重，建立了礼治主义体系。但是更多的处于杂合状态，例如《管子》有八组文字，第一组《经言》主要记录或传述管子以"商"辅"农"、以"法"补"礼"的政治思想；以下七组，则是后学从法家、兵家、名家、农家、阴阳家、轻重家、黄老道家等方向的阐发或转进，流变多向，枝蔓杂芜。故而《汉志》列其为"法家"，实不能周全，后人异议甚多。各家思想多不能一言概之，《汉志》的分法以及界定就不免有导向简单化、狭隘化之嫌。如此，单从文献目录学上看，"九流十家"的列述大略清楚；但是若据此为绝对的思想分类，甚至为诸子文本阅读的门津，就有严重的副作用了。方勇先生说到："人们按照'九流十家'立场去思考问题，思路就有很多限制，相当于一条河，它的上游原本很宽，水流滔滔富有气势，结果到了一个地方非要把水道分成几条小渠，各出水口便不见了原始迸发时的滔滔之势，显得很不自然。或者说，经《汉志》离析归类而垂示于后世的诸子百家，已像垂挂在架子上晾晒的面条，彼此之间都是分离的，每条虽长度有余，而宽度、厚度则甚为有限，这就严重导致了治学者思路的狭隘化。"（《五论"新子学"》）这个问题在现代的诸子研究中越加严重，机械执行所谓的专业化要求，更普遍造成"碎片化倾向"。

由此可结论，"新子学"要翻过《汉志》这座山，既是现时代的需要，也是诸子学内在的逻辑使然。一方面，《汉志》为之服务的专制时代已经过去了，新的民主时代需要新的认识，先秦诸子无疑是重要的思想资源。另一方面，诸子本身就有多元的、深入的思想，非《汉志》所能包含，《汉志》也只是一种从其时代需要出发的解释而已。无论从阐释学的角度，还是依据文本解读，"新子学"都是合理的、必然的。

事实上，"新子学"的实践已有一个多世纪了。凡是包括《论语》《孟子》等，以科学理性的精神做整理和研究工作，且引用西方哲学、政治学、教育学、经济学等理论概念阐发意义的，即属于"新子学"。胡适《中国哲学史大纲》的出版，标志着"新子学"开始占据诸子学研究的主舞台。由此蔚然成风，形成为规范。因此，方勇先生"新子学"观点的提出，是诸子学研究实践发展到一定阶段后的理论必然，合乎现时代思想发展的要求。

故而知识分子所面临的，是与先秦诸子相似的历史使命。现时代的新文化建设无疑要吸收西方的文明成果，也要融取中国传统文化思想的精华，其中诸子思想自然极为重要。胡适曾说过："中国哲学的未来，似乎大有赖于那些伟大的哲学学派的恢复。"(《先秦名学史》，学林出版社1983年版，第9页) 诚如此，这是"新子学"该自觉认识到的。

(原载于《湖南工程学院学报》2020年第3期，作者单位：浙江科技学院)

论方勇的"新子学"理念
——读《方山子文集》札记

张　涅

《方山子文集》收录了方勇先生从1980年至2019年的著作,皇皇31册,1600余万字。功夫之实,见识之透,实令人敬佩!他的研究领域主要在《庄子》及诸子学方面,所作的贡献以一言概之,可谓"继往开来"。陆永品先生评价道:"《庄子学史》筑其基,《子藏》壮其功,'新子学'伟其业。"① 前两者即属于"继往",而后者为"开来"。"继往"方面的业绩,已获得学界的极高评价。例如陈鼓应先生曾说:"《庄子学史》博大精深、厚重宏通,令人震撼;《庄子纂要》汇集历代庄学研究精华,并每每断以己意,于庄学研究贡献殊多;《子藏·庄子卷》汇聚历代庄学文献,收录精而全,是严灵峰先生《无求备斋庄子集成》之后最大的庄学文献集成;《子藏·庄子书目提要》为读者提供了一个历代庄学研究的路标。"② 傅璇琮先

---

① 陆永品:《方山子文集序二》,载《方山子文集》(第1册),北京:学苑出版社,2020年,第6页。
② 陈鼓应:《方山子文集序一》,载《方山子文集》(第1册),北京:学苑出版社,2020年,第1页。

生也说:"从文献的角度看,《子藏》亦足以传世。"① 相比较,关于"开来"的"新子学"研究尚在展开之中,需要进一步的讨论和阐发,故这里着重谈阅读这部分内容的体会。

一、"新子学"的意义指向

2012年10月22日,方勇先生在《光明日报》上发表《"新子学"构想》一文,提出了"新子学"的理念,随后又连续著文作进一步的、系统的阐述②。其中有对"新子学"的意义界定,以区别于传统的和受西学影响的诸子研究。概之主要有四:一是研究范围的"新"。指出"新子学"的"子","并非传统目录学'经、史、子、集'之'子',而应是思想史'诸子百家'之'子'"③;而且认为"应严格区分诸子与方技,前者侧重思想,后者重在技巧,故天文算法、术数、艺术、谱录均不在子学之列"④。显然,把《论语》《孟

---

① 傅璇琮:《一座宏大的子学经典库》,《光明日报》2011年12月5日,第15版。

② 重要的有《"新子学"申论》,《探索与争鸣》2013年第7期,第73—77页;《再论"新子学"》,《光明日报》2013年9月9日,第15版;《三论"新子学"》,《光明日报》2016年3月28日,第16版;《"新子学":目标、问题与方法——兼答陆建华教授》,《光明日报》2018年4月7日,第7版;《四论"新子学"》,《光明日报》2018年10月13日,第11版;《五论"新子学"》,《光明日报》2020年4月25日,第11版;收录于《"新子学"构想》,载《方山子文集》(第1册),第1—97页。

③ 方勇:《方山子文集》(第1册),北京:学苑出版社,2020年,第4页。

④ 方勇:《方山子文集》(第1册),北京:学苑出版社,2020年,第4页。

子》归入进来,把天文算法等划出去,是以具有思想原创性为"子"的特性,这也就规定了"新子学"研究在思想史的范畴内。二是研究立场的"新"。强调"新子学"的理念是基于现时代的需要提出来的,是"再一次与当下社会现实强力交融,律动出全新的生命形态"①。方勇先生认为:"产生于'轴心时代'的诸子之学从来都是当下之学,自汇聚诸子思想的诸子文本诞生伊始,诸子学就意味着对当时社会现实的积极参与。"② 因此,"新子学"的"新"必然基于当下的立场,有不同于传统的、西学的视角。三是研究方法的"新"。这个"新"针对着"旧",也是相比较于"西"而言。因为近现代以来的诸子学研究是在西学的影响下发展起来的,大多与"旧"有别,却依傍于西学,故而方勇先生特别予以批评。他指出:"西方的人文主义传统是在其自身文化土壤中生长出来的,有着与中国文化传统截然不同的气质和体系。"③ 照搬西方学术的研究方式,"结果是使子学渐渐失去理论自觉,沦为西学理念或依其理念构建的思想史、哲学史的'附庸'"④。因此,"新子学"必须有"新"的研究范式和方法:"其学术理念、思维方式等皆与民族文化精神、语文生态密切相关。对相关学术概念、范畴和体系的建构,本应从中国

---

① 方勇:《方山子文集》(第1册),北京:学苑出版社,2020年,第4页。

② 方勇:《方山子文集》(第1册),北京:学苑出版社,2020年,第9—10页。

③ 方勇:《方山子文集》(第1册),北京:学苑出版社,2020年,第6页。

④ 方勇:《方山子文集》(第1册),北京:学苑出版社,2020年,第6页。

学术自身的发展实践中总结、概括、提炼而来。"① 四是研究目标的"新"。方勇先生明确说："倡导'新子学'，正是对诸子思想的重新解读和扬弃，也是借重我们自身的智慧与认识对传统思想的重新寻找和再创造。"② 而其中重要的一点，是"继承充满原创性、多元性的'子学精神'"③。由此可知，"新子学"的"新"，相对于传统的"子部"研究，也不同于西学视野下的诸子学；这是从现时代出发的、基于中国文化发展需要的对于诸子思想和价值意义的再认识。

不少学者认为"新子学"的概念不够明确。例如曹础基先生说："'新子学'可作两种理解：新之子学与新子之学。"④ 显然，从哲学研究的要求讲，把"新子学"作为一个概念，首先得明确其内涵和外延。从字面上看，"新子学"确实可以理解为"新""子学"，或"新子""学"，两者的意义有别。但由上述可知，方勇先生的意义指向并非在哲学领域，"新子学"并非一个哲学概念。其在思想史研究的领域内，属于思想范畴。哲学概念在形而上层面，有确定的内涵和外延；而思想范畴则形而上、形而下融通，是在综合各个领域思想活动的基础上的进一步认识，既有概括性，也有包含性。包含性中呈现多层性、多向性和丰富性，正是其特质之一。两者的价值意义也有所不同：哲学概念使哲学的表达明晰严谨，由此界定认识的对象、原则及方法；而思想范畴则是思想落实到历史经验后获得的，着重在一般

---

① 方勇：《方山子文集》（第1册），北京：学苑出版社，2020年，第4页。

② 方勇：《方山子文集》（第1册），北京：学苑出版社，2020年，第10页。

③ 方勇：《方山子文集》（第1册），北京：学苑出版社，2020年，第9页。

④ 曹础基：《"新子学"悬想》，载《"新子学"论集》，北京：学苑出版社，2014年，第120页。

性、规律性方面，用以指示社会政治发展的方向。方勇先生的"新子学"指向的是综合了哲学、政治、伦理、教育、经济、军事等的文化思想，包括"学"方面的理论和"子"方面的实践，兼存概括性和包含性的特征，是一个思想范畴无疑。其所谓的"新"，只是强调不同于"旧"的和"西"的研究目的和范式。故而，关于是"新之子学"还是"新子之学"的哲学性讨论，对于"新子学"的开展并没有多少实质性的意义。打个比方，方勇先生旨在做一个大圆桶，我们不能说首先该做好角度。

当然，在思想范畴中可以提选出哲学概念，并对此加以讨论，那是另有意义的。从哲学是最一般的认识、且揭示了逻辑的必然性这一点讲，提升到哲学高度确实有助于指导思想史的研究。但是我们得注意到，两者还是各有价值、不能相互取代的。与哲学讲逻辑的必然性不同，思想史由必然性与偶然性所构成，其中还有鲜活的人物性格和命运；假如单纯逻辑的表达，不免简单化甚至牵强。因此哲学性研究不能涵括"新子学"的全部，更不是其目标意义所在。若以为"子学性质既近哲学，其重心即当然偏于思维而略于实践"[①]，"新子学就是新中国哲学"[②]，那是偏离且没有领会"新子学"的意义指向。

陆建华教授认为："无论在何种意义上，新子学都是奠基于'新子'之上的，不存在没有'新子'的新子学。""从传统的子学的角度来看，方勇先生所提倡建构的所谓新子学，属于子学范畴，并不'新'。"[③] 这个批评也有不周。确实，当"新子学"作为思潮留在历

[①] 曾昭旭：《为"新子学"定性定位》，载《"新子学"论集》（三辑），北京：学苑出版社，2020年，第155页。

[②] [美]刘纪璐：《从"新子学"至"新中国哲学"》，载《"新子学"论集》（三辑），北京：学苑出版社，2020年，第168页。

[③] 陆建华：《"新子学"断想——与方勇先生商榷》，载《"新子学"论集》（三辑），北京：学苑出版社，2020年，第213、214页。

史之中时，必然会有"新子"的。这些"新子"或是在理论上对于先秦诸子作了合乎时代需要的新阐释，或是在实践中发扬了某一学派的思想路线。到了那个阶段，我们可以说"新子学""基于'新子'之上"。但是，在"新子学"作为一个思潮开启时，是尚不能说已经有"新子"的。"新子"是随着"新子学"实践和研究的展开、"新子学"思潮的形成才会出现的。由此看，"新子学都是奠基于'新子'之上的，不存在没有'新子'的新子学"这个断语，只是就历史研究而言可以成立；作为对于方勇先生倡导的"新子学"理念的批评，是不对题的。另外，所谓新子学，当然"属于子学范畴"。从战国末开始，就有关于"子学"的认识。《汉书·艺文志》提出"九流"说后，"子学"研究形成了传统范式。现时代再认识"子学"，抛开传统的、西学的研究范式，另觅路径，自然可以（也应该）用"新"来标志。这是习惯的表达法，对此加以批评，似责之过深了。

其实，先秦诸子思想的贡献在于构成了中华民族的文化基质。现代以来，许多学者从哲学层面来解读，显然有诸多不周。哲学的第一步是把握概念，概念要求有明确的内涵和外延，而诸子并不重视这一方面。相比较，从思想的角度予以阐释才合理些。故而葛兆光说："相比起来，'思想史'在描述中国历史上的各种学问时更显得从容和适当，因为'思想'这个词语比'哲学'富有包孕性质。"[①] 另外，我们还得注意到，诸子的思想重点不在形而上和系统性方面。其本旨落实在形而下层面，对于形而上的关注主要也是为了阐述形而下活动的意义。这些思想渗透到实践的各个领域，深刻地影响了历史的进程，从而积淀成为文化基质。先秦诸子何以在中国历史上具有无与伦比的地位，正是因为其思想作为文化基质奠定了中国人的生命向度

---

① 葛兆光：《中国思想史》，上海：复旦大学出版社，2009年，第6页。

和生活特性，指导着中华民族发展的方向。我们要全面深入地认识先秦诸子的思想价值，应该领会这一点。方勇先生正是基于这个层面提出"新子学"理念的。他在《再论"新子学"》中说：要"重视晚周'诸子百家'到清末民初'新文化运动'时期，每每出现的多元性、开放性的学术文化发展趋向"①。《"新子学"：目标、问题与方法——兼答陆建华教授》说："'新子学'正是基于这一认识，试图努力寻求中华民族文化发展的大方向。"② 在《"新子学"构想》的结束语中还强调："百年来，子学走过了种种曲折道路，国人面对西学的心态日趋理性和成熟，'新子学'即是在此情况下对我国文化走向的重新思考。中华文化的未来，必将是在继承传统的基础上不断地创新发展。诸子学作为中华传统思想文化的主体，必然是未来思想文化的重要组成部分。"③ 这些足以说明，"新子学"理念是对于文化思潮的宏观认识，我们对于"新子学"理念的批判应该看其是否概括揭示了历史发展的规律和文化思想的内质。许多肯定"新子学"理念的学者也是认识到了这一点。例如郝雨教授说："可以预见，'新子学'作为一面新的文化旗帜，必将在整个文化学界更大规模地激越起复兴民族传统文化的时代潮流。"④

---

① 方勇：《方山子文集》（第1册），北京：学苑出版社，2020年，第16页。

② 方勇：《方山子文集》（第1册），北京：学苑出版社，2020年，第80页。

③ 方勇：《方山子文集》（第1册），北京：学苑出版社，2020年，第10页。

④ 郝雨：《"新子学"与现代文化：融入与对接》，载《"新子学"论集》（二辑），北京：学苑出版社，2017年，第339页。

二、"新子学"的现代性

把"新子学"作为一个思想范畴来认识，即表明其必然是现代性的。因为思想史的研究总是从现时代的需要出发的；按史华慈的说法，即"着重在人类对他所处的生活环境的意识反应"①。"新子学"的"新"，更标识了这一点。在思想史的认识中，先秦诸子的思考都针对着那个时代必须面对的政治和人生问题；后来的不断阐释，也是基于各自时代的发展需要。那些诸子著作属于文献，更属于经典。文献记录了历史，是后人认识过去的材料；而经典则不只是历史的记录，其中的思想一直照耀着历史的进程，并且启迪、指导当下的社会政治活动。

这也是方勇先生的"新子学"理念所强调的。他说："后人对诸子文本的不断创作、诠释、解构与重建，亦是为了积极应对每一具体历史阶段之现实。""从历史中走来的子学，其灵活多样的方式、鲜活的思想内容，总与丰富多彩的现实世界保持着交互相通的关系。"②故而，他反复强调"新子学"的现代性。《三论"新子学"》说："具有现实指向的价值重建，能够使传统文明在国家制度、政策以及个人生活中真正落实其价值，对当代社会产生应有的贡献。"③《四论

---

① ［美］史华慈撰，张永堂译：《关于中国思想史的若干初步考察》，载《中国思想史方法论文选集》，上海：上海人民出版社，2009年，第253页。

② 方勇：《方山子文集》（第1册），北京：学苑出版社，2020年，第10、3页。

③ 方勇：《方山子文集》（第1册），北京：学苑出版社，2020年，第41页。

"新子学"》说："'新子学'不仅要理解中国，还要处理文明与现代性的关系。"① 在《"新子学"：目标、问题与方法——兼答陆建华教授》中也强调："于当代的生活世界有意义，这才是'新子学'研究最后的落脚点。"②

这个现代性，着重表现在诸子文本处理和精神阐发两方面。关于诸子文本的处理，方勇先生是从批判《汉书·艺文志》的"九流"说入手的。学界周知，《艺文志》继承刘向父子的思路，把当时的学术著作分为七略，明确六艺和诸子之分，即经、子之别。这如陈鼓应说的，"是一种图书分类法，同时也体现了班固对于经学、子学学术价值的判断与立场。事实上，他和董仲舒'独尊儒术'的态度是一致的"③。因此对于"九流"说的再认识是"新子学"理念下处理诸子文本时必需的。方勇先生批判"尊经卑子，重儒而斥百家"④的观点，指出"今天理解诸子时代学术，需要摆脱《汉志》旧说"⑤；并且提出"依据子学发展的完整性，再进一步验证晚清民国以来将《论语》《孟子》等著作'离经还子'的观点，复先秦百家争鸣、诸子平等之本来面貌"⑥。关于诸子精神，方勇先生解释道："'新子

---

① 方勇：《方山子文集》（第1册），北京：学苑出版社，2020年，第96页。
② 方勇：《方山子文集》（第1册），北京：学苑出版社，2020年，第80页。
③ 陈鼓应：《开放会通的"新子学"》，《光明日报》2017年4月8日，第11版。
④ 方勇：《方山子文集》（第1册），北京：学苑出版社，2020年，第90页。
⑤ 方勇：《方山子文集》（第1册），北京：学苑出版社，2020年，第92页。
⑥ 方勇：《方山子文集》（第1册），北京：学苑出版社，2020年，第4页。

学'是对'子学现象'的正视，更是对'子学精神'的提炼。所谓'子学现象'，就是指从晚周'诸子百家'到清末民初'新文化运动'时期，其间每有出现的多元性、整体性的学术文化发展现象。这种现象的生命力，主要表现为学者崇尚人格独立、精神自由，学派之间平等对话、相互争鸣。各家论说虽然不同，但都能直面现实以深究学理，不尚一统而贵多元共生，是谓'子学精神'。"① 其中特别强调自由、独立、平等的特质。这两个方面，也即两个层面，是统一在一起的。

这是很精辟的、足以启示后学的学术见解。现在处理诸子文本，确实应该重审"九流"说；因为其中太多出于汉时代的政治需要，以至于不够合理。例如，把《论语》《孝经》放在"六艺略"中，则作为"九流"之一的儒家思想内容就不充实。"兵书略"中的兵家，是先秦诸子的组成部分，"九流"说没有把它包括进去，则并非涵括了所有的思想学派。而且，"九流"是并列的、单线的，没有注意到各学派思想交汇后再发展以及流变的问题。"新子学"要更准确地把握诸子思想的特质及其源流，超越传统的"子部"研究，简达的路径之一，就是从批判"九流"说入手②。

对于"子学精神"的阐述，更是充分认识到了其与时代要求的相通处，是对"新子学"现代性意义的揭示。显然，"新子学"作为一种文化思潮，其必然有内在的文化精神。所谓文化精神，是基于物质文明之上的意识表达，是落实在伦理、审美和人格取向等方面，渗

---

① 方勇：《方山子文集》（第1册），北京：学苑出版社，2020年，第12页。

② 张涅：《基于"新子学"方向的诸子学派问题——读〈汉书·艺文志〉札记》，载《诸子学刊》第二十一辑，上海：上海古籍出版社，2020年，第324—333页。

透在所有实践活动中的价值取向,决定了一个民族的文化创造的质量。其中的思维方式和思想形式,则是精神活动的基本路径,相当程度上限定了认识的方向和范围。而人格独立、精神自由、学派平等对话等"子学精神",是现时代中国社会发展所需要的,自然为"新子学"的内涵所在。确实,现时代认识诸子思想,不宜局限于"九流"的学派分类,也不能停留在具体观点的层面上;而应该进入其产生的历史场景中,从其发生、发展的思想逻辑和特质中领会其精神所在,获得现代性的启示。

当然,对于"子学精神"的具体认识,还是需要再深入进行的,方勇先生只是指示了一个方向。笔者曾有一个思考,认为诸子的文化精神有信仰和理性两个方面,在春秋末至战国初形成的《论语》和《孙子兵法》两部著作中已经有集中表现。在《论语》中,孔子表达了对于天道和人伦价值的信仰;而《孙子兵法》总结兵家经验,发挥了功利理性精神。两者深刻地影响了其后的诸子思想。例如,孟子走孔子的道路,老子和术家朝着孙子的方向,墨子、荀子则有所侧重的批判融通。他们提出了不同的政治人生观念,认识方法也各有所重,但是内在的精神都不外乎此①。这个粗略的思考,正是在"新子学"理念下展开的。

三、"新子学"与"新儒学"

表面上看,"新子学"相对的是经学。有关"子学精神"的阐述,显然针对经学思维提出来的。但是就当下"新子学"的具体意

---

① 张涅:《先秦诸子思潮的开端》,载《诸子学刊》第七辑,上海:上海古籍出版社,2012年,第1—9页。

义指向而言，实质上相对的该是由经学转身而来的"新儒学"。郝雨教授说："如果一定要为'新子学'找到一个挑战对象，应该说，或多或少，或明或暗地就是针对'新儒学'而提出的。"① 正是。

这应该是现代性要求的必然。因为传统的经学已经退出了历史舞台，对于现代社会影响式微。我们要认识过去时代的基本精神和文化状态，经学是极重要的依据。但是，若要建立新的合乎现时代需要的政治文化思想，其没有多少可吸收的，内含的精神更不值得继承。现代以来的中国哲学史、思想史著作都忽略经学，而以子学为主体，正是出于这样的考虑。现在的学界主流，也大多把经学作为学术史上的一门学问来研究，其与"新子学"的意义指向不在一个层面，不会产生矛盾。一些学者以为，从信史的角度看，这样处理是把子学拔高了。这似是而非，因为凡是思想史的认识，必然是从现代需要出发的。若一味要求历史的客观，那是做文献考证和材料疏述，不是思想史认识了。

而由"经学"转身而来的"新儒学"，是传统的主流文化迎接西学冲击后形成的思想学派，被不少学者认为能昭显中国思想的特质，指导现时代的文化发展，并能够为人类新文明作出贡献。例如贺麟先生说："广义的新儒家思想的发展或儒家思想的新开展，就是中国现代思潮的主潮。""儒家思想的命运，是与民族的前途命运、盛衰消长同一而不可分的。"② 他们由此推定，诸子思想再如何"新"，也只是辅助性的、补充性的、解释性的。故而曾昭旭先生说："经学为人性普遍常道所寄。""史、子、集为经（常道）之表达方式。""以

---

① 郝雨：《"新子学"与中国文化整体传承》，载《"新子学"论集》，北京：学苑出版社，2014年，第350页。

② 贺麟：《儒家思想的新开展》，贺麟等：《儒家思想新论》，南京：正中书局，1948年，第1、2页。

更严谨之分析、更准确之概念、更系统无漏之理论系统,去重新表述儒学中之理,以与西方哲学平等对话也!此即'新子学'所以为新之所在也。"① 即认为"国学"的核心是"经学",现时代继承"国学"并能够发生深刻影响的是"新儒学"。"新儒学"是发展至今的"经学"的核心,理所当然地占据主导地位;而"新子学"的贡献,只是为之作理论阐述。

因此"新子学"理念直接面对的是"新儒学"观念。"新子学"能否成为现时代的主导性思潮,就看它是否比"新儒学"更有合理性,更有开拓意义。对此,方勇先生有专门的论述。他在充分肯定"新儒学"价值的同时,认为现时代的文化思潮以之为主导是远远不够的。他明确说:"将儒学视为中国思想的主流与正统,不免失于偏狭。"② 而且指出:"随着近代学术的日益发展,子学实际上已逐渐成为'国学'的主导。"③ 我们现时代的思想任务之一,是"全面复兴子学,引领当代之国学"④。

这样的认识应该是合理的。经学以及由此转身而来的"新儒学"当然有不可忽略的文化思想价值,尤其在提升中华民族文化的自信方面。但是客观地说,其正统性和现代性意义都被过分夸大了。首先,并非只是经学及"新儒学"继承了中国文化原典。"经"其实是诸子共同的思想资源,也在诸子不同方向的阐释中得以成为中国文化的基

---

① 曾昭旭:《为"新子学"定性定位》,载《"新子学"论集》(三辑),北京:学苑出版社,2020年,第152、153、155页。

② 方勇:《方山子文集》(第1册),北京:学苑出版社,2020年,第37页。

③ 方勇:《方山子文集》(第1册),北京:学苑出版社,2020年,第9页。

④ 方勇:《方山子文集》(第1册),北京:学苑出版社,2020年,第14页。

础。如方勇先生所言:"三代——学界所说的巫史时代——不是儒家一家独享的资源,而是诸子共享的。"① 汉儒以为"六经"就是儒家的经典,这是依据其时代需要的解释,并不客观。而且,"在诸子时代,早期经学和子学处于'混溶'之中,还无法区分为两大类型"②。"经"在春秋形成,"子"在春秋末至战国时期发展,两者共同构成先秦的文化思潮。其中有重点的差异,各有贡献,形成思潮的波动甚或激荡,但不是分裂的、对立的。西周至春秋时期形成的"经",也并非只有后来儒家所言的这部分,"早期经学发展有多条线索,各家皆有经典化的努力,六艺之外,最典型的就是《墨经》《黄帝四经》,《老子》也有经的地位,解释经典的记传体在战国也渐趋成熟"③。显然,以为"经"就是"六经"、只有儒家与"经"有联系的观点是不周的。其次,汉武帝以后的"儒术"也有其他诸子的思想贡献。汉以后,中国社会整体进入了小农业文明时代。小农业社会的基本单位是家庭,家庭主要由血缘关系构成,因而"仁"的血缘亲爱的等差性原则具有合理性,由"仁"支撑的"礼"的等级性的社会规范和政治结构也合乎那个时代的需要,"儒术"就占据了中国社会政治和文化生活的主舞台。但不该忽略的是,该"儒术"吸收了墨、道、法、阴阳等学派的思想因子。故而郭沫若先生说:"汉武以后学术思想虽统于一尊,儒家成了百家的总汇,而荀子实开其先河。"④

---

① 方勇:《方山子文集》(第1册),北京:学苑出版社,2020年,第92页。

② 方勇:《方山子文集》(第1册),北京:学苑出版社,2020年,第76页。

③ 方勇:《方山子文集》(第1册),北京:学苑出版社,2020年,第91页。

④ 郭沫若:《十批判书》,北京:人民出版社,1954年,第218页。

而近现代以后，传统的儒家思想越来越难以适应社会发展的需要。其在伦理层面的血缘亲爱原则，因为家（家族）作为社会单位的功用衰退，影响大为减弱。在政治领域提倡的道德教化措施，则已经被历史证明是迂阔的，至多在局部发生一点效用，整体上已被法制所取代。而且，其思想的核心概念"礼"和"仁"，因为原发存在的等差的规定性，也很难成为现代社会的普遍价值观念。许多学人企图把它转化成为当代社会的普世价值。例如蔡元培说："平日所言之仁，则即以为统摄诸德完成人格之名。"① 梁启超说："'仁'者何？以最粗浅之今语释之，则同情心而已。"② 这种努力当然不失为一条路径，从阐释学的角度讲也是可以成立的。但是我们也得认识到，假如从"仁"中抽象出"爱"的内涵，扬弃其血缘等差的特殊性，再从"礼"中抽象出"规范"的内质，排除其不平等的规定性，则实质上已经与传统儒学相割裂。如此的话，当代所需要的"爱"的观念不必一定要从儒家"仁爱"中去转化，墨家的"兼爱"、基督教的"博爱"可能更接近；社会规范的建设也不必基于"礼"的再认识，"法"的精神更直接适用。

相比较，以诸子百家为本的"新子学"更有价值。诸子提供了丰富的可借鉴吸收的理论认识和思想因子。例如关于人生观，杨朱的"贵己"③，孔子的"发愤忘食，乐以忘忧"④，庄子的"洸洋自恣以适己"⑤，分别与现代公民需要的个人权益观、社会参与意识和个人精神要求相接应。关于社会观，儒家的"仁""礼"思想，墨家的

---

① 蔡元培：《中国伦理学史》，北京：商务印书馆，2004年，第10页。
② 梁启超：《先秦政治思想史》，北京：中华书局，1936年，第67页。
③ 许维遹：《吕氏春秋集释》，北京：中华书局，2009年，第467页。
④ 朱熹：《四书章句集注》，北京：中华书局，1983年，第98页。
⑤ 司马迁：《史记》，北京：中华书局，1982年，第2144页。

"兼相爱，交相利"① 观念，都有被批评吸收的价值和可能。关于政治观，老子的"小国寡民"②，孔孟的"德政"，荀子的礼治主义，商君关于农战、赏刑的法规，管子以经济为本的策略，其经验教训也值得现代重视。再如，在宇宙论方面，有"天道"观和"天人之分"③说；在认识论方面，有以《公孙龙子》为代表的感觉主义和以《墨经》为代表的逻辑理性。这些思想不免有各种局限性，其中的任何一家或以其中一家为基础的吸收发展恐怕都难以适应大变革时代的思想要求，但是要建构新文化思想体系，以他们全体为批判吸收的对象是必然的，能从中获得指导性的启迪也是可以预见的④。假如仅仅着眼于儒学一脉，或以儒学为本吸收其他各家学说，那远远满足不了需要。"新儒学"只重视从尧舜到孔孟的"道统"，只尊奉《论语》《孟子》《孝经》及"五经"等经典，甚至对《荀子》也持批判否定态度，显然不可取。以此指导社会政治建设和新文化发展，更是不切实际的。

由此看，"新子学"理念更符合现时代的要求，更可能成为主导性的。

四、"新子学"的研究范式

"新子学"批判继承诸子思想以指导现代社会文化建设，必然是

---

① （清）孙诒让：《墨子间诂》，北京：中华书局，2001年，第105页。
② 楼宇烈撰：《老子道德经注校释》，北京：中华书局，2012年，第190页。
③ 王先谦撰：《荀子集解》，北京：中华书局，1988年，第308页。
④ 张涅：《重审先秦诸子思想的当代价值》，《学术月刊》2013年第4期。

"现代性"和"中国性"的。而要做到这一点,需要考虑研究范式的问题。因此,方勇先生还指出:"'新子学'提出正本清源的主张,就是希望中国学术能摆脱既有模式。"①

学界周知,明末清初傅山倡导诸子学研究,清中叶后诸子学兴起,其研究方法还是以训诂为主。即许维遹所言:"清儒治经,首以諟正文字为事,旁及诸子,亦循此术。"② 现代以来,学界主流则大多遵照西学的研究范式。胡适写《中国哲学史大纲》,在"导言"中就说:"我所用的比较参证的材料,便是西洋的哲学。"③ 诸多学人的诸子思想研究,总是在句段之间寻觅核心概念,再组织句段材料加以论证,似乎都在解决黑格尔说的"缺少概念的规定性"④ 的问题,基本上在西学的笼罩下。故而方勇先生着重指出了这个问题,他说:"近代中国人文学科的发展多以学习西方为主要倾向,学者通过对西方概念、体系、方法的模仿,完成对中国古代传统的形塑。"⑤ "然就其实质而论,中学之血脉未能全合西学之骨络,使现今学术,表里不一,精神尽失,不能与西学平等对话,于世界范围几近失语。"⑥ 显然,在西学指导下开展的子学研究并非建立在诸子

---

① 方勇:《方山子文集》(第1册),北京:学苑出版社,2020年,第35页。

② 许维遹:《吕氏春秋集释》,北京:中华书局,2016年,"自序"第7页。

③ 胡适:《中国哲学史大纲》,上海:上海古籍出版社,1997年,第23页。

④ [德]黑格尔著,贺麟、王太庆译:《哲学史讲演录》(第一卷),北京:生活·读书·新知三联书店,1956年,第132页。

⑤ 方勇:《方山子文集》(第1册),北京:学苑出版社,2020年,第76页。

⑥ 方勇:《方山子文集》(第1册),北京:学苑出版社,2020年,第14页。

文本的基础上。其似乎是在证明中西文化思想的一体性，实质上只是在用中国的材料证明西方理论和方法的科学性，这就不能认为是中国文化的自觉认识。因此，"新子学"研究范式的"现代性"，是要求从训诂、评注等方式方法中拓展出来，而"中国性"则要求摆脱西学的模式。

对此，方勇先生有概要性的论述，主要包括四个方面的要求：

第一，从问题出发，不是从概念出发。概念是理性认识的基础，"新子学"的研究当然需要概念。但是已有的概念基本上都是从西学那里引进过来的，直接从概念出发，不免落入西学的套路。故而，需要强调从中国历史的客观事实和社会的现有问题出发，在对事实和问题归纳分析的基础上提炼出概念，再系统分析。如此，才可能是真正的关于中国的认识。方勇先生说："要理解这些问题，首先要回到中国文明的源头，把握其基本形态，以比较视域来进行综合性、还原性的思想研究，形成相对独立的学术体系，然后一一加以比勘，做出合理的解说。"① 他还指出："哲学史的范式预设了诸子学研究的模板，研究的兴趣多着力于形上学，诸子学本来的问题意识和思想线索被遮蔽了，而我们实则应于原生中国意识的定位上再多下功夫。"②

第二，理解其本旨，不是为了阐释西学理论。诸子思想的提出都是有其特定的场景，有针对性的思考，为了解决当时的人生和社会政治问题。阅读理解诸子，需要进入其语境中，这样才是基于诸子文本的客观认识，由此展开的现代性认识也有内在的逻辑理路。假如先有

---

① 方勇：《方山子文集》（第1册），北京：学苑出版社，2020年，第97页。

② 方勇：《方山子文集》（第1册），北京：学苑出版社，2020年，第36页。

西学的某一个理论模式，或某一个观点，然后选择诸子文本中的材料去证明，这当然也有价值，至少提升了我们民族的思维水平；但是断章取义的问题不免存在，严格地说，也并非关于诸子和中国文化思想的自觉认识。所以方勇先生强调："关于古典中国最真实的问题，需要在其原初的语境中加以审视。""不是心里先存着一个西方范例，然后研究诸子学，而是努力回到'原始语境'，在诸子时代的整体语境中运思。"①

第三，重视综合性，以建立理论体系。之前的诸子研究，或训诂、义理、修辞三分，或各专于一子，或依据西方学术分科为哲学、政治、经济、教育等领域，大多未能会通。这样的研究当然是需要的，但是仅仅如此，是不可能建立"新子学"的理论体系的。所以方勇先生提出要"经""子"融通："涵括诸子各家，旁涉早期经学。"② 主张"以《春秋》《周易》《论语》《老子》为基础，这可能是激发创造的新典范；再旁及《孟子》《荀子》《庄子》《墨子》和《韩非子》等其他经典，形成元文化经典的新构造"③，并认为可以消解传统学派的界限，探求"研究的原理化"："不再局限于儒、道、墨、法、阴阳、名六家的框架，而是以问题为中心，做一种会通的研究。"④ 如此，"摆脱哲学等现代分科体系的窠臼，建立以诸子传统为

---

① 方勇：《方山子文集》（第1册），北京：学苑出版社，2020年，第78、79页。

② 方勇：《方山子文集》（第1册），北京：学苑出版社，2020年，第38页。

③ 方勇：《方山子文集》（第1册），北京：学苑出版社，2020年，第38页。

④ 方勇：《方山子文集》（第1册），北京：学苑出版社，2020年，第39页。

研究对象，具有相对独立研究范式的现代学术体系"①。

第四，落实现代性，运用社会科学的研究方法。传统的诸子研究主要在文、史、哲等人文科学领域内，这当然卓有贡献。但是，要充分发挥诸子思想引导社会文化的作用，还需要作社会科学的研究。文化在历史与社会的时空之中，相比较，人文科学的价值着重在时间之中，社会科学的贡献则在空间之中。"新子学"的现代性，自然还要求运用社会科学的研究方法。方勇先生指出："现代社会与传统社会的不同在于，这是一个高度'人工化'的社会，一切现象都需要社会科学的视角才可以理解。古典时期的智慧需要结合诸如经济学、政治学、管理学、社会学的方法来阐释，才可能具有实际的解释力。"②而且例举说："学界较为缺乏像费孝通《乡土中国》一类的研究，不免阻碍了古典文本的意义开放。诸子思想的本旨在政治治理，现在的研究则多是集中于哲理方面，我们认为应该结合政治学理论的新发展做研究。"③

当然，这些关于"新子学"研究范式的指示还是方向性的。一个新的学术文化思潮的开启，自然不可能在一开始就解决了所有理论问题。随着"新子学"研究的展开，会有热烈的、具体深入的讨论争鸣，会有新观点的产生。

方勇先生曾说："做学问且须有大格局。"④ 从《庄子学史》的

---

① 方勇：《方山子文集》（第1册），北京：学苑出版社，2020年，第74页。

② 方勇：《方山子文集》（第1册），北京：学苑出版社，2020年，第39页。

③ 方勇：《方山子文集》（第1册），北京：学苑出版社，2020年，第39—40页。

④ 方勇：《方山子文集》（第5册），北京：学苑出版社，2020年，第3页。

撰述到《子藏》工程的建设,再到"新子学"理念的提出,这些都是大格局的学术贡献。当然可以相信,"新子学"作为方兴未艾的事业,会对中国文化的现代性发展作出贡献,而且在学术思想史上留下炫目的痕迹。

(原载于《管子学刊》,作者单位:浙江科技学院中文系)

《汉书·艺文志》的局限与子学研究的整体性视野

杨 玲

七年前（2012年10月22日），方勇老师在《光明日报》发表《"新子学"构想》，"新子学"概念就此登上诸子学的广阔舞台。七年过去，遵循"新子学"理念开展教学和科研的方勇老师取得卓著成绩：《子藏》工程即将收尾，上千册诸子整理和研究著作嘉惠学林；《中国诸子学通史》获得国家重大招标项目立项；培养的研究生不少成为诸子学领域的新生力量。七年时间，方老师锲而不舍地对"新子学"诸问题展开思考和探索，先后发表《再论"新子学"》《三论"新子学"》《四论"新子学"》，今年4月份又推出了《五论"新子学"》。《五论"新子学"》从《汉志》入手，探讨经子二分、子学为经学附庸局面形成的根源性原因及其局限和负面影响，在此基础上提出要"建立一种诸子学的整体观""在子学研究上要具备整体性视野"，从而赋予"新子学"更加丰富的内涵和清晰、开阔的理路，可谓方老师对诸子学的新认识、新贡献。

在《五论"新子学"》中，方老师认为《汉志》创立的尊经贬子学术体系深刻影响了国人对经子地位和关系的认识，是造成经子分家、子学为经学附庸的重要原因。我赞同这一观点，同时想略做补充。儒家"六艺"（经）地位的确立，《汉志》是一重要环节，但非第一，更非唯一环节。"六艺"地位超出子学在先秦已现苗头。在诸子的形成和发展时期，孔子和他的学说就受到广泛重视。当时，各家纷纷借助孔子及其思想著书立说。他们或对孔子犀利批判，或大加称赞，或把孔子改头换面，让其成为自己学说的代言人。无论哪种做法，无不证明着孔子及其思想与众不同的地位和影响力。"六艺"作为孔子修订整理过的典籍，作为孔子教育学生的课本因此也受到重视。只要看一看先秦诸子对"六艺"的引证即可明了。可见，早在先秦，儒家学派的强盛已推动了"六艺"的传播，扩大了"六艺"影响力，使其成为无论哪一子都不能回避、不能忽视的公共资源。

汉王朝建立，经学表面上获得尊崇，但在政治实践中真正发挥作用的却是子学。经历了汉初黄老之治后，董仲舒适时提出"罢黜百家，独尊儒术"，武帝欣然接受，但并没有在现实中贯彻落实。汉武帝真正实施的是外儒内法、阳儒阴法的治国策略。其后，汉宣帝继续沿用这一做法。他在面向民众的诏书中说："朕不明六艺，郁于大道，是以阴阳风雨未时。其博举吏民，厥身修正，通文学，明于先王之术，宣究其意者，各二人，中二千石各一人。"（《汉书·宣帝纪》）但行动上却是"所用多文法吏，以刑名绳下"，以至于太子都要劝父亲："陛下持刑太深，宜用儒生。"宣帝闻此，作色批评太子："汉家自有制度，本以霸王道杂之，奈何纯任德教，用周政乎！"并由此认为"乱我家者，太子也！"（《汉书·元帝纪》）因而疏远太子，喜欢上"明察好法"的淮阳王。"霸道"思想多存在于子学而非经学中。儒术在被独尊的汉代都被如此对待，推而致之，可以想见儒家顶礼膜拜的"六艺"经学是不是真的得到重视。

政治领域，儒术没有一家独尊。那么，学术领域，儒家是否得到大力拥护呢？答案是否定的。自汉代始，常有大学者、大思想家抨击过度抬高儒家思想的主张和做法，甚至公开唱反调。由此可知，《汉志》建立的经为源、子为流，经为主、子为附的知识体系并没有得到完全认同。但是，因为《汉志》是现今留存下来的最早史志目录，具有开创之功，故而对后世产生巨大影响，所以就不能不对经、子分家带来的局限负责了。

《五论"新子学"》的另一重要观点是要建立一种诸子学的整体观，这是方勇老师在认识到《汉志》经本子末、"九流十家"观念的负面影响后提出的主张。所谓的诸子学整体观包括三方面内容：经子一体，"九流十家"一体，子学与西学一体。

《庄子·天下篇》说："天下大乱，贤圣不明，道德不一。天下多得一察焉以自好。譬如耳目鼻口，皆有所明，不能相通。犹百家众技也，皆有所长，时有所用。"意即诸子百家各取道之一端建立自己的思想学说，因此各有长短，各有优缺点，儒家也不例外。《史记·太史公自序》又有："天下一致而百虑，同归而殊途。阴阳、儒、墨、名、法、道德，务为治也。"意即虽然诸子们的思想主张各各不同，甚至相反至互相批驳攻讦，但他们的根本目的都在治国。思想的非全面性和目的的一致性告诉我们，在使用先秦诸子这一重要文化遗产时必须将其视为一个整体，融汇贯通，取长补短。儒家经学可以广泛影响各家诸子，但不能代替其他诸子。过度拔高经学，认为其无所不能，放之四海皆准，就已经偏离经学真髓，对继承发扬儒家思想极其有害。只有树立经子一体观念，把"六艺"经学视为先秦学术体系中不可分离、不容忽视的一部分，才能对其做出理性、客观评价，认识其精华和不足，进而实现创新性转化，为当今国家建设发挥积极作用。

《汉志》把先秦诸子分为"九流十家"在当时是梳理先秦学术的需要，因此具有先进性和合理性。随着对先秦诸子研究的深入，"九流十家"的分法渐渐显现其局限性，限制我们对先秦诸子的认识，阻碍子学研究的发展。首先，固守"九流十家"学派分别，就不可避免人为夸大各学派间的对立，忽略彼此间的互渗和吸收。其次，固守"九流十家"学派还导致一个想当然的认识：被归属到某一家，贴上某家标签的诸子，他们的思想观点一定一致，但事实却非如此。譬如，法家的《韩非子》在反驳与批判儒家仁、义、礼、让的同时，还吸收了孔子的正名思想；在反对道家微妙恍惚之言的同时，借《老子》学说来建立自己政治思想的哲学基础。《庄子》和《韩非子》，一个高度重视"内圣"，一个极端推崇"外王"，因此通常被认为它们之间不可能存在影响与被影响关系，实际却是《庄子》对《韩非子》有着极其重要的影响。相反的例子是，孔、孟、荀同属儒家，但是，孟、荀不仅不同于孔子，即使孟、荀之间也有很大差异。对这一点认识不足，就无法理解何以荀子在《非十二子》中对孟子进行激烈抨击，何以儒家的荀子门下会产生李斯、韩非两个法家的卓越代表。及至汉代，诸子各学派之间如果分离则逐渐削弱，融合则成为主流。董仲舒虽然提出了"罢黜百家，独尊儒术"，但他真的做到了"独尊儒术"吗？翻一翻《春秋繁露》，其中对阴阳家的汲取，对法家的吸收，俯拾遍是。故而梁启超先生有言："春秋战国以前所谓阴阳五行，其语甚希见，其义甚平淡。且此二事从未尝并为一谈。诸经及孔老墨孟荀韩诸在哲，皆未尝齿及。然则造此邪说以惑世诬民者谁耶？其始盖起于燕齐方士；而其建设之，传播之，宜负罪责者三人焉。曰邹衍，曰董仲舒，曰刘向。"①

陈鼓应先生也因此称董仲舒为杂家②。法家为董仲舒所痛斥，但是董仲舒思想中却不时可见法家因素。他提倡的"罢黜百家，独尊儒术"与法家主张的"以吏为师，以法为教"实质相同，都是文化专制。以至于胡适评论说："独尊儒术，这个建议的文字和精神都同

---

① 梁启超：《梁启超论中国文化史》，北京：商务印书馆2012年，第186页。
② 陈鼓应：《老庄新论》，上海：上海古籍出版社，1992年，第307页。

李斯的焚书议是很相像的。他们的主旨都是要'别黑白而定一尊',都是要统一学术思想。"① 正是在董仲舒手中,倍受汉代学者批判攻击的先秦法家涅槃重生,从此隐身于儒学身后,继续发挥作用,展示价值。由此可见,《汉书·艺文志》所谓的"九流十家"并非界线分明,彼此没有任何联系。相反,它们或通过继承而发展,或通过批判而发展。关注它们之间的关系和影响,并进行深入挖掘梳理,是诸子研究非常重要的一个内容。而这一切都必须基于一个前提,那就是把诸子视为一个互相关联的整体,有了这样的理论自觉,我们才会有意识地去做相应工作,从而推动子学研究发展。

　　子学研究的整体性视野还表现在子学与西学的融通。王国维说:"欲通中国哲学,又非通西洋之哲学不易明也……异日昌大吾国固有之哲学者,必在深通西洋哲学之人,无疑也。"又说:"欲完全知此土之哲学,势不可不研究彼土之哲学。异日发明光大我国之学术者,必在兼通世界学术之人,而不在一孔之陋儒,固可决也。"(姚淦铭、王燕《王国维文集》第3卷,中国文史出版社1997年,第5、71页)中国哲学包括子学、宋明理学、王阳明心学等等,但最重要、最具有根源性的不能不说是子学。王国维此论具体到子学就是,欲真正透辟地了解子学,必须先了解西学。欲成子学大家者,必是深通西学者。以西学为鉴,方能洞晓子学的优缺点;洞晓子学优缺点,方知如何将其发扬光大。以《韩非子》来说,两千多年来,一说到法家,国人就联想到阴谋权术、惨礉少恩,把秦王朝的短暂而亡归因于奉行法家思想。此类认识,首先是没有细读《韩非子》,且人云亦云所致。其次在于不了解西学。假如我们认真读过《韩非子》,又读过马基雅维里的《君主论》,熟知马克斯·韦伯的科层制理论,了解新自然法学

---

① 胡适:《中国中古思想史长编》,北京:北京大学出版社,1998年,第610页。

的代表人朗·富勒（L. L. Fuller, 1902—1978）的法的内在道德原则，懂得柏拉图的实用美学思想，我们对《韩非子》就会有一个全新、客观、公允的评价。同样，通过阅读并深入思考柏拉图《理想国》、亚里士多德《政治学》和《尼格马可伦理学》等西方著作，我们对儒家思想就会有更深刻、更理性的认识。总之，知己知彼，我们就不会盲目狂妄自大，也不会守着自家的宝贝不知道珍惜，却奉西学为圭臬。梁启超说："舍西学而言中学者，其中学必为无用；舍中学而言西学者，其西学必为无本。无用无本，皆不足以治天下，虽庠序如林，逢掖如鲫，适以蠹国，无救危亡。"（《西学书目表·后序》）。七年前，方老师在《"新子学"构想》中就说："（子学研究）在深入开掘自身内涵的过程中，不忘取西学之所长，补自身之不足，将西学作为可以攻错的他山之石。"这正是接着王国维、梁启超对西学与中学关系的认识而论子学。在《五论"新子学"》中，方老师又提出："当今的诸子学研究，必须要求有整体性的视野，正视西学与诸子学之间互动的历史过程，从历史的整体联系角度对二者加以认识和考察，由此构成诸子学研究区别于一般人文社会科学研究方法的特殊角度。""正视"就是用客观、理性的眼光看待子学与西学的关系，不偏不颇，不卑不亢，这才是学者应有的治学态度和视角。

总之，在整体性视野下开展子学研究，就中国学术史而言是激活经学，提升子学，实现经、子一体所必须，是经、子在现代社会充分发挥作用的必然。就世界学术而言，是缩小东西方观念分歧，构建学术共同体的有效途径。

（原载于《湖南工程学院学报》2022年第3期，作者单位：兰州大学文学院）

后《汉书·艺文志》时代的"新子学"

陈志平

《光明日报》发表的《五论"新子学"》，指出班固并非客观公正地对待经子，而是从经学本位出发，"选择经学家的儒经正统观念来构筑《汉志》的知识系统，于是各类知识与儒经之间的深浅远近之关系，经由《汉志》明显带有价值判断的次序安排而定下了基调"，由此戳穿了流行近两千年的"经尊子卑"关系的"谎言"，读了让人茅塞顿开。但推倒容易，重建难，《汉志》真的可以跨越吗？跨越的目的是追寻先秦诸子学的真实图景，还是重新建构一个子学体系？问题是，先秦诸子学的真实图景能被"新子学"再次寻得吗？而当我们指出汉代人"重建"的荒谬时，自己重建的体系是否又落入荒谬之中？这些都是值得考虑和警惕的。可以说，后《汉志》时代的"新子学"将面临种种需要解决的问题，而这恰恰又是"新子学"坚持下去的动力之一。

一、一代有一代之子学观

我觉得，一代有一代之子学观。对于《汉志》，我们可以将之看作是在东汉历史条件下的产物，代表了汉代人尤其是东汉人的看法，其明显和先秦的子学观念有很大的不同。

有学者指出，《庄子·天下》的最高理想是"内圣外王之道"，即以最全之学问而致最佳之效用。张耀南《中国哲学批评史论》认为对"内圣外王之道"的追求可视为先秦诸子的终极目标，子书所讨论的范围既包括个人德行修为，也包括治国理政的措施，范围十分广泛，而治国理政的"外王"之道似乎更为批评家重视，并视此内容为诸子的"正宗"，但也很看重诸子学说是否能自圆其说，有无学理缺陷。至汉代，《淮南子·要略》从时代"救弊"的角度讨论诸子的兴起，聚焦于"外王"的效用，且将其局限在政治的范围内。司马谈《论六家要旨》也很注重诸子学说在政治生活中的效用，以为"夫阴阳、儒、墨、名、法、道德，此务为治者也，直所从言之异路，有省不省耳"。"此务为治者也"，即有益于国家治理。班固《汉志》以诸子出于王官，直接将之与政治挂钩，以为"皆起于王道既微，诸侯力政，时君世主，好恶殊方，是以九家之术蜂出并作，各引一端，崇其所善，以此驰说，取合诸侯"。诸子皆是股肱之材，其学说的主要目的在于"取合诸侯"，看重的还是政治论说。

在汉人看来，诸子的内容是讨论政治，功能是为政治服务，并且效用压倒了学理。汉人对诸子的学理似乎兴趣不大，一切都贴上了政治学说的标签，故而汉代的诸子著作更像是政论文的结集。显然，汉人的诸子观比先秦狭隘，而《汉书·艺文志·诸子略》大小序则是汉代子学观的集中体现。当然，汉人子学观的变化可以从诸子学自身发展的历史和汉代的政治与学术关系以及班固等人的学术渊源中找到原因。《五论"新子学"》中也有很好的解释。问题是后世的学者将这种特定条件下建构的诸子范式当作了永恒不变的模式，以为是先秦诸子的真实图景，从而作茧自缚，往往陷入学派之争而无法自拔。如《论六家要旨》关于道家的概述明显不同于《汉志》，而《汉志》的道家又明显不同于我们熟知的老庄,因此就有了"新道家"等称谓来调和诸家之说。又如关于杂家学派,其可能只是汉人图书分类的一个子目,《汉书·艺文志》列之为诸子十家之一,遂引起后世争论不休。

《五论"新子学"》打破了这个幻象,告诉大家《汉志》只是汉人的"艺文志",而先秦自当有先秦人的"艺文志",汉以后的各时代有各自的"艺文志"。推而广之,当代人也应该有当代人的"艺文志",有当代人的诸子观,这就是我前面所说的"一代有一代之子学观",而"新子学"就是对当代子学观的构建的探索。

二、"诸子"是个相对的概念

在推倒《汉书·艺文志·诸子略》的体系后,是否就能重回先秦,直抵诸子世界的真实图景呢?对此,我持保留态度。我不是说这个努力的方向不对,只是这种努力有无效果,值得怀疑。这个问题涉及对历史本质的认识,在此不展开,今仅以"诸子"这个概念为例略作讨论。

我始终觉得,什么是"诸子",是子学研究最重要的问题,我称之为"元问题"。什么是子,哪些书籍可以入子部,属于子书,似乎一直没有弄清楚明白,很多时候其实是鸡同鸭讲。当下研究诸子的人员以哲学、思想、历史、文学、文献居多,大家学术背景不同,研究的侧重点也不一样,在"子"的定义上并未达成共识。大到一个部类,小到一部书,属不属于子书,也会争议不休。如《孙子兵法》,《汉志》就列入兵权谋,非子书,后世兵家入子部,又成为了子书。那兵家到底是不是子呢?又如《战国策》,《汉志》入《六艺略》,《隋书·经籍志》入史部,此书记载纵横家事迹,故《郡斋读书志》

入子部纵横家类；又如贾思勰《齐民要术》，农家著作，历来属于子部，然此书毫无思想性，就不符合刘勰"入道见志"的子的定义。"子"这个问题没有解决好，子学研究就没有基础。

对于何为诸子这个问题，历史上曾经有两种途径来探讨。一是纯粹理论讨论，试图给诸子下一个确切定义。另外一种则是通过图书分类，以简单直观的方式告诉读者哪些是经，哪些是史，哪些是子，哪些是集，而不作概念的辨析。前者如梁代刘勰《文心雕龙》，而历代目录著作多采取后者。

刘勰《文心雕龙·诸子篇》云："诸子者，入道见志之书。"刘勰为诸子著书立说，以表现其所通达之道理与志趣。故研思义理，同时表现作者志趣的著作就是诸子之作。这带来了两个问题，一是有些经部著作也是入道见志的，如何与子学区分？如《论语》在先秦只是百家之一，《孟子》至南宋时才升格为经。二是除经部外所有谈论义理的文章是不是都应该列入诸子？如果是，则很容易和另一种文体（论）相混淆。诸子和论都是研求义理，二者性质相近，不易区分。刘勰似乎也意识到此问题，在《诸子篇》中曾试图对此做出辨别："博明万事为子，适辨一理为论。"实际上"博明万事"与"适辨一理"在脱离具体语境下根本无法区分，如先秦诸子论著本是由单篇组合而成，一书可以说是博明万事，一篇却只能说是"适辨一理"，即子书其实本是由"论"篇组成的。如果细究先秦典籍的成熟过程，这个问题会更复杂。《齐物论》单篇是论，与《逍遥游》《养生主》等缀合成《庄子》，就是子；《开春论》单篇是论，和《慎行论》《贵直论》《不苟论》《似顺论》《士容论》等组合在一起就是《吕氏春秋》，是杂家学派的代表作品。如此是否可以认为，单篇的论，组合在一起就是子呢？显然这种说法是不通。刘勰在此问题上前后矛盾，一则是刘向、班固等人最初使用"诸子"一词时，概念和范畴就不明确，二则是相较于先秦、汉魏以来诸子内容和目录分类中的

"诸子部"的部类情况又有了许多新的发展。

古语云："夫铢铢而称之，至石必差；寸寸而度之，至丈必过。石称丈量，径而寡失。"（枚乘《谏吴王书》）古人概念的使用并不精确严谨，如用现代名词辨析之法精细界定，必然会削足适履。

另一种讨论的方式则是从图书分类的角度来讨论诸子，并不直接定义什么是诸子，但却更直观有效，简单明了。事实证明，这种方式也更容易为学界接受，两千年来从六略到四部的发展历程充分证明了这点。诸子只是一个约定俗成的说法。纯粹从概念辨析难以对传统学术术语如诸子作出清晰界定，而从目录学角度看，固然可以直观的甚至非此即彼地界定诸子的范围，但也面临子部时时变动的困惑。如将《汉志》"诸子略"和《隋书·经籍志》"子部"比较，即可以发现二者存在较大差距，《隋书·经籍志》将《汉志》诸子略、兵书略、术数略、方技略合而为一，统称为"子"。而后世的目录学往往是将图书中不能入经、史、集者入子部，如魏晋南北朝新兴的类书，在《隋书·经籍志》中即入子部；而道教、佛教类书籍，无部类可入，《隋书·经籍志》附于书目即集部之末，至清《四库全书总目提要》则以之入子部；同时，《四库全书总目提要》中有很多"无类可归""无类可附"的图书入子部杂家类。可见，目录学的子部也是变动而不确定，难以有确切的内涵。其实，无论是从概念还是从目录学界定诸子，都无法获得圆满的答案。

目录学上的六分、四分的划分实则是一种图书分类法，而非思想史的实际图景。故历代以来，目录学中关于"子部"的划分与收纳总是显得庞杂无序，与思想史渐行渐远。而思想史中的诸子学，则包含了社会、思想、哲学等哲思论辩性的文字，却又内涵不明。

由此可知，"诸子"只是一个相对的概念，其并无确切定义，想要通过概念辨析来探讨是不太可能的，而汉刘向、刘歆、班固将学派、代表人物和著述结合在一起，建构起一个图书分类系统，并由此而形成了知识分类系统。如果反推这个知识系统，其来源是图书分类系统。无论我们如何评价《汉志》的编排，从性质上讲，其只是一个图书书目，这一点是最根本的。图书书目就存在一个可操作性的问题，什么样的书最重要，什么样的书其次，什么样的书可以归为一类，一切是为了图书的上架庋藏和查阅。后世学者截取大序、小序，作思想史上的阐发，恐怕是班固当初未曾想到的。而刘氏父子和班固基于图书分类，构建的以六艺为首的分类体系，将书籍按照重要性的不同排在它应该的位置上，正是在这个过程中，而产生了诸子，也就是说，"诸子"这个部类是刘氏父子、班固图书分类经验的总结，是一个与六艺、诗赋等相对的概念，离开了具体时代语境和知识体系，其很难存在。

三、"新子学"是继承发扬的工作

借用鲁迅一篇文章的标题——"娜拉走后怎样"，我们也可问："《汉志》建立的十家九流的诸子体系被推翻后怎么办？"

其实，历史上对《汉志》不满从而进行改造的著作还是不少的。目录学上从"六分法"到"四分法"，就是对《汉志》部属的调整；而于子部"十家"，从明胡应麟、黄虞稷到清四库馆臣，也都曾有过调整。这些调整，有的为学界所认可，有的则不为人所接受。"六分法"到"四分法"，就得到了大家的认可，并成为经典的书目分类标准。而胡应麟、黄虞稷、清四库馆臣调整杂家，如《四库全书总目提要》合墨、名、纵横、杂为杂家，就遭到了余嘉锡等目录学家严厉的批评。此一方面说明《汉志》是可以被调整的，另一方面也说明调整有难度、有风险，《汉志》不容易超越。打碎《汉志》的束缚容易，重建一个新的诸子体系难。当然，从当下的学术发展来说，又必须重建。甚至可以说，不跳出《汉志》的圈圈，试图通过修修补补来调整、研究诸子学，总是显得捉襟见肘。如学界关于杂家是否存在的争议，就是在思想上先被《汉志》圈定了。

"新子学"就是想要彻底摆脱《汉志》的束缚，重新建立现代的诸子学体系。《五论"新子学"》已经打破了《汉志》的藩篱，下一步也是最重要的工作就是重建了，从这个角度看，"新子学"让人充满期待。虽然"新子学"的重建工作才刚开始，但我觉得其有一点是最为珍贵的，就是"新子学"继承了传统的子学研究方式，从书目文献入手去发现问题的真相。刘氏父子是在编辑整理图书的过程中，发现了学术史的问题，历代的目录学家均继承了这样的传统，形成了中国学术史研究的特色。"新子学"提出前，先有《子藏》工程的启动，全面搜罗、搜辑、影印诸子文本和历代诸子注释、研究专著，分《老子集成》《庄子集成》《管子集成》等50余系列，其必然需要对子书进行分类、排列顺序，面临与历代目录学家相同的现实问题需要解决，故而"新子学"转而讨论《汉志》，也是必然，是传统学术形式的继承。上文曾指出"诸子"是个相对的概念，其必须依附于一个图书分类体系（知识体系）而存在，"新子学"根植于《子藏》而向思想层面进发，又反作用于诸子研究，如中国诸子通史的撰写，由此接通了源头活水，这是它依然坚挺的原因之一。

当然，我也注意到"新子学"不是一种纯粹的学术研究，从一开始它就具有文化的品格。即"新子学"并不是试图越过《汉志》，而直抵周、秦，企图在那里寻找历史的真相，因为那也是一个历史的"幻象"。我反复强调一代有一代之子学观，《汉志》就是汉人对周、秦诸子学真相的看法，"新子学"就是当代学者对周、秦诸子学真相的探寻。"新子学"倡导者做的是有思想的研究，他们是对诸子学真相的研究与对当下传统文化走向的探索结合在一起，在文化古今转换、中西碰撞的历史关口，自觉承担起了文化使命。从这个角度看，"新子学"不仅仅是一个重写学术史的工作，而是一个文化工程。

（原载于《湖南工程学院学报》2020 年第 3 期，作者单位：黄冈师范学院文学院）

《汉书·艺文志》对典籍的结构化过程

袁　朗

《五论"新子学"》谈了《汉志》对"经尊子卑"关系的主动建构，当我们把这个过程放在诸子存在状态的历史脉络之中，则更可以看到这种行为的主观性，以及这一指向的非唯一性。

《汉志》的编定，是刘汉大一统王朝建立后对典籍的一次大规模整理，这个过程可以一直追溯至西汉末期的刘向、刘歆父子。从零散的典籍到纲目清晰的志书，《汉志》的产生过程体现出了对典籍极强的结构化倾向。任何结构背后都是思想，知识的结构化是对知识进行搜集、归纳、分类并建立逻辑关系的谱系化过程。《汉志》赋予了东汉时期存世典籍以六艺及《论语》《孝经》等儒家经典为核心，诸子为"《六经》之支与流裔"（《汉书·艺文志·诸子略》）的基本逻辑结构，并以"王官"之说加以强化，这一过程有极强的主观性，是刘歆等积极建构的结果。据《汉志》所载，天下典籍离散，汉惠帝四年除"挟书律"广开献书之路，汉成帝诏光禄大夫刘向校经传诸子诗赋、步兵校尉任宏校兵书、太史令尹咸校数术、侍医李柱国校方技，"每一书已，向辄条其篇目，撮其指意，录而奏之"。阮孝绪《七录》对刘向校书有详细叙述："昔刘向校书，辄为一录，论其指归，辨其讹谬，随竟奏上，皆载在本书。时又别集众录，谓之《别录》。""载在本书"明确说出刘向之"录"对应所校每一本书，类似现在所谓各书提要，《别录》则为提要的汇集，是刘向校书，典籍大体仍处于以个体形式存在的零散状态。刘向亡故，其子刘歆"总群书而奏其《七略》"（《汉志》），建立了六艺、诸子、诗赋、兵书、术数、方技的典籍分类之法并以六艺为首。当然，成帝下诏校书，已有兵书、数术、方技的大致分类，然此三类皆为技术性较强的专业书籍，其他大量典籍总归于刘向一人，可见其时经传、诸子、诗赋等类目尚未有明晰分界，此种说法是刘歆等完成分类后再向前追溯的结果。从刘向到刘歆，典籍完成了从零散到六类，六类之中经为尊的大跨越。班固《汉志》增损《七录》而成，则我们说"经尊子卑"、以诸子为"《六经》之支与流裔"的典籍结构发明于刘歆，而籍《汉志》倡明于天下，大致是没有错的。

《汉志》之前后，诸子被言说的方式迥异。《汉志》之后，九流十家的说法深入人心，天下诸子不归于彼即归于此，必有个行列归属；而《汉志》以前，诸子未被分类，星散天下以个人的方式自由存在。我们看《汉志》之前总论诸子的《庄子·天下篇》、《荀子》之《非十二子》《解蔽》《天论》诸篇、《韩非子·显学篇》《吕氏春秋·不二篇》《淮南子·要略》等，诸子皆直接以个人名字出现，而非托庇于某家。即使有对诸子进行分类的痕迹，如荀子在《非十二子》中将十二子分为它嚣、魏牟、陈仲、史鳅、墨翟、宋钘、慎到、田骈、惠施、邓析、子思、孟轲六组，然在《天论》《解蔽》等篇中，他又自己打破了这种组合。这种基于观点相似性的分类，其标准也并不统一，《庄子·天下篇》论诸子以墨翟、禽滑厘、宋钘、尹文、彭蒙、田骈、慎到、关尹、老聃相联属，其分组既与《荀子》不同，论诸家弊端时则又分列其言。司马谈《太史公自序·论六家要指》分诸子为阴阳、儒、墨、法、名、道六家，然只论其思想主旨而不涉人物，大约也以诸子思想辨析之难，以及各子思想自有其独到之处，非简单分类可涵盖。从各放异彩、独立自在的诸子到被规训的、谱系化的诸家，诸子鲜活的个性逐渐丧失，人们讨论诸子惯于抽象地以家概言，甚至不再触及诸子个体。

这只是第一步，在分类基础上，《汉志》还必要给典籍定个高下，以儒家为众籍之尊，并赋予其天然的优越地位。然而所谓诸家之高下，实则有个动态的变化过程。百家争鸣，孟子说"诸侯放恣，处士横议，杨朱墨翟之言盈天下，天下之言不归杨，则归墨"（《孟子·滕文公下》），是战国中期，杨朱、墨翟之言显于天下，接受度远较众家为高；韩非又称"世之显学，儒墨也。儒之所至，孔丘也。墨之所至，墨翟也"（《韩非子·显学篇》），显盛的直接表现就是两家继承者众而各逞其辞，遂致儒分为八，墨分为三。可见战国末期，儒、墨之学并大行于天下。秦孝公用商鞅之法，秦国大兴，至秦始皇一统天下，丞相李斯"请史官非《秦纪》皆烧之，非博士官所职天下敢有藏《诗》《书》百家语者，悉诣守尉杂烧之，有敢偶语《诗》《书》弃市，以古非今者族，吏见知不举者与同罪，令下三十日不烧黥为城旦"（《史记·秦本纪》），以吏为师，所保留下来的仅仅医药、卜筮、种树这些书，这就是历史上有名的"焚书坑儒"，法家大显，儒家遭到重大打击，"六艺从此缺焉"（《史记·儒林列传》）。而在西汉前期，为安定秩序，顺应民心，清静无为的黄老之学大兴，萧何、曹参、张良、陈平、窦太后、汉景帝、汉文帝等执政者皆尚黄老，以致武帝即位之初欲用儒学之士，兴儒家之礼，竟以"窦太后治黄老言，不好儒术"（《史记·孝武本纪》），而诸所兴皆废。司马谈《论六家要指》盛赞道家"使人精神专一，动合无形，赡足万物。其为术也，因阴阳之大顺，采儒墨之善，撮名法之要，与时迁移，应物变化，立俗施事，无所不宜。指约而易操，事少而功多"，实为诸家之首。班固批评其子司马迁"其是非颇缪于圣人，论大道则先黄老而后六经"（《汉书·司马迁传》），足可见于司马谈、司马迁等西汉前期史家看来，诸子之中，所当尊奉者实为道家。以此而言，学术思想之发达随境遇而变，诸子之高下为时势使然，所谓儒家于众典籍之独尊地位，实为刘歆、班固等人随汉武帝后儒家大用之势构建的结果，并不具有"常道"性质，时变时移，其结构的合理性就必须重新考虑。

为强化"经尊子卑"、儒家为首的结构，《汉志》又创"诸子出于王官"之说以为辅弼，称儒家出于司徒之官，道家出于史官，阴阳家出于羲和之官，法家出理官，名家出礼官，墨家出清庙之守，纵横家出行人之官，杂家出议官，农家出农稷之官，小说家出稗官。籍由此说，一则众家皆出一体，必须有个组织次序，不可能再以先秦时期零散自在的独立形式存在；二则儒家者流以司徒之官行"助人君顺阴阳明教化"（《汉志》）之职，便具有了优于众子的天然地位。对于此说胡适作《诸子不出于王官论》，以为《汉志》之说一者无考，二者多有抵牾之处，实为"汉儒附会揣测之辞"。他作《中国哲学史大纲》以老子为首，并以为孔子受老子思想影响颇多，可视为近代以来对《汉志》结构的一次有力反拨。考诸书志，尝试对诸子缘起做出解释者并非仅仅《汉志》一家，西汉前期，《淮南子》就提出了"诸子出于治世"这一与"王官说"完全不同的结构模型。《淮南子·氾论训》认为"百川异源而皆归于海，百家殊业而皆务于治"，诸子之蜂起如何与治世相匹，该书在《要略》篇进一步说明：纣王暴虐，文王欲以卑弱制强暴，除残贼，太公之谋生焉；礼乐崩坏，王道衰微，孔子教七十子服其衣冠、修其篇章而儒者之学生焉；墨子受孔子之术，以儒礼烦扰，遂背周道而行夏政，故节财、薄葬生焉；齐桓时天子卑弱，齐地狭少，民多智巧，《管子》之书生焉；齐景公好声色犬马，晏子之谏生焉；战国晚期诸侯争权，胜者为右，纵横修短生焉；韩国地墝民险，新法重出，申子刑名之书生焉；秦国寡义趋利，势吞诸侯，商鞅之法生焉。《淮南子》所言八子（家）之产生，与其学术之传承、时势之需求密切相关，相较于"王官"之说，既有较强的解释力又避免了过度建构的问题。《淮南子》"诸子出于治世"之说的提出，与"王官"之说大异其趣，表明"王官"之说并非是对诸子缘起的一个普适性解释，实为刘歆等建构的一家之言。而后世对诸子与王官之间学理上的纠索，不免有些倒因为果。

将《汉志》放在更长远、更广阔的历史脉络中来看，而不是作为一个原点，观察其前后产生典籍、诸子面貌的变化，我们可以清晰看到《汉志》对典籍结构化的过程。应当说，这个结构化过程在一定时期是有益的，使人类的知识更体系化而便于接受和运用；但同时，结构的存在本身也是历史性的，其有效性只适用于特定时代，当时移世易，时代变迁，原有结构的有效性就会逐步丧失，在新思想支撑下，新结构的产生成为必然，而这正是"新子学"所要积极探寻的内容。

（原载于《湖南工程学院学报》2020年第3期，作者单位：华东师范大学中文系）

"新子学"的历史维度及其整体观念
——关于《五论"新子学"》的思考

李小白

2020年4月25日，方勇先生在《光明日报》"国学版"发表《五论"新子学"》，是新子学理论发展的一个阶段性成果。方勇先生从《汉书·艺文志》入手，对经子二分、子学为经学附庸等问题进行根源性梳理，辨析传统诸子学的种种旧说和诸子时代的思想主题，让人们在此基础上建立起一种诸子学的整体观，从而赋予"新子学"更为深厚的文化底蕴和更为清晰的理论思路。[1]我们由此意识到"新子学"的某种学术理想："新子学"植根于传统诸子学的革新和创造性转化，要以新的思想体系赋予诸子学现代的学术体系形态，使其成为一种适应新时代的学术门类，并为多元演化的世界格局贡献思想资源。反观《五论"新子学"》的相关论述，笔者试图从经子关系、诸子学的整体观念以及"新子学"关于国民性的深层文化基因等角度展开论述，疏漏之处，祈请方家指正。

一、"经子关系"的历史之维

相比于经史关系，经子关系似乎没有在传统文化语境中获得更多重视。刘歆《七略》尽管提出先秦诸子是"六经之支与流裔"的文化命题，[2]但到了明代，才有一群学者较为集中地重提诸子之学，形成具有思想启蒙意味的文化论述。不过，明人依然未能从根本上分析造成经子问题的历史实相。在传统四部之学和尊经崇儒的语境中，诸子学以经学的支脉与流裔的角色出现，而经过近代学术的冲击，经子平等的观念渐为人所认同。经史、经子之间的互动、互渗的关系慢慢被学界所澄清。章太炎、刘师培、胡适等人的论战消解了经书的知识权威，也为子学的现代价值开出新路。

如果溯及传统四部之学的论述，刘歆《七略》导其源，班固《汉书·艺文志》（简称《汉志》）阔其流。随着《汉书》的经典化和作为正史地位的权威化，传统四部知识在尊经崇儒的思想背景下，确立了儒学作为中华文化主流精神的文化地位。事实上，刘向、刘歆父子在主持校书时，分群书为经传、诸子、诗赋、兵书、数术、方技，接续了《庄子·天下》崇古的旧谈，又高扬意识形态领域尊儒崇经的时代主题。他们区分诸子为"十家"，在六家之外，新增纵横、杂、农、小说四家。这种在图书分类学意义上的目录名称尽管具有首创意义，但经不起后人的循名责实。如果从目录名称与内容之间的对应关系出发，一个经由王官之学到九流十家，再到诸子之学的线性学术发展脉络似乎成了历史的真实。现代人如果利用这一套旧有话语去理解诸子人物及其观点属性，不免使两千多年前鲜活的历史情境被一套既有"话语"和格式化思维所束缚，甚至强迫我们意识到如果不借助这套"话语"，我们努力得出的结论就成了未必牢靠的梦呓。显然，很有必要针对这套旧有话语进行细致分析，为突破这套旧有的线性思维脉络提供思路。

作为对先秦以至西汉诸子学术的回应，《汉志》构筑的诸子学体系是西汉时期政治、思想与文化的集中反映。大一统局面重新开启的秦汉时代，围绕专制秩序和服务王权，诸子内部出现有意识的精神萎缩，涉及诸子的知识出现"中心"与"边缘"的分野，诸子思想的趋同与汇流越发明显。其中，汉代确立尊经崇儒的思想主导，对《汉志》的编纂体例产生了重大影响。由此，《五论"新子学"》认为，《汉志》由此确立了一套以儒经及其经学为核心，以诸子、诗赋等五类知识为辅弼的知识谱系。成为一切知识本源和常道映像的存在价值的六经，将经、子之间源与流的关系彰显无遗。《汉志》这种内含价值判断的经子派分的概念系统，明确给人以经是常道，而诸子则是异端，且诸子淆乱道统的历史认知。[3]32

　　汉儒关于子学异端化的理解，深刻影响了后世儒生关乎诸子的认识。历史上的儒生有意贬斥子学的现象背后，实际蕴含了经子之间存在的开放与包容的特殊属性。挖掘经子之间的深层关系，发现二者有着一体多元的文化特征。经与子皆从义理阐扬入手，即便有涉及的史事也是用于佐证义理的诠释。《汉志》有意淡化经子之间共同的义理取向，着意贬低子学价值，将经与子视为源与流、本与末的关系，确乎割裂了经子之间的内在统一性和联系性。过度贬低子部学问的价值，必然会导致刻意忽略诸子学与经学之间复杂关系的思维倾向，影响对诸子学在中华文化中所扮演角色的理解。汉儒刻意独尊六经，立六经的神圣权威，如果从政治上进行理解，不过是汉儒与汉代统治阶层共同进行政治设计的结果，意在确立威权专制、文化一元且合乎统治需要的政治哲学。[3]44《汉志》的编纂，传达的是当政者及一般士人对待古代典籍的态度，以及由此建立的典籍阅读路径，带有汉朝官方针对士人阅读范围的明确期许与规划。《汉志》以下，传统的目录学著作多以此原则建立知识结构，四部之学的目录划分更是强化了经与子之间的知识系统。

　　不过，传统的各类知识之间并非泾渭分明，《汉志》注意到经与子之间的互动与涵化，子学并非简单地随着后世目录学的发展而逐渐隐藏于视野之外，而是在每一次社会思潮脉动中，诸子学都在或隐或显地扮演着重要角色。汉以降,诸子学与经学之间的复杂关系历来是学者关注的重点,每个历史时期也都曾或多或少地出现文化折中主义的思想实践。[1]儒家与诸子之间互相采纳、博综万象的借鉴与融合,无不显示出经子之间存在深层意义上的思想交融。子学真正因为《汉志》和后世诸多目录学著作而被降格和忽视了吗?这个问题不能单凭简单的历史表象进行解答。子学的降格和失色,并非历史的真实,实际是每每面对社会思潮将有大的变动之际,子学往往得到远超儒学的广泛运用。

汉代经学因为吸收子学思想而不"醇正"的事实,早已是学界共识。唐朝社会变乱,经学地位发生动摇,而释、道二家在此时则表现出远超前代的思想吸引力和冲击力。这一切都在刺激韩愈等人提出重建儒家道统的原道主张,但明眼人一见便知他们所借助的思想资源正是佛、道这类子部之学。尊经斥子、辟除佛老的主张走向了自身的反面。宋明理学合三教为一的杂糅做法,令儒学获得新生的同时,不也有子部之学发挥作用的结果吗?但是,道统论与儒经信仰下的历代儒生,莫不以经作为道体的示现,宇宙、世间的真理含蕴其中,对待诸子学则视为离经叛道、淆乱道体的异端邪说。儒生卫道,以诸子学为"攻乎异端"的对象,诋毁之、罢黜之的言论历代不绝。

清代乾嘉之后的经子关系发生转向,通子致用的时代观念成为诸子学身份转变的契机。清儒为诸子学争取合理的生存空间,选择寻求与正统经学和解的路径,想要从道体的角度说明诸子学与经学之间具有一致本源的关系属性。《汉志》确立"诸子者,六经之支与流裔"的观点,尽管令子学在其中失去了独立性,但为清儒明确子学合法性赢得讨论空间。作为"异端"的诸子学获得了价值中立的评价,清儒焦循有言:"凡异己者,通称为异端……异端者,各为一端,彼此各异……有以攻治之,所谓序异端也,斯害也已,谓使不相悖也。"[4]"异端"被规划入学说立场相异的层面。诸子的独特价值一旦关乎一定历史情境的实践活动，这就缓解了儒生"攻乎异端"背后强烈的卫道立场。子学作为知识的一种被予以融通对待。清儒种种重建经书系统的做法，消解了经书作为常道的信仰，超越儒经，容纳子部、集部书籍入经，新的经学范式呼之欲出，经子之间的涵化与融合进一步加深。清儒这种重建尽管是以不完全否定旧经书为前提，兼顾部分子部书籍，还将诸子学定义为工具性的器用之学，发挥与儒经并行的辅道作用，意在"通子致用"[5]。这显然是对嘉庆后期，清王朝由盛转衰、社会危机不断加深等问题在学术思想上的回应。

诸子学的实用价值，成为思想界意图纾解国家内忧外患危局有力的思想资源。降至晚清民国，三千年未有之大变局给予思想界以切肤之痛。西学携欧美坚船利炮之势，冲破国门，士人们惊叹之余，借同属器用之学的诸子学来回应，强调"西学源出诸子"之说。尤其在社会危局不断加深，救国呼声日趋高昂的情况下，诸子学不仅在器用之道上可与西学抗衡，甚至西方社会科学也被认为不出先秦诸子学的讨论范畴。经学对此束手，士人对诸子学的推崇超越了经学，经子关系开始逆转。晚清诸子学兴起尽管受西学刺激，但知识界内部的经子关系调整也不容忽视，民国学者之所以勇于批判经学，甚至提出"子学即哲学"的思想论断，其思想渊源不仅在于诸子学侧重阐扬义理的子学特性，还在于民族危亡之秋的知识自觉与警醒。自《汉志》以来子部之学不断地被降格和边缘化的发展脉络，至此发生颠倒式的转变，而此时诸子学又要面对自四部分类以来更大的挑战。

二、诸子学研究需要提倡整体性思维

20世纪初期，经学的权威伴随帝制时代的终结而告失落，而先秦诸子学则在国人应对诸如社会进化论一类强调进化与变通的西方文化思潮当中迎来复兴。在士人用以回应西学文化冲击的现实需求下，原本被视为器物之学的子学，因其具备道体"流裔"的属性而被刻意地予以重视。"中学为体，西学为用"的文化立场，抬升了诸子学的适用范围，也使得经验世界的变化作用到理念世界，其结果便是诸子学的器用角色淡化，而作为道体的色彩则进一步加深。某种程度上可以说，先秦诸子学带给国人以文化自信。分析其原因，在于时人认为诸子学与西学之间有相通或相抗衡之处。近代知识人头脑当中的诸子学，代表了一种哲学的原创与现代精神，具备与西学相颉颃的文化价值。从这个意义上说，"新子学"重视先秦诸子作为中国哲学本源和大宗的地位，同样也认识到西学进化论赋予近代知识界认同和阐扬诸子学的推助之功。

近代进化主义语境下的诸子学思想研究，被人为地预设了一条螺旋式发展路径，用来配合社会发展的某种规律。在此思想预设下，诸子学思想的发展被二元对立的典型叙述模式所主导，表现为曲折向前的发展路径。近代中国诸子学研究是在某种二元或多元叙述中被建构，强调各种思想流派在竞争中得以发展，彼此相胜，互相反对，在道理的争鸣摩荡中，各流派异彩纷呈，而原来处于独尊地位的经学却因为缺乏活泼的生气而受到冷落。经学要崩解，道统要打破，诸子要正名，学术思想要自由竞争等呼声，成为20世纪知识界普遍关心的话题。

产生这些呼声的深层文化诱因，恰恰来自西学的刺激与引导。西方社会科学的方法纷纷被拿来比照中国传统的学术。一时之间，"西化"的主张成为难以阻遏的时代思潮。面对西学这面"镜子"和"他者"，传统经学思维下"天不变，道亦不变"的历史循环和复古观念遭遇倾覆，那些讨论常与变的社会进化史观不可避免地进入诸子学研究领域[5]。受此冲击，中国思想界不得不改变原有的思维观念，以拿来主义的态度，片面强调真理的功利性，选择从实用的角度评价诸子学。

　　"新子学"强调子学的革新与求变，但并非简单地以"新"否定"旧"，也无意造成传统与现代、东方与西方之间的断裂和对立。恰恰相反，"新子学"认为，自古以来关于恒常之道的认识，为"新子学"寻求多元演化理念提供了思路。常与变是辩证统一的，常有恒定不变的稳定性，变有适应现实的灵活性。[6]"新子学"在这样的原则基础上，提倡研究应具备整体性思维，这就明显有别于西方学术分科体制下知识结构"碎片化"的学术路径。

　　近代以来，无论是以通史形式出现的子学研究著作，还是以专题形式进行的子学研究，都因其面目各异而获得学界重视，积累了丰厚的学术遗产。但是，我们认真反思近代以来的子学研究道路，分析子学研究状况，还是有一些问题值得讨论的。譬如整体性思维缺失下子学研究流于碎片化，研究主体或选择诸子的某些方面，或挑选某一子作单一、琐细的研究，试图以罗列现象的方式代替深入的子学文化精神的思考。某种意义上可以说，这是社会科学研究方法作用到子学研究而导致的碎片化倾向。

　　整体性思维可以在文化研究的宏观思考下，有效统合传统学术话语与西方学科体系之间的实践差异。[7]零乱的、盲目的、碎片化的研究状况，只能说明我们对近代以来子学研究的对象和任务缺乏充分的自觉意识。诸子学作为文化现象，它的内在诸多形式之间的相互关系和在不同历史时期的表现，及由此产生的规律性发展特征，甚至诸子学在人类文明发展过程中的历史实践，都向"新子学"研究提出理性自觉的要求。"新子学"研究需要有意识地形成一门包含整体逻辑思维和发展体系的学科。

　　"新子学"在实现传统学术话语的现代转换当中，有意识地描述中国文化的发展方向，要求我们不但要对子学整体状况有清晰的了解，子学研究理论的深厚修养也是必要的提升内容。"新子学"强调研究成果体现出整体性、系统性、内在的逻辑性，用较好的子学研究呈现民族文化道路的特殊性和民族文化鲜明的个性。我们建议子学研究者在从事具体的诸子学研究时，有意识地将研究对象视为子学整体的有机组成部分，将整体性思维渗透到具体的研究内容之中，从而使我们透过对具体的子学问题的解读，在头脑中生成关于整个子学文化内在精神的基本认识。

三、"新子学"关于国民性意识的认识

先秦以来的子学思想是中国思想文化核心体系的重要组成部分。诸子学在价值观念、思维方式等一些根本方面形塑了中华民族的国民性。"新子学"有义务加强传统子学的研究，深化诸如什么是子学思维、子学发展过程中如何培育起中国人的思维方式、子学典籍所蕴藏的价值观念等问题的理解。我们现实所处的正是一个多元演化的时代，主流的意识形态、传统思想、西方思想等种种思想交融互动，呈现出危机与挑战并存的时代图景。

回溯大一统时代背景下产生的汉代学术体系和话语表达模式，正是借助于周秦以来学术体系的重新诠释和构拟，在理论上强化了五经官学的权威，才得以建立起汉家学术的话语形态。这种话语形态所代表的"政治—学术"意识形态，可称之为"经学思维"。经学思维不但有糅合国家意识形态的独特属性，还有吸纳融会其他思想文化资源为己所用的垄断特征。后世王朝在两千余年内不断形塑和强化经学思维的做法，代表了中国古代政治与思想的整体走向，深刻影响了国人的精神世界。经学思维在从传统向现代的时代转换中，必然要经历一个扬弃的过程。其间，国人的主体性意识同样面临一个转化和确立的问题。我们知道，现实中的国人是历史上的国人的延续和发展。自古

以来国民性的诸多特点，依然深埋于现实中的国人的生活世界之中，如果从新子学的角度予以发掘和研究，或可为现实中的人们提供社会认识的历史依据和思想来源。

"新子学"研究考虑到了中华民族国民性意识结构的形成问题，试图通过对子学的研究，深度剖析传统经学思维下国民性的历史生成，认为要从子学角度展开对国民性历史认识场论的研究。之所以要从这一角度展开国民性的研究，就是要通过研究国民性历史认识形成的背景系统之后，在更为广阔的思维背景中安立"新子学"的思想创获。

面对西学或西方思想，"新子学"承认它们对子学研究所具有的有益启示，也注意到近代以来西方思想在东亚地区的广泛流行，但如果仅限于分析的、批判的眼光看待西学，对"新子学"的成长并不能起到良好效果。"新子学"要有一定的理论自觉，辩证理性地看待国民性中具有稳定性与明晰性的内容，尤其对其中受西学影响而带有模糊和变动色彩的内容予以理性观照，用扬弃的办法取其精华，弃其糟粕。

"新子学"在重新认识国民性问题上强调研究主体的身份认知，认为透过子学研究课题的选择能够反映研究主体的现实关切。选题意识是研究主体表达个体理性自觉的重要方式，是一种有着明确目的性的选择性活动。处于转型期的中国，是一个从传统社会向现代工商业社会过渡的时代，来自人的观念和思维上的惯性与惰性，是社会转型过程中最为深层的障碍。[9]研究主体应该认识到，将中华民族国民性所包含的观念、思维和心理倾向朝着适合现代社会需要方向的改造，需要从学术层面进行深入分析，如果从历史发展的角度来看，还是不容回避的艰巨的历史任务。"新子学"注意到不同的知识系统在近代以来中国社会转型过程中的遭遇，尤其在原有的社会结构发生大的调整，新的具备良性互动机制的社会结构逐步构建之际，中华民族国民性所隐含的内在基本问题。国民性问题在"新子学"视阈中应有的言说方式，或者说从一般知识、思想与生活世界的角度，找到一套全新的话语体系来言说国民性的深层文化基因。

子学文献一般被视为思想家或经典思想的物化载体，但从子学精神的角度似乎也可以延伸出人在生活世界之中的意识场域。那种作为底色存在的知识、思想或信仰能否为"新子学"用于理解国民性的问题？这样做，子学研究所要处理的问题，就有别于以往从子书到子书、从思想到思想的旧有的方法路径，而是无论从研究范围还是资料范围都得到了极大拓展的新视野、新话域的转变，"新子学"的文献基础也会因此实现突破。"新子学"应该肩负起国民性方面研究的历史任务。

四、余 论

"新子学"研究有许多值得关注的问题，譬如基于子学研究的文献源头，展开"子藏"相关问题的探讨也很有意义。近代以来出版的大量子学研究著作，基本上把子学研究推向了一个学术积淀深厚、研究空间日趋狭窄的境地，如果继续沿着现有的子学研究路径走下去，势必难以发现更多可供继续开拓的学术空间。人们在既有的学术框架里做着查漏补缺的工作，难以挺立更大的学术建树。子学研究的前途期待新思路、新发现以及建立新的研究范式，实现子学研究在理论和方法方面大的突破。像这样的问题，以往的子学研究多少有些忽视。总而言之，"新子学"研究还有着广阔的思维空间，有丰富的研究议题等待发掘，值得引起新的重视。

参考文献

[1] 方勇.五论"新子学"[N].光明日报(国学版),2020-04-25(11).

[2] [汉]班固.汉书[M].北京:中华书局,1962:1746.

[3] 吴根友,黄燕强.经子关系辨正[J].中国社会科学,2014(7).

[4] 焦循.雕菰楼文学七种[M].南京:凤凰出版社,2018:212.

[5] 黄燕强."四玄":章太炎的"新经学"构想[J].文史哲,2018(2):110.

[6] 方勇.再论"新子学"[N].光明日报(国学版),2013-09-09(15).

[7] 黄燕强."进化"视野下的"中国哲学史"创作[J].哲学研究,2017(4):42.

[8] 李振宏.文化史研究需要提倡整体性思维[J].史学理论研究,2013(1):4.

[9] 摩罗.国民性批判与近代思想史的逻辑关系[J].社会科学论坛,2010(2):13.

(原载于《湖南工程学院学报》2020年第3期,作者单位:河南师范大学历史文化学院)

从"道术将为天下裂"与"诸子出于王官"之辨试析"子学"精神与"新子学"的旨趣

李天啸

一、"新子学"基层问题辨析

"新子学"提出的前提,必然是在有所谓"旧子学"或"子学"的基础上,尽管提出者的最初动因可能包含多种因素,但当我们重新思考"新子学"问题之时,仍然无法避免或者必须回溯到"旧子学"或"子学"。

比如关于"新子学"的探讨中"新之子学"与"新子之学"之分辨的问题,"'新子学'的含义可能有两个,其一是'新的子学',其二是'新子之学'。'新的子学'是要把过去历朝历代的'子学'研究根据今人新发现的材料和新建立的方法论推向一个新的高度,……是传统的进一步延伸。其二是'新子之学',意思是我们已经出现了或应该出现或即使尚未出现但应该呼唤出现'百家争鸣'时候那样的众多的'子'……"[①] 尽管这里是就"新子学"而探讨,但

---

① 郜元宝:《对"新子学"三个层面的思考》,《名作欣赏》2015年第7期。

反映的其实是"旧子学"或"子学"的问题，因为"旧子学"便存在着这种分辨，即"子学"与"子之学"。换言之，正是因为"旧子学"或"子学"概念本就欠缺明确性或具有包容性，才使得"新子学"在"新之子学"与"新子之学"之间存在不同理解的可能性。反过来也正彰显了在"子学"概念上做辨析的必要性。

"子之学"或较为明确，当倾向于指"诸子"本人创造的"学问"，一般是指先秦时期的诸子之学，是"原生"的；而"子学"则似可再分辨，其既可以指前所谓"子之学"，又可以指"关于'子之学'之学"或"对子与子之学的研究之学"，这种意义上的"子学"，显然不是诸子本人之学，而是后人之学，是对"原生"的诸子与诸子之学进行的"次生"的后续研究。惯用的"子学"，往往是在将"子之学"和"对子与子之学的研究之学"皆统摄进来的意义上使用的。

问题是，统摄了"子之学"和"对子与子之学的研究之学"的"子学"，是否就已经是完整、完善的"子学"了？或者说，"子学"仅仅就是"子之学"和"对子与子之学的研究之学"吗？"子学"是否可能存在第三种样态，或者在此前两种样态中包含另外的或许更重要但为后世所忽视的内容？——比如，"成为新子"之学或"学以成子"之学！

这或许是"新子学"的提出，以及"新之子学"与"新子学"之分辨带来的最重要的理论效果！以往惯用的"子学"，对"成子之学"或"学以成子"这个维度缺乏明确的意识和足够的重视。然而就"子之学"层面而言，是必然存在作为"成子之学"之面向的，否则子何以成为子呢？这种"成子之学"可以包含"内向"的自我"'道'路"的圆成之学，以及"外向"的自我"学说"的圆成之学，内外并非隔绝，而是可以贯通乃至融合为一的；就"对子与子之学的研究之学"层面而言，"研究工作"或"学——子之学"

的目的,如果不是应当,至少是可以包含"学以成子"之面向,这种面向的"子学",本质上是"学子",进而"成子"。但需要澄清的是,这种"成子"或"学以成子",并不是说将"子"作为终极价值目标,而是说:学——子对于终极价值目标的"知""行",所谓成子,是说成为如"子"那样"知""行"的人。

"原生"的"子之学"或更多地是提供基础,而"次生"的"对子与子之学的研究之学"的"子学"如果不将"学子"进而"成子"纳入研究目的,那这种研究工作即使再新,又终将意欲何为呢?在这个意义上,或许"新子学"之所以"新",以及其所能"新"的最大可能空间,便在于"学成新子"这个面向。这当然并不是说原有的"子学"完全没有这个面向,而是基于"新子学"提出的背景中,"子学"的这个面向趋于沉寂,因此,"新子学"正可打破这个沉寂。

那么,接下来必然面临这样的问题,学成什么样的"新子",对此问题,或许当如本节开头所言,我们应当试着回溯"旧子学"或原生"子学",看看"旧子"的原始面貌如何,即"子学"是何种样的"学","子"是何种样的"子",以期对"新子学"有所启发。以下便从"子学"来源入手讨论。

二、"诸子出于王官说"引发的"子学"问题

(一)疑"诸子出于王官说"

关于"诸子之学"的来源问题,从古到今,学者有很多讨论。《汉书·艺文志》源于汉刘歆《七略》"诸子出于王官"说,表述为:"儒家者流,盖出于司徒之官。……道家者流,盖出于史官。……阴阳家者流,盖出于羲和之官。……法家者流,盖出于理官。……名家者

流,盖出于礼官。……墨家者流,盖出于清庙之守。……纵横家者流,盖出于行人之官。"①

近代学人章太炎先生在《原学》中有言:"九流皆出王官,及其发舒,王官所不能与。王官守要,而九流究宣其义。"② 又谓:"诸子之书,不陈器数,非校官之业、有司之守,不可按条牒而知。徒思犹无补益,要以身所涉历中失利害之端,回顾则是矣。"③ 似亦间接支持"九流皆出王官"说。胡适先生对此也有讨论,其在《诸子不出于王官论》中说,"古者学在王官是一事,诸子之学是否出于王官又是一事。吾意以为即令此说而信,亦不足证诸子出于王官。盖古代之王官定无学术而言,《周礼》伪书本不足据。"④ 两位先生一正一反,可谓是此问题上具有代表性的观点。章太炎先生基本上承认"诸子出于王官"说,但他也述及了九流与王官的差异。胡适先生则反对九流出于王官说,而比较认同《淮南子·要略》"救世之弊,应时而兴"的认识。其将"古者学在王官"与"诸子之学出于王官""诸子出于王官"析为异事,不赞同混淆笼统言之。暂且不论其观点结论,其辨析态度是十分必要的。即便"诸子之学"可能与"王官之学"存在某种或强或弱的联系,但能否在二者之间建立起过于直接明确的"源流"关系或"学统"承继关系,能否在同一层面、以同一性质来理解二者,均是需要细加分辨的。

与"诸子出于王官"说相关,在此需引入另一篇讨论诸子百家的重要文献,即《庄子·天下》,其以"道术将为天下裂"的基本论断,认为存在一个"道术"向"方术"的裂变过程。将之引入讨论

---

① 班固:《汉书》,北京:中华书局,1962年,第1728—1745页。
② 章太炎:《国故论衡》,北京:商务印书馆,2010年,第145页。
③ 章太炎:《国故论衡》,北京:商务印书馆,2010年,第146页。
④ 胡适:《胡适文存》,北京:北京大学出版社,1998年,第184页。

的原因是,"道术将为天下裂"一说,非常容易与"诸子起于王官"说形成某种"呼应"关系。一如论者所言,"刘歆的诸子出于王官说与《庄子·天下》是从相反的两端叩同一件事物。《庄子·天下》是在战国时代'道术将为天下裂'之际分辨思想文化的流派,这是顺理分梳的思维方式。刘歆则是往上追溯这些思想文化流派的所从出,追寻它们的学术渊源之根"①。

在这种情况下,便比较容易得出这样一个结论,即将"道术"向"方术"的裂变过程与"王官之学"向"诸子之学"的演变过程,两相重叠,等而观之。如论者所言,"《天下》篇所谓的'道术'即这里所谓的'百科之学',亦即'王官之学'"②,"《天下》篇所谓'道术将为天下裂',其本质意义是说明古代学术的一种转换形态,这种形态的特质是古代学术从浑沌状态到细化状态的转变。前辈专家讨论《天下》篇这一重要命题时,往往就事论事,而忽略了其所展现的学术史意义。如今我们细绎其思路,发现这一命题正可以说明王官之学向诸子之学的发展。"③

这看似"耦合"的观点,是否仅是一种人为建立的"耦合",其是否能够成立?即"道术"向"方术"的裂变过程是否就等同于"王官之学"向"诸子之学"的演变过程?换言之,"诸子之学"是否就是"道术将为天下裂"的结果?在此,"诸子之学"是否就是"方术",能否以"方术"理解"子学"之真精神,需要谨慎考察一番。

---

① 黄丽丽:《试论〈汉书·艺文志〉"诸子出于王官"说(下)》,《中国历史博物馆馆刊》1999年第2期。
② 王青:《说"道术将为天下裂"》,《管子学刊》2007年第2期。
③ 王青:《说"道术将为天下裂"》,《管子学刊》2007年第2期。

(二) 辨"诸子出于王官"合于"道术将为天下裂"

《庄子·天下》的作者，对于"诸子百家"兴起这一重大的文化现象，敏感地关注到并试图把握其意义。

"天下之治方术者多矣，皆以其有为不可加矣！古之所谓道术者，果恶乎在？曰：'无乎不在。'曰：'神何由降？明何由出？''圣有所生，王有所成，皆原于一。'

不离于宗，谓之天人。不离于精，谓之神人。不离于真，谓之至人。以天为宗，以德为本，以道为门，兆于变化，谓之圣人。以仁为恩，以义为理，以礼为行，以乐为和，薰然慈仁，谓之君子。以法为分，以名为表，以参为验，以稽为决，其数一二三四是也，百官以此相齿；以事为常，以衣食为主，以蕃息畜藏为意，老弱孤寡皆有以养，民之理也。

古之人其备乎！配神明，醇天地，育万物，和天下，泽及百姓，明于本数，系于末度，六通四辟，小大精粗，其运无乎不在。其明而在数度者，旧法世传之史，尚多有之。其在于《诗》《书》《礼》《乐》者，邹鲁之士缙绅先生，多能明之；——《诗》以道志，《书》以道事，《礼》以道行，《乐》以道和，《易》以道阴阳，《春秋》以道名分。——其数散于天下而设于中国者，百家之学时或称而道之。

天下大乱，贤圣不明，道德不一，天下多得一察焉以自好。譬如耳目鼻口，皆有所明，不能相通。犹百家众技也，皆有所长，时有所用。虽然，不该不遍，一曲之士也。判天地之美，析万物之理，察古人之全，寡能备于天地之美，称神明之容。是故内圣外王之道，暗而不明，郁而不发，天下之人各为其所欲焉以自为方。悲夫！百家往而不反，必不合矣！后世之学者不幸不见天地之纯，古人之大体。道术将为天下裂。"①

《庄子·天下》对"诸子百家"之学，是持指摘批判立场的，认为百家"多得一察焉以自好"、"各为其所欲焉以自为方"、不"备"、不"该"、不"遍"、"背道而驰"、"往而不反"于"道术"，因此沦为"方术"。这种状况是如何造成的呢？

清代学人汪中在《墨子后序》中有言："昔在成周，礼器大备，凡古之道术，皆设官以掌之。官失其业，九流以兴，于是各执其一术以为学。"② 其在《吕氏春秋序》中亦说："周官失其职，而诸子之学以兴，各择一术以明，其学莫不持之有故，言之成理。"③ 其"道术"一词，或当即是取自《庄子·天下》。

如果说"古之道术，皆设官以掌之"，那便如前所论，极其容易导向一个推论，即"古之道术"，便为"王官之学"，而经历了"天子失官，学在四夷"这样的过程，"王官失业"，于是九流"各执其一术以为学"，诸子百家之学便如此兴盛起来。而"道术"到"方术"的裂变，也即相当于"王官之学"到"诸子之学"的演变。如此，"王官之学"也就对应为"道术"，而"诸子之学"也就对应为"方术"了。这犹如"顺水推舟"的推论，内在隐藏着很多问题。

首先，"王官之学"到"诸子之学"，存在一种"分裂"吗？

---

① 陈鼓应：《庄子今注今译》，北京：商务印书馆，2007年，第983—984页。

② （清）汪中著，李金松校笺：《述学校笺》，北京：中华书局，2014年，第234页。

③ （清）汪中著，李金松校笺：《述学校笺》，北京：中华书局，2014年，第534页。

若依《汉书·艺文志》所述，其间涉及的"司徒之官""史官""羲和之官""理官""礼官""清庙之守""行人之官"，显然是"分工"明确、各司其职的，有如《尚书·洪范》中"八政"，"一曰食，二曰货，三曰祀，四曰司空，五曰司徒，六曰司寇，七曰宾，八曰师"①。孔颖达《尚书正义》："一曰食，教民使勤农业也。二曰货，教民使求资用也。三曰祀，教民使敬鬼神也。四曰司空之官，主空土以居民也。五曰司徒之官，教众民以礼义也。六曰司寇之官，诘治民之奸盗也。七曰宾，教民以礼待宾客，相往来也。八曰师，立师防寇贼，以安保民也。"② 沈文倬先生曾在《略论宗周王官之学》中对"宗周官学"有过论述，"官学教学的内容是根据官责首明职掌的原则，确定每个官所担负的事务及其履行之法。凡官总有任免交接，接任者应该接受前任者处理所担任事务的整套做法，加上自己多年履行时所得的经验，通过口耳相传，一一告诉后继者，做到不遗不漏。这种百官在任职实践中长期积累起来的经验，经过不断修订，不断条理化，汇集起来，即成宗周官学。"③ 将政事分门别类，每一类事，设一种官，这是一种一般性的管理思维。换言之，"官"必有分类，必"各司其职"。是故问题便出现了，或当可以说，"王官"其实因其"分工"，必然是已然"分裂"的了。如果说有所谓"王官之学"，其必不能是"整""一"的状态，而应当是"各司其职"的"分裂"状态。如果说在"诸子之学"时期出现了"以自为方"式的"分裂"，那么这种"分裂"实则在"王官之学"时期已经开始出现或至

---

① （唐）孔颖达正义，黄怀信整理：《尚书正义》，上海：上海古籍出版社，2007年，第456页。

② （唐）孔颖达正义，黄怀信整理：《尚书正义》，上海：上海古籍出版社，2007年，第456页。

③ 沈文倬：《略论宗周王官之学（上）》，载《学术集林》卷十，上海：上海远东出版社，1997年，第138页。

少已见苗头或已具雏形，这是被"王官"各司其职的"分工"所决定的。

如果说"王官之学"已然存在"各司其职"式的"分工"或"分裂"（无论程度如何），那么，便不能断言"王官之学"到"诸子之学"是一种的从"整""一"到"断裂"或"分裂"过程。因此，如果说存在着一种"道术将为天下裂"所描述的"道术"向"方术"的"分裂"过程，那么这种"分裂"必不能以"王官之学"向"诸子之学"的"分裂"来描述，因为这种"分裂"并不成立。因此，也就谈不上两个"分裂"过程的重合了。

其次，"道术"到"方术"的"裂"，或当主要是一种抽象的"质"层面的"裂"，而不是平面之上"全面"切成"局部"的那种"分裂"，所谓"方"，或仅是为了表达和理解之方便的"比喻"。假设存在这种"道术"到"方术"的"质"层面的"裂"，那么，其是否能够用"王官之学"到"诸子之学"来表达？这要求"王官之学"在"质"上是"道术"，而"诸子之学"在"质"上是"方术"。那么，"王官之学"是否就是"道术"，而"诸子之学"是否就是"方术"呢？这首先需要看，何为"道术"，何为"方术"，以及其间差异何在。

依据《庄子·天下》中"道术"与"方术"相关描述，两相对照，"道术"或当指"内圣外王"之道，其特征是"一""备""遍"，具体而言，"配神明，醇天地，育万物，和天下，泽及百姓，明于本数，系于末度，六通四辟，小大精粗，其运无乎不在"，可谓是"贯通内外""彻上彻下"。而"方术"则"不一""不备""不遍"，"多得一察焉以自好"，"寡能备于天地之美，称神明之容。是故内圣外王之道，暗而不明，郁而不发，天下之人各为其所欲焉以自为方"，"不见天地之纯，古人之大体"，且"往而不返"。

如果说存在一个"道术"向"方术"的裂变过程，那么，这种

"裂变"的征象或标准或当即是：是否能够承载或承继此"一""备""遍"的"内圣外王"之道"统"。如此，仅凭身份角色或者时代前后而断定"王官"一定能"承载道术"，或者"诸子"一定不能"承载道术"这种观点，显然是难以立足的。而要具体看，"王官"或"王官之学"是否能够真的承载"内圣外王"之"道术"，"诸子之学"是否只能是"方术"。

那么，在理上或质上，"王官"或"王官之学"是否能够真的承载"道术"呢？如对"道术"的相关表述加以审虑，则不难发现，"道术"的问题意识是"国家""天下"乃至"宇宙万物"的"整全通贯秩序"，其标准是"一""备""遍"，其道路是"内圣外王"。联系"官"之"管理"本义，以及如前引沈文倬先生对"宗周官学"的论述中所描述的那种在现实中的"可操作性"，以及"官学"在"任际"之间的"易传递性"，"官学"或更应是因政事不同而分门别类的一套套具有较强"经验性"的"具体知识"，至少这种色彩当是比较强的。如此，或更多基于针对具体事务的"管理"而设"官"的问题意识是否与"道术"国家天下的全局问题意识有所出入？"官"或"官学"的"各司其职"的具体性、专门性是否与"道术"的完备性、通贯性有所出入？

退一步说，假设存在"王官"确实能够承载"道术"，是基于其一般化的"官"的职分，还是基于其"个人"的特殊性？如胡适先生针对墨学来源的一个反驳，"其最缪者，莫如以墨家为出于清庙之守。夫以'墨'名家，其为创说，更何待言？墨者之学，仪态万方，岂清庙小官所能产生？"[①] 这或许便是胡适先生"盖古代之王官定无学术而言"观点的基本意趣。"王官定无学术而言"，似乎有些绝对，或应当说，一般而言，"王官"并不需要或许也不能够承当胡

---

① 胡适：《胡适文存》，北京：北京大学出版社，1998年，第183页。

适先生所言的那种"学术"任务，这并非在其"职分之内"，甚至可能逾越于其"能力范围"之外。而章太炎先生所言的"及其发舒，王官所不能与。王官守要，而九流究宣其义"，似乎亦有此意，"守要"与"发舒""究宣其义"或存在"质"的不同，因此"王官所不能与"。

因此在本文情境下，强"官学"为"道术"，至少是存在问题的。"王官之学"与"道术"或并非是同一层面、同一性质之事，其"问题意识""表现形态"均不能等而视之。即便偶有兼及者，恐亦属个别现象，而不能就其下一般化的结论。

总之，本节主要是欲对在"道术到方术的裂变"与"王官之学到诸子之学的演变"之间建立对等关系的这种观点进行质疑。两个层面均能够对此种对等关系提出合理反对意见。第二个层面的意见是通过对"王官之学"与"道术"进行辨析来表达的。其实，还有"诸子之学"与"道术""方术"之关系，这直接涉及对"诸子之学"的认识，逻辑地讲，既然前所谓两种过程的对应关系不成立，那么，"诸子之学"也就不能以"方术"来理解。下文将对此做具体论述。

（三）析"子学"之多元

如果说"王官之学"承载"道术"是存在问题的，那么"诸子之学"与"道术""方术"的关系又是怎样的呢？它是否一定为"方术"呢？以下引入关于"子学"的另一篇重要文献，即《荀子·非十二子》。"非十二子"，顾名思义，是批判十二位"子"，且其批判的激烈程度似犹甚于《庄子·天下》对"方术"的批判。

> 假今之世，饰邪说，交（文）奸言，以枭乱天下，矞宇嵬琐，使天下混然不知是非治乱之所存者有人矣。

纵情性，安恣睢，禽兽行，不足以合文通治；然而其持之有故，其言之成理，足以欺惑愚众，是它嚣、魏牟也。……

不知壹天下、建国家之权称，上功用，大俭约而僈差等，曾不足以容辨异、县君臣；然而其持之有故，其言之成理，足以欺惑愚众，是墨翟、宋钘也。

尚法而无法，下修而好作，上则取听于上，下则取从于俗，终日言成文典，反紃察之，则倜然无所归宿，不可以经国定分；然而其持之有故，其言之成理，足以欺惑愚众，是慎到、田骈也。

不法先王，不是礼义，而好治怪说，玩琦辞，甚察而不惠，辩而无用，多事而寡功，不可以为治纲纪；然而其持之有故，其言之成理，足以欺惑愚众，是惠施、邓析也。……

略法先王而不知其统，犹然而材剧志大，闻见杂博。案往旧造说，谓之五行，甚僻违而无类，幽隐而无说，闭约而无解，案饰其辞而祗敬之曰：此真先君子之言也。子思唱之，孟轲和之，世俗之沟犹瞀儒，嚾嚾然不知其所非也，遂受而传之，以为仲尼、子游为兹厚于后世，是则子思、孟轲之罪也。①

何以要对"十二子"进行如此激烈的批判，以至于直接斥之为"邪说""奸言"呢？稍加考察则会发现，被批判的"十二子"并不是一类人，亦并非持一类说，依据其说，以二人为一组，分为六类。那

---

① （清）王先谦撰：《荀子集解》，北京：中华书局，1988年，第89—95页。

么，为何"不同"学说却"共同"遭到批判呢？其批判的标准、依据是什么呢？邪说奸言之邪奸何在呢？

其后文有所论述，"故劳力而不当民务，谓之奸事；劳知而不律先王，谓之奸心；辩说譬谕齐给便利而不顺礼义，谓之奸说。此三奸者，圣王之所禁也。知而险，贼而神，为诈而巧，言无用而辩，辩不惠而察，治之大殃也。"① 由此观之，"不顺礼义"，"言无用而辩，辩不惠而察"，可谓之"邪说奸言"了。即并非仅就其"言"本身是否"有理有据"，而要就其是否有"用"于"治"来衡量其学说言论。因其批判的"邪说奸言"，均"持之有故，言之成理"，但越是如此，越"足以欺惑愚众"，越是"治之大殃"。

不过，《荀子·非十二子》中涉及的"子"，并非皆是"邪说奸言"者，尚且有达于"治—用"者，其又分为两类：

> 若夫总方略，齐言行，壹统类，而群天下之英杰，而告之以大古，教之以至顺……无置锥之地而王公不能与之争名，在一大夫之位则一君不能独畜，一国不能独容，成名况乎诸侯，莫不愿以为臣。是圣人之不得埶者也，仲尼、子弓是也。②

> 一天下，财万物，长养人民，兼利天下，通达之属，莫不从服，六说者立息，十二子者迁化。则圣人之得埶者，舜、禹是也。③

---

① （清）王先谦撰：《荀子集解》，北京：中华书局，1988 年，第 98 页。

② （清）王先谦撰：《荀子集解》，北京：中华书局，1988 年，第 96—97 页。

③ （清）王先谦撰：《荀子集解》，北京：中华书局，1988 年，第 97 页。

即"圣人之不得执者"与"圣人之得执者",前者是"仲尼、子弓",后者指"舜、禹"。如此,问题便呈现出来:舜、禹暂且不谈,而以"圣人"称"仲尼、子弓",则显然并非将"诸子"尽皆以"方术"的观之。换言之,作为"诸子"的"孔子、子弓"在《荀子·非十二子》的评判体系中,位在"圣人"一阶,以其描述观之,则其无论是否达到《庄子·天下》中所描述的"道术"标准,其必不至于沦落至"方术"一阶。更何况,与"方术"相比,其更加接近"道术"境界。

可以说,在《荀子·非十二子》看来,"诸子之学"并非尽皆为"方术",尽管其间有"邪说奸言"者,但亦有位阶"圣人"而可通达于"道术"者在焉。应该说"诸子之学"是多元多层的,如用《非十二子》中提到的称号,则有"圣人""仁人""士仕者""处士者""士君子""学者""贱儒"。显而易见,在"道术到方术的裂变"与"王官之学到诸子之学的演变"之间建立对等关系的观点是不甚妥当的。

三、"轴心时代"的观照
—— 试谈"子学"精神与"新子学"的旨趣

前章对"诸子之学来源"的追溯,实际上是为了给"诸子之学"把脉,或者探寻"子学"恰当的定位和定性,以期较为确当地把握"子学"精神,进而对"新子学"有所启发。

从以上探讨中,可以发现一个问题,即"原生语境"中探讨"子学"的两篇重要文献,对"子学"均主要持"负面批判"的立场,对此尤当注意。这种批判立场,似乎与或为主流的习见认知有所出入。习见认知一般对"子学"以推重、景仰、"虽不能至，心向往之"这种态度为主。尽管此种认知态度古已有之，但影响当代"子学"认知至深的恐怕是雅思贝斯的"轴心时代"理论：

> 假若存在这种世界历史轴心的话，……以便引出一个为所有民族……进行历史自我理解的共同框架。看来要在公元前500年左右的时期内和在公元前800年至200年的精神过程中，找到这个历史轴心。……在中国，孔子和老子非常活跃，中国所有哲学流派，包括墨子、庄子、列子和诸子百家，都出现了。……印度出现了《奥义书》（Upanishads）和佛陀（Buddha），……希腊贤哲如云，其中有荷马，哲学家巴门尼德、赫拉克利特和柏拉图，……这个时代的新特点是，世界上所有三个地区的人类全部都开始意识到整体的存在、自身和自身的限度。……这一切由反思产生。……讨论，派别的形成，以及精神王国分裂为仍互相保持关系的对立面，造成了濒临精神混乱边缘的不宁和运动。这个时代产生了直至今天仍是我们思考范围的基本范畴，创立了人类赖以存活的世界宗教之源端。无论在何种意义上，人类都已迈出了走向普遍性的步伐。……（理性反对神话）……哲学家首次出现了。人敢于依靠个人自身。……人证明自己有能力，从精神上将自己和整个宇宙进行对比。他在自身内部发现了将他提高到自身和世界之上的本原。……在轴心期，首次出现了后来所谓的理智和个性。……人性整体进行了一次飞跃。①

---

① ［德］雅思贝斯著，魏楚雄、俞新天译：《历史的起源与目标》，北京：华夏出版社，1989年，第7—10页。

雅思贝斯的理论是值得关注的，他将中国的"诸子"置于了世界历史或人类历史的全局平台上，让我们摆脱"不识庐山真面目，只缘身在此山中"的局限，获得一个突破或超越的视角，来重新认识"诸子"和"子学"。而且，"轴心时代"理论的分量以及中国"诸子"在"轴心时代"理论中的分量，都使得我们思考"子学"问题不得忽视这个理论。他说，"有一个基本问题，它对我们关于人类历史的观念是极其关键的：……我要重复我已说过的：……理解中国和印度居有与西方平起平坐的地位，不仅因为它们存活了下来，而且因为它们实现了突破。"① 雅思贝斯认为中国的"诸子"，即孔子、老子、墨子、庄子、列子等诸子百家，与印度的佛陀、希腊的贤哲并列，均是作为"首次出现"的"哲学家"，实现了人类历史意义上的"突破"，共同造就了世界历史的"轴心时代"。换言之，中国的诸子，在世界历史和人类历史上扮演了极为重要的角色。因此，思考"诸子"问题，我们也不能脱离世界历史和人类历史的全局。

从雅思贝斯的表述中，可以尝试梳理出一些"轴心时代"的关键词，"反思—理性—哲学家—讨论—分裂—派别—人自身—精神—世界本原—普遍性"。创造"轴心时代"之"突破"这样一种对"诸子"的定位，与《庄子·天下》和《荀子·非十二子》的批判可谓有天壤之别，如何看待这种差别呢？其间是正确与错误之别，还是不同视野或不同层面之别呢？

本文首先要聚焦"分裂"这个关键词，因为在《庄子·天下》中也有"分裂"这个意象，即"道术将为天下裂"。对于同样的事件和对象，为什么《庄子·天下》中描述的"分裂"是一种"下坠"

---

① ［德］雅思贝斯著，魏楚雄、俞新天译：《历史的起源与目标》，北京：华夏出版社，1989年，第64页。

式的"堕落",而雅思贝斯却认为那个"分裂"中创造了某种"飞跃"式的"突破"?

对于《庄子·天下》中描述的那种"堕落",雅思贝斯似乎也有所关注,"人类存在作为历史而成为反思的对象。人们感知到某种非凡之举已在自己的现存开始。但是,正是这种意识同时使人们认识到,这个现存是以无限的过去为先导的。就在人类特殊精神的觉醒之初,人们得到记忆的支撑,意识到此世是属于时代的晚期,甚至属于衰微的时代"。① 这种"衰微",在《庄子·天下》中的类似表述为:"天下大乱,贤圣不明,道德不一……内圣外王之道,暗而不明,郁而不发……百家往而不反……后世之学者,不幸不见天地之纯,古人之大体。"一言以蔽之,就是"道术将为天下裂"。而在做"道术将为天下裂"这种哀叹之时,确实存在一个"古之所谓道术者""古之人其备乎""古人之全""古人之大体"这样一个"古人"与"道术"或者"理想时代"与"理想状态"凝结在一起的"参照系"。面对这种"天下大乱"的局面,《庄子·天下》似乎是在倡导向"古之所谓道术"的"返归",一句"悲夫",将对"百家往而不反"的控诉和惋惜表达得淋漓尽致!

而恰恰在此处,雅思贝斯看到了另一面向:"人们明白自己面临灾难,并感到要以改革、教育和洞察力来进行挽救。他们制定计划,努力控制事件的进程,并第一次要恢复或创建良好的环境。……人们殚精竭虑地寻求人类能最和睦地共同生活、实行最佳统治管理的方法。改革的观念支配了实践活动。哲学家们周游列国,成为智囊和导

---

① [德]雅思贝斯著,魏楚雄、俞新天译:《历史的起源与目标》,北京:华夏出版社,1989年,第64页。

师。"① 他看到了在"危机"境遇之下，诸子们的"挽救努力"和"改革实践"。

而这也就涉及到了"轴心时代"的另一个关键词"理性"，诸子们通过反思、交流、辩论、说服等方式"殚精竭虑"地探求"恢复或重建"秩序的良策，并"身体力行"地推动改革的实践，"理性"确实起到了至关重要的作用，以至于"这个时代产生了直至今天仍是我们思考范围的基本范畴"，或正是在这个意义上，雅思贝斯才认为"精神王国分裂"不仅不是一种"堕落"，而是一种"突破"，是使人类"迈出了走向普遍性的步伐"的重要过程。

然而，这是否意味着雅思贝斯以"理性"认识"诸子"的这种看法便是究竟认识了呢？恐怕未必。

如前文引述，《荀子·非十二子》在批判"十二子"为"邪说""奸言"之时，并不仅是以"有理有据"为标准，即并不是因为"十二子"不够理性；相反，他们均有理性，他们的学说均"持之有故，言之成理"，但问题是"无用而辩"。如此，他们的"理性"不仅没有发挥正向积极的作用，却反而"助纣为虐"，为其学说"足以欺惑愚众"提供了有力支撑，故可谓"治之大殃也"。因此，"理性"或许并不能作为唯一或最高标准，在"理性"之外、之上，或许有更高的价值标准在焉！

《荀子·非十二子》如此激烈地非"十二子"，是有其正面参照系的。"兼服天下之心，高上尊贵不以骄人，聪明圣知不以穷人，齐给速通不争先人，刚毅勇敢不以伤人；不知则问，不能则学，虽能必让，然后为德。遇君则修臣下之义，遇乡则修长幼之义，遇长则修子弟之义，遇友则修礼节辞让之义，遇贱而少者则修告导宽容之义。无

---

① ［德］雅思贝斯著，魏楚雄、俞新天译：《历史的起源与目标》，北京：华夏出版社，1989年，第64页。

不爱也，无不敬也，无与人争也，恢然如天地之苞万物。如是，则贤者贵之，不肖者亲之。"① 此当是其正面标举的"圣人之不得执者——仲尼、子弓"和"圣人之得执者——舜、禹"这类典范所具有的标准。

从以上这个标准中，我们能读到的或许主要不是"理性"，而是"兼服天下"之"德行"。此间的仲尼、子弓，虽被称为圣人，其未尝不是诸子之一分子。换言之，《荀子·非十二子》非了"十二子"这种负面典型，但也树立了"仲尼、子弓"这种"子"的正面典范。同理，《庄子·天下》批判"诸子"之"各为其所欲焉以自为方"，不正是意欲倡导"往而知反"，即舍"方术"而复归于"内圣外王"之"道术"吗？而真正的"子学"精神，不正可从其负面批判和在正面彰显两方面共同提炼出来吗？

若从以上的分析进而提炼"子学"之真精神，或许"内圣外王"之"道术"，"兼服天下"之"德行"，乃至"轴心时代"之"理性"，均是必不可少的要素。

如果我们这样认识"子学"之真精神，那么"道术将为天下裂"的过程，其实当是一个"子学"之真精神衰微、没落的过程，而不是兴旺、繁盛的过程。《庄子·天下》批判的正是"子学"之真精神的"堕落"！

而今天，"新子学"的提出，又何尝不是如此之良苦用心？"百家"愈加"不该不遍""以自为方""往而不反"，愈加丧失"纯一完备"的"内圣外王"之"道"而"不见天地之纯，古人之大体"；今天的学人，又何尝不是愈加封闭于"持之有故，言之成理"这种"一家之言"的逻辑自洽，而日渐淡化、远离、遗忘了"行道"与

---

① （清）王先谦撰：《荀子集解》，北京：中华书局，1988年，第99—100页。

"进德"。虽以"子学"为"学",但却未真正地"学——子学",与"子"的"知""行"或者说与"子"所相应的那种"人格位阶"和"价值品性"若即若离,甚至渐行渐远,此不亦"悲夫"!而这不正是"新子学"所当有为的方向吗?

结　语

由"新子学"讨论中"新之子学"和"新子之学"的分辨,提出"新子学"或应"新"在"成子之学"或"学以成子"这个面向,于是"学成"何种"新子"便成为需要解决的问题。我们试图通过对原生"子学"基本状况的追溯,来对"新子学"中"成何种子"的问题有所启发。而这个过程主要是通过运用《庄子·天下》与《荀子·非十二子》两篇文献对"'道术将为天下裂'与'诸子出于王官'正反合流来解释诸子来源"这个观点进行辩驳来实现的。我们认为,"道术将为天下裂"所描述的"道术"向"方术"的裂变过程,不仅不能化约为或等同于"王官之学"向"诸子之学"的演变过程,而且其反映的正是"子学"之真精神衰微、没落的过程,而不是兴起、繁盛的过程!

《庄子·天下》与《荀子·非十二子》各自对"子学"的批判,恰恰反映出该时代对"子学"之真精神的认识。因此,本文提炼的"子学"之真精神,包含"内圣外王"之"道术","兼服天下"之"德行",并且加入了雅思贝斯所总结的"轴心时代"的"理性"。此"理性"是一个阐述视角,其并不与"道术"与"德行"冲突,"理性"也不能离开"道术"与"德行"。"道术"与"德行"也不应是对立两端,而是互为其根,互相转化的,其转化机理正是"内圣外王",内圣通于外王,外王基于内圣,"理性"或能作为二者的润滑剂或催化剂。

然当今时代,"理性"高扬,甚至一枝独秀,"持之有故,言之成理"日渐成为最重要甚至唯一的标准,而置"道""德"于不顾。因此于今之情境,"新子学",或当"先立乎其大者",将"学成新子"作为根本主题或总纲,将"道""德"作为"理性"之外的"新子"的重要、必要表征,以期造就"道术""德行""理性"三者协调平衡发展的"新子"和"新子学"。

《荀子·非十二子》树立了榜样形象以昭示古今:"兼服天下之心,高上尊贵不以骄人,聪明圣知不以穷人,齐给速通不争先人,刚毅勇敢不以伤人。不知则问,不能则学;虽能必让,然后为德。遇君则修臣下之义,遇乡则修长幼之义,遇长则修子弟之义,遇友则修礼节辞让之义,遇贱而少者则修告导宽容之义。无不爱也,无不敬也,无与人争也,恢然如天地之苞万物。如是,则贤者贵之,不肖者亲之。"① 同时,也描述了负面形象以警示来者:"吾语汝学者之嵬容,其冠絻,其缨禁缓,其容简连,填填然,狄狄然,莫莫然,瞡瞡然,瞿瞿然,尽尽然,盱盱然。酒食声色之中,则瞒瞒然,瞑瞑然;礼节之中,则疾疾然,訾訾然;劳苦事业之中则儢儢然,离离然,偷儒而罔,无廉耻而忍謑訽。是学者之嵬也。弟佗其冠,衶禫其辞,禹行而舜趋,是子张氏之贱儒也。正其衣冠,齐其颜色,嗛然而终日不言,是子夏氏之贱儒也。偷儒惮事,无廉耻而耆饮食,必曰'君子固不用力',是子游氏之贱儒也。"②

虽此"学者"非彼"学者",然亦足可为后世"学者"之警诫。

---

① (清)王先谦撰:《荀子集解》,北京:中华书局,1988年,第99—100页。

② (清)王先谦撰:《荀子集解》,北京:中华书局,1988年,第103—105页。

陆象山曾言："今人略有些气焰者，多只是附物，无非自立也，若某则不识一个字，亦须还我堂堂地做个人。"① 今若欲兴"新子学"，吾辈或当先需以此来"反躬自省"，再言其他。当然，"反躬自省"之后，我们更要面向未来。雅思贝斯曾言："人类一直靠轴心期所产生、思考和创造的一切而生存。每一次新的飞跃都回顾这一时期，并被它重燃火焰。自那以后，情况就是这样。轴心期潜力的苏醒和对轴心期潜力的回忆，或曰复兴，总是提供了精神动力。"②

当此时代，重溯"子学"，致力"新子学"，深望其成为"轴心时代"之后的又一大事因缘！

（原载于《诸子学刊》第二十辑，作者单位：四川大学道教与宗教文化研究所）

---

① （宋）陆九渊著，钟哲点校：《陆九渊集》，北京：中华书局，1980年，第447页。
② ［德］雅思贝斯著，魏楚雄、俞新天译：《历史的起源与目标》，北京：华夏出版社，1989年，第14页。

如何理解"多元"
——"新子学"的历史面向

吴剑修

自 2012 年方勇先生于《光明日报》发表《"新子学"构想》以来，迄今已逾六年。其间，方勇先生又先后发表《再论"新子学"》《三论"新子学"》等文章，进一步深化和完善"新子学"这一学术理念。学界各专业领域的学者都根据自身学科特点，加入"新子学"的讨论之中，有关"新子学"的专题论文也已达百余篇之多。这不得不说是一个令人深思的学术现象。

一、学术与思想之间："新子学"的价值诉求

回望这六年来对于"新子学"的讨论，我们似乎能得出这样一种印象："新子学"这一理念并非仅仅是一种学术理念，它还包含着深重的人文关怀和现实关怀，并希图对古典价值进行现代的融入。从这个角度说，"新子学"的最终任务是要化学术为思想，并以此来应对复杂多元的当今世界。正如杨国荣先生所说："比较而言，思想较多地涉及社会领域中的价值取向和价值选择，学术则更为注重事实的把握，与之相关的是理论性探索与经验性研究的分野。学术和思想同

时也表征着人与世界不同的关联。学术所体现的，首先是人在事实层面对世界的关切，思想所体现的，则是人在理论层面和价值层面对世界的关切。"① 简单地说，就人文学术而言，学术所面对的事实是如山的历史材料，基于其本身的客观性立场，学者一般不会直接面向现实发言。而一个思想者并没有这种顾虑，他的目的在于表达自身的价值关怀，历史本身在他的眼中只是表达诉求的工具。随之而来的是这样一个尴尬的局面：学术成了一门书斋里的技艺，而思想很多时候又被贴上浅薄、浮躁的标签。这也是一直以来有人提倡"做有思想的学术，立有学术的思想"的原因之所在。然而，要达到这样的境界又是何其之难，被我们称为国学大师的王国维、陈寅恪诸先生似乎也很难做到这一点吧？

那么，我们该如何搭建由学术通向思想的桥梁呢？问题在于，学术与思想之间是否存在着某种共性？学术面对的是客观性的历史材料，思想面对的是现实中的诸多价值诉求。如果我们承认现实中的价值诉求与历史材料中所呈现的前人的价值追求具有某种共性，那么桥梁的搭建便成为可能。克罗齐曾说"一切历史都是当代史"，正是要说明历史与现实之间存在的某种共性。朱光潜先生曾这样解释道："历史是过去底生活没入我的现在底生活，扩大我的现在底生活。没有一个过去史真正是历史，过去史在我的现时思想中才能复苏，才能获得它的历史性。所以一切历史都必是现时史。……过去只有和当前的视域相重合的时候，才为人所理解。"

这种"过去与当前的视域的重合"被我们称为传统。方勇先生在《再论"新子学"》中说道："'传统'并非'过去'。'过去'代表已死之物，'传统'则指存在于当下并介入现有世界构建的事物，即一切传统的也都是当下的。"此说确为的论。但传统究竟是什么？

---

① 杨国荣：《学术与思想之辨》，《探索与争鸣》2017年第12期。

这似乎是一个难以回答的问题。原因在于传统自身的多元性。传统自身并非单线的延展，而是多元的汇流。如佛教的传入、明清以来的西学东渐等，都参与中国思想文化传统的建构，稍有历史知识的人都不会否认这一点。但是除了这些显性之物的汇入之外，历史中还存在多股暗流的汇入，而这些暗流恰恰是我们研究历史思想时的重点所在。

"新子学"提倡多元可以说是把住了传统的脉搏。以往的历史叙述总是站在一种一元论的立场上去建构传统，其中原因有二：第一，语言逻辑自身天然有一种一元论的建构倾向。这种语言逻辑在理论的建构上具有极强的排他性，任何不能融入其话语体系之中的历史材料或价值诉求，都被当成理论的排泄物，搁置在一旁。第二，汉武帝罢黜百家以来儒学上升为一种意识形态，也自然占据了历史叙述中的主线。这种意识形态，我们称之为经学思维。经学思维将"六经"当成是百术之源，统摄万端之根本大法，世间万理已被前圣说尽，我们只要为六经作注脚即可，由此形成一种封闭的解释系统，思想的更新变得极为艰难。然而值得注意的是，经学系统的历史形成本身也是一种多元汇流的结果，而并非万世一系的王道之传。"新子学"提倡多元，正是要对这两种倾向进行反对，也就是说，"新子学"所提倡的多元需要从这两种倾向的对立面去理解。

二、多元作为价值

首先，"新子学"所提倡的多元是从历史回溯的角度对历代以来"经学"这一价值形态的反拨。汉武帝"罢黜百家，独尊儒术"以后，经学与儒学相结合，奠定了中国两千年来基本的思想形态。汉武帝独尊儒术以后，诸子之传承遂隐没不彰。墨家、名家汉代即中衰不传，阴阳家衍为术数小技、法家之学，历代统治者虽皆用之，却讳言其道，只有道家之老、庄借汉代所兴之道教而得其传。从历代目录学的演变上也可以窥见诸子学的消隐，汉代刘歆创为《诸子略》，以思想为标，述诸子之传，而后代之子部书籍则愈收愈杂，凡不能入经史集部之书，皆归子部，使子部之学几成一个大杂烩，目录学所承载的"辨章学术，考镜源流"的学术理念也随之成为一句空话。方勇先生纂集《子藏》，凡不涉及思想的方技杂考之书一律不予收入，即对这一现象的拨乱反正。

诸子学的隐微不仅仅在于其思想学脉的中断，更重要的是诸子学术精神的中断。先秦诸子立说，多不依傍古人，而后世立说，则多以孔子为标，个人独立思想的表达由之戴上了一个镣铐。当学者以孔子标准为标准时，也终将陷入一个自我纷争的死胡同。另外，还值得一提的是，后代受孔子"述而不作"思想的影响，学者多不敢独自立说，而是依托注疏这样一种著述形式旁通曲畅地表达自己的思想，如郭象、王弼等思想大家都是通过《庄子注》《周易注》表达自己的思想，即使像朱熹这样博通古今的大儒也不能免俗，而以注疏《四书》来发挥自己的理学思想。后代注疏这一述作方式，虽然对理解经典原文益处颇大，然而对于阐释学者自身的思想却多有桎梏。所谓"疏不破注"，学者在解释经典时多要以所谓的"历史客观性"为准则，强为前人说项，不敢越雷池一步，个人的思想也就不得不屈服于经典的权威之下。这种思想形态带有极强的排他性色彩，导致中国文化内部很难得到更新。只有在遇到强大的外来文化的侵袭时，这一思想形态才会稍稍打开缺口，实现中国思想的更新换代，如佛学的传入和近代西方思想的东渐。

"新子学"提倡多元，正是要打破这样一种强制性单一价值形态对国人的束缚，让我们在文化形态的内部就能实现思想的有效更新，并以此来解决时代所提出的问题，而不是等到面临异质文化的侵袭时才去艰难应对。

不过，有一点需要注意的是，我们所要反对的是作为意识形态的"经学"，也就是说我们要反对的是经过历代统治者的规训所形成的"经学思维"——对三纲五常等单一性价值形态的认同，而不是反对经学这门学术本身。诸子之前是王官之学，其后，周室衰微，王官失守，官师散至各地，而我们所称的"六经"正是王官之学的遗存。"六经"其实并非儒家所专习，《墨子》书中载《尚书》之文，《老子》通于礼学，《庄子》其学无所不窥，固有"《诗》以道志，《书》以道事，《礼》以道行，《乐》以道和，《易》以道阴阳，《春秋》以道名分"之语；秦朝崇法家，以吏为师，然仍立有经学博士；汉初晁错乃法家，然从伏生受《尚书》；刘向为传《老子》四家之一，而又深入经学。由此可见，经书确非儒家所专习。然孔子时取王官之学中《诗》《书》《礼》《易》《乐》《春秋》等书，教授学徒，后世儒家又多有"六经"之传记，所以孔门之徒与"六经"关系最为密切。然除"六经"之外，先秦诸家亦各有经书传授。《墨子》有《经上》《经下》《大取》《小取》诸篇，统称《墨经》；《管子》中有《形势》《九牧》诸篇，称为《经言》，又有《形势解》《九牧解》，可知《形势》《九牧》等亦是经书。《韩非子·内储说》中有"右经"一语，则《内储说》实为《内储》一经的传注。由此可知，如要探究诸子的思想，熟稔经学是一个必要的工作。而所谓的经学思维则指的是一种意识形态，这种意识形态以孔子之心为心，禁锢思想，对探究事理毫无益处。深处当代，经学已经不可能上升为一种意识形态了，最好的态度可能就是章学诚所说的"六经皆史"，即将六经看成先秦时期的思想史材料。

同时，也正是在这种历史的回溯中，我们找到了与传统经学相异质的一种学术形态——先秦子学。《再论"新子学"》中将先秦时期这一多元的思想形态称为"子学现象"。先秦诸家虽互有批判，但是各家思想对话中相互吸收和融合，最终促进了整体的思想的发展，这正是"子学现象"的魅力与活力之所在。正如方勇先生所说："这种现象的生命力，主要表现为学者崇尚人格独立、精神自由，学派之间平等对话、相互争鸣。各家论说虽然不同，但都能直面现实以深究学理，不尚一统而贵多元共生，是谓'子学精神'。"章太炎曾评论先秦诸子道："盖中国学说，其病多在汗漫。春秋以上，学说未兴。汉武以后，定一尊于孔子，虽欲放言高论，犹必以无碍孔氏为宗，强相援引，妄为皮傅，愈调和者愈失其本真，愈附会者愈违其解故。故中国之学，其失不在支离，而在汗漫。自宋以后，理学肇兴。明世推崇朱氏过于素王；阳明起而相抗，其言致良知也，犹云'朱子晚年定论'；孙奇逢辈遂以调和朱、陆为能，此皆汗漫之失也。惟周秦诸子，推迹古初，承受师法，各为独立，无援引攀附之事。虽同在一家者，犹且矜己自贵，不相通融。"

春秋以上乃王官时代，王官之学各有执守，重家法而不重私说，所以章氏言"春秋以上学说未兴"。所谓汗漫，即理论漫无标准之义。后世学者多依附孔子立论，当个人观点与孔子观点相违背时，只能强为之说，走向解释学的死循环，真理遂越辩越不明朗，其理论的批判性也就在圣人的阴影下失去了效力。章氏这段话最主要当然是对后世"以孔子标准为标准"的思想阐释的批判，但是在此之外，他还是在为"支离"的汉学正名。《四库提要》云："空谈臆断，考证必疏，于是博雅之儒引古义以抵其隙，国初诸家，其学征实不诬，及其弊也琐。"《四库提要》所谓之"琐"，即支离之义。其后方东树著《汉学商兑》，也是以"不切实际，支离琐碎"指摘汉学，而章太炎此处云"中国之学，其失不在支离"隐约中有种为汉学正名的意味。

汉学最重要的一个特质是以考据为基，重视历史材料的整理与考辨，其学术精神的内涵中带有极强的历史性意味，似可以用章学诚

"六经皆史"概括，当然，章学诚对汉学"为考据而考据"的倾向也多有批评。可以这样理解，章学诚"六经皆史"的观点，是从纯考据到"由考据即义理"的一种转向。从某种意义上说，章太炎可以看成是章学诚"六经皆史"思想的继承者。梁启超曾评论章太炎说："他本是考证学出身，又是浙江人，受浙东派黄梨洲、全谢山等影响甚深，专提倡种族革命，同时也想把考证学引到新方向。"所谓把"考证学引到新方向"，即是说章氏不再为考据而考据，而是把思想的阐释渗透到历史材料的考证之中，考证在章太炎那里只是揭开古人思想面纱的一个工具而已。章太炎所著《訄书》《国故论衡》《诸子学略说》等书，都并非单纯的考证之书，又非宋儒那样的义理之作，而是以历史为脉络把考据渗透其中的思想史著作，这之中也灌注了章氏个人的思想观点和价值诉求。这种言说方式与宋儒言道不言器的性理之学和今天西方哲学的概念演绎相比，将思想的历史演进呈现出来，显得更加言之有物。近代以来，章学诚的学说大放异彩，得到梁启超、胡适、顾颉刚等人的大力赞扬。梁启超作《论中国学术思想变迁之大势》，从地域和时代继承的角度论诸子思想源流；胡适作《诸子不出于王官论》驳斥《汉志》之说；顾颉刚建疑古之派，考校上古帝王世系，以颠覆儒家道统说。这些都可以归为思想史一类的著作，也都可以看成是对章学诚"六经皆史"这一思想遗产的继承。值得一提的是，胡适论"诸子不出于王官"，顾颉刚之疑古，都并非单纯的客观历史叙述，他们都是以这一言说方式去表达自己的价值诉求。胡适之说，在于切断经学（王官之学）与诸子的直接关联，否定经学为一切学术根源的观点，并由此解脱经学对学者思想的束缚；顾颉刚考校上古帝王世系，则在抨击孟子以来的道统说，以颠覆孔子以来儒家对于古史的建构，通过对儒家历史解说权的否定以质疑儒学的独尊地位。也正因为这样，二者的观点才在当时的学界引起了广泛的讨论。

方勇先生在《"新子学"构想》一文中说道:"'新子学'概念的提出,根植于我们正在运作的《子藏》项目,是其转向子学义理研究领域合乎逻辑的自然延伸。"《子藏》项目是在汉学的方法领域对前代诸子文献的钩稽和整理,而方勇先生所谓的"合乎逻辑的自然延伸",其实也正是意味着从诸子材料的单纯钩稽和整理到对于诸子材料的思想阐释的转向。这种转向其实与上文所说的"六经皆史"观点中所蕴含的由纯考据到"由考据即义理"的历史转向相一致。方勇先生的六卷本《庄子学史》系统梳理了庄子思想在历史演进中的流变,正是对他所提出的"新子学"理念的初步实践。在思想史的梳理中,我们才能够理解思想本身并非"一"的存在,它总是以不同的面目在历史的舞台上显现自身。正是在对于历史的把握中,我们才能清晰地洞察到思想是一种多元的存在,而不是"一"的存在;也正是在历史的视域中,我们才能把握多元的内涵。另外,一种思想的伟大也正在于其思想的开放性——思想在对现实的应对中表现出了多种可能性,同时也意味着其阐释的多元性。这一性质为后代人对这一思想做出某种合乎时代需求的革新提供了可能。

三、作为方法的多元

其次,对多元的提倡也意味着对由单一性语言逻辑所构建的理论的反对。简单地说,是要以历史的逻辑去解构语言的逻辑,使我们避免陷入逻各斯中心主义的吊诡之中。从这个层面上说,我们所提倡的多元,其实是一种学术视角。这种学术视角意味着我们对待一种思想,并非是把它简化为一种哲学概念的推演,而是能从更广阔的历史视野上去看待一个思想形成的多元汇流、一种思想本身的多种现实可能性、一种思想在后世的多元演变。从诸子思想的角度而言,诸子思想所形成的条件除了对王官之学的继承以外,当时政治形势的动荡也激发了他们思想的勃发。此处,值得探究的是中国各地不同的地域文化对诸子思想的形成也有诸多影响。《中庸》即言南方之儒和北方之儒性格特质之不同。春秋时期齐地多阴阳家,与其地处海滨、富于幻想关系密切。其他诸如道家、法家等皆与诸子所处地域有莫大关系。

时值当下,对于诸子学的研究大致分为三种:第一,对于诸子书籍的整理、校勘和训诂;第二,根据历代文献和出土文献对于诸子思想史的研究;第三,对于诸子思想的哲学阐释。这三种研究路径其实可以看作研究诸子书的三个阶段。

第一阶段,以校勘训诂为本,目的在于读懂古书。有些学者将校勘训诂当成是一门工匠手艺,其实不然。秦汉以前的书,流传至今,颇多错讹,诸子之书尤甚,若不先校其得失,遽然读之,必有胶葛之处。《老子》研究名家曾说"读老子不先校勘,是读伪书"。今略举一例,如《老子》"知我者希,则我者贵",历来将此句看成是老子难寻知己的慨叹,然通过校勘,《老子》古本当作"知我者希,则我贵矣",句意全变,可知老子其人并不欲他人知晓其心中所想,老子思想中的阴谋色彩由此可以见其端倪。训诂的重要性更不待言。值得一提的是清代戴震的《孟子字义疏证》、阮元的《论语释仁论》、民国傅斯年的《性命古义疏证》,皆由训诂而推及义理,对于解读先秦哲学思想都做了极好的示范。但是今天的先秦哲学研究者似乎在这一方面用力不深,实为可惜。其实这种研究方法与西方哲学研究者词源学的研究方法并无二致,如亚里士多德言"人是政治的动物",后人依据词源推说,知"政治"一词乃由"城邦"之语根演变而来,所谓"人是政治的动物"其实是"人是城邦的动物",与后世马克思所说"人是社会关系的总和"义有相通。如果能从训诂这个角度去系统地推究先秦时期的哲学概念,肯定有所创获。

而对于诸子的思想史研究,要将诸子思想放置到他们所处的文化政治语境中去理解，这也就是陈寅恪先生所说的"同情之理解"，其研究课题包括诸子之缘起，经学与子学的关系，诸子派别之划分，诸子思想与时代、地域之关系，诸子思想在后世的流变，等等。关于思想史的研究其实可以分为两个层面：还原性研究、解释性研究。所谓还原性研究探讨的乃是"什么"的问题，解释性研究则主要探讨"为什么"的问题。略举一例，如古人所说之"三不朽"：立德、立功、立言。"立德"乃是创业垂法，为后代建立一套行之有效的制度的意思，此处之"德"与后代修养个体身心的德并非一物，这种探讨我们可以说成是还原性的探讨。而在此之外还需要更深层次的发问："德的概念是因何缘故由外转内，由创业垂法的含义变为修养身心的含义的呢？"这便是所谓的解释性的研究。在诸子的思想史研究中，最为重要的一个课题是诸子思想在后世的演变，如先秦儒家的心性论思想是如何被宋儒所接纳，宋儒又是如何吸收佛家、道家的思想去建构他们的性理之学的。这种探究对理解中国文化的走向有着重要意义。

而对于诸子的思想阐释和发挥则是我们最终要达成的目标，这一目标的达成标志着传统思想的一种创造性转向。它意味着我们要在前面两步的基础上进一步思考诸子思想内部的自洽性，诸子时代的思维模式与当下、西方究竟有何不同，对我们当下有何意义，我们该从何种角度去发挥诸子的思想以使它与当下对接，甚至为当代思想开出一条新的道路。如果没有前两步（校勘训诂和思想史）的基础，仅仅从文本内部去建构诸子思想的内在体系，很容易陷入逻各斯中心主义的思维困境，我们也不得不依附西方理论去理解诸子，随之所带来的结果便是我们所做的工作成了西学反向格义的副产品，丰富多元的诸子思想也变成了一堆空泛的哲学概念的组合。

所以，为了避免"新子学"走向附会西学的老路，我们有必要着重从思想史的视角切入诸子学的研究当中。只有这样，蕴含丰富的古典思想和传统价值才不会被概念化和单一化。同时，也只有在历史的境域里，思想才会更充分地展现自身。当然，也只有在历史的视域下，我们的理论建构才显得更有根基，而并非形而上的空中楼阁。

（原载于《名作欣赏》2019年5月学术版，作者单位：华东师范大学中文系）

先秦诸子"学"与"术"的嬗递、宗旨与功能
——兼论"新子学"的实践品格

徐昌盛

先秦诸子的著作是中华文化元典的重要组成部分，先秦诸子的学术是"新子学"最直接的理论资源。仔细分析先秦诸子的人生经历和学术品性，既可以深刻地体会到蓬勃而多元的思想碰撞，又可以强烈地感受到介入国家治理的深沉愿望。"新子学"固然要关注人格独立、精神自由、学派平等和思想多元，也要为国家治理提供理论和实践的支持。

一

先秦诸子的学术分类，《庄子·天下篇》是目前所知的最早文献，将诸子分为六派，西汉司马谈的《论六家要旨》总结先秦诸子为六家，东汉班固的《汉书·艺文志》区分为九流十家，产生了深远的影响。各家分类的演进历程，实际上是"学"与"术"不断嬗递的体现。

《庄子·天下篇》开篇提出了"道术"①与"方术"的概念，说："天下之治方术者多矣，皆以其有为不可加矣。古之所谓道术者，果恶乎在？曰：'无乎不在。'"[1]1050 庄子提出了"道术"与"方术"的概念，并明确了两者的差别："道术"是"明于本数，系于末度，六通四辟，小大精粗，其运无乎不在"[1]1050 即"古代天人、神人、至人、圣人对大道进行全面体认的学问，它包含了宇宙间的一切真理"[2]；而"方术"是"天下多得一察焉以自好，譬如耳目鼻口，皆有所明，不能相通"[1]1051，即"拘于一方，对大道的某一方面有所'闻'的学问，所以它只能反映出宇宙间全部真理中的某一个小的方面"[2]。因此各种"方术"的渊源都可以追溯到古代的"道术"。严寿澂明确指出："'旧法世传'之《诗》《书》《礼》《乐》《易》《春秋》（亦即《汉书·艺文志》所谓'六艺之文'）为'道术'，'百家之学'则是'方术'。'道术'掌于王官，'方术'则是私家言。"[3]那么最早体现"古之道术"的是谁呢？庄子认为是"邹鲁之士、缙绅先生"。后来"道术将为天下裂"，形成了六个学术流派，一是墨家的墨翟、禽滑厘，二是近于墨家的宋钘、尹文，三是法家的彭蒙、田骈、慎到，四是道家的关尹、老聃，五是庄周，六是名家的惠施。其中宋钘的学问比较复杂，后世归类时，或入小说家、或入墨家、或入名家，除此之外，诸子都有明确的家属。因此，庄子虽然最崇尚的是关尹、老聃一派的学问，但从六艺传播的角度，则首推"邹鲁之士、缙绅先生"，蔡尚思指出儒家只传述古代《六经》而无创作，即孔子自称的"述而不作"，故置于篇首，而其他六家，都是

---

　　① 《墨子·尚贤上》最早提及"道术"，说"贤良之士厚乎德行，辩乎言谈，博乎道术者乎，此固国家之珍，而社稷之佐也"（（清）孙诒让：《墨子间诂》，北京：中华书局，2001年，第44页），这里"道术"指国家治理的方法。

"作而非述"[4]，揭示了庄子分类的意图。

《论六家要旨》总结先秦诸子为六家，即"阴阳、儒、墨、名、法、道德"，他说："《易大传》：'天下一致而百虑，同归而殊途。'夫阴阳、儒、墨、名、法、道德，此务为治者也，直所从言之异路，有省不省耳。"[5]3993 司马谈认为诸子六家的目的皆是治理国家，只是每家选择的路径有所不同。诸子六家中，有五家已见于《庄子·天下篇》，唯晚起的阴阳学没有论及。李零指出阴阳学属于"术"的范畴，说司马谈的六家"不是六个思想流派，而是半学半术各三家"[6]9，那么将诸子六家分为两类，一类是儒、墨、道，可称为"学"，一类是阴阳、名、法，可称为"术"[7]9。儒、墨本属显学，道家虽晚，却"因阴阳之大顺，采儒、墨之善，撮名法之要"，都偏于理论的阐述①；法家本是治国驭民之术，而名家也以名辩著称，属于论辩术，也就是所谓的"刑名法术"，阴阳家更是主于天文星象历法等，皆偏于实际的应用。司马迁的《史记》安排也体现了司马谈的分类思想，比如《孔子世家》讲孔子，《仲尼弟子列传》则讲孔子弟子，《孟子荀卿列传》讲孔子再传弟子中的儒学大家，又如《老子韩非列传》将道家和法家并论，说明法家本于黄老，《韩非子》有阐释老子思想的《解老》《喻老》章亦是佐证。

《汉书·艺文志》将古书分为六类，即六艺、诸子、诗赋、兵书、数术、方技，其中的六艺本是旧学，诸子已不再分派而悉数纳入，诗赋自战国秦汉以来取得重要的成就，至于兵书、数术、方技，明显属于技术一类。《汉书·艺文志》所依据的刘向、刘歆父子的《别录》《七略》，初衷是服务于图书整理的需要，本质上属于图书分

---

① 林志鹏指出"'儒''墨'二家是有组织及师承渊源的团体，可称之为严格意义的'学派'"，参见氏著《战国诸子评述辑证》（上海：复旦大学出版社，2014年，第7页）。

类的方法。刘歆《七略》注意了"学"与"术"的区别，建立了"裁篇别出之例"，李零举例说："《诸子略》的子书，收有论兵之作，刘歆把其中的十种抽出来，不避重复，放进《兵书略》，当单行本，班志嫌重复，把这十篇删掉了。"[7]1《汉书·艺文志》的诸子分类，体现了史志编撰的需要，特意将同一人的"学"和"术"进行整合。因此《汉书·艺文志》的分类就颇有不合理的地方，如《太公》本以兵法知名，有《谋》《言》《兵》诸篇，被列入诸子，又如《孙子》讲"上兵伐谋，其次伐交，其次伐兵"，却被列入兵书。由于《七略》久佚，《汉书·艺文志》尽管有不合理的改变，但也基本上反映了《七略》的态度。叶长青说"(《兵书》《数术》《方技》）三略皆致实事之迹，与《诸子》《诗赋》之徒托空言者不同"[8]，李零说"'文学'与'方术'是一对概念"，指出六艺、诸子、诗赋是"文学"（相当人文学术），兵书、数术、方技是"方术"（相当技术），合起来就是后世所谓的"学术"[7]9，这就是本文"学"与"术"的分类来源。

总体而言，先秦诸子"学"与"术"的意蕴，战国以降的学者有不同的理解，庄子关注的是"道术"与"方术"的分野，司马谈总结为六家而区判内蕴其中，刘歆、班固则明确地区分为学术与技术，基本趋势是诸子日益全面学术化。这固然是出于学术发展的需要，后世学者将前代诸子视为研究对象，但根本上是由先秦诸子的理论和实践统一的品格决定的。实际上，先秦诸子的"学"与"术"并无明确的区别，因为两者是可以相互转化的。理论应用到实践，"术"是"学"的实施，比如《老子》对《孙子》的影响，"黄老"对数术、方技的影响；实践提升为理论，"学"是"术"的总结，比如法家本来是治理的手段，后来学有专门，与黄老结合成"道法家"。章太炎指出："学术无大小，所贵在成条贯制割。大理不过二途：一曰求是，再曰致用。"[9]先秦诸子"学"与"术"的嬗递，体现了求是与致用的变迁,反映了理论派和行动派的统一。但民国以来的诸子学研究,从胡适、冯友兰开始直至今天,都偏重于"学"的研究,而不重视"术"的讨论,甚至将"学"与"术"割裂,这个偏差应该得到"新子学"的纠正。

二

先秦诸子"学"与"术"的关系是共源殊途同归。六艺原属王官之学,是官方传授的学问。《国语·楚语上》载:"教之《春秋》,而为之耸善而抑恶焉,以戒劝其心……教之《诗》,而为之导广显德,以耀明其志;教之礼,使之上下之则;教之乐,以疏其秽而镇其浮"[10]。六艺在子学时代具有崇高的地位,是诸子学问的共同来源。

庄子认为"邹鲁之士、缙绅先生"最早传授"古之道术",儒本来是术士,《汉书·司马相如传》颜师古注称"儒,柔也,术士之称也(按,此引《说文》)。凡有道术皆为儒"[11]2592,《周礼·天官·太宰》郑玄注说"儒,诸侯保氏,有六艺以教民者"[12]。司马谈《论六家要旨》说儒家"以六艺为法",这"道术"指的是六艺之学。冯友兰说:"六艺乃春秋时固有之学问,先孔子而存在,孔子实未制作之。"[13]但孔子对六艺的传播和整理作出了重要的贡献。在六艺的传播方面,如《诗经》,《论语·为政》载孔子说"诗三百,一言以蔽之,曰'思无邪'"[14]39,《论语·阳货》载孔子说"小子,何莫学夫《诗》?《诗》可以兴,可以观,可以群,可以怨。迩之事父,远之事君,多识于鸟兽草木之名"[14]689;又如《易经》,《论语·述而》载孔子说"加我数年,五十以学《易》,可以无大过矣"[14]267,又《论语·子路》载"子曰:'南人有言曰:"人而无恒,不可以作巫医。"善夫!''不恒其德,或承之羞。'子曰:'不占而已矣。'"[14]543-544，征引了《易·恒卦》九三的爻辞，司马迁更明确说"孔子晚而喜《易》，序《彖》《系》《象》《说卦》《文言》。读《易》，韦编三绝。曰：'假我数年，若是，我于《易》则彬彬矣'"[5]2346。在六艺的编撰和整理方面，司马迁说孔子"退而修诗书礼乐"[5]2319，如《诗经》，《论语·子罕》明确载孔子说"吾自卫反鲁，然后乐正，《雅》《颂》各得其所"[14]345，司马迁甚至认为孔子删诗，成为《诗经》学史聚讼纷纭的公案。但孔子确实参加了《诗经》的整理，主要工作是"搜集诗篇，去其重复，确定篇次"[15]；又如《春秋》，孟子最早提出"孔子惧，作《春秋》"[16]452，《春秋》原是鲁国史书，孔子进行了编次裁制[17]。因此，儒家"以六艺为法"，而六艺是"道术"的根本，儒家是六艺的直接承教者，并且积极传授给一般人。"道术"掌于王官，"方术"是私家言，孔子变王官之学为私家之学，实现了"道术"向"方术"的转变。孔子打破了学在官府的局面，是私学传授的第一人，不仅促进了平民知识分子的兴起，而且加速了以讲学和做官为职业的士阶层崛起。

儒、墨是先秦时期的显学，墨家攻击儒家最烈，但两家颇多共同点。墨子与孔子一样，以博学名世，《庄子·天下篇》称墨子"好学而博"[1]1056，《淮南子·主术训》也说"孔、墨博通"[18]278；墨子也熟悉六艺，《淮南子·主术训》说"孔丘、墨翟修先圣之术，通六艺之论"[18]302-303，《墨子》全书引用《诗》《书》之处甚多；《韩非子·显学》称"孔子、墨子俱道尧、舜，而取舍不同，皆自谓真尧、舜"[19]457，《吕氏春秋·有度》说"孔、墨之弟子徒属充满天下，皆以仁义之术教导于天下"[20]，可见两者的尊尚与信仰类同，甚至有人认为墨子是孔子的学生，如《淮南子·要略》认为"墨子学儒者之业，受孔子之术，以为其礼烦扰而不说，厚葬靡财而贫民，(久)服伤生而害事。故背周道而用夏政"[18]709。一般认为儒家和墨家的学术理念是对立的：如儒家属于贵族主义，墨家属于平民主义；儒家尊奉文武周公，墨家尊奉夏禹；儒家讲究宗法血缘、爱有差等，墨家主张一切平等，推崇兼爱；儒家要求事死如事生，推崇厚葬，而墨家却提倡薄葬等等。这种具体观念和措施的区别，实际上体现了学术旨趣的不同，并不意味着知识背景有所差别。《庄子·天下篇》说"邹鲁之士、缙绅先生"尚传"古之道术"，墨家对儒家的反其道而行之，正是"道术"裂为"方术"的代表。

道家创始人老子曾做过周王室的"守藏室之史"，相当于现在的国家图书馆馆长，掌握着丰富的典籍和周王室的历史文献，对六艺的熟悉自不待言。先秦老学后来分为两派，一派崇尚无为，影响到庄子；一派崇尚有为，影响到法家。庄子在《天下篇》中自立为"道术"裂后中的一派，又将六艺与经并提，《庄子·天运篇》说"丘治《诗》《书》《礼》《乐》《易》《春秋》六经，自以为久矣"[1]477，明显提高了六艺的地位。韩愈见庄子喜提田子方，认为庄子是孔子的后学，王安石、苏轼也都认为庄子之学出于孔子，梁启超说庄子"他所理想的境界和孔子也差不多，但实现这境界的方法不同。孔子是从日常活动上体验，庄子嫌他噜苏了，要'外形骸'去求他，所以他说孔子是'游方之内'，他自己算是'游方之外'"[21]。后期的法家代表人物李斯、韩非，都是儒学大师荀子的学生，而荀子在《劝学》中说"学恶乎始？恶乎终？曰：其数则始乎诵经，终乎读礼。……故《书》者，政事之纪也；《诗》者，中声之所止也；《礼》者，法之大分，类之纲纪也，故学至乎《礼》而止矣。夫是之谓道德之极。《礼》之敬文也，《乐》之中和也，《诗》《书》之博也，《春秋》之微也，在天地之间者毕矣"[22]11-12，从而确立了"六经"的观念。因此，先秦诸子的学问背景是相似的，只是每人取其性之所近、习之所尚，加以发挥终成一家而已。

先秦诸子的主张表面上是对立的，但宗旨是一致的。比如杨朱和墨子，《孟子·滕文公上》说"杨朱、墨翟之言盈天下，天下之言，不归杨则归墨"[16]456，杨朱是道家后学，提倡"全性保真"的"贵己"之学，屡屡为庄子所提及，杨朱主张"不以天下大利易其胫一毛"[19]459，孟子批评说"杨子取为我，拔一毛以利天下不为也"[16]915，跟"墨子兼爱，摩顶放踵利天下为之"[16]916是完全不同的；又如儒家与墨家，《韩非子·显学》说"世之显学，儒墨也。儒之所至，孔丘也；墨之所至，墨翟也……孔子、墨子俱道尧舜，而取舍不同，皆自谓真尧舜"[19]456-457，墨家的主张虽然与儒家对立，但都属于国家治理的思考和实践，两者本质上是一致的。儒家、道家、墨家、法家等都有深刻的现实关怀，司马谈《论六家要旨》说"此务为治者，直所从言之异路"[5]3993，刘安《淮南子》说"百川异源而皆归于海，百家殊业而皆务于治"[18]427，《汉书·艺文志》说"九家之术，蜂出并作，各引一端，崇其所善，以此驰说，取合诸侯。其言虽殊，辟犹水火，相灭亦相生也"[11]1746。成功实现天下的治理，是先秦诸子共同的目标，体现了先秦诸子对政治治理的热情，反映了知识分子关怀现实人生的远古基因，只是不同的学派选择的路径不一样，因此李零说："先秦子书，是干禄书，里面的政治设计，都是献给统治者。"[6]3

三

先秦诸子"学"与"术"的功能可以概括为求是与致用。求是重在探索天道、社会、人生的真理，致用重在探索政治治理和人生的出处行止。当然求是与致用不是截然分途的，有的两者兼具、有的突出一方，甚至在更大程度上，追求致用是诸子的终极目标。

道家经典《道德经》既关注本体论，又关注政治论和人生论，体现了"学"与"术"的统一。《道经》注重从自然运行的规律中呈现高远的宇宙关怀和形上智慧。《德经》则关注现实的社会人生，这与老子时代的政治衰败、礼崩乐坏的现实密切相关。"道"是全书的思想核心。它既是宇宙和人生的终极，创造了万物，如"道生一，一生二，二生三，三生万物"（四十二章）[23]174，"人法地，地法天，天法道，道法自然"（二十五章）[23]103，又是具有根本意义的规律。"道"的社会政治特性是"自然无为""虚静""柔弱"。"自然无为"要求统治者顺应自然规律办事，而不是强作妄为，因此提倡"以无事取天下"[23]230"我无为，人自化；我好静，人自正；我无事，人自富；我无欲，人自朴"（五十七章）[23]232，"圣人处无为之事，行不言之教"（二章）[23]10。"虚静"要求一切的人事活动，都能致虚守静，"虚"即深藏自我、不要自满，"静"即清静寡欲、不要扰民，如"是以大丈夫处其厚不处其薄，居其实不居其华"（三十八章）[23]153。"柔弱"是"道"始生的状态，充满着生机，如"人生之柔弱，其死坚强。万物草木生之柔脆，其死枯槁。故坚强者死之徒，柔弱者生之徒。是以兵强则灭，木强则共。故坚强处下，柔弱处上"（七十六章）[23]294-297。老子关心如何消解人类社会的纷争，如何使人们过上富足安宁的生活，书中无论是形而上的哲学思考，还是社会人生的具体关怀，都体现了老子急于救世的慈悲胸怀。

儒家的特点是重"学"而轻"术"。董仲舒说"正其谊不谋其利，明其道不计其功"[11]2524，重视道义而忽视功利，典型地体现了儒家的学术特点。《汉书·艺文志》说"儒家者流，盖出于司徒之官，助人君顺阴阳明教化者也。游文于六经之中，留意于仁义之际，祖述尧舜，宪章文武，宗师仲尼，以重其言，于道最为高"[11]1728，指出儒家主要从仁义道德入手来服务政治治理。孔子的理论最重要的是道德哲学。"礼"是孔子思想的核心，属于对人的思想、感情、行为、人际关系和社会秩序的规范。"仁"是孔子理想人格的核心，是从家庭出发的尊卑长幼、贵贱亲疏的差别的爱。"仁"要以"礼"为标准，《论语·颜渊》载："颜渊问仁，子曰：'克己复礼为仁。一日克己复礼，天下归仁焉。为仁由己，而由人乎哉？'颜渊曰：'请问其目。'子曰：'非礼勿视，非礼勿听，非礼勿言，非礼勿动。'"[14]483-484 孔子张扬中庸之德，《论语·雍也》载孔子说"中庸之为德也，其至矣乎！民鲜久矣"[14]247，反对"过"与"不及"，强调了中庸之德要符合礼的规范。孔子在学理上论述了一系列的道德规范，目的固然服务于日常使用，但并没用关注使用的方法，成就主要在"学"而非"术"。

  儒、道之外的各家表现出鲜明的重"术"轻"学"的特点。如墨家，墨子崇尚功利主义，《荀子·解蔽篇》批评墨子"蔽于用而不知文"[22]392，冯友兰指出"'功''利'乃墨家哲学之根本意思"[13]77，"墨家则专注重'利'，专注重'功'"[24]。《墨子·非命》记载了"三表法"，提及"有用之者"时说"于何用之？废以为刑政，观其中国家百姓人民之利"[25]。墨子的思想，体现了早期诸子的博大胸襟和淑世情怀。又如名家，来源于先秦的名辩之术，最著名的是公孙龙的"白马非马""别同异，离坚白"和惠施"合同异"的"历物十事"，《天下篇》称惠施、桓团、公孙龙为"辩者之徒"，批评他们"饰人之心，易人之意，能胜人之口，不能服人之心"[1]1086，《荀子·非十二子》批评他们"好治怪说，玩琦辞，甚察而不惠，辩而无用，多事而寡功"[22]93-94，无非是玩弄名辞概念。再如法家，原是治国治民之术，《商君书·修权》说"法者，君臣之所共操也"[26]82，《管子·心术》说"杀僇禁诛谓之法"[27]758，说明法是统治的工具。韩非是法家集大成的人物，指出"法"是"编著之图籍，设之于官府，而布之于百姓者也"[19]380，属于公开的强制规范；"术"是"因任而授官，循名而责实，操杀生之柄，课群臣之能者也，此人主所执也"[19]397，属于君主控制驾驭臣子的方法；"势"是"君执柄以处势，故令行禁止。柄者，杀生之治也；势者胜众之资也"[19]431，属于君主的统治威权。可见法家的举措无不切于现实的政治治理。再如阴阳家，原是主管天文、历数、占卜等，司马谈称为"阴阳之术"，后来发展为阴阳灾异，在汉代颇为盛行。其他如兵家的《孙子兵法》《孙膑兵法》《尉缭子》《司马法》等，主要讲行军用兵之术。

除了儒、道讲究汇通外，先秦诸子的"学""术"皆各有侧重，但"学"与"术"不是截然对立的，而是可以相互转化的，最突出的趋势是"术"的积累和总结而发展为"学"。法家本来属于治国之术，《商君书·画策》说"故善治民者，塞民以法而名地作矣"[26]107，《汉书·艺文志》说"专任刑法而欲以致治"[11]1736，后来成为一家之学，尤其是慎到兼有道家和法家思想，是"学"与"术"的渐趋统一的代表。兵家和农家，属于施政的工具，本该列入"术"的范畴，后来也逐渐发展成"学"。纵横家，本属"短长术"，司马迁说主父偃"学长短纵横之术"[5]3577，到班固《汉书·艺文志》已立为一家之学，反映了"术"向"学"的演化历程。因此，诸子全面成为学术，其实是由汉代人在总结历史中完成的，司马谈《论六家要旨》和班固《汉书·艺文志》是里程碑式的文献。

四

先秦诸子注重"学"与"术"的结合，既通过现实政治来检验理论，又将理论创新运用至政治治理，整体上保持了理论和实践的统一。

孔子和孟子属于学问和事功兼具的人物。孔孟的仕途虽不得意，但他们都是努力通过做官来推行自己的学说。孔子生而贫贱，迫于生存压力，少年时做过委吏和乘田。鲁定公九年（前501），孔子51岁出来做官，被任命为中都宰，取得了治绩，引起了各地的效仿，很快擢升为主管工程建筑的小司空,又被提拔为主管司法刑狱的大司寇。为了增强君主的控制,他试图削弱鲁国三公的实力,最终失败。他感到在鲁国已经难以施展抱负,于是带着颜回、子路等弟子周游列国。十四年间,在卫、陈、宋、楚等国备受冷落,甚至在陈、蔡之间一度断粮。孔子回到鲁国后,感到仕途无望,于是投身于文献整理、学术研究和教育活动。

孟子很佩服孔子,也以学习孔子为志愿,他的一生与孔子的行迹也很相似。四十岁前,他在家乡聚徒讲学,同时为邹鲁国君出谋划策。然而邹鲁是蕞尔小邦,常在大国威胁之下,国君虽然听从建议奋发有为,也难以左右天下形势。中年开始,孟子带领学生周游列国推行政治主张。孟子最早来到毗邻的齐国,齐威王通过改革富国强兵,图谋争霸中原,对仁政并没有兴趣;又去了宋国,宋君偃虽然推行仁政,但在关键问题上大打折扣,孟子愤然辞别;孟子离开宋国后,在薛国前往邹国的路上,一度绝粮,差点饿死;滕文公敬服孟子的学说,即位后奉为上宾,实行仁政,言听计从,孟子系统阐述了他的政治主张,但滕是小国,处于齐、楚两个大国之间,稍有风吹草动就惶惶不可终日,孟子要推广仁政,还得寄希望于大国提供的平台;当时魏国接连战败、丧地辱国,魏惠王痛定思痛,于是招贤纳士以图富国强兵,孟子来到魏国,反对求利而提倡仁政,惠王以为孟子的主张"迂远而阔于事情",并不准备实施,不久惠王去世,襄王即位,孟子对他印象素来不好,决意重返齐国;当时齐国国力强盛,齐宣王想称霸中原,设立稷下学宫广揽人才、待以殊礼,孟子一心想辅佐齐宣王称王天下,宣王也服膺孟子的学说而授予客卿的高官,然而宣王并不能实施仁政主张,在伐燕之事上矛盾激化,孟子以政见不合辞去高官厚禄而回到家乡。在四处碰壁、美志不遂后,孟子时已七十多岁,只好退居乡里,与万章、公孙丑等弟子们一起讲学论道、著书立说。

先秦大儒还有荀子以学问著名，他担任了稷下学宫的祭酒，属于学官，而政务官只做到兰陵令，虽然没有参与到主流政治，也没有可堪流传的治绩，但毕竟是县令，是国家治理的实践者。荀子所任职的稷下学宫，学者"不治而议论"，体现了战国后期学问与事功的分野。李斯和韩非子是荀子的学生，韩非子也是以学问显名，未能在政治上有所作为，而李斯是政治家，却在学问上成就不多，适足证成战国末期"学"与"术"的趋于分离，反映了当时日益细致的社会分工。

先秦诸子，也有部分以事功著名，退而从事学问的，比如孙武和惠施。孙武曾受吴王阖闾重用，与伍员联手，大败楚国，《史记·平津侯主父列传》说吴国"西破强楚，入郢，北威齐晋，显名诸侯，孙子与有力焉"[5]3577，但阖闾去世后，夫差逐渐疏远了伍员，据说孙武见状引退，从事讲学和著述，总结战争成败经验，形成治军的理论，这是《孙子》的最早著录。惠施曾任魏惠王的相，被惠王尊为"仲父"，并制订了法律，但张仪入魏，主张魏国联合秦国、韩国而进攻齐国、楚国，惠施则主张联合齐国、楚国而按兵不动。惠王听从了张仪的主张，惠施只好离魏适楚。在惠子失去权势后，便从事学术研究，与庄子颇有过从，常有辩论，以至惠子死后，庄子说"自夫子之死也，吾无以为质矣，吾无与言之矣"[1]798。以孙武、惠施为代表的学者，是在具有充分的治国行军实践基础上，对以往的经验进行理论总结，从而将"术"提升到"学"的层面。

先秦诸子做的不是书斋里的学问，他们关怀国家政治、关心民众疾苦、关切现实人生，他们的学问是有温度、有广度、有厚度的大学问。

五

方勇先生指出"子学精神"体现了"新子学"的深层内涵，不仅提炼出"子学精神"的概念："所谓'子学现象'，是指晚周'诸子百家'到清末民初'新文化运动'时期，其间每有出现的多元性、整体性的学术文化发展现象。这种现象的生命力，主要表现为学者崇尚人格独立、精神自由，学派之间平等对话、相互争鸣。各家论说虽然不同，但都能直面现实以深究学理，不尚一统而贵多元共生，是谓'子学精神'。"[28]而且明确了"子学精神"的任务："倡导'新子学'，不仅意在呼吁革新传统诸子学的研究方式，更主张从'子学现象'中提炼出多元、开放、关注现实的'子学精神'，并以这种精神为导引，系统整合古今文化精华，构建出符合时代发展的开放性、多元化学术，推动中华民族文化的健康发展。"[28]同时展望了"子学精神"的前途："'新子学'所提炼出的'子学精神'，是在扬弃经学一元思维和大力高扬子学多元思维的前提下，对世界和人的本质的重新理解，它是子学的真正觉醒和子学本质的全新呈现，将为未来学术文化的走向提供选项。"[28]方勇先生高屋建瓴地总结了"子学精神"的概念、任务和前途，具有重要的启发意义。"子学精神"偏重于学术文化领域，但先秦诸子尚有注重事功的一面，反映了诸子对现实人生的关怀，他们有的以学术闻名，有的以事功著名，有的学术与事功兼具，因此"新子学"尚需突出诸子注重事功的一面。

根据前文的讨论，东周诸子，如孔子、老子、孟子、庄子、荀子、韩非子等，主要以学者兼思想家著名，但诸子中也有些不完全体现学术的，主要是以政治家或军事家等身份闻名，未必有子书传世，如李斯等。在这种情况下，以"子学精神"统摄似有未尽，不如称为"子家精神"。如此"子学精神"和"子家精神"就有了分工。"子学精神",指有关诸子研究所体现的学术精神,偏重于学术领域,也就是"学"的层面,强调建立学术体系,平等地与西方对话。"子家精神",偏重于治理实践,也就是"术"的层面,强调改革国家治理、补裨社会现实,实现传统思想资源的创造性实践转化。方勇先生指出:"晚周学术的多元特质,实际上是思想本身所具有的多种可能的显示。我们说晚周学术是中国学术的高峰,正是因为那个时代触及了人类思想的灵魂——多元精神,子学时代才有别于后世。"[28] 多元化是我们综观先秦诸子的重要视角,不仅包括理论特质的多元化,而且包括实践方法的多元化。

参考文献

[1] 方勇,陆永品. 庄子诠评 [M]. 成都:巴蜀书社,2007.

[2] 方勇.《天下》篇与中国学术史 [M] //卮言录. 北京:中国社会科学出版社,2004:116.

[3] 严寿澂. "新子学"典范——章太炎思想论纲 [M] //叶蓓卿编. "新子学"论集. 北京:学苑出版社,2014:715.

[4] 蔡尚思导读,吴瑞语评注. 论语 [M]. 北京:中华书局,2018:74.

[5] [汉] 司马迁. 史记(修订本)[M]. 北京:中华书局,2014.

[6] 李零. 去圣乃得真孔子——《论语》纵横谈 [M]. 北京:三联书店,2008.

[7] 李零. 兰台万卷:读《汉书·艺文志》[M]. 北京:三联书店,2011.

[8] 叶长青. 汉书艺文志问答 [M]. 上海:华东师范大学出版社,2015:163.

[9] 章太炎. 菿汉微言 [M] //章太炎全集:第二辑. 上海:上海人民出版社,2015:43.

[10] 徐元诰. 国语集解(修订本)[M]. 北京:中华书局,2002:485.

[11] (汉) 班固. 汉书 [M]. 北京:中华书局,1962.

[12] (清) 孙诒让. 周礼正义 [M]. 北京:中华书局,1987:109.

[13] 冯友兰. 中国哲学史(上)[M]. 重庆:重庆出版社,2009:44.

[14] （清）刘宝楠．论语正义［M］．北京：中华书局，1990．

[15] 马银琴．两周诗史［M］．北京：社会科学文献出版社，2006：419．

[16] （清）焦循．孟子正义［M］．北京：中华书局，1987．

[17] 冯时．孔子修作《春秋》考［J］．中国文化，2017（46）：88—95．

[18] 刘文典．淮南鸿烈集解［M］．北京：中华书局，1989．

[19] （清）王先慎．韩非子集解［M］．北京：中华书局，1998．

[20] 许维遹．吕氏春秋集释［M］．北京：中华书局，1998：665．

[21] 梁启超．评胡适之《中国哲学史大纲》［M］//梁启超全集．第13卷．北京：北京出版社，1999：3992．

[22] （清）王先谦．荀子集解［M］．北京：中华书局，1988．

[23] 朱谦之．老子校释［M］．北京：中华书局，1984．

[24] 冯友兰．中国哲学小史［M］．北京：中华书局，2014：114．

[25] （清）孙诒让．墨子间诂［M］．北京：中华书局，2001：266．

[26] 蒋礼鸿．商君书锥指［M］．北京：中华书局，1986．

[27] 黎翔凤．管子校注［M］．北京：中华书局，2004．

[28] 方勇．再论"新子学"［N］．光明日报，2013-9-9（014）．

（原载于《集美大学学报》2019年第4期，作者单位：湖南师范大学文学院）

"新子学"浅说
——由陆建华、方勇二位先生的文章谈起

徐宏勤

"新子学"这一学术构想是华东师范大学方勇教授于2012年在"全面复兴诸子学"的口号下提出的新理念，距今已历时五年有余。在此期间，学界对这一构想展开了广泛且深入的讨论，相关成果已汇编为《"新子学"论集》《"新子学"论集（二辑）》。2018年3月24日，安徽大学哲学系陆建华教授在《光明日报》发表题为《"新子学"断想——与方勇先生商榷》（以下简称《商榷》）文章，该文以传统的子学角度以及冯友兰先生的子学观念，对"新子学"这一构想提出多方面质疑乃至采取否定的观点。随后，方勇教授于4月8日在《光明日报》发表题为《"新子学"：目标、问题与方法——兼答陆建华教授》（以下简称《兼答》）的回应文章。该文从"新子学"的内涵与外延、"新子学"的问题意识、"新子学"与西学的关系等方面对"新子学"进行了深入的阐述，可看作是方勇先生对"新子学"所做的阶段性总结。二位先生的文章确然使我们对"新子学"相关问题的认识有了进一步深化，同时也为我们一直以来对"新子学"内涵及其发展理路等问题的思考提供了新思路。

一、"新子学"之"新"

纵观陆建华教授《商榷》一文可知，该文通篇即是围绕"新子学"之"新"这一问题展开的论述。首先以传统子学的定义为依据，认为"新子学"是建立在"新子"之上的学问，无论将"新子学"理解为"新子"之学还是"新"之"子学"，二者之间"没有质的差别"。方勇先生在《兼答》中则认为"'新子学'当然意味着诸子学的新发展，亦即'新的诸子学'，同时也包含'新诸子之学'。二者并非一种非此即彼的对立关系，而是存在着相生共促的密切关联。"同时进一步明确指出，仅以"新子"为基础的"新子学"是哲学研究的努力范围，而"新子学"并不是以产生哲学家为首要目标，更为重要的是找到最恰当的学术形态。

陆建华先生将"新子学"理解为建立在"新子"之上的学问这一层面，我们是认可的，然而至于认为"新子"之学与"新"之"子学"二者没有质的区别这一观点，我们则不敢苟同。我们认为，"新子学"固然要有"新子"的成分，但更重要的是对确立了子学体系基础上的研究。虽然以经学为核心的儒学曾独尊于百家之上，但诸子之学并没有断裂，而是作为在野的学术成分与主流学术并存而构成整个中华文化。自晚周至民国期间，学术文化发展中每每出现的多元性、整体性的现象，这种现象被方勇先生归纳为"子学现象"。我们认为，这种子学现象正是子学体系的外在表现，"新子学"探究的方向应该是在正视"子学现象"的前提下，正确界定"子学"范畴，同时结合历史经验、当下学术理念以及当今社会的现实需求对整个子学体系的挖掘和探究。

对子学的定义学界自来有广义与狭义之别。狭义的子学，是指先秦至汉诸子百家学术之总称，诸如章太炎、梁启超、胡适等学者多持此观点，这也是当今学术界对子学最基本、最广泛的认知。而广义的子学则是指先秦直至清代的注重思想性的子部文献的通称，如陈鼓应、方勇、杨国荣等学者皆持这一说法①。诚然，后一种界定无疑拓展了诸子学的内涵，给了我们更多有关诸子学的想象空间。对于这一观点，有的学人在肯定的基础上也表露出自己的顾虑。如东北师范大学刘兵先生就曾指出这种广义子学的描述过于含混，缺乏清晰的内涵。刘先生认为，把子学等同于先秦诸子学、玄学、理学、清代诸子考证学的集合的这一界定过于庞大，而子学未必有如此大的涵摄力②。我们认为，刘先生的顾虑在一定程度上是必要的，然而这并非绝对的。以经、子关系而论，两者间的关系探讨历来是一热点话题，自"新子学"理念提出以来更是引起广泛的论辩。我们认为，二者并非绝对矛盾对立的关系。正如孙以昭先生所论，经、子关系，你中有我，我中有你，并非一种非此即彼的关系③。我们认为今天对诸子学的思考，就经学与子学而言，应该不必再过分强调经、子间的冲突，而应该在更大的视野中看到子学与经学的共通处。诸如《论语》《孟子》等已升子为经的典籍，与其空洞呼吁"离经还子"，莫如花精力于对这些典籍中子学因素、子学思想以及子学精神的探索上。诸家可视其为共有的思想原材料，经学家可以研讨，同时也不应排斥对其作子学的探究对象。这并非

---

① 陈鼓应：《子学兴替关乎中国思想变革——〈"新子学"论集〉序》、方勇《"新子学"构想》、杨国荣《诸子学略论》，皆载于《"新子学"论集》，北京：学苑出版社，2013年。
② 刘兵：《探索前期中国的精神和观念——"新子学"刍议》，载《诸子学刊》第十三辑，上海：上海古籍出版社，2016年，第33—41页。
③ 孙以昭：《"新子学"与儒学、经学的关系及其在传统文化中的地位》，载《诸子学刊》第九辑，上海：上海古籍出版社，2013年，第213—221页。

无可奈何的折中,而是学术良性发展的客观之路。我们认为,这不仅不会使经学乃至儒学丧失什么,反而从思想深层还儒学以本来面目,充实其思想内涵,缓解、消除其已经存在或可能出现的僵化。

  同样地,诸如玄学、理学乃至自然科学等,似可同样作如此处理。自汉代"独尊儒术"以还,"经学"一尊成为主流意识。虽然有所谓先秦子学、两汉经学、魏晋玄学、隋唐佛学、宋明理学、清代朴学的说法来强调一代学术风气之特色,然而过于简明概括而显得笼统和抽象。从这一视域出发,不仅容易抹杀每一时代学术思想的多样性,从而更使子学与经学、玄学、佛学、理学、朴学间的内在联系与互动关系逐渐弱化乃至消弭。方勇先生显然对此有过深入的思考,故而在《兼答》一文中指出,"新子学"不仅要对诸子学作深入的研究,同样需要建构新的思想体系。我们认为,这种子学思想体系的建构与丰富,正是要建立正视各个时代的子学现象,对其内在子学因素、子学精神的整合与提炼之上。因此,从这一维度出发,我们认为陆建华先生以冯友兰先生的子学观来衡量和定性"新子学"的观点就存在可商榷之处。陆先生在其文中援引冯友兰以哲学维度将中国哲学史划分为"子学时代"与"经学时代"的观点,认为"冯友兰先生所谓的经学是对于'经'进行研究的学问,主要指的是从汉代到清代整个中国君主专制时期的哲学,传统的经学只是冯友兰先生所谓的经学中的一部分。"而其所言的经学之"经"则包括"子"的著作、儒家的"经"以及后世被中国佛学家所注解、诠释的佛经。陆先生借此加以总结,认为"子学与经学在哲学建构意义上的质的区别在于,子学的建构'以我为主',无所依傍,因而是'创构';经学的建构'以我为辅','依傍'于'经',因而是'重构'。"关于冯友兰先生"子学时代"与"经学时代"的划分观念前人多有论述①。郭齐勇先生也曾指出"冯友兰关于'子学时代'和'经学时代'的说法只具有象征的意义而不具有准确的学术史限断的意义。"②

诚然,冯友兰先生的划分实质上不过是把笼统上的"经学"作为思想僵化、停滞的代称,而以"子学"作为标新立异、思想活跃的代名词。冯友兰先生之后的几种哲学史著作中均未有再沿用这种划限的原则,因为这一界定的本省就有不严格之处。自汉以降以迄清代,虽然儒学占有"一尊"的地位,但学术思想也经历了多重变化,不仅有佛学等外来学说的传入,而且中土学术自身也不断发生演变而呈现出多样的发展态势,自然也就不能以"经学"一言以蔽之。故而从广义的"子学"而言,自汉以降的二千余年间,诸子学的内容与形式也随着时代的发展与学术思想的演变而不断进行自我改造。不仅儒、墨、道、法等诸子,乃至道教、佛教等都有了长足的发展和新的流变。这些新变不仅包括对先秦汉初数百年间诸子的疏导与诠释,而且也包括在中外思想文化碰撞、融合下产生的新的、越出经学藩篱的思想家即"子"们。中国思想史上的四大主要传统——儒家、道家、释家及理学,也都在不断互动、交融渗透,作为中华文化的精神支柱,源远流长,播及域外,而其中无不蕴含着丰富的子学因素和鲜

---

① 李零先生曾对胡适和冯友兰二位先生的异同做过阐发,虽然没有具体探讨冯先生这种哲学史的划限问题,但却指出:"胡适想把子学做大,做成思想史,而不是相反,像冯氏那样,子学做成经学,经学做成理学,理学做成新儒学(他张口闭口都是做圣人,应帝王)。书越写越大,路越走越窄,失去中国思想的大气魄,失去中国思想的自由精神。"(见李零:《重归古典——兼说冯、胡异同》,《读书》2008年第3期)。诚然,胡适是想把中国的学术思想从一家重返于百家,而冯友兰则是把百家扯回到一家,故其经、子时代的划限诚抑或源自这种主导思想。

② 郭齐勇:《诸子学的历史命运》,《社会科学战线》1997年第1期。

活的子学精神。因此，我们认为，这不仅是子学体系不可或缺的一环，更是"新子学"努力的一个重要维度。

　　世事人文，遭时代变，故一代有一代之问题，亦一代有一代之学术，而每一时代的学术都是当代学人在结合本时代的社会现实基础上对前人思想所做的继承和发展。虽王朝有更替，学术有隐显，但每家学术的链条却未曾断裂①。每一时代对此前思想的继承与批判，都是这一学术链条上不可或缺的一环。因此，我们认为，与其论辩所谓的新子、去思考如何将理学、玄学等纳入子学的范畴等问题，毋宁在正视子学现象的前提下去探析其丰富的子学因素、悦动的子学精神。我们认为，这样不仅可以丰富子学的内涵，同时有利用建立以诸子传统为研究物件的现代学术体系。这也正是方勇先生文中所说的："'新子学'并不以产生哲学家为首要目标，这不是'新子学'的方向。培植适当的土壤，找到最恰当的学术形态，这远比出现个别思想家要来得重要得多。"

二、跨学科、多学科的综合研究

　　随着社会的转型与发展，各种社会问题日益凸显且呈现出复杂而多元的特征，这就要求解决问题的方法具有相对的灵活性和多样性。在这种需求的呼吁中，跨学科研究逐渐成为回应复杂社会现实问题严峻挑战和提供多维学术研究视角的不可或缺的途径。在《兼答》一

---

　　① 墨学的中绝应该说是一个例。然而正如王桐龄在《儒墨之异同》中指出，墨子学说虽然中绝，但墨学之理想犹隐伏于后人脑筋中，未尝完全消灭。关于墨学复兴等相关问题可参见孙君恒、李悦：《新墨学的兴起和前景》，《诸子学刊》第九辑，上海：上海古籍出版社，2013年。

文中，方勇先生指出："2014年我就提出要重视'新子学'研究的综合性，诸子学需要不同学科的学者参与。现在看来，这些还不够，还需要诸子学自身构成综合性的研究平台。"我们认为这种观点是客观的、现实的。这一观点不仅体现了方勇先生对子学本身的正视，更是对当今学术发展所作的客观实际的省察。

"新子学"跨学科、多学科综合研究的诉求缘由是多方面的。首先取决于古代子学的博大精深。上古学人，尤其是春秋战国之际的百家诸子，见闻广博之至，于学无所不窥。诸子各家在坚守"入道见志"的理念基础之上，或游历诸侯、或著书立说，但皆以践行他们"务于治"的理想为最终诉求。故而所论内容之广泛，自修齐治平以至宇宙本源，无所不包。也就是《庄子·天下》所言的"无乎不在"，这无形之中就赋予子学本身跨学科研究的特征。如庄子其人其书而言，其思想可谓广博。早在20世纪30年代，郎擎霄在《庄子学案》中就谈及庄子的经济思想、心理学，并将其细化分类。时至今日，更是出现对庄子生态学、养生学、文艺理念乃至美学思想等诸多理念的细化探讨。其次，包括子学在内的学术这种跨学科研究的诉求还缘于清末以来从西方引进学术分类、分科的理念。不可讳言，这种分科的理念一定程度上可以说是学术历程中的进步，它使得学术走向专业化、专科化，相当程度上推动学术和社会的迅猛发展。但是这种专科化也同样造成学术分科、分类的细密化，也就带来了知识结构的狭窄单一、思维观念的封闭。就子学而言，学科分化之后，古代子学不再作为一个学科或学术门类，而是分散到全新的学科体系下的各个门类之中。以墨学而言，其本身包蕴广博，内容涉及诸多领域。在学科分化细密的今天，墨学的研究更是需要多专业、跨学科的综合研究。首先是对文本的解读，正如清代训诂学大师王念孙所言："《墨子》非乐非儒，久为学者所黜，故至今迄无校本而脱误一至于是。"诚然，两千年间墨学被正统视为异端，其间研治者鲜，而《墨子》

也几成不可读之书。至清代，在考据之风盛行的乾嘉时期，《墨子》一书才逐渐被人关注。毕沅、孙星衍、王念孙等学者，都倾力对其进行训诂和考证，至此，《墨子》一书始可卒读。然时至今日，《墨子》的训释及版本等问题都还存在很大的探索空间，这不仅需要训诂学、语言学，更需要文献学等综合研究。其次，《墨子》中还包蕴着丰富的自然科学，诸如力学、光学、数学乃至机械制造之学。而在学科分化的今天，这些知识领域对于人文社科类的研究者而言都显得陌生且吃力。因此，要整体解读《墨子》、对墨学思想进行全面的理解，我们必然要借助自然科学的研究者帮助而进行跨专业、跨学科的综合研究。

张双棣先生曾在《"新子学"与杂家》一文中提出："我们现在讨论'新子学'，应该充分借鉴杂家吸纳百家的做法，本着积极的、公开的、宽容的态度，对待古今中外的各种思想学说，择其善者而从之，其不善者而舍之。"[①] 我们认为，就当今学术分科及其具体发展的现实需要而言，这种可比性是成立的，这和我们所说的跨学科研究观点是一致的。"新子学"研究的一个重要环节就是要回归本源，也就是方勇先生在《再论"新子学"》一文中指出的"回到古代复合多元的语境中，把眼光收回到对原始典籍的精深研究上。"在今天而言，这种目标的实现诚然需要当下的"诸家"共同的努力。因此，在各领域举行的学术会议中，应该将主题延伸化、灵活化，以致能吸引到更多其他学科对此有研究或兴趣的学者参与其中。同时，在具体的研究中，不同学科的学者似乎可以考虑"合著"的合作方式。对于某一学派思想及其著作的研究和解读诚然不能靠一己之力完成，即使勉而为之，然对于非本专业知识领域或问题的探讨终究不能深化。

---

① 张双棣：《"新子学"与杂家》，载《诸子学刊》第十三辑，上海：上海古籍出版社，2016年，第283页。

如果能分工合作，虽然在行文体例上或有差别，却能使问题的讨论和研究深入且明晰。我们认为，唯有以这种涵盖万有、相容并包的气势与心态，"新子学"才能在最大范围内与诸多学科、专业进行平等的对话，从而使"新子学"能在最大范围内展开讨论与争鸣，丰富子学内涵。

然而，我们认为这种跨学科研究仅仅是"新子学"综合研究一个层次，它诚然还应包括子学整体的综合研究，也正如方勇先生文中所言"还需要诸子学自身构成综合性的研究平台"。在此前的诸子学研究中，如伦理学、哲学、政治学等研究都是以各家为单位，逐一加以论述。这诚然是诸子学进一步综合研究的基础，但并非最终诉求。我们认为，今天的一切学术研究自然是要为学术的良性发展寻求道路，但更为重要的应该以诸子"入道见志"的理念为榜样，从研究中概括、总结出有利于社会民生的经验与良方。当代的诸子学研究已经有了诸多的积累，对各家学派、重要子家都有了丰硕的研究成果。对于诸子各家学说的利弊得失都有了一定的认识和了解。诸子各家学说产生于两千多年之前，是各家学人面对当时的社会现实所提出的治世良方。然而这些学说当中有不少理念在当时就显得不合时宜，而有的能用于古而不能用于今。因此，"新子学"的一个努力方向就是在继续扩大对诸子学研究成果的基础上，对各家思想进行宏观的把握。对历代子学精义进行正确的解读，继而反观当前世界和现实人生，对诸子的种种思想理念进行去粗取精的努力。为解决现实社会的民生与思想等诸多问题，提供可信赖的参数和经验。

"新子学"探究的进一步深化离不开生动丰富的社会现实，更离不开跨学科研究方法的移植与借鉴，渗透与融合。多维度、多视域、多理念、多手段的交叉与激荡，"新子学"研究也必将更趋于丰富与多元。

三、客观认知"中国性",理性对待西学

"中国性"(Chineseness)一词出现于20世纪七八十年代,是个较为复杂的概念。它表达了中国学界面对西方强势学术,努力提出自己思想,发出自己声音的愿望和诉求,是目前学界讨论较为热烈的话题之一。我们认为这种立足自我、在学术中争夺自我话语权的诉求无疑是正确的。然而有些论调却在偏激民族情绪的指引下,对其过分强调,从而将学术研究带上一条偏颇的道路,阻碍了真正的学术建设,这无疑又是错误的、是需要作进一步反思和批判的。

在《兼答》一文中,方勇先生指出"'新子学'的问题意识就是理解'中国性'","反省现代学术的盲点,其要点就是探索中国文明形态的基本特征"。对于这些观念我们是认同的,而我们更为关心的是如何正确地面对这一问题,怀着何种心态去解决这一问题。我们承认,每一个中国学者都应该有爱国激情,有中国关怀。然而我们认为这是一切学术研究工作的最终目的和诉求,而非学术研究工作时心心念念的概念。学术研究是一项冷静客观的工作,在进行研究时,我们所要关心的是考量概念是否清晰明了、推论过程是否严密合理、论证结果能否经得起推敲等问题。"学术无古今中西",王国维如是说。学者有国界之分,学术却无国界之别。"新子学"是在新时期社会背景和学术环境中提出的理念,就应该以更为高瞻远瞩的宏大视野去看待和认知"中国性"。我们今天学术研究的最终诉求就是在"返回自身""回归原点"的基础上,用今天的汉语去阐释古典精义,使其能经世致用、古为今用。因此,在具体的学术研究工作中,必要的是消除学术话语的壁垒,潜入学术研究的深处,客观、理性地处理好中学与西学,古典与现代的关系。古典可用就用古

典，西学好用就用西学。即使是西学的概念和理论，只要我们表述得好，内化得合理，让西方学人也承认这一点，这就是中国的学术。如果把"中国""中国性""中国关怀"等概念作为至高无上的原则冠于具体的学术研究工作之上，那么学术研究将变成以爱国热忱为准则的比赛，这诚然能培养出爱国者，但未必利于具有普世关怀学者的塑造和培养。因此，我们认为，为了中国学术良性的建设与发展，"中国性"应该作为一种学术关怀存在，不应成为学术论证的准则。

客观地理解"中国性"，是我们在具体学术研究工作中正确对待西学的前提。如何面对西学，这是"新子学"理念提出以来较为学界所关注的话题之一。诚然，当今世界正处于一个高度信息化和全球一体化的时代，无论是政治、经济抑或是文化的建设和发展，都不能盲目自大、闭门造车。王国维曾在《国学丛刊序》中说过："中西二学，盛则俱盛，衰则俱衰。风气既开，互相推动。"自近代以来，中国学术文化乃至社会的发展受西学的影响颇深。学者通过对西方概念、体系、方法的模仿，逐步完成对中国古代传统的形塑。而今中国的文化学术问题乃至社会问题的讨论，很大程度上都不得不在西方近代文明发展的背景下展开，因此"新子学"的理念从一开始就面临如何回应西学的必要。在《兼答》一文中，方勇先生指出"'新子学'所讨论的回归中国性，并不意味着拒绝西方学术，更不意味着一种自我封闭。'新子学'学者当然要读西方书，要了解西方的问题意识，但是不能把这些作为理解诸子时代思想的前提，而恰恰是要反省头脑中的这些前提。如果可能，我们正是要以古典中国的语言、思维、判断来洗刷现代头脑中的这些前提"。诚如所言，而今的学术研究是不能脱离对西学的借鉴。虽然中国没有发展出逻辑学、没有形成系统的哲学体系并非自身的错误，但不可否认的是而今诸如从西方借鉴来的逻辑学、诠释学、伦理学等知识体系，对我们解读和掌握古代文本的精义诚然是不可或缺的。这是我们今天的学术研究不得不理性、客观地面对西学的重要缘由。我们认为，用西方的理念和方式来阐释中国学术乃至构建良性的学术新体系是现代学术研究乃至现代化建设的客观需求。从宏观的视域出发，对西学的采用可以理解为上文所讨论的跨学科研究的一种拓展和延伸。与此同时，也必须看到西学本身具有的复杂性，进而采取理性地吸收和借鉴。从早期的古希腊、古罗马哲学，到中世纪的宗教神学，再到近代的理性主义和马克思主义学说，乃至而今的各种现代主义和后现代主义思潮等等，都使其给人眼花缭乱之感。因此，我们认为面对西学绝不能削足适履，"新子学"要吸收和借鉴的，只能是具体的、符合中国学术特性的西学，绝不是抽象且含混的西学。

诚然，合理地借鉴和运用西学解读古典文本、理解诸子思想是理性对待西学态度的重要层面，而我们认为，面对西学我们更要保持一种将其内化的意识。这不仅是"中国性"的体现，更是对民族文化自信的肯定和践行。在《"新子学"构想》一文中，方勇先生曾提出"在深入开掘自身内涵的过程中，不忘西学之长，补自身之不足，将西学作为可以攻错的他山之石""摆脱二元对立思考的局限"等观念。应该说，方先生的主张无疑是正确的，但这只是上文我们阐述的第一个层面，而"新子学"面对西学更为进步的态度应该是在弘扬民族文化自信的前提下，将其合理的内容不断消融、内化，使其融入华夏民族文化之中，进而整合出新的思想理念。我们认为，华夏文明之所以绵延数千年而不衰，其中一个重要原因应该是其文化具有强大的内化作用。千百年来，以汉民族为主体的华夏民族在不断融合其他各民族的基础上逐渐形成今天的大家庭，与此同时也不断吸收、借鉴各民族文化的优秀成分，逐渐将其内化为自己的因素，从而形成灿烂的华夏文明。近代以来，伴随着西学东渐的脚步，以西方思维、逻辑和知识体系阐释诸子者颇多①，西学已成为"中学"不可分割的成分。就"新子学"而言，针对具体的某一子，西学的种种可能与其坚守的观念相对应甚至抵触，但作为整体的"新子学"体系而言，西学理应不断地被消融内化于其中，成为其血肉。这就是我们认为的，如今对于西学我们面临的问题是如何实行文化交融，进而整合出"新"的具有世界性学术思想。虽然这并不是如我们想象的那么容易，可能需要数十年乃至上百年时间的精研和努力才能实现，然而学问自来不是一件容易的事，正如方勇先生在论及构建子学体系时说的"我们预想，大约需要几十年时间，需要几十部甚至更多的著作，才能形成真正完整的研究体系"，我们预想可能会更久。面对西学，我们可以怀有焦虑，但不能扮演弱者的角色。我们认为包括"新子学"在内的学术研究要想走向世界，就必须走双向学术交流的路子，而主动地学习总好过于被动地接受。我们坚信华夏文化强大内化的作用，在未来的一天必然能吸收各民族、各国家、各地区文化的优秀成分，为中国学术研究开拓出更广阔的道路，为中华文化增添新的血液，为中国社会的和谐与稳定提供更多、更可信的参考系数。

小 结

"新子学"理念自提出以来，学界即对其展开广泛而深入的讨论，相关论文已达数百篇之多，业已汇编成论文集出版。与此同时，以"新子学"为主题的国际性学术会议已在上海、台湾、韩国等地

---

① 邹伯奇以为泰西科技、宗教等滥觞于《墨子》，薛福成认为西洋电学、化学等源于《庄子》，谭嗣同在《仁学》中将诸子比附于西方各学科，等等。

召开达六次之多，新一届"新子学"国际会议也在上海筹备中，可以说，其影响波及海内外。对"新子学"诸多方面的论述也精彩纷呈，时见时新。我们认为这正是"新子学"发展的内在要求，也是其"新"的体现。任何时代任何一种学说理念，其生存和发展的前提必然是结合当时的社会背景和时代需要不断自我更新完善。"新子学"是对子学的继承，更是在新时代的发展。其最终诉求应该是在正确解读古人思想的基础上，形成符合当下社会发展需要的新理念，从而达到古为今用的目的。因此，其研究工作就应该紧跟时代的步伐，时刻自省、充实自我，力求做到"苟日新、日日新、又日新"。因此，对于陆建华先生在《商榷》一文中反复诘问"新子学"的界定与内涵，我们的意见还是有所保留的。缺乏明晰的概念诚然不利于学术讨论的展开和细化，但我们也应意识到，任何一种理念一旦有了确切的概念和界定，也就使其有了具体的界限和范围。老子曾言"吾不知其名，强字之曰道，强为之名曰大"，也许以此与"新子学"比类似有不妥，但其理是相通的。子学本身广博之至，而"新子学"作为一种新的学术构想和理念更是有着广泛而丰富的内涵与外延，不给其下具体的定义，就是不为其设置一定的条条框框，从而利于各学科、各专业的"诸家"能平等地进行对话，共同参与到"新子学"的讨论与争鸣之中。诚然，有关"新子学"的讨论已历时五年，但对于一种学说、一种理念而言，其仍算处于探索阶段。其内涵、界定、研究方法等诸多问题尚存在广阔的探讨空间，而其通古明今、古为今用的最终诉求更是需要长时期地上下求索。

（原载于《诸子学刊》第二十辑，作者单位：华东师范大学中文系）

论"新子学"的学理构成

欧梦越

2012年,方勇先生发表《"新子学"构想》①,首次提出并阐发了"新子学"理念,引起学术界同仁热烈讨论,形成近年来少见的文化热点。最近,陆建华先生发表商榷文章《"新子学"断想——与方勇先生商榷》②,方勇先生也发表回应文章《"新子学":目标、问题与方法——兼答陆建华教授》③,笔者因一直研读严复,坚持认为严复就是近代"新子家",故一直密切关注"新子学"的讨论。拜读陆先生和方先生大作后,深受启发,也觉得有话要说,因此略论"新子学"的学理构成。

一、"新子学"究竟"新"在何处?

子书无疑为诸子所作,传统"子学"概念,《四库全书总目·子部总叙》曰:"自'六经'以外立说者,皆子书也。"④强调一为"'六

---

① 方勇:《"新子学"构想》,《光明日报》2012年10月22日,第14版。
② 陆建华:《"新子学"断想》,《光明日报》2018年3月24日,第11版。
③ 方勇:《"新子学":目标、问题与方法——兼答陆建华教授》,《光明日报》2018年4月7日,第7版。
④ (清)永瑢等撰:《四库全书总目》,北京:中华书局,1965年,第769页。

经'以外",一为"立说",述"六经"者、非"立说"者皆不得列入子部,即凡著书立说自成"一家之言"者,除经书外,统称子书。传统"子学"一般是指经学以外有深刻思想和理论体系,成"一家之言"的学问,指经、史、子、集的"子部"之学,或称"诸子百家之学""诸子之学""诸子学"。传统子学又有狭义、广义之分,狭义的指先秦诸子百家学术,梁启超《〈西学书目表〉后序》即明确说"汉以后无子书"①。广义的指历代诸子百家学术,章太炎《诸子学略说》强调指出:"所谓诸子学者,非专限于周秦,后代诸家亦得列入,而必以周秦为主。"②

方勇先生倡导"新子学",《"新子学"构想》重新反思并明确"子学"的本质及其历史面貌,强调所谓"子学"之"子"并非传统目录学"经史子集"之"子",而应是思想史"诸子百家"之"子"。具体内容上,则应严格区分诸子与方技,前者侧重思想,后者重在技巧,故天文、术数、艺术、谱录均不在子学之列。就是认为,子部之学并不都是"新子学"的研究对象。又强调依据子学发展的完整性,将《论语》《孟子》"离经还子",恢复先秦百家争鸣、诸子平等之本来面貌③。就是强调研究"原生态"的先秦诸子百家学术。这是对传统"子学"的新理解。笔者浅见,道学(仙道学)、佛学、兵学、医学皆是诸子学的"题中之义",天文、术数等大体上属于"术",应该重视其"道"的层面,具体的"技术"可以不论。研究"子书"的一切,研究诸子文献和诸子思想,包括考古新发现子书的整理与研究,历代诸子百家研究以及研究之研究,包括现当代

---

① 梁启超:《〈西学书目表〉后序》,《时务报》1896年10月。

② 章太炎:《诸子学略说》,桂林:广西师范大学出版社,2010年,第1页。

③ 方勇:《"新子学"构想》,《光明日报》2012年10月22日,第14版。

"新子家"的研究，皆属于"新子学"的研究范围。"新子学"不能仅仅局限于现代"西化"的学科分类的哲学史或思想史研究，不仅仅是现代专科之学，而是传统的"学术""学问"之"学"，是整体之学、全体之学。"新子学"以子部为主，但不仅仅局限于子部，集部中也有子学，也是"新子学"的研究范围。

"新"对应的是"旧"，"新子学"对应概念是"旧子学"，或"传统子学""古代子学"。"新子学"有不同的"时间规定性"，从1840年开始或从"新文化运动"开始兴起的近代子学、现代子学，皆可称作"新子学"，研究当代"新子家"则是最狭义的"新子学"。方勇先生强调，"新子学"与"旧子学"也不完全以时间划分。现代沿袭传统子学的范畴和问题，梳理建构"诸子学"体系，如章太炎《诸子学略论》、陈柱《诸子概论》等，是缺乏现代意涵的"诸子学"，实为"旧子学"。笔者强调，当代的也未必新，如果完全是老观念、老路径，没有现代意识，也不是真正的"新子学"。

"新子学"体现在方方面面。思维"新"，如全息思维、系统思维、三维思维等，不能只以习惯思维思考问题。观念"新"，汉武帝"罢黜百家，独尊儒术"之后，传统子学一直被正统经学挤压排斥，视为"异端"，处于边缘地位，"新子学"的"新"，就是观念上经、子平等，同等发扬。理论"新"，善于借鉴新理论，如用西方阐释学来重新解释诸子思想，用传播学来研究子学的传播，用概念史理论来研究概念旅行。方法"新"，如用饶宗颐的"五重证据法"等。视角"新"，如研究诸子的自我评价，重视相互评价或交互评价，将诸子的当世评价和历代评价结合起来，视角新自然会得出新结论。材料"新"，重视新材料的挖掘，如出土文献，及时吸收考古学、古文字学的成果。手段"新"，充分利用先进的现代化研究手段，如各种资料库建设。还有范式"新"、著述模式"新"、语言"新"，等等。

"新"是相对的，不是绝对的。应该继承中创新，而不是完全另起炉灶。"新"并不意味着以抛弃"旧"为前提，传统子学的一切皆应继续研究，并继承其精华，应充分尊重诸子智慧，体认诸子思想，合理扬弃。绝不能用极端二元对立思维思考问题，非此即彼。不能片面强调"新"，而轻视甚至忽视"旧"，没有"旧"，何来"新"？没有传统，何来现代？没有继承，何来发展？

"新子学"也是"新子"之学，"新子学"应该有"新子家"，历代新诸子不断增加，现代也有"新子家"，儒家是诸子之首，现当代"新儒学"代表人物如梁漱溟、马一浮、熊十力、方东美、钱穆、牟宗三、唐君毅、徐复观、成中英、余英时等，在继承古代儒家思想基础上创新。除"新儒家"外，那些吸收了西学思想，形成自己独特思想体系的大学者如严复、康有为、梁启超、章太炎、陈独秀、胡适、杜亚泉、冯友兰、贺麟、殷海光等，都可称为"子"——即"新子"，"新子学"也包括"新子"之"学"。

"新子学"最重要的学术使命就是新创造，创造超越古人、超越时代、超越国界的思想，创造新的学术思想体系。"新子学"是对传统子学的新阐释和新发展，是一种学术新理念，一种理论新创造，不能满足于注释古人，研究他者。先秦诸子是"家""派"，不只是个人著述，"新子学"不能只满足于个人著述，应注重新创学派。研究者要有宏大的学术理想，有文化担当精神，提升创新能力，追求思想高度，成"一家之言"，研究者本身要努力进入"新子"行列。"新子学"绝不只是一句口号，而是有深刻内涵的新概念、新理念。

二、与陆建华先生"与方勇先生商榷"之商榷

陆建华先生《"新子学"断想——与方勇先生商榷》明确全盘否定方勇先生的"新子学"，进而全盘否定整个学界的"新子学"。他

指出，学术界所呼吁建构的所谓"新子学"也许一开始就背离了"新子学"。他认为，从传统的子学的定义来看，新子学可以说是"新子"之"学"，也即新的哲学家、思想家所建构的哲学、思想或学问，也可以说是研究"新子"哲学、思想的学问。如果把新子学理解为"新"的"子学"，从传统的子学的定义来看，则可以指由"新子"所建构的"新"的"子"之"学"，其实质也是"新子"之"学"；也可以指研究"新"的"子"之"学"的学问，其实质也是研究"新子"哲学、思想的学问。无论在何种意义上，"新子学"都是奠基于"新子"之上的，不存在没有"新子"的新子学①。他认定方先生的"新子学"是没有"新子"的，说方先生所谓的"新子学"不是指"新子"之学，而是指"新"的"子学"，没有"新子"，哪来"新"的"子学"？而实际上，方勇先生从来没有说过"新子学"不包括"新子"，恰恰相反，方先生《"新子学"构想》特别倡导诸子学全新的生命形态——"新子学"，强调它将坚实地扎根于传统文化的沃土，建立起属于自己的概念与学术体系，以更加独立的姿态坦然面对西学。同时，它也将成为促进"国学"进一步发展的主导力量，加快传统思想资源的创造性转化，实现民族文化的新变革、新发展，为中国之崛起贡献出应有的力量②。方先生还呼吁构建"中国学派"。可见，方先生的"新子学"明显包含了"新子"之"学"。退一步说，即使没有包括"新子"，也不能说就不是"新子学"，对传统"子学"的新认识、新评价和新发展，即是"新子学"。对"新"的内涵理解因人而异。陆先生将"新"字限定在当代，就是说，现代以前的子学绝对不能称作"新子学"。不过，这只是陆先生的"一家之言"。按此逻辑，饶宗颐倡导的"新经学"，梁

---

① 陆建华：《"新子学"断想》，《光明日报》2018年3月24日，第11版。
② 方勇：《"新子学"构想》，《光明日报》2012年10月22日，第14版。

启超倡导的"新史学",皆不能成立。因为不可能只研究当代"新"的经学家,当代也不存在原创的经学,只有研究经学的学者和研究经学的学问;如果只有当代史学才能称作"新史学","新"即当代,当代即"新","新"字也失去"命名"的意义,完全不必用"新"字。因此,单纯地、绝对地强调"新"而完全排斥"旧",似乎与传统无任何关系,才能称为"新",这是对"新"的狭隘化理解,这样的"新"缺乏历史感和厚重感,也是没有学术生命力的。其实,任何创新都离不开传统基础,基本上不存在绝对的"新"。按陆先生的逻辑,笔者恰恰得出相反的结论:无论在何种意义上,"新子学"都是奠基于"旧子"之上的,不存在没有"旧子"的"新子学",没有"旧子",哪来"新"的"子学"?五年多来,学界许多人参与讨论"新子学",成果丰硕①,原来"新子学"根本不能成立,陆先生如此立论,对学界努力缺乏起码的尊重,对学界成果缺乏起码的体认,全盘否定,过于绝对化,明显有违学理。

陆先生强调指出:"冯友兰先生所谓的中国的新的哲学应该就是具有子学特质的、新的子学也即新子学——'新子'无所依傍、所原创的哲学。"② 首先,冯友兰论的是西化的中国哲学,实际上只是传统子学的主要部分,但不是全部,冯友兰并没有提及"新子学",因为他的学术路数是西方的,而不是传统的。因此认为冯友兰的"新的哲学就等于新的子学也即新子学",是"误读"了冯友兰。陆先生再以"误读"了的冯友兰观点作为立论依据和标准,符合的即是"新子学",不符合的即不是"新子学"。也就是说,"新子学"

---

① 可参考叶蓓卿编:《"新子学"论集》,北京:学苑出版社,2014年,第832页。以及叶蓓卿编:《"新子学"论集(二辑)》,北京:学苑出版社,2017年,第839页。

② 陆建华:《"新子学"断想》,《光明日报》2018年3月24日,第11版。

能不能成立，必须以冯友兰的是非为是非。而实际上，冯友兰的自我定位是哲学家而不是哲学史家，也可视为"新子家"，但冯友兰并没有"新子学"概念。因此，陆先生所说冯友兰的"新子学"，实际上是陆先生自己设定的"新子学"概念。其实，不少学者，包括方勇先生、曹础基先生，都早已强调"新子学"包括"新子"之"学"，曹础基先生《"新子学"悬想》明确指出："对诸子思想的重新解读和扬弃，'诠释旧子学元典'，属于新之子学。对传统思想的重新寻找和再创造，'创造新子学元典'，则属于新子之学。"① 强调"新子学"涵盖"新"之子学与"新子"之学。陆先生似乎不感兴趣，只提自己的"新子"之学，也就是说，他只承认自己的"新子"之学，而不承认学界早已论及的"新子"之学。

　　陆先生批评方勇先生所提倡建构的所谓"新子学"属于子学范畴，并不"新"。"新子学"肯定"属于子学范畴"，而不可能属于其他什么"学"的范畴，"属于子学范畴"，怎么就不能"新"呢？陆先生认为方先生所倡导的"新子学"乃是子学研究的"新发展"而已，其实质就是传统的子学，也就是只承认是"新发展"，不承认是"新子学"。其实，"新发展"就是"新子学"，只是"新"的程度有别。

　　冯友兰《中国中古近古哲学与经学之关系》一文将中国哲学史分为"子学时代"与"经学时代"，"自孔子至淮南王为子学时代，自董仲舒至康有为为经学时代"②。冯友兰本意是强调指出自董仲舒至康有为时代，经学掌握话语霸权，一家独尊，一花独放，经学主导和控制一切，把子学视为异端，百花齐放的"子学时代"一去不复

---

① 曹础基：《"新子学"悬想》，载《"新子学"论集》，北京：学苑出版社，2014年，第120页。

② 冯友兰：《中国哲学史补二集》（上），北京：中华书局，2017年，第257页。

返，因此可称为"经学时代"，冯友兰的意思绝对不是如陆先生所理解的"所谓的经学，主要指的是从汉代到清代整个中国君主专制时期的哲学"。陆先生将冯友兰的"经学时代"概念置换为"整个中国君主专制时期的哲学"，又将冯友兰所表达的经学主导和控制一切的时代的意思片面地理解为就是经学本身，而没有子学，继而又说汉代以来的经学研究，就是子学，也就是经学。所以得出结论，认为方勇先生"所提倡建构的所谓新子学，属于冯友兰先生所言的经学范畴"。陆先生说："从冯友兰先生的角度看，不论方先生心中的'子'、子学是什么，这种所谓的'新子学'都是阐释'经'的学问，或者说，都是经学性质的学问，其实质就是新时代的经学——当代的经学。"① 方先生所倡导的"新子学"原来不是"新子学"而是"新经学"，这一结论确实新人耳目，可惜经不起逻辑推敲。

陆先生《"新子学"断想——与方勇先生商榷》批评道："无论是传统的子学，还是冯友兰先生所言的子学，都侧重于哲学、思想的层面，而方先生所谓的子学则主要属于文献整理的层面。"② 方先生何时说过"子学主要属于文献整理的层面"？实际上，方先生之所以倡导"新子学"，就是因为发现诸子学文献整理层面研究的局限性，故而强调"新子学"将文献研究、学术史研究和思想研究（义理研究）统一起来，包纳并举，从而提升诸子学研究的理论品格和思想深度。

陆先生引申方先生观点，认为每一代"子"相对于前一代的"子"都是"新子"，每一代"子学原典"相对于前一代"子学原典"都是"新子学原典"，每一代子学相对于前一代子学都是"新子学"。在此意义上，我们现在这个时代需要建构的"新子学"，就是在我们现在这个时代的"子"所创造的"新子学原典"的基础上建

---

① 陆建华：《"新子学"断想》，《光明日报》2018年3月24日，第11版。
② 陆建华：《"新子学"断想》，《光明日报》2018年3月24日，第11版。

构出来的。这样，方先生所极力提倡的"新子学"却是"子学"范畴，方先生所不经意间论及的"新子学"则是真正的"新子学"①。按理说，学者发表文章，都是"经意"，至少是自己认为"经意"，何来的方先生"不经意"？同是方先生的文章，不能说有的"经意"，有的"不经意"。此处，陆先生意在批评方先生的"新子学"并不是真正的"新子学"，却又明确承认方先生"论及的新子学则是真正的新子学"，也就是说，陆先生通过详细论证，得出明确结论：方先生的"新子学"不是"新子学"，同时又说方先生的"新子学"是真正的"新子学"。

方勇先生明言"新子学"是开放的体系，一直在探讨，在不断建构，专门三次论"新子学"，许多学者也参与探讨。即使《"新子学"构想》有不尽完善之处，方先生也一直不断修正。严格说来，任何事业的开创都只能称作"草创"，肯定需要不断完善。陆先生如果批评方先生，按理似乎没有必要只抓住《"新子学"构想》一文大做文章，应把方先生已经发表的所有关于"新子学"的文章都包括在内。

方勇先生《"新子学"：目标、问题与方法——兼答陆建华教授》强调"新子学"意味着诸子学的"新发展"，亦即"新"的"诸子学"，同时也包含"新诸子"之"学"，二者并非一种非此即彼的对立关系，而是相生共促的密切关联。没有新的思想体系的建构，即无所谓"新子学"，诸子学也会失去方向；同样，没有深入的诸子学研究，又何谈新思想体系②？所言甚是。

---

① 陆建华：《"新子学"断想》，《光明日报》2018年3月24日，第11版。
② 方勇：《"新子学"：目标、问题与方法——兼答陆建华教授》，《光明日报》2018年4月7日，第7版。

三、构建合乎学理的"新子学"体系

"新子学"体系的构建必须合乎学理。方勇先生《"新子学"构想》提出"新子学"将承载"国学"真脉,主导其新发展。倡导"新子学",是对诸子思想的重新解读和扬弃,也是借重我们自身的智慧与认识对传统思想的重新寻找和再创造①。方先生《再论"新子学"》指出,"新子学"与经学体系主宰下的"旧子学"有本质不同,敢于直面纷繁复杂的现实社会,积极主动地去改变往昔经学一元化的思维模式和思维原则。"新子学"是从子学传统中提炼出来的整体性新理念,是对子学传统中包含的多元文化精神的自觉发扬。"新子学"的发展是时代的要求和选择,以开放的姿态,积极构建具有鲜明时代特征、富于活力的"新国学",它给"国学"带来的不是简单的内容上的囊括,而是结构性的革新——"国学"将由单向封闭的金字塔结构,转变为交互动态的多元开放结构,各种学术之间多元、平等、互为主体②。方勇先生倡导"新子学",就是要赋予诸子学以现代学术新体系形态,故而是"新"子学。现代学科体系下的诸子研究,主要是胡适、冯友兰的中国哲学史研究,可称"现代诸子学"。"新子学"试图摆脱哲学等现代分科体系的窠臼,建立以诸子传统为研究对象,具有相对独立研究范式的现代学术体系,这是"新子学"的目标。方勇先生《"新子学"构想》反思按照西方思维、逻辑和知识体系来阐释诸子。他指出:"子学渐渐失去理论自觉,沦为西学理念或依其理念构建的思想史、哲学史的'附庸':既

---

① 方勇:《"新子学"构想》,《光明日报》2012年10月22日,第14版。
② 方勇:《再论"新子学"》,《光明日报》2013年9月9日,第15版。

缺乏明确的概念、范畴，又未能建立起自身的理论体系，也没有发展成一门独立的学科。"①方勇先生《"新子学"：目标、问题与方法——兼答陆建华教授》强调，"新子学"之"新"，是对学术分科体系的反省，在学术方向上可以视作是一种回溯，期待在现有学术分科体系之外，形成一个古典研究的学术新生态②。方先生强调"新子学"的问题意识，就是理解"中国性"，《再论"新子学"》表述为"返归自身"，重建中国学术话语体系，重回充满活力的多元思想并存的"子学时代"，重现"百家争鸣"的局面，也为现代学术发展提供新的方向③。方先生《三论"新子学"》强调要发挥古典思想在当代的意义，努力寻求中华民族文化发展的大方向④。方先生《"新子学"与中华文化重构》主张"新子学"在面对强大的西方文化之时，不能丧失自信心，而应该在世界上力争属于自己的话语权，使中国学术以更好的姿态面向世界，这是"新子学"的机遇，也是"新子学"承担的时代责任⑤。"新子学"的重要意义在于突破经学专制独尊的学术格局，接续"子学精神"的学脉，不断创新。

　　通行的诸子学研究是"专科化""专门化"，将诸子学分解为哲学、伦理学、逻辑学、美学、教育学、经济学、法学、文学等不同学科，但仅仅分科研究，只是诸子的一面，不是全体。传统学术重视整体性、整全性，与西方分析性学术不同。方勇先生《"新子学"构想》倡导"子学复兴，诸子会通"，跨越各种疆界的会通研究是"新子学"一大创新途径，绝不能仅仅满足于就诸子学论诸子学。学术

---

　　① 方勇：《"新子学"构想》，《光明日报》2012年10月22日，第14版。
　　② 方勇：《"新子学"：目标、问题与方法——兼答陆建华教授》，《光明日报》2018年4月7日，第7版。
　　③ 方勇：《再论"新子学"》，《光明日报》2013年9月9日，第15版。
　　④ 方勇：《三论"新子学"》，《光明日报》2016年3月28日，第16版。
　　⑤ 方勇：《"新子学"与中华文化重构》，《人文杂志》2017年第5期。

发展，多是"救弊"，矫正前此流行学术之弊，"新子学"旨在"救弊"，注重"反思"，这也是"新子学"之"新"。"新子学"不能满足于纯粹的"义理之学"或哲学研究，还应包括传统的考据之学、辞章之学、经济之学研究，应置于学术总体系中评价。

"新子学"应有文化自信和理论自觉，同时开放、包容，敢于并善于吸收西方理论和方法，进一步把"子学"体系化，但不应成为西方学术的注解和附庸。传统子学有独特的概念范畴、话语体系和生命活力，应继承并发扬光大，进行创造性转化，绝不能仅仅局限于当代哲学学科范围内研究。传统子学是历代诸子智慧的结晶，代表中国智慧，要努力激发其学术生命力。应该深刻"反思"用西方学科肢解传统子学之弊，应在"大体""大道"视野中研究"新子学"，重返传统整体会通的学术路数，"返本"才能"开新"，存旧统，更要开新域，这是"新子学"发展的光明大道。"新子学"要在全球化国际学术格局中发出自己的声音，为中华民族伟大复兴，对未来中国及国际学术发展做出自己应有的独特贡献。

（原载于《诸子学刊》第二十辑，作者单位：复旦大学历史系）

"新子学"理念的倡导与展开
——以方勇先生的论说为中心

上官文坤

一、"新子学"理念提出的简要回溯

从 2012 年至 2018 年,方勇先生关于"新子学"理念的提出与展开,主要体现在这 6 年间发表的 8 篇论文、5 篇访谈录中。兹以时间为序,对其作一个简要回溯,以期对"新子学"理念提出的前后脉络有一个更为清晰的把握,以便我们更完整和深刻地理解"新子学"理念的内容要素和思想架构。

2012 年 10 月 22 日《光明日报》"国学版"发表了方勇先生的《"新子学"构想》,这是"新子学"作为一种"新"理念首次被正式提出来,如一石激起千层浪,引起了学术界同仁的热烈反响。在"构想"一文中,方勇先生主要围绕着三个问题展开论述:一是子学的产生发展与"新子学",这是站在历史的纵向角度上思考与把握子学自身发展的必然规律,"新子学"是子学发展的历时性产物和创造性继承;二是"新子学"将扎根传统文化沃土,以独立的姿态坦然面对西学,这是站在现实的横向坐标中处理好子学与西方学术的主次关系的正确态度,"新子学"体系的富有生命力表现在它既不沦为西学理念的"附庸",也不一味沉溺于"以中国解释中国"的保守思维；三是"新子学"将承载"国学"真脉，促进传统思想资源的创造性转化，这是方勇先生对"新子学"在"国学"中的内容构成与主导力量中的价值重估的一次重新审视。

2013年9月9日《光明日报》刊登了方勇先生的《再论"新子学"》，方勇先生首先对"新子学"的深层内涵做了新的思考，认为"'新子学'是对'子学现象'的正视，更是对'子学精神'的提炼"①，并对"子学现象"和"子学精神"做了细致而具体的解释。其次，"新子学"对国学发展的思考是对其在《"新子学"构想》中提出的"新子学"将承载"国学"真脉这一看法的进一步阐述。再者，"新子学"对时代的应对是思考"新子学"对时代问题该做出如何的精神回馈和怎样的思想解答。

2013年第7期《探索与争鸣》发表了方勇先生的《"新子学"申论》，从三个方面对"新子学"再行申论。其一，"新子学"是理解中国学术的新视角，认为"新子学"的学术思想图景，既是用新的视野重新定位子学为学术主流，同时用批判的视角去看待和修正现代的学科体系，重新划定研究对象和研究思路。其二，"新子学"与新儒学的异同，就"新子学"与新儒学在中国学术传统的主流、现代中国的文明秩序及学术资源和追求目标上的分歧处作了说明。其三，"新子学"与时代的要求，思考"新子学"与中国学术转型的关系、与中国学术的多元发展，以及如何对待当代中国学术中世界性和中国性的内在纠缠的自我定位。

2015年第1期《名作欣赏》发表了方勇先生的《"新子学"理念提出的前后脉络》，说明"新子学"概念的提出，是根植于华东师范大学的超大型古籍整理项目，即正在运作的《子藏》项目，是其转向子学义理研究的合乎逻辑的自然延伸。同时提出"新子学"理

---

① 方勇《再论"新子学"》，《光明日报》2013年9月9日，第15版。

念最重要的就在于发扬"子学精神",破除思想禁锢,不尚一统,多元并生,这是理解"新子学"的关切点。

2016年3月28日16版《光明日报》刊登了方勇先生的《三论"新子学"》,经过数年的思考,方勇先生进一步认为,从"新子学"角度观照传统文化创新,具有独特的可行性与挑战性,从三个方面对"新子学"做了更为深入的阐述。其一,追溯原点,意为"新子学"的创新首先需要回归到中国思想的原点,即先秦时代的诸子学传统;其二,重构典范,重构的关键在于如何把握先秦时代思想的结构;其三,唤醒价值,是指在传统价值中找到适合当代的形式,并与现代价值做有效沟通。

2017年第5期《人文杂志》发表了方勇先生的《"新子学"与中华文化重构——在台湾"'新子学'国际学术研讨会"上的主题讲演》,方勇先生结合"中华文化重构"这一问题对"新子学"做了一个整体介绍。第一,"新子学"提出的背景与必要性,与这个"新"理念的倡导者方勇先生的治学经历与学科背景紧密相关。除此,政府的文化政策起到了促进作用。从中国文化史、学术史的角度以及人们思想观念来看,诸子学的复兴也是大势所趋和理所当然的。第二,"新子学"的内涵,其内核是多元平等的"子学精神",是为了承载对于文化多元化的诉求。第三,从"新子学"的传播与影响来看,说明它把握住了时代的发展方向。

2018年4月7日07版《光明日报》"国学"刊登了方勇先生的《"新子学":目标、问题与方法——兼答陆建华教授》,学界对"新子学"的概念、范围、方法、理路已做了多方面的探索,且有所质疑,在此背景下,方勇先生发表此文是对"新子学"的基本问题做一次总结,有助于学界深化理解"新子学"。方勇先生开宗明义地指出,"新子学"自然意味着诸子学的新发展,亦即"新的诸子学",同时也包含"新诸子之学";"新子学"的问题意识是理解"中国性",但绝不意味着拒绝西方学术①。基于此,"新子学"的目标是试图努力寻求中华民族文化发展的大方向。

2018年10月13日11版《光明日报》"国学"刊登了方勇先生的《四论"新子学"》,此文则切入诸子学内部,主要辨析传统诸子学的诸种旧说,分析诸子时代的思想主题,并且以轴心时代的文明形态研究为参照,进一步探索"新子学"的发展方向。方勇先生表示,诸子时代是中国文明转进的关键期,后世的文明特质都可于此找到原点,因此"新子学"的研究方向应当从多元文明的视角追溯诸子学,从中国文明的现代发展推进诸子学,是一种以比较视域来进行综合性、还原性的思想研究,以此建构一个相对独立的学术体系②。

除此之外,需要补充的是,关于方勇先生的5篇访谈录,也是了解和介绍"新子学"理念不可缺少的文献材料。具体分别是:2015年第8期《社会科学论坛》刊登了却咏梅的《精进开拓　推陈出新——方勇教授访谈录》;2016年第1期《名作欣赏》刊登了张勇耀的《"新子学"与中华文化之重构——方勇教授访谈录》;2016年1月12日第3版《华东师范大学报》刊登了杜晓玥的《致力于弘扬子学文化的传统魅力——访中文系方勇教授》;2016年12月6日第10版《福建日报》刊登了李向娟的《"新子学"将助力当代思想文化建设——访方勇教授》;2018年10月23日第3版《今日浦江》刊登了张方镇的《一个长江学者的文化担当——方勇教授专访》。新闻媒体的报道,使得"新子学"理念在学术界迅速得到传播,引起热烈讨论,同时也影响到纯学术之外的其他很多方面。

综上所述,《"新子学"构想》《再论"新子学"》《"新子学"

---

① 方勇:《"新子学":目标、问题与方法——兼答陆建华教授》,《光明日报》2018年4月7日,第7版。

② 方勇:《四论"新子学"》,《光明日报》2018年10月13日,第11版。

申论》《三论"新子学"》《四论"新子学"》这一系列文章基本上建构了"新子学"这一"新"理念的结构框架,大致确立和奠定了"新子学"理念的一个主体方向。《"新子学"构想》详细阐述了"新子学"与旧子学的关系、在国学中的地位、如何面对西学等问题。之后的《再论"新子学"》站在形而上的高度对"新子学"做了更丰富而凝练的理论探索,提炼出"子学现象"和"子学精神"两个核心概念。《"新子学"申论》则指出"新子学"的主要构想是以返归自身为方向,以开放的心灵面对传统,以沉潜的姿态面对现实,化解学术研究中的内在冲突,追寻贯通古今的中国智慧。《三论"新子学"》的关切点和根本是传统文化研究如何创新的问题,"新子学"在多元会通的中华文明中,需要通过追溯原点、重构典范、唤醒价值的一系列创新实践,才能突破"旧"子学的格局,从而更深刻地发掘传统文化中的元典精神,更切实地指向现实和当代意义的价值重构。《"新子学"理念提出的前后脉络》《"新子学"与中华文化重构》两篇文章则对"新子学"概念提出的背景和必要性做了一个整体性说明,是对《构想》《再论》《申论》《三论》等系列重要文章提出的核心理念的进一步阐述和详细介绍。《"新子学":目标、问题与方法》是对学界关于"新子学"历时五年的讨论和基本问题的一次总结性说明,《四论"新子学"》则切入诸子学内部,做一个整体性的分析。从方勇先生发表的关于"新子学"的系列文章中,我们可以拈出几个关键字:旧子学、"子学精神"、国学、西学、时代、价值。具体言之,"新子学"与旧子学的关系,"新子学"的内核是"子学精神","新子学"在国学中的地位,"新子学"如何面对西学,"新子学"对时代的精神回馈和思想解答,"新子学"如何通过自身的价值重构以实现传统文化研究的创新。一言以蔽之,"新子学"只有在处理好自身与他者的关系中,才能实现自身的"新"价值和意义,"新"是根本,是本质,是精神归宿,是终极追求。

二、对"新子学"理念中展开的几组重要命题的辨析

方勇先生"新子学"理念的提出不是一朝一夕的,而是经过长期思考与严密论证而慎重推出的思想"新"成果。现试以方勇先生"新子学"理念中展开的几组重要命题为线索,以期对"新子学"理念的内容构成和思想框架有一个更为深刻的认知和理解。

(一)"新子学"与旧子学的关系

旧子学,亦称"传统子学"或"古代子学"。传统子学就是经、史、子、集的"子部"之学,子书及研究子书的学问便是"子学"或"诸子学"。方勇先生则认为:"所谓子学之'子'并非传统目录学的'经、史、子、集'之'子',而应是思想史'诸子百家'之'子'。"[1] 子学是思想的学问,是"道"学问,亦即子学的活力在于其"入道见志"(《文心雕龙·诸子》)的思想载体与其理念自身具有的生生不息的开放性特征[2]。章学诚亦云:"诸子立言以明道。"[3] 四库馆臣也明言:"自六经以外,立说者皆子书也。"[4] 这些都说明了一点,鲜活的思想性是子学最为显著的标志和根本属性。"新子学"是子学自身发展的必然产物,是指向子学思想的创造性发展。可以这么说,具有鲜明思想性的子学即是方勇先生认为的"子学现象"。所

---

[1] 方勇:《"新子学"构想》,《光明日报》2012 年 10 月 22 日,第 14 版。
[2] 方勇:《"新子学"构想》,《光明日报》2012 年 10 月 22 日,第 14 版。
[3] 章学诚:《校雠通义》,上海:上海大中书局,1934 年,第 19 页。
[4] (清)纪昀等撰:《四库全书总目提要》,北京:中华书局,1996 年,第 1191 页。

谓"子学现象",就是指从晚周"诸子百家"到清末民初"新文化运动"时期,其间每有出现的多元性、整体性的学术文化发展现象①。"新子学"相对于"旧子学"而言,既发源于"子学现象",又超越这一现象。"新子学"理念突破了传统的四部分类法,把子学作为真正的学术思想主流去把握,重新清理和整体考察历代子学,寻绎中国学术原生态的内在肌理。方勇先生在《三论"新子学"》中又一次强调,"新子学"的创新需要回到中国思想的原点,即先秦时代的诸子学传统②。因此,"新子学"作为一种学术文化的"新"理念,是对旧子学的扬弃,是对传统诸子学继承性的新创造,是对子学思想体系的新建立。

(二)"新子学"的内核是"子学精神"

"新子学"的深层内涵,是在原生态的诸子学面貌下的"子学现象"中提炼出来的具有普遍意义的"子学精神"。所谓"子学精神",是指诸子各家论说虽然不同,但都能直面现实以深究学理,不尚一统而贵多元共生。主要表现为学者崇尚人格独立、精神自由,学派之间平等对话、相互争鸣③。林其锬在《略论先秦诸子传统与"新子学"学科建设》一文中总结了五方面的"诸子精神",即原创精神、求实精神、争鸣精神、会通精神、开放精神④。欧明俊先生在《论"子学思维"和"子学精神"》一文中指出子学精神最重要的是创新,是理论创造。具体言之有:"大丈夫"精神、执着精神、牺牲奉献精

---

① 方勇:《再论"新子学"》,《光明日报》2013年9月9日,第15版。
② 方勇:《三论"新子学"》,《光明日报》2016年3月28日,第16版。
③ 方勇:《再论"新子学"》,《光明日报》2013年9月9日,第15版。
④ 林其锬:《略论先秦诸子传统与"新子学"学科建设》,载《新子学论集》,北京:学苑出版社,2014年,第98—105页。

神、尚气节精神、仁爱精神、谦虚好学精神、科学精神、自由精神、独创精神、争鸣精神、叛逆精神、怀疑精神、批评精神、担当精神、会通精神、开放精神、和谐精神、自省精神、自律精神等①。李桂生《子学精神与"新子学"建构刍议》认为"子学精神"表现在七个方面，即独立人格、思想原创、批判思维、入道见志、保持张力、和而不同、实践理性②。这三位学者的文章都是对方勇先生提炼出来的"子学精神"的具体而生动的演绎和阐释，这也说明"子学精神"是一个内涵丰富性和延展性、具有生生不息生命力的理论话语。"子学精神"的真谛在于多元、开放、关注现实。只有深入地理解"子学精神"的全新意义，才能更好地从整体上把握"新子学"理念。"新子学"理念尊崇学术多元化本性，并以此形成自身的开放体系，通过对世界和人的本质的重新理解和发现，对学术进行全新的理论建构。

（三）"新子学"在国学中的地位

国学，一般指中华传统思想和学术。"旧国学"是经学和儒学统摄下的"国学"，以经学为髓，儒学为骨，经学和儒学（经学是儒学的核心）处于主导地位，其他各家则被置于从属的被支配的位置。基于对传统历史和现实形势的清醒认知，方勇先生提出，"新子学"将承载"国学"真脉，促进传统思想资源的创造性转化③。子学自其产生之初，便与社会现实保持着亲密的交互关系，并且不断突破，这也造就了子学思想是生动鲜活的、充满创造性的生命力。《再论"新

---

① 欧明俊：《论"子学思维"和"子学精神"》，载《诸子学刊》第十三辑，上海：上海古籍出版社，2016年，第11—22页。

② 李桂生：《子学精神与"新子学"建构刍议》，载《"新子学"论集》二辑，北京：学苑出版社，2017年，第50—59页。

③ 方勇：《"新子学"构想》，《光明日报》2012年10月22日，第14版。

子学"》中，方勇先生再次表达了"新子学"对国学的发展，提出"新子学"给"国学"带来的不是简单的内容上的囊括，而是结构性的革新："国学"将由单向封闭的金字塔结构，转变为交互动态的多元开放结构①。"新子学"以"子学精神"为灵魂，主张多元并立，相互争鸣，"新子学"视野中的"国学"也将是一个思想多元性与开放性的百家合鸣的和谐图景。中华民族文化的精神元典是什么？它绝不应该是"六经"统摄万端、儒学唯我独尊，而一定是一种生动、活泼、生机盎然的文化生态系统。"新子学"努力打造的"不依傍、不苟且，重独得之秘，立原创之见，倡导精神上的独立和自由"②的文化生态，正好可以引领如今国学健康发展的方向。"新子学"将融经学、儒学为一体，形成一种新的中华文化精神体系和思想结构，从而将我国传统文化推进到一个新的发展阶段。

（四）"新子学"如何面对西学

子学的发展不能不受西学的影响。一方面，五四时期在西方的科学主义精神指导下重新梳理中国传统文献材料；另一方面，西方的人文主义精神刺激了子学由"考据"到"义理"的转变。中华人民共和国成立初期，中国学术话语体系几乎照搬苏联模式。改革开放后，中国学术研究也多套用西方的学术理论及其评价体系。影响所及，子学逐渐丧失自身的理论自觉，沦为西学理论或依其理念构建的思想史、哲学史的"附庸"。鉴于此，方勇先生提出，站在"新子学"的立场上来看，迷失在西学丛林里难以自拔的自由主义既不可取，一味沉溺于"以中国解释中国"的保守思维同样不足为训③。方勇先生的关注点

---

① 方勇：《再论"新子学"》，《光明日报》2013年9月9日，第15版。
② 方勇：《"新子学"构想》，《光明日报》2012年10月22日，第14版。
③ 方勇：《"新子学"构想》，《光明日报》2012年10月22日，第14版。

首先在于把西学理解为"新子学"发展的一个资源,思考"新子学"如何与西学建立正向的关联①。"新子学"面临的是一个多元世界和多元社会的现实,需要有敞开的视野和开放的心灵,同时也需要沉潜的思维。因此,"新子学"必须以返归自身的方式来处理学术研究中世界性与中国性的张力,解决"新子学"面对学术内在纠缠的自我定位②。"新子学"研究需站在文化多元发展的立场上,取西学之所长,补自身之不足,西学之石,可以攻玉。如王国维对中西方学术的开明态度:"中西二学,盛则俱盛,衰则俱衰。风气既开,互相推助。"(《国学丛刊序》)"新子学"必须努力破除西化的魔咒,中学为体,西学为用,积极建构具有中国属性的子学思想的理论自觉和话语方式。

(五)"新子学"对时代的精神回馈和思想解答

"新子学"的主张,与思考我们这个时代具有什么样的特质,需要什么样的学术文化密切相关。子学本身是中国学术文化对时代的精神回馈和思想解答。方勇先生认为,"新子学"要致力于中国学术文化的转型,要处理好多元与会通的关系③。"新子学"作为理解中国学术的新视角,重新定位子学之为学术主流,找寻经学笼罩下被遮蔽的东西;同时用批判的视角去看待现代的学科体系,补上学科框架下剪裁掉的东西④。子学作为中国政治与文化的元表达,"新子学"同样是一种蕴涵中国问题和解答时代问题的思想表达方式,"新子学"显示的是传统智慧在重建中华精神文明体系中的引领作用和特殊地位。也许真正困难的是:在中国现代的文化体系的建构中,"新子

---

① 方勇:《"新子学"申论》,《探索与争鸣》2013年第7期。
② 方勇:《再论"新子学"》,《光明日报》2013年9月9日,第15版。
③ 方勇:《再论"新子学"》,《光明日报》2013年9月9日,第15版。
④ 方勇:《"新子学"申论》,《探索与争鸣》2013年第7期。

学"能贡献出什么样的思想力量,"新子学"要面对现实,构想未来,对时代问题做出自己的思想解答。如"新子学"如何解决人们的精神危机问题,让人们在迷茫中找到精神家园,"新子学"如何从学院走向民间,落实到民生日用中来,等等。

(六)"新子学"如何通过自身的价值重构以实现传统文化研究的创新

方勇先生在《三论"新子学"》一文中,从"新子学"角度观照传统文化创新,提出了具有独特的可行性与挑战性的实践方法:一是追溯原点,二是重构典范,三是唤醒价值[1]。具体言之:追溯原点,指的是"新子学"的研究创新需要回到中国思想的原点,即先秦时代的诸子学传统。重构典范,重构的关键在于如何把握先秦时代思想的结构。唤醒价值,是指在传统价值中找到适应当代的形式,并与现代价值做有效沟通。"新子学"认为,具有现实指向的价值重建,能够使传统文明在国家制度、政策以及个人生活中真正落实其价值,对当代社会产生应有的贡献[2]。由此可知,"新子学"不是一个学派的概念,更不是解读"子学"的具体方法,而是一种全新的学术文化理念,显然有着当代性的文化价值诉求。我们知道,子学思想是对文明的深刻洞见,尤其是对人的深刻理解。自然的,"新子学"要处理的就是身处当代文明的人如何应对物的问题,找寻和追问具有普世和恒久的文化价值。因此,"新子学"理念的价值重建的终极目标是意欲在中国传统文化的整体性中寻找中华文化复兴的价值追求。

综上所述,方勇先生提出和建构的"新子学"理念,作为一个系统性的理论架构,是一个具有全局视野的创新性理念。从内容构成

---

[1] 方勇:《三论"新子学"》,《光明日报》2016年3月28日,第16版。
[2] 方勇:《三论"新子学"》,《光明日报》2016年3月28日,第16版。

来看，旧子学是"新子学"的思想源流，"子学精神"是"新子学"的灵魂，国学和西学是衡量"新子学"价值坐标的两翼，应对时代和价值重建是"新子学"的终极追求和目标。从结构逻辑而言，旧子学作为思想元典，是一种"子学现象"，"子学精神"是在对"子学现象"的正视上提炼出来的，可以说"子学现象"是孕育"子学精神"的母胎。"新子学"在国学中的地位，"新子学"如何面对西学，是"新子学"在建构过程中必须处理好的两组关系。只有在处理好这两组关系的基础上，"新子学"的关切点必须落实在应对时代上，通过自身的价值重建，才能实现中国传统文化的创造性发展。简言之，《"新子学"构想》《再论"新子学"》《"新子学"申论》《三论"新子学"》《四论"新子学"》等系列文章基本创建了"新子学"理念的内容要素和结构框架，也显示了方勇先生开拓和构建一种"新"的学术文化理念上的孜孜不倦的努力，"新子学"理念的生命力在于多元、开放的精神内核，需要不断对它进行修正和完善。

三、对"新子学"理念的几点思考

　　子学根植于中国文化土壤，自其诞生以来，子学便一直张扬着一股鲜活的、充满张力的生命力，在与社会现实和时代潮流的不断交互中自我发展。如今社会，它正再一次与时代发展强力交融，呈现出"新"的生命形态——"新子学"。方勇先生倡导的"新子学"理念，正是对诸子思想的重新解读和扬弃，也是借助我们自身的智慧与认知对传统思想的重新发掘和再创造。诸子百家重智慧，讲彻悟，不拘泥于具象，不执着于分析，在诸子百家中蕴涵着无穷的中国智慧。诸子本各张其说、各具特点，"新子学"自觉认知到了其间的冲突与互补、丰富与多元，从子学发展的历史进程出发，运用辩证思维对其进行继承性的再创造，以实现合乎历史发展规律的新进化。方勇先生表示，倡导"新子学"，就是希望借助诸子学文献整理的成果，大力推进诸子学的现代转型，积极引导国学的发展，为文化强国贡献智慧和力量①。可以说，"新子学"对子学中蕴涵着的中国智慧进行一次全面发掘和梳理，对于从整体上把握传统文化精神有着特殊意义。

方勇先生的"新子学"理念是一个具有统领全局视野的创新性理念。"新子学"作为一个整体性的"子学"，不是各自独立的"诸子学"。"新子学"的确立和定位，就凸显了子学本身的整体性和统一性。因此，构建一个具有整体性和统一性的、具有共通意识的核心理论就显得非常必要，这是"新子学"实现自身理论自觉所要努力的方向。曾建华认为，"新子学"的理论建构面临着诸多困境，一是"新子学"核心理论的缺席；二是"新子学"理论价值的"新"仍不明确②。他还认为要突破"新子学"理论建构所遭遇的重重困境，需从三方面着力：首先必须建立中国学术的话语体系；其次，必须真正实现学术理念的更新；再次，必须以当代知识分子的价值建构作为"新子学"理论的核心使命③。应该说，作为一种新兴的学术文化理念，"新子学"研究目前正处于困境与出路并存的矛盾状态中，它需要进一步明确自身的内涵与构成，提升自身学术理念的深层学理问题，积极创生出新的学术生长点与可能性。"新子学"目前还是一个新生事物，从其发轫到完备，必然要经历一个漫长而复杂的过程。对于"新子学"建构中面临着的困境和争议，我们希望有更多的思想碰撞和不同的观

---

① 杜晓玥：《致力于弘扬子学文化的传统魅力——访中文系方勇教授》，《华东师范大学报》2016年1月12日，第3版。

② 曾建华：《"新子学"理论建构的现状与反思》，载《诸子学刊》第十三辑，上海：上海古籍出版社，2016年，第217—219页。

③ 曾建华：《"新子学"理论建构的现状与反思》，载《诸子学刊》第十三辑，上海：上海古籍出版社，2016年，第217—219页。

点交锋,在碰撞和交锋中不断发展和完善"新子学"的理论自觉。

方勇先生表示,倡导"新子学",不仅意在呼吁革新传统诸子学的研究方式,更主张从"子学现象"中提炼出多元、开放、关注现实的"子学精神",并以这种精神为导引,系统整合古今文化精华,构建出符合时代发展的开放性、多元化学术,推动中华民族文化的健康发展①。"新子学"的提出,就意味着要面对更多的挑战和承担更大的责任。"新子学"必须直面当今社会现实,回应和解答时代的问题。"新子学"试图打开一个空间,契合我们当下的生活,论证和说明我们的生存状况。方勇先生明确表示,"新子学"具有现实指向的价值重建,能够使传统文明在国家制度、政策以及个人生活中真正落实其价值,对当代社会产生应有的贡献②。其实,"新子学"的价值,不仅仅体现于当今社会,更要关乎未来社会。"新子学"理念在某种程度上应该是可以引领未来中国文化走向的。因此,未来的"新子学"研究应力图将凌空现实的学术返归到伦常日用的生活中,将具体而微的专题性研究统合到时代的大课题中来,将学术研究与当代生活有机地结合起来。对人的深刻理解,追问具有普世和恒久的价值,这是"新子学"研究创新的根本点。方勇先生倡导的"新子学"理念,是一个适应时代发展的新命题,提出了新的子学研究理念与方法,为开拓子学研究的新局面提供了新思路,开创新学路,树立新典范。"新子学"必将更大规模地激起复兴中华传统文化的时代潮流,为现代化的文化和思想研究提供新的学术基点和方向、旗帜。

(载于《诸子学刊》第二十辑,作者单位:福建师范大学文学院)

---

① 李向娟:《"新子学"将助力当代思想文化建设——访方勇教授》,《福建日报》2016年12月6日,第10版。

② 方勇:《三论"新子学"》,《光明日报》2016年3月28日,第16版。

"新子学"与传统文化创新性发展的理论思考

郝 雨

近年来,我国传统文化的创造性转型和创新性发展已成为整个国家治国理政的重大战略。习近平总书记多次强调,优秀传统文化包含中华民族"最深沉的精神追求""最深厚的文化软实力"①,可以凝聚和打造强大的中国精神和中国力量。他还将中华优秀传统文化视作解决人类共同难题的思想库,并进一步提出传统文化创造性转化和创新性发展的战略方向。2017年1月25日,中共中央办公厅和国务院办公厅前所未有地以红头文件的形式,印发《关于实施中华优秀传统文化传承发展工程的意见》,并在"重点任务"部分首先强调:"加强中华文化研究阐释工作,深入研究阐释中华文化的历史渊源、发展脉络、基本走向……着力构建有中国底蕴、中国特色的思想体系、学术体系和话语体系。"② 遵照这样的精神,更有必要全面深入阐发传统文化精髓和建构学术体系,重点研究与现代文化对接融合,推进现

---

① 人民日报《习近平在全国宣传思想工作会议上强调:胸怀大局把握大势着眼大事,努力把宣传思想工作做得更好(刘云山出席会议并讲话)》,人民网,2013年8月21日。

② 新华社《中共中央办公厅、国务院办公厅印发〈关于实施中华优秀传统文化传承发展工程的意见〉》,新华网,2017年1月25日。

代文化创新发展和中国特色社会主义实践，为实现中华民族伟大复兴奠定理论基础。

但是，在复兴传统文化及转型发展的重大问题上，目前人们认识上有许多差异、分歧，甚至对立。这其中包括最基本概念和基础性问题：（1）到底什么是传统文化？当人人都在讲"传统文化"时，是否清楚其真正所指？它包含哪些结构性要素和怎样的体系构成？（2）复兴传统文化，首先是因为我们曾经失去，而作为中国现代文化起始的以反传统为旗帜的新文化运动，被认为第一次断裂传统，到底该如何认识和评价？（3）复兴传统文化归根结底要谋求现代化发展，那么，如何从理论上理解传统文化与现代性的关系？如何实现传统文化与现代对接，如何实现有机融合？又最终如何实现习总书记提出的"创造性转化和创新性发展"？这些重大问题必须从各个层面作出深入科学的理论解答和战略研究。而关于这些问题的学术与理论的回答，不能不密切联系当下渐成热点的"新子学"研究和对子学精神的深度解读。

一、复兴传统文化与"新子学"研究国内外趋热

对于传统文化复兴的宏观研究，以及文化的断裂与传承、阐释与建构等具体问题的研究，"在这种时代境遇中变得更加复杂和深刻"①。在已有成果中，系统而宏观的研究大致可分为对传统文化复兴的价值描述、意义分析和路径探索等几类。

华军（2008）在对传统文化复兴的实用倾向反思中，认识到传

---

① 张再林、张慧敏：《传统与现代的对话：中国传统文化发展的必由之径》，《西安交通大学学报（社会科学版）》2016年第5期。

统文化兴起与衰落往往随社会形势的变迁而受到实用倾向左右的情况，强调确立传统文化内在本体对传统文化复兴的重要性①。而传统文化复兴也面临一些现实问题，如鲁迅思想和传统文化复兴间的调和。张松（2016）强调了鲁迅思想在传统文化复兴时代的积极意义②。邓立光（2006）通过"文化三层论"的文化思想模型，对确立复兴中国文化的理论基础做了研究③。温小勇（2012）通过对传统文化资源的价值内省、西方现代文化的外观分析，形成了在"传统和现代的互补"基础上实现传统文化转化和提升的认识④。

进入21世纪以来，面对全球化以及新媒体泡沫化传播现象的巨大冲击，积极发掘传统文化中的元典精神，解决当代文化发展中的矛盾冲突，越来越成为社会关注的焦点。而"新子学"的现代发现、倡导与构建，无疑是中国文化史上的一件大事。2012年10月，方勇教授在《光明日报》发表《"新子学"构想》，全面论述了对当代诸子学发展的全新观点。2013年9月，又通过《再论"新子学"》集中探讨了"子学精神"。2016年3月，又发表《三论"新子学"》，进一步认为，从"新子学"角度观照传统文化创新，具有其独特的可行性与挑战性，并关联到当代中国学术发展的一系列重要问题⑤。

---

① 华军：《复兴之路——传统文化复兴中的实用倾向及反思》，《长白学刊》2008年第5期。

② 张松：《国民性批判与儒家传统之复兴——鲁迅思想在传统文化复兴时代的积极意义》，《东岳论丛》2016年第11期。

③ 邓立光：《复兴中国传统文化的理论模型——"文化三层论"》，《孔子研究》2006年第3期。

④ 温小勇：《民族复兴语境下传统文化的转换和提升》，《云南社会科学》2012年第5期。

⑤ 方勇：《三论"新子学"》，《光明日报》2016年3月28日，第16版。

于是，近五年以来，《光明日报》《文汇报》《中国社会科学报》等各大媒体连发专版，连刊专文，大力倡导"新子学"的研究以及"子学精神"的构建，上海等地陆续召开大型学术研讨会，"新子学"概念及相关学说得到各路专家充分肯定和积极回应。在此基础上，《诸子学刊》《探索与争鸣》《河北学刊》《江淮论坛》《中州学刊》等学术杂志也开辟专栏，发表了许多更加具有学术深度的论文，积极推动"新子学"的学术进展。这样的一场颇具声势的学术思潮，又在现代媒体的传播与推波助澜之下，越来越广为人知，越来越深入人心。有学者认为，这将引发21世纪中国的新一轮文艺复兴。这样的研究主要认定传统文化的真正源头在诸子百家，复兴传统文化应立足百家之学。

近年来，习近平总书记对传统文化复兴尤其重视，对总书记关于优秀传统文化的论述，不少学者进行了深度研究。这包括习总书记关于历史经典的引述和使用、弘扬和发展传统文化的方式，以及对传统文化价值、现实意义和对治国理政的借鉴意义阐释等。如叶自成（2014）对十八大以来习总书记关于历史经典和传统文化的表述作了梳理，展现了总书记通过传统文化表达其治党和治国的理念①。黄晓丹等（2016）在研究中指出总书记递进式地提出了传统文化当代价值"肯定—调适—融合—主体"的实现途径②。在传统文化发展方

---

① 叶自成：《"原点"之思：历史、典籍中的执政思想源泉——传统文化精华与习近平治国理念》，《人民论坛》2014年第1期。
② 黄晓丹、孙代尧：《传统文化当代价值实现路径探析——学习习近平关于中国传统文化的重要论述》，《中国特色社会主义研究》2016年第1期。

面，杨瑞森（2014）①、李翔海（2015）② 等人论证了总书记弘扬传统文化的论述是与马克思主义的深度结合，推进了马克思主义中国化。刘伟（2016）通过对总书记传统文化观的形成和实践的研究，分析了其关于国家治理和传统文化价值之间的关系③。陶传铭（2016）对中国传统文化与中华民族的文明史、中国共产党、民族复兴以及中国特色社会主义等十个方面的问题做了细致阐释，分析习近平治国理政方略与中国传统文化的关系④。

海外专家对于"新子学"的研究，较多集中在韩国和新加坡等亚洲国家。台湾及香港等地学者也多有参与，陈鼓应先生更是连续发表文章和讲演，大力支持"新子学"研究。欧美国家近年来也逐渐有专家开始关注和涉猎。国外专家对于中国传统文化的研究，多以孔、孟、老、庄和孔子学院等个案为主，而较少传统文化复兴角度的研究。宏观方面，萨义德有争议的《东方学》，以伊斯兰为中心分析欧洲东方学，视为一种根据东方在欧洲经验中的位置而处理、协调东方的方式，东方成为欧洲物质文明和文化的内在组成部分，是欧洲自我得以建立的他者。美国夏威夷大学梅维恒主编的《中国传统文化的夏威夷阅读》，收录多种从青铜时代到20世纪初的重要文化史料，涉及中国传统文化各方面，对认识前现代中国文化提供了丰富文献。

---

① 杨瑞森：《弘扬中华优秀传统文化四题——学习习近平同志关于弘扬中华优秀传统文化重要论述的几点体会》，《思想理论教育导刊》，2014年第12期。

② 李翔海：《从延续民族文化血脉中开拓前进——论习近平中国传统文化观的时代意义》，《中共中央党校学报》2015年第6期。

③ 刘伟：《论习近平传统文化观的形成根据与实践要求》，《理论与改革》2016年第5期。

④ 陶传铭：《习近平治国理政方略与中国传统文化十论（上）》，《南京政治学院学报》2016年第5期。

意大利圣安杰洛·保罗的《对中国传统文化之情感和身体感觉的认知》，从心理学、医学和文化等不同角度，对身体感觉、意识状态与早期中国诗歌与伦理学进行研究。理查·史密斯的《清朝与传统的中国文化》，将清朝文化置于历史与全球化语境，指出中国如何看待世界、中国人视角如何在其价值体系、物质文化和习俗中得以体现等。麦克·威利斯的《将旧东西踢出局——传统的中国文化信仰于今日中国之相关性评价》，认为传统价值观在家庭和社会中仍起重要作用，但在商业领域有可能更多被西化的、新锐的价值观取代。

二、急需解决的几个宏观层面的重大理论问题

（一）"新子学"与传统文化要素、体系及整体构成

首先，传统文化在当今社会，已经成了知晓度最高的文化名片，流行于各种媒体上和场合里。但是，当人们在口口声声说着传统文化的时候，传统文化概念的实际所指和内容上究竟真正包含什么，其实往往是悬疑的。如果让我们每个人都想一想，或者都作一个回答，大概很少有人能够说得清楚。

最近，关于传统文化内涵及实际意义，习近平总书记举出 15 种优秀古代思想：道法自然、天人合一；天下为公、大同世界；自强不息、厚德载物；以民为本、安民富民乐民；为政以德、政者正也；苟日新日日新又日新、革故鼎新、与时俱进；脚踏实地、实事求是；经世致用、知行合一、躬行实践；集思广益、博施众利、群策群力；仁者爱人、以德立人；以诚待人、讲信修睦；清廉从政、勤勉奉公；俭约自守、力戒奢华；中和、泰和、求同存异、和而不同、和谐相处；

安不忘危、存不忘亡、治不忘乱、居安思危①。这样的概括，实在是我们全面理解传统文化总体构成的基本路线和依据。毫无疑问，这十五种要素，基本涉及我国传统文化源头的各个学派和思想，具有真正的包容百家的意识。对于总书记的这些概括进行细化解读和分类阐释，真正把传统文化内涵与结构体系化，并进一步深入研究中华文化的历史渊源、发展脉络、基本走向，从而深刻阐明中华优秀传统文化是发展中国现代文化的丰厚滋养。而对于中国传统文化的内涵理解，显然不能不涉及儒家文化与其他诸子百家文化的关系。最近有专家发表文章指出："儒家文化是中国传统文化主要组成部分，但不是全部。近年来，社会思想文化领域对儒家文化的宣传和推广作了很多贡献和成绩，这对于传统文化的延续和复兴当然是好事。但是，儒家文化不能代表全部中国传统文化，我们还要特别注意中国古代思想世界的丰富性和多样性。中国哲学和思想的轴心突破以来，出现了百家争鸣的盛况，诸子蜂起，各竞风流，对当时的社会生活提出了不同的解释、提供了不同的发展思路、设计了不同的理想状态。从根本上说，诸子思想虽百虑一致、殊途同归，但是诸子思想中对人性的不同审视、对社会的不同判断以及各自独特的致思路径，是儒家一派所不能全然代表的。……就此而言，今天人们回头看传统文化，就不能仅仅看到儒家文化，而是要看到中国传统文化的丰富多样性。丰富多样性保证了中国传统文化中各家各派在竞争中不断实现自我更新、自我变化，以此促进生命力的旺盛发展。弘扬传统文化，应该正视这种丰富多样性，以一种公共性的情怀看待传统文化，而不是用一家一派的立场去过分强调判教、站队，甚至给人们造成中国思想史、文化史只是

---

① 崔小粟《一年内三次亲近儒家 习近平为何如此强调重拾传统文化?》[EB/OL].（2014-09-25）[2017-07-08]. http：//cpc.people.com.cn/n/2014/0925/c164113-25731729.html.

儒家一家独大的刻板印象。"①

但是，我们今天在讨论复兴传统文化时，我们的理论界和人们的思想认识上，一直有一个重大误区，就是把传统文化完全等同于儒家文化。因为儒家文化在中国延续了几千年，就误认为是当然传统。也就认为，复兴传统文化，就是复兴儒学，甚至偏颇地认为就是恢复儒家独尊。尤其是在2016年，大陆新儒学的主要人物们，在新加坡出版了一本号称是"重拳出击"著作的《中国必须再儒化——"大陆新儒家"新主张》，全面提出当下大陆新儒学的政治诉求与文化理念，不仅试图给执政党重新建立合法性，而且提出关于未来中国的"通盘构想"，据称这是"儒家自'文革'后第一次集体发声，吹响了复兴儒学，回归道统，儒化中国的集结号"②。自古以来，儒家都希望在庙堂里为"帝王师"，在政坛上"以经术缘饰吏事"，至少也要在祭礼中"端章甫为小相"。只是近百年来，随着新儒家渐渐融入现代社会，接受多元理念和现代制度，不再提"罢黜百家"，也无法直接操控政治或者制度。可近些年来，大陆新儒家高调宣布，要从心性儒学走向政治儒学，要从文化建设转入政治参与。比如，他们提出大陆现政权要有合法性。又比如，他们认为现代国家体制不合理，应当建立通儒院、庶民院和国体院。又比如，要改变来自西方的政治意识形态，代之以儒家的"王官学"。这些从口号、观念到制度的论述和设想，改变了现代以来新儒家——1949年以后是海外新儒家——的基本理念和追求方向，力图成为政治制度设计中的重要参与者③。

---

① 朱承：《面对传统要有公共情怀》，《光明日报》2017年7月8日，第11版。

② 王正：《这样的"重拳出击"只能落空——评〈中国必须再儒化："大陆新儒家"新主张〉》，《博览群书》2016年第12期。

③ 葛兆光：《异想天开——近年来大陆新儒学的政治诉求》，《思想》2016年第33期。

针对这样的状况，我们必须从理论上厘清：第一，按照习总书记总结的15种传统文化要素，我们真正全面丰富的传统文化，显然不是儒学一家。必须按照总书记指出的方向和思路，更加全方位多层面地进入我国文化的历史源头，找到我国文化最原始的根。第二，基本路径就是要回到文化轴心时代，也就是我国文化最繁荣时期，找到传统文化的全部根源和最核心构成，其思想理论的发源和结构性诞生，这就是诸子百家之学。今天我们之所以倡导"新子学"，就是要把我们真正传统的精华发扬光大。当然，作为传统文化源头，无疑也包括习总书记圈定在内的《易》文化时代的相关内容和智慧。而从习近平总书记对传统文化要素列举中，完全可以看出，传统文化的主体构成，就是诸子百家思想，任何把传统文化归为某单一学派一统垄断或者唯一独尊的说法，显然都是不正确的。

我们的专业学术研究，必须着力把这些内容体系化、结构化，全面阐释我国传统文化总体面貌和真实内涵。当然，在传统文化整体性体系的构成中，儒学的确也具有特殊的地位和作用，我们在整体文化体系建构中也要对此有足够阐发，但又绝不能重蹈儒家独尊的老路。这样的学术主张，也正是"新子学"倡导和研究的基本动因和要旨。

（二）传统文化源头的断裂："新子学"重建与对接

复兴传统文化，一个根本前提是传统文化曾不止一次发生断裂，或者在推进现代化的进程中不断有所丢弃和削弱。今天要转型发展，就首先需要对接，需要融合。

但是，以往比较流行的观点是，中国传统文化衰落，根于两次大的断裂。第一次是五四新文化运动，第二次是"文革"。这同样是误把传统文化等同于独尊儒术之后的儒家文化。按照这样的观点，首先是我国五四新文化运动的价值意义就会被完全否定。作为中国现代文化发生发展的起点，也就无法得到认可，甚至鲁迅作为旗手的一代文化先驱的革命贡献都要被彻底颠覆。而关于传统文化断裂，我本人曾经提出：中国文化实际上应该是经历了三次断裂。第一次大断裂是在秦焚书坑儒和汉罢黜百家，国家通过政治手段和权力控制推行一种思想，繁荣的百家文化遭到全面压制，这是对传统文化第一次严重毁坏①。

  由此可见，我们的真正意义上的传统文化，并不能等同于儒家文化，而儒家文化之所以延续两千多年，是由于当时的统治者们罢黜百家政策的强行推动，又恰好是非常符合专制主义的思想和精神统治，所以又被历代帝王不断加以强化，导致了其本身就成了专制主义的一部分。这种已经僵化和腐朽的专制文化，完全不能代表我们的传统文化。这样的传统经过几千年的单一发展，僵化板结，"理"大于人，所谓"存天理，灭人欲"，终于造成了鲁迅所揭露的"吃人"悲剧的残酷现实。所以，新文化运动的"反传统"，反的只是这样的"传统"，而我们今天的对接，则要对接罢黜百家之前的真正优秀的传统文化。

  如今，我们要复兴传统文化，要在传统基础上转型发展，必须真正回到传统文化的源头。只有找准历史的断裂点，才能真正发现对接点。如果可以认定"罢黜百家"才是传统文化的第一次全面断裂，那么，对接诸子百家的经典思想和文化精髓，才能振兴真正意义的传统文化。所以，我们必须从文化源头的诸子百家找到与现代文化的一一对接点，进一步实现习近平总书记谋划的创新性发展。那么，"新子学"的倡导和深入研究，就正是找到了建设和推动传统文化现代化发展的科学路径。

  在现代文化与传统文化的对接点问题上，应该是有多个角度多种

---

① 郝雨：《中国传统文化的三次大断裂》，《名作欣赏：鉴赏版（上旬）》2017年第3期。

层面的。比如作为现代文化的核心精神，即世界普遍认可和所要倡导发扬的人文精神，就是一个最根本的对接点。因为他实际上正是植根于中国传统文化中的，有着极其深厚文化土壤培育的文化精神。然而，中国传统文化的结构之中到底有着怎样的"人文精神"内涵？其"人文精神"的真实意义和现代的以及西方的人文精神有着怎样的异同？尤其是，这样的人文精神对于当下中国的文化发展和思想建设有着怎样的价值和意义？只有解决了这样的问题，才能实现真正的对接。而对于这些问题的解决，又必须采用"新子学"的研究思路和途径。

首先，肯定人在世间的最高价值，肯定人在世界上的主体的、主动的以及能动的地位，当然是人文精神的核心构成。在中国漫长的文化发展历史中，很早就有表现"人"是天地万物中最灵、最贵者的思想。如《尚书·泰誓》中说："唯天地，万物之母；唯人，万物之灵。"① 到荀子时，更是提出了人最为天下贵的观点，他说："水火有气而无生，草木有生而无知，禽兽有知而无义，人有气有生有知，亦且有义，故最为天下贵也。"② 荀子用比较的方法，层层递进地说明了为什么天地万物中人最为贵的道理。从荀子、《中庸》和董仲舒等的论述中，应当说都蕴涵着这样一层意思，即在天地人三者中，也就是在整个自然万物之中，人是处于一种能够掌管万物而作为世界主控者的地位的，是具有主体性和操有主动权的。就这方面说，人在天地万物之中可说是处于一种核心的地位。这样的思想与西方文艺复兴时期呼喊出的"人是世界之花，万物的灵长"本质上应该是相通的。

其次，从深层次上来看，我国曾经大一统的儒家文化与西方文明之间的确有着极大的差异，然而，却又并不是在所有问题上都是绝然

---

① （唐）孔颖达疏：《尚书正义》，北京：中华书局，1980年，第180页。
② （清）王先谦撰：《荀子集解》，北京：中华书局，1999年，第104页。

对立、不可调和的，有人就曾经发现两者之间其实具有一个交集的价值空间，就在于对"人"的问题的关注。众所周知，18世纪欧洲的启蒙运动，高扬人本主义，冲破中世纪神本文化的牢笼，然而诚如当时那些主要思想家所言，他们倡导的人本主义，正是从中国儒、道哲学的人文精神中得到了极大的启发和鼓舞①。西方社会自文艺复兴之后对人本主义的追求毋需多言，我们需要在此强调的是儒家文化对于人的思考。在传统解读中，儒家文化似乎站在个人的对立面而崇尚集体主义的思维模式。对于儒家文化作这样的解读，其所得出的结论自然无法与自西方而来的现代化理念并行不悖。然而孔子之所谓"修身齐家治国平天下"的理念恰恰说明，孔子对于社会问题的探讨是从个体的人开始的。个体的人作为构成社会的最基本单位，不单构成了社会本身，也构成了社会的诸种问题。因此，社会问题的解决最终也必须倚赖人的问题的解决，必须关注人的复杂与多样而非将"人"视作一种生物意义上的抽象个体。"身心合一"（内外）将会为调节自我身心内外的矛盾提供某些有意义的思想资源。

20世纪以来，许多学者在比较中西文化的差异时，认为西方人重视个体，而我们中国传统思想则强调群体。但是，如果把眼光回溯到源头，看看儒家在开始时是怎么说的，就会发现问题并没有那么简单。以人们最熟悉的一段孔子的说法来看："吾十有五而志于学，三十而立，四十而不惑，五十而知天命，六十而耳顺，七十而从心所欲不逾矩。"② 以往人们对这段话的理解，主要是认为讲了他七十以后的精神境界。是他在晚年回顾他一生的精神生活的过程，概括了他认为是这个过程的几个主要阶段。其实，细读起来，这些话的字里行

---

① 详见朱谦之：《中国哲学对欧洲的影响》，福州：福建人民出版社，1985年，第二章。

② 张燕婴译注：《论语》，北京：中华书局，2006年，第13页。

间，不是渗透着强烈的自我肯定的意识吗？而且"不惑""知天命""耳顺"，尤其是"从心所欲"这样的一些表述，不都是充满着对于个体自由的向往和追求吗①？

　　当然，人文精神强调"人"的精神，其实归根结底就集中在几个关键词，即生命、自由、尊严。中国传统文化中最重要的"天人合一"思想，内涵极其复杂，而其中一个很重要的意义，就是强调人要顺应自然，以得更加圆满的自然生命。尤其在庄子的思想当中，"尊生""养生"，更是其全部哲学思想的重要构成。这样的思想在他的许多篇章中都有论述，如"阴阳和静，鬼神不扰，四时得节，万物不伤，群生不夭……莫之为而常自然。"②他珍爱一切鲜活的生命，认为都是造物者的伟大创造，其内篇《养生主》，更是人人熟知的养生之道。

　　其实，对于生命和身体的看重，在《老子》中就有非常深刻的阐发：《道德经》四十四章说道：

　　　　名与身孰亲？身与货孰多？
　　　　得与亡孰病？甚爱必大费，多藏必厚亡。
　　　　故知足不辱，知止不殆，可以长久。③

　　这里，显然是把人的身体看得最为重要的。在与名利和物质的对比中，大大肯定了身体的价值，并提出一旦颠倒了这种关系，就可能带来惨重的损失和危险。

---

　　① 傅佩荣：《国学给我们的启示》，原载于傅佩荣新浪博客，2011年12月4日。
　　② 孙通海译注：《庄子》，北京：中华书局，2006年，第235页。
　　③ 饶尚宽译注：《老子》，北京：中华书局，2006年，第109页。

至于庄子的自由观,则以《逍遥游》为代表,有人说,庄子的哲学本质上是人生哲学,拯救人生是其哲学的出发点和归宿。这突出地表现在庄子对于人生困境的追溯,对人的自由境界——"逍遥"状态的刻画。而庄子的所谓自由就是与"道"合一,"与宇宙精神往来"。自由境界是庄子哲学的最高的价值追求。也有人认为,中国的天人合一是有分的合一,所以主体性和自由本来就是天人合一的内在尺度。天人之际的问题本身就默认了天人之间存在着差别和对立。相信人本身的力量,相信主体能够把握客体,是中国哲学的固有精神。

从以上的考察可以看出,人文精神可以说是传统与现代最重要最根本的对接点。我们当然还要进一步深入研究传统文化的各种可以发扬的精华内涵,寻找各个层面的对接点。而这也正是"新子学"的使命和宿命。"新子学"之新及其真正价值意义,也就由此显得更加明晰和举足轻重!

三、"新子学"与未来文化秩序的建构及整体创新发展

传统文化和现代文化当然存在巨大分野。在文化历史转型过程,甚至是你死我活的对立斗争关系。但在文化发展和建设的正常运行阶段,一个民族的文化精神,就需要整体联通和贯穿,就需要把传统与现代进行科学理性地融合对接,才能创新发展。

首先,现代性问题是 21 世纪的一个时代问题。近年来,运用马克思主义唯物史观,我国学术界深刻揭示了现代性的中国内涵与时代表达,进一步对马克思哲学蕴含的丰富现代性思想进行探讨,围绕马克思唯物史观视域中的现代性思想的具体表征、价值意义及发展路径

等问题展开，推动了中国现代性问题的探索及理论构建①。这对于我们当今的复兴传统文化和创新性发展的研究提供了重要的基础理论。

那么，把传统文化的精华和糟粕加以厘清，把传统文化与现代文化的矛盾分歧辩证分析，从而摒弃和排除传统中腐朽落后之部分，并找到二者之间得以达到契合相融的精神对接点。这正如习近平所说："传统文化在其形成和发展过程中，不可避免会受到当时人们的认识水准、时代条件、社会制度的局限性的制约和影响，因而也不可避免会存在陈旧过时或已成为糟粕性的东西。这就要求人们在学习、研究、应用传统文化时坚持古为今用、推陈出新，结合新的实践和时代要求进行正确取舍。"② 这就是创造性转化和创新性发展重点解决的根本性问题。而现代文化的核心精神就是人文精神，就是以人为本。通过对我国传统文化经典的全面考察，人文精神在我国最本真的传统文化中有着深厚的历史渊源。只是在汉代提出"罢黜百家"之后，在封建专制主义统治下，逐渐出现重大变异，以至渐渐形成鲁迅所揭露的"吃人"现象。既然人文精神在传统与现代之间都有着共同本质的相通，只是曾经被专制主义所毁，所以把这些从历史的视角分辨清楚，传统与现代的融合发展就找到了最本质的契合点，以此统领传统与现代的全面对接融合及文化体系构建。

党的十八大以来，习总书记一再指出，弘扬中华优秀传统文化，"要处理好继承和创造性发展的关系，重点做好创造性转化和创新性发展"。这就要按照时代特点和要求，对那些仍有借鉴价值的内涵和形式加以改造，赋予其新的时代内涵和现代表达，"使中华民族最基

---

① 学术月刊编辑部、光明日报理论部、中国人民大学书报资料中心：《2016年度中国十大学术热点》，《学术月刊》2017年第1期。

② 《习近平：在纪念孔子诞辰2565周年国际学术研讨会上的讲话》，新华网，2014年9月24日。

本的文化基因与当代文化相适应、与现代社会相协调"①。

关于创新性发展，当今而言，最紧要而且也最容易落实的，就应该是各个领域和学科理论的中国体系的原创性建设。而中国理论和中国体系的建设，归根结底是要立足中国传统文化的丰厚土壤。那么，如何完整把握中国传统文化的最基本构成，"新子学"研究具有方向性意义。

譬如，20世纪80年代以来，我国传播学领域一直在呼吁和寻求传播学的中国化建设，但是，三十多年过去，传播学的中国化却也一直停留在纸上谈兵。几年前我通过研究发现，传播学的中国化之所以进展缓慢，根本在于我们缺乏一种原创意识。随着习近平总书记多次讲话中指出，我们要增强理论自信和中国体系的原创意识，我又进一步发现，传播学中国体系的原创建设，一定要建立在中国传统文化的基础上。而自从接触到"新子学"之后，我更加清楚了中国传统文化的基本构成在哪里！于是，把学术视野比较集中地放在诸子百家核心的经典文本上，从而发现了可以支撑中国媒介批评学体系的三大理论支柱：一是中国媒介批评的理论之魂——诸子百家一直主张的人文精神；二是蕴含于以诸子之学为核心的传统文化中的中国智慧；三是诸子百家开辟的中国传统批评方法。到2015年，我完成了《中国媒介批评学》的体系建构，是对传统文化创新性发展的一种比较具体的尝试和探索。许多专家学者在《光明日报》《新闻记者》《传媒》等多家报刊对《中国媒介批评学》发表评论，认为其立足中国的文化土壤和新闻传播现实，以科学发展观思想为指导，坚持以人为本，特别提倡中国作风和中国气派，从经典文化中寻找媒介批评的思想方法和思维逻辑，借鉴我国传统文艺批评理论中基本概念和表现方式，

---

① 国务院新闻办公室会同中央文献研究室、中国外文局：《习近平谈治国理政》，北京：外文出版社，2014年。

并进行一定的现代化改造和融合，积极探索并构建一套符合中国传播现实的原创性批评学体系，以推动中国化媒介批评教育及媒介批评实践的深入发展。

在以上研究的基础上，对于那些重大理论问题上存在的模糊认识和错误理解给出正确阐述，形成完备完善的结构性理论体系，并按照习总书记的讲话精神，具体实现创造性转化和创新性发展，即"对历史文化特别是先人传承下来的价值理念和道德规范，要坚持古为今用、推陈出新，有鉴别地加以对待，有扬弃地予以继承，努力用中华民族创造的一切精神财富来以文化人、以文育人"[1]，从而服务中国特色社会主义建设实践，解决人类共同难题，促进世界文明的共同发展。

这其中，我们虽然不认为儒家文化是民族文化的唯一传统，但是，在整个传统文化体系结构当中，儒家文化又确实有其独特地位，那么这各个学派和思想精神又如何构成庞大的民族文化系统，其结构性关系如何分布，各自与现代文化的融通与交集点在哪里，都有待通过"新子学"的科学方法和途径在研究中取得答案。通过这样的系统整体研究，中国文化未来全新秩序的建构就有充分的理论依据和战略方向，中华文化伟大复兴就可以路途通畅，伟大的中国梦必将早日实现。

（原载于《诸子学刊》第十六辑，作者单位：上海大学上海电影学院）

---

[1] 国务院新闻办公室会同中央文献研究室、中国外文局：《习近平谈治国理政》，北京：外文出版社，2014年。

古今学问事，十年"新子学"：
从学术构想到文化关切

曾建华　苏诗悦

　　通常学界认为子学即诸子之学，狭义的子学乃指著书立说自成一家的原创性学术；广义的子学则将后人对历代诸子及其著作的研究也纳入子学系统中。就文献层面看，子学是相对于四部分类中的经学、史学与集部之学而言；就思想层面看，子学乃是士人对其所处时代困境的反思与争鸣，是超越于元经学思想的知识体系和学术理念，也是士人观念得以确定和发展的内在力量。而当前所谓"新子学"，主要是指基于传统子学与现代西学所提出的新的学术理念、方法路径和文化观念。换言之，"新子学"乃是作为一种多元、开放的"新国学"构想，试图打破经学（儒学）主导下所造成的中西对立的"旧国学"观念而出场。然而，由于"新子学"尚未建构出"新"（有别于传统学术）的思想体系和方法理论，因而遭遇了前所未有的理论困境，不断徘徊于"新国学"与"新哲学"的两端。笔者认为，"新子学"要真正形成独立的理论体系，首先便要突破"国学"（空间观念的限制）与"哲学"（学科观念的限制）之范畴，甚至还应突破整个"古典学"（时间观念的限制）的思维局限。只有如此，"新子学"才能聚焦于当下人文学术的现实困境与未来发展，进而尽可能不带偏见地接受先进的科技成果（如智能化的大数据库）与时代理念，实现古今沟通与中外对话,以全球化的人类观念和学科交互的问题意识,重新发现中国古典学术的价值与意义,进而建构一个以观念系统为中心、以数字人文为方法、以当代关怀为取向的新知识谱系——"新古典学"①。故此,笔者于"新子学"十年创构之际,再度梳理"新子学"之发生理路,并尝试将"新子学"构思为一个反思传统学术、实现文化关切的新型知识谱系。

一、"新子学"的草创:从争论走向共识

2012年,方勇先生向学界抛出酝酿已久的"新子学构想"。他认为,子学产生于文明勃兴的"轴心时代",是以老子、孔子等为代表的诸子百家汲取王官之学精华,并结合时代新因素创造出来的新学术,具有与时俱进的革新品质,比之传统经学更具有开放、多元、平等的现代性意义。因此,方勇先生希望借助传统学术资源的现代诠释,不断从元典中摄取创生性、开放性、多元性和对话性的学术思想,以逐步破除经学思想所主导的封闭、专制的旧国学理念,从而为加快传统思想资源的创造性转化,实现民族文化的新发展,最终为中华民族伟大复兴提供思想资源②。正是从这一刻起,方勇先生骤然以"庄学专家"的身份,开启了心之所向的学术"通人"的理想之途,由此引发了文史哲诸多领域的广泛讨论。

北京大学中文系张双棣便强调,新子学要着眼于创新,广泛借鉴

---

① 具参拙文:《从"'新子学'构想"到"新古典学"取向:基于观念史与数字人文的知识谱系建构》,载《诸子学刊》第二十一辑,上海:上海古籍出版社,2020年,第334—347页。
② 方勇:《"新子学"构想》,《光明日报》2012年10月22日,第14版。

杂家宽容平等、兼收并蓄的思想理念，发展诸子多元的思想观念；厦门大学新闻传播学院谢清果则认为，新子学之"新"在于子学对礼崩乐坏时代问题的回应意识，它既回应了在当代中国社会治理现代化进程中提升文化自信的需要，又回应了中国向世界贡献建构和谐世界思想资源的使命；东南大学哲学系许建良则进一步将"新子学构想"解读为一种思想认识的革命，而将儒家回归为诸子百家之一，以期突破偏重儒家的现实局限，从而进一步推动我国学术的转型；中国人民大学国学院宋洪兵则着眼于未来中国信仰体系的多元、包容、平等、对话的新趋势，力陈"新子学"构想在未来中国社会结构中的重要作用①。尽管各家之言各有偏重，但基本认同"诸子学"作为国学之主体，具有多元、开放与包容的学术精神，因而其本质便是与时俱进、日用而日新的"新子学"，必然在未来中国学术文化的构建中发挥重要作用。

　　随着探讨的深入，"新子学"到底新不新，其理路是否正确、是否重要已不言而喻。而学者们关心的话题也从对"新子学"现实作用的宏大构想，转向其本质属性的诠释与切实可行的理论创构。比如，华中师范大学高华平便将诠释的重点从"新子学"之"新"，转向了"新子学"之"子"，认为"新子学"之"子"即当代具有独立人格精神的知识个体（知识分子），而他们的学术活动和成果就是所谓"新子学"②。其时笔者也有类似的思考，认为"新子学"务必将子学研究与士人传统进行合理的关联，并通过对子学发生、发展及其文化建构与士人传统之变迁的复杂关系考察，进一步揭示子学向"新子学"化生的内在动力，从而确立新子学命题的合法性和

---

① 具参潘圳：《"新子学"推动文化复兴》，《社会科学报》2014年4月24日，第4版。

② 高华平：《"新子学"之我见》，《江淮论坛》2014年第1期。

超越于个案研究的有效路径①。上海大学郝雨则提出以"新子学"对接传统与现代，进而重构中国文化生态的基本路径：即将传统文化研究以儒学为核心的现状，回归到百家争鸣的局面，从而为五四新文化运动找到了一个更加合理的逻辑起点和解释，最后在新的世纪、新的时代、新的文化生态环境中，重建百家争鸣的文化新局面②。

不过，当时诸先生的"构想"虽称宏大，但多着重于概念框架的设置而缺乏思想史的梳理，因而很难深入子学发生、演化及其文化创生的层面，更难从本质上区分新旧子学之渊薮，进而明确"新子学"的理论构建与方法路径。因此，"新子学"只有对新时代所面临的新问题给出建设性的具体方案，才能真正实现传统与现代的对接，开创一个新的百家争鸣的时代。正是这一系列的问题，逐渐引出"新子学"对传统中国学术之利弊的进一步反思。

二、"新子学"的反思：中国传统学术之弊

福柯在主题为《哲学的生命》的访谈中曾指出："人们有时抱怨法国不再有主流的哲学了。那可就太好了！不再有统治地位的哲学了，确实是这样，只有许多的哲学活动。一种运动，通过这种运动，经过努力，不确定性、梦想和幻象，我们从以往被认为是真理的东西

---

① 详见曾建华：《"新子学"的本质与使命——围绕子学与士之关系展开》，载《诸子学刊》第九辑，上海：上海古籍出版社，2013年，第114—126页。

② 郝雨：《"新子学"与现代文化：融入与对接》，《集美大学学报（哲社版）》2016年第3期。

中分离出来，追寻其他的规则，这就是哲学。把思维的框架移位和变形，改变既定的价值形态，用其他的方式去思维，做别的事情，把自己变成自己不是的那种东西——这也是哲学。"①

　　福柯的感慨，代表了后现代思想家挑战僵化、教条与普遍性思维的理论主张，对我们"新子学"的哲学反思具有相当的启示意义。因为，相对于文艺复兴以来的西方文化，福柯等人试图消解的人们理念世界中的不好的东西，在当今的社会生活中也可以看到。而且，在中华文化的传统中，尤其是知识分子的思想世界里，有一种根深蒂固的情结：渴望一种基于权力关系而形成的观念秩序，经学化的儒家正是在这样的语境中应运而生。于是，本是作为一种社会伦理而存在的"三纲五常"，便逐渐被汉儒内化为一种具有神圣性的精神秩序与观念结构，进而确立为儒术独尊的思想格局，由此主宰了古代中国人几乎全部的精神生活、礼仪规范与学术传统，哪怕经过五四新文化运动与长达百年的现代性启蒙，依然存在于国人的思想世界，在社会文化的各个层面均占据着一定的位置，发挥着"经学"的主导作用，这便是"新子学"所指斥的"经学思维"。

　　方勇先生明确指出："'独尊儒术'本来不是铁板一块，但《汉志》（《汉书·艺文志》）这个东西就像孙悟空头上（的）'紧箍咒'，嵌在中华文化的肌理上，从而加深了'独尊儒术'对中华文化的影响。……正是借助《汉志》，董仲舒的建议（才）随着《汉志》的流传而坚持下来。从这个角度说，《汉志》的影响不仅表现在学术

---

　　① ［法］福柯：《权力的眼睛》，上海：上海人民出版社，1997年，第108页。

上面，更表现在文化上面，表现在意识形态上。"① 诚然，在经学主导的时代，我们容不得新锐的思想，从而在一定程度上阻碍了中国社会的科技创新与良性循环。而"经学思维"的核心特征乃是强调永恒的中心与不变的秩序，由此营造出一个极具优越性的"自我"，并试图以这个"自我"的意志去推动社会、政治和生活（尤其是精神生活）。显然，在两千多年的文明进程中，"经学思维"虽然对于凝聚民族精神、维护家国秩序，确曾发挥过积极的作用。然而时移世易，当下中国已然处于一个科学、民主、平等、公正、开放、多元、包容、进步的全球化格局之中，并对未来世界之进程具有举足轻重的作用。因此，如果再以经学化的儒家思想去接洽当下的世界，抑或试图以此去建构当下的学术生态，进而期求借助这一学术生态去解决未来世界的相关问题，其结果无异于缘木求鱼、刻舟求剑。

事实上，当下中国的"学科思维"正是"经学思维"主导下的产物，并且隐藏更深，影响也更为恶劣。尽管，随着现代学科体系的建构，我们已经日益习惯以西方现代意识所确立的话语标准去审视一切传统，但是渴望中心与权威的"经学思维"又让学者们不知不觉步入了另一个极端——深陷学科专业分工的困境，促使整体性、延绵性的问题被无限切割，最终造成人文学科的种种偏颇与局限。因此，当今学界（本文所涉及的"学界"与学科仅指人文学科领域）虽已广泛接受了现代性的洗礼和学科专业的分工，但由于"经学思维"的根深蒂固，而趋于不同程度的偏执、僵化、封闭甚至内卷，其直接表现便是学术的圈层分化与学者的代际割裂。

所谓圈层分化，主要是指不同学科以及同一学科的不同方向，由

---

① 方勇：《走出〈汉志〉束缚，实现整体观照——在"诸子学研究反思与'新子学'建构展望高端论坛上的讲演"》，载《诸子学刊》第二十一辑，上海：上海古籍出版社，2020年，第278页。

于问题导向与视野差异而产生的学术分化与话语阻隔，从而使各个领域的学术研究不同程度地呈现出碎片化、项目化与烦琐化倾向。对于上述现象，许多清醒的学界前辈已有洞察，比如，2010年浙江大学翟业军便对日益碎片化的现代文学研究表达了深切的忧虑，直指当下学界是一个分裂的学界，每个人都抓着自己的意义碎片或浮沫侃侃而谈，没有交集，没有火花，甚至缺少最基本的学术共识①。2011年，温儒敏先生再度指出现代文学研究中因为价值危机、信仰危机所造成的现代文学定位、"边界"及评价系统的诸多困扰，从而呼吁现代文学研究的"当代责任"，要求学者积极思考如何通过历史研究参与价值重建，避免学术研究越来越"学院化""学科化"，越来越价值中立，思维越来越细碎化、平面化等问题②。事实上，翟、温两位先生所指出的种种问题，在整个古典学领域皆有过之而无不及，只是古典学界因为与现实生活缺乏更为有效的关联，因此相关的讨论与反思就显得有些不合时宜，乃至被误解为哗众取宠，"新子学"前期的冷遇足以说明这一事实。

所幸，面对传统人文学术愈演愈烈的"精耕细作"式研究，学界已有较为客观的认知与反思，一些前沿学者甚至已经尝试提出某些可行性的解决方案。比如，早在2005年，葛兆光、杨念群等人文学者，便开始积极寻求突破传统人文研究范式的良性发展之路。其认为在严谨客观的科学分析中，可以合理地引入主观感受、想象乃至预设、假说，从而将历史研究、社会学研究、人类学研究、民族学研究等各人文学科，纳入一个按社会科学与自然科学相互关系的轨道之

---

① 翟业军：《中国现代文学研究的忧思》，《粤海风》2010年第1期。
② 温儒敏：《现代文学研究的"边界"及"价值尺度"问题》，《华中师范大学学报（人文社会科学版）》2011年第1期。

中，最终推动学术范式和学术制度的发展、重构与良性循环①。2020年11月22日，张江、周宪、朱立元、丁帆、邓安庆、曾军、成祖明、李红岩等人文社科的知名学者，更纷纷呼吁以当代阐释学理论破除学科藩篱，进而建构一种整体性的研究视野和跨学科的学术范式②。这次论坛的召开，对于反思当下学界之弊端，重构人文学术之使命，无疑具有方法论性质的指导意义，对我们"新子学"之未来发展自然也就具有不可忽视的启示作用。

至于学者的代际割裂则主要是指，学者从事学术工作的方法、思维与问题，随时代变革而出现的代际性错位所造成的主观、僵化、封闭与悖谬。学术的圈层分化问题犹可通过各学术共同体的对话、论议等方式逐步突破，但经学思维主导下学者所面临的代际割裂，却难以借助传统学术的方法、理论去维系，因此现代学术的代际延展，只能借助学术圈层的大循环才能规避可能出现的学术内卷化倾向，除非从根源上弥补经学思维的不足。

众所周知，经学思维的核心特征便是强调基于经学文本所构建的师承、门户与问题意识，因此它既不强调学者的独立性与创新意识，更不在意千差万别、与时俱进的现实问题，而是试图以一套自以为完美的理论体系——经学模型去建构和规范现实秩序，这必然导致学者在自以为清醒、独立的情况下出现思想的僵化与空悬，日益步入逻辑的怪圈，造成荒谬的代际割裂。比如清代著名史学家章学诚，便是此类"经学思维"的典型。章氏一方面深刻认识到"学术之未进于古，正坐儒者流误欲法六经而师孔子耳"，然而，章氏又无法摆脱"经学

---

① 葛兆光、杨念群、徐杰舜、范可：《研究范式与学科意识的自觉》，《山东大学学报（哲学社会科学版）》2005年第4期。

② 张江、周宪、朱立元、丁帆、邓安庆、曾军、成祖明、李红岩：《视域融合、形式建构与阐释的当下性》，《探索与争鸣》2020年第12期。

思维"的约束,而主张"学孔子者,当学孔子之所学,不当学孔子之不得已",进而强调"知道器合一,方可言学"的治学路数①。从思想史的角度看,章氏之说无疑是超迈其时的,但从现代学术思想的角度观之,其竟欲以"进于古"之经学而收"道器合一"之效,未免有些南辕北辙。

当代学界,话语体系早已西化或现代化,然而类似的"经学思维"却屡见不鲜。以当下最为主流的"(新)古典学派"(以现代"史料"派为主流)为例,此派学者多注重对知识材料的整理和完善,主张以经典文本作为知识材料,追求知识材料的"原始"性,同时有意识地排斥宏观、化约的理论建构,且往往以占有资源的"知识贵族"的高傲姿态,睥睨通俗的知识普及与传播②。于是,传统文化便成了圈子内的文化,而不同圈层又容易形成某种荒谬而隐形的鄙视链,使学科交叉的诉求成为叶公好龙式的、不切实际的口号。

与恪守传统的"(新)古典学派"不同的是,"新子学"并不执着于此类"维新以复古"或"复古以维新"的"经学思维",而是力求破除中心、僵化与封闭,强调多元对话与观念的嬗变,要求将儒家经学文本还原为子学的有机构成,建构一个兼容并包的子学文本体系,进而从历代诸子的观念谱系中抽离出具有现实指导意义的知识、范畴、方法和理论,以此作为建构中国学术话语体系和知识谱系的基本信息库,进而以此为内核形成一个多元对等的思想体系,最终为推动或反思当代文明进程提供具有借鉴意义的学术资源。换言之,"新子学"乃是希望通过现代性的阐释,使作为古典世界之主宰的"儒

---

① 章学诚:《文史通义》,北京:中华书局,1985年,第124页。
② 具参拙文:《后现代语境中的知识建构——试论"新子学"的境遇与未来》,载《诸子学刊》第十三辑,上海:上海古籍出版社,2016年,第228—229页。

学"回归于子学，并不断发掘诸子学术的现代意义，使其成为一种具有极强变革力量的价值观念，在多元的文明体系中实现彼此的对话与重构，进而在现代价值与文化身份的建构中发挥积极的作用①。按照"新子学"的种种构想，我们确有可能从思想根源上破除"经学思维"，从而改变古典学术因圈层分化与代际割裂而日益内卷的倾向，并不断产生新的思想。

然而，在"新子学"发挥作用的同时，我们还不得不考虑"新子学"自身的"国学"属性以及新的"诸子"的培养。正如美国加州州立大学富乐敦分校哲学系刘纪璐所言，"新子学"应放弃拥护"国学"的心态，而将"新子学"发展成为"新中国哲学"，并将重点放在子学的现代性诠释之上，且其"现代性不仅仅在于将古代哲思运用于今日，而在于培养今日的诸子"，而"今日的诸子不必执着于对着先秦诸子学'照着讲'或者'接着讲'，而是要浸润于古哲的思想文化中独创新言。今日的思想家应该本身是融汇各家思想，贯通古今中外，而自成一家的'子'。这才应该是新子学的目标"②。这就要求"新子学"不能只是一味强调其"新"，而应切实地创造新的思想，形成新的话语，应对新的问题，进而以全新的学术范式推动整个文化事业的返本开新。

显然，"新子学"虽与着眼于四部之学并以经学附庸自居的传统子学（姑且仍称之为"诸子学"）血脉相连，但它更强调学术创构之主体，更强调学术所处时代之语境。一方面，"诸子学"是"新子

---

① 这与伽达默尔的阐释学原理具有一致性：经典文本具有无限的意义空洞，因而每个时代乃至每个阐释者都可以给出有限、有效且确定的"精神"意义去实现文本意义的呈现。

② ［美］刘纪璐：《从"新子学"至"新中国哲学"》，《管子学刊》2018年第4期。

学"得以孕育的母体,是"新子学"思想实现其系统化、理论化与当代转化的前提。但另一方面,"新子学"的发生又将从文化品格上彰显传统诸子的精神世界与理论意义,而不仅仅是借助考证、训诂等去领会"圣人"构建的古代世界。更为重要的是,"新子学"强调子学与诸子之间的交互作用,强调子学精神的革新意义,强调一代又一代之"诸子",而诸子的使命便在于建构更为合理的新时代,而非强化腐朽、僵化的旧秩序①。因此,"新子学"不仅仅是以历代诸子思想为主体的子学之集成,还是立足于当下着眼于未来以期融合古今、贯通中西的思想文化工程,更应成为当代学人重塑知识信仰与精神世界的新古典学乃至新哲学。

三、"新子学"的未来:文化关切的可能进路

谷歌首席未来学家雷·库兹维尔指出:"在一个多世纪以来,在指定无线电频谱中传递的信息量,每两年半就翻一番。再如互联网上每秒比特的传递量每 16 个月就翻一番。"② 随着数字时代的到来,人类知识信息的沟通与传递能力正在经历指数级的增长,而人类大脑的功能则越来越被超级计算机所取代。对此牛津大学人类未来研究院院长尼克·波斯特洛姆便对当下的超级人工智能深表忧虑,且在竭尽全

---

① 相关思考见拙文:《"新子学"视阈下士人与子学的主体间性诠释》,《江淮论坛》2013 第 3 期。
② [美] 雷·库兹韦尔著,盛杨艳译:《人工智能的未来》,杭州:浙江人民出版社,2016 年,第 245 页。

力地寻求避免"智能大爆发"所造成的"存在性灾难"①。面对席卷全球的数字革命浪潮,首当其冲的便是人文学术。然而,面对"超级智能"这一全新"宗教"所建构起来的虚拟"幻象",我们的人文学术究竟该何去何从?是积极应对,寻求"预流"之途,还是坐视"人文"的枯竭,接受文化消解的命运呢?如果存在"预流"的可能,那么我们古老的"诸子"是否仍能提供某种价值性的知识、智慧与思想呢?这便要求"新子学"不仅仅是一种学术构想,还应具备文化关切的品质。

来自新加坡国立大学的劳悦强也指出,"新子学"必须直面当今科学技术主义的世界观与政治、生态等方面的各类问题,借助丰富的时代意识以及与西方哲学的相互了解,对世界哲学思想动态给予密切关注并进行及时对话,而非只是在古代诸子那里寻找只言片语的思想资源予以简单的回应②。韩国朴荣雨教授也意识到,"新子学"所面临的21世纪,是一个超链接、超高速发展的时代,科学技术,尤其是人工智能将渗透于人们生活的各个方面,从而彻底改变人们现有的生活方式。因此,新子学势必对未来学术可能遭遇的历史巨变给出具有哲学方法论性质的预判和应对方案③。二公的言下之意,乃是期待"新子学"以哲学的高度去思考中国乃至整个世界的现实问题与相应的学术构建,充分发挥其文化关切的作用。

愚以为,把"新子学"建设成为一种与西方哲学相对应的中国

---

① [英]尼克·波斯特洛姆著,张体伟、张玉青译:《超级智能》,北京:中信出版社,2015年,第143—144页。

② [新加坡]劳悦强:《诸子学研究的转型与走向》,《名作欣赏》2019年第3期。

③ [韩]朴荣雨:《逍遥于倾向性与意向性之间——从〈庄子〉视角探望"新子学"时代的自我图存》,载:《诸子学刊》第二十一辑,上海:上海古籍出版社,2021年,第296—306页。

式的"新哲学"的构想虽然美好，但是要充分论述这一哲学的现代性，就必须解决传统人文学科与现代自然科学的边界问题，这就不得不提及当下方兴未艾的数字人文思潮。所谓"数字人文"，乃是以计算机技术和"数字化"文献为基础的横跨人文社科与自然科技领域的交叉学科，其研究方法更多涉及电子信息的调查研究、分析、综合与表达，同时指向人文主义的思维与价值。然而，当前国内"数字人文"的相关研究多停留于理论探讨、应用研究与技术支持等层面，以笔者所属的古代文学为例，当前虽已有学者积极尝试以"数字人文"来解决古代文学研究中资料分散和时空分离两大难题，并取得了一定的成就，也意识到了这一领域的广阔前景，但仍停留于文本的可视化等技术应用层面，尚未触及"人文"的核心问题①。因此，"新子学"要思考的是，数字时代，人文学科的存在形态、传播路向、接受方式与创作研究等相关问题，及其所引发的知识谱系与思维方式的重要变革，尤其是古典学在数字化时代的知识重构与文化塑造等问题。而这，也是"新子学"迎接新时代、培育新诸子、开拓新学术的重要契机。

我们可以借鉴一下中国社科院张江的当代跨学科阐释的主张：随着当代科技的发展与进步，有越来越多精神科学或人文科学领域的问题必须借助自然科学和技术科学的方法（如科学实验）才能得到解决。同样，也有越来越多自然科学领域的问题（如人工智能的发展）需要精神科学或人文科学的介入才能得到解决。因此，精神科学或人文科学的方法与自然科学或技术科学的方法必须寻找相互借鉴、相互

---

① 具见王兆鹏、邵大为：《数字人文在古代文学研究中的初步实践及学术意义》，《中国社会科学》2020年第8期。

融合的一面，实现各学科的相互借鉴与相互促进①。可惜的是，张江虽然提出了跨学科的视域融合构想，却没有给出具体可操作的研究方案。

为此，笔者不得不重申从"新子学"到"新古典学"的建构路径：观念—方法—话语知识谱系②：借助大数据分析，从传统经典文本中提炼出核心语词范畴，并对其进行观念史的梳理与现代性阐释，从而超脱历史时空所带来的思维局限，最终将古典文本从沉寂、封闭的经学式阐释中唤醒，赋予其鲜活的历时性意义。基于一系列观念链条的通道，我们便可着手中国学术话语的建构，直到形成完整的具有现代学术意义的中国文化的知识谱系——涵括新观念、新方法、新理论和新话语体系的古典知识谱系。

需要指出的是，"新子学"视域下的古典学研究，并非要从经典中获得指导当下生活的准则，更不是通过古典的研究来寻求预测未来的"智慧"，而是试图通过尽可能精确地了解我们的古典世界，从而跳出当下生活的局限，尤其是观念上的局限，最终促使我们得以确立某种既具有中国文化特质，又面向现代文明的适时、多元、开放的话语体系、精神诉求和思维方式。当然在此建构过程中，我们犹须借助人工智能与大数据分析以解决相应的技术难题，但更为重要的是基于技术而进行的传统文化反思与现实人文关怀。首先，要合理借鉴数字人文理论，构建专业的学术数据库系统，这或许是实现传统子学甚至是整个古典学转型和持续发展的必然进路，同时也是避免重复研究和

---

① 张江、周宪、朱立元、丁帆、邓安庆、曾军、成祖明、李红岩：《视域融合、形式建构与阐释的当下性》，《探索与争鸣》2020年第12期。

② 具参曾建华：《从"'新子学'构想"到"新古典学"取向：基于观念史与数字人文的知识谱系建构》，载《诸子学刊》第二十一辑，上海：上海古籍出版社，2021年，第334—348页。

碎片化研究的最优选择。其次，要基于准确周备的数据网络与观念体系，让学者超出单一文本和学科藩篱所造成的片面、主观、僵化、滞后与封闭的碎片化认知，逐步形成适时互动与集体协作的学术生态，最终构建一个生发、流变、融通的新古典学的"知识谱系"。

在此构建过程中，陈成吒基于"新子学"视域所进行的"小说观念"研究无疑具有典范性的实践意义。陈成吒首先提出，过去经学思维主导下所建构的中国学术文化生态是人为修饰的秩序井然的花园幻象，而"新子学"所展开的则是一个全新又原生态的学术文化森林，诸子及其文化是重要组成部分，"小说家"也在其中，而且"小说"理念不断走向通俗、时潮的特征正是子学开放性、大众化这一根本特质最集中、最前沿的呈现①。不仅如此，我们还可以用多元并包的"诸子"话语谱系打破学科专业的瓶颈，去全面观照我们的中华文化，比如在"新子学"的视野下，李贽、唐甄、袁枚等离经叛道者，不再为文学、哲学或历史研究所局限，而是传统思想脉络中一个个独具创新意义的"新子"，是当代思想文化建构的重要资源。由此，修修补补的饾饤之学，自然就升级为既深入传统又关怀当下且能面向未来的经世致用之学，此当代学术之大视野、大格局、大趋势与大气象。

除此之外，还有一个重要的问题我们亦无法回避：后现代思潮对知识分子之价值与意义的巨大消解。因为现代社会中，作为"立法者"的知识者仍掌握着一整套客观、中立、有序的"元话语"陈述和规则，且具有知识仲裁的权威性。但随着知识一体化的不断解体和分化，这套整体性"元话语"体系也将丧失其普遍的有效性，由此，具有公共信仰性质的"元话语"以及依附于"元话语"而发挥作用

---

① 陈成吒：《"新子学"视域下中国"小说"观念的演进——以诸子"小说家"作品的文体变革为中心》，《学术月刊》2019年第5期。

的知识分子便同时失去了存在的意义①。因此，"新子学"在对抗"经学思维"这样一种具有传统"元话语"性质的学术思维的同时，也必然面临某种自我消解或被消解的悖谬处境——这同样要求我们必须直面现实问题，重构新的知识谱系与学术范式，实现其文化关切的内在诉求。

总而言之，"新子学"需以有机的观念结构为脉络，对诸子文本进行跨学科的系统研究，在整个世界的文明谱系中观照先秦诸子这些最具原创性与思想性的经典文本，从而真正实现文化与文本的返本开新、当代转化与世界链接，进而为培养新时期的"诸子"与"元话语"性质的知识信仰，建构一种相对坚实的、具备现实性与操作性的学术范式，进而开创一个真正具有中国话语特色与文化关切的学术新时代。

结　语

"新子学"已经走过十年的光阴，粗略观之，可分为前后两个阶段。前期以理论建构为导向，着重讨论"新子学"之本质、内涵及其合理性与学科归属。自2010年10月方勇先生提出"新子学"构想，到2015年4月第二届"新子学"国际学术研讨会的召开，经过将近6年的讨论，学界终于达成一定的共识，即将"新子学"建设为当下中国之新哲学，进而将其发展为一场直指传统"经学思维"的学术思想运动。其间，方勇先生作为这一"构想"的发起者，虽处于各种争论的风口浪尖，却始终坚持诸子包容、开放、多元的学术

---

① 相关讨论可参许纪霖：《中国知识分子十论》，上海：复旦大学出版社，2003年，第15—19页。

理念，不断吸纳学界的善意批评与理论主张，持续推动"新子学"构想一步步走向丰富与成熟。而从2016年至2020年，则是"新子学"走出国门，并引发国内外热议，进而推动其理论反思的重要阶段。这五年里，"新子学"在中国的上海、台湾以及韩国首尔召开了6次国际性学术研讨会，除了大陆学者外，诸如美国加州大学刘纪璐、新加坡国立大学劳悦强、江陵原州大学金白铉、淡江大学曾昭旭等也各自提出了"新子学"理论建构的反思性建议，从而为"新子学"理论从学术构想走向文化关切提供了重要的思路。十年的探索，让我们意识到这样一个事实："新子学"首先要在中国文化的脉络中，细致梳理那些既塑造当时人们之思想，同时仍深刻影响当代话语的重要观念，进而建构一个不断趋于科学、周密、全备的观念谱系；其次，"新子学"还要抚今追昔，实现文理交融，即立足当下生活，合理利用科学革命的最新成果，以跨学科、跨文化的方式，重新审视古代经典及其学术，最终建构一个价值性、功能性、科学性、身份性的"新古典学"。而这样一种"新古典学"的文化关切，或许正是人类可以赋予未来"超级智能"的身份属性与内在品质。

（原载于《管子学刊》2021年第4期，作者单位：扬州大学文学院）

论"新子学"对现代学术的意义
——以"人学合一"的"子学精神"对专家学术的启发为例

张 耀

方勇教授在《再论"新子学"》一文中讨论到了"新子学"的深层内涵,并提出了"子学精神"的概念:"就深层意义而言,'新子学'是对'子学现象'的正视,更是对'子学精神'的提炼。……各家论说虽然不同,但都能直面现实以深究学理,不尚一统而贵多元共生,是谓'子学精神'。"[①]

"新子学"的发展需要提炼"子学精神"作为其理论内核,"子学精神"的深度和广度一定程度上也决定着"新子学"未来发展道路的长度和宽度。所以,对"子学精神"的提炼应作为"新子学"理论建构的核心工作不断推进、展开。除了方教授的总结外,窃以为子学的精神还应包括"人学合一""以学见人"的精神,这一精神对"新子学"在现代学术格局中发挥作用有着重要意义。

"人学合一"是各类古典学术普遍存在的特点,但它在"子学"中体现尤其明显,乃至于可以将其列为子学的内在精神之一。这种"人学合一"的子学精神体现在:诸子所做的学问与其人之品质、行

---

① 方勇:《再论"新子学"》,《光明日报》2013年9月9日,第15版。

事、思想相统一，学问是这几个方面的反映、提炼与升华，亦即相比经学家传经、史学家记史而言，诸子立说更能突出作者本人的主体性与主体价值。因为传经以经书为对象、记史以史实为对象，这些学问都是依附经书或史实为主体，其中所蕴含的学人的思想个性都隐藏在深层，而诸子的学问则与本人的联系更加直接，故在诸子学说中学人是主体性的存在（诗文创作同样体现了主体性，但这属于文人的范畴而非学人的范畴，即便是一些有思想创造性和现实针对性的议论文，也多是缘"事"而发，在某种意义上，"事件"与经书、史实一样"掩盖"了作者的主体性），故古时所谓"立言不朽"，更适宜于描述子书与诸子的关系。可见诸子作为古代学人的代表，其人其学相合而不分，以人立学，以学见人。

　　但现在的学人则以"专家"为典型①，现代学科体系趋于成熟，各学科范式近于固定，在这种学术机制中成长起来的学人，各专精于某个领域，遵循各自特定范式，研究相对固定的问题，在封闭的圈子内交流，这便是专家做学问的大致情况。专家的产生是现代学术发展的必然，尤其在知识爆炸的 21 世纪，这种模式只会发展不会消失。但专家的模式也有弊病，这包括在下文会论述到的三方面：学科壁垒森严造成的学术研究碎片化、学科理论缺席造成的内在思想依附性、学科价值意义丧失造成的研究与现实间的隔阂。这类专家模式的弊病追溯到底，还是在于当代学人出现了"为学"与"为人"相分离的情况。反思当前学术模式，整个学术研究就像流水线作业，材料（问题）、工艺流程（范式）、厂房（学术圈子）等都是固定的，而"人"只是负责加工而已。"人"的主体性在丧失，正在成为"学"

---

① 此处讨论皆针对当代的人文社会学科而言，另外，此处的"专家"非古代学术意义上与"博雅"相对的"专家"（如章学诚《文史通义·浙东学术》提到"浙东贵专家，浙西尚博雅"），其内涵取现代汉语的通行义。

的附属，本应以"学"致用，如今被"学"所用。以"学"致用的人将自身置于大千世界中，治学时能全面、切实地关怀他所在世界的各类问题，表达的亦是他自己的思想，"学术"是对他本人的记录（"以学见人"）；被"学"所用的人在这些方面则恰恰相反，他们的学术世界和生活世界是分开的，学术研究更近乎一种思维游戏而非思想探索，于是就出现了上文提到的弊病。

当然，以上论述并不是宣称当代学术就是完全没有学者主体的因素发挥作用，完全沦为被"学"所用的学者毕竟还是极少数。其实大部分专家，尤其是高层次的学者都是有自己的思想的，这在一些具体问题的探讨中能有体现。但这些思想是潜在的、不成体系的，因此我们难以从其学中窥其人。同时我们还要看到，现代学人中"人"属性丧失的现象在一些年轻学者中体现得的确很明显，这又以批量培养的研究生最为突出，他们只知道按照固定的学术范式来处理一些问题，其中的立场观点基本都是因袭前人，抑或说是"重复"前说，这种研究不能算是真正的学术探索，称这些学者为"笔杆子"亦不为过。甚至有些学生遵循成型的研究模式达到了亦步亦趋的程度，对于前人套路只知墨守不知活用，这些研究人员则已沦为了电脑中的程序或代码，只是负责把一些问题"加工"成结论的流水线而已。

所以，专家应吸收这种"人学合一"的"子学精神"，诸子所做的并不是某种专门的学问，而是表现自己作为一个学人对各类问题的看法，故其视野更大，自成一家。希望专家一方面对某些专门的问题做研究的同时，另一方面也能向诸子看齐，对我们的人生和社会做些整体性思考，前一方面体现了一个"学人"其"学"的价值，后一方面则体现了一个"学人"其"人"的价值。

学界缺乏诸子型的学者，时代呼唤子书式的著作，许多学者在讨论"新子学"时都涉及了这个问题，如孙以昭先生《"新子学"与跨学科、多学科的学术研究》一文中提道：

还需指出的是，既然称为"新子学"，就不仅要以上述"三新一全"之标准与要求写出新的研究子学的著作，更应写出新的子学著作，主要用现代语体文写，也可以用文言文写，从而使得"新子学"既还原了往昔子学著作的思想风貌和语言风格，又展示了当代的思想认识水准、价值取向和文化风采，从而为社会提供有益的参考。也只有如此，才能使"新子学"成为完璧，垂范后世，鉴戒当今。①

孙先生这段话有着高远的眼界，他的设想不是浮率的空谈，应该得到我们足够的重视，成为我们努力的方向。我想专家如果真能效仿诸子，以学术的思维写一本属于本人的"子学著作"，让自己的思想体系化，摆脱前说的笼罩与视野的限制，学术界必然会打开新的格局。

但实现这些设想还有很长路要走，需要一个长期的转化过程。从短期内纠枉补弊的角度看，子学精神对于专家模式的启发，具体来说可分以下几点：

一、摆脱单一学科的束缚

早在20世纪初期，德国思想家马克斯·韦伯便已指出"学术已经到了一个空前专业化的阶段，而且这种局面会一直继续下去"②。

---

① 孙以昭：《"新子学"与跨学科、多学科学术研究》，《河北学刊》2015年第5期。
② ［德］马克斯·韦伯著，冯克利译：《学术与政治》，北京：生活·读书·新知三联书店，1998年，第23页。

的确，现代学术研究有碎片化的倾向，各个学科范式已经成熟，之间隔阂越来越大，专家之间甚至达到了无法"对话"的程度，遑论共同解决一些问题。鉴于这种弊病，当今学界呼唤着气象博大的大师型学者，但如《庄子》中所说："百家往而不反，必不合矣！"（《庄子·天下》）在已成型的学术机制下，大师不是凭一两句口号就能召唤出来的。所以，学者们与其做着遥远的"大师梦"，不如扎实地想办法去掉一些"专家气"。

反观子学，诸子置身于现实世界中，面临着各种问题，对于这些问题，诸子给予了全面的关注，显示着一种博大的气象，他们的论著现在看来是横跨好多学科的，刘勰所谓"博明万事为子"（《文心雕龙·诸子》），古人也是将"博"视为子学的重要特质。总之，诸子是作为现实的人直面当前的世界，和我们普通人一样，脑海中想着其中的各种问题，其范围自然是毫无限制，这是"博"的必要条件。而他们又进一步用学术思维去思考，以学术的方式将思考的结果表达，于是原来庞杂的想法被整合为博大的思想，这个过程体现了"人学合一"的精神，自然呈现了博大的气象，这是"博"的充分条件。

因此在这方面，专家应该吸收子学精神，将视野转向他本人所在的世界。首先走出自己学科的小世界，以"见天地之纯、古人之大体"（《庄子·天下》），再回复到普通人的心态直面大千世界，发现无穷的问题，认识到自己学科能力的局限，并在此基础上实现与其他学科专家的对话，最终经过融合，将这些新问题与新想法带回自己学科中，调整原有学科范式来适应它们，由此实现本学科的发展和各学科间的融通。

另外，"人学合一"的思路虽然强调大的视野与综合研究，但它与现代提倡的"跨学科研究"还不完全一样，它不是针对某一个特殊问题进行的专门研究，而是针对某一些经典话题、普遍问题进行的独立思索。"跨学科研究"在意识中还有"学科"概念的存在，"人学合一"则浑融为一矣,是《齐物论》所谓"以为未始有封"的境界。同样,向专家型学者建议"人学合一"的思路也不是要保证他们成为传统的"通人""大师"型学者,此类学者兼善数领域、所涉皆有创获的境界是今人难以达到的,而我们的思路并不是追求成果的多与广,只是为了避免眼界的窄和偏。其实,我们和大师最大的差距不在于学问本身的积累,而是在于缺乏对待学问所应有的一种谦卑的心态和求知的欲望,这种治学态度则恰是源自于大师们治学时"人学合一"的精神——专家的眼界囿于自己学科一隅,容易自我满足,一叶障目,而大师为学则如先秦诸子,能回归现实世界中的自己,眼界包含大千世界,故而能意识到自己见识的渺小和各学科知识的会通,由此带来的治学动力造就了其博大气象。

二、显示自成一家的气概

目前中国人文社科领域的学者常会在本学科的建设进程中提出"理论自觉"的口号,这对治的其实是一种尴尬的学术境况:许多学科的当代中国本土理论缺席。此类境况的产生有着复杂多样的缘由,当代学者的"依附性"治学思维则是其中重要的一点。所谓"依附"是指内在思想的依附性,即学者治学时没有形成自己的一套思想理论体系,自己的思想需要寄托于材料或他人理论来传达。这又具体表现为若干种情况:或依托于一些经典的文献,缺少发明和理论建构,呈现出"述而不作"的姿态;或仅承袭传统理论,作细枝末节的增补,未能开创自己的一片领域;或照搬国外时髦的理论,拿来与中国的实际生硬对接……这种"依附性"造成的恶果不容小觑:从宏观来看,它使得中国学术缺乏自己的理论话语体系,难以在全球格局中自成一家;从微观上看,它使得中国学者的学术缺乏"个人灵魂",呈现千篇一律、黄茅白苇的样貌，少有自成一家者。

这不禁让我们想起古人依附经学造成的恶果，"宗经"的思想不仅限制了古代学者的创造力，也使经书原义受到了扭曲。其实，上文提到的现代学术研究模式何尝不是一种新的"宗经"现象？每个学科都有几部经典或几套理论，学者便围绕这些书或理论深度挖掘，最多是在阐释的过程中寄托自己的思想。当然，学术的发展离不开经典书籍或经典理论的代代传承，也离不开他国理论的参考与借鉴，但如果学者治学时只是一味地依附它们，以古为经、以洋为经，那么学者自身价值便会泯灭，学术也难以得到更多的发展。

而且，"依傍"的习惯和上文提到的"碎片化"倾向又是相生共存的，眼界不够大，自然负于一隅，使得其依赖性强，难成一家之说。究其原因，还是学人主体性丧失所导致的。

而子学则在这方面树立了一个典范，由东周时人对诸子的一些学术批评中可以得到体现，如《吕氏春秋》中提到：

> 老耽贵柔，孔子贵仁，墨翟贵兼，关尹贵清，子列子贵虚，陈骈贵齐，阳生贵己，孙膑贵势，王廖贵先，儿良贵后。此十人者，皆天下之豪士也。（《吕氏春秋·审分览·不二》）

《吕览》指出诸子各有所"贵"，它所列出的正是各家立说的核心，这在孔子说来便是其"一贯之道"，在后世学者说来便是各派的"家数"。正是因为有了各自核心的存在，诸子各家学说才能呈现各自不同的风貌，从而作为独一无二的思想流传至今。当然，这种核心标识了诸子各家的独特性，却也在一定程度上规定了各家学说的取向与范畴，故而荀子认为他们各有所"蔽""观于道之一隅而未之能识也"（《荀子·解蔽》），庄子认为他们"各为其所欲焉以自为方"（《庄子·天下》），总之是将诸子的"自成一家"视为学术上"通"

"全"的反面，由此来看，诸子的"自成一家"似乎与之前提到的"博明万事"是相矛盾的。但笔者认为，虽然诸子被视为"不该不遍"的"一曲之士"（《庄子·天下》），各家间的确有不同的关注，但他们各自的"关注"只是一种旨趣，相比经学的文本或已成型的理论，这种"旨趣"的限定性远没有那么强，故诸子能以自己关注为原点，推及各类问题的探讨，开拓眼界，同时这又反过来促进内部思想体系的构建，成一家之说。这便实现了"博明万事"与"自成一家"的统一。

诸子这种"自成一家"的气概备受学者推崇，章太炎先生认为："唯周、秦诸子，推迹古初，承受师法，各为独立，无援引攀附之事。虽同在一家，犹且矜己自贵，不相通融。"① 另如刘勰所谓"自开户牖，越世高谈"（《文心雕龙·诸子》）、程颢所谓"自家体贴出来"②、袁宏道所谓"见由己出，不曾依傍半个古人"③ 亦可以借用来描述这种精神。其实，这种现象其本质还是可以归结为"人学合一"，在学术中人始终是主体，学术中的典籍与理论是帮助本人将内在思想整合、展现的手段而非终极目的，故而他的学术也和他个人一样，都是独一无二的。

如果专家能吸收这种子学精神，实现主体性的觉醒，我想学术研究的局面会进一步被打开，各种有思想、有个性的研究成果会涌现出来。因为在这种状态下，学者是在用自己自由的思想进行思考，而不至于被既定的经典或理论牵住鼻子在前人的老路上打转。路是自己走

---

① 章太炎著，朱维铮、姜义华编注：《章太炎选集》，上海：上海人民出版社，1981年，第355页。
② 程颢、程颐：《二程集》，北京：中华书局，2004年，第424页。
③ 袁宏道著，钱伯城笺校：《袁宏道集笺校》，上海：上海古籍出版社，1981年，第502页。

出来的，在学术新道路的开辟上，我们的确要借鉴一些子学的精神。

三、形成直面现实的意识

现代学术日益走进了象牙塔，这是不争的事实，专家与社会产生了极深的隔阂，专家的话再也难以直接引导社会，甚至连其公信力都大打折扣。目前的学术正在丧失其实践品格，其价值意义逐渐让位于知识意义，具有超越性的纯学术研究成为许多专家追求的状态。那么按治学的潜在意识来分，现在专家的层次由低到高大概可分为三等：或想着学科能为我做什么、或想着我能为学科做什么、或想着我能用学科为社会做什么。前两等关注的是学科与自己的关系，可以说代表了目前学者的大多数，相比后一等，他们都缺乏对社会的关注。所以，学人和社会人两个概念呈现了愈发疏离的态势。由于"学人"成了"学科的仆人"，知和行再也难以结合到一块，故而目前学术研究在这方面表现出了上述明显的弊端。

再来回顾诸子的学术活动，他们百家异说，但都是"务于治"者，并且他们身体力行地推行自己的学说，使得他们的理论对当时的历史发展产生了极大影响，这是当今学者难以比肩的。他们与当今学者最本质的差别在于他们首先是作为社会人投入社会变革的浪潮中，他们像其他人一样有改造这个世界的努力，他们的学说最终是这些实践的升华，从每个学说中我们能看到这个人在社会上活动的身影。（即便是当时如庄子这类遁世者，其学说也体现了对人生深刻的关怀，是其行为的深入诠释，故而它亦有着广泛的社会影响。）这种现象，明代胡应麟给予了很好的总结：

后世子书，庶几秦汉者，文也；若其理，终不可到。孟

> 荀于儒，庄列于道，孙武于兵，韩非于法，彼皆以身为其术，终其身、竭其力以殉其书，故正邪不同，同归于弗可磨灭。唐而后，厥尚殊焉，故诸子之言鲜矣。[1]

能够"皆以身为其术"，甚至"终其身、竭其力以殉其书"，这正是"人学合一"的典范，说得更细些就是"知行合一"，在这种状态下产生的学问怎会与人生、社会脱离？

所以这种子学精神无疑能召唤象牙塔中的专家走向社会，改变之前与社会隔阂的状态。当然，这并不是要求人文学科的研究成果立刻给社会带来直接的功利，这种精神只是要提醒学人时刻不要忘记自身"社会人"的价值，时刻想想"我能用学科为社会做些什么"，如果能一直保持这个意识，学界中"脱离实际"的弊病将大大减少。学者治学常抱有"立言不朽"的心态，但反观他们的成果在现实中的接受情况，则会对"不朽"的价值产生怀疑，所以，我们应该将目光转向至今"不朽"的诸子，他们的精神或许会给我们一些启发。

综上，"新子学"概念的提出能让我们更深入地发掘"人学合一"的子学精神，这种精神对目前学界的"专家学术"是一种有益的调节，从这方面可以看出"新子学"的"新"不仅是对旧传统的创新，亦体现在它能在新的学术格局中发挥作用。本文依据方勇教授"提炼'子学精神'"的思路，做了上述探索，权为抛砖引玉，希望能得到各位同仁的指正。

（原载于《诸子学刊》第十五辑，作者单位：华东师范大学中文系）

---

[1] 胡应麟：《少室山房笔丛论》，上海：上海书店出版社，2001年，第271页。

人工智能时代的"新子学"试探

[韩] 金把路

一、前　言

　　自谷歌（Google）的阿尔法围棋（Alpha Go）击败人类职业围棋选手以后，人工智能迅速地进入大众视野。有人期待人工智能与人类合作的乌托邦（Utopia），有人担心人工智能统治人类的反乌托邦（Dystopia），但不管如何，人类从来不会放弃手里的武器。我们无法阻挡人工智能技术的发展，我们只能领导人工智能技术的发展轨迹。哲学界已经针对人工智能进行了许多研究，其代表有约翰·罗杰斯·希尔勒的"中文房间"（Chinese room），但是哲学界针对人工智能的探索大部分留在哲学思辨领域。哲学家是以局外人的立场，观察、探索、预测人工智能与人工智能所带来的未来。虽然哲学的局外省察也格外重要，但是人工智能能否应用于哲学领域呢？

　　西方人文学界已经开始提倡数字与人文学融合的数字人文（Digital Humanities）。数字人文是对数字技术与人文学之间的交叉领域进行研究、教育以及创新的一门学科，它不仅力求传统文本的数字化，还考虑到文本挖掘（Text Mining）、社会网络分析（Social Network Analysis）、空间分析（Spatial Analysis）等数字分析方法与多媒体、虚拟现实（Virtual Reality，VR）、增强现实（Augmented Reality，AR）等数字视觉化，在历史、哲学、文学等人文学研究领域的应用。简单地说，数字人文是在传统人文学研究的基础上导入数字的研究方法。数字人文的本质还是对人类的探究，只是传统人文学以纸张为基础，而数字人文以数字为基础。数字人文借用计算机的能力，可实现人类无法或者难以实现的情报搜集、分析与共享，还可以实现纸张无法提供的多媒体视觉化。

论者把数字人文研究领域分为设计、建造、分析、解释、视觉化。设计是为了人文学情报数字化，研究人文学各个研究对象的结构与内容；建造是按照设计结果，新造、再编、运营人文数据库；分析是以人文数据为基础，以传统人文学研究方法结合文本挖掘、社会网络分析、空间分析等的数字分析方法导出分析结果数据的领域；解释是通过人文学的观点与思维，在分析结果数据上赋予意义的领域；视觉化是设计结果、人文数据、分析结果数据、解释结果变为适用于人类可读的领域。本文以数字人文的观点为基础，探讨在人工智能时代实现"新子学"研究的自由性、开放性、多样性、平等性、包容性的现实方法。

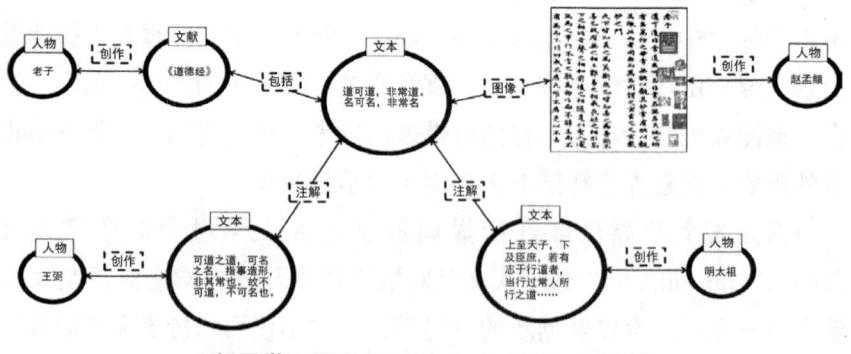

"新子学"语义网（Semantic Web）概念图

二、设计与建造

(一) 人文数据概述

设计与建造都是数据的领域。人文学领域已经有丰富的纸张情报，所以人文学领域比较关心数字化（digitalization）。但是很多人文学领域的人士忽略数据的质量。根据键连公开数据（Linked Open Data，LOD），数据可分为五个等级。

第五等级的条件是制作权公开（Open Licence），我们一般接触的 PDF 文件属于这一类。数字网络的最大特点在情报的共享，如果某一个情报无法共享等于没有数据。第四等级的条件是制作权公开与可再用（Reusable），我们一般接触的 Excel 文件属于这一类。为了借用计算机的力量，必须建造机器可读数据（machine readable data），虽然最近 PDF 文件通过光学字符识别（Optical Character Recognition，OCR）可以变成文本（TEXT），但是其导出的文本还是有限的。机器有限地读出其内容意味着人工智能只能有限地处理其内容。第三等级的条件是制作权公开、可再用的、自由文件格式（Open format），其代表文件形式为 CSV 格式。虽然我们常用 Excel，但是 Excel 文件只能在微软的 Office 上才能运行，所以我们为了保障自由性，得采用自由文件格式。第二等级的条件是制作权公开、可再用的、自由文件格式、统一资源标志符（Uniform Resource Identifier，URI）。URI 是为了同时保障多样性、平等性而产生的一种出处表明手段。如果方勇所想的"新子学"与金白铉所想的"新子学"是不同的，那么数字上分别表达为"方勇：新子学""金白铉：新子学"，实际上是利用网络上常用的统一资源定位符（Uniform Resource Locator，URL）来表达。如果方勇的网站是"http：//fangyong.com"，方勇的"新子学"可表达为"http://fangyong.com/新子学"。第一等级的条件是制作权公开、可再用的、自由文件格式、统一资源标志符、键连数据（Linked data）。人人皆有自己的想法，我们在第二等级的数据条件下，已经可建立各自的人文数据库。第一等级是各自的人文数据库互相连接的，比如中国"新子学"数据库与韩国"新子学"数据库之键连、"新子学"数据库与"新儒学"数据库之键连、"新子学"数据库与康德数据库之键连，但是现在大部分的人文数据连第五等级都达不到，重点在于机器可读性数据与数据共享。

如今，最高级的机器可读性数据是语义网（Semantic Web）。语义网是由万维网联盟的蒂姆·伯纳斯-李（Tim Berners-Lee）在1998年提出的一个概念，它的核心是：通过给万维网上的文档（如HTML）添加能够被计算机所理解的语义（Meta data），从而使整个互联网成为一个通用的信息交换介质。语义万维网通过使用标准、置标语言和相关的处理工具来扩展万维网的能力。不过语意网概念实际上是基于很多已有技术的，也依赖于后来和 text-and-markup 与知识表现的综合。为了实现语义网需要设计数字本体（digital ontology）。数字本体的基本要素为类（Class）、属性（Property）、个体（instance），基本形式为论域（domain）——关系（relation）——定义域（range）。

"老子""《道德经》""道可道，非常道"是个体，"老子""王弼""明太祖"属于"人物"类，"创作""图像""注解"是属性。"人物"类的"老子"个体——"创作"——"文献"类的"《道德经》"个体，我们可将其抽象化为"人物"类——"创作"——"文献"类（参考本文第一页"新子学"语义网概念图）。虽然数字本体的结构是比较简单的，但是语义网（Semantic Web）已经成功实现了各种人文数据库，如欧洲数位图书馆（Europeana）统合了欧洲各个图书馆、美术馆、博物馆的文化遗产情报。

需要注意的是，人文情报的结构与语义网的结构比较相似。从前人文情报的数字化依靠可扩展标记语言（Extensible Markup Language, XML）与关系数据库（Relational database, RDB）。虽然可扩展标记语言与关系数据库是商业上得到地位的方法，但还是无法完全包含数位情报的全部内容。相反，语义网以数字本体为基础可输入、运营、输出多层次的人文情报，还可以按照以往的人文数据进行伦理推论而找到新的情报。大胆地说，我们通过语义网，把人的思维移植到数字上了。

（二）设计与建造之应用

1. 数字《子藏》

"新子学工作包括三个部分：文献、学术史、思想创造。这是逐步深入的研究步骤，也是并进的三个方面。"方勇所说的文献就是人工智能时代的数据。《子藏》搜集了世界各地的诸子百家文献而精选了其中的最好版本，体现了"全"与"精"，但是现在《子藏》出版于纸张。数字人文的立场也赞同搜集尽可能多的版本，但是数字人文无法赞同"选"版本而出版于纸张的行为，因为其行为本质上限制开放性、多样性。现在学者们难以接触《子藏》全集，只能看到选取的精本，在《子藏》上寻找所需的内容也十分艰难。因此笔者建议建设数字《子藏》，这是参考了 CBETA 汉文大藏经与 CTEXT（中国哲学书电子化计划），建造全世界的相关学者们容易接近、查看、互动的数字《子藏》平台，数字《子藏》不仅推荐《子藏》项目所选的最好版本，同时还提供与其他版本之比较，这才是"全"与"精"的。

2. 数字"新子学"

方勇曾说："以往的研究大多以各子或者各家为对象，像一般的哲学史或者诸子学论著中，都以儒家、墨家、道家、法家等为章节，逐一加以论说，或仅论说诸子个人，如'先秦七子'一类。当代诸子学研究已经有了诸多积累，各种学派研究、重要子家的研究，成果都非常丰硕，即使诸如《鹖冠子》《文子》《鬻子》等典籍也都有可观的研究成果，这是综合性研究的基础。诸子学研究需要会通诸子学各家各派，回环往复地阅读研究，以通盘的视野看待诸子思想，这样才可能做到真正的综合"。但是在纸张上综合以往的成果是个难题，而且即使综合了成果可能也难以找到研究者个人所需要的。在将"新子学"的研究成果编纂为机器可读性数据的前提下，人工智能可以实现研究者的需求，甚至帮助研究者找到个人难以找到的情报。因此我们不仅应针对《子藏》进行数字化，还需要针对"新子学"研究与教育环境进行数字化。

3. "新子学"人工智能伦理模型

为了防止人工智能造成恶性未来，我们需要人工智能伦理模型。世界各国正在力求建立各种各样的人工智能伦理模型，但其伦理模型是以功利主义与康德主义为基础的。人工智能完全依靠伦理模型来判断，在现在的趋势下，就变成西方哲学的代行者。换个思路，我们能否建立老子人工智能伦理模型呢？西方伦理学有个著名的思想实验——有轨电车难题（Trolley Problem）："假设你看到一辆刹车坏了的有轨电车，即将撞上前方轨道上的五个人，而旁边的备用轨道上只有一个人，如果你什么都不做，五个人会被撞死。你手边有一个按钮，按下按钮，车会驶入备用轨道，只撞死一个人。你是否应该牺牲这一个人的生命而拯救另外五个人？"简单地说，以功利主义为基础的人工智能伦理模型一般会选择撞死一个人，但是以老子为基础的人工智能伦理模型可能与功利主义人工智能不同，也许会为了体现"无为"不按钮，也许会为了体现"自然"随机（random）按下按钮。

三、分析与解释

（一）数字分析与人文解释

以往的人文学研究用不着分开分析与解释，但是在计算机明明超越人类的计算能力的现实下，人文学也需要探索与计算机的合作之路。人工智能在条件限定的情况下，远远超过人类的认知与计算能力。如现在根本不会有人从北京走路到首尔，学术也没有理由回避借用计算机的能力。但人工智能无法限定条件，人类才能限定条件。更重要的是，到现在为止，人工智能无法判断其意义，无法赋予其意义，解释领域还在人类的手里。只是解释计算机分析结果的前提是针对计算机分析方法的理解。遗憾的是，人工智能的核心技术是深度学习（deep learning），而深度学习需要大数据（Big Data）。到目前为止，几乎没有大量的人文数据，所以现在难以直接利用深度学习进行人文学研究，只能依靠小数据（Small Data）的数字分析方法。现在比较成熟的数字分析方法为文本挖掘、社会网络分析、空间分析。

（二）文本挖掘

文本挖掘是用计算机进行语言文字分析的。语言分析方法众多，有自然语言处理（Natural Language Processing，NLP）、语料库语言学（corpus linguistics）、文本分类、文本聚类、共字分析（co-word analysis）、感情分析等。传统人文学研究经常进行版本比较研究，但是其研究一般是以少数文章之间的比较为主。因为个人难以进行异本之间的全文比较研究，所以只能依靠几十年积累的经验为基础的直观研究。文本挖掘如何应用在人文学研究上？可以参考"类书对应查询系统"所提供的《艺文类聚》与《太平御览》之间共引内容的比较功能。

《太平御览》的道部总共25条，其条内容在《艺文类聚》中涉及11部，总共29条。由其分析可知，唐代的居处部、灵异部、木部、山部、乐部、水部、宝玉部、果部、人部、礼部、药香草部到宋代都归为道部。更具体一点，《艺文类聚》灵异部的被荣都属于仙道，但在《太平御览》其条分为天仙、里所、服饵、地仙，而《太平御览》中地仙的内容来源不仅有《艺文类聚》的灵异部，还有木部、乐部、宝玉部、果部。从中我们可以理解唐代与宋代"仙"的概念之异同。以上情况，如果是个人进行研究，将会难以完成任务，或者只能选择几个案例，但是利用计算机，就很容易实现，并可以将剩下的时间投入解释层面。我建议同一个方法应用在"新子学"文献之间的变迁研究上。

（三）社会网络分析

社会网络分析是通过网络中关系的分析研究网络的结构与属性特征的方法。属性特征是度中心性（degree centrality）、接近中心性（closeness centrality）、中介中心性（between centrality）等。社会网络分析的基本数据要素是来源（source）与目标（target）。例如，王弼注释了《老子》的"王弼（来源）——《老子》（目标）"。社会网络分析如何应用在人文学研究上？中国历代人物传记数据库（China Biographical Database Project，CBDB）提供了中国历史人物之间的社会网络分析之数据。

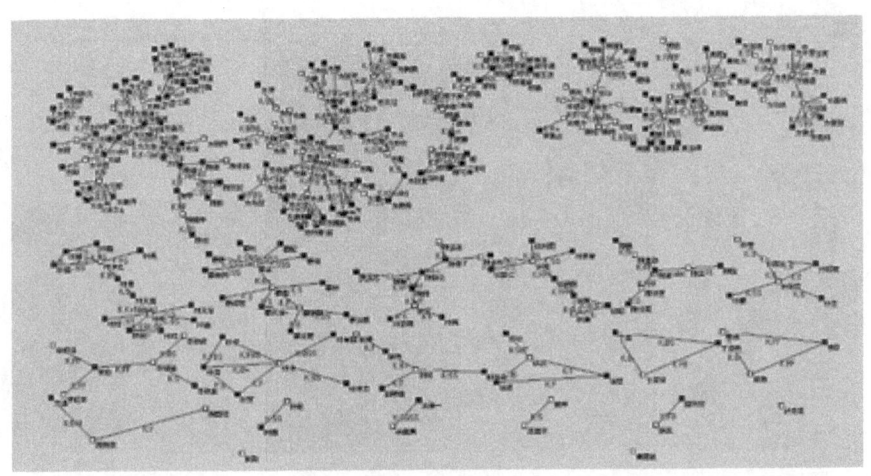

上图是 1050 至 1100 年间取得进士学位者之间的社会网络。网络中的关系一般为血缘关系：F 是父亲，FF 是祖父等。我们可以看出当时少数家族独占进士学位。与文本挖掘一样，个人基本上无法进行类似的研究，只能利用计算机观察到比较客观的整体状况。笔者建议将同一个方法应用在历代"新子学"学者之间的分析上。

（四）空间分析

空间分析是对于地理空间现象的定量研究，以空间数据为基础，提取空间数据与其相关数据里潜在的信息。其主要研究为空间位置、空间分布、空间形态、空间距离、空间关系。历史地理学领域已有历史地理信息系统（Historical Geographic Information System，GIS）。空间分析如何应用在人文学研究上？WorldMap 提供了开放的地理信息系统。

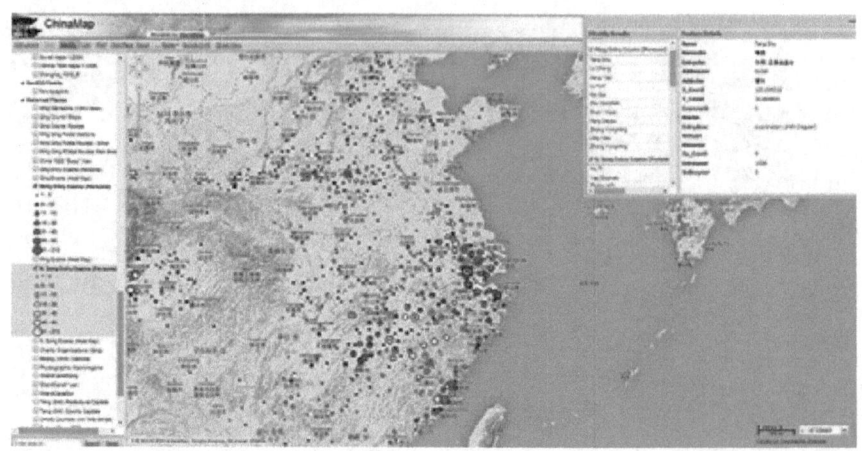

上图是 WorldMap 上的宋代与明代科举考试合格者的出生地比较，出身数量利用气泡图（bubble chart）来视觉化了。我们可以看出宋、明科举合格者出生地的相异。其分析是中国历代人物传记数据库的科举数据与中国历史地理信息系统（China Historical Geographic Information System, CHGIS）的地名数据结合而成的。笔者建议同一个方法应用在"新子学"思想的传播分析上。

四、视觉化

纸张印刷基本上依靠单色的文字与图画，虽然已有彩色印刷技术，但是成本还是比较高。相反地，数字技术不仅提供彩色的文字、图片、照片，还提供纸张无法呈现的声音、动画和影片，以及程序所提供的互动功能。近年来甚至出现虚拟现实（virtual reality, VR）与增强现实（Augmented Reality, AR）以及两者合成的混合现实（Mixed Reality, MR），慢慢地走向瓦解虚拟与现实的边界的方向。但是数字上的视觉化领域的基础是数据，问题是现在"新子学"的数据不足以深入研究视觉化，只能一边建造数据一边视觉化。不过"新子学"通过数字人文的方法进行设计、建造、分析、解释，可以实现如下视觉化："新子学"文献的视觉化、"新子学"文献结构的视觉化、"新子学"文化遗产的视觉化、"新子学"思想与文化遗产的互联视觉化。

五、结　论

虽然在人工智能时代，"新子学"可以展开研究人工智能所带来的问题，这也是"新子学"应当担任的责任，但是对其批评首先需要对其深刻理解，而且人工智能可以帮助传统"新子学"的研究，并且可以开拓新的"新子学"研究，我们又何必留在限制自由性、开放性、多样性、平等性、包容性的纸张上呢？

参考文献

［１］阿门．版本众多的"电车难题"［Ｊ］．宁波广播电视大学学报，2013（3）．
［２］方勇．再论"新子学"［Ｎ］．光明日报，2013—09—09（015）．
［３］方勇．"新子学"：目标、问题与方法［Ｎ］．光明日报，2018—04—07（007）．
［４］金把路．语意数据档案的建立与应用［Ｍ］．坡州：BOGOSA，2018.
　　（김바로, "시맨틱 데이터 아카이브의 구축과 활용", 보고사, 2018.）
［５］金炫，林永尚，金把路．数字人文入门［Ｍ］．首尔：HUEBOOKS，2016.
　　（김현·임영상·김바로, "디지털 인문학 입문", HUEBOOKs, 2016）
［６］项洁，陈丽华，杜协昌，钟嘉轩．数位人文视野下的知识分类观察：两部官修类书的比较分析［Ｊ］．东亚观念史集刊，2015（9）．
［７］钟嘉轩．类书知识分类变化之自动分析与讨论以《艺文类聚》与《太平御览》为例［Ｄ］．台北："国立台湾大学"信息工程学研究所硕士论文，2013.

[8] Searle, John. R. Minds, brains, and programs [J]. Behavioral and Brain Sciences, 1980 (3).

[9] 开放资料的五颗星 [OL]. https://5stardata.info/zh-TW/.

[10] 类书对应查询系统 [OL]. http://leishucis.digital.ntu.edu.tw.

[11] 欧洲数位图书馆 [OL]. https://www.europeana.eu/portal/.

[12] 语义网 [OL]. https://zh.wikipedia.org/wiki/语义网.

[13] 中国历代人物传记数据库 [OL]. https://projects.iq.harvard.edu/chinesecbdb.

[14] 中国历史地理信息系统 [OL]. http://sites.fas.harvard.edu/~chgis/.

[15] 中国哲学书电子化计划 [OL]. https://ctext.org/.

[16] CBETA 汉文大藏经 [OL]. http://tripitaka.cbeta.org/.

[17] WorldMap [OL]. https://worldmap.harvard.edu/.

（原载于《名作欣赏》2019年5月学术版，作者单位：韩国中央大学）

"新子学"的发展要注重出土文献的整理和研究

万佳俊

2012年10月，方勇教授在《光明日报》发表《"新子学"构想》一文[1]，拉开了"新子学"学术研究的大幕。"新子学"根本上是研究传统文化如何创新的问题[2]1，符合现代中国国情，切合时代发展需求，引起了学术界广泛而热烈的讨论。

以胡适、钱玄同、鲁迅等人为代表的新派学人曾猛烈批判中国传统文化，主张"将中国文化连根拔去"[3]，中国文化被贴上了"劣根性"的标签。[4]中国文化真的毫无价值吗？中国文化流传几千年延绵不绝，足以证明其并非一无是处。历史也证明，新派学人的这种完全否定中国文化、生搬硬套西方文化的方式不能促进现代中国社会的文化转型。可见，要建立现代中国文化体系，既不可盲目地全盘接收西方文化，又不可绝对否定中国传统文化，我们要选取中国传统文化精华，加以改革、应用于现代中国社会。正如熊十力所说："新者利用过去之长而凭借自厚，力量益大，过去之长经新生力融化，其质与量皆不同以往，自不待言。"[5]

方勇进一步提出："传统文化研究创新首先需要回到中国思想的原点，即先秦时代的诸子学传统。"[2]先秦时期，百家争鸣，"实为古代思想界最有光辉的时代"。又说："新子学"研究首先要全面搜集材料,"'新子学'要结合历史经验与当下学术习惯,在正确界定'子学'范畴的前提下,对历代诸子学资料做尽心全面的搜集整理。"[6]遗憾的是,秦代"焚书坑儒",诸多先秦文献被毁,许多传世诸子古籍是后来学者据记忆书写,讹误不可避免。并且,传世诸子古籍流传数千年,内容难免失真。相比之下,出土文献的优势便凸显了。但笔者发现,许多学者在进行"新子学"研究时,使用的多是传世文献材料,出土文献材料较少。方勇似乎也注意到了这一点,他在《三论"新子学"》一文中专门强调了"考古学发现"对"新子学"研究的重要性。[2]2我们知道,出土文献材料与考古学有着极为密切的关系,[7]于是,在方勇的启发下,笔者仔细分析了"新子学"研究和出土文献材料的内在联系,总结了出土文献的整理和研究对"新子学"发展的两个意义。

一、整理材料夯实研究基础

出土文献的研究和整理,有助于整理"新子学"研究中涉及的诸子学资料,从而夯实"新子学"研究的材料基础。具体表现在以下五个方面:

(一) 补充失传的诸子学资料

例如:西汉海昏侯刘贺墓出土的《论语》简似为失传的《齐论》版本,[8]山东临沂银雀山西汉墓葬发掘出失传的《孙膑兵法》(即《齐孙子》)、《地典》[9]等等。

(二) 科学、客观地认识诸子古籍体例

例如:出土文献中有许多《老子》的资料,有郭店楚墓出土的战国时期写本、马王堆汉墓出土的两种写成年代分别为秦汉之际及西汉初年的写本、《北京大学藏西汉竹书》中的西汉中期写本，再加上传世文献中的河上公本、王弼本等，形成了比较完整的文本演变序列，为我们探讨古书文本形态的演变规律提供了珍贵的实例。[10]另外，《北京大学藏西汉竹书》中也有《老子》内容。[11]

（三）有利于研究诸子古籍的形成过程

例如：古代子书往往是某一学派传习的资料汇编，其中不但有先生的著述、言论，也有弟子或后学增益的"学案、语录、笔记、传状、注释"等类内容（参看余嘉锡《古书通例》）。银雀山汉墓所出《孙子》，提供了这一方面的一个很好的例证。……银雀山竹书中的有些篇跟《管子》有密切关系，尤其是《王兵》篇，其内容分别见于《管子》的《七法》《参患》《地图》等篇，而且通过对比可以看出是《管子》袭用、割裂《王兵》篇的。这对了解《管子》的成书过程有重要意义。[12]448

（四）有利于研究诸子古籍的真伪和时代

例如：今本《六韬》《尉缭子》《晏子》都曾被人疑为非先秦之书。西汉早期的银雀山墓出土了这些书的部分篇章，文字与今本大体相合。一种书从写成到流传，总会经过不太短的一段时间，这些书的著作时代当不晚于战国。今本基本上可以看作先秦古籍。……战国楚墓和马王堆汉初墓都出土了《老子》，宣告了不少《老子》晚出说法的破产。[12]449

（五）纠正诸子古籍在传抄过程中产生的讹误

以《孙子·计》中的一句话为例：

传世文献：地者、远近、险易、广狭、死生也。[13]

出土文献：地者、高下、广狭、远近、险易、死生也。[14]

裘锡圭先生说："地势的高下对战争来说非常重要，今本脱落'高下'二字是很不应该的。"[11]6"如果不是由地下出土的竹简本《孙子》补足了传世本这么重要的脱文，我们对孙子军事思想的认识和理解必然是不完整的。"[15]6

（六）有利于还原诸子思想，正本清源

诸子思想在出土文献材料和传世文献材料中常有差异，有的差异是因后人的某些固化视角而导致的。"新子学"研究"要求研究者对这类文本的解读必须按照其原貌进行完整的整理、阅读，由此掌握这类文本的原义和完整内容"[16]。根据出土文献材料，我们可以搞清某些差异的原因，还原文意。例如《老子》今本的"绝圣弃智""绝仁弃义"与简本的"绝智弃辩""绝伪弃诈"之间的问题，裘锡圭先生说：

> ……原来老子既不"绝圣"，也不"绝仁弃义"。他在这一章中所反对的，只是智辩、巧利、伪诈。……显然是简本之后的时代的某个或某些传授《老子》的人，出于反儒墨的要求，把"绝智弃辩"改成"绝圣弃智"，把"绝伪弃诈"改成"绝仁弃义"，并由于"绝仁弃义"的分量比"绝巧弃利"重，而把"绝仁弃义"句移到"绝巧弃利"句之前的。这种窜改以及第十八章"慧智出"句的窜入，在战国晚期就应该已经完成了。而且经过窜改的本子，大概相当快地就把原来的本子排挤掉了。这从帛书甲、乙两本都属于这种窜改本的系统，就可以看出来。……[17]

再如，根据郭店楚简《尊德义》中"民可导也，而不可强也"

等句子,"澄清了《论语》中颇具有争议的'民可使由之,不可使知之'并不具有愚民思想"。[18]

二、跨界会通再解诸子古籍

"跨界会通"[19]地运用多学科知识来整理和研究出土文献材料,对先秦诸子古籍的解读有重要意义,对"新子学"发展有促进作用。以考古学、古文字学和音韵学为例。

(一) 根据考古学知识解读先秦诸子古籍

例如:科学发掘的西汉海昏侯墓中的文物标本,具有很高的权威性。主棺室发现的屏风组件拼接后可见孔子画像,体现出西汉统治阶级"独尊儒术"的现象。墓地中出土了失传的《齐论语》,比《论语》的其他版本多了《问王》和《知道》两篇内容,为研究《论语》的版本流传提供了新的材料,促进了孔子思想的进一步解读。

(二) 根据古文字学知识解读先秦诸子古籍

例如:裘锡圭先生根据甲骨文和金文中"暴(虣)虎冯河"中"暴(虣)"的字形,纠正了古人训诂的错误。

> 金文里"虣"字的字形,还可以纠正古人训诂上的一个错误。《诗·郑风·大叔于田》毛传:"暴虎,空手以搏之。"《吕氏春秋·安死》及《淮南子·本经》高诱注也都以"无兵搏虎"解释"暴虎"。从古文字字形看,暴虎可以使用兵杖。认为只有"空手""无兵"而搏虎才叫暴虎,是不正确的。古书里又常常把暴虎解释为"徒搏"(见《尔雅·释

训》、《诗·小雅·小旻造字》毛传、《论语·述而》集解引孔注。）这大概是比较早的古训，很可能最初说徒搏是指不乘田车徒步搏虎，汉代人错误地理解为徒手搏虎了。[20]

（三）根据音韵学知识解读先秦诸子古籍

例如：于省吾先生发现，金文中"废""灋"二字的通假规律，也适用于传世古籍。

  民之不移也如废方之于地。（《管子·乘马数》）
  丁士涵云："废古通置"，《公羊·宣八年传》注："废，置也。置者，不去也，齐人语。"安井衡云："废，置也。置方物于地，绝不转移，故以譬之。"按，方物不应当称方，是望文生意，且置方物于地，但不转耳，非不可移动也。"废"应读作"灋"。"灋"古"法"字。金文"废"字均假"灋"为之，盂鼎、克鼎、师酉鼎、师氂鼎均有"勿灋朕命"之语，即勿废朕命也。《大戴记·曾子天圆》："地道曰方。"《太玄·玄摛》："方则晋。"注"方谓地也"。《太平御览》地部引《文子》云："地方而无涯。"又云："地承天故定宁。"《文中子·天地》："圆者动，方者静。"此谓民之不移也，如取灋于地之方，而不可动易也。[21]

三、结　语

  每个时代都有各自的时代特色，"新子学"是应中国社会现状需求而生的具有现代中国特色的学术理论。

面对现代学术中世界性与中国性的冲突。"新子学"以返归自身为方向，借助厘清古代资源，追寻古人智慧，化解学术研究中的内在冲突。所谓反归自身，就是要平心静气面对古人，回到古代复合多元的语境中，把眼光收回到对原始典籍的精深研究上，追寻中国学术的特质。这是"新子学"研究的目的。[22]

出土文献材料"还原性"的特点，恰好符合"新子学""反归自身"的研究方向。可见，注重出土文献的研究和整理应是"新子学"研究中重要的一环，"新子学"研究和"出土文献"研究的结合，将会促进"新子学"发展。

参考文献

[1] 方勇."新子学"构想［N］.光明日报，2012-10-22（14）.

[2] 方勇.三论"新子学"［A］.诸子学刊：第十三辑［M］.上海：上海古籍出版社，2016.

[3] 钱玄同.致周作人［A］.钱玄同文集：第六卷［M］.北京：中国人民大学出版社，1999：65.

[4] 张洪兴.中国文化"根性"与"新子学"［J］.暨南学报（哲学社会科学版），2018（4）：1.

[5] 熊十力.论六经［A］.熊十力全集：第五卷［M］.武汉：湖北教育出版社，2001：773.

[6] 方勇.追溯原点，重溯典范，全面复兴诸子学［J］.名作欣赏，2017（3）：14.

[7] 朱凤瀚.出土文献与考古学［N］.光明日报，2013-09-11（14）.

[8] 杨军，王楚宁，徐长青.西汉海昏侯刘贺墓出土《论语·知道》简初探［J］.文物，2016（12）：72.

[9] 詹立波.《孙膑兵法》残简介绍［J］.文物，1974（3）：40.

[10] 冯胜君. 二十世纪古文献新证研究 [M]. 济南：齐鲁书社，2006：9.
[11] 北京大学出土文献研究所. 北京大学藏西汉竹书贰 [M]. 上海：上海古籍出版社，2012.
[12] 裘锡圭. 四十年来发现的简帛古书对传世古籍整理工作的重要性（提要）[A]. 裘锡圭学术文集·语言文字与古文献卷 [M]. 上海：复旦大学出版社，2015：449.
[13] 古棣，戚文. 孙子兵法全解 [M]. 上海：上海辞书出版社，2016：5.
[14] 银雀山汉墓竹简整理小组. 银雀山汉墓竹简·孙子兵法 [M]. 北京：文物出版社，1985：29.
[15] 裘锡圭. 阅读古籍要重视考古数据 [J]. 文史知识，1986（4）：6.
[16] 刘韶军. 论"新子学"的内涵、理念与构架 [J]. 江淮论坛，2014（1）：62.
[17] 裘锡圭. 郭店《老子》简初探 [A]. 道家文化研究：第十七辑 [M]. 北京：生活·读书·新知三联书店，1999：42-45.
[18] 廖明春. 郭店楚简儒家著作考 [J]. 孔子研究，1998（03）：77.
[19] 欧明俊. 跨界会通——论"新子学"的创新途径 [J]. 暨南大学学报（哲学社会科学版），2018（4）：9.
[20] 裘锡圭. 说"玄衣朱襮——兼释甲骨文"虣"字 [A]. 裘锡圭学术文集·金文及其他古文字卷 [M]. 北京：复旦大学出版社，2015：5.
[21] 于省吾. 双剑誃诸子新证 [M]. 北京：中华书局，1960：64-65.
[22] 方勇. 再论"新子学" [A] // 诸子学刊. 第九辑 [M]. 上海：上海古籍出版社，2013：6.

（原载于《湖南工程学院学报》2020年第2期，作者单位：吉林大学古籍整理研究所）

诸子学研究的一个重要问题：
从解读到阐释
——论诸子学研究的深化与提升

刘韶军

诸子学的研究在现代条件下，从根本上说，应该从传统的诸子学研究进步到现代的诸子学研究。欲达这一目的，从研究诸子传留下来的著作文本的角度看，有一个重要的问题需要注意。这就是本文题目所说的——从解读到阐释的问题。

我所说的解读，是对诸子著作文本的阅读性理解，即认真地一字一句地对诸子著作文本进行阅读并做到彻底地理解。其要求是忠实于诸子著作文本的本意或原意，且尽量完整准确地阅读并理解。我所说的阐释，则是在对诸子著作文本的解读的基础上，对诸子所论述和提出的种种问题从现代条件进行更为深入地进行分析论述。其要求是超出诸子当时的观点、主张，使诸子所论及的问题在现代观念与理论的基础上得到深化和提升，不再停留于诸子当时的思考层次。

解读是诸子学研究的基础和前提，是必不可少的步骤。阐释是诸子学研究的提升与发展，也是当今学术研究需要创新和深化的地方。在现代条件下对诸子学的研究，必须从过去比较重视的解读层次上升进化到阐释的层次，这才可以称为现代的新的诸子学研究，而与历史上的旧的诸子学研究区分开来，而这也正是现代的新的诸子学研究必须完成的任务。

从解读到阐释，在我看来，有如下几个方面的问题需要说明：在研究的时代性上，要做到从历史到现代的提升与发展；从对诸子著作文本的内涵理解上，要做到从诸子所论的内涵之本然到所关涉的问题的内涵之应然的提升与发展；在诸子思想的分析上，要做到从诸子当时的观点与主张的理解与总结到对这些观点与主张的理据（理由、根据、逻辑等）做出论证与分析的提升与发展；在诸子的相互关系上，要做到从对个别的诸子的研究到全部的诸子的整体性研究的提升与发展。而这四个方面的探讨，有着一个共同的目标，就是把对诸子学的研究从一般化的解读性研究提升到更为深刻和完整的阐释性研究上来，由此促进现代诸子学研究的进步。

以下就这四个方面分别予以说明与论述。

一、从历史到现代

所谓历史，就是历史上的诸子所处时代及其学术在思想文化上的整体背景以及诸子在这样的历史条件与背景下对所关注的种种问题的论述及其观点与主张。简单地说，就是诸子的思想观念在历史上的原本状态。所谓现代，就是今天的学者研究历史上的诸子时所处的时代及其学术在思想文化上的整体背景。诸子的历史情况，是必须首先研究清楚的。现代学者研究历史上的诸子的思想，则必须与现代的实际情况紧密联系，不能使现代学者对诸子的研究脱离现代社会的种种情况，要把诸子学中包含的种种问题放到现代社会的视野中进行全新的审视与分析研究。

在学术研究的方法与观念上，存在着历史主义与现代主义的区分。根据英国所出版《枫丹娜现代思潮辞典》①，其中第265—266页有对"历史主义"的解释："本来指一种研究方法，强调所有历史现象的独特性，认为对每一个时代应该按照它自己的观念和原则来加以解释。从反面说，对人过去的行动不应该按照信仰、动机和对历史学家自己所处时代的评价来加以解释。"

这种历史主义的研究方法与观念是拒绝研究者根据自己的信仰、动机和时代观念来解释历史，只按历史当时的观念来解释历史。而此书第364页有对"现代主义"的解释："在神学上，指的是根据对《圣经》的考据和科学发现的结果以及对现代文化的条件等方面的考虑来使教义现代化的运动。"

所谓神学，是指神学研究，即对基督教义的学术研究。现代主义与历史主义正相反，不是局限于历史当时的观念以解释历史，而是要求研究者根据新的研究成果和现代文化的观念来解释教义，使之现代化。初看二者不可调和，各执一义，其实可以统一。这是因为对历史（包括历史上的诸子及其思想学说等）的解释以研究和弄清楚当时的真实情况（即历史上的诸子所论说的本意或原意）为基础，但不能停留在这一步，还应根据现代的条件与思想观念和理论学说来对历史（即诸子当时所论说的思想内容）进行更进一步的深入的分析与考察，以求发现其中的合理内涵与不合理的成分，并根据现代社会发展的需要对历史上的诸子的思想学说进行现代化转化和加工，把其中的合理内涵用现代学术的思想理论加以更高层次的论证与阐释，使之成为可以为现代社会服务的思想资源。因此历史主义的研究是整个研究的基础与第一步，但不能说是学术研究的全部与终止处，在历史主义

---

① ［英］A. 布洛克、O. 斯塔列布拉斯主编，中国社会科学院文献情报中心译：《枫丹娜现代思潮辞典》，北京：北京社会科学文献出版社，1988年，第265—266页。

的研究成果的基础上，还应把它放到现代社会条件下进行审视，做出学术上的研究分析、判断与评价。这就要用到现代主义的观念和方法。所以说此二者初看是矛盾与对立的，但仔细从整个学术研究的过程与要求来看，则二者都不可缺，而应互补以相辅相成。

黑格尔在其《历史哲学》的序言中把史学分成几种[1]：原始的历史、反省的历史、哲学的历史。

原始的历史，是直接记录历史的方法，反省的历史主要为批判的历史和各种专门史，如艺术史、法律史、宗教史等。所谓批判的历史，已经是研究者用自己的思想观念来对历史进行分析评判，相当于前面所说的现代主义的研究方法。据黑格尔说，反省的历史中的批判的历史有一个特点，即"著史的人"用他的"锐利的眼光"，"从史料的字里行间寻出一些记载里没有的东西"。黑格尔说，法国人的历史著作中多有这类研究的成果，"贡献了许多深湛和精辟的东西"，而德国人则把它上升为"高等的批判"，即研究者过度使用了自己对历史的批判（也是一种阐释），黑格尔反对这种高等的批判，认为它们"不过是就荒诞的想象之所及，来推行一切反历史的妄想谬说。……就是以主观的幻想来代替历史的记录，幻想愈大胆，根基愈是薄弱，愈是与确定的历史背道而驰，然而他们却认为愈是有价值。"可知，历史主义是必要的，现实主义则不能过度使用，否则就会走向妄想谬说而与真实的历史背道而驰，这是没有价值的。

黑格尔作为德国人，认为反省的历史还不够，他提出了哲学的历史之方法。所谓哲学的历史，本质上就是对历史进行哲学的思考，思考世界历史各大事变的推动者或指导者（或称为领袖），思考历史是怎样由精神和理性所领导、指导、推动的。他认为哲学的历史不是研

---

[1] 参见王造时译：《历史哲学》，北京：三联书店，1956年，第7—9页。上海世纪出版集团1999年重印本与该版一样。

究历史的"纯属外表的线索,不是那种浮而不实的结构,而是探讨历史中各种事实和动作的内部指导的灵魂。"可知哲学的历史也是一种反省的历史,只不过反省的高度上升到哲学的层次,要为历史的发展找出其背后的哲学原理性的东西。但这仍属现代主义的研究方法。因为研究者所凭借的哲学学说与观念,都是研究者的时代所具有的,是与所研究的历史(包括诸子的思想学说)不一样的。

总起来说,反省的批判的历史的研究方法,都是研究者根据他的时代的思想理论学说和观念等来对历史进行分析观察与评价,本质上都属于现代主义的方法。只不过不能过度,不能不顾历史的事实之根基。在诸子学的研究中,也应如此。

不管怎样,历史主义与现代主义这两种方法论与思想观念,对于现代的诸子学研究是有重要启发意义的。我们既不能只顾追究诸子的理论学说思想观念的历史真实与原貌,也不能凭着研究者主观的想法来对历史上的诸子学的丰富内容进行没有根基的幻想式评判与分析。而应把这二者适当地结合起来,用历史主义的观念研究清楚诸子思想内容的本来内涵(本意),用现代主义的观念方法彻底阐释诸子的思想学说所涉及的重大学术问题。用前者作扎实的根本,用后者作创新的研究。这就是历史与现代的结合,就是从历史走向现代的应有之含义。

二、从本然到应然

历史主义与现代主义的结合,是从历史的不同阶段及其发展变化的角度来看问题的。而从本然到应然,则是从解释学的角度来看问题的。

所谓本然,是指诸子在历史的特定时段所论说的思想内容之本来意旨。所谓应然，是指诸子所论说的思想内容中包含的问题应当怎样分析论述与解决。本然，是历史主义所要解决的问题。应然，是现代主义所要解决的问题。本然与应然是历史与现代在本质上是统一的。

美籍华人学者傅伟勋在1987年冬季号《知识分子》发表了他提出的"创造的解释学"，主要是讨论如何解释中国古代思想的认知方法问题。傅伟勋的"创造的解释学"，是从现代西方阐释学衍生出来的变种，是结合中国古代思想史研究的实际而生发出来的思想阐释方法。此种方法比传统的思想史研究方法有独到的可取之处，值得了解。而他所说的对中国古代思想的研究，正可用来说明今天所讨论的诸子学的研究。

傅氏提出的解释学的基础是哲理解释时的观点转移之理。所谓"观点转移"，就是对古代思想家的原典可以做出不同的解释，因此现代的研究者对古代思想家的原典不能局限于它的原有思想进行说明，而要对其原有思想的深层结构进行发掘，要突破原有思想，发展到客观的解释学的描述层次。傅氏的"创造的解释学"分为五个层次：

实谓层次，即由研究者弄清楚原思想家的著作原文及字面意义，这一层次还不能了解原思想家实谓之后的哲理内容。因此必须超过实谓层次而进至第二层次：意谓层次。

意谓层次，是要研究者弄清楚原思想家在实谓层次之后意谓什么。实谓与意谓间存在着距离，原思想家也不一定能解决他意谓了什么。故研究者要推敲探索，以澄清隐藏在实谓之后的意谓。但在意谓层次，人们很难取得一致的意见，即不可能获得纯客观的了解和解释。如何对所谓的意谓而由不同的研究者形成的不同解释进行判断？这就必须进到更高的层次：蕴谓层次。

蕴谓层次，是指原思想所言说的东西可能蕴含了什么？为此研究者必须系统地了解对这一思想家的历史上形成的解释传统。以研究《论语》的哲理蕴含为例，首先要遍查自魏晋时期何晏《论语集解》

直至清代刘宝楠《论语正义》等历代的重要注释书，以了解整个解释史上的主要内容和学者们不同的解释方法，由此为基础，才有可能发现《论语》可能蕴藏的种种哲理深义。通过蕴谓层次的探索，才能克服意谓层次上的主观片面的浅陋之见及其解释方式，然后才可以进至更高的层次：当谓层次。

当谓层次，就是研究者超越已有的解释史，而由自己判定历史上的各种解释的价值所在，包括认清其中的正确的说法与错误的说法，这被称为"当谓判断"。在当谓判断的面前，将逼使原思想家说出他本应说出的话。为此必须能在其原有思想的表面结构之下发掘出其深层结构，由此即可进至必谓层次。

必谓层次，就是超越原思想家的思想意境，达到"由我（现代的研究者）为他（古代的思想家如诸子）开创的思想传统说出什么"的层次。所谓由我为他说什么，即指由现代的研究者为历史上的诸子等思想家说出他们未曾说出的思想，也就是在历史上的诸子的思想学说的基础上说出他们的思想中所包含的更深层次的意旨。

从实谓、意谓、蕴谓、当谓而到必谓，这就是傅氏"创造的解释学"的主要见解。他的意思是说对古代思想家如诸子的研究要在思想内涵的阐释上不断深入，论证出一层层更为深奥而不显现的思想。但这种层层深入的阐释学，基础还是诸子著作文本中的本来含有的意旨，此后的层层深入，都不能离开也不能违背这种本来含有的意旨，只是在这些本来的意旨的内涵中不断深化思考而把所涉及的问题从较清的层次阐释到较深的层次。这也正是从历史向现代的发展和演进。如果没有这种发展和演进，也就不可能形成绵延数千年而不断的学术解说史和思想阐释史。

然而我们可以不必按照傅氏所分的五个层次来看这个问题，完全可以把它简化成两个层次，即本然与应然。本然是诸子当时所论说的思想内容之本来情况，应然是现代的研究者对诸子所论说的思想内容进行深入分析论证后形成的应该怎样的认识与论述。只对诸子思想内容的本来情况进行分析研究，在诸子研究上还是不够的，只能说是诸子研究的第一个阶段的任务。在完成这个任务之后，还要在此基础上继续深入分析研究，以探求诸子在他们的论说中提出的种种重要问题及其解决方法，达到应该如何正确解决这些问题的地步。

如在老子思想的研究中，在本然层次，我们可以根据《老子》的文本分析出其思想主旨是主张圣人式侯王以自然无为的观念来治理国家和天下，不要像当时的现实中的侯王那样从个人私欲出发而不顾人民死活的竭泽而渔式的统治。但对现代的研究者来说，弄清楚这一本然的情况还不够，还要继续根据现代社会的条件与思想理论来探讨这个圣人式侯王自然无为以治国的问题，是不是合理的、可行的？是不是还有不充分的地方，还有不切实际的地方？如果其中有合理的成分，有可行的因素，则在现代社会条件下又应如何根据这样的思想来治国理民？这些问题就都属于应然层次，需要现代的研究者根据现代社会的实际情况来从理论上予以阐释和论证。

其实这种情况，在《老子》解释史上已有例证。如近代的严复，曾写有《老子评点》，在其中他根据近现代西方学术的思想理论，对老子思想进行了与历史上的解释都不一样的新阐释，如他在翻译赫胥黎《天演论》时，认为斯宾塞所说的"治"，根本意旨就是"任天"，这就是黄老道家所说的任乎自然（"犹黄老之明自然"），而这种"任天"（任乎自然）不是单纯哲学观点，而是对于人类社会及其发展进步有着重要意义的一种规律——"凡人生保身保种合群进化之事，凡所当为，皆有其自然者，为之阴驱而潜率"①。

他又把"任天"的"天"与《老子》的"天"联系起来，认为就是顺乎自然的进化：

---

① 见严复译：《天演论》，北京：科学出版社，1971年，第22页。

> 凡读《易》《老》诸书，遇"天""地"字面，只宜作"物化"观念，不可死向苍苍抟抟者作想，苟如是必不可通矣。①

而《老子》五章说的"天地不仁，以万物为刍狗，圣人不仁，以百姓为刍狗"，就是指听任自然（任天），严复认为《老子》此章所说，正是"《天演》开宗语"，而遵循这一思想的政治，就是最好的政治，即"法天者，治之至也"②。基于这样的理解，严复认为《老子》第五章的王弼注，最符合西方的进化论之旨："此四语，括尽达尔文新理，至哉王辅嗣。"③

类似的例子在严复《老子评点》中还有很多④，这说明严复对《老子》的阐释已从《老子》所说的"本然"向他所理解的"应然"提升，而他理解的"应然"，则来自他所处的时代，即他所处的"现代"所提供给他的学术思想。这又说明，所谓应然，又是随着时代的发展而发展的，不是一成不变的，所以需要不同时代的学者不断地研究和探索。

我在研究《太玄》时，需要对《太玄》的思想进行解释。因为宋代的苏轼说过，扬雄的《太玄》不过是"以艰深文浅易"，照此说来，《太玄》就没有什么深刻的思想内容了。但是如果按照从本然到应然的研究方法来探讨《太玄》中的思想内容，就会发现情况并非

---

① 见严复《老子评语》第七章，严灵峰《老子集成》本。
② 严复《老子评语》第五章评语。
③ 同注②。这里所说的"四语"，是指王弼为《老子》五章"天地不仁"所作注："天地任自然，无为无造，万物自相治理，故不仁也。"
④ 参见刘韶军：《严复老子评点与西方思想》，《武汉大学学报（人文科学版）》2001年第6期。

如此。在研究中,我曾论述过自古以来就为人们经常讨论的一个普遍性的问题。即根据阐释学的认识,文献的文本作为表达思想与更多内容的载体,与所要表达以及所包含的内容之间并不是完全相等的,也就是说,古代思想家(诸子)的著作及其文本所承载的思想内容远远多于文本字面所能表达的意思,而这正是中国古人早就说过的,并非我的新见。《周易·系辞》载夫子曰:"书不尽言,言不尽意。"这说明由文字所组成的"书",不能完全表达作者所要说的话(言),作者所要说的"言",也不能充分表达他的思想(意)。这并不是说"意"完全不可见,而是说仅靠"言"不能充分了解"意",要充分了解"意",就要超出"言",进行更为深入的思考与分析。所以《系辞》又说"立象以尽意,系辞焉以尽言",所谓的"尽意",就是通过"象"来充分理解其"意",不是说"象"本身就能完全表达出其"意"。所谓的"尽",要靠人的思维和分析来完成,仅靠"象"是不能自动"尽"其"意"的,不然的话,人的思考与分析也就不必要了。

言不尽意,在中国古代学术史上是一个重要命题,注重思辨的学者对此都非常重视,如《庄子·天道》说:"世之所贵道者书也,书不过语,语有贵也,语之所贵者意也,意有所随,意之所随者,不可以言传也。而世因贵言传书,世虽贵之哉,犹不足贵也,为其贵非其贵也。故视而可见者形与色也,听而可闻者名与声也。悲夫!世人以形色名声为足以得彼之情。夫形色名声,果不足以得彼之情。"

"书"由"言"和"语"组成,而"言"与"语"的宝贵在于它所表达的"意",但"意"不能完全由"言"来传达。一般人只重"书"和"言""语",不知"书"和"言""语"不足以表达"意"。真正可贵的不是"书"和"言""语",而是"书"和"言""语"之外的"意",即郭象注释时所说的"其贵恒在意言之表"。"意言之表"即言语之外的"意"。《庄子·外物》又说:"言者所以在意，得意而忘言，吾安得夫忘言之人而与之言哉！"也是说"言"与"意"不是简单相等的，需要另外思考获得其"意"，而且能得"意"的人非常难得，所以才希望有这种人出现而与之交流。

在魏晋玄学时代，人们仍然关注这一问题，如王弼《周易略例·明象》说：

> 象者出意者也，言者明象者也，尽意莫若象，尽象莫若言。言生于象，故可寻言以观象，象生于意，故可寻象以观意。意以象尽，象以言著，故言者所以明象，得象而忘言，象者所以存意，得意而忘象。

在"言"与"意"之外又提出"象"，"象"不是"言"，但性质上与"言"差不多，都有可见性，都是用来表达"意"的，即所谓"出意"。不管是"象"是"言"，读者最终是要通过它们来得"意"，"象"与"言"是得"意"的媒介，但不能等同于"意"，其完整的"意"在"象"与"言"之外，当然"象"与"言"本身也表达一定的"意"，但不是全部的"意"，所以达到得"意"的目的之后，"言"与"象"都不再重要，都可以忘掉，这与庄子的思想一致，也是中国古代思想家认同的一种思维方法与目标。

与王弼同时的荀粲也说：

> 理之微者，非物象之所举也。今称立象以尽意，此非通于意外者也，系辞焉以尽言，此非言乎系表者也。斯则象外之意，系表之言，固蕴而不出矣。

认为"意"是"理之微者"，是在"象"之外的，而且是"蕴而不出"的，所以仅靠"象"或"言"是不能直接获得的，必须通过人们的思考才获知之。

在阐释诸子思想的"本然"时，已有"言不尽意"的问题，而要阐释出"应然"层次的内涵，就更应注意"言不尽意"的问题。这说明要对诸子思想阐释到"应然"层次，必须对"言不尽意"的"意"有更深刻的理解。历史上的诸子之"言"有不尽的"意"，这是诸子当时已有的"本然"之"意"，而在现代的研究者看来，诸子的"言"与"意"又是不完整的，还需要现代的研究者从中发掘更深更多的"应然"之"意"。

如笔者在注释《太玄·中首》的"初一"的赞辞"昆仑旁薄，幽"，测辞"昆仑旁薄，思之贞也"时，首先把其中的文本从训诂上弄清楚，即昆仑同浑沦、混沌、浑沌，原义为浑沌未分，茫茫一团。此处用为动词，意为笼括一切，混沌一体。旁薄同旁魄、旁礴，言广博宏大，此用为动词，谓混同笼括。幽，幽隐不现。唐代王涯注："幽者，人之思虑幽深玄远也。"

在此基础上说明《太玄·中首》初一的本然之意，是谓贤人之思笼括一切而幽隐未现，他人对此是未之知的。根据《太玄》排列组辞的规律，初一为"思之微"，即人的思索之始萌微弱阶段。由此可知这里说的"昆仑旁薄，幽"，是说贤人君子之思，此时尚处于始、微状态，故曰幽。但此时的思是无所不包的，故曰"昆仑旁薄"，意谓其思笼括一切事物，但幽隐不现，不表现出来，外人并不能知晓其人所思的内容。

扬雄又在《太玄·文》中引用《中首》此句另加解释，综合起来，其意更明。《文》说：

或曰："昆仑旁薄幽，何为也？"

曰："贤人天地思而包群类也。昆诸中而未形乎外，独居而乐，独思而忧，乐不可堪，忧不可胜，故曰幽。"

又说："昆仑旁薄，大容也。"

"昆仑旁薄，资怀无方也。"

这都证明扬雄的意思是说贤人之思笼包天地万类，大容资怀，无方无尽，然而其思昆（混）于中心而不现于外，独居独思，幽隐难漏。这正是古代哲人深沉思索世界根本之道的写照。要对扬雄这一说法进行阐释，还不能停留在此一步，于是又根据黑格尔的说法加以进一步的阐释，以求出其中的"应然"之意。

黑格尔在《小逻辑》第三版序言说："愈彻底愈深邃地从事哲学研究，自身就愈孤寂，对外愈沉默。"又说："以谨严认真的态度从事于一个本身伟大的而且自身满足的事业（Sache），只有经过长时间完成其发展的艰苦工作，并长期埋头沉浸于其中的任务，方可望有所成就。"①

黑格尔的说法，与《太玄》此语甚为相似。由此可以证明扬雄所说的话，其应然之意盖谓古人的哲学思考笼括一切，独思不现，忧乐兼之。可是现代人往往鄙薄古代人思想的笼统含混，认为那种思想有欠清晰，不够完满。其实，世界的根本之道，古人无法说清楚，现代人也无法说清②。古代人的这种广含概括性的思考，所注重的是世界和事物的本质大道，而不是纠缠于问题的细枝末节，可以说这正是哲学思考的特性。若皆清晰具体，那就不是哲学的方法与理论，而是具体科学的研究与理论了。如老子的道、扬雄的玄、黑格尔的绝对精

---

① 黑格尔著：《小逻辑》，贺麟译，北京：商务印书馆，1980年，第30页。

② 正因为如此，所以西方20世纪的哲学转向，就从思考论证哲学的本体问题转向到论证这类问题的语言学和逻辑学上来，其根本原因就是西方思想家从二千多年的思想史的实践中认识到，对于哲学的本体论问题是无法说清楚的。而他们之所以如此，又是因为哲学家们论述问题时的语言和逻辑还存在着不少没有解决的问题，所以要从语言学和逻辑学上寻找突破。

神等，人们可以给它一个具体的形象、细节的描摹和准确的规定吗？所谓世界的本质、物质、规律诸语，也都不是可以具体想见其形象的。但它们是客观存在的，普遍有效的，同时又都是抽象的。若无笼括一切的思考，怎会认识到这一类笼括一切的根本之道？哲学既是对于一切存在（包括物质的存在和精神的存在）的普遍本质的思考，从根本上说，就不能不是这种笼括一切的思考。古代人早在几千年以前已对世界万物的普遍本质进行了深刻思考，得出了卓越的结论，时至今日，人们仍然不能推翻它们，只能予以补充、纠正，或予以更精致的解说而已。譬如现代人批评老子的道，但现代人并不能否认世界存在着一个根本之道——无论说是本质，说是规律都无不同——存在于客观之中并发挥着作用，道是客观的，无论物质和精神都是客观存在的，道是超越二者之上的更大的范畴，不可拘于更低的观念去限定它。

现代人还认为古人的思想是直观的，其实直观就是哲学的抽象方法，对客观世界及其根本规律的认识，不用抽象是无以见之的。如"道"这类概念，谁能不用直观抽象的方法而直接具体地看到它？又如对于万物的认识，也必须是抽象直观的方法才能得出这样的概念。透过物象而探索其内其后的不可具体而见的道理，这是一种深思，离了抽象和直观，也是无法完成的。

通过这样的阐释，就对于扬雄《太玄·中首》所阐述的哲人思考的特点揭示出来了，而这是《太玄》并没有直接说明的，只是用一种特定的古代语言表达了这样一种思想，而现代人可以通过其他不同的理论学说来对《太玄·中首》的这一思想进行阐释，由此说出其中的应然之义。

从本然到应然，应该是现代诸子学研究上非常重要的问题，需要研究者从更广泛的学科理论与思想方法予以实践，不能局限于某种固定的学科体系进行单方面的研究与分析。而且所谓应然的阐释，也不是一成不变的，而是随着时代与社会的发展进步，随着各学科的学术研究不断发展而逐步成熟和完善起来的。但这一任务则不是不可怀疑的，也是必须由现代的研究者们努力去从事和完成的。

三、从主张到理据

在现代的诸子学研究中，还要注意一个问题，即从主张到理据的问题。所谓主张，是指诸子著作文本中提出来或论述到的各种思想观点及其主张。所谓理据，是指这些思想观点及其主张中的理据。理据分为两个方面，一个是理由、依据，一个是根据理由和依据阐发为思想观点与主张的逻辑。理由与依据，在诸子的论说中可以根据其文本而找出，但逻辑则是文本不能充分说明的，所以必须由研究者根据诸子论说的著作文本加以分析，从中析出诸子阐述自己的思想观点主张时的内在逻辑。

对诸子论说的主张中含有的逻辑的分析与证明，是一个复杂的问题。必须要研究者具有扎实的逻辑思维能力和相应的丰富知识。逻辑本身是现代西方学术中非常重视的一门学科，而这在中国历史上的诸子学者那里并没有清楚的概念。但他们在阐述自己的思想观点和主张时，仍然遵循着一定的逻辑，不然就无法得到读者的理解与赞同。

但这种逻辑往往是隐性的，并没有像现代逻辑学那样给出明晰而完整的逻辑推理过程以及使用概念时的内涵定义与外延说明。因此研究者要想在这种不给予充分的逻辑证明的思想观点及其主张面前，必须经过研究者自己给予严密清晰的逻辑分析。

只有把诸子论说的思想观点及其主张中含有的逻辑梳理清楚，才能对它的思想观点及主张的理由与依据给以明确的认定。而这两方面的考证与梳理，是现代研究者研究历史上的诸子的思想观点与主张时必须完整予以分析与思考的，不能随意缺少和舍弃之。

因此，仔细地完整地分析与论证诸子思想主张中的理据，是现代诸子学研究中的重要问题，而且是难度很大的问题。需要研究者具备足够的思维训练和知识储备。

而对诸子思想观点及其主张的理据的深入全面的分析梳理，又是使现代学者研究历史上的诸子时从历史到现代、从本然到应然所不可或缺的步骤。尤其是对诸子思想的应然层次的研究，如果能从诸子的思想主张的理据入手加以疏证，才能保证关于诸子思想主张的应然的研究的可靠与准确。

笔者在2001年由湖北教育出版社出版的《楚地精魂——楚国哲学》中曾分析了范蠡的行动哲学的思想主张，重点探讨了范蠡的行动哲学中的理据与逻辑。

范蠡是楚国人，他和朋友文种到越国帮助勾践治国、用兵、复仇，他并没有把自己的思想主张写成一部著作，而是通过与勾践的对话而不断表达出来的。根据他与勾践的对话，我们知道他提出的治国主张是三项原则[①]：

夫国家之事，有持盈，有定倾，有节事。

为什么他认为治国需要三项原则，他马上解释其中的理由：

持盈者与天，定倾者与人，节事者与地。

这说明他认为治国者必须解决三方面的问题，国与天、国与人、国与地。他的这一主张的理由是：一个国家的存在与安全，在古代社会条

---

① 所据文献资料是《国语·越语》《吴语》的相关内容。

件下，是与天、人、地三者密切关联的，三者都是国家存在与安全的重要因素，一个都不能忽略和轻视。

作为现代的研究者来说，如何分析其中的逻辑呢？

对于天，首先应该理解为自然环境及自然规律。治理国家最重要的问题就是正确认识国家所处的自然环境以及自然环境发展变化的根本规律。因此，在处理国家与天的关系时就要以持盈为第一原则。所谓持盈，就是道家老子所说的"持而盈之，不如其已。富贵而骄，自遗其咎。功遂身退，天之道"，以及"保此道者不欲盈"。盈就是满，治理国家要符合这个国家所处的自然环境所给予的条件，不能不顾这种自然条件而一意孤行。这是持盈的一层意思。不欲盈，就是治国时要让各项措施不达到极端盈满的程度，包括不能富贵而骄，要能功遂身退等。这都是持盈和不盈满的原则的规定，治国者必须遵守之。所以范蠡认为治国时处理与天的关系，要遵守持盈即不欲盈的原则。

范蠡在为越王说明持盈与天的道理时，针对越王欲抢先进攻吴国的想法，认为越王的这一决定是不符合持盈原则的，其理由与根据是"天时不作而先为人客，人事不起而创为之始，此逆于天而不和于人"。其中的逻辑是：人的作为不能与天（自然）的规律相违背，天时不到，有些事就不能做。在这里，还把国家与人的关系问题一并说明了。治国者做事要符合"天时"，即自然客观环境的条件与形势。不能不顾天时情况而盲目有所作为，采取一些冒进的行动。这是治国要持盈与天的理由，其根据就是天时。而同时又要顾及人的问题，所以又说"人事不起而创为之始"是不可取的。把与天和与人两个因素综合起来考虑，越王想抢先对吴国采取进攻行动，既不符合天时，也不符合人事的条件。人事的条件就是"人事不起"的意思。放在这里，作为范蠡主张的一个要素，其逻辑是：治国者要做某种事，必须得到人们的回应与拥护，才能把这件事做成做好。如果人事不起，即人的因素还不够，那么即使天时已到，也是不能贸然采取行动的。

如果既不合乎天时，又不合乎人事条件，就盲目采取行动，那就是"逆于天而不和于人"。由此可知范蠡持盈的主张的理据就是既要不逆于天而合乎天时，又要得到充分的人事方面的条件，使治国者的行动与国民的意愿相"和"。这样看来，范蠡的治国主张之理据在于国家及其行动与天、人的相互关系，其逻辑在于治国及采取某项行动必须符合天时条件与人事条件，若不符合，就不能贸然采取任何行动，尤其是对外用兵这种对于国家来说特别重大的行动。

范蠡治国主张中的持盈与天的原则，本质上是与老子的思想一致的，如《老子》说"不敢为天下先"，"不敢为主而为客，不敢进寸而退尺……祸莫大于轻敌，轻敌几丧吾宝"等，这又说明范蠡治国主张的持盈原则的理据之一是道家的老子思想。他之所以以道家的老子思想作为自己帮助越王治国越国以求向吴国复仇的决策的理据，其中的逻辑是他已认真研究过道家老子的思想及其中的主张与逻辑。这也可看作范蠡治国主张的理据与逻辑的来源之一。

此处范蠡还明确说明了"持盈者与天"原则的根本理据是"天道"：

  天道盈而不溢，盛而不骄，劳而不矜其功。

所谓天道，就是自然规律。自然事物如果满盈就必然会有溢出的后果，而溢出就是平衡状态的破坏，是自然界对一切满盈状态的惩罚。所以治国者要遵守盈而不益的天道，即把满盈保持在不至于溢出的程度，即不要过度满盈，从而避免溢出的灾祸。根据这一理据，范蠡的逻辑就是：因为天道盈而不溢，所以人的做事（包括治国）就要"盛而不骄，劳而不矜其功"。进一步阐释之，就是人道要与天道一致，不能违背天道。前面明确说天道如何，后面则省略了"人道"

二字，而说"盛而不骄"等。这里面的逻辑就是人道必须符合天道，必须遵守天道。

如果进一步进行分析，还可以看出范蠡这些主张中的更深的逻辑：天（自然）是无情的，所以它能按照天之道行事，而人是有情的，所以人往往不能保持冷静而科学的态度，让感情主宰了自己的行动，因此人（治国者是人）在成功之时和盛满之际，非常容易产生骄矜之心，不能保持与天道的一致，而做出不正确的行动。唐代魏征的《谏太宗十思疏》，正是告诫唐太宗不要做出或延续不合乎天道的骄盈之行，可以说是这一逻辑的实际例证。魏征劝诫太宗的十条，并没有说明其理据，如果联系到范蠡的持盈者与天的主张，就可以说这就是魏征《谏太宗十思疏》的理据。

范蠡在论述"持盈者与天"这一治国主张时，已涉及"与人"的问题，但那还是作为"持盈者与天"原则的辅助性理据，而在定倾者与人这一治国主张中，则主要说明"与人"原则在治国上的理据与逻辑。"定倾者与人"这一原则主要用于形势危殆时，这与持盈者与天的理据与逻辑是有所不同的。持盈主要还是要治国者在国力相对盈盛强大时不要头脑发热而骄傲狂妄自大，从而不顾后果地盲目地采取重大行动。而定倾者与人原则，则主要是用于挽狂澜于既倒，稳定即将倾覆局势的，这正与持盈时的国家状态相反。所以要阐释"定倾者与人"的主张，可以发现其主要理据是国家处于虚弱状态。

所谓定倾，是指国家就要倾覆，如何挽救国家的危急。处理这种情况的原则就是"与人"。其理据就是靠人的因素来挽救国家的倾覆危亡。因为国家已处于倾覆危急状态，实际上是因为没有做到"持盈者与天"的原则，才会有这样的后果，所以这时的要务是靠人力来挽救国家的危难，而不能再靠天时。其逻辑就是：挽救国家倾覆危急，只能靠人力来补救天灾造成的祸难，因为此时国家的危难已不能再靠天时来扭转了。

范蠡还说明了"定倾者与人"的具体办法，即如何靠人力挽救国家倾覆危急："卑辞尊礼，玩好女乐，尊之以名。如此不已，又身与之市。"

这样看来，定倾者与人的逻辑也就清楚了：当时越国败于吴国，这就是越国的倾覆危急。要挽救这一祸难，既然不能靠天时，只能靠越国的人力，但这时的靠人力并不是再靠越国的士兵来与吴国作战，而是靠越国的其他人的力量来挽救越国亡国的更大灾难。所以，要向大兵压境的吴国暂时表示屈服，以示弱的姿态，要求与敌人媾和，以换取生存的余地，然后再图后计。这时的与人之措施，是无所不用其极，甚至包括越王本人也需要到吴国去为人质或做更卑贱的事。用越国的人来做这些事，才能保住越国不被灭国，这就是范蠡"定倾者与人"原则的逻辑。

定倾者与人所以能够成功的逻辑还在于：一是可以让对方得到满足，并利用人性中的怜悯心，使之一时心软，不斩尽杀绝；二是由此可使本国获得最后一线的生存可能性。只有这样，才能保证越国存在并且在将来不断努力而谋求东山再起。

范蠡治国的第三原则是"节事者与地"，其理据之一，是如《史记·越王世家》的《索隐》所解释的："与地"是因为"地能财成万物"。定倾是靠人力保住了国家不被灭亡，之后还要努力奋起，以求复仇。怎样才能达到这一目标？范蠡的理据是靠地的生成万物的能力来使越国重新复兴而变强。地能财成万物，这是中国古代的常识，所以范蠡以此作为复兴越国的根本办法，而依靠地能财成万物的理据，其可行之路是"事"，"事"指越国存国之后应该做什么。

他把所要做的"事"与"与地"联系起来的逻辑说得非常清楚：

唯地能包万物以为一，其事不失，生万物，容畜禽兽，然后受其名而兼其利。美恶皆成，以养其生。

即土地能容纳万物，给万物提供生存生长的空间，对万物一视同仁，无偏无爱，使万物各自生长，又各有其用。这里面还有一层逻辑，即告诉越王勾践，要想东山再起，反攻吴国，一定要有充足的物资基础，而大地就能提供所需的各种物资。

但如何用大地提供的各种物资，并不是光凭蛮干就能奏效的，也要遵循一定的原则，所以范蠡又来说明人应如何利用万物：

> 时不至，不可强生。事不究，不可强成。自若以处，以度天下，待其来者而正之，因时之所宜而定之。

而这又是范蠡主张"节事者与地"的内在逻辑所在，即：万物可以为人所用，但人不可违背自然规律而用万物。所谓自然规律就是范蠡所说的"时"和"事"。万物的生长都按一定的时节，这就是自然的规律。人用万物，必须"不逆天时"，不可急功近利，不可揠苗助长，要等万物按照自然的时节（此即所谓"时"），按照自己的生长规律，完全生长成熟之后（此即所谓"事"），才可加以利用。所以人对万物的态度，应该是"自若以处"。自若就是自如，自如以处，就是在筹备所需要物资的过程中，一定要不急不躁，按照万物的自然生长成熟过程，循序渐进，按部就班，不得妄动。

顺其自然，也不是一味地等待，啥事不干，人们要在顺乎自然规律的前提下积极组织人力，发展生产，以丰富大地的物资：

> 同男女之功，除民之害，以避天殃。田野开辟，府仓实，民众殷。无旷其众，以为乱梯。

根据这种逻辑，范蠡让越王勾践努力调动越国一切劳动力从事人的生产与物的生产，逐渐积聚物质财富与人力资源。坚持一段时间，就能恢复国力，实现复仇大业。

生产发展了，物资丰盛了，人力充足了，是不是马上就可向吴国发动反攻而大举开战呢？并不是这样简单。"节事"原则还包括第二层内容：

> 时将有反，事将有间，必有以知天地之恒制，乃可以有天下之成利。事无间，则抚民保教以须之。

这里的逻辑是：时势的发展终会走向它的反面，比如原来吴胜越败，吴强越弱，这是时势的一种形态，但不会永久如此，事物的发展到达一定的极点，就会向反面转化。越国在聚集民力，发展生产之后，就会逐步由弱到强，双方力量对比就会逐步发生变化。这就是"时将有反"。时势虽然终有反向转化的趋势，但要采取行动，则还要等待对方国家内部出现可乘之隙。因为越国由弱到强，吴国不一定由强到弱，它还具有一定的实力，所以越国虽然力量增强了，与吴国相比，还是势均力敌，不能贸然开战。这就要等待吴国内部出现毛病，给越国以可乘之机。这就是"事将有间"。间即间隙，即对方可以钻的空子。事情的发展，总是这样的，所以说是"天地之恒制"。恒制可以理解为常规。作为一国君主，能知这样的客观常规，按照客观常规进行决策，采取行动，才能得到"天下之成利"。如果对方内部尚未出现裂痕缝隙，没有可乘之机，则己方只能"抚民保教以须之"（须即等待）。这时的抚民保教，就是继续做好己方的工作，使准备更为充足，力量更为强大，待到时机一来，就能在决战中处于更为主动有力的位置。

根据范蠡这些说法，可以看出"节事者与地"的逻辑包括"节"与"地"两个方面，而"节"与"地"又都包含着主观与客观两方面的涵义。

节，一方面是指事物发展的时机或时节，这是客观方面的含义，另一方面则是行事有节，不可只按主观意志，不顾客观形势，要顺乎事势的发展，不可超前也不可滞后，等待事物走向反面，等待事物转化。这是主观方面的含义。

地，一方面是指土地包容万物，为万物的生存与生长提供条件。这是客观方面的含义。另一方面，是要顺乎土地的特性，利用土地产生万物的客观规律，通过人的劳动而生产各种物资。这是主观方面的含义。

节事原则的另一个逻辑在于：节事和与地都不是一次性的措施，不可能一劳永逸，二者都是长期的活动，需要持之以恒地进行下去。因为要让事物走向反面，促进事物出现转化，不是一两次行动，在短时期就可以完成的。生产也好，国家实力的增长也好，都要无限次反复进行，要长期坚持，才会得到成效的。

范蠡节事者与地原则的最大理据在于：中国古代是农业社会，土地是最为重要的生产资料，是产生一切物资财富的源泉。一个国家要想做任何事情，都要有一定物质基础。平时的国计民生，要靠土地所产生的物资财富，战时的军需战备，同样也要靠土地产生的物资财富。而其可行的逻辑在于：在危难形势下，通过"定倾者与人"的原则，获得了苟延残喘以图恢复的机会，下一步的任务就是恢复实力，以图反攻取胜。在当时的条件下，只有靠以土地为基础的农业生产，这就是范蠡节事者与地的理据，而如何实现节事者与地原则的种种做法，就包含了这一原则的种种逻辑。

本节以范蠡治国三原则的主张，说明了如何分析其中的理据与逻辑，由此就可以充分解读范蠡的思想，而把这些思想主张放在现代社会条件下，就可以从范蠡所说的本然提升到应然，而这样的分析就能为现代的诸子学研究提供有益的成果作为可以参考的资源，这样才能使现代的诸子学研究具有更重要的意义。

四、从分散到整体

分散，是指诸子即为多家，所说所论都是分散的，并没有集中起来合成一套有系统的完整的思想学说及其观点主张。这是历史上的诸子的著作及其思想的存在形态之最大特点。

整体，是指现代研究者研究历史上的诸子的思想学说及种种主张时，不应受这种分散形态的制约，而应通过种种现代的学术研究的科学手段与方法，把诸子的著作文本及其思想学说及主张视为一个整体，而在资料处理上和内容研究上把处于分散状态的诸子的著作文本及其思想学说整合为一个有机的整体。可以按照诸子所论问题为线索，把诸子的著作文本及其思想学说与主张等加以资料整理，而使分散的诸子论说综合为一个整体，这样在研究其中的思想内容时，就能融会贯通，把表面分散而实际为同一问题的诸子学说联系起来加以研究与阐释，这样就能使对各个诸子的单独研究提升到整体研究而形成更高更深的视野与见解的层次，避免只见树木不见森林的现象，避免盲人摸象的弊病，因此，这是现代诸子学研究必须重视的一个问题。

有关的详细论述，笔者已经撰述了《论"新子学"的整合研究及其拓新意义——以〈庄子〉研究为例》的文章，刊登在华东师范大学先秦诸子研究中心主办的刊物《诸子学刊》第十六辑上，有兴趣者可以参阅，此处就不赘述了。

（原载于《诸子学刊》第十九辑，作者单位：华中师范大学历史文化学院）

政治正确：从哲学失言到纯净哲学
——西方论调、汉学主义与"新子学"

［德］维亚切斯拉夫·维托夫　赵志勇译①

> 我想，作为这一实验的结果，一定程度的自由将会丧失……但多样性将不再是目标。文化和种族终将消失……蚂蚁会接管世界。
>
> 爱德华·阿尔比《灵欲春宵》

众所周知，在当下的学术论争中，一些重要的问题词汇（［德］Problemwörter）在某种程度上对于理解中国哲学乃至广义上的中国文化具有决定作用，"差异化"（［德］Differenz）和"优势地位"（［德］Dominanz）即当属其中。从作为历史个体的角度来看，我们这个时代的特征表现为：人们具有清醒的后殖民意识，并积极思考过去的极权统治事件。不言而喻，在确定文化差异时需要具有高度的敏感性。因此，专门针对中国哲学的研究越来越要求人们能够政治正确

---

① 译者按：本文原题：Politically Correct: Von philosophischen Entgleisungen zu einer gereinigten Philosophie，发表于：*Minima sinica, Zeitschrift zum chinesischen Geist*, OSTASIEN Verlag, 29.1, 2017, S.1–26。本篇译文经过作者授权并审定，副题为编者所加，文中着重号 i 为译者所加。

地对待他者（［德］das Andere），并相应地形成一种正确而谨慎的风格：在句法层面，考虑中国的哲学（［德］Philosophie in China）而非中国哲学（［德］Chinesische Philosophie）；在标点层面，将"文化""本族的"（［德］Eigenes）、"他族的"（［德］Fremdes）这样的概念置于引号中；在选词方面，避免使用特定的词和词类，如unsere（我们的）、ihre（你们的）等物主代词。本文的目的是使文体学领域的修正及纯化过程不再被看作边缘事件，而是可以被视为复合的全球化语境的固定组成部分。这种复合性正是基于语言风格、诠释学、认识论和认知语用学之间的紧密联系。本文的第一部分将结合启蒙运动至20世纪初这一时期——此时尚能相对自由地处理差异化问题——对相关问题做些说明。在第二部分，本文将就从跨文化正确性的角度对差异化问题——中国在西方科学中被视为他者——进行学术研究的兴起进行描述。第三部分将对中国有关"他者"与"文化差异"概念所开展的论辩之现状加以详细介绍。

一、哲学失言，或不带引号的他者（论题）

康德（Immanuel Kant）在其1794年发表的文章《万物的终结》（Das Ende aller Dinge）中将基督教教义视作一种理性信仰，并指出基督教教义具有如下典型特征：

> 基督教的目的在于：从根本上促进对自我责任之省察的热爱，并使其不断发展，因为它的创立者并不是以强求个体遵从意志（［德］Willen）的指挥官的身份发号施令，而是作为仁爱者在言说。他希望他的追随者自己拥有健全的意志，即便在他们反省自己是否顺从时，也能够完全按照自己

的意愿而行。①

责任（［德］Pflicht）、意志（［德］Wille）和自由（［德］Freiheit）是康德道德哲学的核心概念：区分善或恶的标准并非人类的本性和经验的现实，而是内在的责任，是摆脱所有肉体本能，是能够如己所愿般行事，使自我准则成为一般性的法则。②

康德的道德义务理论显然不是在思想的真空中产生的。在其发展过程中，康德与从西塞罗（Cicero）到克利斯蒂安·加维（Christian Garve）诸位先贤及同代学人的论辩起到了重要作用。例如，安德莉亚斯·汤玛斯（Andreas Thomas）就证实，康德道德哲学的很多重要观点都可以理解为是对克利斯蒂安·沃尔夫（Christian Wolff）和沃尔夫实践哲学拥护者的批判，是基于对其心理主义（以对完美的自然追求为导向并以此引领意志）和经验主义（以追求个人幸福为要点并以此指导人的行为）的反叛③。克利斯蒂安·沃尔夫本人是著名的中国实践哲学的支持者与传播者。在其1726年出版的《关于中国实践哲学的讲话》（Oratio de Sinarum philosophia practica 又译《中国人实践哲学演讲》）中，他明确指出，中国哲学的原则与他自己的

---

① Kant, Immanuel. 1923. *Das Ende aller Dinge*. Kant′s gesammelte Schriften, 1. Abteilung: Werke, Bd. VIII: Abhandlungen nach 1781 (Berlin: de Gruyter), 338.

② Kant, Immanuel. *Grundlegung zur Metaphysik der Sitten*, komm. von Christoph Horn, Corinna Mieth und Nico Scarano. Frankfurt am Main: Suhrkamp, 2007, 29.

③ Thomas, Andreas. "Die Lehre von der moralischen Verbindlichkeit bei Christian Wolff und ihre Kritik durch Immanuel Kant", in: *Die Psychologie Christian Wolffs*, Tübingen: Max Niemeyer, 169—189.

哲学原则相吻合①。从其表述来看，他的实践哲学也是建立在经验主义和心理主义基础上的。虽然康德极少直接谈及克利斯蒂安·沃尔夫和中国哲学家，但是他的批判中所蕴含的跨文化元素却不容忽视。

康德对中国的评论并不总是含蓄的。在上面提到的《万物的终结》一文中，他在阐述基督教信仰之优时，将其与中国子学的内容作了如下对比：

> 现在，沉思者陷入了神秘主义（［德］Mystik）之中（因为理智并不轻易满足于其内在的实际运用，而是喜欢在超验中冒险，因此它也有着自己的秘密）。在理智欲理解自我而不得之处，它就如同一位感性世界中的理性居民，更沉迷于将自己囿于理智的界限之内。因此，老子建立在无（［德］Nichts）的基础之上的至善论（［德］höchstes Gut）便成了洪水猛兽：在意识中，通过与神的交融和对人性的否定而感到自我湮灭于神灵之中；基于某种预感，中国的哲学家们在黑暗的屋子中，紧闭双眼，苦苦思索并感受着他们的无。②

康德在本节的第一段引文中阐明了自由行动的先决条件，此处，对人性的否定却使其站在了自己的对立面。这种否定行为并非肇源于思维上的错误或者是基于人们无法干预的繁杂状况，而是一种预先筹谋好的理性行为。康德始终自觉地排斥外来学说，因为它们完全就是他在

---

① Wolff, Christian. *Oratio de Sinarum philosophia practica*, üs. und hg. von Michael Albrecht. Hamburg: Meiner, 1985. 65.

② Kant, Immanuel. 1923. *Das Ende aller Dinge*. Kant's gesammelte Schriften, 1. Abteilung: Werke, Bd. VIII: Abhandlungen nach 1781 (Berlin: de Gruyter), 335.

对于理性和自由意志思想的陈述中所言基督教信仰之道德伦理的对立物。通过与来自中国文化圈的毁灭性洪水猛兽（［德］vernichtendes Ungeheuer）的对立，基督教的仁爱思想得到了凸显。另外，在谈论无时，康德使用了代词 ihr（她的），这既使其达到了疏离（［德］Distanzierung）外来学说的目的，同时也使中国文化显得更为异于常理。

此处尽管康德并未因为自己所持的疏离态度而否认中国哲学家群体的哲学家身份，但充满戏谑意味的是，他自己作为哲学家的功绩在一百年后却遭到了强烈质疑。这里所指的是尼采对康德的批评。重要的似乎不只是尼采对于康德哲学家身份的质疑，而是一些新差异的确认同时造成了上面刚刚提到的康德对中国哲学的排斥的相对化，而这些差异对于尼采的自我认同至关重要。由于尼采的自由人（［德］freier Mensch）是不道德的①，因此，前面提到的康德所论的差异化以及对康德哲学系统和中国哲学中相应道德问题的区分也就被证明是无关紧要的。每当尼采将康德称作"柯尼斯堡的中国人"（［德］Chinese aus Königsberg）时，都意味着康德所论差异化的失范。在《超善恶》（Jenseits von Gut und Böse）中，尼采通过下面寥寥数语就同未来哲学家们（［德］Philosophen der Zukunft）站到了一起：

> 批判家乃是哲学家的工具，正因如此，作为工具的他们还远非哲学家！即便是伟大的柯尼斯堡的中国人也仅仅是一位大批判家罢了。②

---

① Nietzsche, Friedrich. *Jenseits von Gut und Böse* (*Vorspiel einer Philosophie der Zukunft*) (*1886*), *Morgenröthe*, in: Colli und Mortinari 5/1 (1971), 18.

② Nietzsche, Friedrich. *Jenseits von Gut und Böse* (*Vorspiel einer Philosophie der Zukunft*) (1886), in: Colli und Mortinari 6/2 (1968), 148.

在《尼采遗稿选》（Nachgelassene Fragmente 又译《尼采遗著集》）中，他指责康德迂腐得蠢笨、庸俗得怪诞，且满是小市民气①。在借由"柯尼斯堡的中国人"（［德］Königsberger Chinesenthum）对"生命最后的挣扎"（［德］letzte Entkräftigung des Lebens）进行批评时，尼采以这样的慨叹达到了论战的制高点："康德成了白痴。——他竟然是歌德的同时代人！"②

尼采坚持生命就是"追求不同的意愿"（［德］Different-sein-wollen）③。这种意愿与康德的纯粹意志完全不同：尼采所说的意愿本质上是受欲望控制的。他认为，真正的哲学家身上充满人性（［德］an dem ganz und gar nichts Unpersönliches ist）④，这与所谓的哲学工作者和学究不同——他们的作品中仅有的那一部分认知本能（［德］Erkenntnistrieb）也只是勇敢但莽撞的钟表构件（［德］tapfer drauflos arbeitendes Uhrwerk）⑤，所有的其他本能都被这些学究们摒除在外。正是在这种区别的意义上，康德并非真正的哲学家，而只是一个学究，或者说，他原本就是一个科学人（［德］wissenschaftlicher Mensch）。这种在尼采看来本是康德为中国人所刻画的科学性并不是一个中性的表达，实为一种具有明显贬义特征的指摘。

---

① Nietzsche, Friedrich. *Jenseits von Gut und Böse* (*Vorspiel einer Philosophie der Zukunft*) (*1886*), *Nachgelassene Fragmente*：Frühjahr bis Herbst 1884. Siehe Colli und Mortinari 7/2（1974），173.

② Nietzsche, Friedrich. *Jenseits von Gut und Böse* (*Vorspiel einer Philosophie der Zukunft*) (*1886*), *Der Antichrist*, in：Colli und Mortinari 6/3（1969），175.

③ Nietzsche, Friedrich. *Jenseits von Gut und Böse* (*Vorspiel einer Philosophie der Zukunft*) (*1886*), in：Colli und Mortinari 6/2（1968），15—16.

④ Nietzsche, Friedrich. *Jenseits von Gut und Böse* (*Vorspiel einer Philosophie der Zukunft*) (*1886*), in：Colli und Mortinari 6/2（1968），14.

⑤ Nietzsche, Friedrich. *Jenseits von Gut und Böse* (*Vorspiel einer Philosophie der Zukunft*) (*1886*), in：Colli und Mortinari 6/2（1968），14.

值得注意的是，同样是在对康德展开最激烈批评的《超善恶》一书第六章"我们的学究们"中，尼采在一处表达了对一位大思想家的尊崇，而饱含指摘意味的科学性也同样适用于这位思想家。他就是被叔本华视作批评对象的黑格尔：

> 他（叔本华）以自己对黑格尔毫不理智的愤怒使最后的整整一代德国人从其与德国文化的联系中脱离出来，那是一种将一切都有所权衡的文化，是历史意义（［德］historischer Sinn）所能达到的高度及其可以预知的自由……①

尼采本人对于康德的愤怒不同于叔本华非理智的愤怒（［德］unintelligente Wuth），叔氏的愤怒既是针对黑格尔的，也是针对德国文化的。在尼采看来，一方面，哲学思考中理智的愤怒是完全合理的；另一方面，旗帜鲜明地捍卫自我的历史关联（［德］Verteidigung des historischen Zusammenhangs des Eigenen）对于确定哲学上的我（［德］das philosophische Ich）具有重大意义。在上一段的引文中，自我既指德国文化，同时也指哲学上的主体。该主体的行为并非全然冷漠，也不是毫无偏见，而总是充满蔑视（［德］abschätzt）或偏爱（［德］vorzieht），且知道自己的限度（［德］Begrenzt-sein）②。

尼采借由"追求不同的意愿"和"限度"所论的问题涉及在与其他非本源的（［德］nicht eigentlich）、非真正的（［德］nicht wirklich）、非理性的（［德］unintelligent）哲学的对比中对本族的、

---

① Nietzsche, Friedrich. *Jenseits von Gut und Böse* (*Vorspiel einer Philosophie der Zukunft*) (*1886*), in: Colli und Mortinari 6/2 (1968), 134.

② Nietzsche, Friedrich. *Jenseits von Gut und Böse* (*Vorspiel einer Philosophie der Zukunft*) (*1886*), in: Colli und Mortinari 6/2 (1968), 16.

真正的、严肃的哲学的建构进行哲学思考。从学科建构的角度来看，这种区分只具有次级作用。其所从出，也即其先决条件是黑格尔在使用现存（［德］Vorhandenes）这一表达时所说的：

> 我们所生产的总是以现已存在的为前提；我们的哲学也只有在这种关系中才存在，并于这种关系中表明其必要性；历史对我们而言，不是陌生事物的变易（［德］Werden），而是对我们的变易以及我们的科学之变易的呈现。①

我们的变易（［德］Unser Werden）是同现存也即全部的哲学遗产进行斗争的结果，这些遗产对于哲学学习者而言是可以亲近的。总有一天，人们会对所有的哲学思想作出特有的评价，正是这些哲学思想对于建构本民族的哲学具有重要意义。

黑格尔的哲学为此提供了一个极具说服力的例子。众所周知，他对东方哲学的评价很少是中立的，总是带有尖锐的批评，就像尼采对康德的评价一样。如在《世界史哲学讲演录》（Vorlesungen über die Philosophie der Weltgeschichte 又译《历史哲学讲演录》或《哲学历史》）中，黑格尔认为，孔子的学说是非科学的（［德］nicht wissenschaftlich），因而，与其说他是一位道德哲学家（［德］Moralphilosoph），毋宁说他是一位道德主义者（［德］Moralist）②；对于孔子的声誉而言，如果他的言说从未被翻译成其他语言，或许反倒更好③；

---

① Hegel, Georg Wilhelm Friedrich. *Vorlesungen über die Geschichte der Philosophie*, Hamburg: Meiner, 1994. 8—9.

② Hegel, Georg Wilhelm Friedrich. *Vorlesungen über die Philosophie der Weltgeschichte*. Leipzig: Meiner, 1919. Bd. II, 315.

③ Hegel, Georg Wilhelm Friedrich. *Vorlesungen über die Philosophie der Weltgeschichte*. Leipzig: Meiner, 1919. Bd. II, 315.

中国人不是很清楚典范（［德］Ideal）究竟意味着什么①。黑格尔的此类言论甚多。但他还是特意将东方哲学置于一个伟大架构的开端，这一架构同样包含他自己的哲学。倘若没有了被他称为"东方的"（［德］orientalisch）② 最初的精神形态，人性就不会从它的自然状态中得以彰显，对于自由的意识也不可能得到发展。在黑格尔看来，自由意识在中国这个追求平等却没有自由的国度③从未存在过。对他而言，这也是中国哲学同包括他自己的哲学在内的真正的、科学的哲学最根本的区别之一。如果没有对广大哲学工作者的认识，就不会有尼采对真正的哲学家的认识，与此相类似，按照黑格尔的观点，真正的哲学就是他所说的差异化，这对他的整个哲学系统都是非常重要的。

　　西方哲学的经典作家们使用的表达方式常常火药味十足，如"老子哲学系统的洪水猛兽""柯尼斯堡的中国人""不能与苏格拉底相提并论的孔子"④，这些表达方式在言及他人的同时，通常也表明了他们对于自己的态度。差异的确定总是同人们所持的价值观念相关，且各种观念的实现方式风格各异。对于这一问题，马克斯·韦伯（Max Weber）在他发表于1904年的《社会科学和社会政策知识的"客观性"》（Die "Objektivität" sozialwissenschaftlicher und sozialpolitischer Erkenntnis 又译《社会科学认识和社会政策认识的客观性》）一文中有过详细的讨论。由于韦伯从根本上将文化理解为重要但又有

---

① Hegel, Georg Wilhelm Friedrich. *Vorlesungen über die Philosophie der Weltgeschichte*. Leipzig: Meiner, 1919. Bd. II, 319.

② Hegel, Georg Wilhelm Friedrich. *Vorlesungen über die Geschichte der Philosophie*, Hamburg: Meiner, 1994. 365ff.

③ Hegel, Georg Wilhelm Friedrich. *Vorlesungen über die Geschichte der Philosophie*, Hamburg: Meiner, 1994. 366.

④ H Hegel, Georg Wilhelm Friedrich. *Vorlesungen über die Philosophie der Weltgeschichte*. Leipzig: Meiner, 1919. II, 316.

限的现实片段,因此,他对于进行客观的文化分析的可能性这一问题的回答就略显消极:

> 无论对于文化生活或是"社会现象"而言,都不存在完全"客观的"科学分析。凡及分析,无不赖于特殊的、"片面的"观点。它们正是依照这些观点——明确地或缄默地,有意识地或无意识地——被选做研究对象,从而得到分析,并以被肢解的方式获得呈现。①

韦伯在其1911年至1915年间出版的中国研究专论(《世界宗教的经济伦理:儒教与道教》(China-Studie (Wirtschaftsethik der Weltreligionen: Konfuzianismus und Taoismus)))中的观点虽不可避免地具有片面性,却也态度鲜明。在该专论中,韦伯以对他者而言并不十分风雅的方式表述差异化。他感觉,读孔子的言说会使自己想起印第安部落的酋长②;他坦言,《春秋》有很多的问题([德]unendlich dürftig)③;他认为,在中国,人们以一种锲而不舍的精神进行文学上的打磨④;如此等等。这里,重要的不是其行文是否风雅,而是他的偏见。韦伯在"客观性"那篇文章中为其偏见所做的理论阐述将他与诠释学的

---

① Weber, Max. "Die, Objektivität sozialwissenschaftlicher und sozialpolitischer Erkenntnis", in: *Max Weber: Schriften 1894—1922*, Stuttgart: Kröner, 2002, 103.

② Weber, Max. *Die Wirtschaftsethik der Weltreligionen: Konfuzianismus und Taoismus. Schriften 1915—1920*. Siehe Schmidt-Glintzer 1991. 125.

③ Weber, Max. *Die Wirtschaftsethik der Weltreligionen: Konfuzianismus und Taoismus. Schriften 1915—1920*. Siehe Schmidt-Glintzer 1991. 128.

④ Weber, Max. *Die Wirtschaftsethik der Weltreligionen: Konfuzianismus und Taoismus. Schriften 1915—1920*. Siehe Schmidt-Glintzer 1991. 127.

经典作家们联系在了一起。即便他带有片面性的观点在后期研究中国的科学家看来具有歧视性①，但韦伯的中国研究专论中却没有任何一处表现出像海德格尔1936年在罗马所作题为《欧洲与德国哲学》（Europa und die deutsche Philosophie）的报告中那种带有民族主义色彩的政治观点。

韦伯在确定差异时和黑格尔一样，关注的是科学性以及概念的一致性。与韦伯不同，海德格尔在上面提到的报告中一开始就使用了极具诱导性的口号。在那里，他谈到在他看来十分必要的对欧洲进行精神救赎的想法，并为之找到两个可行方案：

1. 于外，要保护欧洲民族免受亚洲人的侵害。
2. 于内，要避免自己背井离乡或是分崩离析。②

这一荒诞的救赎模式与上面提到的所有对于差异化的纯个人的观点不同，它完全是对他者充满政治动因的否定。这在当时法西斯主义意识形态占统治地位的背景下大有市场，而恰好是这一背景以及不断上升的反殖民意识在第二次世界大战结束后将自我与他者的问题越来越强烈地推到了政治领域。现在，人们在对待差异化时更多地持有审慎和怀疑的态度。但不无矛盾的是，在当下这个新时期，人们又谈论起"本源的"和"真正的"哲学。那么，我们所要面临的问题就是，在一个号称由充满差异的时代更迭而来的平等的时代，"本源的"哲学家们在试图同什么划清界限？当前，在谋划如何同他者进行正确的哲

---

① 参见Roetz对Weber的评论，Roetz, Heiner. "Philosophy in China? Notes on a Debate", *Extrême-Orient, Extrême-Occident* 27 (2005), 51.

② Heidegger, Martin. "Europa und die deutsche Philosophie", Vortrag im Kaiser-Wilhelm-Institut, Bibliotheca Hertziana Rom, 8. April 1936, in: *Europa und die Philosophie*, 1933, 31.

学交往的新布局过程中，通过占据优势地位来解决差异化问题具有重要意义。下面我们就来详细讨论这一思想。

二、政治正确在西方汉学界的传播（反论题）

就如何政治正确地对待他者这一问题在西方汉学界的传播而言，1978年爱德华·赛义德（Edward Said）《东方主义》（Orientalism 又译《东方学》）一书的出版可谓一个关键事件。在该书中，赛义德旗帜鲜明地借用了蜜雪儿·福柯（Michel Foucault）的"语境"概念并考察了有关他者——殖民主义时期西方科学中的东方人——的诸多观点的形成过程。赛义德的目的在于表明，这一时期有关他者的知识是一种被歪曲的知识，而西方的霸权政治对于这种既存的知识歪曲负有不可推卸的责任。西方作为惯于对他者进行幻想的居于主导地位的主体，其真实面目已被揭穿：这种幻想支持了西方对于东方在政治、意识形态等层面的控制。其同时也是西方建构自我身份的基石。为求得生存，其所建构的身份必须保持与他者身份的对立。因此，前面所提到的对于差异的区分和确定不只是虚妄的，而且也带有明确的目的性。西方文化正是通过将他者的身份认知为廉价的替代品而获得种种特权。赛义德在他的书中展现了自己作为人道主义者的一面，他想要修正上面提到的那种对于知识的歪曲，并坚持他者作为科学描述对象的真实性与平等性。

然而，赛义德不仅是人道主义者，他还是一位理想主义者[1]。他

---

[1] 赛义德认为存在着一种脱离政治的东方知识，这使得罗伯特·克普（Robert A. Kapp 1980，484）将他的《东方主义》看作是一部乐观主义作品，甚至将这种乐观主义视为该书的主要成就。在同一部由《亚洲研究杂志》(The Journal of Asian Studies JAS) 选编的赛义德专题论文集中，迈克尔·多尔比（Michael Dalby 1980，493）也作了类似的评价。

对于东方学语境（［德］orientalistischer Diskurs）的修正并不能将对他者的认知排除在意识形态领域之外。当前，后殖民时代的一个主导趋势表现为积极追求加强知识生产同权力关系之间的联系。只是其表现形式有所改变：赛义德所说的是那些生产并掌控知识的西方殖民大国的权力，而现在，他者知识（［德］Wissen um das Andere）的生产在很大程度上是由西方民主力量动议并做出评价。除其他人文学科外，哲学也开始了根本性的纯化过程。纯化以全球性（［德］Globalität）、平等（［德］Gleichheit）和公正（［德］Ebenbürtigkeit）为标志，欧洲中心主义（［德］Eurozentrismus）、差异化（［德］Differenz）和优势地位（［德］Dominanz）则需消除①。纯化过程超乎寻常的激昂态势显示出该过程中各种控制的严苛性。

  最先被引作例子的是顾有信（Joachim Kurtz）2011年出版的《中国逻辑的发现》（The Discovery of Chinese Logic）一书。他认为，一部正确的全球思想史应该消除（［英］disassemble）对于不同民族、文化和科学学科所有虚幻的观点②，仅从欧洲自己的历史（［英］Europe's peculiar history）③出发所得到的论据在书写这样一

---

  ① 弗朗索瓦·于连（François Jullien）和沃尔夫冈·顾彬（Wolfgang Kubin）等在《中国论争》（［德］Kontroverse über China）（2008）中的论文被认为是与此类纯化尝试的一种对抗，他们指出，确定差异并不一定就具有歧视性。有关所谓普遍主义与相对主义的讨论也可参看《亚洲研究杂志》（JAS）针对这一主题刊行的论文集（Vol. 50.）。在前言开篇处，鲍德威（David D. Buck）就表明了自己反对极端道德主义，反对所谓的普遍主义者强烈的自我优越感和只有自己才是正确的那样一种态度。参见鲍德威 Buck, David D. "Editor's Introduction to the Forum on Universalism and Relativism in Asian Studies", *The Journal of Asian Studies* 50. 1 (1991), 30.
  ② Kurtz, Joachim. *The Discovery of Chinese Logic*, Leiden: Brill, 2011. 341.
  ③ Kurtz, Joachim. *The Discovery of Chinese Logic*, Leiden: Brill, 2011. 363.

部历史的过程中造成了具有严重缺陷（［英］deeply flawed）① 的后果；人们应该寻找有效的方法，来"书写一部原本早该完成的、更为可信的、真相与理性的全球史，在其中，中国也终将能够求得合法地位"②。

　　与赛义德一样，顾有信也是为了使中国（东方）不致受到西方的歧视。鉴于他十分熟悉福柯和赛义德的思想观点，因此其所使用的词汇——如同西方主导的语境一样③——极易使人想到那些东方主义以及反东方主义的论调④。然而，该书并未在任何一处提到福柯和赛义德的理论，也没有提出如何最终实现其所追求的真相全球史的可信度（［德］Glaubwürdigkeit der globalen Geschichte der Wahrheit）问题。对赛义德和福柯而言，将知识与权力——此处具体指民主权力——联系起来是他们思考的核心问题，在此背景下，顾有信正是以上述方式避免对如何将他自己的作品归入现存的意识形态语境做出思考。

　　政治正确的汉学语境的显著特征是将中国视作一个受害者。这种想法必然引发人们去热切地搜寻施暴者。只要人们坚持认为在不同的文化、思维方式及对语言与思维关系的认识等方面存在着差异，就会显现出政治上的疑虑，人们也正是通过对这种种疑虑的确定来追踪施暴者。由于每一种认识上的差异都可能表现为某种优势地位，因此，应该清除本族和他族之间的所有界限。例如，格雷戈·保罗（Gregor Paul）在一篇有关跨文化逻辑研究的文章中写道：

---

① Kurtz, Joachim. *The Discovery of Chinese Logic*, Leiden：Brill, 2011. 363.
② Kurtz, Joachim. *The Discovery of Chinese Logic*, Leiden：Brill, 2011. 363. "……the overdue creation of a more credibly global history of truth and rationality in which China eventually comes to claim its rightful place."
③ Kurtz, Joachim. *The Discovery of Chinese Logic*, Leiden：Brill, 2011. 353.
④ Kurtz, Joachim. *The Discovery of Chinese Logic*, Leiden：Brill, 2011. 341.

"本族"和"他族"这样的表达作为概念都是不无问题的,它们更像是用作论争工具的"相对主义"([德] relativistisch)隐语。在谈到"西方"([德] westlich)文化或"亚洲"([德] asiatisch)文化时,甚至"文化"([德] Kultur)这一概念都是有问题的。因此,在使用时,我总是有所保留。①

逻辑研究不应全凭为所有文化像上文那样加上引号,而是应该基于所有人都是人([德] alle Menschen sind Menschen)这样的出发点。以这种方式,人们就可以摒除具有政治疑虑的立场,因而其所选择的研究方法也将是合理的。②

从政治正确的视角来看,上述观点似乎完全合情合理。然而,想当然地以为仅凭政治正确地对待他者以及建立在其基础上的指责与申辩就会自发地生出一个极具魅力的终极学术论题却仍远非现实。拉尔夫·韦伯(Ralph Weber)在一篇被命以纲领性题目《为什么要谈论中国的形而上学?》(Why Talk about Chinese Metaphysics?)的文章中有一个段落专门探讨了如何充分利用差异化和引号的多种可能性:

"中国的"和"非中国的"之间的差异很有可能([英] might)会对那种以"我们"和"他们"的对立为风格特征的论争起到鼓励作用,如果不对此进行批判性反思,将有可能

---

① Paul, Gregor. "Zur Methodologie interkultureller Logik–Studien", in: *Auf Augenhöhe: Festschrift zum 65. Geburtstag von Heiner Roetz*, *BJOAF* Vol. 38, 2015, 129.

② Paul, Gregor. "Zur Methodologie interkultureller Logik–Studien", in: *Auf Augenhöhe: Festschrift zum 65. Geburtstag von Heiner Roetz*, *BJOAF* Vol. 38, 2015, 132.

被其他人（［英］the others）利用，以达到政治目的。①

由于"我们"和"他们""中国的"和"非中国的"等一系列被置于引号之中的表达自身已成为政治正确语境的固有组成部分，且上述引文中对于差异化的充分利用——将其作为反思的对象——本身就具有政治色彩，因此，might 一词所传达出的情态以及文中提到的行为主体——the others——的身份都并不明确。事实上，上引一句更多地显示出以非政治正确的方式利用差异化——坚称存在着需要通过"批判性反思"加以预防的差异化——的可能性。在这种情况下，正如前文提到的顾有信的专著中所述，某一观点的政治动因和以此在将科学与现存的意识形态连结起来方面所取得的成就都没能得到应有的重视。

消除差异主要是针对第一部分中谈及的哲学经典作家的失言采取的行动。追求政治正确的跨文化学者在探讨这一话题时往往都是非常严苛的。对于"施暴者"黑格尔的批判尤甚。按照海因兹·基姆勒（Heinz Kimmerle）的观点，黑格尔对于非欧洲文化的言论是言过其实（［德］krass）②且骇人听闻（［德］skandalös）③的。人们应该从他的失当（［德］Unangemessenheit）④中吸取教训。为了不致成为黑格尔欧洲中心主义的牺牲品，必须"明确地提出对于今日之欧洲及其历史的无与伦比性的质疑"（［德］die Einzigartigkeit des heutigen

---

① Weber, Ralph. 2013. "Why Talk about Chinese Metaphysics?", *Frontiers of Philosophy in China* 8.1 (2013), 116.

② Kimmerle, Heinz. *Georg Wilhelm Friedrich Hegel interkulturell gelesen.* Nordhausen: Traugott Bautz, 2005, 14.

③ Kimmerle, Heinz. *Georg Wilhelm Friedrich Hegel interkulturell gelesen.* Nordhausen: Traugott Bautz, 2005, 9.

④ Kimmerle, Heinz. *Georg Wilhelm Friedrich Hegel interkulturell gelesen.* Nordhausen: Traugott Bautz, 2005, 14.

Europa und seiner Geschichte ausdrücklich in Frage gestellt werden)①。匈牙利艺术理论家拉兹洛·弗敦怡（László F. Földényi）对黑格尔的《世界史哲学讲演录》提出如下批评：

> 这位远离自由体验无数光年的老朽哲学家后来出于自我治疗的目的，将历史哲学和对于存在的解释杂糅在一起。可能在他的内心深处除了要高喊一句"我是黑人"（［德］Ich bin ein Neger）外别无他愿，正如后来的兰波（Rimbaud）和日奈（Genet）。②

上面引述的两位作者虽然都竭力主张世界上的所有民族和国家都具有平等的地位，应该消除文化差异，但事实上他们所持的是一种非中立的态度。值得注意的是，这里显然也存在着一些对于优势地位和差异化并不陌生的思维方式以及话语方式。尤为明显的是潜藏在贬义表达中的具有强制意味的"人之为人"（［德］Menschsein des Menschen）的思想，这一思想对黑格尔的人性论持怀疑态度。黑格尔认为，人性间存在差异，因此，其人性论在意识形态上很难与正确的跨文化哲学兼容③。

如果政治正确的语境坚持全球平等，以支持像中国这样的非欧洲国家享有自己的各项权利，那么其出发点想当然地就是这些国家作为

---

① Kimmerle, Heinz. *Georg Wilhelm Friedrich Hegel interkulturell gelesen.* Nordhausen: Traugott Bautz, 2005, 77.

② Földényi, László F. *Dostojewski liest Hegel in Sibirien und bricht in Tränen aus*, Berlin: Matthes & Seitz, 2008, 34.

③ 这与罗哲海（Heiner Roetz）谈论马克斯·韦伯的情形相类似。他不无贬损地将韦伯称作黑格尔哲学观点的复读机（［德］Vervielfältiger philosophischer Ansichten Hegels）。相反，罗哲海把自己的敬意献给了"普通人"（［英］human beings in general）。

牺牲品正承受着欧洲中心主义言论所带来的痛苦与折磨,而这些言论本身难免让人生出种种政治疑虑。还有一个不容回避的问题就是,这种假设是否可能其本身就是一种意识形态的具体体现?要想回答这一问题,只有将目光直接投向中国以及当前中国在讨论自我身份建构时显现出的发展趋势。

三、结合,或:中国差异化的胜利进程

赛义德的作品激发了许多中国知识分子去探寻中国文化在中国研究中的表征形式以及这些表征形式对于权力关系的依附性的根源。从2004年起,在中国大地上展开了一场对于一个名为汉学主义([德]Sinologismus)的东方主义本土分支的深入讨论。作为有关汉学主义的第一篇汉语文献[1]的作者,周宁提出的一个核心问题就是汉学知识与政治的关系问题。对他而言,汉学就是一种承载着意识形态并与西方文化霸权主义紧密相关的叙事。只要人们没有意识到汉学主义作为一种学术殖民[2]或是知识与权力的"合谋"[3] 所带来的风险,这种叙事就成了一个致命的文化陷阱[4]。

---

[1] 鲍勃·霍奇(Bob Hodge)和雷金庆(Kam Louie)在他们1998年发表的《中国语言和文化的政治:读龙术》([英] The Politics of Chinese Language and Culture: The Art of Reading Dragons) 一文中虽然引入了汉学主义这个概念,但并没有对其进行系统研究。

[2] 周宁:《汉学或"汉学主义"》,《厦门大学学报(哲学社会科学版)》2004年第1期。

[3] 周宁:《汉学或"汉学主义"》,《厦门大学学报(哲学社会科学版)》2004年第1期。

[4] 周宁:《汉学或"汉学主义"》,《厦门大学学报(哲学社会科学版)》2004年第1期。

上面最后提到的汉学主义的构成要素已经成为中国学界围绕这一概念所展开的全部论辩的核心。其中尤显重要的是，中国知识分子所意识到的风险首要的并不是来自欧洲中心主义①，而是来自由全球化政策所带来的知识渗透。顾明栋在他的一系列汉语和英语文章以及2013年出版的专著《汉学主义：东方主义与后殖民主义的替代理论》（Sinologism: An Alternative to Orientalism and Postcolonialism）中对这一主题都有深入的探讨。与周宁不同，顾氏并不认为汉学应该与汉学主义相提并论②。汉学作为一门科学完全能够生产客观公正的知识③。而汉学主义在他看来是汉学的副产品，是被异化的中国知识。这些知识并不是将中国本身作为科学研究的对象，而是将其作为全球政治宣传中的一个卖点进行兜售。国际资本主义全球化语境中的知性商品化以及知识的商品化④是他在反对汉学主义的论辩中的要点。

基于上述原因，顾氏也关注在有关中国文化的论辩中所涉及的差异化和优势地位等话题。在《语言哲学中的汉学主义：对汉语论战

---

① 参见顾明栋对于西方学界以推动构筑中国中心主义为追求的汉学主义的评论，如柯文（Paul Cohen）的《在中国发现历史》（Discovering History in China）(1984)，载 Gu Mingdong. Sinologism: *An Alternative to Orientalism and Postcolonialism*. London: Routeledge, 2013. 105.

② 方维规（2012）也不认同周宁将汉学与汉学主义相提并论的观点。

③ 顾明栋：《"汉学主义"理论与实践问题再辨析——走向自觉反思、尽可能客观公正的知识生产》，《厦门大学学报（哲学社会科学版）》2015年第2期。

④ 顾明栋：《汉学主义是被异化的知识》，《探索与争鸣》2013年第2期。(Gu Mingdong. Sinologism: *An Alternative to Orientalism and Postcolonialism*. London: Routeledge, 2013, 6.) 将这种现象看作是"知性商品（[英] intellectual commodity）"，"供全世界人民消费的商品（[英] commodity for consumption by all people of the world）"。

的批判》(Sinologism in Language Philosophy: A Critique of the Controversy over Chinese Language) 一文中，他的批评首先指向了当前汉学主义中全球跨文化平等观念所占据的优势地位：

> 最近的辩论与以往不同的是没有批评者。所有人都是汉语的捍卫者；所有人都认为汉语是一门富有的语言。尽管方向相反，但这种表意文字的支持者和反对者都或潜隐或明确地有着相同的目标：消除那种认为"汉语是一种由图像字元组成的书写系统，因此比拼音文字低等"的旧有的偏见。①

在上面谈到的情境中，用以兜售的是汉字在跨文化比较中具有平等地位的思想。需要注意的是，顾氏在他的作品中反对的并不是这种平等观念②，而是使这种观念在全球智力资本主义（[德] globaler intellektueller Kapitalismus）中成为一件通行商品的政治形势。这种兜售的后果之一就是文化差异被消除了，具体而言，在本文中就是汉字的独特性被消除了，其与拼音文字的差别被消除了。这在顾氏看来并不是进步的标志，而是一种损失。

---

① Gu, Mingdong "Sinologism in Language Philosophy: A Critique of the Controversy over Chinese Language", *Philosophy East & West* 64.3 (2014), 694.

② 与此相反，顾氏（Gu Mingdong. Sinologism: *An Alternative to Orientalism and Postcolonialism*. London: Routeledge, 2013, 224）希望他的读者能够意识到，他完全赞同文化在一般意义上平等的思想。按照他的观点，消除汉学主义的前提条件是："根据我们共同的人性，建立在对不同文化的理解和对事实、真理、平等和知性的无偏见崇敬之上。"（[英] the understanding of different cultures in terms of our common humanity and a bias-free reverence for facts, truths, intellectual equality and integrity.）

具有讽刺意味的是，当人们开始试图探明在当前后殖民主义语境中，中国是如何成为牺牲品这样一种现实的时候，事实却表明，政治正确的西方思想家对于消除我们与他们、自我与他者、西方与东方之间的界限所做的尝试，从根本上讲，却恰恰是参与到了多被中国知识分子所批评的、所谓汉学主义的构建之中。这一问题以及由此所蒙受的一切，在这里以心理认同危机的形式表现了出来。按照顾氏的观点，在这种认同危机中，中国自我他者化了（［德］von sich selbst entfremdet wird）。

赛义德曾将东方主义归咎于西方殖民势力，与此不同，在中国的汉学主义语境中，"施暴者"是一个复杂得多的范畴：属于其主要成员的，第一就是参与到智力资本主义中的西方汉学家，第二就是在"优/劣"坐标系中想着以西方价值体系为导向并借此贡献于自我他者化（［德］Selbstentfremdung）的中国知识分子。在与顾明栋就汉学主义所进行的论辩中，赵稀方指出，在同中国相关的知识生产过程中，中国科学家也完全可以策略性地转换西方知识，为我所用①；在研习东西方为对方所刻画的形象时，人们必须考虑到以前常被忽视的情形，即他们所呈现的东西与展现出的内容并非构成简单的主体和客体的对立，而是彼此互相渗透②。

在刚刚提到的顾明栋与赵稀方的论辩中，知识与权力之间的关系占据着非常重要的位置。两位思想家都明确地引述了福柯的观点。顾

---

① 赵稀方：《突破二元对立的汉学主义研究范式——对顾明栋先生的回应》，《探索与争鸣》2015 年第 2 期。

② 赵稀方：《突破二元对立的汉学主义研究范式——对顾明栋先生的回应》，《探索与争鸣》2015 年第 2 期。

氏认为，科学家的任务恰恰在于尽可能地同政治保持距离①，因此，他对福柯的态度是消极的：福柯为知识与权力建立的联系②并没有为知识结构的形式问题提供有用的理论；其意仅在破，而不在立③。为了增强批评的说服力，顾氏从同样参与了汉学主义论辩的学者叶隽题为《亚洲、东方与汉学主义》的文章中援引了下面一段：

> "权力"作为一个学术概念，发展到福柯，已经是"夕阳无限好，只是近黄昏"，因为它虽然作为概念工具很好用，但其实有很大的问题。因为它绝对不能抹杀人类对美好人性、社会和谐、情感的向往和追求。④

福柯的权力理论被看作是反人性的，因而遭到了拒绝。文中通过李商

---

① 在这一点上，他依循了赛义德（Said, Edward. *Orientalism*. London：Penguin, 2003 [first published 1978.] 326）的观点："东方主义不仅要考虑非政治性学术研究的可能性，还要考虑学者与国家之间过于亲密的关系是否可取。"（［英］Orientalism calls in question not only the possibility of nonpolitical scholarship but also the advisability of too close a relationship between the scholar and the state.）

② 顾明栋（《"汉学主义"理论与实践问题再辨析——走向自觉反思、尽可能客观公正的知识生产》，《厦门大学学报（哲学社会科学版）》2015年第2期）在这里从福柯的《监狱谈话录》（Prison Talk）中引述了下面一段话："行使权力不断制造知识，反过来，知识总是不断引起权力的效果。"（［英］The exercise of power perpetually creates knowledge and, conversely, knowledge constantly induces effects of power.）参见 Foucault, Michel. *Power/Knowledge: Selected Interviews and Other Writings 1972—1977*. Brighton：Harvester 1980. 52.

③ Foucault, Michel. *Power/Knowledge: Selected Interviews and Other Writings 1972—1977*. Brighton：Harvester 1980. 12.

④ 叶隽：《亚洲、东方与汉学主义》，《中国图书评论》2014年第1期。

隐《登乐游原》诗中夕阳的景象喻福柯的理论行将衰落，这一观点可能并不足以服众，但此处更显重要的是其所代表的思想：如果能够远离政治利益和全球智力市场，中国知识将更为多元与丰富。相比顾明栋和叶隽，赵稀方对于将知识生产从权力中脱离出来的可能性更持怀疑态度①。然而，在文章最末，他也赞同将这种努力作为在科学工作中追求的一种理想②。

顾明栋认为，在解决中国问题时，不只是要将福柯，而且要将所有西方理论工具都排除在外。这种倾向成为其汉学主义理论的一个明显缺陷。按照他的观点，不在自己的语境中研究中国的材料，而试图用西方理论研究中国的材料，这就是汉学主义的一个陷阱③。然而，从此类言说中得出的对立观点却直击其理论要害——去政治化，因为借由对西方理论的全盘否定，他不折不扣地彰显着自己的政治姿态。

在解决东西对立这一问题上，从当前围绕所谓"新子学"展开的论辩中亦可观察到一种反向的趋势，此类论辩可算除汉学主义讨论

---

① 赵稀方：《评汉学主义》，《福建论坛（人文社会科学版）》2014年第3期。
② 赵稀方：《突破二元对立的汉学主义研究范式——对顾明栋先生的回应》，《学术争鸣》2015年2月。
③ "（这是）汉学主义的陷阱：没能按照自己的要求来研究中国的材料，而是把西方理论强加于中国的材料上。"（[It is the] trap of Sinologism: failing to examine Chinese materials on their own terms and imposing Western theories on Chinese materials.) Gu, Mingdong. "Sinologism in Language Philosophy: A Critique of the Controversy over Chinese Language", *Philosophy East & West* 64.3 (2014), 712.

外中国知识分子界最为重要的事情①。其所关注的也是全球化背景下中国文化尤其是哲学的差异化。"新子学"是一种新的文化运动。"新子学"这一名称应理解为对中国古代大思想家和哲学——西方哲学——概念的折中融合。它通过在跨文化比较中对于自我特征的清醒的意识而与古代思想家相区别；同样的理由也适用于说明其与西方哲学的区别。于2012年最早发起"新子学"论辩的方勇指出了西方哲学史与中国古代思想家的子学之间另一质性区别：

> 哲学史依据西方哲学的定义，使用逻辑重构的手段梳理传统中纯思的层面，而子学属于复合多元的学术系统，纯粹的思辨仅仅是其中的一部分，根本上还需要对中国文化的现实做出反应。②

哲学这一概念源自西方，经日本传入中国，并被广为接受。在对科学术语进行重新评价的过程中，其在与中国传统并非完全相适应的知识领域应予保留。原始的中国思想传统的发展得益于特殊历史条件下的思维方式和特殊的语境。为了深入理解中国经典思想家，人们必须冲破西方哲学方法的界限，并通过历史、政治学、经济学、语文学等使其得以补充；人们必须将自己置于原初语境③，并使用如对韵律模式和符号变体进行研究的原始方法；人们必须重新发现中国学术的真实

---

① 按照张洪兴（《"新子学"与中国文化刍议》，《古籍整理研究学刊》2013年第3期）的说法，从2012年10月22日方勇第一篇关于"中国'新子学'"这一主题的文章在《光明日报》发表算起，到2013年11月止，仅几个月间，中国知识界针对这一主题就有约100篇文章发表。
② 方勇：《"新子学"申论》，《探索与争鸣》2013年第7期。
③ 方勇：《"新子学"构想》，《光明日报》2012年10月22日，第14版。

面貌①。

乍看起来,此处讨论的问题似乎与汉学主义批评论者([德]Sinologismus-Kritiker)所做的尝试十分相似——只用中国的方法开发中国的材料。然而,恰恰是在这一点上,在"新子学"的支持者们看来,事实却非应如此。对此,方勇在他关于该主题的第一篇文章中即已强调:在当前多元化的全球背景下,绝不能固守"以中国解释中国"②的立场;在跨文化比较中,应该通过其他方法探明本土哲学和思想流派的差异化。对于这些方法,玄华提出了他的构想。在他看来,在一个多元的世界中,人们必须不断地直面他者;自我发展始终由自我否定相伴随③。然而,这样的自我否定与直面他者对于确立自我和认识自我以及对差异化的认知都有着极其重大的贡献。按照这一理论,西方作为他者可以被看作是富有成效的交流过程中的建设性伙伴。值得注意的是,中国古代的大思想家在历史上其彼此之间就具有对抗性。对此,玄华在他的文章中曾写道:

> "诸子学现象"有一个较为突出的特点是,其内部组成部分之间存在极大差异,相互诘难,乃至否定,但在客观形式上却促成了各自独特性的确立。在学术文化上,任何诸子个体必须在面对他者,尤其是在面对多元的诸子现象本身时,才确立自身。如孔子正是面对老子、子产、墨子、韩非子等时才确立为孔子。④

---

① 方勇:《"新子学"构想》,《光明日报》2012年10月22日,第14版。
② 方勇:《"新子学"构想》,《光明日报》2012年10月22日,第14版。
③ 玄华:《关于"新子学"几个基本问题的再思考》,《江淮论坛》2013年第5期。
④ 玄华:《关于"新子学"几个基本问题的再思考》,《江淮论坛》2013年第5期。

作为一种操作性命名,"新子学"即已指明,其不仅是对诸子开展新的研究,同时也要复兴百家争鸣的历史局面——思想家们可以在面对其他人或者学派时自由表达自己独特的观点。结合当下全球化的形势,这种确立自身的辩证观也意味着消除实为一种认知障碍的东西方对立。

在"新子学"的论辩中,复兴已成为最常被提到的概念之一。复兴之概念在五四运动时期即已为人们所熟悉。"新子学"的支持者在欲强调当前的权力关系与20世纪初的权力关系之区别时,总是会重谈五四运动。在方勇下面的文字中,足见这种清醒的政治意识:

> 在国势昌盛、经济繁荣的今天,全面复兴子学的时机已经成熟,"新子学"正以饱满的姿态蓄势待发。①

与五四运动时期类似,人们在"新子学"的论辩中同样喜欢使用治愈修辞与净化修辞([德]Heilungs-und Reinigungsrhetorik)。"新子学"将自己视作治疗民族弱点的良药以及哲学的净化器。② 治愈([德]heilen)与净化([德]reinigen)是这些哲学家和汉学主义批

---

① 方勇:《"新子学"构想》,《光明日报》2012年10月22日,第14版。
② 玄华(《关于"新子学"几个基本问题的再思考》,《江淮论坛》2013年5月,第109页)的"新子学"治疗观可见于他的如下表述:如此,解决中国"前现代、现代、后现代交错综合征"已得良方,中华学术文化革新发展非好梦闲谈,已然在实践中。

评论者顾明栋共同使用的隐喻。①但是当顾氏和其他各位参与到汉学主义批评中来的知识分子将中国看作是异化描述的牺牲品（［德］Opfer deformierter Darstellungen），并试图在中国知识生产过程中通过拒绝政治的方式来克服这种异化时，"新子学"的斗士们则因为自己坚定的信念而受到世人瞩目。他们坚信，因为能够自由地维护自己相对于他者的差异化——正如他者维护相对于中国的差异化一样，曾经的遭际均已成过往：

中国学派构建之际，"新子学"应运而生②！

结　语

按照德国汉学家罗哲海的观点，若想从哲学上切近外国思想，其前提是要"举案齐眉"（［德］auf Augenhöhe）③。这是他在《中国的

---

①　此处仅从顾明栋《汉学主义：东方主义与后殖民主义的替代理论》一书众多举例中摘录一些："消除东方学家汉学的影响"（to cleanse Sinology of Orientalist ramifications）（Gu Mingdong. *Sinologism: An Alternative to Orientalism and Postcolonialism*. London: Routeledge, 2013. 45）；"（中国），清除了汉学主义的倾向"（(China), cleansed of sinologistic tendencies, 138）；"净化具有种族偏见的中国学术"（to cleanse China scholarship of ethic biases and prejudices, 140）；"西方理论……不健康的狂热崇拜"（unhealthy fetishization…of Western theories, 1）；"（中国）文化受虐癖的极端主义形式"（(China's) extremist form of cultural masochism）。有关五四运动时期治愈修辞与净化修辞请参见我的文章《论语文学分类中健康者/非健康者的解构：西方—中国的复兴语境》（Zur Dekonstruktion des Un/Gesunden in philologischen Taxonomien: westlich-chinesischer Renaissance-Diskurs, 2012）。

②　方勇：《"新子学"构想》，《光明日报》2012年10月22日，第14版。

③　Roetz, Heiner. "Philosophy in China? Notes on a Debate", *Extrême-Orient, Extrême-Occident* 27（2005），58—59.

哲学?》(Philosophy in China?) 一文中所发出的众多呼吁之一。作为其中可能最为引人注目的一项呼吁,其思想内涵在于,中国知识分子并非一定要参与到对文章标题所呈现的问题的讨论中来:"必须强调的是,中国现代知识分子对于术语的反感与中国古代是否存在哲学关系不大。"① 提出这种思想所仰赖的自信表明,"举案齐眉"原则对于作者而言也并非可以毫无限制地得以贯彻。这种自信也表明,西方汉学家与敢于怀疑"哲学"这一概念对于本国传统适用性的中国知识分子间存在着明显的对立。从更广泛的意义上说,这种自信同样表明,政治正确自身具有很大的矛盾性,其本身即欲凭借普遍平等的思想和对防止一切歧视的追求获得一种全球优势地位。这种自信同时也反驳了这样一种观点,即有关"中国的哲学?"这一主题的讨论与其说是显现了东西方之间的对立,毋宁说是显现了传统与现代之间的对立②。

有关汉学主义和"新子学"的论辩显示了中国知识分子对于西方相关论调的强烈抵抗。对于以顾明栋为代表的汉学主义批评论者而言,东西方的对立使人们有理由抱怨,是西方极不情愿将中国知识分子纳入有关中国的讨论,这也就造成了中国对于客观的汉学知识的陌生化。相反,对于"新子学"的支持者而言,这种对立恰好使人们认识到,自我他者化完全可以是建设性的,其在建构自我身份的过程中也是不可回避的。

(原载于《诸子学刊》第二十一辑,作者单位:海德堡大学汉学系;译者单位:东北师范大学外国语学院)

---

① Roetz, Heiner. "Philosophy in China? Notes on a Debate", *Extrême-Orient, Extrême-Occident* 27 (2005), 65.
② Lee Ming-huei. "Kritische Bemerkungen zum Problem der Legitimität chinesischer Philosophie", in: *Auf Augenhöhe: Festschrift zum 65. Geburtstag von Heiner Roetz, BJOAF* Vol.38, 2015, 111.

"新子学"与多元"西学"的对话
——兼解"钱学森之问"

田 鹏

方勇教授率华东师范大学先秦诸子研究中心人员,多年来一直致力于"新子学"理念的研究推广,陆续发表了多篇对现代诸子学研究具有方向性指导意义的论文,不断完善和修正"新子学"的思想内涵和理论架构。其创新意义不仅显现在诸子学研究领域,也在文献整理和研究方法等方面影响着哲学、教育学、历史学等其他学科。海内外学界对"新子学"的讨论多集中于方勇教授阐释"新子学"时设定的多个现代诸子学研究的原初问题,其中之一涉及"新子学"理念应如何面对"西学"。

《光明日报》2012年10月22日发表方勇教授《"新子学"构想》,是"新子学"理念正式奠基的标志。此文最早提及"新子学"面对"西学"的态度:"'新子学'将扎根传统文化沃土,以独立的姿态坦然面对'西学'。"[1]欧明俊在《"新子学"界说之我见》也论及文化自信和自觉的态度:"不应完全以西方观念为标准来生搬硬套传统学术,诸子学不应成为西方学术的附庸,不应成为西方学术思想的注解,而应该以西融中,以中化西,'西学'为我所用,我们要有一种文化自信和'自觉'。"[2]12这两篇文章中的"西学"都是狭义的,指"西方近代学术",其主体源于因工业化大生产而国富民强的欧美国家，并非来自全球化背景下广义意义上完整的西方现代文明。

"新子学"理念不仅背负着将诸子思想进行创造性转化的文化使命，也担负着塑造民族文化自信的历史使命，在全球化舞台上要面对的绝不仅仅是暂时掌握话语权优势的欧美国家。将"新子学"理念置于全球文化传播和交流的大背景下，如何准确界定"西方"与"西学"的概念显得尤为重要。

一、"新子学"应面对的"西方"与"西学"

方勇教授在2013年发表的《"新子学"申论》中说："'新子学'的研究者要去理解西学，理解西方的科学、哲学和宗教，还应该去理解除此之外的印度教、伊斯兰教和东正教及其现代衍生物。"[3]76 "新子学"理念自创立之初，已经为面对全球不同文化类型的文明留有充分的理论阐发空间。但此后专论"新子学"的论著鲜有论及除狭义"西方"以外的其他西方文化类型，如伊斯兰教文化国家和东正教文化国家。在狭义"西学"的限定下，"新子学"理念的传播指向便有了理论空白，缺失了对全球化背景下宏观意义上西方文化的应对策略。

（一）欧美意识形态下的"西方"与"西学"概念

目前中国学界广泛使用的"西方"和"西学"概念是欧洲中心主义的余绪，"西方"之"西"，是相对"中国"之"中"而言，其意涵是一元排他的，内容是偏颇不全的。"西方"与"东方"并举时，只包括欧美诸国与东亚文化诸国，无法准确表达世界文明的多元类型。"西学"并非严谨的学术定义，也仅被中国学界广泛使用，并不见于西人论著，其约定俗成的含义模糊不清，一般仅指代欧美国家的文化，具体所指常需参考语境才能确定。

　　古时称西方欧洲诸国"泰西""大西"或"西洋"。曹于汴《仰节堂集》曰："泰西距中华八万里。"[4]25方以智《游子六天经或问序》曰："取泰西之质测，以折世俗之疑。"[5]389汪大渊《岛夷志略》曰："舶贩西洋者，必掠之。"[6]239在鸦片战争以前，绝大多数中国学者对世界地理认识不清，对"西方"的认知源于部分经由工业化大生产而进入发展快车道的欧美国家，大量经济不发达的欧洲国家被排除在外。

　　晚清时期，张之洞等洋务派官僚曾试图以"中学"与"西学"对举的姿态面对西方文化，以"中学为体，西学为用"的策略解决中西文化交融汇通的问题。这种姿态和策略并没有考虑文化输出，中华文明对西方文化与科技的接受几乎是单向的，且经功利主义和实用主义筛选，对西方思想文化方面的接受相当有限。

　　近代学者向西方学习时，也是依其研究所需以借鉴欧美为主。《"新子学"构想》评价他们的子学研究："梁启超、章太炎等是最早尝试运用西方近代学术方法以阐发诸子义理的一批学者，他们试图依靠精湛的国学功底建立起一定的研究体系，但因其依傍西学体系而立，以致在后来的发展中，学者多以西学为普世规范和价值，按照西方思维、逻辑和知识体系阐释诸子。"[1]传教士来华办学与公派留学生等因素，也使欧美文化成了中国人眼中近代西学的主体。章太炎批评道："盖所谓世界语者，但以欧洲为世界耳。亦如中国五十年前，称中国为天下。由今思之，既自知其可笑矣。"[7]266近代学人受限于时代，并不具备全球化视野，未能以中国学术的标准将不同类型的文化与中华文化作比较和分类。这是近代中国学术的遗留问题，对我国现当代学者的"西学"的认知影响深远。

　　目前中国学界共识性的"西学"仍在沿用晚清"西学东渐"时的定义，现当代学者笔下的"西学"俨然成为欧美学术思想和价值规范的代名词。也有部分学者尝试延展"西学"的范畴,如高华平《"新子学"之我见》:"'子学'面临广义'西学'的挑战,可以说自东汉佛教输入中国之后就已经开始。魏晋之际中国佛学界的'格义',隋唐中国佛教天台、华严、唯识、禅宗等宗派的兴起,以及宋明理学融佛入儒,都可以说是中国'子学'应对'西学'的自我调适。……这些实际也可视为中国古代'子学'的应对'西学'之举。"[8]56

此义依赖语境方可理解,佛学与目前的"西学"交集甚少,不易被认同,恐难推广。

赵敦华在《关于"西学"的几个理论问题》中认为:"西文中之所以没有'西学'的概念,理由很简单:西方人从来不把自己的学说叫作'西学',只有中国人才把西方人的学问叫作'西学'。"并主张:"现在所说的'西学'不只是指'西方人的学问',而应该被理解为'中国人研究的西方学问'。"[9]36虽然欧美学人并不口称"西学",但他们对"西方"的认识是比较统一的,多以地缘政治标准划分,包括欧洲诸国、美国、加拿大、澳大利亚、新西兰,但这是地理概念,而非文化概念。他们对"西方文化"的定义与地缘关联不大,也认同按照文化认同感为多元文化分类。欧美学界对所谓"西方"的狭隘认同感干扰了中国学者对"西学"概念的判定。

20世纪初,斯宾格勒《西方的没落》一书把世界文化分为八种:中国文化、埃及文化、印度文化、巴比伦文化、阿波罗文化(希腊罗马文化)、玛雅文化、拜占庭阿拉伯文化、浮士德文化(西方文化)。[10]27-33斯宾格勒认为,前七种文化都已经在演变中断裂死亡,唯有以欧洲为核心的西方文化一息尚存。塞缪尔·亨廷顿的《文明的冲突》是20世纪末最重要的国际政治著作之一,反映了冷战结束后,欧美国家对世界政治格局的基本心态,深刻影响着欧美强国的国家战略制定。该书把文明视为文化实体而非政治实体:"在现代世界,大多数文明包含两个或两个以上的国家。"[11]23 该书把文明分为中华文明、日本文明、印度文明、伊斯兰文明、西方文明、东正教文明、拉美文明，还有可能存在的非洲文明。其中的"西方文明"即以欧美为主体，与斯宾格勒等学者如出一辙。不同之处在于，亨廷顿以宗教认同为出发点，淡化了政治实体在意识形态方面的抵牾，强调了不同文明的对立性和差异性，把世界划分为"西方文明（Western civilization）"和"非西方文明（non-Western civilization）"两极。以此标准定义的"西学"范畴极小，而"非西学"又极庞杂，如与中国学者试图以"中学""西学"相对照的弊端相同，都无法准确客观论述文明的多元与多样。

以上划分方法在工业革命之后被学界普遍接受，逐渐成为习而不察的公理。这种分类方法和定义为"欧洲中心说（Eurocentrism）"服务，用以推行欧美的意识形态和价值取向，他们的话语系统一向认为"西方文化"相较其他文化类型具有不证自明的优越性，是文化霸权主义的体现。这种狭义的"西方"与"西方文化"的定义，塑造了中国学界目前对"西学"的理解。当我们使用以上狭义"西方"和"西学"的定义时，就堕入了他人的语言牢笼，在此基础上对我们本民族文化的理解、言说与传播方式，以及多元文化的比较研究等方面，均受其节制。

"新子学"理念具备世界性和中国性的张力，方勇教授在《"新子学"申论》中解释"世界性"："所谓世界性，指的是现代中国的学术必须与西方现代学术处于一个平台上，具备纯粹的学术水准，能够与其他国家学术相互理解。"[3]77 这呼唤我们扬弃近代以来狭义的"西方""西学"，重新定义全球化背景下的现代性"西学"概念，这需以中西学术均可接受的同一标准对西方文化作出区隔。

（二）西学的多元文化类型

"新子学"理念倡导"以独立的姿态坦然面对西学",意图在全球化背景下复兴诸子学,与其他文明的交流汇通是现代诸子学研究的重要工作之一,对西方文化类属的准确认知是"新子学"传播与接受的必然需求。

陈寅恪在《隋唐制度渊源略论稿》中指出:"当时之所谓胡人、汉人,大抵以胡化、汉化而不以胡种、汉种为分别,即文化之关系较重,种族之关系较轻,所谓有教无类者也。"[12]50如果我们对中华文化范畴的划分是以文化认同感为标准,那对于西方文化类型的划分,也应使用统一标准,不应存有地理、政治、人种的先人之见。

法国学者尼摩在《什么是西方:西方文明的五大来源》中总结了西方文化的五大共识性特质:其一为希腊城邦制度与科学;其二为古罗马法律精神和人文主义;其三为《圣经》的伦理学和末世学理论;其四为11世纪到13世纪的"教皇革命"宗教融合;其五为启蒙运动的自由民主精神。[13]1这些特质完全出于文化考量,亦为西方学者普遍认同,将之作为标尺衡量《文明的冲突》对世界文明形态的分类,便会发现,宏观意义上的"西学"如子学精神一样,表现出多元并生的格局,除欧美文明之外,还应包含伊斯兰文明和东正教文明。

伊斯兰教和基督教都源于古犹太教,系出同源,而天主教、新教和东正教同为基督教三大派别。在为宏观意义上的多元西学下定义时,没有理由将伊斯兰教国家和东正教国家排除在外。尤其是俄罗斯(以及苏联)在人种、民族、历史、宗教与文化认同感各方面,都与欧洲诸国血脉相连。21世纪的欧美学者对"西方"的定义依然刻意将之排除在外,是冷战思维的延续,借意识形态分歧制造文化对立。这既不符合中华文明自"轴心时代"传承至今的诸子精神,与"新子学"理念提倡的"不尚一统,主张多元并生"背道而驰,也与2012

年11月习近平总书记提出的"人类命运共同体"理念尖锐对立。

　　虽然方勇教授2013年发表的《"新子学"申论》为以上二者与诸子学的对话留下了理论阐发空间，但目前专论"新子学"的成果仅偶有言及。如张洪兴《"新子学"刍议——以中国文化为本位》把狭义西方文化与伊斯兰教文化并举："中国的文化与西方文化、伊斯兰宗教文化并没有不同。"[14]373林其锬《略论先秦诸子传统与"新子学"学科建设》论及苏联："问题在于打着马克思旗号的教条主义意识形态从俄国传到中国后，在封建主义问题上造成了观念的混乱。被俄国教条主义化了（主要来源于斯大林）的'四个阶段'历史发展模式，逐渐成为学术界的正统。"[15]55中国学界缺乏对"西学"多元多样的认知，主要原因是1949年以后的中国学校教育有意淡化宗教对西方文化实体形成所起的决定性作用。假使"国家是想象的集合体"，西方文明的认同感源于对宗教的皈依与信仰，这是足以凝聚家国想象，并塑造语言、国境、生活习惯的原力。

　　被重新定义的多元化"西学"加入了东正教文明和伊斯兰教文明，不仅丰富了"西学"的定义，其精神内核也将发生改变。旧的狭义西学倡导欧美意识形态主导的"西方中心论"，而全球化背景下的"西学"将被重新定义，彻底摆脱冷战思维，认识到"西学"本身的多元性，重新建构国学与"西学"比较研究的话语范式，与"新子学"倡导的"子学精神"相对接。这将整合不同宗教文化背景下的学术思想，并与诸子学研究相观照，在研究视野的广度与方法的科学性方面较梁启超、章太炎、胡适等前辈学人更进一步。

　　"新子学"理念面对多元"西学"，一方面要秉持"以独立的姿态坦然面对西学"的态度，另一方面要解决"新子学"在与西方文化交锋中的传播内容和传播效果的问题，在传播与接受的策略方面，需要根据所面向文明的特色加以调整。在传播过程中，"新子学"理念倡导的"子学精神"具有指导意义。

西方文化的主流宗教多为"一神教"，其国民思维多崇尚"一元论"，即"认为世界只有一个本原或实体的哲学学说，与二元论、多元论相对立"[16]554。这与汉代意识形态领域的尊经崇儒和谶纬神学如出一辙，都排斥贬抑多元思想，追求对世界的一元化解说。有鉴于此，中华文化的世界性传播要有"传教士身份"的自我认知。凡世界性宗教皆有"禁止偶像崇拜"的教义，已经接受一元化宗教的西方国民，对一元化的儒家经学难以抱有认同感。

　　截至目前，中华文化的对外传播（尤其是大众传播和组织传播）政策以儒家经学为主体，偶语诸子学亦多以"经史子集"之一的"旧子学"面貌出现，诸子学不仅成为经学的点缀，且沦为狭义"西学"价值体系的附庸。如此，现代诸子学便失去了理论自觉性和传播生命力。截至2020年5月15日，全球已有162个国家（地区）设立了541所孔子学院和1170个孔子课堂，其中欧洲43国（地区），孔子学院187所，孔子课堂346个。孔子仅能代表中华文化的一个侧面，无法准确概括自"轴心时代"传承至今的子学精神，诸子百家精神才是中华传统文化的主体。

　　在中华文化的西方传播政策方面，不妨将"孔子学院""孔子课堂"改为"诸子学院""诸子课堂"，以多元开放的子学精神对抗一元排他的狭义"西学"。如此有助于中国发挥文化软实力，更易被西方国民所认同，可取得更好的传播效果。

二、"新子学"与"文理分科"问题

（一）中西古典全科教育的一致性

　　方勇教授《五论"新子学"》着眼于《汉书·艺文志》和《隋

书·经籍志》"经尊子卑"的学术价值判断，主张打破固有成见，开拓诸子学研究思路。其中提到"文理分科"问题："西方早在亚里士多德之后，自然科学与人文科学已经开始分家，其中的内理则在于哲学上知识论与认识论的分疏。……其中最关键的环节就在于现代学科体系硬是要把原本经世致用的整体诸子学作为一种知识的来源看待，并由此让中国人与生俱来的历史敏锐感深陷于严谨的学科知识界限之中，使中国人文社会科学既丢失了自身的文化传统，也无法真正贡献出与西方一样具有前瞻性的研究预判。"[17]此文对文理分科所造成弊端的论证颇为精审，指明了中国人文社科应打破学科知识界限的发展方向。关于文理分科的源流问题尚有可补充完善的余地。

亚里士多德的分科并非依学科内容分文理，而是基于他的"灵魂论"，由此把教育划分为体育、德育和智育，把知识或科学分为三类：理论或思辨科学、实践科学和制作科学。[18]3西方学校教育的文理分科出现得很晚。近代意义的大学早期依附于行会（如1088年建校的波伦那大学）与同乡会（如1231年正式建校的萨莱诺大学医学院），具有专门职业培训的性质。13世纪建立的巴黎大学和中世纪建立的牛津与剑桥大学，仅有法学、医学、神学、文学四个学院。西方古典学院教育以亚里士多德思想为范式，主张人文与自然学科并重，排斥文理分科。圣奥古斯丁《上帝之城》对基督教的改造，继承发展了希腊哲学中灵肉二元对立的部分，也是一千多年以来，基督教在教育领域的理论基石。基督教文化国家的教育，往往重视德、智、体全面发展，对高层次人才进行全科教育。

文理分科亦非先秦诸子教育的传统。《周礼·保氏》的"六艺"是儒家主张的六种社会技能："养国子以道，乃教之六艺：一曰五礼，二曰六乐，三曰五射，四曰五御，五曰六书，六曰九数。"《墨经》包含数学、光学、力学等知识。东西方古典教育都致力于培养广义上的统治阶级，在学科分类、教育内容、教育方法等方面具有高度一致性。在文理不分的全科教育方面,"西学"与以诸子学为主体的中华文化之间不存在根本分歧。

中国近代的文理分科有两个原因:其一是"西学"涌入,知识的总量和门类远超普通人的学习能力,只能分而教之;其二是为缩减教育成本,在中等和高等教育实行文理分科,可用更少的教育支出培养出社会生产所需的人才。

(二)"新子学"理论框架下的中国近现代教育

欧明俊《"新子学"界说之我见》论述"新子学"对文理分科的警示作用:"清末引进西方学术分类、分科观念,学术研究走向'专科化',但流弊日显。我们应在学术整体中,在大'道'视野中看待'新子学',要时刻警惕观念封闭,思维单一,自说自话,警惕新的'学术分裂'。"[2]15讨论"文理分科"问题,需回到与多元"西学"的对话问题上,"新子学"一直以来假设的"西学"对话对象是天主教和新教文明。而"新子学"在教育领域面对的是广义"西方",还包括以东正教为文化背景的"苏联模式"和伊斯兰文明,明治维新以后作为"西学"介质的日本文化也对中国教育体制影响甚深。鉴于以天主教和新教为文化背景的欧美国家客观上具备较强综合国力,其文化影响力目前也是"西学"中最强的,往往使中国学者忽视另外几种西方文化实体的存在。

近代的"西学东渐"主要是以新知识内容为主导的,而苏联教育模式则更为复杂,不但输入了新的知识内容、结构,且在教育体系与思维方式上革命性地颠覆了国学,与先秦诸子存在最尖锐的矛盾,是"新子学"在教育理论方面最应重视的对象。

"苏联模式"是在东正教文明基础上产生的新型教育模式。1917年十月革命之后的苏联积贫积弱,人才缺口很大。苏联的两代领导人扬弃了高投入、低产出的"精英教育"传统,把重心放在基础教育领域，通过文理的细致分科，能在更短时间以更低的教育成本，培养出更适合参与国家建设的人才。这是典型的平民教育，与欧美国家侧重培养少数全科精英的教育模式有不同出发点。"苏联模式"也区别于孔子的"有教无类"，虽然二者都不区分受教育对象的阶级成分，但前者只注重培养人的部分职业技能，教育客体仍旧是平民，后者采取的是全面的精英人才培养策略。

从1919年开始，"苏联模式"随共产国际影响解放区教育。1949年以后的中国基础教育，从行政架构、学科设置、教材教法、教职工和学生管理等方面皆取法苏联模式，其深远影响不可估量，对数代知识分子在思维方式和学术观念方面的潜移默化，远不止于"文理分科"一个维度而已。1949年到1955年期间，中国出版了大量宣介苏联教育的书籍，包括中国学者对苏式教育的研究、苏联教育专家论著的译本、中国基层教育工作者践行苏联模式的经验心得，这些专著囊括了学校教育的所有阶段和几乎所有科目。近现代中国各阶段教育模式在一定程度上套用了苏联模式，这是由当时的时代背景和特殊国情决定的。

方勇教授在阐述"新子学"主张时，两度论述苏联对中国学科建设的影响："过去的学科建设基本照搬欧美或照抄苏联。"[19]5 "新中国建立初期，我国经济学体系、学术话语体系等，大都照搬苏联模式，对子学的发展造成了一定的负面影响。"[1]如《汉书·艺文志》和《隋书·经籍志》在目录编排方面体现"经尊子卑"，组织形式本身就是目的和内容的载体。"苏联模式"倡导的文理分科方法、意识形态、逻辑阐释方式影响着诸子学义理研究。数代学者都受"苏联模式"基础教育影响，烙印深植于心，往往采用其方法和思路而不自知。这种负面影响是经济发展过程中不得已的牺牲，是权宜之计，终究需要拨乱反正。

"新子学"对诸子学的梳理，势必在不远的将来影响教育的理念改革、教材编纂、考核模式。如何卸下"苏联模式"的桎梏，发现并解决其在中国基础教育中的问题，对诸子学研究与推广意义重大。进行"新子学"理论研究的青年学者对古代典籍的了解不及前辈学人，在思维方式和研究方法上受包括苏联教育模式在内的"西学"浸淫多年，如何改革文理分科的教育，进行诸子学研究的代际传承，也是亟待解决的问题之一。

广义的"西学"也应包含伊斯兰教文明，包括伊朗、土耳其、巴基斯坦、印度尼西亚和其他以伊斯兰教为国教的国家。伊斯兰教有基于《古兰经》的系统教育，在思想领域也具有排他性，这与儒家独尊的教育模式颇有相似之处。伊斯兰教自公元7世纪传入中国，虽然与诸子学无甚交集，但它作为西方文明的重要组成部分，也应在"新子学"理论框架中适当提及，着眼于如何与之交流和共处。

明治维新以后的日本"脱亚入欧"，虽然地理位置在东亚，其教育内容和教育体制却向西方基督教文明靠拢，也为适应国情在形式上作出部分修改与妥协。吴汝纶《东游丛录》把日本作为可资借鉴的范式，《学校图表》一章，详尽记录日本普通教育、师范教育、专门教育的学校类型、课程开设和学制制定情况，[20]142其中等和高等教育的学制被中国沿用至今。"新子学"在未来进行"西学"的基础教育和文理分科讨论时，有必要将以上几种多元"西学"均考虑在内。

三、"新子学"解"钱学森之问"

（一）对"杰出人才"的再定义

2005年7月29日，钱学森先生与温家宝总理谈话时谈道："现在中国没有完全发展起来，一个重要原因是没有一所大学能够按照培养科学技术发明创造人才的模式去办学，没有自己独特的创新的东西，老是'冒'不出杰出人才。这是很大的问题。"[21]182 此言被当时的思想界称为"钱学森之问"，并在研究中凝练为一个问题"为什么我们的学校总是培养不出杰出人才"。该问题引起了社会各界的大讨论，反思我国教育体制存在的种种问题，我们的党和政府也陆续出台了一系列政策，以提升学校教育的质量。

钱老的问题本质是一个教育学议题。十余年间，公开发表的关于此议题的文献有数百篇之多，但鉴于钱老本人的学术成就多在理工科，"杰出人才"的概念往往被研究者限缩为"杰出的理工科人才"，将"文科人才"排斥在外，即使偶有论著提及人文学科在人才培养中的重要性，也仅将之视为培养高层次人才的工具，而非培养目的。比如鲁力《中国传统文化与破解钱学森之问》强调把人文修养作为培养科技人才的工具："破解钱学森之问必须加强科技人才的传统文化修养。只有科技与人文相得益彰，才能培养出杰出的科技人才。"[22]75 在批判"文理分科"教育模式时，大多数学者依然认为，被"西学"主导的自然科学与具备鲜明民族性的人文科学是相对立的知识体系，心心念念的是理工科人才的培养，如此一叶障目，与"钱学森之问"的解决背道而驰，渐行渐远。解答该问题，需认识到"杰出人才"不仅包含"理工学科的科技人才"，也包括"精通人文学科的人才"或"全科人才"。

文科和理科是被人为区别开的，仅在研究对象上不同，在追求对规律的理性认知方面没有区别。而在文理科的尖端领域方面，二者都需要仰赖对方的研究方法与成果。在理工科研究方面，对哥本哈根解释（Copenhagen interpretation）和 EPR 悖论（Einstein-Podolsky-Rosen paradox）等量子理论问题，乃至理论物理学的绝大多数研究课题，仰赖的并非可进行实验室复现的实证性实验，而是"理想实验"，即依靠思想逻辑对物理现象进行描述。这些尖端问题在目前的科研条件下都是不可实现或不可复现的，研究成果仅具备逻辑上的完备性，对其规律的体察与表述需要人文素养。其理论越是精深繁复，对研究者人文素养的要求就越高。文史哲研究的文献整理统计和文物检测也都需要一定程度的理工科知识。任何学科都无法在摒除其他学科的知识的前提下，进行超越性的学术研究。孙以昭《"新子学"与跨学科多学科学术研究》一文指出了分科过细的弊端："学术和科学过于'专科化''细密化'，随之也带来知识狭窄、观念封闭、思维单一、于传统文化茫然、文理难以融通等弊端。"同时也提出了文理全科教育的解决方案："固然要继续培养高精尖的专门人才，也要培养文理兼通的通识之士，两相配合互补，才能攀登更高的科学巅峰。"[23]187

（二）"新子学"对人才培养的指导意义

中国古代的尊经抑子与近代的文理分科如出一辙，都是将完整的知识体系分为两个部分，使之相对立并偏废其一。这与西方古典学院派教育无关，是由苏联与日本的近代教育模式决定的。先秦诸子都是不赞同"文理分科"的，学科过分细划的"苏联模式"只能培养出基础人才，唯有取法先秦诸子与古希腊先哲，综合性的学科培养模式才可能产出精英人才。如一篇教育学论文所言："现代教育的两个基本方面——教育的大众化和实利化从此支配了现代中国的教育体制。现代中国的教育体制，尤其是大学教育，在总体上首先受到国家意志的制约，然后受到市场导向的制约。"[24]127学界一直以来对"西学"的理解过于偏狭，如将苏联与日本摒除在外，对"文理分科"与"钱学森之问"关系的论述一直不得其门而入。这涉及文科杰出人才评定标准：只掌握文科，甚至只通经学，仅有儒学、经学认同感的，不能算是一流人才；即使文理兼修，却对"西学"缺乏整体性认知的话，一旦面对广义上的多元"西学"，便显得捉襟见肘。

《五论"新子学"》就"西学"对诸子学的影响提出担忧:"西学又从横向切过来,简直把垂挂着的诸子'面条'切成了一寸一寸的碎片""致使具有整体性思维观照的古典学研究范式严重失语。"[17] 随着基础人才储备的饱和,我国对综合性人才的需求日益迫切,基础教育改革与转型迫在眉睫。在全球化大生产、大分工的背景下,西方仍能维持文理科的知识结构的一体性,这得益于文理不分的西方古代教育理念。现代性的中国杰出人才需对多元"西学"的分类有清醒认识,并能立足中国学术话语体系,有相对完善的知识结构。

"新子学"理念倡导诸子时代多元开放的学术分科原则,不会止步于学术理念的阐发,在教育实践领域也大有可为。为深入贯彻中共十九大精神,推进教育现代化进程,2019年6月23日,中共中央国务院发布了《关于深化教育教学改革全面提高义务教育质量的意见》,着重强调"坚持'五育'并举,全面发展素质教育"。文件精神在于教育观念和教育目的的转化:"树立科学的教育质量观,深化改革,构建德、智、体、美、劳全面培养的教育体系,健全立德树人落实机制,着力在坚定理想信念、厚植爱国主义情怀、加强品德修养、增长知识见识、培养奋斗精神、增强综合素质上下功夫。"[25]7这规划了中国义务教育模式改革的大方向,德、智、体、美、劳意味着多学科教育齐头并进,需要学校、家庭和社会的广泛参与。义务教育模式的改革会在未来波及高等教育,"五育"并举的全科教育必将常态化。"新子学"对中华传统文化的重构与中共中央国务院倡导的教育精神高度一致,这将在教师人才的培养、新语文教材的编订等方面产生影响。"新子学"可作为国内基础教育和对外文化交流的工具,在学校课堂教育与校外研学教育(或称"探究式学习")两个维度影响人才培养模式,在狭义"西学"的"精英教育"与苏联模式的"平民教育"之外别开天地。"新子学"理念秉持的"诸子精神"或能解决现代教育体制和人才培养迭代的问题，亦可作为对"钱学森之问"的解答。

参考文献

[1] 方勇. "新子学"构想[N]. 光明日报，2012-10-22（14）.

[2] 欧明俊. "新子学"界说之我见[J]. 诸子学刊，2013（2）.

[3] 方勇. "新子学"申论[J]. 探索与争鸣，2013（7）.

[4] （明）曹于汴撰，李蹊点校. 仰节堂集外五种[M]. 上海：上海古籍出版社，2018.

[5] （明）方以智著，张永义校注. 浮山文集[M]. 北京：华夏出版社，2017.

[6] 徐波. 中国古代海洋散文选[M]. 北京：海洋出版社，2006：12.

[7] 章太炎著，马勇编. 章太炎书信集[M]. 石家庄：河北人民出版社，2003.

[8] 高华平. "新子学"之我见[J]. 江淮论坛，2014（1）.

[9] 赵敦华. 关于"西学"的几个理论问题[J]. 哲学研究，2007（6）.

[10] [德]斯宾格勒. 西方的没落[M]. 张兰平译，西安：陕西师范大学出版社，2008.

[11] [美]亨廷顿. 文明的冲突[M]. 北京：新华出版社，2017.

[12] 陈寅恪. 隋唐制度渊源略论稿[M]. 上海：上海古籍出版社，1982.

[13] [法]尼摩. 什么是西方：西方文明的五大来源[M]. 桂林：广西师范大学出版社，2009.

[14] 张洪兴. "新子学"刍议——以中国文化为本位[J]. 诸子学刊，2013（1）.

[15] 林其锬. 略论先秦诸子传统与"新子学"学科建设[J]. 诸子学刊，2013（2）.

[16] 谭鑫田，等. 西方哲学词典[M]. 济南：山东人民出版社，1992：5.

[17] 方勇. 五论"新子学"[N]. 光明日报，2020-04-25（11）.

[18] [古希腊]亚理士多德. 诗学[M]. 北京：商务印书馆，2017.

[19] 方勇. "新子学"与中华文化重构[J]. 人文杂志，2017（5）.

[20] 吴汝纶著,李长林校点.东游丛录[M].长沙:岳麓书社,2016.
[21] 钱学敏.钱学森科学思想研究[M].西安:西安交通大学出版社,2010.
[22] 鲁力.中国传统文化与破解钱学森之问[J].船山学刊,2014(2).
[23] 孙以昭."新子学"与跨学科多学科学术研究[J].诸子学刊,2016(1).
[24] 程广云,夏年喜.通识教育之反思与构想[J].首都师范大学学报(社会科学版),2014(1).
[25] 中共中央国务院关于深化教育教学改革全面提高义务教育质量的意见[J].人民教育,2019(Z3).

(原载于《湖南工程学院学报》2020年第3期,作者单位:华东师范大学中文系)

冯友兰视界中的子学、经学与新子学

陆建华

冯友兰在其两卷本《中国哲学史》中将中国哲学分为"子学时代"与"经学时代",认为以人物画线,则是"自孔子至淮南王为子学时代,自董仲舒至康有为为经学时代"①;以历史划分,则是从春秋战国到西汉初期是子学时代,从汉武帝"独尊儒术"时期到晚清是经学时代;以哲学形态分期画线,则是上古哲学为子学时代,中古哲学为经学时代;以时间划界,则是上古时期的哲学为子学时代,中古与近古时期的哲学为经学时代。冯友兰之所以把中国近古时期的哲学依然列入经学时代,是因为"中国实只有上古与中古哲学,而尚无近古哲学","谓中国无近古哲学,非谓中国近古时代无哲学也"。②即是说,中国没有近古哲学,只有近古时期的哲学,而近古时期的哲学是中古形态的,所以属于经学。

由于冯友兰将中国哲学分为"子学时代"与"经学时代",于是便有其关于"子学"与"经学"的分析,本文意在论述冯友兰关于"子学"与"经学"的思想;又由于目前学术界关于"新子学"的

---

① 冯友兰:《中国哲学史》下册,上海:华东师范大学出版社,2000年,第3页。
② 冯友兰:《中国哲学史》下册,上海:华东师范大学出版社,2000年,第3页。

讨论较为热烈，本文还试图从冯友兰的角度挖掘冯友兰心中的"新子学"，以期为"新子学"的讨论增添新的内容。

一、冯友兰视界中的子学

关于子学时代之成因，冯友兰认为是由于"自春秋迄汉初，在中国历史中，为一大解放之时代。于其时政治制度，社会组织，及经济制度，皆有根本的改变"①。具体而言，则是"贵族政治破坏，上古之政治及社会制度起根本的变化"②，"世禄井田之制破，庶民解放，营私产，为富豪，此上古经济制度之一大变动也"③。这是说，从春秋中后期到西汉初期，中国社会发生巨变，体现为礼乐制度与礼乐文化的崩毁、宗法等级制度的破坏与君主专制制度的确立。政治上，代表宗法等级制度的贵族政治、世卿世禄制遭到破坏，固定化的等级结构随之荡然无存，贵族与平民乃至君与臣的"身份""地位"不仅仅取决于先天的宗法血缘，更多的是取决于后天的人为。经济上，与宗法等级制度、贵族政治相适应的井田制度也伴随宗法等级制度、贵族政治的瓦解而崩坏，商鞅的"废井田，开阡陌"是其典型标志。土地不再是天子的"私产"，不再"国有"，人们可以通过后天的人为"私有"之。面对"溥天之下，莫非王土；率土之滨，莫非王臣"④的根本制度的大破坏及其造成的社会的大动荡，斯时的知

---

① 冯友兰：《中国哲学史》上册，上海：华东师范大学出版社，2000年，第19页。
② 冯友兰：《中国哲学史》上册，上海：华东师范大学出版社，2000年，第19页。
③ 冯友兰：《中国哲学史》上册，上海：华东师范大学出版社，2000年，第22页。
④ 《诗经·小雅·北山》。

识分子不得不对此做深入的思考，并在制度层面对此做深刻反思，这种思考、反思的结果体现在哲学层面就是"子学"的诞生。这里，冯友兰从制度层面讨论子学的成因，将子学的成因深入思想、文化赖以产生与发展的社会制度，而没有简单地从思想与文化自身的发展角度论述之，是其过人之处。当然，冯友兰之所以跳出思想、文化自身而另觅子学之成因，其重要原因应该是子学与此前的思想、文化的重大差异。子学是对此前的思想、文化的质的飞跃甚至否定，仅从礼乐文化自身难以找到直接的根据。关于子学产生的制度根源，冯友兰是从政治制度入手，而不是从经济制度入手，因为在冯友兰看来，先秦乃至整个中国传统社会，政治制度决定经济制度，也决定着社会的本质和形态。

  关于子学的诞生过程，冯友兰说，"在一社会之旧制度日即崩坏之过程中，自然有倾向于守旧之人，目睹'世风不古，人心日下'，遂起而为旧制度之拥护者，孔子即此等人也"①，然拥护旧制度，"必说出其所以拥护之之理由，予旧制度以理论上的根据。此种工作，孔子已发其端，后来儒家者流继之。儒家之贡献，即在于此"②，"然因大势之所趋，当时旧制度之日即崩坏，不因儒家之拥护而终止。继孔子而起之士，有批评或反对旧制度者，有欲修正旧制度者，有欲另立新制度以替代旧制度者，有反对一切制度者。此皆过渡时代，旧制度失其权威，新制度尚未确定，人皆徘徊歧路之时，应有之事也。儒家既以理论拥护旧制度，故其余方面，与儒家意见不合者，欲使时君世主及一般人信从其主张，亦须说出其所以有其主张之理由，予之以理

---

① 冯友兰：《中国哲学史》上册，上海：华东师范大学出版社，2000年，第22页。
② 冯友兰：《中国哲学史》上册，上海：华东师范大学出版社，2000年，第23页。

论上的根据。荀子所谓十二子之言,皆'持之有故,言之成理'者也。人既有注重理论之习惯,于是所谓名家'坚白同异'等辩论之只有纯理论的兴趣者,亦继之而起。盖理论化之发端,亦即哲学化之开始也"①。

这是说,面对礼乐制度、礼乐文化的毁坏,面对由此而来的天崩地坼般的社会巨变,先秦诸子在哲学层面围绕"旧制度"的优劣、存废"发声",在守旧、改革、革命以及否定一切等思路中提出各自的"看法",并由此展开对话、争论,于是,以儒、墨、道、法、名、阴阳诸家所代表的诸子之学诞生。由此也可看出,冯友兰所谓的"子"主要指先秦至汉初诸子,而非经史子集中的"子",冯友兰所谓的子学主要指先秦至汉初诸子之学,这与传统的子学观念有区别。传统的子学是"诸子学""诸子百家学"的简称,"一指先秦至汉初诸子百家学术之总称。一指研究诸子思想的学问,内容包括对诸子及其著作的研究,佚子、佚书的研究,历代学者研究诸子的研究等。晋以后,诸子学的研究对象有所扩大,包括后世的著名哲学家在内"②。这么看,冯友兰的子学仅属于传统子学中的一部分,也即传统子学中的"先秦至汉初诸子百家学术之总称"。

这里,冯友兰还论及子学的产生方式与子学的特征。在冯友兰看来,在春秋战国时期社会动荡、思想言论极为自由的政治环境下,在以前的思想文化不可能被照搬照用乃至被批评、否定、废弃的价值取向下,在中国还没有真正意义上的"哲学"的学术背景下,先秦诸子无所"依傍","无所顾忌",直接表达其"主张",并"说出其所

---

① 冯友兰:《中国哲学史》上册,上海:华东师范大学出版社,2000年,第23页。
② 严北溟:《哲学大辞典》中国哲学史卷,上海:上海辞书出版社,1985年,第563页。

以有其主张之理由，予之以理论上的根据"①，也即做出哲学论述、理论证明。同时，先秦诸子以及先秦诸子所代表的各家各派至少在理论上、在社会选择上是平等的，就是说，"平等"地"发声"，"平等"地接受人们的"选择"。在此情形下，没有超越其他"子"之上的"子"，也没有超越其他学派之上的学派，更没有被定于一尊的"子"或学派。这表明，子学之所以是子学，在于其理论兴趣、理论创新方面的原创性，在于其建构方法、路径方面的"无中生有""横空出世"，在于诸子之间、各家各派之间的平等，在于思想自由以及表达思想的自由。当然，这里所说的子学的建构"无中生有""横空出世"，是指其不依赖于任何所谓"经典"而立论、而"发声"，但这并不意味子学与过往的"经典"不发生任何联系。

这么看，凡是通过独创发明、不依不傍的路径而创造出全新哲学的哲学家都有"子"的特质，而具有"子"的特质的哲学家所创造的哲学著作都具有"经"的性质，所创造出的哲学思想都具有子学性质。简言之，子学性质在于其独创发明、不依不傍。

对于子学特征中的诸子之间、各家各派之间的平等以及思想自由与思想表达上的自由，冯友兰特别重视。他说："春秋战国时代所起各方面之诸大变动，皆由于旧文化旧制度之崩坏。旧文化旧制度愈崩坏，思想言论愈自由。"② 他在《三松堂自序》中回忆道："春秋战国时期是诸子百家争鸣的时期。各家各派，尽量发表各自的见解，以平等的资格，同别家互相辩论。不承认有所谓'一尊'，也没有'一

---

① 冯友兰：《中国哲学史》上册，上海：华东师范大学出版社，2000年，第23页。

② 冯友兰：《中国哲学史》上册，上海：华东师范大学出版社，2000年，第25—26页。

尊'。这在中国历史中是思想自由、言论自由、学术最高涨的时代。"① 在冯友兰看来，思想的平等与自由是同等重要且互为前提的，没有思想的自由就没有思想的平等，没有思想的平等同样没有思想的自由，而有了思想的平等与自由，才有哲学家之间真正的平等，也才有哲学家的"人身"自由。

关于子学时代之终结，冯友兰认为是由于"自春秋时代所开始之政治社会经济的大变动，至汉之中叶渐停止；此等特殊之情形既去，故其时代学术上之特点，即'处士横议'，'各为其所欲焉以自为方'之特点，自亦失其存在之根据"②。即是说，汉朝的建立，结束了春秋战国数百年的动荡，新的政治、经济、社会制度随之正式确立并得以巩固，子学赖以生存的"土壤"随之消失，子学便不得不退出历史舞台。汉武帝推行董仲舒的"推明孔氏，抑绌百家"③，标志子学、子学时代的终结。

从冯友兰关于子学时代的成因与终结的讨论可以看出，子学只能产生并存在于社会发生根本性转变的特殊时期，相应地，子学相对于"经学"、子学时代相对于"经学时代"就是特殊的。此外，社会发生根本性转变的特殊时期虽然表现为社会的大动荡，但是，并不是所有的社会的大动荡都意味社会发生根本性转变。比如，汉代以来的历代王朝的更替，都呈现为社会的大动荡，可是，并没有发生社会的根本性转变。所以，冯友兰说，自汉代以来，"至现代以前，中国之政治经济制度及社会组织，除王莽以政治的力量，强改一时外，皆未有

---

① 冯友兰：《三松堂全集》第一卷，郑州：河南人民出版社，2001年，第187页。

② 冯友兰：《中国哲学史》上册，上海：华东师范大学出版社，2000年，第25页。

③ 《汉书·董仲舒传》。

根本的变动,故子学时代思想之特殊状况,亦未再现也"①。由此可以看出,冯友兰认为哲学、思想是抽象的,但是,产生哲学、思想的"土壤"却是具体的;哲学、思想的产生与发展有其内在的规律,但是,又决定于其"土壤"的状况。在此意义上,政治的、经济的、社会的环境状况对哲学、思想的形成、发展,无论在形式上还是在内容上,都具有决定性。

二、冯友兰视界中的经学

关于经学和经学时代,冯友兰说:"在经学时代中,诸哲学家无论有无新见,皆须依傍古代即子学时代哲学家之名,大部分依傍经学之名,以发布其所见。其所见亦多以古代即子学时代之哲学中之术语表出之。"②冯友兰在《三松堂自序》中也有说明:"在经学时代,儒家已定为一尊。儒家的典籍,已变为'经'。这就为全国老百姓的思想,立了限制,树了标准,建了框框。在这个时代中,人们的思想都只能活动于'经'的范围之内。人们即使有一点新的见解,也只可以用注疏的形式发表出来,实际上他们也习惯于依傍古人才能思想。"③

这是说,经学时代,儒家被统治者定为"一尊",儒家的经典被统治者定为"经",哲学家的哲学创造、哲学思想不再是哲学家个人

---

① 冯友兰:《中国哲学史》上册,上海:华东师范大学出版社,2000年,第26页。
② 冯友兰:《中国哲学史》下册,上海:华东师范大学出版社,2000年,第3—4页。
③ 冯友兰:《三松堂全集》第一卷,郑州:河南人民出版社,2001年,第187页。

的事，也不再是纯粹学术的事，而是被学术以外的因素也即政治因素所"禁锢"。这样，与其说，哲学家的哲学创造、哲学思想被固定在"经"的范围内，还不如说被统治者通过"经"的方式所控制。与此相应，在经学时代，哲学家即便跳出儒家之"经"去建构自己的哲学思想，也逃不出儒家之外的先秦至汉初其他经典——被先秦至汉初诸子的著作、思想所"限制"。"经典注释"成了经学时代的特色。于是，从西汉董仲舒到晚清康有为，历代哲学家无论是否有自己的哲学思想，无论是否有独特的创见，其哲学思想、其创见都属于"经学"，而非"子学"。因为他们都不是像先秦至汉初诸子那样"以我为主""凭空而论"，直接地表达其思想、见解，却都是"以经为据"，受制于"经"，通过"解经"的方式曲折地表达其思想、见解。经学时代的哲学家不仅思想上离不开经、"依傍"经，就是在解经的"术语"上也离不开经、袭用经。

从冯友兰的上述表述还可知，冯友兰对经学时代哲学家所"依傍"的"经"，有其独特的理解。在冯友兰看来，这"经"并非经史子集中的"经"，也不是传统经学中的"经"，而是指儒家的"经"以及先秦至汉初诸子的著作，其中，儒家的"经"也就是儒家的"十三经"。

此外，佛学虽是外来文化，但是，中国化的佛学则是中国的。由于中国化的佛学也不是"凭空而论""横空出世"的，而是有其"依傍"的对象的，冯友兰因而也将其纳入经学时代。他说："不过在此时代中，中国思想，有一全新之成分，即外来异军特起之佛学是也。不过中国人所讲之佛学，其精神亦为中古的。盖中国之佛学家，无论其自己有无新见，皆依傍佛说，以发布其所见。其所见亦多以佛经中所用术语表出之。中国人所讲之佛学，亦可称为经学，不过其所依傍之经，乃号称佛说之经，而非儒家所谓之六艺耳。"①

　　这无非是说，中国佛教学者的佛学思想是通过阐释来自古印度的佛经而形成的，同时，中国佛教学者表达其思想时所使用的"术语"也来自古印度的佛经。这样，中国佛教学者是"依傍""经"而立论，在此意义上，其佛学思想的建构采用的是"经学"模式，其佛学思想也就属于"经学"。只是其所"依傍"的经，是古印度的佛经。这意味着，"中国之佛学，其精神亦为中古的，其学亦系一种经学"②

　　这么看，冯友兰所谓的"经"就不仅包括儒家的"经"以及先秦至汉初的诸子著作，还包括被中国学者所注解、阐释的古印度佛经。这样，冯友兰所谓的经学就不是传统意义上的经学，因为传统意义上的经学乃是指历代注解、阐发儒家经书之学，冯友兰所谓的经学乃是注解、阐发先秦至汉初诸子著作、儒家经典以及被中国佛学家所利用的古印度佛经之学问。这样，传统意义上的经学只是冯友兰所谓经学的一部分。

　　这么看，凡是通过注解、诠释别人的著作以表达自己哲学思想的学者都具有经学家的特质，而具有经学家特质的学者所撰写的著作都具有经学著作的性质，所研究出来的成果以及表达出来的哲学都具有经学性质。简言之，经学的性质就在于"依傍"别人的著作来阐发自己的哲学思想。

　　从冯友兰关于经学的论述来看，经学不具有独立性、原创性，是依附性的、缺乏盎然生机的存在；经学受制于"经"，经学的形成、发展以及经学的表达方式等都被"经"所框定。总体上看，经学无

---

　　① 冯友兰：《中国哲学史》下册，上海：华东师范大学出版社，2000年，第4页。

　　② 冯友兰：《中国哲学史》下册，上海：华东师范大学出版社，2000年，第5页。

论在形式上还是在内容上相比于子学都是呆板与僵化的存在。所以，冯友兰在晚年总结道："所谓'经学'就是思想僵化、停滞的代名词。思想僵化、停滞就是封建时代一切事物僵化、停滞的反映。'经学'和'子学'，两面对比，'经学'的特点是僵化、停滞，'子学'的特点是标新立异，生动活泼。"①

由于经学是立足于子学而产生的，子学对经学无论在形式上还是在内容上都具有制约乃至决定的作用，冯友兰谈及二者关系时用"旧瓶"与"新酒"的关系表述之。冯友兰说，经学时代"诸哲学家所酿之酒，无论新旧，皆装于古代哲学，大部分为经学之旧瓶内"②；经学时代，"哲学家之新见，即此后之新酒。特因其不极多，或不极新之故，人仍以之装于上古哲学，大部分为经学之旧瓶内"③；经学时代，"诸哲学家无论有无新见，皆须依傍古代哲学家之名，大部分依傍经学之名，如以旧瓶装新酒焉"④。这表明，在冯友兰的心目中，酒瓶与酒有着内在联系，其中，旧的酒瓶制约、决定着新的酒的成分与质量，子学对于经学的作用就在于子学是"源"、经学是"流"，子学决定了经学的形式与内容。

关于经学时代的中国佛学与古印度佛经的关系，冯友兰同样以"旧瓶"与"新酒"的关系论述之："中国人所讲佛学，其中亦多有中国人之新见"，"此即中国人在此方面所酿之新酒也。然亦因其不极

---

① 冯友兰：《三松堂全集》第一卷，郑州：河南人民出版社，2001年，第187页。
② 冯友兰：《中国哲学史》下册，上海：华东师范大学出版社，2000年，第4页。
③ 冯友兰：《中国哲学史》下册，上海：华东师范大学出版社，2000年，第4页。
④ 冯友兰：《中国哲学史》下册，上海：华东师范大学出版社，2000年，第343页。

多或不极新之故，故仍以之装于佛学之旧瓶内，而旧瓶亦能容受之"。①这无非是要说，古印度佛经对于经学时代的中国佛学的作用就在于古印度佛经是"源"、经学时代的中国佛学是"流"，古印度佛经决定了经学时代中国佛学的形式与内容。

　　经学虽然依存于子学而发展，但是，经学与子学毕竟是两种哲学，经学相对于子学毕竟有其"新意"。当经学的发展有"挣脱"子学之倾向之时，经学本应有可能获得突破、新生并发展出超越经学自身的新哲学，经学时代的哲学家却受制于经学思维，不是寻求对于子学的彻底"挣脱"、彻底突破，主动"切断"与子学的联系，而是害怕脱离子学的"保护"，反而"求助"于子学，通过子学的扩张，更准确地说，通过对子学的"扩充"式理解，使得越来越多的著作成为"经"，从而让经学中的新思想能够容纳于子学的框架之中，让经学始终是"经学"而不发生质的变化。这也造成中国哲学有着漫长的经学时代，而没有属于"后"经学时代的近古哲学。所以，冯友兰说："因此旧瓶又富于弹力性，遇新酒多不能容时，则此瓶自能酌量扩充其范围。所以所谓经者，由六而增至十三，而《论语》《孟子》《大学》《中庸》，受宋儒之推崇，特立为'四书'，其权威且压倒原来汉人所谓之六艺。"②

三、冯友兰视界中的西方哲学分期与中国的子学、经学的划分

　　在讨论经学时代时，冯友兰论及西方哲学的分期，同时，比较中

---

① 冯友兰：《中国哲学史》下册，上海：华东师范大学出版社，2000年，第5页。

② 冯友兰：《中国哲学史》下册，上海：华东师范大学出版社，2000年，第4—5页。

西哲学的发展历程，试图从中西哲学比较中进一步论述其经学时代以及经学时代与子学时代之差别。为此，我们有必要讨论冯友兰关于西方哲学分期的话题以及中西哲学分期的比较的话题，并且在此基础上讨论冯友兰关于西方哲学不同发展阶段的看法。

关于西方哲学分期，冯友兰认为西方哲学可分为上古、中古、近古三个时期，这三个时期的划分并不仅是时间层面的，更主要是"哲学"层面的。在他看来，"普通西洋哲学家多将西洋哲学史分为上古、中古、近古三时期。此非只为方便起见，随意区分。西洋哲学史中，此三时期之哲学，实各有其特别精神，特殊面目也"①。这是说，西方哲学之所以可以划分为上古、中古、近古这三个时期，原因在于这三个时期的哲学各有其"特别精神"与"特殊面目"，也即各有其独特的本质特征。与其说西方哲学可以划分为上古、中古、近古这三个时期，还不如说西方哲学可以划分为上古、中古、近古这三种形态。

关于中西哲学分期的比较，冯友兰说道："中国哲学史，若只注意于其时期方面，本亦可分为上古、中古、近古三时期，此各时期间所有之哲学，本亦可以上古、中古、近古名之。此等名称，本书固已用之。但自别一方面言之，则中国实只有上古与中古哲学，而尚无近古哲学也。"② 这是说，中国的子学、子学时代相当于西方的上古哲学、上古哲学时期，中国的经学、经学时代相当于西方的中古哲学、中古哲学时期，可是，中国没有近古哲学、近古哲学时期，只有近古时期的哲学，中国近古时期的哲学属于经学。

---

① 冯友兰：《中国哲学史》下册，上海：华东师范大学出版社，2000年，第3页。
② 冯友兰：《中国哲学史》下册，上海：华东师范大学出版社，2000年，第3页。

关于西方上古哲学与西方中古哲学的关系，冯友兰写道："在西洋哲学史中，自柏拉图、亚里士多德等，建立哲学系统，为其上古哲学之中坚。至中古哲学，则多在此诸系统中打转身者。其中古哲学中，有耶教中之宇宙观及人生观之新成分，其时哲学家亦非不常有新见。然即此等新成分与新见，亦皆依傍古代哲学诸系统，以古代哲学所用之术语表出之。"① 这是说，西方上古哲学是西方哲学的开端，相对于其后的中古哲学，是"凭空而起""无中生有"的，是古希腊哲学家在没有任何哲学可以"依傍"的情形下"苦心孤诣""独自发明"的产物。西方中古哲学则是对西方上古哲学的发展，或者说，是建立在对古希腊哲学的"解释"的基础上的。西方中古哲学不仅在思想上"依傍"古希腊哲学而立论，而且在其哲学思想的表述上也离不开古希腊哲学的"术语"。即便中古时期的基督教哲学以宗教的形式出现，也逃不出古希腊哲学的"掌心"。

基于西方上古哲学与中古哲学的如上关系，冯友兰同样运用他的旧瓶与新酒的比喻来论述二者的关系："语谓旧瓶不能装新酒，西洋中古哲学中，非全无新酒，不过因其新酒不极多，或不极新之故，故仍以之装于古代哲学之旧瓶内，而此旧瓶亦能容受之。"② 这是说，西方上古哲学是"源"，为西方中古哲学提供了无尽的给养，西方中古哲学是"流"，是对西方上古哲学的诠释与发挥；西方上古哲学对西方中古哲学具有制约性乃至决定性。由上也可看出，西方上古哲学与中古哲学的关系犹如中国子学与经学的关系；西方哲学史上的上古时代与中古时代犹如中国哲学史上的子学时代与经学时代。

---

① 冯友兰：《中国哲学史》下册，上海：华东师范大学出版社，2000年，第3页。

② 冯友兰：《中国哲学史》下册，上海：华东师范大学出版社，2000年，第3页。

在论述西方哲学分期时，冯友兰论及西方近古哲学。这种论述对于我们理解冯友兰所云"中国无近古哲学"有特殊的价值。冯友兰说，"盖西洋哲学史中，所谓中古哲学与近古哲学，除其产生所在之时代不同外，其精神面目，亦有卓绝显著的差异"①，"及乎近世，人之思想全变，新哲学家皆直接观察真实，其哲学亦一空依傍。其所用之术语，亦多新造。盖至近古，新酒甚多又甚新，故旧瓶不能容受；旧瓶破而新瓶代兴。由此言之，在西洋哲学史中，中古哲学与近古哲学，除其产生所在之时代不同外，其精神面目，实有卓绝显著的差异也"②。

这里，冯友兰认为西方中古哲学与近古哲学的差异不是时间层面的差异，而是哲学性质层面的差异，是"精神面目"的根本不同。这同时说明，西方近古哲学并不是单纯的时间的产物，西方之所以有近古哲学，就在于西方近古时期不仅有近古时期的哲学，而且这近古时期的哲学相对于中古哲学具有质的不同。

冯友兰认为，西方近古哲学是挣脱中古哲学束缚，同时也不"依傍"上古哲学的哲学，因而不仅根本上不同于西方中古哲学，而且也根本上不同于西方上古哲学，这种根本不同体现在西方近古哲学来源于哲学家的"直接观察真实"，而不是像西方中古哲学那样根源于西方上古哲学。正因为此，西方近古哲学也就不像西方中古哲学那样"依傍"于古希腊哲学，并且沿袭古希腊哲学的"术语"，而是"一空依傍"，"新造"哲学"术语"，成为不同于西方上古哲学与中古哲学的全新的哲学。基于此，西方近古哲学才不像西方中古哲学那

---

① 冯友兰：《中国哲学史》下册，上海：华东师范大学出版社，2000年，第3页。
② 冯友兰：《中国哲学史》下册，上海：华东师范大学出版社，2000年，第3页。

样被装于西方上古哲学之"旧瓶",成为旧瓶中的"新酒",而是冲破古希腊哲学之"限制",打破西方上古哲学之"旧瓶",一方面自酿"新酒",一方面自制"新瓶"。

这里,冯友兰认为西方上古哲学与西方近古哲学都属于不"依傍"任何哲学、不用别的任何哲学的"术语"的产物,都属于"无中生有",因而都是具有非凡创造性的哲学,都是全新的哲学,这是二者的相同之处。二者的区别在于,前者是西方哲学的"起点",在此之前无哲学,即便想在思想上有所"依傍",术语上有所"袭用",也无所"依傍",无所"袭用";后者产生于上古哲学与中古哲学之后,有上古哲学与中古哲学的思想可以"依傍",有上古哲学与中古哲学的术语可以"袭用",但是,有而不用:"一空依傍",也不"袭用"。这么说,西方近古哲学与上古哲学就有着隐隐约约的"相似性"。如果说,西方中古哲学与上古哲学有一条"明线"相连,那么,西方近古哲学与上古哲学就有一条"暗线"相连。这"暗线"就是二者在哲学建构上的独创性、原创性。

与此对应,中国所要建构的近古形态的新的哲学也应是挣脱中国中古、近古时期的哲学也即经学的束缚,同时也不"依傍"中国上古哲学也即子学的哲学,因而不仅根本不同于经学,而且也根本不同于子学。这种根本不同体现在中国所要建构的近古形态的新的哲学不像经学那样根源于、"依傍"于子学,并且沿袭子学"术语",而是不依不傍,同时,新建自己的话语体系,成为不同于子学与经学的全新的哲学。基于此,中国所要建构的新的哲学才能不被子学、经学等"旧瓶"所限制,而是自造"新酒"和"新瓶"。这样,中国所要建构的近古形态的新的哲学与子学都是不"傍依"任何经典、任何哲学,自制哲学话语的产物,都具有哲学建构上的独创性、原创性。这么看,中国所要建构的近古形态的新的哲学就具有子学性质。

四、冯友兰视界中中国近古哲学的缺失与经学的终结

相对于西方哲学的上古、中古、近古的分期,为何中国哲学没有近古哲学而长期处于经学时代?换言之,中国为何在近古时期没有超越经学之全新的哲学?冯友兰对此做了分析:"盖人之思想,皆受其物质的精神的环境之限制。春秋、战国之时,因贵族政治之崩坏,政治、经济、社会各方面,皆有根本的变化。及秦汉大一统,政治上定有规模,经济社会各方面之新秩序,亦渐安定。自此而后,朝代虽屡有改易,然在政治、经济、社会各方面,皆未有根本的变化。各方面皆保其守成之局,人亦少有新环境、新经验。以前之思想,其博大精深,又已至相当之程度。故此后之思想,不能不依傍之也。"①

从冯友兰的分析来看,哲学、思想的产生与发展受制于其赖以生存的"土壤"。子学的产生与终结基于此,经学的产生与长盛不衰基于此,经学一直延续至近古时代,致使中国有近古时代、有近古时代之哲学而没有近古哲学也基于此。具体说来,中国无近古哲学,只有延续至近古的经学,原因就在于从中古到近古,随着秦汉大一统的确立,中国社会各方面都逐渐走向稳定,政治、经济、社会等各方面的秩序、制度也逐步模式化、固定化,直到近古再也没有发生根本性的改变,并且不受朝代更替、社会"治""乱"的影响,这种状况决定了中古与近古时期的中国哲人所处"环境"、所拥有的"经验"的总体上或曰质的层面的"陈旧"以及"守成"心态,从而造成中国中古时期哲学的经学性质,也同样决定了中国近古时期哲学的经学性

---

① 冯友兰:《中国哲学史》下册,上海:华东师范大学出版社,2000年,第4页。

质。此外，从哲学自身的角度看，子学时代所创造的辉煌的思想"博大精深"且相当成熟，大致"规范"了中国哲学的发展方向、发展脉络，其本身犹如高山峻岭，令后人难以逾越，这又给后人以"压力"与"制约"，使得后人既有了"依傍"对象，又"不得不依傍之"，从而造成中国从中古到近古都处于经学时代，而没有西方近古哲学意义上的全新的哲学。此处，冯友兰是从中国自身的历史发展的维度所做的分析。

对于中国没有近古哲学，冯友兰还分析道："直至最近，中国无论在何方面，皆尚在中古时代。中国在许多方面，不如西洋，盖中国历史缺一近古时代。哲学方面，特其一端而已。"① 这是说，中国在时间层面身处近古时期，但是在政治、经济、社会等各方面依然处于中古时期的状态，君主专制、自然经济是其典型特征。在此意义上，中国没有真正意义上的"近古时代"，没有从封建主义到资本主义的飞跃，因而没有西方近古时期所发生的天翻地覆的根本性变化，没有西方资产阶级革命所开启的民主制度、工业革命所开启的商品经济，也就没有近古哲学。这里，冯友兰是从中西比较的维度所做的分析，同时，这种比较是以西方为参照、为坐标的。

关于经学时代的终结，冯友兰写道："盖旧瓶未破，有新酒自当以旧瓶装之。必至环境大变，旧思想不足以应时势之需要；应时势而起之新思想既极多极新，旧瓶不能容，于是旧瓶破而新瓶代兴。中国与西洋交通后，政治社会经济学术各方面皆起根本的变化。然西洋学说之初东来，中国人如康有为之徒，仍以之附会于经学，仍欲以旧瓶装此绝新之酒。然旧瓶范围之扩张，已达极点，新酒又至多至新，故

---

① 冯友兰：《中国哲学史》下册，上海：华东师范大学出版社，2000年，第5页。

终为所撑破。经学之旧瓶破而哲学史上之经学时期亦终矣。"①

这是说,中国在其自身的历史进程中没有从其内部自然地发生根本性的变化,从而自觉地产生西方意义上的近古时期,而是在与西方资本主义国家交往的过程中因为外在的因素催生根本性的变化,体现为政治、社会、经济、学术等的巨变,从而产生西方意义上的近古时期。随着中国真正意义上的近古时期的到来,一方面是经学的落伍,既不能解答新问题,也不能容纳新思想特别是"西洋学说",虽然垂死挣扎,也不再能适应新的时代,被新的时代所抛弃;一方面是西方哲学与思想的进入,既不被经学所拘限,又能应对新问题、新时代,犹如洪水猛兽,不可抵挡。在此情形之下,经学这个"旧瓶"即使扩张其"范围"、更新其"形状",也容不下源源不断进入中国的西方哲学与思想,其自身必然走向崩毁。经学的崩毁无疑就意味经学时代的结束。

由此可以看出,冯友兰在讨论经学时代的终结时依然运用了他"旧瓶"与"新酒"的比喻,只不过此时的"旧瓶"是经学,而"新酒"是西方哲学与思想。随着西方中古哲学的结束,西方近古哲学应运而生,而中国经学时代虽然结束、经学虽然被抛弃,中国近古哲学并没有应运而生,而是西方哲学与思想的涌入。西方哲学与思想既承担了打破"旧瓶"、毁灭经学的责任,又暂时承担了填补经学破灭后中国哲学与思想界的"真空",直至中国新的哲学的建立。

考虑到西方中古哲学的衰亡与西方近古哲学的产生主要是在不受外部影响,从西方"内部"造成的,而中国经学的衰亡、新哲学的产生既有"内部"的原因,又有"外部"的原因,其中,"外部"的原因至少在表面上看起到了直接的乃至决定的作用。这意味,中国

---

① 冯友兰:《中国哲学史》下册,上海:华东师范大学出版社,2000年,第5—6页。

新的哲学的建构,至少一开始在多数情况下会受到西方哲学的影响。这么说,中国新的哲学最初的建构者多数应是有西方哲学的功底的。

中国新的哲学的建构会受西方哲学的影响,也会从子学与经学中汲取养分,但是,不会被西方哲学所左右,也不会被子学与经学所"限制",这是肯定的。否则,它就成了中国化的西方哲学或新的经学。如果是这样的话,它就不可能是中国新的哲学。从总体上讲,中国新的哲学肯定是超越子学与经学的中国所独有的新哲学。

五、冯友兰视界中中国的新哲学应是新子学

经学之后,中国新的哲学也即中国近古哲学在哪里、呈现何种式样?冯友兰说,"前时代之结束,与后时代之开始,常相交互错综。在前时代将结束之时,后时代之主流,即已发现"①,"中国哲学史中之新时代,已在经学时代方结束之时开始。所谓'贞下起元',此正其例也。不过此新时代之思想家,尚无卓然能自成一系统者。故此新时代之中国哲学史,尚在创造之中"②。

这是说,在经学、经学时代即将终结之时,中国新的哲学已经孕育,只是这新的哲学处于初建之时,尚未成"系统",更未最终"成型",因而看不出其"式样"。不过,冯友兰在此却道出了这种新哲学的性质,这是要特别注意的。

中国新的哲学既然是经学终结的产物,当然就不属于"经学",

---

① 冯友兰:《中国哲学史》下册,上海:华东师范大学出版社,2000年,第343页。

② 冯友兰:《中国哲学史》下册,上海:华东师范大学出版社,2000年,第343页。

更不属于对经学解读、诠释的产物。这么说，新的哲学与经学"无关"。由于经学是对子学、对"经"的解读与诠释的产物，所以，新的哲学不会像经学一样通过对子学、对"经"的解读与诠释而建构出来，并受制于子学、受制于"经"，否则就成了"新经学"。这么说，新的哲学与子学也"无关"。当然，这里所说的新的哲学与经学、子学"无关"，并不是说新的哲学与经学、子学没有任何联系，而是说不会受经学、子学所制约、左右。

中国新的哲学不是"经学"、经学的"附庸"，也不是新的"经学"，而且不受子学与经学所左右，也不以对子学或经学经典的"注解"、子学或经学固有思想的诠释的面目出现，这新的哲学就应该是全新的哲学。这全新的哲学无论在哲学建构的方法、路径上，还是在哲学思想内容上都应该是独创的，具有子学独创发明、不依不傍的性质。这么看，中国上古哲学为子学，那么，中国近古哲学因其具有子学性质，就可以被称作"新子学"。

值得注意的是，冯友兰用"贞下起元"表达新哲学的产生。在冯友兰看来，中国哲学的发展体现为元亨利贞等发展阶段的开放式"循环"，在中国已有的哲学进程中，已经完成了一次元亨利贞的历程。其中，"元"代表子学阶段，"贞"代表经学的终结；中国哲学的新发展是"贞下起元"，从"贞"新生出新的"元"，也即从经学的终结走向新的子学的诞生，而不是从"贞"又简单地回到"元"，从经学的毁灭、终结回到过去的子学。这样，这新的哲学就是"新子学"。这"新子学"呈现的就是一元复始、万象更新的全新局面、壮丽画卷。

冯友兰以子学时代与经学时代确定中国哲学的分期，以子学与经学论述中国哲学的形态。在冯友兰看来，中国哲学在性质上只有子学与经学这两种形态，不会有第三种形态，因为中国哲学史上的已有的哲学要么是子学，要么是经学；中国哲学的未来发展要么不"依傍"任何已有的经典而"独自生成"，要么"依傍"已有的经典而以"经典解释"的面目出现，不可能有第三条"道路"、第三种"选择"；中国新的哲学如果不"依傍"任何已有的经典而"独自生成"，无疑具有子学性质，从而成为新的子学——"新子学"，而如果"依傍"已有的经典而以"经典解释"的面目出现，无疑具有经学性质，从而成为新的经学——"新经学"。

在冯友兰的心中，中国新的哲学既然是突破经学桎梏的产物，就不可能是"新经学"，而只能是"新子学"。

冯友兰在《三松堂自序》中回忆道："我认为在中国历史上有两个社会大转变的时代，一个是春秋战国时代，一个是清朝末年中外交通的时代。在这两个时代中，中国社会的各个方面，都起了根本的变化。这实际上说的是，中国社会由奴隶社会向封建制过渡，和由封建制向半殖民地、半封建过渡的两个时代，但是我没有用这些名词，因为这些名词在当时还没有确定下来。"[①] 在第一个"社会大转变时代"——"春秋战国时代"，产生了中国上古哲学；在第二个"社会大转变时代"——"清朝末年中外交通的时代"，应该产生中国近古哲学，但是，产生的却是中国近古时期的哲学。不过，随着经学的破灭，中国近古哲学也正在艰难的创造中。

由于冯友兰认为哲学、思想的产生取决于其"土壤"，即取决于当时政治的、经济的、社会的环境状况，有什么样的哲学"土壤"就一定会有什么样的哲学形态，而"春秋战国时代"与"清朝末年中外交通的时代"在性质上同属"社会大转变时代"，同是政治、经济、社会巨变的时代，建立在这种时代基础上的哲学在性质上就应该是相同的。"春秋战国时代"产生的中国上古哲学是"子学"，从"清朝末年中外交通的时代"开始艰难生成的中国近古哲学在性质上

---

① 冯友兰：《三松堂全集》第一卷，郑州：河南人民出版社，2001年，第186页。

就应该具有子学性质——"新子学"。

结合冯友兰关于西方近古哲学的表述，我们可知，中国新的哲学相当于西方的近古哲学，西方近古哲学的产生没用借用西方上古哲学与中古哲学的思想与术语，而是"一空依傍"，自造术语。以此类推，中国新的哲学也一定是不借用中国上古哲学与中古哲学的思想与术语，而是像西方近古哲学那样"一空依傍"，新造术语。西方近古哲学与上古哲学在哲学建构方法上是相似的，这样，西方近古哲学在哲学形态上就具有西方上古哲学的性质；中国的新哲学与中国上古哲学在哲学建构方法上也应是相似的，中国新的哲学在哲学形态上应具有中国上古哲学的性质。中国上古哲学是子学，中国新的哲学就应具有子学性质，从而以"新子学"的面貌出现。

从冯友兰个人的哲学思想的建构来看，冯友兰认为中国哲学中没有近古哲学，为此，他以建构中国近古哲学为使命。他在晚年被自己的母校哥伦比亚大学授予名誉文学博士学位时，在"答词"中回忆道："在四十年代，我开始不满足于做一个哲学史家，而要做一个哲学家。哲学史家讲的是别人就某些哲学问题所想的；哲学家讲的则是他自己就某些哲学问题所想的。在我的《中国哲学史》里，我说过，近代中国哲学正在创造之中。到四十年代，我就努力使自己成为近代中国哲学的创作者之一。"① 这里，冯友兰不仅论及自己的哲学思想的建构，还论及同时代的"他人"的哲学思想的建构。冯友兰把自己看作"近代中国哲学的创作者之一"，意味中国近古哲学的创造者不是冯友兰一个人，而是"一群人"。冯友兰不仅把自己所创作的"贞元六书"、所建构的哲学——新理学看作是中国近古哲学，同时，也把同一时期其他哲学家所建构的新哲学看作是中国近古哲学。这其实是在

---

① 冯友兰：《三松堂全集》第一卷，郑州：河南人民出版社，2001年，第308页。

说，民国时期哲学家们所创建的中国的新哲学乃是中国近古哲学。

民国时期哲学家辈出，哲学学派纷呈，并且彼此平等，相互论战，竞高争长，这与春秋战国时期诸子蜂起、百家争鸣、子学盛行何其相似！在此意义上，冯友兰何尝不认为这一时期的哲人是"新子"，冯友兰何尝不认为这一时期的哲人所创建的新哲学就是"新子学"。当然，民国时期的哲学家们所创建的新哲学是否都具有子学性质，是否都配得上"新子学"的称呼，那是另一回事儿，需要做进一步讨论。比如，冯友兰在《三松堂自序》中就曾说道："当我在南岳写《新理学》的时候，金岳霖也在写他的一部哲学著作，我们的主要观点有些是相同的，不过他不是接着程、朱理学讲的。我是旧瓶装新酒，他是新瓶装新酒。他提出了一些新的看法，并且创造了一些新名词。"① 这里，冯友兰认为自己的哲学思想是接着程朱理学讲的，是对程朱理学的发挥、发展，因而是新的理学——新理学，但是，毕竟也受程朱理学所"限制"，相当于"旧瓶装新酒"，具有他自己所谓的经学性质，不过，冯友兰认为金岳霖《论道》中建构的哲学思想则是独创的——不仅哲学思想内容是独创的，所用以表达哲学思想的"术语"也即哲学范畴也是独创的，因而不受任何已有的哲学、经典所限制，相当于"新瓶装新酒"，具有冯友兰所谓的子学的性质。显然在冯友兰看来，金岳霖无疑属于"新子"，其哲学思想无疑属于"新子学"。

六、结　语

由上可知，冯友兰所谓的子学乃是指先秦汉初诸子之学，只是传

---

① 冯友兰：《三松堂全集》第一卷，郑州：河南人民出版社，2001年，第215页。

统的子学的一部分。在冯友兰看来，由先秦汉初诸子而有先秦汉初诸子之学，由先秦汉初诸子这"子"而有"子学"。此"子学"的建构"以我为主"，无所依傍，属于"无中生有"，因而是"创构"。冯友兰所谓的"经学"主要指的是从汉代到清代整个中国君主专制时期的哲学，传统的经学又只是冯友兰所谓的经学的一部分。在冯友兰看来，由"经"而有对"经"的注解与诠释，而有"经学"。此"经学"的建构"以我为辅"，"依傍"于"经"，乃至"以经为据"，属于"有中生有"，因而是"重构"。按照冯友兰关于"经""子"关系的论述，应该是有"子"、有"子学"才有"经"与经学，"经"只能是"子"的著作，可是，冯友兰所谓的"经"除却"子"的著作外，还包括儒家的"经"，而且儒家的"经"又有从"六经"到"十三经"的发展，另外，还包括被中国佛学家所注解、诠释的来自古印度的佛经。这里，"子"始终是那些个"子"，"经"却越来越多。这是因为在冯友兰看来只要不是原创的著作、哲学就属于"经学"性质、"经学"范畴，反过来，"经学"所"依傍"的著作、对象就具有"经"的性质，就可以被称作"经"。

冯友兰认为中国新的哲学的诞生标志着"贞下起元"，这并不是意味对"子学"的复归、重新从"子学"出发，而是意味着"重新开始"，像"子学"一样"创构"新哲学。这么说，冯友兰所谓的中国新的哲学应该就是新的"子学"也即"新子学"——"新子"所原创的哲学，虽然冯友兰没有明确这么说。

（原载于《中州学刊》2019年第5期，作者单位：安徽大学哲学系）

现代诸子学发展的学科化路径及其反省
——从胡适、魏际昌到方勇

刘思禾

在晚清以来的学术发展中，诸子学最初是作为传统学术的一个分支存在的。清儒的诸子学研究是其经学研究的一个扩展，章太炎的诸子学研究已经形成基本框架，不过仍旧在旧学科体系中，与经子关系、今古文问题纠缠在一起。与章太炎同时的梁启超，他在《时务学堂学约》中把诸子学置于"溥通学"中，与经学、公理学、中外史志相并立，而张百熙负责制定的《钦定京师大学堂章程》中"文学科"即包括经学、史学、理学、诸子学、掌故学、词章学等。这些理解都没有把诸子学学科化，因而诸子学无法纳入现代学术体系①。随着大学体制的建立和完善，学科的发展成为传统学术研究的必然路径，诸子学也不例外。1913年初，民国教育部公布《大学令》《大学规程》，对大学所设置的学科及其门类作了原则性规定，共分为文科、理科、法科、商科、医科、农科、工科等七科，其中文科分

---

① 在王国维《奏定经学科大学文学科大学章程书后》中，则没有给经学、诸子学位置，而是整体结构上相当接近后来的中文系、哲学系分科。

为哲学、文学、历史学和地理学4门①，诸子学如同经学一样，在现代学制中失去了名分。在这种学术体制之中，学科是相对独立系统化的科学知识体系，是大学的组织细胞。在人文学科中，哲学系中的中国哲学史学科与诸子学的学科化关系最为密切，中文系的先秦散文史、历史系的先秦思想史也和诸子学相关②。1914年北京大学设立哲学门，1919年改为哲学系，同年胡适的《中国哲学史大纲》出版。胡适此书的意义在于把诸子学带入新阶段，赋予诸子学传统一种现代的学术形态。从此诸子学以及佛学、理学传统都进入了哲学史论述之中，诸子学获得了现代论述形态，这就是诸子学的学科化。在胡适同时代，以传统形态进行的诸子学研究虽然还有很多，不过已经无法在大学体制中容身③。诸子学原有的学术形态已然成为缺乏制度支撑的边缘性学问了，而由现代学制的学科代替。从此诸子学主要进入了中国哲学史形态，这是理解现代诸子学研究的关键。

由此可见，现代诸子学研究受到学科化路径影响极为深远，如何理解诸子学在现代学术体系中的身份，这是非常关键的问题。然而，这一问题还没有独立化地加以讨论过。在本文中，我们以诸子学研究

---

① 以上请参左玉河：《从四部之学到七科之学——学术分科与近代中国知识系统之建立》，上海书店，2004年。

② 我们估计，从研究的成果来看，哲学史学科体量最大，文学史次之，思想史又次之。诸子学的学科化主要体现在中国哲学史的学科化之路上。

③ 民国有陈柱、胡耐安、罗焌等学者在大学教授诸子学，也有很多称作"诸子学"的著作，不过这些都不是学科内的法定内容，而是对文史哲分科的补充。何况他们的影响远没有中国哲学史、文学史影响大。关于民国时代诸子学研究的情况，可参陈志平：《诸子学的现代转型——民国诸子学的启示》，载《"新子学"论集》，北京：学苑出版社，2014年。张京华：《诸子卮言》弁言，载《诸子卮言》，上海：华东师范大学出版社，2000年。

的三代学者胡适、魏际昌、方勇为个案①，对其各自的研究发展加以分析，以帮助我们思考诸子学当代发展的路径问题②。

一、胡适：现代诸子学学科化的发端

胡适是现代中国学术的奠基人之一，其在中国哲学史的研究上是有"开山"的意义的③。胡适的中国哲学史研究是以其在美国哥伦比亚大学的博士论文（后出版为《先秦名学史》）为基础的④，这表明他的理论与方法都借自西方哲学训练。不过，很多人都看到，胡适

---

① 严格讲，从胡适到方勇应该有四代学者，只是因为大陆独特的情况，实际上只有三代。不过无论是三代还是四代，从学术的逻辑发展上来看，其内在的脉络是一致的。

② 为行文方便，此文一概不称三位学者为某某先生。

③ "开山"是胡适自己的说法，胡适说："所以我这本哲学史在这个基本立场上，在当时颇有开山的作用。"参胡适：《中国古代哲学史》台北版自记，上海：上海古籍出版社，2013年。实际早在京师大学堂时期，就有哲学门的设立，一般认为谢无量的《中国哲学史》写作时间最早。不过学术界公认，胡适的《中国哲学史大纲（上卷）》是中国哲学史学科建立的标志。比如当代学者的意见："我们说，胡适的《中国哲学史大纲》是中国哲学史学科建立的标准是并不过分的。"参耿志云、王法周：《中国哲学史大纲》导言，载《中国哲学史大纲》，上海：上海古籍出版社，1997年。关于胡适在现代史上的评判，可参余英时：《中国近代思想史上的胡适》，台北：台湾联经出版事业公司，1984年。

④ 胡适《先秦名学史》，原名为《中国古代逻辑方法的发展》，发表于1917年。1922年由上海东方图书公司出版英文本。1983年由上海的学林出版社出版中译本。1991年12月，北京的中华书局收入"中国近代人物文集"丛书。

的研究也是建立在晚清以来的诸子学研究成果上的①。胡适著《诸子不出王官说》，又有《中国哲学史大纲（上卷）》②，于现代诸子学研究是巨大的范式转型。胡适诸子学研究显示的意义是，如何在学科化的道路上改造诸子学传统，这是现代学术建构在诸子学传统上的表达。

《诸子不出王官说》作于1917年4月，正是他博士论文答辩的前一个月，发表在这年10月号的《太平洋杂志》上，后来作为附录收入第一版《中国哲学史大纲（上卷）》③，此文给予当时学界巨大的冲击。顾颉刚说：

---

① 胡适受惠于章太炎，他自己就提到了（《中国哲学史大纲》再版自序）。同时代的学者也都有此看法，如1921年，东南大学教授柳诒徵在《论近人讲诸子之学者之失》中指出胡适的《中国哲学史大纲》与章太炎的承袭关系，说"胡适之好诋孔子与章同"。钱穆在《国学概论》中说："故清儒虽以治经余力，旁及诸子，而筚路蓝缕，所得已赜。至于最近学者，转治西人哲学，反以证说古籍，而子学遂大白。最先为余杭章炳麟，以佛理及西说阐发诸子，于墨、庄、荀、韩诸家皆有创见。绩溪胡适，新会梁启超，继之，而子学遂风靡一世。"（第322—325页）侯外庐就认为，"胡先生《哲学史大纲》把西周以前的东西一笔勾去，与《孔子改制考》第一卷相似。"章太炎"以中国学说，实导源自周秦诸子，为后来胡适之所本。"（《中国近代启蒙思想史》，第60—61、182页）

② 胡适《中国哲学史大纲（上卷）》1919年2月由上海商务印书馆出版，1930年收入"万有文库"，书名改为《中国古代哲学史》。1958年台北商务印书馆重印，胡适增加一篇《〈中国古代哲学史〉台北版自记》，书后增加一篇"正误表"，其他内容没有变化。本文所引用的《中国哲学史大纲（上卷）》及《中国古代哲学史》，为上海古籍出版社出版的"百年经典学术丛刊"之《中国古代哲学史》2013年版。此版依据台北商务印书馆1958年版改排。

③ 其后又收入《胡适文存》一集二卷及《古史辨》（卷四）。

> 仿佛把我的头脑洗刷了一下，使我认到一条光明之路。从此我不信有九流，更不信九流之出于王官，而承认诸子之兴起各有其背景，其立说在各求其所需要。①

此文可以视作胡适中国哲学史研究的前提，是对传统诸子学观念的批驳。传统上关于诸子学的主流看法有二：一来自刘向、歆父子及班固在《汉书·艺文志》中的表达，认为诸子学是经学的支与流裔，后世如《隋书·经籍志》《四库全书总目提要》等皆沿袭此说。一是二程、朱子的表达，认为诸子之学是异端，这在《近思录》《朱子语类》及后世宋濂《诸子辨》、熊赐履《学统》、张之洞《劝学篇》中都沿袭下来。二者在抨击诸子学说上相同，对于诸子学之评判则略有区别，大致后一种说法更为严厉，视诸子为异端。中国哲学史论述，没有胡适驳斥刘、班以来的传统看法，其学科的合法性就成了问题。也正是有了胡适这样的论断，诸子学传统就成了中国哲学史的论述对象，而不是经学的附庸或者先王之道的非正统论说。这样诸子学传统就真正成为主角，进入现代中国学术的论述中。我们比较章太炎的诸子学研究，这一点就看得清清楚楚。章太炎还坚持诸子出于王官说，故无法真正脱出旧有的学术格局，诸子学的思想意义也就无法真正体现②。

胡适的诸子不出王官新说，跨过宋儒之论，是对《汉书·艺文志》诸子出于王官说的全面反省。其引述《汉志》诸家出于某官之

---

① 顾颉刚：《古史辨（第四册）序》，载《古名辨》第四册，上海：上海古籍出版社，1981年，第17页。

② 胡适是推崇章学诚的，曾作《章实斋年谱》。不过对于章学诚的诸子出于王官的讨论同样不接受，这是需要注意的。关于章学诚的论说，详下魏际昌部分。

论后，以为：

> 此所说诸家所自出，皆汉儒附会揣测之辞，其言全无凭据，而后之学者乃奉为师法，以为九流果皆出于王官。甚矣先入之言之足以蔽人聪明也。夫言诸家之学说，间有近于王官之所守，如阴阳家之近于古占候之官，此犹可说也。即谓古者学在官府，非吏无所得师，亦犹可说也。至谓王官为诸子所自出，甚至以墨家为出于清庙之守，以法家为出于理官，则不独言之无所依据，亦大悖于学术思想兴衰之迹矣。

然后分述四点理由：

> 第一，刘歆以前之论周末诸子学派者皆无此说也。
> 第二，九流无出于王官之理也。
> 第三，《汉书·艺文志》所分九流乃汉儒陋说，未得诸家派别之实也。
> 第四，章太炎先生之说亦不能成立。

其中第三点论说尤以其名学的见解为要点：

> 古无九流之目，《艺文志》强为之分别，其说多支离无据。如晏子岂可在儒家，管子岂可在道家？管子既在道家，韩非又安可属法家？至于《伊尹》《太公》《孔甲》《盘盂》，种种伪书皆一律收录。其为昏谬，更不待言。其最谬者，莫如论名家，古无名家之名也，凡一家之学，无不有其为学之方术，此方术即是其"逻辑"。是以老子有无名之说，孔子有正名之论，墨子有三表之法，《别墨》有墨辩之

书，荀子有正名之篇，公孙龙有名实之论，尹文子有刑名之论，庄周有《齐物》之篇，皆其"名学"也，古无有无"名学"之家，故"名家"不成为一家之言。（此说吾于所著《先秦名学史》中详论之，非数言所能尽也。）惠施、公孙龙，墨者也。观《列子·仲尼》篇所称公孙龙之说七事，《庄子·天下》篇所称二十一事，及今所传《公孙龙子》书中《坚白》《通变》《名实》诸篇，无一不尝见于墨，皆其证也。其后学散失，汉儒固陋，但知掇拾诸家之伦理政治学说，而不明诸家为学之方术。于是凡"苛察缴绕"之言，概谓之"名家"。名家之目立，而先秦学术之方法论亡矣。刘歆、班固承其谬说，列名家为九流之一，而不知其非也。先秦显学，本只有儒、墨、道三家，后世所称法家如韩非、管子皆自属道家。任法、任术、任势，以为治，皆"道"也。其他如《吕览》之类，皆杂糅不成一家之言。知汉人所立"九流"之名之无征，则其九流出于王官之说不攻而自破矣。

胡适在文中说："明于先秦诸子兴废沿革之迹，乃可以寻知诸家学说意旨所在。知其命意所指，然后可与论其得知之理也。若谓九流皆出于王官，则成周小吏之圣知定远过于孔丘、墨翟。此与谓素王作春秋为汉朝立法者，其信古之陋何以异耶？"的确，不否定诸子出于王官，则无法论说诸子之思想，更遑论"中国哲学"了。

胡适在后来写作《中国哲学史大纲（上卷）》时，也继承《论诸子不出王官说》的态度，对司马谈、刘歆、班固的六家、九流说也不予接受：

> 这个看法根本就不承认司马谈把古代思想分作"六家"

的办法。我不承认古代有什么"道家""名家""法家"的名称。我这本书中从没有用"法家"二字,因为"法家"之名是先秦古书里从没有见过的。我也不信有"法家"的名称,所以我在第十二篇第二章用了"所谓法家"的标题,在那一章里我明说,"古代没有什么'法家'"。……我以为中国古代只有法理学,只有法治的学说,并无所谓"法家"。至于刘向、刘歆父子的"九流",我当然更不承认了。①

在1919年出版的《中国哲学史大纲(上卷)》中,胡适对于诸子学有了新的看法。作为现代学术的经典,《中国哲学史大纲(上卷)》虽然在序言中谈到中国哲学史的全部内容,提及佛学、理学等等,但是从内容来看,《中国哲学史大纲(上卷)》主要内容还是先秦的诸子学。他在序中提到对于他研究助力最多的,就是清儒,对于晚清以来特别是章太炎的诸子学研究非常推重。《中国哲学史大纲(上卷)》从老子开始,包括孔子、孔门弟子、墨子、杨朱、别墨、庄子、荀子以前的儒家,以荀子为结尾,最后谈到古代哲学的终局,根本就是一部先秦诸子的"哲学史"。

那么,六经可否作为哲学史的对象?关于把经学驱逐出哲学史研究,胡适的看法主要是从文献学角度论述的,胡适在导言中认为,《周易》"是一部卜筮之书,全无哲学史料可说",而《诗经》只用作"当日时势的参考资料"②,故而中国哲学史当从老子、孔子开始论述。这当然是疑古思维下的解释。不过,即使今天我们已经有了比较详尽的前诸子思想研究,我们也仍旧要说,前诸子时代的思想仍旧

---

① 胡适:《中国古代哲学史》,上海:上海古籍出版社,2013年,第3页。
② 胡适:《中国古代哲学史》,上海:上海古籍出版社,2013年,第15页。

与诸子思想有根本的不同①。因而，我们可以说胡适中国哲学史研究的根基就是诸子学。在胡适其后的《中古思想史》研究中，他仍旧是以汉魏六朝诸子学为中心的。

胡适的哲学史革命是以诸子学研究为实质的，而给予诸子学传统一个现代的形态，这是其最重要的贡献。这个现代学术形态就是系统的逻辑论说。蔡元培在《中国哲学史大纲》序言中，特意提到形式问题：

> 第二是形式问题：中国古代学术从没有编成系统的纪载。《庄子》的《天下》篇，《汉书·艺文志·诸子略》，均是平行的纪述。我们要编成系统，古人的著作没有可依傍的，不能不依傍西洋人的哲学史。所以非研究过西洋哲学史的人，不能构成适当的形式。②

其后蔡元培用"证明的方法""扼要的手段""平等的眼光""系统的研究"来评价胡作，其中"系统的研究"最为关键，也是这个意思。对于现代诸子学研究而言，这的确是一种范式的转移③。胡适对于自

---

① 当代学者金观涛给出另外一个解释："在孔子之前，中国文化尚未定型，直到孔子才完成了中华文明以道德为终极关怀的文化创造，使中华文明成为区别于世界其他文明的一种文明类型，并且延续至今。在文化哲学上，把这种根本性的文化转化叫作'超越突破'。""全面否定儒家道德价值的道家，具有与儒家同样的超越视野，因而儒道两家为中国文化的主流思想。"参金观涛、刘青峰：《中国思想十讲（上卷）》，北京：法律出版社，2015年，第15、51页。

② 胡适：《中国古代哲学史》，上海：上海古籍出版社，2013年，第1页。

③ 余英时《中国近代思想史上的胡适》："《中国哲学史大纲》是一部建立典范的开风气之作。"台湾联经出版事业公司1984年版。

己的工作也非常自觉,他要"抓住每一位哲人和每一个学派的'名学方法(逻辑方法,即是知识思考的方法)',认为这是哲学史的中心问题。"① 这被认为是胡适对于中国现代学术的巨大贡献②。

一般人都会注意到胡适的研究对于开创哲学史学科的意义,而从现代诸子学发展的角度来看,胡适论说诸子学同样具有巨大的范式意义,其要点在于:

(1) 反对经学尊于子学,而把经学排斥出视野。

(2) 反对诸子出于王官说,而认为诸子学是应时而作的"哲学"。

(3) 反对儒学尊于诸家,而平视诸子。

其中反经学独尊、反儒家尊于诸家,在章太炎处已发其端③,至胡适则盛发其意,而风靡当世。而其论说诸子不出王官,则清扫了传统上诸子学依附于经学的陈见,而给予其独特历史的地位,这是真正革命性的见解。此说的意义在于扫清哲学史学科建立的障碍:如果诸子学皆出于王官,则王官学为中心,而诸子学为末流,研究诸子学不过是依附而已,这无论如何是无法接受的。废除诸子出于王官说,则诸子皆为哲学家,而诸子著作皆为哲学作品,诸子时代则为一哲学家时代,也就是胡适早年看到的梁启超所论"黄金时代",这当然是一

---

① 胡适:《中国古代哲学史》,上海:上海古籍出版社,2013年,第3页。

② 关于胡适在现代学术发展上对于推动逻辑思维的意义,以及当时学术界对之的反应,可参刘梦溪《中国现代学术经典·总序》中的论述,河北教育出版社1996年版。

③ 章太炎把孔孟作为儒家的内容,这是很大的突破,这与其古文经学家的立场有关,可参黄燕强《章太炎诸子学思想研究》论经子关系部分,武汉大学2015年博士论文。

个革命性的也是顺理成章的论断了①。而反对儒学独尊，平视诸家，这是胡适继承章太炎的做法，而给予诸子以平等的地位（客观上也是平视诸家），这是一个巨大的进步。把孔子与诸子并立，儒家和诸家并立，这恢复了早期诸子学的格局，是对班固以来传统观念的革命，从而接上了战国末年至西汉初年庄子后学、《吕览》、《淮南子》和司马谈诸人的传统。如此，则诸子学之上再无"如日中天，垂型万世"（《四库全书总目·经部总叙》）的经学，儒家再不优于道、墨、名、法、阴阳诸家，孔子与老子、墨子、庄子、荀子相类而已。胡适也能注意到诸子各家之差异，而不像《论六家要旨》《汉书·艺文志》及民国时期罗焌等人追求各家的和同，这也是很重要的地方。从此学问再无等级，是非皆本义理，于是诸子学成为中国哲学叙述的主体，以至有"婢作夫人"的谑语②。

　　胡适的看法在当时就引起了巨大的讨论，其关键就在平视诸子之上。《中国哲学史大纲》以老子为先，以孔子次之，这是犯了大忌的。梁启超首先提出《老子》作于战国说，表示不同意胡适的看法。之后引发了关于老子其人其书的大讨论。诸多学者如钱穆、冯友兰、

---

　　① 胡适说："这一部学术思想史（《中国学术思想变迁之大势》）中间缺了三个最要紧的部分，使我眼巴巴的望了几年。我在那失望的时期，自己忽发野心，心想：'我将来若能替梁任公先生补做这几章缺了的中国学术思想史，岂不是很光荣的事业？'我越想越高兴，虽然不敢告诉人，却真打定主意做这件事了。"参《四十自述》，《胡适文集》（1），北京：北京大学出版社，1998年。

　　② 胡适在《中国古代哲学史》导言中说，"于是从前作经学附属品的诸子学，到此时代，竟成专门学。一般普通学者崇拜子书，也往往过于儒书。岂但是'附庸蔚为大国'，简直是'婢作夫人'了。"这是在叙述晚清以来的学术之变。实际上直到胡适一代人，诸子学才真的成为主流，当然，是以现代的形态完成的转变。

马叙伦、高亨、郭沫若、罗根泽、唐兰等都投入到了这场大讨论中。胡适在1935年写作《评论近人考据老子年代的方法》一文，对于持老子晚出者提出批评①。因为孔、老先后不仅是一个学术史问题，还涉及了对中国文化基本格局的看法②。胡适在晚年回顾关于老子其人其书的讨论时谈道：

> 二三十年过去了，我多吃了几担米，长了一点经验。有一天，我忽然大觉大悟了！我忽然明白：这个老子年代的问题原来不是一个考据方法的问题，原来只是一个宗教信仰的问题！像冯友兰先生一类的学者，他们诚心相信，中国哲学史当然要认孔子是开山老祖，当然要认孔子是"万世师表"。在这个诚心的宗教信仰里，孔子之前当然不应该有个老子。在这个诚心的信仰里，当然不能承认有一个跟着老聃学礼助葬的孔子。(《中国古代哲学史》台北版自记)

胡适以倡导怀疑精神著称，而他对于老子其人其书的态度则一直没有发生变化，这应该和他的文化观念有关。他能够平视诸子，这一思路体现了真正的现代精神。此后的先秦思想论述，如梁启超、李源澄、罗根泽、江瑔，无不把孔子和诸子并立，这是现代学术的一个标志。而如刘咸炘、孙德谦、罗焌诸人，仍旧坚守班固旧辙，不以孔子为诸子，不过也是最后的坚持了。由此可见，孔子之地位，孔子与经学儒学之关系，实在是经子之争最关键之问题。孔子为经学之依附，还是

---

① 见《史学年报》第4期。后收入《古史辨》第6册，上海：上海古籍出版社，1981年。

② 相关讨论可参考《古史辨》第4册、第6册，以及熊铁基等编：《二十世纪中国老学》第三章，福州：福建人民出版社，2002年。

诸子学之先导，关乎其在中国文化史上的定位，也关乎先秦思想的基本格局。胡适新说是对孔子历史地位的一次重估，从此一切论说在研究者面前平等相待，这是真正的现代学术精神，对于传统观念而言无疑是一次大开放，至今仍是诸子学研究的基石。胡适的这一看法，在新的出土材料的支撑下，更显示出卓越的历史意义。

总结而言，胡适的现代诸子学研究功绩有二：其一，提出一种现代视野下的平等主张。今天，我们可以批评胡适以西方为经，而下视中国，不过此点我们可以克服，而其真正现代的学术精神不能丢掉，不能拜服在古人一家独尊意识之下。其二，胡适真正赋予了诸子学传统以理论性，这表现为逻辑方法、成体系性。诸子学传统的理论化是其现代发展最重要的成果①。当然，从今天的立场来看，胡适的理解也存在严重问题②，其论说建立在反经学基调上，其对先秦学术的论说以诸子为中心，完全忽略了早期经学③。这是哲学史模式所限制，

---

① 我们看蒋伯潜、罗焌、孙德谦、王蘧常、江瑔、李源澄诸人的诸子学研究，就会发现这些未曾学科化的研究在理论性上完全无法和胡适、冯友兰诸人相比较。在现代学术专业化的背景下，学科化是必由之路。诸子学的学科化是必要的，关键在于如何学科化。

② 对于胡适《中国哲学史大纲》的批评，从梁启超、章太炎、李季等，包括当代学者的意见，都很严厉。不过，正如梁启超最后所说："我所批评的，不敢说都对，假令都对，然而原书的价值，并不因此而减损。因为这本书自有他的立脚点，他的立脚点很站得住。这书处处表现出著作人的个性，他那敏锐的观察力，致密的组织力，大胆的创造力，都是'不废江河万古流'的。"这是中肯的评价。

③ 前诸子时代的学术是否就是经学？孔、老肯定不是从天上掉下来的，可是那个源头是复杂多元并且与子学的属性并非同质。简单说，孔、老不仅是伟大传统的继承者（如《汉志》所说），也是一个新传统的发起者（如朱子、余英时说）。在思想的意义上，后者是高出于前者的（梁启超说），这是我们今天的看法。今天诸子学的新发展，就在于弥补恰切的问题意识之缺失。

也是反经学思潮下的自然反应。晚清以来经学衰弊，刘歆伪经说横行，以至现代学制建立后，经学地位一落千丈，"五四"后甚至有学者把经学工作称为化验粪便（周予同语）①，可见一时之风气。故而在胡适以降的研究中，经学是缺失的，经学所蕴含的价值是缺失的。而经学范式所包含的价值性、整体性和基础性，连带着早期经学中的孔门后学都丧失掉了，以至于无人注意大小《戴记》之价值，公羊、谷梁之意义，更遑论讨论早期经学与诸子学之关系。这较之班固以子学依附经学，同样是矫枉过正。其次，胡适的诸子学研究有诸子学之实，而无诸子学之名，诸子学内在的理型和精神不见了。从此之后，中国哲学史、先秦哲学史代替了诸子学成为研究的模式。而中国哲学史是以移植西方的方式建构的，故而其丧失了诸子学自身的问题意识，这就使得现代诸子学研究无法真正找到"原问题与原方法"。胡适的中国哲学史研究之于现代诸子学发展，这些是其先天的隐忧，需要进一步推进的②。

固然，人们可以批评胡适诸子学研究的理论性不足以适应诸子学自身，但是援西方哲学的方法和精神进入诸子学传统，这是只能进不能退的道路③。这里的关键问题是，学科化的改造之于诸子学传统，

---

① 周予同《中国经学史讲义》朱维铮"代前言"引周予同早年文章《僵尸的出祟——异哉所谓学校读经问题》，上海文艺出版社1999年版。

② 关于胡适在中国传统思想实现现代转型的贡献，韦政通在《胡适思想纲要》中说："代表美式思想的杜威哲学，所给予胡适的限制，不但使他与西方的传统思想隔离，即是对中国传统思想中的超知识部分，也缺乏亲和之感和深度的认识，因此他一生的学术生命中，根本洋溢不起中西两大传统结合的智慧。"这大概代表了很多人的看法。韦政通说转引自旷新年：《中国现代思想史上的胡适》，《读书》2002年第9期。

③ 当代很多学者呼吁合理的学科化与科际整合，一些大学如南京大学也在尝试跨学科培养，这是对现代学科化的修正，而不是否定。这是正确的方向。

究竟该如何进行。胡适先发其端,当有后来者继之。

二、魏际昌:先秦散文史形式下的思想史研究

　　文史哲分科是传统学术"转化之学"(左玉河语)的结果,诸子学不仅是哲学史的研究对象,也是中国文学史的研究对象,表现为先秦散文研究。魏际昌的研究,体现了这一思路。由于魏际昌是胡适的弟子,他的研究与胡适的研究显示出演进的特质,因而具有独特的个案意义。

　　魏际昌,出身贫寒之家,幼年受祖父教育,遂有读书之志。1932年考入国立北京大学中国文学系,1935年又考入国立北京大学研究院中国文学部,师从胡适研究中国古代文学。七七事变爆发后,魏际昌和大部分青年学生一样,辗转于南京、湖南、广东、重庆,以教书办学为业。中华人民共和国成立后历任西北大学、天津师范学院、河北大学教授,承前启后,在文教事业上做出很多贡献。

　　魏际昌的时代,现代学科体系已经比较完备,其受教育于中文系,其硕士论文是《桐城派小史》,其后工作也是在各大学的中文系,故而其学术研究有明显的学科特征。魏际昌专于散文、诗歌和训诂研究,在屈赋、汉魏六朝赋、先秦两汉散文、明清散文、两汉训诂学领域都有卓越的研究。对于诸子学研究,魏际昌有很深的渊源,他早年在大学讲授诸子学、诸子概论,其诸子学研究是胡适研究的自然延伸。只不过,在现代学科下,诸子学成为哲学史和文学史研究的对象,在中文系中对应的是散文史研究。魏际昌的诸子学研究就是在中文系中以先秦两汉散文史、训诂学史的模式下完成的,这是学科化的自然结果。

　　和胡适一代人不同,魏际昌并没有经子之分的观念,他是在现代

学科的意义上思考问题的："诗说《三百》尊毛传，文重先秦爱老庄。"（《暑期古代文学讲习会开课志喜》①）他的研究显示了诸子学研究在学科化道路上的深入。不过，魏际昌的研究并不是狭隘的中国文学史研究，他一直以文史之学看待自己的研究，并且自觉汇通文史：

> 也许会有人说：《尚书》《周官》，史料史论，这是史学上事，我们是搞文学的，管它作甚？殊不知"文犹史也，史犹文也"（《论语·颜渊》），无本不立，无文不行。（《先秦散文研究》）

这里所说的史不仅是史学之意，也是思想史之意。他在作先秦散文史研究时，也渗透了思想史研究的意味，这是需要特别注意的。

魏际昌的诸子学论著包括《先秦散文史》《论孟研究》《法家论丛》以及《先秦诸子的名学研究》等。其中，像《先秦诸子的名学研究》很明显是继承和修正胡适的诸子学研究。魏际昌的研究在学科化的道路上深化了诸子研究。

《先秦散文研究》的提纲中很明确提出研究对象：

> 所谓"散文"系对韵文（也包括骈文）而言，最早的作品当然是《尚书》，下限的书籍则为《吕览》，其间的"群经""诸子"我们不想按照它们所属的学派来分类，只看文体。但在研究的时候，却是"义理、辞章、考据"三者并重，而以辞章之学为主的。甚至连训释它们的文字（如"传、注、笺、疏"之类）都不轻易放过，汉儒、宋

---

① 按本文所引魏际昌材料，除特别说明者之外，均为其手稿。

儒、清儒的全用。为了探索它们发生发展的情况，不能不从表现的形式入手，然后再根据"内容决定形式"的创作规律，更进一步认识其思想性、政治性，借以完成研究的任务。换言之，即是从语录问答、纪传行状、论说辩议、批判月旦、律例法则、杂记小说、疏证训释，以及辞赋铭颂等文体之中，找寻其作为儒、墨、名、法、道德、阴阳的学派思想，并侧重文章特色、写作手法。

这是很明显的文体学和训诂学的研究思路。

魏际昌所构想的散文研究主要有以下部分：

1. 从《尔雅》《说文》《方言》《释名》等字书中，探索训诂文的特点。

2. 《论》《孟》研究，用以交代"语录问答"文的本源及其影响。

3. 编年体的《左传》，它是不传《春秋》的。国别载记的《国语》《国策》另列。

4. 斐然成章的《管》《墨》《老》《庄》《荀》《韩》作为论说文来讲，是各有千秋的。

5. 《公羊》《谷梁》分别讲求"大义，微言"，是"批判、月旦文字"的代表。

6. 条条框框"章则律例"的《仪礼》《周礼》，礼法分明，郁郁乎文。

7. 典章制度，政治理论，人物事例兼而有之的《礼记》，《礼运》《学记》等篇最上。

8. 散见于诸子中的遗闻逸事，古代传说，美不胜收，未可等闲视之。

9. 荀赋、屈赋和宋玉的《九辩》乃辞赋之祖，在韵散之间。

10. "文章，经国之大业，不朽之盛事"应该是以散文为主体的。温故知新，数典不能忘祖；推陈出新，重在古为今用。以此作为先秦散文的结语。

这种思路兼重训诂、文艺性和思想分析，是文学史研究的范畴，不过和一般的先秦散文研究还是有所区别的。

关于对诸子的文体和训诂研究，在《〈论〉〈孟〉研究》对文章章法的研究中非常突出。魏际昌反对《论》《孟》文体零散的看法，他以语录问答体来概括《论》《孟》，又以《论语》为语录问答体，以《孟子》为独自说教的长篇语录体，这些在语体分析上都细致深入。他认为："作为'语录问答体'的《论》《孟》，并不是什么'杂乱无章'的'零篇断简'，只要我们认真地研究一下，是不难发觉它们内在联系的所在的，特别是关于思想性和行为上的东西，因为，尽管它们不编年可是纪事；不作系统的论述，却有层出不穷的记言，即以《论语》的中心思想'仁学'和它的主要载记'教育工作'而言，那是多么完备而又空前哪！"魏际昌对于《论语》文体有细致的分析：

《论语》的文字，明确简练、以少胜多这是我们晓得的，而其最为特色之处，却在于大量地精当地运用了：1. 之、乎、者、也、矣、焉、哉、与（即欤字）、诸、已，这样的语气词；2. 荡荡、戚戚、洋洋、巍巍、便便、侃侃、硁硁、滔滔、堂堂一类的重言，令人有口吻传神之感，因而达成了循声知义，感受亲切的功能；3. 还有一些短语叠句，如"沽之哉，沽之哉"（《子罕》），"彼哉，彼哉"（《宪问》），"时哉，时哉"（《乡党》），"觚哉，觚哉"（《雍也》），好像加重了语气的"重言"一样，朗诵起来，就是今天也能够使人仿佛其情调的淡沈呢。照说此类手法本为《诗》《书》之所擅长，《论语》竟然空前的加以发展（"双声，叠韵"的字词除外），这足以说明"语录问答"文体的不同凡响了。

再从它的篇章结构的形式上说，也是多式多样应有尽有的。如：

1. 开门见山，一句话就解决问题的："当仁不让于师。"（《卫灵公》）

2. 主动发问引起下文的："子路问事君，子曰：勿欺也，而犯之。"（《宪问》）

3. 耳提面命不许驳回的："由，诲汝知之乎！知之为知之，不知为不知，是知也。"（《为政》）

4. 两两对比一目了然的："君子怀德，小人怀土；君子怀刑，小人怀惠。"（《里仁》）

5. 散见整结并无二义的："刚，毅，木，讷，近仁。"（《子路》）

6. 主句在前，随后分列的："子不语，怪，力，乱，神。"（《述而》）

7. 短语同出，各不相属的："志于道，据于德，依于仁，游于艺。"（同上）

8. 演绎推理首尾系连的："齐一变，至于鲁；鲁一变，至于道。"（《雍也》）

9. 层层下跌，有条不紊的："贤者辟世，其次辟地，其次辟色，其次辟言。"（《宪问》）

起承转合，摇曳多姿，麻雀虽小，肝胆俱全。不怪此后的古文作家始终奉之为小品的圭臬的。

对孟子的分析，则举了三个例子来说明《孟子》的章法，通过"孟子见梁惠王"章分析语助的使用，通过"有为神农之言者许行"章分析论说技巧，通过"孟子致为臣而归"章分析段落安排，这都显示了魏际昌诸子散文研究的特点。

在散文史研究之中，魏际昌的诸子研究显示出回归文献与原始语境的特征，这是学科化之后诸子学研究的复杂形态。他的学术形态还有传统上博通的意味，这些说到底还是学科化与中国传统学术如何接洽的问题[1]。在先秦散文研究中，魏际昌是四部兼治的，如他对刘歆及今古文问题的关注，对周公问题的关注，这显然是一般散文史无法触及的。魏际昌的做法和他在北大所受的训练密切相关[2]。从学科发展的角度来看，这样的处理也许不够精纯，不过从古典学问的研究角度来看，对于古典时代基本问题的弘通把握是研究专门问题的基础，否则专业化的结果就是狭隘化和缺乏根基。胡适在《中国哲学史大纲》自序中谈到哲学史的目的需要述学作为根本功夫："述学是用正确的手段，科学的方法，精密的心思，从所有的史料里面，求出各位哲学家的一生行事、思想渊源沿革和学说的真面目。"[3] 在魏际昌的研究中，他遵循了这一原则，大幅回到诸子学文献的内在脉络中，如其在《先秦诸子的名学问题》《论孟研究》《法家论丛》中显示的。

---

[1] 陈平原、左玉河都谈到现代学术的专业化倾向，所谓通人变为专家。详见陈平原：《中国现代学术之建立》，北京：北京大学出版社，1998年，第118—140页。

[2] 魏际昌在北京大学学习期间，除了胡适之外，还受到钱玄同、马叙伦、刘文典、沈兼士、刘半农、周作人的影响。此外，高亨对他也有很大影响。这些都有助于理解魏际昌研究诸子的进路。请参《魏际昌年谱》（稿本）。

[3] 胡适：《中国古代哲学史》，上海：上海古籍出版社，2013年，第6页。

这是与胡适诸子学研究的一个不同之处，显示了学科体制下的诸子学研究变迁。

由于更倾向于从原有脉络分析诸子学，魏际昌对于胡适的"诸子不出王官说"的说法则从章学诚之说，而不认同胡适之说：

> 六经如此，诸子也不例外，因为后者的"文""理"不过是前者的派生和演变。《汉书·艺文志》道："诸子十家，其可观者九家而已。皆起于王道既微，诸侯力政，时君世主，好恶殊方，是以九家之术，蜂出并作，各引一端，崇其所善，以此驰说，取合诸侯，其言虽殊，譬犹水火，相灭亦相生也。《易》曰：'天下同归而殊涂，一致而百虑。'今异家者各推所长，穷知究虑以明其指，虽有蔽短，合其要归，亦六经之支与流裔。"按东周以前并无私人著述之事，只有"官师"执掌着典章制度。《说文》："官，吏事君也，从宀从𠂤，𠂤犹众也。此与师同意。"《广雅·释诂》："师，官也。"这是因为古者政教不分，官师合一，故二者异名而同训，也就是《曲礼》所说的"宦学事师"。大道不行，师儒立教。《周礼·天官》："师以贤得民，儒以道得民。"（儒有六艺以教民众）就是它的历史情况。至于诸子之文源出"六艺"，则章学诚分析得最为详尽。道体无所不该，六艺足以尽之。诸子之为书，其持之有故而言之成理者，必有得于道体之一端，而后乃能恣肆其说以成一家之言也。

故而，魏际昌据章学诚说，以为老子说本"阴阳"，申韩"刑名"本于《春秋》教也，纵横学派出于《诗》教，而引其说曰："九流之学，承官曲于六典，虽或原于《书》《易》《春秋》，其质多本于《礼》教，为其体之有所该也。及其出而用世，必兼纵横，所以文其质也。

古之文质合于一，至战国而各具之质；当其用也，必兼纵横，所以文其质也。"（《先秦散文研究》引《文史通义·诗教》）当然，魏际昌在肯定章学诚之说的同时，也指出其文弊说的不足，而肯定诸子文体发展的意义。现代学术界讨论诸子与王官学关系的问题，至胡适发其端，引起学术界巨大讨论，至今不息①。胡适批判《汉志》旧说，对于章学诚的九流出于六艺说也不以为然。魏际昌则颇信服章氏之说，其态度可以视作是对胡适新说的一个否定。而其理由，当与对胡适过分依赖外部理据有关。我们看魏际昌《先秦诸子的名学研究》，也能得到类似的结论。

《先秦诸子的名学研究》是魏际昌用力颇深的一篇论文，遍论先秦诸家之名学，而与胡适之说颇有不同，此可见魏际昌诸子研究的基本特征。在解释何为名学时，魏际昌认为：

> 什么叫做"名学"？可以说就是"字学"，也就是"训诂学"。这种学问唯独我们中国才有，而且起源极早。

乍一看，今天的我们不由得很吃惊，名学何以是训诂学？晚清民初新学建立，乾嘉之风渐远，名学早就以逻辑学的方式进行研究，如乃师胡适的《先秦名学史》就是研究名学或逻辑的名著②，名学与训诂二

---

① 诸子与王官学关系的讨论，可参马荣良《关于诸子是否出于王官的论争——一段学术史的考察》，华东师范大学 2003 年硕士论文。当代学者的最新讨论，可参李若晖《诸子出于王官学评议——春秋时期世官制度之崩颓与诸子兴起》，传统中国研究国际学术讨论会，2007 年。

② 胡适在《中国古代哲学史》台北版自序中说："我这本书的特别立场是要抓住每一个哲人或者学派的'名学方法'（逻辑方法，即是知识思考的方法），认为这是哲学史的中心问题。"虽然胡适也多次引用清人的研究成果，也大讲辨伪和训诂，但是其核心的方向却是逻辑。

者应是绝然不同的。不过细看，我们发现魏际昌的思路颇有意味。魏际昌用训诂来解说名学，他的先秦诸子名学研究是先秦诸子的训诂学研究，这与胡适的思路是不同的，可说是在中文系训练下的研究。不过，此篇并非只讲训诂，也讲到诸子的逻辑思想，这和胡适就很接近了。如果我们再细读，能看出训诂与逻辑相结合的努力，这是魏际昌在研究方法上对胡适的一种自觉修正。

《先秦诸子的名学研究》全文以孔子、墨子、孟子、荀子、老子、庄子、韩非子、尹文子为例，依次解说各子的名学。其在讲孔解子时，谈到孔子的伦理思想、道德思想、政治思想、军事思想、教育思想。在解说道德思想时，以仁为关键，兼论仁、礼关系，其中就以训诂为方法：

> 孔子最主要的道德规范乃是"爱人""泛爱众"的"仁"（语见《论语·颜渊》《学而》。泛，普遍的意思。众，多也，三人为众。仁，二人相人偶也。从字形上就反映着，在社会之中不只有己，还有别人，彼此依存，是应该互相关怀的）。仅就《论语》而言，谈到"仁"的地方多至五十八条，其字凡一百〇五见。所以，我们才说，它是孔子人生哲学的中心思想。

魏际昌在讲解墨子时，认为墨子有文字训诂的"名学"，及等于"认识论"的"三表法"，这在方法上就是训诂与逻辑兼说。他罗列了墨子及后学对故、体、知、材、虑、止、必、仁、行、义、礼、忠、孝、信、平、同、中、方、日中、景、铲、次等的解说，由训诂而论逻辑，一一加以分析。又以牛马为例详细分析了类的意义：

> 以牛有齿，马有尾，说牛之非马也，不可（因为在这

一生物形象上两者并无差异）。是俱有（盖牛有下齿，马有后齿也。《公孙龙子·同变》篇：谓牛无尾者，以其有尾而短耳，非竟无尾也），不偏有，偏有无。曰：牛（朴字）之与马不类，用牛有角（这才是最显著的差异），马无角，是类不同也。若举牛有角，马无角，以是为类之不同也，是狂举也（孙云：公孙龙子亦有正举狂举之文，以意求之，盖以举之，当者为正，不当者为狂。此书《经说》通例，凡是者曰正曰当，非者曰狂曰乱曰悖，义与公孙龙略同。此疑当作以是为类之同也，是狂举也。而衍一不字，则不得为狂举矣）。犹牛有齿，马有尾。或不非牛，而非牛也（此言有齿之兽与牛相类，或不得谓非牛，而实非牛也），则或非牛或牛而牛也可（疑当作：则或非牛而牛也可。言或有非牛而与牛相类，则亦可谓之牛也）。故曰：牛马，非牛也，未可（此言兼举牛马，则不得谓非牛。犹公孙龙子云：羊言牛非马。张惠言曰：牛马，岂得非牛）。牛马牛也，未可（此亦兼举牛马，既兼有马，则又不可竟谓是牛。张曰：牛马，岂得谓牛）。则或可或不可，而曰牛马牛也，未可，亦不可（言可不可两说未定，竟指谓牛马之为牛者未可，亦非也。张云：有可者，今但言未可，是亦不可。三皆不辨其兼，故不可）。且牛不二，马不二，而牛马二（前云数牛数马，则牛马二数牛马，则牛马一），则牛不非牛（张云：专牛则牛），马不非马（张云：专马则马），而牛马非牛非马，无难（张云：兼牛马，则非牛非马，是则无可难矣）。

魏际昌据此认为：

　　他（墨子）这里虽在反复地玩弄着"是"和"非"、

"可"或"不可"加上"牛""马"这两个名词之后的种种不同的解释，但却一点儿也不违背肯定与否定的规格，实事求是的合乎语法的"判断"，是什么就是什么，完全没有"诡辩""臆断"的情况。

这是对墨子训诂和逻辑的肯定。

魏际昌在讲解孟子、荀子、老子、庄子、关尹子时也是如此，均能从训诂出发，来谈论诸子的思想。这里的关键是，他注意到了训诂和逻辑之间的相关性，这是非常重要的：

"夫物芸芸，各复归其根，归根曰静，静曰复命，复命曰常，知常曰明。"（十五章）此章"曰"字下面的"静""复命""常""明"不也是"名"？是概念，是训诂？只不过换了个说的方式（关于结构上的）而已。

韩非之说"刑名"，关于"法""术""势"等，都是数语破的，等于定义，提纲挈领，确切不移的，如："法者，编著之图籍，设之于官府，而布之于百姓者也"，"故法莫如显"。"术者，藏之于胸中，以偶众端，而潜御群臣者也"，"而术不欲见"（《难三》）。"柄者，杀生之制也；势者，胜众之资也。"（《八经》）"势重者，人主之渊也。"（《内储说下·六微》）"赏罚者，利器也，君操之以制臣，臣得之以拥主。"（同上）"夫利者，所以得民也；威者，所以行令也；名者，上下之所同道也。"（《诡使》）

魏际昌认为，这些解说干脆简明，非常的周延，就说它是训诂文字，也不算过。这样，所谓训诂并不仅仅是文词的解说而已，而是逻辑分析的基础，甚至是导引，这是魏际昌诸子研究的关键点。对于一般的中国哲学史研究而言，这种看法不应视作为中文系训练的一种"成见"，而应是克服哲学史研究大而无物的重要原则。

依照这条道路，魏际昌在诸子学研究中进入古典文献内在的脉络，因而发现了很多哲学史研究无法看到的东西。如他在《先秦散文研究》中解释"王"的研究，非常具有方法论的意义①：

> 这个作为上古最高统治者代称的"王"字，从汉唐以来就训释为"王，往也，天下所归往也"，"大也，若也，天下所法"，"主也，天下归往谓之王"（分见《释名》《白虎通》《广韵》《正韵》等字书）。孔子最初怎么解释的呢？他说："一贯三为王。"（《说文解字》所引）董仲舒曰："古之造文者，三画而连其中谓之王。三者，天、地、人也，而参通之者，王也。"（同上）按"王""往"叠韵，"参"韦昭注《国语》曰"三"。我们这里需要解决的，还不只是它的"声训"和"通假"的问题。首先是说明字形的"三画"及"连其中"的"一直"，到底是怎么回事。我们尽可以说，孔、董两人的"一贯三"之言，是有其充分的根据的。这释作"天、地、人"的"三才"，和最高统治者"一贯"的"天道"，实在无法不承认它是构成"王"字的"天经地义"了。纵令它是汉人征引孔子的旧说，难免有因时变通望文生义之处。儒家之外，道家的《老子》同样给了足够的补充哪："天得一（数之始，物之极）以清，地得一以

---

① 按：魏际昌关于"王"的研究或与顾颉刚、杨向奎《三皇考》（《古史辨》第7册）、罗根泽《古代政治学说中的"皇"、"帝"、"王"、"霸"》（《诸子考索》，人民出版社1958年版）有一定的关系，而研究思路则是其一贯坚持的。

宁","万物（人为万物之灵）得一以生，侯王得一以为天下贞（正也，事之干也）"。换言之，也未尝不是"道生一，一生二，二生三，三生万物"的自然的结合着人事的现象，王弼说得好："故万物之生，吾知其主。""百姓有心，异国殊风，而得一者王侯主焉。"《老子》又道："故道大、天大、地大、王亦大。"（王弼注云：天地之性人为贵，而王是人之主也，虽不职大亦复为大，与三匹，故曰王亦大也。）域中有四大（指道和天，地与王而言）而王居其一焉（处人主之大也）。人法地，地法天，天法道，道法自然（王弼云：法谓法则也。人不违地乃得全安，法地也；地不违天乃得全载，法天也；天不违道乃道全覆，法道也；道不违自然乃得其性。法自然者，在方而法方，在圆而法圆，于自然无所违也。自然者，无称之言，穷极之辞也）。其实这里所说的"自然"，不过是孔子也谈过的"天何言哉？四时行焉，百物生焉，天何言哉？"（《论语·阳货》）的自然规律，古人闹不清楚，才如此这般地讲得神乎其神而已。可是，无论儒家还是道家，最终都不得不把它落实到人，尤其是老百姓的最高统治者"王"的身上，所以，我们才认为：他们的话是相得益彰的。

魏际昌进一步通过文献的关联，分析王与皇、帝、天子的相关性，并且据《白虎通》《礼记·谥法》《钩命诀》等指出：帝王、皇君不过是一种爵位、名称，并不是神圣不可侵犯的，要根据皇王们的功绩与表现来论定。那些不关怀老百姓疾苦的，不够称为"皇帝"，起码在道德标准上是这般看待的。如东汉章帝召集儒生"会白虎观讲议五经同异，亲自称制临决"（《后汉书·章帝纪》）的"奏议"即如此，可见古人对于王、皇、天子确实有严肃的道德约束。

一般的，人们会把训诂和逻辑分属于不同的学科，而在魏际昌的研究中，训诂和逻辑是交融在一起的。由上面一段所引文字可见，魏际昌博征先秦两汉各种材料，由训诂入手，证之以孔、老之说，而得出思想史的结论，这是非常精彩的分析。较之一般的哲学或者散文研究，真是切入肌理，有理有据，取材广泛，而论断卓绝，这是非常精彩的。这样的诸子学研究，单从方法上来讲，也是非常有意义的。

魏际昌的研究可以看出中文系训练下研究诸子学之特色，这些看法和方法是一般先秦哲学史学科不能也不会做的。这是对胡适研究的一个很重要的修正，即中国思想自身逻辑的讨论应该与传统训诂学相联系，而不是单从一般字句出发敷衍西式的逻辑。魏际昌研究诸子名学，与胡适的重心不同，显示出对古典文本自身脉络的重视。这除了和学科分工有关之外，恐怕和对胡适研究的自觉反省有关。

由于时代的局限，魏际昌的诸子研究在材料的判定上有时偏于疑古（如对刘歆相关问题的判断，相信《国语》为其伪撰），有时又过分相信古籍（如使用《孔丛子》《孔子家语》《尹文子》等材料）。当然，直到今天，这些文献问题也还没有解决，研究者同样要面对如何选择材料的问题。另外，由于众所周知的原因，魏际昌研究中也有很多意识形态的痕迹，这是那个时代学者的历史痕迹，今天看来大多数都没有意义了。不过，去除掉这些问题，魏际昌的研究还是呈现出自己的特点。他能够深入诸子文献内部，以诸子的问题意识为主线，同时体现出思想史的关怀，在散文史的形式中进行思想史的工作，其研究显示了诸子学传统在学科化进程中的演变。这是诸子学研究在胡适之后的发展，其回到文献自身脉络、注重逻辑与训诂的结合，对于我们反省哲学史模式的诸子学研究是有意义的。不过，在处理诸子学的现代身份上，魏际昌仍旧在中文学科内部发掘其思想内涵，这与胡适一样，仍旧无法回到真正的诸子学研究范畴。

和胡适门下的著名学者相比，魏际昌是不那么显眼的人物。他在抗战乱离之中栖身湘粤，无法著书；中华人民共和国成立后在历次运动中反复检讨所谓历史问题，也根本无暇研究。魏际昌的诸子学研究并没有做出特别突出的成绩，这是那个时代学者的不幸。不过，他的研究在其学生方勇那里得到发展，从而承上启下，把现代诸子学发展向前推动一步。

三、方勇：诸子学的正名及现代学术形态的探索

当代的哲学史研究和文学史研究都有对以往研究的方法论反省，其中就包括对学科化体系与传统学术之间关系的讨论，如对中国哲学合法性的讨论①。在新一代学者的视野中，如何找到符合传统学术脉络的学术形态是一个需要清理的方法论问题。在诸子学研究中，这一问题在方勇的研究中体现出来。

方勇，1983年开始跟随魏际昌攻读硕士研究生，其后以庄子学术史研究成名，著有《南宋遗民诗人群体研究》、《庄子学史》（三卷本、增补六卷本）、《庄子纂要》等。他也是大型诸子文献丛书《子藏》的总编纂，诸子学专业辑刊《诸子学刊》的创始人和主编。方勇的学术志业有一个重心，就是推动诸子学在当代的发展。纵观方勇的诸子学研究，从近代以来的学科化道路上向回走，从诸子学术史研究过渡到诸子学研究，并最终重新确立诸子学的名目和研究宗旨，以追求"新子学"为学术发展方向，这是对胡适、魏际昌学科化道路的一个回调。

方勇对当代诸子学的推动大端有四：诸子学文献的集成，以

---

① 参彭永捷编：《中国哲学学科合法性论集》，保定：河北大学出版社，2011年。

《子藏》编纂为中心；诸子学术史系列，推动诸子各家各书的学术史研究；以《诸子学刊》为中心，结合国内外学术会议，聚合和培养诸子学研究力量；从现代诸子学的理念出发，提倡"新子学"。这四方面分别从文献、学术史、研究队伍和理念出发，全面开拓诸子学研究。这里专门介绍其"新子学"思想，并涉及诸子学术史研究。

方勇的诸子学研究是从庄子学术史开始的，其研究有明确的方法论自觉，就是对哲学史模式的放弃。方勇的这种做法，和他继承胡适的古典研究思路有关，也和其博士后合作导师褚斌杰先生的建议有关。褚先生认为一般的哲学史无法含纳古典研究的很多内容，故而建议方勇以庄子研究本身的历史为中心。在此意识之下，方勇的庄子学史研究几乎是竭泽而渔式地搜索、整理历代庄子研究文献。诸如隋唐陆德明的《经典释文》，在庄学史上的意义非凡，但是在哲学史上完全无法加以处理，方勇能够对此做通盘的研究，显示出学术史研究模式的真正意涵。其他类似的情况还很多，如医学、文学、理学与庄子的关系等等。方勇研究庄子学史，取材不厌其繁，论说但求圆融。这种学术史写作模式不同于一般的哲学史式的写作，更能体现历代庄子研究的真实面貌，从而革新了庄子研究的样貌。在此之后，方勇又明确提出"新子学"的主张，这才真正摆脱前人，而努力重振诸子学的传统。

2012年，方勇在华东师范大学先秦诸子研究中心举办的"先秦诸子暨《子藏》学术研讨会"上，提出了"为诸子学全面复兴而努力"的主张①，就是对治学科化之下诸子学研究有实无名的问题。其后，2012年，在《"新子学"构想》一文中明确提出"新子学"主张②。从此，"诸子学"之名重新回到现代学术的论域，诸子学研究

---

① 方勇：《为诸子学全面复兴而努力——"先秦诸子暨〈子藏〉学术研讨会"纪要》，《光明日报》2012年4月23日，第15版。
② 方勇：《"新子学"构想》，《光明日报》2012年10月22日，第14版。

也开始重新回归自身。实际上，"新子学"不仅是学术研究的新体系，也是对传统文化重构的理解，即如何评价诸子学传统以及重新理解中国思想的内在结构。"新子学"的提出，是对现代学科化诸子学研究的继承，更是对其所作的反省①。

对于诸子学的学科化道路的分析，方勇是很自觉的：

> 现代学科体系推动了诸子学长足发展，但是诸子学毕竟是中国的古典学问，有自身的问题意识和方法。这些特征是否在现代学科系统下得到展现，这有一个疑问。就现有的研究成果来说，诸子学研究大都是在中国古代史、中国哲学史和中国文学史的框架下完成的，真正以诸子学面目出现的不多。从诸子学研究的队伍来看，现有诸子学的研究主力，一是古籍所和中文系专注于古籍整理的学者，一是哲学系的学者，再有就是历史系思想史研究者和中文系古代文学研究者。从事诸子文献整理的学者都受过古代文献整理训练，为

---

① 在中华人民共和国成立之后以及"文革"之后的学术研究中，内地有很多以诸子学为名的研究著作，如童书业《先秦七子思想研究》（中华书局2006年版）、冯铁流《先秦诸子学派源流考：对先秦诸子学术活动的新认识》（重庆出版社2005年版）、徐仁甫《诸子辨正》（中华书局2000年版）、孙开泰《先秦诸子精神》（凤凰出版社2010年版）、郭齐勇《诸子学通论》（北京商务印书馆2015年版）、方铭《战国诸子概论》（学苑出版社2012年版）、高正《诸子百家研究》（中国社会科学出版社2011年版）、林存光《先秦诸子思想概述》（辽海出版社2015年版）、王澎《先秦诸子新探》（齐鲁书社2015年版）等等。港澳台地区的研究也有一些，如邓国光《圣王之道——先秦诸子的经世智慧》（北京中华书局2010年版）、郑良树《诸子著作年代考》，（北京图书馆出版社2001年版）、陈曾则《周秦诸子学讲义》（台湾文听阁图书有限公司2010年版）等等。不过，立足革新诸子学研究，并且有重要影响者，只有方勇的"新子学"主张。

诸子研究提供了坚实的基础。中华书局的《新编诸子集成》系列是杰出的代表，我们所从事的《子藏》也属于这样的工作。哲学系以及思想史专业的学者主要做诸子学的现代解读，特别是诸子哲学思想的研究。古代文学的研究者则从文学的角度来研究诸子，如诸子散文的研究。由于分属于不同的学科，不同领域之间的研究成果缺乏共用机制，学者之间也很少联系。同时，由于受到专业的限制，学科的惯性，学者们在诸子研究过程中有的囿于过去的模式，无法突破，表现为研究对象过于集中，研究的方法归于单一。这些都不利于诸子学发展。我经常和诸子学界的学者交流，很多人都表达了对现有诸子研究的不满。大家都认为诸子学要发展，就要突破现有的学科限制，扩大学界的交流，在研究方法上更注重综合性，作一种跨学科的研究。诸子学要发展，诸子学界迫切需要一个稳定、多元的学术群体，在相互沟通之中凝聚共识。除了人文学者之外，我们还希望进一步让社会学科领域的学者参与进来，进一步形成一个诸子学研究多家共鸣的格局，这是藏在我们心底很久的理想。①

方勇对诸子学现代学术形态的反思，集中在对于近代以来以西方学术来比附上。中国哲学史是诸子学研究最主要的模式之一，诸子学从胡适开始，实际上已经改造为中国哲学史。因而，方勇的反思，主要集中在反思哲学史模式：

---

① 在2014年"新子学"国际学术研讨会上的发言。其他学者如刘韶军，对此问题也有一定的认识，参《论"新子学"的内涵、原理与构架》，《"新子学"国际学术研讨会论文集》，华东师范大学先秦诸子研究中心2013年。

> "孔子成了最时髦的共产主义者,又成了新大陆挽近的行为派的心理学家",或"以爱因斯坦的'相对论'解释《老子》"。至于以格致论公输之巧技、平等比墨子之兼爱,或以孔学效耶教、《淮南》列电力者,更是不一而足。结果是使子学渐渐失去理论自觉,沦为西学理念或依其理念构建的思想史、哲学史的"附庸":既缺乏明确的概念、范畴,又未能建立起自身的理论体系,也没有发展成一门独立的学科,唯其文本化为思想史、哲学史的教学与写作素材。因而当时罗根泽就想撰写《由西洋哲学铁蹄下救出中国哲学》一文,以揭穿这种中国哲学家披上西洋外衣的把戏(见《古史辨》第四册罗根泽前序)。(《"新子学"构想》)

其后,根据诸子学发展的新进展,方勇对此一问题又有进一步的思考,他着重讨论了先秦时代的基本思想形态:

> 近代以来,先秦哲学史对此提供了系统的知识图景,而这些工作在今天看来犹有未及。哲学史的范式预设了诸子学研究的范本,研究的兴趣多着力于形上学,诸子学本来的问题意识和思想线索被遮蔽了,而我们实则应于原生中国意识的定位上再多下功夫。除了学术观念的更新,考古学发现同样重要。我们有机会认识古人完全无法想象的先秦时代,如禅让风气与今文学发展的关系,孔孟之间、老庄之间的学术链条,黄老学的展开等,这些是传统时代无从想象的。诸子学的发展谱系,远较司马谈《论六家要旨》《汉书·艺文志》复杂,各家的共通性非常大,相互的影响极深。因而,当代实具备了回归中国思想原点的极佳契机。(《三论"新子学"》)

对于诸子学与现代学术体系的关系问题，方勇提出要回归原点，重新审视诸子学的问题意识和方法。现代以来的学科化诸子学研究往往丧失了诸子学的原问题意识，于是诸子的著作只是为了证明和发挥现代学术观点，这是学术界反省现代学术发展的一个共识。方勇不再把诸子学视作一种古代的材料，而是将之视为包含着中国古代基本洞见的原典，需要不带偏见地去承认和发展的智慧体系。这一看法，并不否认现代学术所应当具备的客观性和理论性特质，因而，发掘诸子学和诸子学现代化应该是同步的，这最后体现为学科化与传统形态的融通，方勇认为：

> 面对现代学术中世界性与中国性的冲突，"新子学"的主要构想是以返归自身为方向，借助厘清古代资源，追寻古人智慧，化解学术研究中的内在冲突。所谓返归自身，就是要平心静气面对古人，回到古代复合多元的语境中，把眼光收回到对原始典籍的精深研究上，追寻中国学术的基本特质。这是"新子学"研究的目的。由此我们宁愿对学界一向所呼吁的中西结合保持冷静态度。中西结合虽则是一个良好的愿望，其结果却往往导致不中不西的囫囵之学。这一后果表明，任何真正的学问都有坚实的根基。没有根基的综合从来都是没有生命力的。（《再论"新子学"》）

如何处理传统学术发展与西学的关系一直是纠缠在现代中国学者心中的大问题，也是约束和影响着所有研究者的时代语境。不同于胡适以西方模式来组织哲学史，或者魏际昌以散文史形态讲述思想史问题，方勇更自觉地回到对原始语境与原始问题的追问上：

> "新子学"当然会关注西学，我也深知这是一个西学盛

行的时代，但是我们的工作重心还在中国性的探索上，在中国学术的正本清源上。"新子学"并未限定某一种最终结果，但是我们的方向在这里，逐级地深入，慢慢地积累。我相信这是一个有希望的方向。这就是"新子学"面对学术内在纠缠的自我定位。（《再论"新子学"》）

方勇在对待诸子学传统上不同于胡适，而能以魏际昌的态度对待，他以经子并治为研究诸子学的前提。经子并治是对胡适以来哲学史化的诸子学研究的一个拨正，其关键是重新承认早期经学与诸子学之间的共生关系。同时，在诸子学具体研究的方法上，方勇提出原理化和社会科学化两种思路，这是应对学科化进程，对诸子学发展的现代化的一种探索：

> "新子学"认为，关于元典时期的研究范围实应涵括诸子各家，旁涉早期经学，这样就能跳出经、子二分的传统观念，回归原点。我们主张以《春秋》《周易》《论语》《老子》为基础，这可能是激发创造的新典范；再旁及《孟子》《荀子》《庄子》《墨子》和《韩非子》等其他经典，形成元文化经典的新构造。……其一是研究的原理化。原理化要求不再局限于儒、道、墨、法、阴阳、名六家的框架，而是以问题为中心，做一种会通的研究。要抓住核心观念疏通古今，融入现代生活中加以讨论。诸子学具有恒久的意义，在于其洞见了文明中的基本事实，其解决问题的方案可能不是唯一的，但最切近中国社会。其二是研究的社会科学化。以往的研究都偏于哲学化，我们应该更多注意运用社会科学方法解释古典文本。现代社会与传统社会的不同在于，这是一个高度"人工化"的社会，一切现象都需要社会科学的视

角才可以理解。古典时期的智慧需要结合诸如经济学、政治学、管理学、社会学的方法来阐释，才可能具有实际的解释力。(《三论"新子学"》)

方勇还特别强调了诸子学的价值意义，这是在胡适、魏际昌之外，对于诸子学一种价值上的肯定。胡适以材料看待诸子学，魏际昌把诸子学理解为统治阶级的意识形态，方勇在当代思想的背景下，高度重视诸子学传统，这是中国思想界逐步肯定本土资源在诸子学上的体现。他认为：

> 我们认为，传统文化研究的方向应该是对治现代性，而非论证现代性。从哲学史的范式中走出来，把重点从知识构造转出，重新唤醒传统资源的价值意义，让经典回到生活境遇中，这是关键。当然，这不是说把古人的话头直接搬到现在，也不是说不顾及现代社会的主流价值，一味复古。唤醒价值，是指在传统价值中找到适应当代的形式，并与现代价值做有效沟通。(《三论"新子学"》)

在方勇这里，价值化不是回到诸子学的传统形态，而是在专业化的路径上回复其价值意义。这就指出了诸子学研究的最终目的。诸子学研究，最终是为了诸子学本身，而不是成为学科化的一个产品。

最后，方勇提出了建立系统的"'新子学'学术体系"的主张，同时阐释了其原则和步骤：

> 简而言之，"新子学"就是试图摆脱哲学等现代分科体系的窠臼，建立以诸子传统为研究对象，具有相对独立研究范式的现代学术体系。这是"新子学"的目标。……"新

子学"需要破除历史上的种种偏见,也需要反省现代学术的盲点,其要点就是探索中国文明形态的基本特征。这很可能颠覆我们以往对诸子学、经学以及对先秦时代的一般看法,从而在思想的层面上对于"何者为中国"做一个回答。……"新子学"工作包括三个部分:文献,学术史,思想创造。这是逐步深入的研究步骤,也是并进的三个方面。①

总而言之,提出建立新的学术体系,标志着方勇的诸子学研究从学科化的路径中脱出,同时也是对诸子学研究学科化路径的辩证的继承。他重新把诸子学正名化,并且提出"新子学",主张诸子学学术体系的建立,这是对胡适和魏际昌研究的真正推进。其所论的"新子学"的理念、方法、框架,经过学者的讨论,显示出勃勃生机②。从胡适的学科化努力,到魏际昌的修正,再到方勇的返本开新,显示了现代诸子学研究经历了学科化洗礼后的某种新生态。

结　语

本文以胡适、魏际昌、方勇三代学者为例,通过展示他们的诸子学研究,来回顾近百年来诸子学学科化发展的历程。胡适最早建立了一个诸子学的学科化范式,魏际昌对此体系做了若干修正,而方勇则

---

① 方勇:《新子学:目标、问题与方法》,《光明日报》2018年4月7日,第7版。

② 关于"新子学"的研究,可参《"新子学"论集》(学苑出版社2014年版)及《"新子学"论集(二辑)》(学苑出版社2017年版)。此外,2017年在台北举办了第五届"新子学"国际学术研讨会,2018年在韩国举办了第六届"新子学"国际学术研讨会。

反思这一体系，倡导回到诸子学自身传统之中。这一历程，从一个侧面显示了近百年来中国传统思想资源所经历的"现代化"转型。本文希望借助这一历程，讨论一个重要的方法论问题：诸子学在现代学术体系中的身份问题，即诸子学应该以什么样的形态进入现代中国学术体系之中[1]？

诸子学在现代学术中实际上有两种形态，一种是学科化的中国哲学史、先秦哲学史，以及先秦散文史等等，这些是诸子学研究的主流。另外一种则表现为题名为诸子学的著作，如民国时期陈柱《诸子概论》、刘汝霖《周秦诸子考》、陈钟凡《诸子书目》《诸子通谊》、江瑔《读子卮言》、李源澄《诸子概论》、孙德谦《诸子通考》、罗焌《诸子学述》《经子丛考》、蒋伯潜《诸子通考》《诸子学纂要》、胡耐安《先秦诸子学》等等，这些学者追随清儒及章太炎的思路，仍旧停留在前学科化的路径上。1949年之后，两岸三地也有一些类似的著作。无疑的，前一类著作在现代学术史上影响深远，在

---

[1] 现代学科体系对于传统学术研究的影响是非常明显的，我们可以举一个例子说明此事。笔者曾和程章灿老师谈过自己的观察："比较哲学系对于古代典籍的研究，中文系的研究倒是更好的处理办法。"程老师表示同意。此外，谭家健著《墨子研究》，其中的后记谈到，"一位朋友看过部分书稿之后，十分友善而诚挚地对我说：你这是中文系的讲法"，而"所谓'中文系讲法'，按照我的理解，主要就是按照墨家本身所提出的问题去讲。例如墨家十论，皆逐一设章论述。套用当代文艺理论新术语来说，或许可以叫作'文本的阐释'。与中文系讲法不同的应是哲学系的讲法。我曾请教过朋友，那主要是按研究者的哲学观点对墨家加以分析和综合，所论述的命题更具有理论性。如唯心与唯物，辩证法与形而上学，天与人，知与物，心与性，义与利，动机与效果，思维方法，认知路线等等。"（贵州教育出版社1995年版，第510—511页。）诸子学研究，受到学科的限制而显示出不同的面貌，这在华东师范大学先秦诸子研究中心举办的历次国际国内学术会议上看得也非常明显。

学术体系中居于主流，而后一类著作只是处于边缘地位，影响很小。如果不是专业的研究者，对于后一类著作基本是不知道的。这一情况反映了诸子学在现代发展的基本境况：脱离了学科化主流的诸子学发展是没有能力应对现代的要求的①。

那么，如何评价从胡适开始的诸子学学科化的研究呢？从胡适以来的现代诸子学研究取得了丰硕的成绩，不过其都是在中国哲学史、先秦哲学史、中国文学史、中国思想史的模式下完成的。对于胡适开创的哲学史模式，哲学史研究者自己也在反省之中②。彭永杰教授在《关于中国哲学史学科的几点思考》一文中谈到："中国哲学史学科领域内这种'汉话胡说'的模式，虽然取得了看似辉煌的学术成就，却导致了一种我们不得不面对的尴尬后果：经过学者们的辛勤耕耘，中国哲学史被诠释为新实在论、实用主义、生命哲学、意志主义、唯物史观、现象学，直至后现代主义，唯独成为不了'中国哲学'的历史。国人对于中国传统不是更易于理解和更加亲近了，而是更加不解、更加疏远了。到目前为止的中国哲学史研究实践，只是使这门学科成为'哲学在中国'，而始终无法做到使其成为'中国底哲学'。"③ 就诸子学研究而言，在现代学术转型过程中，诸子学一直有

---

① 左玉河把中国现代学术分为两个类型：移植之学与转化之学（《从四部之学到七科之学——学术分科与近代中国知识系统之建立》，上海书店2004年版）。从诸子学来看，还有一种保留传统形态的学术。也就是说，诸子学在现代的发展，以学科化为一种形态，以传统诸子学为另外一种形态。

② 近年来，中国哲学史研究界在讨论中国哲学史合法性问题，对中国哲学史的学科合法性问题展开讨论，可参郑家栋《"中国哲学"的"合法性"问题》，原载《世纪中国》《中国哲学年鉴》（2011），转载于《中国社会科学文摘》2002年第2期。最新的讨论请参郭齐勇编：《问道中国哲学——中国哲学史研究的现状与前瞻》，北京：九州出版社，2014年。

③ 彭永杰：《关于中国哲学史学科的几点思考》，《中国社会科学院院报》2003年6月5日。

其实而无其名①，诸子研究一直在哲学史、文学史的范式下进行。学科化是诸子学进入现代学术的门径，也是制约和扭曲诸子学研究的窠臼②。现在的问题是：如果诸子学发展必须带着学科化的镣铐来跳舞（借闻一多语），如何保证其内在思想的原发性和表达方式的现代性，这是关键。

我们认为，可以有两种思路来应对。第一，如果诸子学还是一种有效的论说话语，是否可以放弃哲学史模式，而回到诸子学③？坚持诸子学的自身身份，同时又坚持学科化方向，那么"诸子学"自身作为学科就不可避免④。不过，这一点不仅涉及诸子学本身学科建构

---

① 严格说来，如果说诸子学的实是指诸子学的原问题与元方法，那么诸子学的实也是缺失的。不过，我们说哲学史模式下的研究有其实无其名，大致是指诸子学作为研究对象与研究内容在学科中是存在的，只不过缺失了诸子学的名义。

② 关于文史哲学科划分对于传统学术研究的弊端，可参斯日古楞《中国近代国立大学学科建制发展研究（1895—1937）》，"文史哲不分家，社会科学与自然科学相融合是传统学科的最大特色，在新的历史条件下，值得思考'学科的正当性是否必须与传入中国的西方近代学术分科接轨'的问题"，厦门大学教育研究院2012年博士论文。

③ 张京华教授在《先秦诸子学基本资料序》中表达了从中国哲学史回到诸子学的想法："余早岁问学，半在乾嘉、半为西学。时聆听汤一介先生开讲'魏晋玄学'，于'哲学范畴'一语意念颇深。其后沪上学友高峰兄每诫余中国学术以'生生'为大道，初不似西洋之'哲学'，心有所悟，遂有离乎'先秦哲学'而转入'诸子学'之想。"（http://www.doc88.com/p-17460912657.html）

④ 关于诸子学学科化的思考，可参林其锬：《略论先秦诸子传统与"新子学"学科建设》，载《"新子学"论集》，北京：学苑出版社，2014年，第98页。

的问题，还涉及当代中国学术体系的结构变化，需要足够的时间①。第二，如果我们不拘泥于学科之名的话，校正一个世纪以来的诸子学学科化之路，"恰切的理论性"或许是一个关键点。诸子学研究是一个复杂的体系，不过追求理论性当是其核心。哲学史研究加强了诸子学的理论品质，但是代价是丧失了诸子学的问题意识。把诸子学的理论思考重新校正回到自身"恰切"的问题意识和问题域之中，这或许是解决诸子学学科化问题的办法。方勇关于"新子学"的论说提供了一些线索，很多问题需要进一步研究。

无论如何，诸子学的学科化已经无法回头，把诸子学自身理解为现代学术范式，找到更好的形态来论说诸子学，这是一个艰巨的任务，也是百年来诸子学现代转化工作的下一步。这需要学者的思考，还有很多工作要做。梳理从胡适、魏际昌到方勇这条线索，希望能够给我们提供更多的启示。

（原载于《诸子学刊》第十九辑，作者单位：东北师范大学古籍所）

---

① 这个问题和国学以及经学的合法性一样，摆在我们面前。国学、经学以及诸子学有没有学科的合法性呢？关于这方面的思考，还可参郭齐勇：《试谈"国学"学科的设置》，《光明日报》2010年8月25日。

贯注"子学精神"的子学文献整理与"新子学"建构
——写在方勇《方山子文集》出版之际

韩高年　张　安

　　方勇教授《方山子文集》（共31册，1629.1万字，下文简称"《文集》"）近日由学苑出版社出版，《文集》收入其除《子藏》、诸子普及类著作、地方文献整理等之外的诸子学、先秦文学史、诗学、方志艺文等方面论著数十种，带有学者个人学术史的性质。读者览其《文集》目录，即见其治学用力之勤，涉猎之广，学养之深，著述之丰。方勇教授是以诸子学研究饮誉中外学界的当代中国古代文学、古典文献研究专家，而其学问之根基实在诸子学，故本文拟以其诸子学研究为主线，梳理其学术发展之脉络。治学之始，方勇教授即专注于《庄子》及先秦诸子，20世纪80年代后期与陆永品先生合作完成《庄子诠评》一书。后在攻读博士学位期间师从词学大家吴熊和先生，完成《南宋遗民诗人群体研究》，得吴氏"可以传世"之评。后入北京大学中文系博士后流动站，沉浸于《庄子》阐释，及《庄子》学史撰写，完成三卷约200万字之《庄子学史》。著名学者陈鼓应在此书序中褒扬该著作具有深厚扎实的文献功底，兼容传统训诂、知人论世、史论，运用西方阐释学、文本细读研究方法，富有独到的眼光和深刻的论述，并且"文风朴实，以平实稳健见长，显示了作者所具有的传统学人的治学风范"[1]535。近年来，方勇教授大力推动传统诸子学研究的当代转型，文献方面主持《子藏》编纂整理，理论方面提出"新子学"构想，实践层面创办《诸子学刊》，出版《诸子研究丛书》《诸子现代版丛书》，举办诸子学国际会议、诸子学博士论坛，借此推动中华优秀传统文化创造性转化，尝试以平等独立姿态与西学对话，更好地为社会主义文化建设服务。

一、规模宏大的《子藏》文献整理

《文集》虽未收自成体系的《子藏》成果，但以诸子学研究论著为主体，从中可以看出《子藏》编纂的理论构想的形成过程。方勇教授主持的《子藏》文献整理，试图"网罗放佚，次第编摩，俾子学遗籍，尽汇一藏"[2]398，其目的，意在为建构"新子学"的理论体系形成坚实厚重的文献支撑。截止到2020年初，《子藏》已经推出五批成果，分别是第一批有关《庄子》的子学著作302部，162册；第二批有关《鹖子》《关尹子》《文子》《列子》《韩非子》等12个系列的子学著作672种；第三批有关道家、法家、名家、杂家四大部类的子学著作共618种，215册；第四批有关《老子》的子学著作457种，120册；第五批有关古代兵家典籍《孙子》《吴子》《六韬》《司马法》《尉缭子》《黄石公》《武侯书》《李卫公问对》的子学著作438种，55册。九年时间内，方勇教授及其团队完成的诸子文献搜集整理工作，所收文献数目之巨，收录质量之精，令人叹为观止。

其实，从《文集》所收诸子研究论著可知，在早年梳理《庄子》学史时，方勇教授就萌发了编纂整理庄学史丛书的念头。他敏锐地发现，虽然严灵峰的《无求备斋诸子集成》所收《老子》《庄子》《列子》《墨子》《荀子》《韩非子》方面的著作甚多，但因囿于当时条件，遗璧甚多，且因技术所限，所集之书影印质量也不如人意。方勇教授在2003年与华东师范大学图书馆古籍部主任吴平教授对《庄子》《老子》开始整理时，已经开始《子藏》文献整理。2010年春，华东师范大学邀请海内外知名学者和诸子研究专家就《子藏》项目的可行性进行论证，与会专家给予《子藏》项目的研究计划以极高的评价，并为《子藏》项目的进行提供了诸多切实可行的宝贵建议。同年6月，《子藏》项目正式启动。

《子藏》所涉及的子学著作浩如烟海，方勇教授在文献的选取上既承先哲之志，亦有精微独到之处。首先，《子藏》所选子学著作不同于目录学意义上"四部"中的"子部"书类，而是突破目录学的归类，以思想性作为选书之矩矱，选取能代表中国优秀传统文化的"诸子百家"著作。近年来，学界普遍对《汉书·艺文志》的分类方法进行反思，有学者即认为"九流"是从史学、目录学方向强制划分出的框架。[3]22-42方勇教授也认为对子学的还原性研究理应跳出这一框架，还诸子以本貌，"让诸子自身说话，而不是我们替诸子说话"[4]，"回归中国思想原点"[5]。其次，《子藏》所收子书之时代范围甚广，涵盖先秦两汉及魏晋南北朝。章炳麟《诸子学略说》言："所谓诸子学者，非专限于周秦，后代诸家，亦得列入，而必以周秦为主。"[6]1《子藏》所收止于魏晋南北朝，对此，张岂之先生十分称许，认为这是遵循民国时期编纂的丛书，如《诸子集成》的年代划分，而这一划分是非常有道理的。[7]413再次，《子藏》所收之子书要符合"入道见志"的要求。方勇教授在《〈子藏〉总序》中指出《汉书·艺文志》中的"农家""小说家"，《隋书·经籍志》中归于天文、历数、五行、医方的"方术之学"，《四库》"子部"中的"推步、算书、数学、占候、相宅相墓、占卜、命书相书、阴阳五行、杂技术、书画、琴谱、篆刻、器物、食谱、杂学、杂考、杂说、杂品、杂纂、杂编、杂事、异闻、琐语"，以上三类或入道不正，或统摄琐碎，或不可见志，皆非《子藏》所收之类。最后，《子藏》对于文献的搜集整理尽可能求全求精。求全,即"凡例合收录原则者,务必搜尽无余,俾世之治是学者,得尽窥全豹焉"[2]298。如《子藏·庄子卷》共搜辑先秦至民国时期《庄子》白文本及其校勘、注释、研究著作302部,多出严灵峰《庄子集成》初编、续编和《老列庄三子集成补编》所辑《庄子》书130部,可以说"已做到了竭泽而渔,可使庄学专家和《庄子》爱好者免却遗珠之憾"[2]298。求精,即继承《四部丛刊》的辑录原则,"版本必善,务欲精益求精""故手稿、抄本,搜辑具备,用昭册府;诸印本并存者,则较善甄择,然后去取焉"[2]298。再如将《子藏》所出之书的版面设置为十六开大小,选取合适的子学研究著作"原大影印,以存本真,不施点画"等,皆为研究者便于阅读利用考虑。

二、承故扬新的"新子学"理论建构

从《方山子文集》所收历年研习诸子学的论著来看,方勇教授的子学研究肇始于"庄学",拓展于先秦诸子,成就于诸子学史。其诸子学研究体现出文献整理、义理阐发和理论建构相结合的特色,深具学术的自觉意识和继承创新的理论诉求。2012年10月22日,方勇教授在《光明日报》国学版刊发的《"新子学"构想》一文中提出"新子学"构想,引发了学界热烈和广泛的讨论。此后数年,又接连发表《再论"新子学"》《三论"新子学"》《四论"新子学"》《五论"新子学"》《"新子学"申论》《"新子学"——目标、问题与方法》等系列文章,系统阐发了"新子学"的概念、范围、方法及研究理路。结合方勇教授多年来有关"新子学"的研究和上述集中讨论"新子学"的文章来看,他所提出的"新子学",是集诸子学和诸子学史基础文献整理,诸子学学术发展史脉络的厘清,及周秦诸子各家义理的阐发,三者于一体的系统架构,其学术构想,是尝试为传统诸子学的现代转型开辟一条新的道路。

"新子学"之"新",势必要和"旧"有所区别。此处之"新",首先有拂除旧尘,还子学以原貌之意。在《"新子学"构想》中,方勇教授曾言:"所谓子学之'子'并非传统目录学'经、史、子、集'之'子',而应是思想史'诸子百家'之'子'。具体内容上,则应严格区分诸子与方技,前者侧重思想,后者重在技巧,故天文算法、术数、艺术、谱录均不在子学之列。"这就从文献方面确定了"新子学"的范围。方勇认为,诸子之学和王官之学是商周以来传统知识系统的两脉,古往今来,由王官之学发展而来的经学始终占据着中华文化的主流,而最能代表中华文化创造力部分的诸子之学却受到刘歆目录学体系中"支与流裔"看法的影响,被班固的《汉书·艺文志》放置在经学之下,并对后世传统目录学著作的知识结构建立产生了深远的影响。虽然刘歆的《七略》在汉代以后多是作为图书目录学的划分准则来被借鉴,"经尊子卑"的思想并未在当时著录艺文的著作中明显出现,但《隋书·经籍志》沿袭《汉书·艺文志》的框架结构,严格遵守其所建立的以经学为核心的知识系统,并进一步把诸子的起源与《周礼》中的职官一一对应,客观上巩固了诸子之学应当依附于六经之学的观点。宋明之世,理学家已经意识到正统之儒学并不能解决所有社会问题,故在构建学说时也同样重视诸子之学。这种轻视子学的现象到清代仍无大的改变,四库馆臣虽然依旧认为"夫学者研理于经,可以正天下之是非;征事于史,可以明古今之成败。余皆杂学也"[8]401。但自明末傅山到清乾嘉学派,无不反思子学和经学的关系。

"新子学"之"新",首要任务就是破除刘歆以图书目录学方法强行对诸子学进行的束缚,还原诸子学本应在思想史视角下所呈现的面貌。其次,"新子学"之"新",还体现在其希望摆脱现代学科分类体系对诸子学的生拉硬套地划分。五四运动后，西学东渐，学者们发现经学已不能满足东西方学术对话之需，但是西学的部分内容却可以从子学中找到相和之处，随后"诸子学的器用角色渐渐淡化，其作为道体的色彩则得到大大加重"[9]。西方文明用坚船利炮打开中国大门的同时，西学也随即向东方学术提出了挑战。一些学者开始将经世致用的诸子学作为一种可以匹敌西方哲学的理性知识来使用，末流所及则难免削足适履，不切实情。这样的方法直到今日仍旧有人使用。方勇教授则认为，"子学属于复合多元的学术系统，纯粹的思辨仅仅是其中的一个部分，根本上还需要对中国文化的现实做出反应"[10]74。盲目粗暴地将诸子学与哲学归为一类，会"让中国人与生俱来的历史敏锐感深陷于严谨的学科知识界限之中，使中国人文社会科学既丢失了自身的文化传统，也无法真正贡献出与西方一样具有前瞻性的研究预判"[10]74。所以，方勇教授提倡要在继承传统诸子学的基础上，突破现代学科划分的限制，还原到古代学术的原初语境中，要"顺应本来的内部肌理复合地研究"[10]74，以期能够"建立以诸子传统为研究对象，具有相对独立研究范式的现代学术体系"[4]，只有这样，才能更好地理解古代学术，更加科学地继承和弘扬优秀传统文化，这也是"新子学"的目标所在。

从概念范畴的层面看，作为学术研究理论提出的"新子学"，初看是对"旧子学"的发展，其意图革新传统诸子学的研究方式；然而究其深层意义，则是"主张从'子学现象'中提炼出多元、开放、关注现实的'子学精神'，并以这种精神为导引，系统整合古今文化精华，构建出符合时代发展的开放性、多元化学术，推动中华民族文化的健康发展"[11]。方勇教授认为，"新子学"是对晚周诸子百家到清末民初"新文化运动"时期产生的多元性、整体性学术文化发展现象的正视，要从这些现象中提炼出"直面现实以穷究学理，不尚一统而贵多元共生"的"子学精神"[11]。"子学精神"的核心是其价值层面的"中国性"。虽然"道术为天下裂",但是"新子学"重视多元性也要对可能产生的碎片化保持谨慎的态度。同时,"新子学"在学术研究上返还自身的多元性集合构成了"新子学"的"中国性"。这种"中国性"要求破除之前诸子学学术研究所表现的"西化"倾向,并对此前学界呼吁的"中西结合"保持冷静态度。同时,"中国性"的属性也使得"新子学"富有足够的文化自信与西方的现代学术处于一个平等对话的层面上,进而可以在纯粹的学术研究范围内达到中西方学术的相互尊重、相互理解及平等对话。方勇教授还指出,平衡好诸子学研究"中国性"和"世界性"间的关系,可以让东西方智慧为人类命运的共同发展共献良策。

从实践层面来看,"新子学"是一门指向当下的学问,并不是闭门造车式的自说自话。方勇教授认为,还原本真后的诸子学,应当在保证多元共生的前提下平等对话,取长补短,促进传统思想资源的创造性转化,首先要合力为中国当下社会产生的种种问题提供解决思路。诸子之学在当时所关注的问题就是"周文重建之争,也就是关于转型期中国文明的基本形态"[4]。毋庸置疑,这些带有"理解'中国性'"的思考,在学术研究上的意义是要梳理清楚上承三代,下探秦汉的各种学说所体现的这一时期的文明意识发展,这也是"新子学"的根本任务。但诸子的学说作为一种切合现实的认识,是对当时"是非之形不明"情况的思考,最终目的是要寻求切实可行的治世之道。方勇教授在《"四论"新子学》中谈到,战国之世,诸子都试图为社会未来的走向设计道路,以儒家为代表的路向,是要继承周文,而以墨家与法家为代表的新的路向是要变革周文。以上三家属于代表北方的"中原系统",还要同时接受南方"边缘系统"的道家"自然无为""不治之治"思想的挑战。方勇教授认为"诸子各家在战国中后期有一个会通的过程,不过其义理的差异性仍旧存在。儒、道、墨、法诸家推动了三种历史实践,分别表现为秦之法治、汉初黄老之无为政治，以及武帝之后的儒学治国"[12]。诸子学多元思想并生且与现实保持律动相通的状态，保证其可以在不同时期为社会的发展提供适时的思想支撑。故方勇教授提出的"新子学"，正是在诸子学自身的强烈现实关怀性要求下，对"我国改革开放逐步推进、国家实力持续提升、全球化意识不断增强"[13]情况思考的必然产物。"新子学"呼吁学术研究方式的转型，诸子学的学术研究应该"对治"现代性而非"论证现代性"，所以，通过"新子学"应该建立以问题为导向，对多元呈现的诸子学作会通式的社会科学研究，其最终目的是"在传统价值中找到适应当代的形式，并与现代价值作（做）有效沟通"[5]。

三、以"子学精神"推动"新子学"建构

"新子学"不仅是学理层面的探索，同时也是一种充满实践性的尝试。方勇教授不仅为诸子学在当代的"复兴"在学理上提出宏大的理论构想，同时也搭建学术交流平台，为研究诸子学的学者们提供发表学术意见的载体。2007年，由华东师范大学先秦诸子研究中心主办、方勇担任主编的《诸子学刊》创刊，发表诸子学研究论文，推动"新子学"的理论探索，迄今为止已连续出版20辑，发表论文600多篇。其中设有《〈子藏〉工程动态》《"新子学"论坛》《讲演与书评》《学术讲演》等栏目，内容横跨文史哲等学科，涉及先秦、两汉、魏晋南北朝诸子研究的各个方面，充分体现出"新子学"所提倡的对这一时期诸子进行"通盘式研究"的构想。《诸子学刊》一经问世就受到海内外学人的一致好评，并于2017年入选南京大学中国社会科学研究评价中心的"中文社会科学引文索引（CSSCI）收录期刊目录"，有力地促进了"新子学"研究。此外，方勇教授组织国内外诸子研究的学者，策划出版"诸子研究丛书""诸子现代版丛

书"等，从学术与普及两个层面提高了社会对子学经典的认识水平，推动了诸子学研究的现代转型。

"新子学"的实践，还表现在相关学术会议的召开和诸子学专题论坛的举办，《文集》所收诸子学论著，多与此学术实践有关联。自2012年10月22日方勇教授在《光明日报》国学版发表《"新子学"构想》后，当年10月，华东师范大学主办的"'新子学'学术研讨会"在上海举行，参会学者就"新子学"的内涵与外延、基本的理论诉求等基本问题进行了热烈的讨论，30余位学者发表了精彩的见解。这是学界第一次对"新子学"的理论构想进行深入交流和讨论。

2013年4月，华东师范大学先秦诸子研究中心主办的"'新子学'国际学术研讨会"在上海举行，会议聚集了来自中国区以及新加坡、日本、韩国、法国等国家的130多位诸子学专家、学者，大家纷纷就"新子学"为主要议题，深入展开研讨交流。方勇教授在会议上提出"新子学"将诸子百家的思想精粹提炼升华为当代创新开放的"子学精神"的主张，并以此子学精神为引导，系统整合中华优秀传统文化中的精华，构建一个与时俱进的开放性、多元化的中国特色的学术话语体系。《光明日报》国学版对此次"'新子学'国际学术研讨会"的盛况及所取得的成果进行了报道。翌年，学苑出版社出版《"新子学"论集》，收录内容包括"新子学"相关学术论文、访谈记录、会议纪要、新闻报道等共计80篇，在学界和社会上产生了很大反响。

2014年4月，来自海内外130多位专家、学者参加由华东师范大学先秦诸子研究中心举办"诸子学现代转型高端研讨会"，对"新子学"及诸子学现代转型为主题展开深入研讨。《光明日报》国学版亦对此次会议进行了报道。

2015年4月，华东师范大学先秦诸子研究中心主办的"第二届'新子学'国际学术研讨会"在上海召开，海内外参会学者共120

余名。

　　2016年10月，台湾"高东屏区域教学资源中心"举办"2016'新子学'国际学术研讨会"，共有40余名海内外学者参会。

　　2017年10月，台湾"中国文化大学"中文系主办"第五届'新子学'国际学术研讨会"在台北召开，海内外40余名学者参会。同时，海峡两岸的有关"新子学"的讨论也在如火如荼地进行。台湾淡江大学主办了"2017两岸'新子学'论坛"，"新子学"团队与港台"新儒家"名家及台湾"中研院"经学研究名家的座谈。由台湾"新庄子学"研究团队与华东师范大学先秦诸子研究中心联合举办的"海峡两岸'新子学'座谈会"也在上海举行。

　　2018年，在韩国国立江陵原州大学举行"第六届'新子学'国际学术研讨会"，100余位来自中国大陆及台湾地区，以及韩国、美国、日本、新加坡等国家的参会学者针对"新子学"进行了讨论。2018年11月，华东师大先秦诸子研究中心举办的"现代诸子学发展与创新国际学术研讨会——第七届'新子学'国际学术研讨会"在上海举行，120名学者参会讨论。

　　2019年7月，西北师范大学文学院、甘肃省先秦文学与文化研究中心举办的"诸子学研究的回顾与反思：第八届'新子学'国际学术研讨会"在兰州举行，100余名海内外专家学者参会讨论。

　　连续八届"新子学国际学术研讨会"的召开，既扩大了"新子学"的学术影响，引发了国内外学界对"轴心期"中国智慧的当代价值的思考，也在一定程度上推动了社会大众对传统诸子学的研读和对"新子学"了解，为贯彻落实党中央关于弘扬优秀传统文化的号召起到了积极的促进作用。

　　值得一提的是，方勇教授还发起召开"诸子学博士论坛"的学术交流活动。2018年10月，华东师范大学先秦诸子研究中心与浙江浦江县政府联合召开"首届诸子学博士论坛——'新子学'专题"，共有来自北京、上海、广州等各大高校的120余位博士生参会。2019年12月，华东师范大学先秦诸子研究中心在沪召开"第二届诸子学博士论坛"，共有80多位博士生及青年学者参加。诸子学博士生论坛为青年学者提供了宝贵的学术交流机会，也为诸子学和中国传统文化的研究补充了更多新鲜血液。

四、以整理地方文献践行"子学精神"

除诸子学的研究实践外，方勇教授也十分关注江浙及江南地方文化和文献的整理研究。其《南宋遗民诗人群体研究》是研究南宋遗民诗人群体方面的第一部专著，该著对南宋时期的遗民诗人及其作品做了全景式的研究。全书主要由两部分构成：一部分是采用个案研究加宏观把握的方法，对南宋遗民诗人群体的构成及特征进行研究，还原南宋遗民诗人的生活、创作实情，用动态视角网络化呈现同一社会文化背景下不同地域诗人之间的互动，为研究不同诗人诗歌风格、内容等出现相同与差异的现实原因打下基础；另一部分是对南宋遗民诗人诗歌创作进行考察，归纳出"眷恋与反思""悲愤与控诉""节士的崇拜""隐逸的旋律"四个创作主题，并细读文本，阐明南宋遗民诗人群体"宗唐得古"的理论主张在诗歌文本中主要以崇拜陶渊明和杜甫的风貌出现。2011年人民出版社重版此书，并在附录中增加《吕祖谦朱熹共讲月泉说质疑》《月泉吟社的历史地位》两篇文章。严迪昌先生在此书序中坦言："自上世纪（即20世纪）50年代以来，学界分体分段研究过于偏狭之风气迄今未见尽泯，无谓之重复操作现象尤屡见不鲜。方勇弟正值青壮之年，于文学史研究不定位定势以自茧，其志正也可嘉。"[14]诚如严迪昌先生所言，方勇教授在这本书中所具有的大格局视角和动态思维考察南宋遗民诗人是具有开创性的。

余恕诚先生在《中国诗学研究》"20世纪宋诗研究概述"的流派研究中也曾将方勇先生此书归为80年代以来遗民诗人群体研究出现三大变化之一的代表。

方勇教授的研究视角离不开对基础文献的爬梳。他在《南宋遗民诗人群体研究·自序》中说："我在做博士学位论文的过程中，阅读了大量唐宋元明清时期的文献资料，甚至连江南地区的大批方志、族谱也在我的搜讨剔抉范围之中，使我大大开拓了学术眼界，对几千年的中国古代文献资料有了一个整体概念。"[14]10江南文化和文学在中国文化格局中具有独特的地位，方勇教授生长于浙江浦江，其二十四世祖方凤也是南宋遗民诗人的代表。基于对江南文化的热爱，他在博士论文写作时就查阅了大量自己家乡的文献资料，深知其底蕴深厚，产生了整理地方文献的念头。

2016年，浦江县委和县政府响应"文化强国"号召，在方勇教授的倡议下，决定编纂《浦江文献集成》。方勇教授带领学术团队，经过多年的努力，《浦江文献集成》于2020年1月由学苑出版社出版发行，全书精装16开本，286册，收录浦江县民国以前古文献共850种，为保存和传承地方文化做出了应有的贡献。

总之，方勇教授在中国古代文学与诸子学的治学道路上勤勉求索数十载，无论对先秦文学史、南宋遗民诗人群体，还是诸子学的研究，都做出了突出的贡献；他积极推进诸子学的现代转型，联络各方，举办论坛、会议，出版《诸子学刊》，策划普及丛书，为学者提供交流学术、发布成果的平台，推动诸子学和优秀传统文化的"价值转化"。陆永品先生在《文集》序中称方勇"学以立其诚""《庄子》学史筑其基""《子藏》壮其功""'新子学'伟其业"。虽取得如此大的成就，他却一直保持着内心的谦逊。在《"新子学"申论》一文中谈及有关"新子学"的讨论时，他曾说："'新子学'仍是一个开放性的话题，需要学界同仁的支持和襄助，需要不同立场的探索与研讨，建议和质疑都是我们衷心期待的。"[10]77清人袁枚《随园诗话》言："善学者其如海乎！"方勇教授好学谦虚、勤勉质朴、中正平和的个性，以及其涉猎宽广、求全求一的治学境界，既是他所提倡的"子学精神"在一个学者自身层面的显现，同时也是对袁枚此语之最佳诠释。

参考文献

[1] 陈鼓应.《庄子学史》序［M］//诸子学刊：第三辑.上海：上海古籍出版社,2010.

[2] 方勇.《子藏》总序［M］//诸子学刊：第六辑.上海：上海古籍出版社,2012.

[3] 李锐.战国秦汉时期的学派问题研究中九流：从创建的目录名称到虚幻的历史事实［M］.北京：北京师范大学出版社,2011.

[4] 方勇."新子学"：目标、问题与方法——兼答陆建华教授［N］.光明日报（国学版）,2018-04-07（7）.

[5] 方勇.三论"新子学"［N］.光明日报（国学版）,2016-03-28（16）.

[6] 章太炎.诸子学略说［M］.桂林：广西桂林师范大学出版社,2010.

[7] 徐文超.盛世修藏利在千秋——人民大会堂"《子藏》首批成果发布会"发言［M］//诸子学刊：第六辑.上海：上海古籍出版社,2012.

[8] 四库全书总目提要：第十八册［M］//王云五.《万有文库》本.上海：上海商务印书馆,1930.

[9] 方勇.五论"新子学"［N］.光明日报（国学版）,2020-04-25（11）.

[10] 方勇."新子学"［J］.申论探索与争鸣,2013（7）.

[11] 方勇.再论"新子学"［N］.光明日报（国学版）,2013-09-09（15）.

[12] 方勇.四论"新子学"［N］.光明日报（国学版）,2018-10-13（11）.

[13] 方勇."新子学"构想［N］.光明日报（国学版）,2012-10-22（14）.

[14] 方勇.南宋遗民诗人群体研究［M］.北京：人民出版社,2011.

（原载于《湖南工程学院学报》2020年第6期，作者单位：西北师范大学文学院）

论"《子藏》学"的定位
——兼谈其与子学史、"新子学"的区别

孙 广

2019年11月23日,在上海华东师范大学举行的"《子藏》第五批成果发布会暨古籍整理保护学术研讨会"上,华东师范大学先秦诸子研究中心主任、《子藏》总编纂方勇教授正式提出了"《子藏》学"的概念,强调"《子藏》学"是对《子藏》文化价值的深入挖掘,通过"《子藏》学"的研究,推动子学地位由"隐"到"显",进而在中华文明重构中贡献力量。在开幕式上,河南师范大学副教授李小白以《开辟"〈子藏〉学"研究新局面的思考》为题,对"《子藏》学"进行了体系化的探讨,针对"《子藏》学"可能涉及的各个领域都作了一定的论述。下午,包括笔者在内的多位与会学者参加了"《子藏》学"的专场讨论,就"《子藏》学"的概念发表了自己的看法,进行了深入的交流。

在当天下午的讨论之中,与会学者的观点可以分为三类:一类是从子学研究整体立场来看待"《子藏》学",认为"《子藏》学"应当在文献、研究、理论、传播等领域全方位发展;一类是从子学思想与时代呼应的立场来看待"《子藏》学",认为"《子藏》学"应当与现实相呼应,建构适应时代需求的"新子学"思想;一类则是从《子藏》的立场来看待"《子藏》学",认为"《子藏》学"的发展方

向不宜过泛，而是应当以《子藏》为核心，为子学研究提供坚实的基础。

笔者认为，华东师范大学先秦诸子研究中心在《子藏》的基础上，已经开出了国家社科基金重大项目《中国诸子学通史》和"新子学"两大子学研究领域。现在，又在《子藏》的基础上提出了"《子藏》学"的理念，就必须要注意"《子藏》学"与诸子学史、"新子学"之间的关系。愚见以为，"《子藏》学"、诸子学史、"新子学"都是建立在《子藏》的基础之上，各自承担不同的任务，共同构建一座立体的子学研究大厦，推动子学研究的整体发展。在当天的讨论会上，限于临时发言，未作具体论述。现就前日之说，略作申述，以尽愚诚。

一、从《子藏》到"《子藏》学"："《子藏》学"的定位

作为有史以来第一部集子学文献之大成的《子藏》，其编纂过程经过多道编辑程序，历时十年方才初步进入完成阶段。这样的一套丛书，不止是对子学研究具有重大意义，对于整个传统学术来说，都是举足轻重的。对这样的一套丛书进行深入的研究和发掘，无疑是具有非常重要的学术价值的，而这正是"《子藏》学"提出的意义。愚见以为，大体可以从两个方面来谈"《子藏》学"的定位。

（一）发掘编纂理念，建构学术范式

要启动《子藏》这样庞大的工程，其前期设计是成功实施的前提。因此，早在《子藏》启动之初，就已有李学勤先生等一大批专家学者对《子藏》工程进行了专门的论证。在论证会上，十余位专

家学者就《子藏》的编纂体例、实施方案、时间限度、收书范围等进行了广泛而深入的讨论,初步拟定了《子藏》的编纂方案①。然而,当时除了一些大的纲领性方案以外,对于更多的细节问题,尚未形成切实的指导思想。《子藏》编纂工程历时十余年,收书近五千种,在具体的实施过程中,面临各种纷杂的具体问题。而这些问题,均在《子藏》编纂团队的摸索之中逐一克服,最终形成了现在所见的《子藏》丛书。这些具体问题的处理,一方面是古籍整理方面的宝贵经验,另一方面也体现出了《子藏》在许多学术问题上的编纂理念。总结这些经验,发掘其中的编纂理念,无疑是"《子藏》学"最为核心的任务。在此,我们不妨略举数端,以见这些编纂理念的重要性。

1. 对"子"的范围界定

早在《子藏》工程专家论证会上,学者们就已达成基本共识,认为《子藏》的"子"应是诸子百家之"子"而非经史子集之"子",并一直作为《子藏》编纂的指道思想在付诸实践。大体来说这是没问题的,但对于一些边界性著作的具体处理,其中体现的编纂理念,则尤其需要予以研究和说明。例如唐宋以后称"子"者,王通《文中子》则视为"子"而予以收录,宋濂《龙门子》则不视为"子"而不收,其间有何权衡考量?如在古人同为兵书,《六韬》《三略》则收录,《武经总要》则不收,其间有何分别?如应劭《风俗通义》,中华书局收王利器先生点校本入"新编诸子集成续编",则其视为子书,然《子藏》不收,其间理念差异何在?凡此种种具体问题,均直接关涉到《子藏》之"子"的范围界定标准,需要逐一研究解决,使"诸子百家之子"这一范围界定更为清晰、明确。

----

① 李秀华、陈毅华:《〈子藏〉工程专家论证会综述》,《诸子学刊》第四辑,上海:上海古籍出版社,2010年,第473—481页。

2. 子学著作的学派归属

《子藏》的编纂基本沿用了"九流十家"的学派理念，但在划分具体著作的学派归属时，存在与此前的目录分类不同之处。历代的目录学著作主要在于儒学和经学，对于子学著作的学派分类颇为淆乱，如将部分类书归入杂家之类。此前代之失，毋庸讳言。但《子藏》是有史以来第一部子学文献集成，编纂出来之后，实际上是以文献的形式将各部子学著作的学派划分固定下来了。如《人物志》入"名家"，《淮南子》入"道家"而非"杂家"，《论衡》入"杂家"等，其中的划分依据为何？对于这方面义例的研究，也是非常重要的。

3. 子学文献版本的选择

《子藏》的收书原则是"全"且"精"，也就是在种类上求其全，在版本上求其"精"。现在看来，《子藏》基本上是做到了这一点的。在《子藏》的编纂过程中，这些版本的选择是经过专家慎重考虑的。但是，对于某一部著作来说，选择某一版本，主要是出于什么方面的考量？如同是辑佚本，收录甲的辑本，而不收乙的辑本，其间有何研判标准？如有同一书有原本，有不同阶段的增益本，有不同人物的批校本，其间取舍，有何得失？凡此之类，皆当予以细致的版本考察。

4. 《子藏》的价值与贡献、缺点与不足

《子藏》的贡献，除了"极百家之大观"，将子学文献搜集完备这一大的贡献外，还有哪些其他的价值与贡献，也是我们"《子藏》学"应当研讨的问题。例如民国时期对于老子的考察，多是以单篇文章的形式流传的，其典型代表收在《古史辨》之中。这些文章的价值非常高，但单篇文章与《子藏》收书的体例不合，则不宜收入。对此，《子藏》予以灵活处理，将《古史辨》中的《老子》文章汇为一编予以收录。又如许多著作，现存的版本原书装订即有误，前后颠倒者多有，《子藏》在编纂过程中均予以了细致的校对和调整，使其粲然可观，又原原本本地保存了古籍的本来面目。凡此之类，《子藏》在具体编纂过程中的贡献和价值，均是"《子藏》学"所应当发掘的。

《子藏》工程浩大，历时十余年，且随着经验的积累，前后处理同类型问题的方式方法也有所改变。因此，《子藏》也难免存在一定的不足之处。除此之外，如《子藏》与《儒藏》《道藏》以及其他丛编之间重合区域的处理是否恰当等，也是值得研讨的问题。

诸如此类，一条条经验的积累，也是一则则具体的编纂理念。"《子藏》学"的任务之一，便是将这些经验和理念总结起来，为今后的文献整理树立典范。尤其是理念的总结，由小到大，聚沙成塔，完全可以构建为一个成系统的"《子藏》编纂理念"。而这样的理念，不仅仅是对《子藏》价值的表彰，更是为子学研究提供了一系列基本的理念范畴。例如《子藏》对"子"的界定，直接影响到"子学"的范畴由传统的"子部之学"向"诸子之学"的转变。又如对《论语》《孟子》的收录，更是涉及经子关系等重要的学术问题。对于重新厘清学术史，有着重要的意义。而这些，均有赖于"《子藏》学"的研究，来进行系统的梳理和建构。

（二）开发利用空间，落实学术推动

《子藏》的编纂采取了影印的整理形式，一方面是为了尽可能地保存古本面貌；另一方面，由于工程量浩大，影印的方式可以略为减轻工作量。从形式上来说，《子藏》主要是对子学文献的集成，当《子藏》影印的著作出版完毕，也就宣告了《子藏》工程的基本完结。然而，从学术的角度来看，《子藏》工程的价值，还亟需进一步的开发利用，以真正推动学术的发展。这些工作，原本被划在《子藏》工程的范围内。但现在"《子藏》学"一经提出，《子藏》便已固定为一个研究对象，对这一对象进行的开发利用，自然应当划归到

"《子藏》学"的范畴之中。在此，亦略举其大端如下：

1. 点校整理

《子藏》系影印出版，从版本保存和推广的角度来说，确有其重要的价值。但是，一方面影印古籍成本很高，因而价格居高不下，如《庄子卷》定价高达13万元人民币有余。不用说学者个人无法承担，即便是一些高校、研究机构的图书馆也无力购置。另一方面，受限于古代传抄、刻印技术，部分古籍原本即多有讹夺错乱之处，对于学者阅读和研究，也存在一定程度的干扰。因此，《子藏》出版至今，其接受面仍然是比较狭窄的。对于许多学者来说，能够一窥《子藏》，仍是比较困难的事。因此，如果针对《子藏》中的著作，选择部分内容价值高、版本价值高的，邀请高水平专业人员进行进一步的点校整理，推出系列单行点校本，将会使《子藏》的成果更便于学者获取，从而真正实现沾溉学林的愿望，推动子学研究迈上新的高度。

2. 打造诸子定本

子学著作当中，有相当一部分的原始文本均存在争议。例如《老子》，现在习见的王弼注本，注文虽经楼宇烈先生校释，但王弼本的《老子》经文问题，虽经蒋锡昌提出，却一直未有人对此进行校订。又如《慎子》《子思子》等一批经后人辑佚而出之书，历来虽有研究，却无人进一步对现有的辑佚和考证成果予以吸收，推出一个相对确定的定本。以中华书局《诸子集成》《新编诸子集成》《新编诸子集成续编》等为代表的现代精校精注本，实际上是当下子学著作的通行定本。但是现在，《子藏》极古今子学文献之大成，相比前人所见，我们的著作版本、著作种类均远远超而上之。我们完全可以通过《子藏》的子学文献，在前人的基础之上，对一些子学著作进行一次全方位的总结式校勘，推出诸子定本，为今后的子学研究打下坚实的基础。

3. 《子藏书目提要》研究

《子藏书目提要》作为《子藏》的门径，其重要性不言而喻。一方面，《子藏》收录了许多同一著作的不同版本，因而《子藏书目提要》对相应的版本差异非常重视；另一方面，《子藏》按子收录不同时期不同作者的不同著作，《提要》的撰写也非常重视专书研究中的历史演变，对不同著作之间的关联非常重视——这要求有非常深厚的专书学术史修养。前人所作《提要》类著作，如《四库全书总目提要》等，或论其版本源流，或述其学术得失，也已具有这两方面的内容。但是对版本之间的具体差异，如某本多异体字等细节问题未尝涉及；而专书学术史更是民国以后方略具雏形，遑论在《提要》中有所体现？因此，对于《子藏书目提要》的研究，"《子藏》学"也应当予以足够的重视，从而体现当下子学研究的一个侧面。

4. 《子藏》的数据化

《子藏》收书近五千种，极百家之大观，可谓汗牛充栋。而面对如此浩瀚的文献，不通过现代技术手段的辅助，是不可能在具体问题的研究上做到利用最大化的。因此，搭建《子藏》数据库，对《子藏》数据进行电子化和网络化，对于《子藏》利用率的最大化来说，是非常有效的一个手段。至于如何搭建数据库，文献与文献、概念与概念等之间的逻辑关系如何建立，是否还可以纳入如《先秦诸子系年》之类的年谱，以及政治史、经济史、社会史等方面的内容予以补充、辅助？这些问题，实际上也是"《子藏》学"应当进行系统研究的问题。

国家图书馆副馆长、国家古籍保护中心副主任张志清先生在"《子藏》第五批成果发布会"上的讲话中说，今后大数据、智能化发展很有可能会影响到文献学本体。诚如张馆长所说，随着时代和科技的发展，随着学术研究的发展，传统的学术本体很有可能会发生变化。而适应时代的变化，不断开发《子藏》的开发利用空间，让

《子藏》能够一直为子学研究乃至于整个传统文化的学术研究提供应有的助力,更是"《子藏》学"需要研究的课题。

二、"《子藏》学"与子学史、"新子学"的区别

从广义上说,任何与《子藏》有关的研究,都可以纳入"《子藏》学"的范畴之内。华东师范大学先秦诸子研究中心提出了"新子学",撰写了《中国诸子学通史》,这些工作均建立在《子藏》的基础之上。因此,"《子藏》学"的概念,便包括了"新子学"和《中国诸子学通史》。在当天的讨论会上,便有学者从"《子藏》学"出发,谈到了基于《子藏》的文献基础而撰写的《中国诸子学通史》,以及基于《子藏》而提出的"新子学"理念。以《子藏》之包罗万象,子学研究中几乎所有最直接的材料均在其中。如此一来,今后的子学研究,几乎都要建立在《子藏》的基础之上,可以纳入"《子藏》学"的范畴之中了。这样的"子藏学",缺乏核心研究对象,已经失去其边界,进而与"子学"同其范围了。显然,这样的结果,是无法令学界满意的。要谈"《子藏》学",不能单从《子藏》本身出发,还需要厘清"《子藏》学"与子学史、"新子学"之间的差异。

(一)"《子藏》学"与子学史的不同

从学术积累的角度来看,"《子藏》学"和子学史,都是建立在《子藏》的基础之上的;从研究方法的角度来看,"《子藏》学"和子学史,都是通过对子学著作的研究,发掘其中的思想和理念。因此,在很多地方,二者具有一定的重叠和交叉。但是从主体方面来说,二者有着非常显著的区别。

首先，从《子藏》的角度来说，二者虽然都对《子藏》的文献进行研究，但其著眼点有着显著的区别。"《子藏》学"的研究对象是作为一个整体的《子藏》，研究的是《子藏》这套丛书的整体情况及其理念。在研究过程中，虽然是由一个个具体的子学著作出发，但更多的是关注这些著作之间的关系，以此凸显作为一个整体的《子藏》的情况。而子学史的研究对象，则是见收于《子藏》中的具体著作，研究的是这些子学著作当中的学术旨趣和学术价值。在研究的过程中，虽然也注意把握学术著作之间的关联性，但这种关联性的建立，不仅是著作本身内容或体式上的关联，还包括历史情况（包括政治、经济、文化、学者生平、学术方法等等）上的关联性。只有综合著作内容及历史状况两方面的内容，才能梳理出子学学术史发展演变的脉络。

其次，从研究方法的角度来说，二者也是全然不同的。"《子藏》学"的研究方法，主要是文献方面的研究。这既包含了基本的版本、目录、校勘和后起的点校、数据化等等，也包括的进一步的义例研究。而子学史的研究方法则是在综合性的，既包括传统的考据、辞章、义理，也包括后起的思想史、哲学史等学术史研究方法。

其三，从研究目的上来看，二者也是有着不同的侧重。"《子藏》学"的研究目的，如上文所述，是以《子藏》为核心，发掘《子藏》的文化价值，建构以《子藏》为代表的学术范式，推动《子藏》落实为具体的学术推动力。而子学史的研究目的，则是厘清诸子学术思想，在不同的历史时期、不同的领域发生了怎样的变化，其中的接受和诠释情况如何，与历史的互动性如何，发展变化的主体脉络如何。

（二）"《子藏》学"与"新子学"的不同

"新子学"理念虽然迟至 2012 年 10 月 22 日的《"新子学"构想》才正式宣告提出，但其中的很多理念早就贯彻到了《子藏》的编纂实施之中。例如"新子学"认为子学之"子"不是"经史子集"之"子",而是"诸子百家"之"子"。这在《子藏》论证会上,方勇教授就已经明确地提出,并始终作为《子藏》编纂实施的基本方针予以贯彻执行。诸如此类的"新子学"理念,在《子藏》的编纂过程中,还有许多都予以了实践。因此,如前文所说,"《子藏》学"的基本定位便在于发掘《子藏》的编纂理念,这种包含了"新子学"理念的内容,当然也是"《子藏》学"需要发掘研究的对象。在这个角度上来说,"《子藏》学"与"新子学",也同样存在一定程度的重合。但是,这种重合的部分占比极小,二者的主体部分仍然是区别显著的。

首先,从《子藏》的角度来说,《子藏》虽然在个别方面体现了"新子学"理念,但《子藏》本身的编纂理念基本上是出于文献整理的考量,而不是对"新子学"理念的实践。例如《子藏》在主体框架上,仍是沿用了《汉志》的"九流十家"之说,与"新子学"对诸子融通和整体性视域的要求便不相吻合。"《子藏》学"所要研究的《子藏》编纂理念,也更多地体现在文献整理方面。而这方面的理念,更多的是对传统的具体继承与体系整合,如"新子学"一般讲求创新的仅仅是很少的一部分而已。

其次,从研究方法来看,虽然"《子藏》学"和"新子学"都注重理念的发掘和建构,但"《子藏》学"是对《子藏》工程的申发和总结,"新子学"则是对时代需求的呼应。"《子藏》学"的研究方法是"归纳法",其研究成果是固定的,可以通过研究进行验证的;而"新子学"的研究方法则是"演绎法",其研究成果是随着时代的发展而发展的,是不断更新变化的。

综上所述,虽然"《子藏》学"与子学史、"新子学"有着一定的重合之处,但其主体部分是完全不同的。研究"《子藏》学",当然应当重视其与子学史和"新子学"研究的重合之处——这也确实是"《子藏》学"在理论层面的重要闪光点。但更为重要的，则是应该厘清"《子藏》学"与二者的边界，使"《子藏》学"不至漫无归依，而始终保有其核心的研究对象——《子藏》。

粗略地说，学术研究可以划分为三个层次，或者说三种类型：一是文献研究，其目的是立足于基础的文献，保障其他研究的可靠性，与目前的文献学等相关学科约略等同；二是义理研究，其目的是通过对文献的解读，把握文献当中的学术思想，与目前的学术史、思想史等研究基本一致；三是理念创发，基于前两者的研究，结合当下的时代需求，开创新的学术理念，与目前学术界的各种新理念、新口号的提出同其旨趣。文献研究是实证，义理研究是理解，理念创发是表达，三者共同构筑了现代学术研究的立体大厦。华东师范大学先秦诸子研究中心先后推出的"新子学"、《中国诸子学通史》和"子藏学"，大体上正与这三种类型的研究相对应。由此而言，华东师范大学先秦诸子研究中心在子学研究方面，已经构建了一个全方位的、立体的子学研究大厦，这在子学研究领域是具有标杆性意义的。

（原载于《诸子学刊》第二十二辑，作者单位：华东师范大学中文系）

"新子学"呼唤先秦诸子主体思维的回归
——从《论语·子罕》"子在川上曰"章义说起

揣松森

近代以来,尤其是近百年以来,中国的社会、政治发生了剧烈的变更,思想、文化也经历了一番徘徊、激荡。如今,中国的政治、经济都步入轨道,国力越来越强,影响越来越大;相应地,思想、文化经过百年的激荡、消化、沉淀、酝酿,逐渐回归大道正途,亦需做出时代的回应,完成其继往开来的转型关键期。就是在这种背景下,方勇先生提出了"新子学"理念。"新子学"既是一种理念,又是一种思维方式,更是一种实践。我们以为,"新子学"立足当下,视通中西,继往开来,承担着中华文化转型和中华民族伟大复兴的价值功能,应当呼唤中国传统主体思维的回归。

一、《论语·子罕》"子在川上曰"章本义

现今,人们对《论语·子罕》"子在川上曰:逝者如斯夫,不舍昼夜"的理解一般为"孔子这话不过感叹光阴之奔驰而不复返罢了"[①],

---

① 杨伯峻:《论语译注》,北京:中华书局,1980年,第93页。

就是说比喻时间如流水般一去不复返,有劝人珍惜光阴的意思。这种解释虽然早已有之,且广为当下人们接受,然而并未道出该章的本义。

首先,看看古注疏的解释。何晏《论语集解》引东汉包咸注曰:"逝,往也。言凡往者如川之流也。"即是说,凡是前进者应像川流般一往无前,昼夜不停息。这里"逝,往也"是"前往"义,非"过往"义。《说文解字·辵部》"逝,往也",《彳部》"往,之也",《诗经·谷风》"毋逝我梁",《传》云"逝,之也",皆可证"逝"字当是"前往"义。后人或即因此而造成误解。皇侃《论语义疏》云:"郑玄曰:逝,往也。言凡往者如川之流也。《疏》:逝,往去之辞也。孔子在川水之上,见川流迅迈,未尝停止,故叹人年往去,亦复如此。向我非今我,故云逝者如斯夫者也。斯,此也。夫,语助也。日月不居,有如流水,故云不舍昼夜也。江熙云:言人非南山,立德立功,俯仰时过,临流兴怀,能不慨然,圣人以百姓心为心也。孙绰云:川流不舍,年迈不停,时已晏已,而道犹不兴,所以忧叹也。"又邢昺《论语正义》曰:"此章记孔子感叹时事既往,不可复追也。逝,往也。夫子因在川水之上,见川水之流迅速,且不可追复,故感之而兴叹,言凡时事往者如此川之流失,不以昼夜而有舍止也。"他们都把"逝"解为"过往"义,确然不疑地以为该章是夫子叹慨年岁光阴之流逝了。而朱子以道统自任,深味夫子之心,乃能得其仿佛。他在《论语集注》中说:"天地之化,往者过,来者续,无一息之停,乃道体之本然也,然其可指而易见者,莫如川流,故于此发以示人,欲学者时时省察,而无毫发之间断也。程子曰:此道体也。天运而不已,日往则月来,寒往则暑来,水流而不息,物生而不穷,皆与道为体,运乎昼夜,未尝已也。是以君子法之,自强不息,及其至也,纯亦不已焉。又曰:自汉以来,儒者皆不识此义,此见圣人之心,纯亦不已也。纯亦不已,乃天德也。有天德,便可语王道,其要只在谨独。愚按自此至篇终，皆勉人进学不已之辞。"至于程子、朱子认为夫子所言是在提点"道体之本然"，其准确与否，可姑且置而不论；但他们从人主体和主体之德上理解该章的意义，无疑契合夫子之心，也符合先秦乃至秦汉间儒者"观物比德"的主体思维方式。

其次，可参考秦汉儒者对夫子观水事的疏解。《孟子·离娄下》讲到夫子论水之事，说："徐子曰：'仲尼亟称于水曰水哉水哉，何取于水也？'孟子曰：'原泉混混，不舍昼夜，盈科而后进，放乎四海，有本者如是，是之取尔。苟为无本，七八月之间雨集，沟浍皆盈，其涸也可立而待也。故声闻过情，君子耻之。'"可知，孟子对孔子称水的理解是：君子立本，内德充盈而后不断前进，昼夜不稍止息。这纯是从进业修德上讲，根本与所谓的感叹时光易逝没有关系。而《荀子·宥坐》则更分别论述水之德行曰："孔子观于东流之水，子贡问于孔子曰：'君子之所以见大水必观焉者是何？'孔子曰：'夫大水，遍与诸生而无为也，似德。其流也埤下，裾拘必循其理，似义。其洸洸乎不淈尽，似道。若有决行之，其应佚若声响，其赴百仞之谷不惧，似勇。主量必平，似法。盈不求概，似正。以出以入，以就鲜洁，似善化。其万折也必东，似志。是故君子见大水必观焉。'"可以明确看出，夫子观水是从主体着眼，重在以水的特性比方君子所应具有的德行。这段话大体也见于《说苑·杂言》，而且夫子更明确地提出"夫水者，君子比德焉"的观点。又，扬雄《法言·学行》里的论述也有助于我们理解。其文云："或问'进'。曰：'水。'或曰：'为其不舍昼夜与？'曰：'有是哉！满而后渐者，其水乎？'"这段话明显是针对《论语·子罕》"子在川上曰"而发的，而且这里以"进"、"渐"表"逝"义，更加分明。"渐者，进也"（《序卦》），"进得位，往有功也"（《渐·象辞》），可知这些都是就德行事业而言，初与叹年伤逝并无关涉。其他，如《孔丛子·论书》

《尚书大传》《春秋繁露·山川颂》《大戴礼记·劝学》《孔子家语·三恕》等都有论及水的内容，也皆从"君子比德"角度作体察，并无从时间角度观水者。

再从"观物比德"的主体思维方式来看。翻览先秦乃至秦汉间古书，可以看到大量观物比德的事例。除水之外，天、地、玉等也都是君子观物比德的对象。如《论语·阳货》："子曰：'予欲无言。'子贡曰：'子如不言，则小子何述焉？'子曰：'天何言哉？四时行焉，百物生焉，天何言哉？'"是夫子以天为比。又如《荀子·法行》曰："夫玉者，君子比德焉。温润而泽，仁也。栗而理，知也。坚刚而不屈，义也。廉而不刿，行也。折而不挠，勇也。瑕适并见，情也。扣之，其声清扬而远闻，其止辍然，辞也。故虽有珉之雕雕，不若玉之章章。诗曰：言念君子，温其如玉。此之谓也。"是君子以玉为比。他书，如《管子·水地》《礼记·聘义》《说苑·杂言》《春秋繁露·执贽》《孔子家语·问玉》《五经通义》《说文解字·玉部》等，都有相似的记录。再如《说苑·臣道》曰："为人下者，其犹土乎！种之则五谷生焉，掘之则甘泉出焉，草木殖焉，禽兽育焉，生人立焉，死人入焉，多其功而不言。为人下者，其犹土乎？"是为人臣者以土为比。类似的材料也很多，在《荀子·尧问》《韩诗外传》卷七、《春秋繁露·山川颂》《孔子家语·困誓》等书中都可以看得到。可以看出，先秦至秦汉间人观物并非纯就事物本身看，而是以比德的视角体察之，归宿点乃在人之自身。这其实是一种主体思维方式。以此推之，该章显然是讲进德修业而非感时伤逝。"至此，可以得出如下结论：孔子这里所说的'逝者'与时间无关，而是指德性，即一往无前，勇猛精进的精神。"①

---

① 俞志慧：《孔子在川上叹什么——"逝者如斯夫"的本义与两千年来的误读》，《学术月刊》2009年第10期。

然而近代以来，学者们多以感年伤逝解释该章。如钱穆先生《论语新解》虽则并列两说，而他则以"去的就像这样呀！它不舍昼夜地前进"①作翻译。杨伯峻《论语译注》则径直说"《荀子·宥坐篇》《春秋繁露·山川颂》对此都各有阐发，很难说是孔子本意"②，而只认为"孔子这话不过感叹光阴之奔驶而不复返罢了，未必有其他深刻的意义"③。所以，今天大多数人对该章的理解就只停留在感叹光阴易逝了。古今解释的不同，其实反映了人们思维方式的差异。先秦诸子多以主体思维方式体察事物，秦汉间儒者仍多能对此有同情的理解。秦汉以下，除魏晋玄学家、佛家因讲修持功夫而用主体思维有所观照，宋明理学家以道统自任而多能有此种体察外，人们对先秦诸子以主体思维体察事物的方式已产生隔膜，对他们的思想也不能有真切的理解。尤其是晚清以来，因受西化潮流的影响，国人的思维方式已成主客二分的思维，所以研读先秦典籍，考察诸子思想，往往不能感同身受，不能体会其亲切。所以，我们有必要对先秦诸子的主体思维做一番考察。

二、先秦诸子的主体思维考察

上文已经提到，古今人对《论语·子罕》"子在川上曰"章义理解的不同，反映出古今人思维方式的差别，而先秦诸子是以主体思维方式体察事物。那么，我们所指的主体思维是怎样的呢？先秦诸子的

---

① 钱穆：《论语新解》，北京：生活·读书·新知三联书店，2002年，第237页。
② 杨伯峻：《论语译注》，北京：中华书局，1980年，第93页。
③ 杨伯峻：《论语译注》，北京：中华书局，1980年，第93页。

这种思维方式何以体现呢？它又有什么特点呢？这些问题都需要予以具体的说明。

首先来看看何为我们所指的主体思维。人们一般所讲的思维方式，大都是从认识论意义上说的，即主体、客体二元对立关系下，主体对客体进行反映时的思维形式。我们所指的主体思维并非从认识论意义上讲，相反"这种思维方式不把客观世界和思维主体对立起来，不以外部事物及其客观性质作为思维对象，而是从内在的主体意识出发，按照主体意识的评价和取向，赋予世界以某种意义"①。就是说，自然界是作为一种先在的、本原的前提而存在，"并不是作为认识的对象而存在，而是转化为人的内部存在，在人的心灵中就内涵着自然界的普遍原则"②，"人的存在就是世界的根本存在"③。总之，主体思维就是主体透射到自然界，自然界通过主体而收摄进来，并且在主体内在当中获得终极意义。从体察事物方面说，上文提到的"观物比德"就是一个显著的例子。此时的观物，并不在于探究物本身的特性，而在于体察它的某些特点对主体所具有的意义；其着眼点和落脚点都是在人自身。这与西方的思维传统有很大不同，需要特别地留意。从超越的意义层面讲，可以《孟子·尽心上》"万物皆备于我"为例。这句话的意思，或说是"备知天下万物"④，或说是"无一不具于性分之内"⑤；但有一点需要明确，即孟子这句话不是就知识或认

---

① 申小龙：《汉字构形的主体思维及其人文精神》，《学术月刊》1994 年第 11 期。

② 蒙培元：《中国哲学主体思维》，北京：人民出版社，2005 年，第 5 页。

③ 蒙培元：《中国哲学主体思维》，北京：人民出版社，2005 年，第 5 页。

④ 赵岐注云："物，事也。我，身也。普谓人为成人已往，皆备知天下万物，当有所行矣。"

⑤ 朱子注曰："此言理之本然也。大则君臣父子，小则事物细微，其当然之理，无一不具于性分之内也。"

识意义上讲，而是就超越意义的存有论上讲。就是说，自然界事物通过主体而收摄进来以后，其存在的保持和意义的获得均有赖于主体之我。这种主体思维方式与西方的思维根本不同。西方的思维总是在主体与客体的对立下讲认识，所以其哲学总是或偏主体讲思辨，或偏客体讲实证，始终不能主客统一。直到康德才有所转向——讲"知性为自然立法"① 又讲实践理性——以主体收摄客体，然而不够通透圆融。

其次再来看看先秦诸子的主体思维的体现。这里暂且以儒、道两家为例来加以说明。先看儒家。一般人都知道儒家学说主要是讲道德哲学，但我们还应该知道——儒家所讲的道德不是（像西方人所讲的）行为品质层面的道德，而是从存有论意义上讲的道德②。儒家所谓的道德（具体或称为"仁"，或称"义"，或为"诚"，或"礼"，或"性善"等等）不仅是人之所以为人的本质，而且也是世界所以成世界的终极意义所在。当然，这并不是意味着儒家不承认世界的先在性和本原性；这个他当然是承认的。但他只是把这个层面的世界看作一个前提，对它实际上是置而不论的；他所关注的是被收摄到主体内在当中的世界，世界在主体的内在当中实现其存在的维持及其意义和价值的获得。正是在这个意义上，才可以讲"一日克己复礼，天下归仁焉"（《颜渊》），才可以讲"诚者物之终始，不诚无物"（《中庸》），才可以讲"万物皆备于我"（《尽心上》）；否则，这些话就都成了任心胡说的疯话。有不少人正是因为没能了解到儒家道德的存有论意义，而对其学说产生很大的误解。儒家的主体思维除了体现在道德的存有论

---

① 康德此言有近于孟子"万物皆备于我"，然而康德只认为上帝才有无限智，而人只能从侧面体察到无限智而本身并不能具有无限智，所以人不能上达于天而获得超越的意义，这是他的不通透处。

② 儒家讲道德的存有论是和"天"连在一起的，如他们讲"维天之命，于穆不已"（《周颂·维天之命》），也讲"于乎不显，文王之德之纯"（《中庸》）和"天行健，君子以自强不息"（《周易·乾·象》）等等。

外，也体现在道德实践的功夫论。如夫子讲"克己复礼"（《颜渊》），又讲"我欲仁，斯仁至矣"（《述而》），《大学》《中庸》都讲"慎独"，《中庸》又讲"君子诚之为贵"，孟子则"道性善"（《滕文公上》），讲"求其放心"（《告子上》）、"扩而充之"（《公孙丑上》），都是从主体证悟讲道德。即是说，儒家着重从践履上体证道德，而非从知识上认识道德。讲道德的存有论和功夫论是儒家主体思维方式的体现。这是我们了解儒家学说，学习儒家学问所不能不首先明白的。

  再看道家。其实，道家讲境界论，也讲功夫论。一般人对道家的印象就是说道家是讲本体论的，因为他讲"道"，就是讲世界本原。但我们只要拿道家的学说和西方的本体论相比较，就明显感到道家虽然讲"道"，但实际上他的学说的重点并不在讲本体，他所讲的是境界。《老子》讲"道生一，一生二，二生三，三生万物"（四十二章），又讲"道生之，德畜之，物形之，势成之"（五十一章），确实讲到了"道"的本原性；可是，书中又讲到"天下万物生于有，有生于无"（四十章），消极地讲"无"，其实把道作为本原的实在性消融掉了。我们仔细体味就会明显感觉到，道家的"道"其实只是对作为本原之"无"的侧面的间接的描述，只算是对本体的一个悬置的交代；而其关注的重点则是主体由对"无"（或称"道"）的体悟而具有的境界。《老子》讲"人法地，地法天，天法道，道法自然"（二十五章）、"无为而无不为"（三十七章）是这样，《庄子》讲"逍遥游""齐物论"更是如此。老、庄讲"道"的地方很多，而且从各种侧面对"道"做间接的描摹，但是归根结底则着眼于主体之"法道"而"无为而无不为"，而"齐物""逍遥"。也正是因为这个原因，牟宗三先生说"道家是彻底的境界形态"[①]。除了存有

[①] 牟宗三：《中国哲学十九讲》，长春：吉林出版集团有限责任公司，2010年，第92页。

论，道家也讲功夫论。《老子》讲"致虚极，守静笃"（十六章），又讲"常无欲以观其妙，常有欲以观其徼"（一章），《庄子》讲"心斋"（《人间世》），都是体道悟道的功夫。经过这样的功夫实践，就可以达到"生之畜之"①（十章）、"无为而无不为"②（三十七章）的境界。这些都是道家主体思维的体现。

最后，再来看看主体思维的特点。结合上文的论述，我们可以把主体思维的特性概括为三个方面，即主体性、实践性、超越性。主体思维的主体性，不是西方主客二分思维下的主体意义，而"是主体以自身为对象的思维。它不是把自然界对象化，而是把自然界人化，不是在对象认识的基础上进行反思，而是进行直接的自我反思，即在经验直观的基础上直接返回到自身，从主体存在出发，建构思维模式。其思维定式是认识自我、实现自我、超越自我"③。在这种思维方式下，主体的存在即是世界的根本存在。主体思维的实践性，是指这种思维内在地包含着体证践履的实践活动，这从先秦诸子讲功夫论可以看得很明白。这种思维下，主体得到的不是知识，而是智慧。《老子》"为学日益，为道日损"（四十八章）不是把二者分得很清楚吗？这点与西方的知识传统很不一样。西方在主客二分思维方式下，以主体去认识客体，寻求世界本原的本体，讲求实证的精确的知

---

① 王弼注云"不塞其源也""不禁其性也"，即极准确地把握到了道家的境界精神，因为他了解道家所谓"生之畜之"不是实体之生，而是不生之生，即是"无为而无不为"的境界。

② 牟宗三先生在《中国哲学十九讲·第五讲：道家玄理之性格》中评论道："显这个无的境界的目的是要你应世，所以'无为'一定连着'无不为'。有无限的妙用才能应付这千差万别的世界，所以道家的学问在以前叫'帝王之学'。"至为精辟，可参看。

③ 蒙培元：《中国哲学主体思维》，北京：人民出版社，2005年，第5页。

识，由此开出科学传统。中国文化则在殷周时期便转向主体①，以主体思维体察世界，追求主体境界，达到"天人合一"，从而获得一种超越的存在。由此开出的则是生命的学问。所以牟宗三先生说："中国文化之开端，哲学观念之呈现，着眼点在生命，故中国文化所关心的是'生命'，而西方文化的重点，其所关心的是'自然'或'外在的对象'（nature or external object）。"② 主体思维的超越性，是指主体的存在借着自然本善之性或心之清明，加上"于穆不已"或"为道日损"的功夫，最终可以指向终极的无限超越。简单说就是，在儒家都承认"人皆可以为尧舜"（《告子下》），在道家也都相信人是可以得道的；或者现实上未能实现，但在根本上是可以实现的。所以说，主体思维下的主体具有超越性。在传统中国，人的不朽性由宗法得以满足，人的超越性则由得道成圣得以实现。而在西方，不朽性则依赖于上帝来保证；至于超越性，则根本认为人没有超越性，只有上帝有超越性。以康德之伟大，他虽然已经可以说出"现象与物自身的分别是主观的"③ 这样的话，但他认为只有上帝才具有"非感性的直觉"（non-sensible intuition）——正面说即"智的直觉"（intellectural intuition）——所以人无法体认到没有表象的物自身。即是说，人无法获得超越现象层之上的无限性。

以上对先秦诸子主体思维做了一番粗略的考察。可以说，主体思维是殷周以后人文精神的核心，也成为我们传统文化特性的一个表

---

① 关于主体转向的历史背景，可参看拙作《论"新子学"的内涵及其意义——兼谈子学与经学之别》（《集美大学学报（哲社版）》2016年第3期）中的相关论述。

② 牟宗三：《中国哲学十九讲》，长春：吉林出版集团有限责任公司，2010年，第13页。

③ 牟宗三：《中国哲学十九讲》，长春：吉林出版集团有限责任公司，2010年，第199页。

征。与西方的思维方式相比较,主体思维的缺点至为明显,但它的优点和特色则更为鲜明。有比较才能够有简别,才能够融会贯通,继往开来。令人遗憾的是,近代以来受世界格局变化的影响,国人对主体思维的缺点作了很彻底的批判,但对主体思维的优点则没能有所继承。经过百余年的激荡,现在我们处在文化转型的关键时期,更多的是需要进行积极的文化建设。方勇先生提出"新子学"理念,就是进行积极的文化建设的一种尝试和努力。我们以为,"新子学"作为继往开来建设新文化的一种思路和实践,首先要呼唤先秦诸子主体思维的回归。

三、"新子学"呼唤主体思维的回归

方勇先生自 2012 年发表《"新子学"构想》[①] 提出"新子学"理念以来,又陆续发表了数篇文章[②]对该理念做了更深入的思考和探索。"新子学"理念的提出,是在中国经过百余年西化影响的背景下,在当前我们文化面临转型的关键时期,所努力推进的一种以积极态度建设新文化的尝试。其愿景是十分明确的,即在全球化的视野下对治现代性问题。这又包含两个层面:一是还原原生态的先秦学术传统乃至文化传统,汲取其精华与智慧,继往开来;二是直面当下全球性的现实困境,融汇中西所长,为世界文化发展寻求出路。中国新文化的开创,一定是同时包括传统文化的转型和对现代性问题的解答两

---

① 方勇:《"新子学"构想》,《光明日报》2012 年 10 月 22 日,第 14 版。
② 方勇:《再论"新子学"》,《光明日报》2013 年 9 月 9 日,第 15 版。方勇:《"新子学"申论》,《探索与争鸣》2013 年第 7 期。方勇:《三论"新子学"》,《光明日报》2016 年 3 月 28 日,第 16 版。

个方面。因此,"新子学"应该(也必须)既是一种理念,又是一种思维方式,更是一种实践。在这个意义上,我们认为"新子学"首先要呼唤先秦诸子主体思维的回归。

要探寻先秦诸子的原生态样貌,继承和发扬传统文化,应呼唤先秦诸子主体思维的回归。"新子学"认为,先秦诸子的学术传统真相受到遮蔽,一方面是由于后世经学思维的学术分类方式,另一方面则起于西方话语模式下的学术分科方式。所以,我们首先要打破的是经学思维。其实,中国的传统学问——包括先秦诸子、汉代经学、魏晋玄学、隋唐佛学、宋明理学等——在思维方式和哲学取向上都有很大相似性,都可以概括为生命的学问。我们之所以强调"呼唤先秦诸子主体思维的回归",是因为先秦诸子学术是"内圣外王"之学,保持着其原初的丰富性和鲜活性,而后世的经、玄、佛、理已偏重比较窄面的学理,社会整体上则越来越受到经学思维的固化。近代以来,我们的学术传统(包括经学、玄学、佛学、理学)的整体被西方学科分类体系所肢解,而且国人的思维基本都成了所谓的"理性"(主客二元对立)思维,这就造成我们不能了解中国传统学问的整体,也不能亲切体会中国传统学问的精神。上文所举今人不能理解"子在川上曰"章本义,就是一个有力的例证。所以,我们如欲了解先秦诸子学术之真面貌及其学术的整体,欲继承其真精神和大智慧,欲继往开来催发新文化,首先应呼唤先秦诸子主体思维的回归。

要对治现代性问题,追求身心和谐、世界和平、生态平衡,应呼唤先秦诸子主体思维的回归。近代以来,西方借着科学技术的发展,以工业生产的雷电之势,向外大规模地殖民扩张,几乎把世界其他文明都纳入其势力范围和文明同化之中。与此同时,工业化和现代化过程中所产生的人文危机、极权主义、种族主义、生态破坏等全球问题也给世界各国人民带来前所未有的挑战。然而,这些问题对世界很多国家或部族来讲是被动地产生的，因为在西方殖民扩张之前，世界各部之间的交流还是比较有限的，各部也都有自己的文明传统。可以说，现代性的问题是西方文化传统下所催发而生的世界性问题。

西方的文化是一种探究客观自然的文化，其思维是主客二分的所谓理性思维。古希腊哲学如此，文艺复兴也是如此，到近代科学技术思想更是如此。西方这种文化传统和思维方式，终极上追求确定性，方法上讲求实证，所以往往造成身与心、自身与他人、人与自然的分裂对立。可以说，现代性问题多是西方这种文化传统和思维方式下产生的。近代康德虽然试图贯通主客二者，但他所用的思维方式仍是主客二分的思维，其方法仍是实证的方法，所以结果就是小约翰·柯布（John B Cobb, Jr）所说的"康德的批判理论强化了由笛卡尔提出的人类与自然的根本区别"①。又因为西方的文化传统使他不能承认人具有"智的直觉"（intellectual intuition），所以凡是实证之外的超越性就只归之于上帝。问题的症结在于：一方面西方传统尤其近代文艺复兴以反神学、弘人权、讲理性为旗号和追求，另一方面又因讲理性和实证而只能把人之超越性的部分归之于上帝。一句话，在西方传统和思维下，他们始终无法在上帝之外，从人自身上找到保证人和世界得以维持进而达到完满的终极根据。但这个问题在中国文化中就不存在，因为中国殷周易代之际即开出的人文传统，其思维方式是主体思维，承认人具有超越性，可以上达于天。此外，中国人文传统讲宗法、重史统，则人们的长生不朽的愿望亦有所保证，所以中国不需讲上帝，因而也没有西方意义上的宗教。而在西方，不管在保证人的永生不朽上，还是在使人获得超越性的共感上，上帝和宗教都必不可

---

① 欧阳康：《建设性的后现代主义与全球化——访美国后现代主义思想家小约翰·柯布》，《世界哲学》2002年第3期。

缺。此外，在西方传统和思维下，其学术追求的是客观知识，又讲求知识的实证性。前者产生唯理论，极易导出极权主义和世界中心主义；后者易于偏向唯物论，而导出强权主义和物质主义。纵观资本主义国家的发家史及当代世界格局，这些问题昭著无遗！而在主体思维下，先秦诸子追求的是"智的直觉"（intellectual intuition），内在地包含着实践，向内体证而不向外求——即在现实世界中求其超越性——故而是自足的、和平的。这反映在现实上就是大同主义、和平主义。所以诸子虽也讲天下主义（或世界主义），但绝对不会讲霸权主义，因为他们的最高理想是天下大同、王道之治。前人分析中国的和平主义传统，多从地理位置和农业文明的角度着眼，而从未谈及先秦诸子主体思维，我们以为未能道出其中根本和实质。再者，西方传统和思维模式下，自然是人类探索的对象，也是人类索取的对象，这就势必造成人与自然关系的紧张。工业化和大机器生产所带来的环境污染和生态失衡，其实正是这种主客二分思维方式的现实化的展现。而主体思维下，主体收摄自然界为内部存在，以自然界的根本意义即在于人存在的意义，所以人与自然是一个整体，是一个天人合一的融合体，是一个具有呼吸吐纳、新陈代谢、生生不息的生命体。这种天人观对应对当前全球性的生态危机具有启发，也给人们提供了新的思路，这一点世界上不少有识之士已经明确关注到。所以，我们如欲面对全球性的现实困境，融汇中西所长，为世界文化发展寻求出路，完满实现中国文化的转型，应当呼唤先秦诸子主体思维的回归。

诚然，西方文明也是有其优势值得我们学习和借鉴的。比如，西方传统和思维方式下所开出的科学技术，极大地改变了人们的思考方式和生活方式，对世界影响深远。科学技术的贡献，我们当然是承认的，也是我们所努力借鉴学习的，因为这正好可以弥补我们文化传统和思维方式所存在的"综合有余、分析不足""思辨有余、实证不足"

"心力有余、体力不足"的问题①。同时,中国文化传统和思维方式对应对当前全球性的现代性问题提供了一种极有启发的思路。世界文化的出路,一定是在东西文化交流融汇后所酝酿催发出的新的文化形态。当前,中国文化的转型和新文化的开创当在这个视野和思路下进行,如此才能融汇中西,继往开来,取得完满的转型和强健有力的发展。思维决定行动。所以我们认为,作为以积极态度推进新文化建设的一种努力,"新子学"首先应当呼唤先秦诸子主体思维的回归。

(原载于《诸子学刊》第十五辑,作者单位:华东师范大学中文系)

---

① 其实,中国传统的学问一直分"道"与"技"、"内圣"与"外王",不过先秦诸子是重道而不轻技、内圣而求外王,能够把二者平衡结合起来,但是后代则渐趋于偏颇。

为"新子学"再进一解：借造论开发经中义蕴
——以《孟子》"圣之时者"章为例

（台湾）曾昭旭

引　言：如何落实即子即经之定性定位？

2017年10月，"第五届'新子学'会议"在台北召开，笔者应邀参加，发表《为"新子学"定性定位》一文，略谓子学之根本定位在即子即经，而其定性则在即理显道，此乃相对于史部之即事显道、集部之即情显道而言。三者皆与经（道之所寄）有相即之关系，而子学则以说理为特出，故性质近于哲学，亦即长于藉哲学思辨以彰显经中以实践体验为主而本质属不可言说之道也。然虽如此，其与经之关系仍属相即，故云即子即经，或即理即道，盖亦即知即行、即言说即实践之谓也。

因此"新子学"之所以有别于旧子学者，虽以回应西方哲学之冲击故，更重视分析思维、概念操作、理论建构，以补传统子学之不足；但仍当念念不忘其即子即经之本怀，所有概念分析皆是源于实践之体会，亦是为未来之实践作准备，而非徒逞其知识兴趣。以是在方法上当更善用辩证思维，以出入于分析与非分析（实践体验）之间；

以圆成方法与本体，或工夫与本体之相即为一体之道之圆义也。

唯上一文之所论，或本文以上之扼述，仍只是一原则性的厘清与肯定；如何落实以构成或促成新一代子学恰如其分之作为与成绩，则尚未及讨论。因此借本次新子学会议之机缘，拟作更进一步之探讨。

一、以子证经之方法论厘定

（一）经子关系之再厘定

前一文虽对经子关系已作最基本之厘定（即理显道之相即关系），但仍有可进一步说明者。于此吾人不妨即借《庄子·天下》之论百家诸子与先王道术之异同来说明。

按《天下》篇论先王之道术，即所谓内圣外王之道，其要即在其性质乃属纯、全、一、备、通，即所谓大体；以今语言之，亦即扣紧宇宙人生之实存也，此全体实存即谓之道。而百家诸子处道术为天下裂之后，"不幸不见天地之纯，古人之大体"，只能"判天地之美，析万物之理，察古人之全"，却"寡能备于天地之美，称神明之容"，亦即"多得一察焉以自好"，遂不免成为"往而不反"的"一曲之士"①。亦即遗落了纯、全、一、备、通之实存，而遁入有限且自我封闭之语言世界或理念世界也。

但依《天下》篇之批判，先王之道（通人）与百家之学（专家）似属绝不相及之两橛。此于当时实情，固亦相近；但若如理而言，则二者不必然对立矛盾。即其人固可同时是专家亦是通人，其学

---

① 上引俱见郭庆藩撰：《庄子集释》，台北：华正书局，1997年，第1069页。

可一方面精察道或圣人之一体，亦同时通于全体。原来一曲之士非因他"得一察焉"，而是在他因此而"自好"；亦即"往而不反"（分析之后忘了适时放下分析），以致执一体以为全体也。因此，只要从事诸子之学者，能自觉地出入于分析与非分析之间，活用辩证之思维，既精修密察其分析思辨能力，亦不废生活实践、心性修养之工夫，便能兼备专家通人两重身份，不背即子即经之本怀，而善尽即理显道之责任矣！

（二）原典身份之再厘定

据上所论，人若能自觉而不执，便能即子即经，而子亦经矣！《论》《孟》《老》《庄》即其尤也。其言虽一方面是对道之议论分析，但同时亦即是道之指点与呈现，即同一语句即同时具两重身分，其一是语言（主分析铺陈），其二是道（主象征指点）。即《庄子》盛言之言与道之辩证，或显处是言隐处是道，或道在言外亦在言中也。

如此形态之言说，若从言说本身来看，即是其言说总留有许多言之不尽的余韵，即所谓含蓄，所谓留白，所谓言有尽而意无穷。亦即其言说非只是平面之言说，而亦是立体之宇宙，可供人于其间藏修息游，骋其遐思之所在。而若从著作者来看，则是因其著作缘自对道的体验领悟，故即使只就某一端予以分析论列，亦自有对全体感通之情渗透其中，而足以散发出一种难以言喻的召唤，而令读者为之感动兴起。再从读者来看，则是阅读行为不仅止于感官头脑的理解，而更有生命心灵的触发，在若有会心之际，引动人对自家整体生命经验的反省疏理，从而厘清疑似、打通淤塞、照亮昏暗，乃至涌现生命的整体存在感，而有见道之体悟。而所以能有此启发灵智、伐毛洗髓之功，究之不过是言说中涵有道而已，即所谓即子即经也。

(三) 从六经注我到我注六经之著述情怀

据上节所论，子学著作之所以即子即经，其义遂可有更清楚之厘定，此即子学作品之所以著述，根本即缘于为经中所涵之道所触动启发，所疏通洗涤，然后心中油然涌现对经中某触动点之感悟、思维、引申、勘入，从而不容已地欲对之有所回应、申论、说解、发明，遂为之著文成篇，以相印证，于是道亦在其文中，与经中义理后先相续，而其性质地位亦与经差堪相侔矣！

换言之，其著述之内容，即使不足以称纯、全、一、备、通，而只得一体、备一说以自名（于此称子而非经），但只要根本态度不执此一得以自好，而精神血脉可上通于道，且于道之一体亦不无发明印证之功，则名虽子而实亦可侔于经矣——所谓即子即经也！

若此之著述，就其与经与道血脉相连而言，乃不妨即以"六经注我，我注六经"以名之。六经注我者，借经中之道以疏导我之生命、启发我之灵智也！我注六经者，以我之体道经验去印证经中义理也！而克实言之，启导我者不必为原始之"六经"，亦可以是后人之继作（如《论》《孟》《老》《庄》、宋明诸子乃至今人体道之著），只要其中有道，自亦足以启导我，我亦可继作吾文以与之相印证。于是后先相续，遂构成一从道统到学统之宗传谱系。此于文学（如钟嵘《诗品》断言某人之诗出于某）、禅学（如一花五叶之传灯）皆然，于儒学当更不例外。

(四) 当代"新子学"之方法论特色

在即子即经之主题下，前三小节所论，皆重在其所以即经，今当再论其所以即子。

如本文引言所论，当代"新子学"所以有别于旧子学者，在回应西方哲学之冲击，当更重视分析思维、概念操作与理论建构。亦即：旧子学之共同形态，在径以一己之体道经验去呼应道与历史经典。虽亦不无说理，仍属直抒义理，而罕见就经典之某一重点或课题，作分析性之展开以形成结构性的理论。而当代"新子学"则当以学术论文之形式，为印证经典及其所涵之道，作别开生面之表现也。

当然，本文仍愿再次强调：此乃是在即子即经之前提下所作之概念分析、理论建构。若有违经典本怀，无涉人性常道，则分析再精，徒为戏论，亦有愧于子学之名矣。

因此，当代"新子学"之著作，当然是兴发于读历史经典时的"道之触动"，遂对与此触动有关之文字浮现一与道有关之问题感，与顺此以勘入之深思，逐渐形成一可能的理论架构，终于表诸文字，成就作品。

在此一历程中，要点有二。其一是对"道之触动"之省察。这当然要回到个人的生命经验，去作一体验性之回顾，即宋明儒所谓"验诸身心"，亦属于前文所谓"六经注我"之阶段。于此须够诚实够恳切，才能对自我生命乃至人性的普遍常道更增清明的感悟与理解，而油然起欲有以回应之念，即由六经注我渐过渡到欲以我去注六经也。

至于要点之二，则是回到与此触动相关之经典原文，试作一番环绕此触动之思考、分析、整理、建构，以期能对一己之触动内涵，以及由此延伸到对道或人性普遍常道之感悟与理解，作出客观如理之表达。于此，要义乃在客观理论性之表达而非主观感想性之表达——即有别于旧子学之特色所在也！

二、据经造论之实践：以《孟子》"圣之时者"章为例

上节所述，实即笔者长久以来，由六经注我进而以我注六经之心得报告，盖亦一种中国式的诠释学循环也。笔者因此写成之论文亦颇不少，例如据《论语·为政》"道之以政"章，构造一"人生需求层级理论"，以谋生活动（谋食）为初阶，文化活动（谋道）为进阶，以表述孔子的成人之学，并据此以与马斯洛之需求理论对照，而见出儒学之德性的自我实现，有胜于西方才性的自我实现之所在。

又如据《孟子·滕文公上》"父子有亲"章，为五伦设计一理论架构，乃是以两组判准（上下抑平行、主情抑主理）区分出四种人伦基本型，而以两纵线两横线构成之井字图形表示，遂得上下而主情之父子伦、上下而主理之君臣伦、平行而主情之兄弟伦、平行而主理之朋友伦；至于夫妇伦，则在井之中央，亦即处纵横之交、情理之间也。吾即据此论各伦之应有本质、诸伦之理论先后、中西文化选择为主导伦理之差异及因此各显胜场之故，并据以检讨传统伦理之不足所在。

又如据《论语·宪问》"仁者不忧"章，构造一工夫论与辅导学之程序理论。略以"仁者不忧，忧则不仁；何以解忧？以仁解忧"为第一阶，亦即儒家慎独之教也。若不能及时反本，便将引致"智者不惑，惑则不智；何以解惑？以智解惑"之第二阶，亦即佛家以般若智度脱烦恼之教也。而若不能及时自悟，便将引致"勇者不惧，惧则不勇；何以解惧？以勇解惧"之第三阶，亦即耶教借坚强之信仰以蒙救赎之他力宗教也。徐复观先生尝判儒主忧患意识，佛主惑业意识，耶主恐惧（怖栗）意识，亦可印证。

以上略举数例以明据经造论之义，下文即为配合本文主题，举《孟子》"圣之时者"章为例，作较详尽之展开。

(一)《孟子》"圣之时者"章之通经指点

《孟子·万章下》有云：

> 孟子曰："伯夷，圣之清者也；伊尹，圣之任者也；柳下惠，圣之和者也；孔子，圣之时者也。孔子之谓集大成。集大成也者，金声而玉振之也。金声也者，始条理也；玉振之也者，终条理也。始条理者，智之事也；终条理者，圣之事也。智，譬则巧也；圣，譬则力也。由射于百步之外也，其至，尔力也；其中，非尔力也。"①

此则原典明显有两个关键词语，即"圣之时者"与"集大成"，而两者语意则可互相补足，而俱指向内圣外王，一体全备，即《庄子·天下》所谓纯、全、一、备、通也。就中"圣之时者"主眼在"时"，亦即道德方向灵活而应几之抉择，乃扣紧始条理所谓"智之事"。而"集大成"之主眼则在"集"，亦即综括诸端法门（如清、任、和）而有一总体性之实现，乃更重在呼应终条理所谓"圣之事"。当然，两者虽各有所显而实相涵，故"圣之时者"亦涵终之圣，"集大成"亦涵始之智；盖必如此始足以称一体全备也。但虽俱属全备一体，毕竟仍各有所显；于是吾人遂可借此二词语厘订出二概念，以分析性地点出儒之所以为儒之本怀所在。

于此仍不妨先回到《庄子·天下》之批判百家诸子，其中独无孔子。原因不难理解，显然即在置孔子之地位于道术尚未为天下裂之前，属内圣外王之大体，具纯全一备通之本性。吾人若亦据此以为儒

---

① （宋）朱熹撰：《四书章句集注》，台北：鹅湖出版社，1984年，第315—316页。

定位，则当说儒非百家诸子之一家一子，亦不可以某一有限本质为儒定义，而只能随机就某一侧面切入以指点。而"集大成"与"圣之时者"即是对儒之所以为儒之恰当指点语，而非有明确定义之概念语，或实无概念内容之空概念，即所谓无相之相也。

就中"集大成"一语，重在藉静态的义理内容切入以指点（犹如老子藉有之一端去指点道）。意即：儒实无任一确定之内容足以标示其为儒之所以为儒之本质者（亦即不可定义也）；儒乃是对天下各家所有之人文业绩、创造成果，皆由衷肯定、接纳、欣赏、赞叹，并愿认真学习、消化，以期将之一一融入儒或中华文化之大家庭，以圆成一和谐之整体，即所谓集大成也。

于此必有人质疑：若然，则儒全无自家创造，岂非尽属剽窃？吾人将答曰：兼融百家，固不排除其中亦可有自家之创造，只是不据任一有限之人文内容以标识自我而已。其次，儒其实亦正有一属性为诸家所无唯儒独有者，即善能将各家之人文内容安排在恰当之位置，使各家如《中庸》所谓"万物并育而不相害，道并行而不相悖"①，而共成一雍穆和谐、活泼优美之大秩序，即所谓礼乐文明，即所谓集大成也。此无特色之特色，岂非即儒家或中华文化之最大特色所在吗？

至于"圣之时者"一语，则重在藉动态的当机善择切入以指点（犹如老子藉无之一端去指点道）。意即：儒实无一恒常之行动程序足以标示其之所以为儒之风格者（亦是不可定义）；儒乃是在各种可能的规格程序中，看眼前当下现在此一刹那，那一种规格程序最为恰当相应而即选用之而已。此即孔子所谓"无适也，无莫也，义之与比"②，

---

① （宋）朱熹撰：《四书章句集注》，台北：鹅湖出版社，1984年，第37页。

② （宋）朱熹撰：《四书章句集注》，台北：鹅湖出版社，1984年，第71页。

或孟子所谓"大人者,言不必信,行不必果,唯义所在"①。因此,在前几后几之间,其所选择并无一可预见之规律,而只是由一一偶然而独立之选择所串成之事实之流(而非因果序列)。故后先关系,是变而不是动(故《易》之义是变而非动)。此亦可说之为无程序之程序,较诸"集大成"之为无相之相之总体相,"圣之时者"无宁更切近儒之核心精神(犹如道家分别从无与有切入指点道,而无更为切近),故《易》义仍以时最为微妙也。

当然,如前所言,"集大成"与"圣之时者"既非实有所指涉之概念,而是分就不同侧面切入以指点之象征(以象征意),则就其所指点而言,实是同一不可说之道或实存。故二者关系乃是相涵相摄相即而为一体(犹《老子》所谓:无与有乃"同出而异名,同谓之玄"②),即王船山所谓"两端而一致"③,即中国哲学方法论上最为特色之辩证思维也。孟子亦以此动、静两端(以两端涵万端)指点出孔子不可界定之人格(所谓"荡荡乎!民无能名焉"④),吾人亦正可引申之以指点六经与儒与中华文化之总体存在及其精神也。此之谓通于经亦即上达于道之指点也。

---

① (宋)朱熹撰:《四书章句集注》,台北:鹅湖出版社,1984年,第292页。

② (三国)王弼撰:《〈老子〉王弼注》,台北:河洛图书出版社,1974年,第2页。

③ 语见王夫之《尚书引义》:"两端者,究其委之辞也;一者,沂其源之辞也。"(清)王夫之:《船山全书》第二册,长沙:岳麓书社,1992年,第358页。

④ (宋)朱熹撰:《四书章句集注》,台北:鹅湖出版社,1984年,第107页。

（二）《孟子》"圣之时者"章之人格类型学建构

上节先从"圣之时者"章开展出借指点以通经之一面内涵；当然这已不是原文已显示之纯指点，而是加上先概念分析再消融此概念分析之辩证历程（先建立一静一动、一始一终之对偶性概念，再说二者相涵相即），以更清晰地从两端指点一致之道。此即经学子学化或哲学化之表现也。

但上节之讨论仅扣紧原典中之两个关键词语（"圣之时者"与"集大成"），对衬托此二关键词语之部分，即圣之清者之伯夷、圣之任者之伊尹、圣之和者之柳下惠，尚未暇顾及。然则就此而言，原文有蕴涵什么可待开发之处吗？

笔者以为，此处蕴涵有一人格类型学之架构，而且是一种儒家式的人格类型学。吾人正可据此章，在其核心主题（即上节所述之通经指点）之外，更延伸出此一旁枝之理论架构，以与科学的人格类型学作一比勘，而见出儒学之特色与胜场。

首先，吾人可将三子之类型（圣之清、任、和）与孔子之类型作出概念性之区别，即三子之类型是属于有明确定义与有限内涵之科学性概念，孔子之类型则相反的是属于无确定内涵，亦不能定义之空概念（非概念之概念），亦即只是一道德学或心性学之指点也。

三子类型之概念定义，以孟子之言表示：圣之清者即"目不视恶色，耳不听恶声，非其君不事，非其民不使，治则进，乱则退"；圣之任者即"何事非君？何使非民？治亦进，乱亦进"；圣之和者即"不羞污君，不辞小官，进不隐贤，必以其道。遗佚而不怨，厄穷而不悯"。当然此非正规严谨之定义，但至少已表示这是可以定义的。至于三子之足以称圣，其义实非儒家之仁者圣者，而应理解为"极致之典型"（相当于西方仅存于上帝心中之 Idea）。"圣之清者"即于清此一人格类型而言，伯夷足以为极致之典范也。

而综合清、任、和三类型，实表示了一种人格之三分法，即表示人格中之三种结构性成分，藉此足以说明每一具体人格之内涵，皆不外此三种成分以不同比例之组合。于是即可构成一种人格类型学，以为分析每一具体人格之工具。

按一般人格类型学，可有二分法（如阳刚阴柔、理性感性、外向内向之分）、三分法、五分法（如木火土金水五型）、十二分法（如十二星座）等等，而以三分法最为普遍。三分法中之最知名者厥为血型之A、B、O，此外更有据体型（神经型、脂肪型、筋骨型）、气候（热带、温带、寒带）、文化体之发展阶段（草创期、成熟期、衰落期）以为三分标准者。而上述诸系统皆依相同次序列举其三型，可比对参看，如神经型相当A，脂肪型相当B，筋骨型相当O等等。

于是吾人回看孟子所提之人格类型三分法，亦有同样之呼应，此即：清相当于A，和相当于B，任相当于O。而可纳入三分法之大家庭中与各种三分法人格类型学通邮。于此所呈现之意义，即在孟子之学，未尝无分析之内涵、科学之成分，只是未予充分展开而已。其实细察《孟子》全书，孟子头脑之清楚、概念之明晰、理论架构（虽只具雏形）之完整，实足赞叹，而不愧为亚圣。此处之人格典型三分，其一例耳。但蕴涵之重要意义，乃在孟子已为儒学之理论化或现代化，奠定坚实之基础，此即：在指点实存（道）、直指本心之前，须先作好明确之分析。盖必先有分析，然后才能消融、超越分析以显道，才能完成两端一致之辩证思维也。尤其在"圣之时者"一章，孔子之为圣之时者，实必须在三子之分析性类型学之基础上，才能充分彰显者。此正本章原典之所以可贵也。

于是吾人再回顾孟子对孔子圣之时者之人格形态之述说，乃是："可以速而速，可以久而久，可以处而处，可以仕而仕。"此论孔子去国之道，出处之节，与之前论三子之事君使民，当然是同一论题而单显孔子与三子不同之特殊形态。但若针对三子人格类型之概念本质之清、任、和而论，则孔子特殊之人格形态正可改说为："可以清而清，可以任而任，可以和而和。"于是孔子之独特形态，遂与三子之类型，构成一微妙之关联，而共成一特殊之人格类型学，即不妨称之为"儒家式的人格类型学"。

此特殊之人格类型学之组成，可分两个部分，其一即三子以其清、任、和构成一具分析结构性之静态理论。其二即孔子以其圣之时者之动态呈现所表示之道德生活之实践主体也。此两部分乃以实践主体为本而构成一心与身或道与器相即为一体之辩证关系；从而使如此理论亦成为两端相即之辩证性理论也。

此义再详言之，即在儒家式的人格类型学，静态结构之部分并非理论之主体，而仅具备以待用之从属地位。理论之主体，乃是落在道德实践者身上，即圣之时者之圣人也。于此圣遂不是某类型之极致呈现义（如圣之清者任者和者），而是具体人格之圆满义。而且此所谓圆满，亦不是指结构之完美无缺，而是指其人生心动念、举手投足，无不恰当。此即以圣之时者来表示，亦即当清时清，当任时任，当和时和也。于是清任和之类型结构，遂只成为烘托圆满人格、说明圣之时者何以为时之凭藉，亦犹如《老子》所谓"有之以为利，无之以为用"①。利者即凭藉义，用者才是主体义。即"有之"（包括形体、知识、结构性理论）乃"无之"所藉以呈现发用之具也。而此圣之时者之主体部分，当然是非分析而只堪指点之部分，亦即指实存之道或自由无限心也。

如此兼具非分析之道与分析性之器，而两者相即为一体之理论形态，即可称为辩证性理论，而有别于纯属分析性之知识理论。克就人格类型学而言，即所谓"儒家式的人格类型学"也。吾人即据《孟

---

① （三国）王弼撰：《〈老子〉王弼注》，台北：河洛图书出版社，1974年，第12页。

子》"圣之时者"章而见出其中有此理论形态之蕴涵，而尝试通过现代之分析性思维予以充分表出者也。

结　语

　　以上所述，即站在"新子学"之立场，不背即子即经之本怀，为据经造论之课题，所作之讨论与例示。而造论者则须具备两项条件或素养，始足胜任。其一即现代学者所当须具备之概念分析、理论建构之能力，亦即"新子学"所以为新之部分。其二即传统儒者所当须具备之心性修养、道德实践之工夫，亦即"新子学"所以为子，而不背即子即经本怀之部分。盖无前者无以开新运而成新业，无后者则无以承道统而踵前贤。此志吾久存心中，幸藉第七届子学会议之缘，略述一得之愚，以与与会诸贤相勉云尔。

　　（原载于《诸子学刊》第十九辑，作者单位：淡江大学中文系）

"新子学"与经典价值的再发现
——由"新四书"的建构谈起

张 泰

自方勇先生2012年提出"新子学"构想以来,学界对于"新子学"的讨论方兴未艾,此后,方勇先生又连续发表三篇文章①,使"新子学"始终走在时代前列,坚持传统与现代两条线索,既注重回归原点,探求诸子时代的原始面貌,又面对当下,展望未来,研究"新子学"对中国与世界文化的重构。在发展过程中,"新子学"除注重自身理论的建构外,也注重与"新儒学""新经学"等思潮的交流与对话。

经学作为历史上占主导地位的学术形态,在当代社会也面临新的发展局面。近年来,学者对儒学的经典也开始进行重新界定,提出很多全新的构想,如梁涛先生提出以《论语》《礼记》《孟子》《荀子》为"新四书",进行儒学的创新与重建②。"新子学"要求对中国传统文化进行重构,首先便要回到先秦诸子时代,破除经尊子卑的观

---

① 这三篇文章分别为:《再论"新子学"》(《光明日报》2013年9月9日,第15版)、《三论"新子学"》(《光明日报》2016年3月28日,第16版)、《四论"新子学"》(《光明日报》2018年10月13日,第11版)。
② 梁涛:《"新四书"与"新道统"——当代儒学思想体系的重建》,《北京行政学院学报》2014年第3期。

念，对经典文本的结构进行重构，还原经典的价值。那么，"新子学"思维下的经典应该如何界定？哪些著作可以称为子学经典？如何彰显子学经典的价值？我们不妨以"新四书"的建构为参照来谈起。

一、"经典"的形成与"新四书"的建构理路

"经典"一词，源于经学时代尊经的历史现实。在经学话语下，经典特指儒家经典，是圣人所作之书，具有崇高的学术地位与社会地位。《文心雕龙·宗经》曰："经也者，恒久之至道，不刊之鸿教也。"冯友兰先生认为，自西汉至清代属于中国哲学史上的经学时代，"在经学时代，儒家已定为一尊。儒家的经典，已变为'经'。这就为全国老百姓的思想，立了限制，树了标准，建了框框。在这个时代中，人们的思想都只能活动于'经'的范围之内"①。经学时代对人思想的禁锢就源于儒家经典的"经"。但"经"本身内涵更广，战国时期，诸子百家已多有立经之事，"诸子有经，以贯其传，其义各有攸当也"②。如法家李悝著有《法经》、墨子后学诵《墨经》、医家有《黄帝内经》等。诸子之经，为学派内思想的典范，正如刘熙《释名》对经的解释："经，径也，常典也，如径路无所不通，可常用也。"③ 因此，从源头来看，经本身并无特定的价值内涵，拨开经

---

① 冯友兰：《三松堂全集》（第一卷），郑州：河南人民出版社，2000年，第187页。

② 章学诚撰，叶瑛注：《文史通义校注》，北京：中华书局，2014年，第111页。

③ 刘熙：《释名》，北京：中华书局，2016年，第91页。

学的外衣，才得以窥见经的原始面貌。

儒学产生之初，与各家一样，为诸子之一家，孔子、孟子、荀子等先儒为了宣扬自己的主张，也游说于诸侯之间。自汉武帝推行独尊儒术的政策以后，诸子逐渐衰落，经学兴起，这一时期的经典是《易》《书》《诗》《礼》《春秋》等"六经"（《乐》已佚），无论是今文经学家还是古文经学家都以阐释六经为己任。宋明时期，儒学向"内圣"的方向深入，探讨性与天道的问题，形成理学的思潮。宋儒对儒学的突出贡献在于明确了自韩愈以来形成的所谓"道统"，并在此基础之上以"四书"为标准，确立了儒学的思想体系与价值法则。当代学者在重建新时代的儒学思想时，便借鉴了宋儒的方法。"新四书"的提出为当代儒学的发展提供了新的思路。梁涛先生认为，当代儒学思想体系的重建应当分以下几步：第一，明确儒学道统，即仁学与礼学，可以用"内圣外王"来表述；第二，选择儒学经典，即"新四书"；第三，探讨儒家哲学，重建儒家本体论哲学；第四，重新阐释"新四书"，以儒家的本体论哲学为依据对经典进行创造性诠释①。之所以将《荀子》纳入"新四书"，主要是为了纠正宋儒之偏，统合仁学与礼学。这一主张实际上就是将以荀子为代表的儒学外王一派纳入了儒学的道统，从而使儒学呈现出更全面的面貌。

"新四书"的建构是由"道统"到"经典"，再到"经典的阐释"的路径，这实际上是儒学内部的一次反省，是儒学失去传统社会的土壤之后，在新时代试图重回主导的一种尝试。这种反省并没有深及传统学术内部，也没有触及学术的外部环境。而"新子学"对经典的重构，旨在革新以经学为主体的传统学术结构，建立子学的话语权。因此，子学经典的建构刻不容缓。

---

① 梁涛：《"新四书"与"新道统"——当代儒学思想体系的重建》，《北京行政学院学报》2014年第3期。

二、子学经典的建构

战国以降,中国社会再也没有出现过子学时代。虽然经受过玄学、佛学等各种思潮的冲击,但经学始终表现出极强的生命力,以不同形态占据着社会的主导地位。在这种情况下,子学始终难以获得长足的发展。子学本身作为综合性的学问,是由一个个复杂的个体组成的,具有鲜明的个体性。从横向来看,诸子个体之间存在共性,但更多的是个性。从纵向来看,不同时期的子学也有不同的特征与表现形式。自《隋书·经籍志》确立四部分法以来,子部一直作为重要的存在。《四库全书》的子部包含儒家、兵家、法家、农家、医家、天文算法、术数、艺术、谱录、杂家、类书、小说家、释家、道家等14类。"子部之学"也可作为子学而存在,这就更加剧了历史上子学的复杂性。"新子学"明确表明,"所谓子学之'子'并非传统目录学'经、史、子、集'之'子',而应是思想史'诸子百家'之'子'"①。因此,子学的经典也应当是诸子之学的经典,暂不考虑子部其他著述。

近人夏曾佑曾言:"诸子之书,我国自古至今,至精之政论,至深之哲理,至美之文章,并在其中;百世之后,研穷终不能尽。"②在子学话语下,"经典"的意义已经超越了圣人之论,而是作为一种普遍性的社会意识而存在。从这个意义上来看,王国维对"经"的看法更符合子学话语下"经"的内涵,他认为:"经者,常也,谓可

---

① 方勇:《"新子学"构想》,《光明日报》2012年10月22日,第14版。
② 转引自蒋伯潜:《诸子通考》,北京:中华书局,2016年,第33页。

为后世常法者也。故诸子百家同其先师之书，亦谓之经。"① 使经回归学术本身的意义，构建子学经典体系，这是"新子学"的诉求。

与"新儒学""新经学"不同，"新子学"否认"道统"的存在，反对任何一家成为主流。这也就决定了子学经典的建构基础必须追溯到子学的源头，即先秦文明中的"子学现象"与"子学精神"。"所谓'子学现象'，就是指从晚周'诸子百家'到清末民初'新文化运动'时期，其间每有出现的多元性、整体性的学术文化发展现象。这种现象的生命力，主要表现为学者崇尚人格独立、精神自由，学派之间平等对话、相互争鸣。各家论说虽然不同，但都能直面现实以深究学理，不尚一统而贵多元共生，是谓'子学精神'。"② "新子学"的学统远可追溯至先秦子学时代，近可接胡适的子学研究。胡适是现代诸子学研究的开创者，其《中国哲学史大纲》"（不分'经学''子学'）把各家思想，一视同仁"，"把儒家之外的，甚至反儒非儒的思想家，如墨子，与孔子并列，这在1919年（的中国学术界）便是一项小小的革命"③。因此，"新子学"话语下的子学经典同样应该具备多元与会通的特点。那么，何以成为子学经典？方勇先生认为："关于元典时期的研究范围实应涵括诸子各家，旁涉早期经学，这样就能跳出经、子二分的传统观念，回归原点。我们主张以《春秋》《周易》《论语》《老子》为基础，这可能是激发创造的新典范；再旁及《孟子》《荀子》《庄子》《墨子》和《韩非子》等其他经典，形成元文化经典的新构造。"④ 在"新子学"的话语中，诸子

---

① 转引自姜广辉：《中国经学思想史》（第一卷），北京：中国社会科学出版社，2003年，第119页。

② 方勇：《三论"新子学"》，《光明日报》2016年3月28日，第16版。

③ 唐德刚：《胡适口述自传》，上海：华东师范大学出版社，1993年，第210页。

④ 方勇：《三论"新子学"》，《光明日报》2016年3月28日，第16版。

都是平等的个体。百家争鸣的时代，诸子各派的主张各不相同，成就有高有低，因此平等地看待诸子不等于将诸子一视同仁。对于《论语》《老子》，孔、老均为学派的先师，很大程度上决定了学派的发展方向，因此以这两部经典为基础，再配以早期经学的《春秋》《周易》，便形成了诸子学术的源头。对于《孟子》《荀子》《庄子》《墨子》《韩非子》等各派经典，均可作为诸子多元文化之一元。当然，这几部经典还不足以反映先秦子学的全貌，但这几部经典却奠定了以子学为主体的国学的根基。子学经典的普遍性在于其大都产生于民间，虽有救世的政治诉求，但并不代表官方，这一点在胡适先生的《诸子不出于王官论》中已经明确。

子学不仅存在于先秦，此后历代都有子学，只是子学的学术形态与经学、玄学、佛学、理学、朴学等融合在一起，难以区分。秦汉以后，历代又有许多阐发政治、哲学思想之作，这些作品大都以先秦学术为依托，以现实为参照，是当时社会环境下的产物，均可归为"阐释"之作。但这种对子学经典的再创造，有些也成了后世的经典，譬如，董仲舒以春秋公羊学为基础，以儒学为本，融合阴阳名法道，形成了"天人感应""大一统"等学说，其著作辑为《春秋繁露》，可以视为王权政治的标本。子学时代结束之后，子学再无真正经典，甚至，在经学话语主导下，即使以诸子为用，也是以儒学为本进行阐释，再无一家之言出现。

在诸子个体的经典之外，学术史上还有一批以诸子为评述对象的篇章作品。作者往往站在更高的角度，横向或纵向展开对诸子的比较，这类著作对于子学经典的建构与子学研究具有十分重要的意义。在先秦秦汉学术中，有《庄子·天下》《荀子·非十二子》《韩非子·显学》《尸子·广泽》《吕氏春秋·不二》《淮南子·要略》等，其中或有诸子间的互相攻讦，但摘下有色眼镜之后，也可以看到诸子时代的真实情况。到了汉代，班固辑刘歆《七略》而为《汉书·艺文志》,"诸子略"一节分诸子为九流十家,细数其源起、发展。以诸子学视角观之,这是第一次对诸子进行系统的评述,对我们从源头理解诸子时代意义重大。然而其对经子关系与子学源起的论述,却多有偏颇,对此方勇先生在《四论"新子学"》中国专门针对《汉志》的旧说进行了辨析①。

汉魏六朝以后,随着多元文化进入中国,学术呈现出一定的开放性,以子学的眼光视之,可以发现其难得一见的子学精神。南朝梁庾仲容取周秦以来诸家杂记共107家,摘其要语为30卷,名曰《子钞》,此书今已不存。唐马总在《子钞》基础上有所增益,共录110家,成《意林》六卷。对诸子零散之语进行辑录之作在历史上并不为人所重,但探求诸子时代的原始面貌,首先要做的就是尽可能还原原始文献的面貌。《四库提要》称赞《意林》:"今观所采诸子,今多不传者,惟赖此仅存其概。其传于今者,如老、庄、管、列诸家,亦多与今本不同。"且其不主一家,对百家之书皆有致力。此后,每个时代均有一批学者致力于子学文献的搜集整理与评述。宋高似孙《子略》分正文四卷与目录一卷,其创作目的在于"系以诸子之学,必有因其学而决其传,存其流而辨其术者,斯可以通名家,究指归矣"②。这一思想上承刘向刘歆父子与班固,下启章学诚,为辨清诸子学术源流起到了重要作用。正文选取38种书进行解题与叙录,兼有考辨,这种驳杂的体例也为后世所继承,明宋濂《诸子辨》仿照这一形式,而省略了目录与版本的考究,选取四十种书进行评述,在元明诸子学缺位之际也显得极为可贵。

因此,我们当下要建构子学经典的体系,要以元典时代的经典为基础,同时不能忽视历史上的诸子评述之作,以多元会通之精神,破

---

① 方勇:《四论"新子学"》,《光明日报》2018年10月13日,第11版。
② 高似孙:《子略》序,北京:商务印书馆,上海:1939年,第1页。

除经学思维的影响，将其置于诸子学的视域之下，发现其可贵之处，从而串联起历史上诸子学的发展脉络。

三、子学经典价值的再发现

自清末以来，诸子学的价值与影响不断提升。"新子学"的提出，为诸子学的发展提供了理论指导。在"新子学"的视野中，开放、多元成为学术的特质，在经学观念下被蒙蔽的视野被打开，被忽视的经典的价值重新彰显出来。

如前所述，诸子也有立"经"之作，但更多的是以"某子"命名的书流传下来，这就使得很多子书在流传过程中并不为人所重。而子学经典价值的发现需要依靠精准的阐释，伽达默尔曾说："只要在任何地方表现出一种真正的理解艺术我们就承认存在解释学。"① 历史上对子书的阐释多以儒学为本，难以真正发掘诸子的价值。在当下，子学经典的阐释是在传统与现代之间搭建一座桥梁。我们倡导"新子学"，应该如何利用子学经典，彰显子学经典的价值？

首先，子学经典的阐释要选用恰当的方法。谈到治诸子之法，清代学者多用训诂与考据的方法，近代以来，随着西学的传入，又掀起了以西学释诸子之风。例如，近代曾有一阵墨学热，胡适、章太炎、梁启超、郭沫若等人均参与其中。墨家《墨经》，主要内容为逻辑与自然科学，相较于《墨子》其他篇章所主张的兼爱、非攻、尚贤等，并非墨家之主流。近代学者受西方自然科学的影响，以自然科学附会于墨子。罗根泽先生就曾批评这种风气："我们研究'诸子'的人，应当研究真'诸子'，不应当研究'西学'笼罩下的假'诸子'；更

---

① 伽达默尔：《哲学解释学》，上海：上海译文出版社，2004年，第23页。

不要推波助澜，卖弄一知半解的'西学'，来附会'诸子'，使'诸子'益失其真。"①　因此，对诸子的阐释还是应该站在"知人论世"的立场，以诸子书产生的时代为参照，探求诸子思想的真义，同时配以精良的校勘与训释。晚清民国之际的学者孙德谦曾指出："夫诸子为专家之业，其人则皆思以救世，其言则无悖于经教，读其书者要在尚论其世，又贵审乎所处之时，而求其有用。苟不知此数者，徒疏释其章句，诠品其文辞；甚或爱之则附于儒术，憎之则摈为异端，此丙部之学所以受污于千载，无有为之表彰者也。"②　这段话可以为当下的诸子经典阐释提供许多启发。

其次，无论是诸子，还是治诸子学之人，在子学经典阐释中，人的作用都应该充分发挥。美国中国学家史华慈曾说："思想史的中心课题就是人类对于他们本身所处的'环境'（situation）的'意识反映'（consciousresponses）。"③　这正是诸子产生的依据，也是解读诸子的依据。"新子学"对诸子其人的观照是"人学合一"。张耀先生曾指出："这种'人学合一'的子学精神体现在：诸子所做的学问与其人之品质、行事、思想相统一，学问是这几个方面的反映、提炼与升华，亦即相比经学家传经、史学家记史而言，诸子立说更能突出作者本人的主体性与主体价值。"④　人们对诸子的阐释也是对当下环境

---

①　罗根泽：《关于"诸子学"》，载《国学与近代诸子学的兴起》，桂林：广西师范大学出版社，2010年，第10页。

②　孙德谦：《诸子通考》序，上海：华东师范大学出版社，2013年，第1页。

③　史华慈：《关于中国思想史的若干初步考察》，载《中国思想与制度论集》，台北：联经出版事业公司，1981年，第3页。

④　张耀：《论"新子学"对现代学术的意义——以"人学合一"的"子学精神"对专家学术的启发为例》，载《诸子学刊》第十五辑，上海：上海古籍出版社，2017年，第422页。

的反映，人的道德境界、认识水平等都决定了阐释的方向与深度。吴根友先生以戴震的"大其心"作为经典解释学的方法之一，认为"大其心，以体认人类的根本价值基点与未来可能的发展方向，从而解释经典，活化经典"①。因此，当下对诸子经典的阐释应该站在更高的角度，以人类文化发展趋向为基本方向，而不脱离诸子其人其思想的内涵，这样才会获得对诸子学的新的体会。

最后，子学经典应该深入民间，深入各个阶层，寻找与社会的普适性，同时避免误读与庸俗化。美国新闻评论家李普曼在《公众舆论》中曾提出"刻板成见"（stereotype）的概念，指的是人们对特定的事物所持有的固定化、简单化的观念和印象，它通常伴随着对该事物的价值评价和好恶的感情②。"新子学"要改变人们根深蒂固的经学是国学主体的观念，就要从大众传播入手，提升子学经典在民间的认可度。子学经典在传播过程中应当注重专业性与普及性的结合，做面向大众的下里巴人，成为民众接受并信赖的经典。从"新子学"在民间的传播来看，"诸子现代版丛书"陆续问世，"新子学"的相关文章多次进入中学课堂，杨国荣先生评论"新子学"的文章《历史视域中的诸子学》被选入2018高考语文全国卷，这一系列成果值得欣喜，但从长远来看，"新子学"努力推动子学成为新国学之主导，任重而道远。

（原载于《管子学刊》2019年第2期，作者单位：华东师范大学中文系）

---

① 摘自吴根友2017年10月23日于华东师范大学思勉人文高等研究院所作"戴震经学解释学及其当代的活化"专题讲座。

② 熊澄宇：《传播学十大经典解读》，《清华大学学报（哲学社会科学版）》2003第5期。

从"卮言"论《庄子》"齐物"概念所蕴含的子学精神

[韩] 朴荣雨

前 言

本文以庄子"卮言"概念作为解读《庄子》哲理的基本方法，基于此方法而探索活在新科学革命时代的新子学精神及其意义。新子学运动起自方勇教授2012年4月所发表的《新子学构想》一文①。其重心旨趣集中于普及一股与新时代可交融的"子学精神"。新子学所向往之焦点则在于"对诸子思想的重新解读和扬弃，也是借重我

---

① 方勇：《新子学构想》，载《新子学论集》，北京：学苑出版社，2014年，第1—22页。方勇教授自此连续声明如《再论新子学》《新子学申论》《三论新子学》《新子学提出的前后脉络》《新子学与中华文化运动》等多篇论旨。此处所列之方勇教授诸篇论说中，后三篇登载于同编集人所篇之《新子学论集Ⅱ》，2017年，第1—26页。又，前三篇论文则亦登载于金白铉教授所编《神明文化研究》第三辑，神明文化研究编，2014年，第5—43页。方勇教授最近又发表一篇论文，题为《新子学：目标、问题、方法》，收于《神明文化研究：第六次新子学国际学术大会特辑》第四辑，金白铉发行，社团法人神明文化研究院，2018年，第6—14页。

们自身的智慧与认知对传统思想的重新寻找和再创造"① 这般抱负。

章学诚对子学出现于历史舞台的缘故,描绘得淋漓尽致:

> 周衰文弊,六艺道息,而诸子争鸣。盖至战国而文章之变尽,至战国而著述之事专,至战国而后世之文体备,故论文于战国而升降盛衰之故可知也。(《文史通义·诗教上》)

章学诚文中指出,"诸子争鸣"乃由周朝王官学直到战国时,露出"文弊""道息"的衰落局面,而冯友兰则赋予孔子以子学之开山之地位,以孔子为初开私人之"专讲学"之故也②。章冯二氏之此般评断,更可溯源于孟子:

> 世衰道微,邪说暴行有作。臣弑其君者有之,子弑其父者有之。孔子惧,作《春秋》。《春秋》,天子之事也。是故孔子曰:"知我者,其惟《春秋》乎!罪我者,其惟《春秋》乎!"圣王不作,诸侯放恣,处士横议。杨朱、墨翟之言盈天下。天下之言,不归杨则归墨。(《孟子·滕文公下》)

孟子所生活的战国中期,已普遍暴露"臣弑其君""子弑其父"的混乱世情。世情已到所谓"世衰道微"之时,总是有人站出而呼吁"天子之事",由己而举,坦承"知我罪我"的历史重任,甚至举

---

① 方勇:《新子学构想》,载《新子学论集》,北京:学苑出版社,2013年,第11页。
② 冯友兰:《中国哲学史(纪念版)》,台北:台湾商务印书馆,2015年,第22页。

起替天行道之旗帜。

我们先暂不谈孔子究竟是否真有作《春秋》其事，然而我们须着眼之处乃在于，当世事遭逢"世衰道微，邪说暴行"的悲惨局面笼罩整个时代，同时代人总难免思起"覆巢之下无完卵"（《世说新语·语言》）的下场。先秦诸子学之兴起，显在这种时代特色中露其面貌，孔子也不违其路，杨朱、墨翟难逃其圈，孟子本人更复如斯，老子、庄子、孙子、韩非子等诸子百家一概均是无不如此。司马谈对诸子百家之蜂起明述：盖"治"而已矣（《史记·太史公自序》）。

战国子学之所以蜂起，先有了上述之历史条件。至此之时，所谓的常道世界面临其支配力量之衰落，从而历史卷入正统性危机局面。为解决这般危机局面，有志之士万般提出其脱离危机之方。战国时代诸子百家之齐放都缘于此，而为天下之治殚精竭思，不遗余力。子学此等不回避时代艰难之精神，为时代的新走向而肩担重任，实为难能可贵。本文执着这种"提出脱危之方"的精神，分析一番新高科技革命时代应有的哲学形态。分析的材料则仅采《庄子》"语言"概念中所蕴含的哲学方法论，尤其紧扣"卮言"一词的哲学意涵。

一、卮言理路中所蕴含的思维方法论

《庄子·寓言》一文等于是《庄子》一书的范例，提供阅读《庄子》的方法论进路，有"寓言""重言""卮言"，称其谓庄子三言。司马迁在《史记·老子韩非列传》以"寓言"界定《庄子》一书所采取的叙述特征。司马迁对《庄子》所下的此般定义影响千古，庄子语言观自此成为以"寓言"为切入其思想脉动的门路。

理所当然，"寓言"确实具有其思维方法论上的功能和意义。然而，我们从《庄子》文本自己的脉络重新阅读，即可发现《庄子》

的语言观显以"卮言"最为根本的话语策略。庄子三言乃阅读其文本的方法论,自然地,"卮言"也是一种方法论。在本节中,先举出《庄子》三言观的诠释理路和其意义,以备将为下一节所要讨论"万物齐同"思想的方法论根据。

《庄子·寓言》开宗明义阐明《庄子》一书所以叙述的特色"寓言十九,重言十七,卮言日出,和以天倪",这是三言之纲领①。"寓言"与"重言"以数字比率的形式界定。然而"十九"与"十七"是各表其百分比,那么其中须有互相重叠的叙述部分,寓言式叙述中含重言式叙述,重言式的叙述中亦含寓言式②。

(一) 以"寓言"包括三言的说法

《寓言》对"三言"的整体说法有如下:

> 寓言十九,藉外论之。亲父不为其子媒。亲父誉之,不若非其父者也;非吾罪也,人之罪也。与己同则应,不与己同则反;同于己为是之,异于己为非之。重言十七,所以已言也,是为耆艾。年先矣,而无经纬本末以期年耆者,是非

---

① 宋林希逸著《庄子鬳斋口义》云:"此篇之首,乃庄子自言。其一书之中,有三种说话。"语见周启成校注《庄子鬳斋口义校注》,中国思想史资料丛刊,中华书局,2009年,第431页;王夫之曾在《庄子解》之《寓言》云:"此内外杂篇之序例也。"见王夫之著《庄子解·庄子通》,台湾里仁书局,1984年,第246页;张默生在《庄子新释》中云:"《庄子》的钥匙,就藏在杂篇的《寓言》篇和《天下》篇里。"又云:"(寓言、重言、卮言)这三种言,可以说是三位一体。"见张默生著,张汉勋校补:《庄子新释》,济南:齐鲁书社,1996年,第12—13页。本文为称谓之简便,承用"三言"字眼。

② 钟泰云:"卮言之中而有重言焉,有寓言焉。"见钟泰著:《庄子发微》,上海:上海古籍出版社,2008年,第649页。

先也。人而无以先人，无人道也；人而无人道，是之谓陈人。卮言日出，和以天倪，因以曼衍，所以穷年。

"寓言"是"藉外论之"，"重言"是"所以已言"，而"已言"者历来有两种释法，一是过去所发生者，另一是"停止"之义。围绕《庄子》三言，赋予"寓言"以含括另两语言式的统辖权者，乃是史迁：

> 庄子者……其著书十余万言，大抵率寓言也。……畏累虚、亢桑子之属，皆空语无事实。然善属书离辞，指事类情，用剽剥儒、墨，虽当世宿学不能自解免也。其言洸洋自恣以适己，故自王公大人不能器之。(《史记·老子韩非列传》)

司马迁文中，采择"空语无事实""善属书离辞""指事类情"等界说予以表明"寓言"的意义。史迁此般藉说，颇近于《诗经》"兴"的功能，"引彼喻此"。若按照《寓言》作者的阐述，史迁这些界说理应与"藉外论之"的界定范围互应才是。史迁对"寓言"一语以"空语无事实"加以界定，而此般诠释是比《庄子》文本自身所界定的语境范围显有超格，嫌失妥实。"空言无事实"是一种抽象形式的符号，犹如朱熹对周易的卦辞爻辞界定为"空底物事"般①。庄子文本对"寓言"只以"藉外论之"释之，而"藉外论之"是一种比喻法。如《诗经》之"兴"，借彼喻此。正言直说，易惹是非，不如取迂回转折的方式，得到心中本来预期的效果。而史迁以"空言无事实"扩大其词之外延，实则属于过度的诠释。

王叔岷《庄子校诠》云："寓言者，假托人物以明事理之言也。

---

① 黎靖德撰：《朱子语类》第三册，北京：中华书局，1986年，第886页。

《史记·庄子传》：'其著书十余万言，大抵率寓言也。'即'寓言十九'之意。"① 又云："重言者，借重人物以明事理之言也。《淮南子·修物》篇：'世俗之人多尊古而卑今，故为道者，必托之神农、黄帝、而后能入说。'所谓托古是也。"② 又云："'卮言'即浑圆之言，不可端倪之言，下文所谓'终身言，未尝言；终身不言，未尝不言'是也。和犹顺也……以犹其也。此为立言之态度。浑圆之言不主故常，顺其自然之分而已。"③ 王叔岷对"寓言"概念的诠释随文本之语脉而做，但些许有狭隘之嫌。《庄子》文本释"寓言"以"藉外论之"，不必仅限于"假托人物"中"人"之范围。所谓"藉外"之"外"，应包含"人"与"物"。因此，庄周梦蝴蝶，既是寓言，亦是卮言；北冥之鲲化为鹏，既是寓言，亦是卮言。颜回心斋，既是重言，亦是卮言。杨子居至梁而遇老聃，既是重言，亦是卮言。诸如此类，不胜枚举。要之，全篇《庄子》所采则的语法形式，以"卮言"为本，至于"寓言""重言"皆由"卮言"话式演变而成的两个特性。就说得过分一些，"寓言""重言"乃是"卮言"无数的表达形式中最突出的两种表达形式："卮言之中而有重言焉，有寓言焉。"④

（二）以"卮言"含蓄三言的意义

史迁将本是"藉外论之"的"寓言"概念释之以"空语无事实"，是显有诠释的过度，因而也有其诠释上商榷之处。后来郭象释

---

① 王叔岷：《庄子校诠中册》，"中央研究院"历史语言研究所，1999年，第1090页。

② 王叔岷：《庄子校诠中册》，"中央研究院"历史语言研究所，1999年，第1090页。

③ 王叔岷：《庄子校诠中册》，"中央研究院"历史语言研究所，1999年，第1091页。

④ 钟泰：《庄子发微》，上海：上海古籍出版社，2008年，第649页。

"寓言"为"寄之他人,则十言九见信"①。至宋,吕惠卿初次提出以"卮言"涵盖"三言"的说法:

> 寓言十九,则非寓而直言之者十一而已;重言十七,则非重而直言之者十三而已;至于卮言日出,和以天倪,则寓与非寓,重与非重,皆卮言而已矣。②

在《庄子》三言中,唯独"卮言"从其语用学(pragmatics)的脉络上界说之。比起前二言式,界定"卮言"概念的语用学方式最合乎对概念做界定的一般叙述模式。它提供了前两言模式之界说所未提供的信息。

依笔者浅见,"卮言日出,和以天倪"一语是我们阅读庄子一书的方法论上极其重要的线索。它不犹如"寓言十九,重言十七"般以数字比率做界定,造成读者从此信息中难以取得其线索。当然,"藉外论之"的"寓言"和"所以已言"的"重言"在解读《庄子》文本时,一定含有其固有的价值,理当不可忽略。只是将这两种语言表达式理解为发挥"卮言"表达式的特出典型即可。

"卮言"在《庄子》文本中的确比两种语言表达式更得重视,在《齐物论》和《天下》两篇中反复重申,更使人关注其在《庄子》文本中所占据的阅读功效。

其实,史迁对"寓言"一语所下的界说"空言无事实",理应移至"卮言"的语用特征,更为妥当。至于史迁之所以如此释明,显由其"寓"字的语义功能推演出来。将"语言"视如"空屋""空壳子",犹如在这般空屋中人住来住去,各色各样的人寓于这同一栋

---

① 郭庆藩:《庄子集释》,台北:华正书局,1997年,第947页。
② 吕惠卿:《庄子义集校》,北京:中华书局,2009年,第518页。

"屋"里往来不断，以致无穷。我们人类在日常生活世界里所使用的语言，就如"屋"而人寓于此屋中般。语言符号的记表（signal, significant，或言"能指"），正如"屋"般，可以包容无穷多的记意（signification, signifie，或言"所指"）。许多"记意"寓于一个"记表"中，以完成一个完整符号的语言功能。许多时候，《庄子》连"记表"都没有固定下来，使一个作为"记意"的"道"寓于无穷多的"记表"中。这就是"道无所不在"的语言形式。这个"道"与"言"自己本身是完整而且没有隐蔽的，但人在具体生活中就无法避免由具体生活世界所带来的"障碍"与"偏避"所遮蔽的情景。因此，在生活中的每个人都为各自的生活环境与利害关系所限隔，进而遮蔽"道"与"言"原貌的全样，进而各自发出的生活语言各不相同，引起争辩。由此导致你非我是，你辩我驳的情况中冲突。这都由"道隐"与"言隐"所致。

> 夫言非吹也，言者有言，其所言者特未定也。果有言邪？其未尝有言邪？其以为异于鷇音，亦有辩乎，其无辩乎？道恶乎隐而有真伪？言恶乎隐而有是非？道恶乎往而不存？言恶乎存而不可？道隐于小成，言隐于荣华。故有儒、墨之是非，以是其所非而非其所是。欲是其所非而非其所是，则莫若以明。（《齐物论》）

那么为超脱"道隐而有鷇音之真伪"和"言隐而有儒墨之是非"，人类主体应该采取何种措施才能脱离"真伪是非"乱舞的红尘纠缠？《庄子》所提出的办法便是"逍遥游"与"齐物论"所提示的路途。

《庄子》整部书中的种种哲理，都是为摆脱这个"道之隐蔽"与"言之隐蔽"状态而设置。反过来言之，脱离"道"与"言"的

"隐蔽"状态,是《庄子》整部书所向往的目标。要达成此项目标,《庄子》三言表达式乃是关键方法论,本文取"卮言"乃其中最为基本的思维原理,它涵盖"寓言""重言"两种模式的基础性表达式。

(三)"卮言"的语用学模式

本文从语用学(pragmatics)的角度照射《庄子》语言策略,尤其集焦于"卮言"的话语功能在揭露文本中所蕴含的哲理表达方式。方勇曾说,张默生之前无人如此强调《庄子》"三言"的价值,他证说:

> 张默生虽亦倡导以庄解庄,但其解庄的视角较为特殊。他认为寓言、重言、卮言("三言")是《庄子》的钥匙,其中寓言式言在彼而意在此,重言是借重古先圣哲或当时名人的话以压抑时论,卮言是漏斗式的话、无成见之言,它们三位一体,交互错综,类似《诗经》的赋、比、兴。这里需要指出的是,张默生是第一个较为详细论述"三言"且从"三言"角度解庄的现代学者。[1]

其实,张默生在强调"三言"的互相关系是"三位一体"之外,其中还赋予"卮言"以最核心地位。张说:"卮言者,无成见之言也。虽卮言日出,要在和以天倪而已。《庄子》全书皆卮言,故不顾以数计之,寓言、重言,莫不在其范围之内也。"[2] 张默生这番察觉,实属精辟的识破。张氏将《庄子》三言表达式和《诗经》赋、比、

---

[1] 方勇:《庄子学史》(第三册),北京:人民出版社,2008年,第672—673页。

[2] 张默生:《庄子新释》,济南:齐鲁书社,1996年,第622页。

兴作比对是研究《庄子》语言策略的新的贡献。本文也接着张氏此般的贡献而进一步分析《庄子》语言策略所指涉的方法论意义。

《庄子》中所言的语言行为基本上以"卮言"模式述说。如上所述，索绪尔（Ferdinand de Saussure，1857—1913）指出语言有社会面相的功能与个人面相的功能。前者称之为"语言"（language，langue）而后者则称其为"言语"或者"话语"（speech，parole）。"语言"是语言本身所具有的一般规则语原理，而"言语"或"话语"则由每一个体在日常生活里实际使用的成分①。个人的"言语"须在"语言"的一般规律中进行发话。然而"言语""话语"经常脱节"语言"的一般规矩，这是一种谬误，但它的出现也是一种创造的一刻。

索绪尔除上述的语言与言语之间的区分外，还有阐明语言使用上极其重要的语言结构。一个语言符号由"记表"（signal，signifiant，能指）与"记意"（signification，signifie，所指）两个符号因素所组成②。我们在日常生活中所使用的每一个话语都有"音符"与"意象"（或概念）的符号功能。在词汇集或在辞典中所规定的每个语词都原由长久以来发话使用过程中约定俗成而定。而在"记表"与"记意"之间的关系式取决于偶然契机，因此在"记表"与"记意"之间没有必然性的关系，故而"记表"与"记意"常发生失联状况。因为此两者之间没有必然性，因此一个"记表"可以与另一个"记意"结合而产生新的"语词"，反之亦然。如此一来，人类每遭遇新的经验、陌生的世态时，"记表"与"记意"之间就会发生符号意义的调节工作，由此人类的思维和语言世界得以扩张，人类文明据以进

---

① Ferdinand de Saussure: *Course in Gerneral Linguistics*, transl. by Roy Harris, Chicago and La Salle; Illinois: Open Court, 1986, P67.

② Ferdinand de Saussure: *Course in Gerneral Linguistics*, transl. by Roy Harris, Chicago and La Salle; Illinois: Open Court, 1986, P65—70.

展。这就是"隐喻"式思维的由来。

人要是使用新的语词,发挥新的创意,必须经过"隐喻"思维才能得偿所愿,否则人类的语言生活和文明生活,只好原地打转。《庄子》一书创意性十足的文本,它借用"寓言""重言""卮言"这三种发话形式而舒展"为道"的心怀。照现代语言学的研究成果,语言意义的变化或者扩张,须由两种符号因素之变动而来:一是"记表"的转移,一是"记意"的更动。在《庄子》中都有属于此两种的语言使用之例子。《寓言》篇有一段按照"卮言"模式勾勒一个人的"自我认同性"不断变化的过程:

> 颜成子游谓东郭子綦曰:"自吾闻子之言,一年而野,二年而从,三年而通,四年而物,五年而来,六年而鬼入,七年而天成,八年而不知死、不知生,九年而大妙。生有为,死也。劝公,以其死也,有自也;而生阳也,无自也。而果然乎?恶乎其所适?恶乎其所不适?天有历数,地有人据,吾恶乎求之?莫知其所终,若之何其无命也?莫知其所始,若之何其有命也?有以相应也,若之何其无鬼邪?无以相应也,若之何其有鬼邪?"

这段话是说人格主体性之转变,子綦的人格同一性从第一年到第九年,一年接着一年更动变化。"子綦"作为一个"记表"经过九等不同经验而扩张,达至"大妙"的"子綦"一定不同于刚进于"野"阶段的"子綦"。作为"记表"的"子綦"犹如一盏"卮",不断更新其"记意"。经历了九年的经验之后,"子綦"的自我同一性比起第一年"野"的阶段"子綦"多了八种自我认同类型。《庄子》这种哲理是经过"卮言"表达式而呈现的。

《庄子》在《寓言》篇开宗明义提出"寓言""重言""卮言"

这三言表达式以把持使人能"化""忘""游"的方式达至于"逍遥游"的境界与"万物齐同"的相忘境界。本文认为,庄子文本中蕴含的基本逻辑是"卮言"表达式。"寓言"形式的"藉外论之"和"重言"表达式的"所以已言"都是"卮言"表达式的两种典型。"卮言"是"日出而和以天倪"的表达式。"藉外论之"亦是"和以天倪"的独特形式,"所以已言"亦是"和以天倪"的一种形式。

其实,在《庄子》对于三言所做的说明中对"卮言"的分量最多。《齐物论》中已有《寓言》篇所述的"卮言"界说,《天下》篇亦有"三言"而对"卮言"的说明居多。我们从酒器"卮"的功能中就得出"卮言日出,和以天倪"的日常语言的特征。"卮"有"满则倾,空则仰"的特色,既不固定且随变而应,应变无穷。我们人类的日常语言在生活世界里活用的情景正如"卮言日出,和以天倪"。日常生活语言的使用,也叫作"语用",它并不是完全遵照词汇集中所指称的辞典内容而活用。一个词汇的使用,其实天天放置于不同时空条件与生活语境中展现。相同的"记表"指称不同的"记意",同样的"记表"改天又指称另一个"记意",以此类推,层出不穷,反之亦然。例如,一对夫妻,有时叫对方名字,有时叫小两口仅知的"爱称"或"昵称",又有时叫"冤家",如此等等,一个语言符号的使用意义,在许多情况里,都不取决于辞典语法,而语词真正的意义都取决于"具体语境"。语言使用的这种特色就是"卮言日出,和以天倪"的"卮言"表达式的特征。有的时候以"寓言"的方式,而有的时候则以"重言"的方式增加"和以天倪"的效果。

二、卮言与万物齐同的模式

"卮言"以现代的话语而言,类乎一种广义的"隐喻"表达。在现代隐喻语言学领域中广义的"隐喻"可包括诸如"明喻"（simile）、"转喻"（metonymy）、"提喻"（synecdoche）、"寓言"（allegory）、"模拟"（analogy）以及"隐喻"（metaphor）本身等。所述此般各种"比喻"类型，不仅仅属于文学修饰的修辞概念，而更是人类的"思维形式"①。"隐喻"的逻辑推论式是"A＝B"，都不同于演绎逻辑推论追求"知识"的表达式。它只要汲取到了某种"意义"（meaning）就心满意足，所得来的"意义"不为"真理"规则所拘泥，也不为它犯了"谬误"而感到恐惧。"隐喻"最重视的不是"真理"而是"意义"。"隐喻"句式"A＝B"，前件不含后件的内涵，可以转变无穷，扩展无尽，由B而C，由C而D，由D而永无止境。因而产生出无穷的别创新格。最值得注意者，个体之转变为另一个体的过程中，无须拘束于遵循"因果关系"与"科学逻辑"的负担和压力。《庄子·寓言》对"卮言"有如下的定义：

> 卮言日出，和以天倪，因以曼衍，所以穷年。不言则齐，齐与言不齐，言与齐不齐也，故曰无言。言无言，终身言，未尝不言；终身不言，未尝不言。有自也而可，有自也而不可；有自也而然，有自也而不然。恶乎然？然于然。恶乎不然？不然于不然。恶乎可？可于可。恶乎不可？不可于不可。物固有所然，物固有所可，无物不然，无物不可。非卮言日出，和以天倪，孰得其久！万物皆种也，以不同形相

---

① Metaphor is pervasive in every life, not just in language but in thought and action. Our ordinary conceptual system, in terms of which we both think and act, is fundamentally metaphorical in nature. George Lakoff and Mark Johnson, *Metaphors we live by*, Chicago and London: The University of Chicago Press, 1980; Afterward in 2003, p. 3.

禅，始卒若环，莫得其伦，是谓天均。天均者天倪也。

"卮言"有四项语言功能："卮言日出""和以天倪""因以曼衍""所以穷年"。"卮言日出"是表示《庄子》文本的意涵应该以"日常生活"中加以入手，即从"众窍"发出的音声去掌握其"咸其自取"的完整性。"因以曼衍"要有"吾丧我"的心境才能无边际的流动。"和以天倪"在我们日常生活上的语言行为，大部分是无心之言，我们一般人若能脱离自己的"成心"所教唆的心智特征，而又能不知不觉说出"无我"之说，便毫无争辩可言。日常生活中许多人都能这样做而过安身立命的生活。其实"无心之言"的能力是每一个人本来具备的，问题是一般人经常返回到其"众窍"的自我时空世界，进而追求其中的利害关系，结果经常陷于"朝三"世界而折磨自己的生命。若一个人天天能遗忘自己，脱离"成心"，说出无利害、无是非的话语，他就颇为可能达到万物和自己的"穷年"境界。《齐物论》业已申论"和之以天倪，因之以曼衍，所以穷年"三项特征：

> 既使我与若辩矣，若胜我，我不若胜，若果是也，我果非也邪？我胜若，若不吾胜，我果是也，而果非也邪？其或是也，其或非也邪？其俱是也，其俱非也邪？我与若不能相知也，则人固受黮暗，吾谁使正之？使同乎若者正之？既与若同矣，恶能正之！使同乎我者正之？既同乎我矣，恶能正之！使异乎我与若者正之？既异乎我与若矣，恶能正之！使同乎我与若者正之？既同乎我与若矣，恶能正之！然则我与若、与人俱不能相知也，而待彼也邪？何谓和之以天倪？曰：是不是，然不然。是若果是也，则是之异乎不是也亦无辩；然若果然也，则然之异乎不然也亦无辩。化声之相待，若其不相待，和之以天倪，因之以曼衍，所以穷年也。忘年

忘义,振于无竟,故寓诸无竟。

"化声之相待",郭象《庄子注》云:"是非之辩为化声。夫化声之相待,俱不足以相正,故若不相待也。"① 是负面的意思,而王夫之则取正面的脉络释之。王夫之《庄子解》云:"天籁曰化声,气所化也。"又云:"詹詹如泠风,炎炎如飘风,皆化声耳。化声者,本无而随化以有者也。"② 王先谦《庄子集解》则云:"随物而变,谓之化声。……是与不是,然与不然,在人者也。待人之为是为然而是之然之。与其无待于人而自是自然,一皆无与于其心。如下文所云也。"③ 焦竑《庄子翼》云:"凡言是未必是,言然未必然,故其异同亦皆无辩。然之与是,复自相对,又均于变也。有化者,有化化者,有声者,有有声声者。化者之化非声,则不显;声者之声非化,则不彰。此化声之相待也。然而声出乎化,非化之所能知;化统乎声,非声之所能识。此又若其不相待也。夫相待声于两物,若合万化为一,则相待之迹,无由而生。夫声者常声,不待而后声,闻者自因声而生听耳。化者常化,不待声而后化,见者自因声而生识耳。此其所以相待而若不相待也。"④ 要做"若其不相待"就遵循"和之以天倪,因之以曼衍",即是说,要遵循"卮言"的话语方式去交流,如此做才能"穷年"。这还不足,更推进于"寓诸无竟"。要"寓诸无竟"须从"忘年忘义"入手。

对"卮言"义涵的重视,在《天下》篇又有申说:

---

① 郭庆藩撰:《庄子集释》,台北:华正书局,1997年,第109页。
② 王夫之撰:《庄子通·庄子解》,台北:里仁书局,1984年,第28页。
③ 王先谦撰:《庄子集解》,台北:东大出版社,2004年,第24页。
④ 焦竑撰:《庄子翼》,台北:广文书局,1979年,第33—34页。

芴漠无形，变化无常，死与生与，天地并与，神明往与！芒乎何之，忽乎何适，万物毕罗，莫足以归，古之道术有在于是者。庄周闻其风而悦之，以谬悠之说，荒唐之言，无端崖之辞，时恣纵而不傥，不以觭见之也。以天下为沈浊，不可与庄语，以卮言为曼衍，以重言为真，以寓言为广。独与天地精神往来而不敖倪于万物，不谴是非，以与世俗处。其书虽瑰玮而连犿无伤也。其辞虽参差而諔诡可观。彼其充实不可以已，上与造物者游，而下与外死生无终始者为友。其于本也，弘大而辟，深闳而肆，其于宗也，可谓稠适而上遂矣。虽然，其应于化而解于物也，其理不竭，其来不蜕，芒乎昧乎，未之尽者。

成玄英《庄子疏》云："卮言，不定也。曼衍，无心也。重，尊老也。寓，寄也。夫卮满则倾，卮空则仰，故以卮言以况至言。而耆艾之谈，体多真实，寄之他人，其理深广，则鸿蒙、云将、海若之徒是也。"[1] 吕惠卿《庄子义》云："卮言，道也。道之应，日用而无穷。重言与寓言，所以趋时，时不知吾言之信，故称古昔以为重，重言则有其实者也，故以重言为真。以重言不足以论，而后有寓言，故以寓言为广。"[2] 王叔岷《庄子校诠》云："卮言，浑圆之言，曼衍，无边际。卮言浑圆无际，故'为曼衍'，重言托古取信，故'为真'，寓言十有其九，故'为广'。"[3] 由诸如此类的注释可见，"寓言"与"重言"在"卮言"曼衍无际的流动中通合为一。

---

[1] 郭庆藩撰：《庄子集释》，台北：华正书局，1997年，第1100页。
[2] 吕惠卿撰：《庄子义集校》，北京：中华书局，2009年，第604页。
[3] 王叔岷撰：《庄子校诠下册》，台北："中央研究院"历史语言研究所，1999年，第1346页。

《庄子·齐物论》谈到极其著名的对话。有一天弟子颜成子游侍奉老师南郭子綦，发现南郭子綦之坐法不若往常，"仰天而嘘，荅焉似丧其耦"。目睹子綦此般姿态使得颜成子游顿然吃一大惊，便不禁冒出恐惧与疑惑。于是问起"形如槁木、心如死灰"的可能与否，继而两人一连串地问答下去：

> 南郭子綦隐机而坐，仰天而嘘，荅焉似丧其耦。颜成子游立侍乎前，曰："何居乎？形固可使如槁木，而心固可使如死灰乎？今之隐机者，非昔之隐机者也。"子綦曰："偃，不亦善乎，而问之也！今者吾丧我，汝知之乎？女闻人籁而未闻地籁，女闻地籁而未闻天籁夫！"子游曰："敢问其方。"子綦曰："夫大块噫气，其名为风。是唯无作，作则万窍怒呺。而独不闻之翏翏乎？山林之畏佳，大木百围之窍穴，似鼻，似口，似耳，似枅，似圈，似臼，似洼者，似污者；激者，謞者，叱者，吸者，叫者，譹者，宎者，咬者，前者唱于而随者唱喁。泠风则小和，飘风则大和，厉风济则众窍为虚。而独不见之调调、之刀刀乎？"子游曰："地籁则众窍是已，人籁则比竹是已。敢问天籁。"子綦曰："夫吹万不同，而使其自已也，咸其自取，怒者其谁邪！"

子綦回答虽是淋漓尽致，然此实乃露出体道者的苦衷无奈万般。子綦主要以"地籁"之情景去教导子游，说了半天，尚在求道者修为过程中的子游犹止于一知半解"吾丧我"的究竟要义。于是，子綦万般无奈地说破"天籁"究竟要义。子游所提出的"吾丧我"究竟要义是，"吹万不同，而使其自己"的天籁境界，然而还是以反问式予以终结，"怒者其谁耶"？可见，"天籁"是无以言状的东西。

《庄子》借由南郭子綦与颜成子游师弟之间的这场对话，彰显自己所使用的语言表达式是"和以天倪""因以曼衍"的"卮言"式的表述形式。天下万物与人类都是"众窍"之一分子，因风之吹来而发出自己固有的音声。庄子以"风"喻"道"，以"众窍"喻各种各样的"物论"。"风"无处不入，无所不至，遍在宇宙万事万物之中，而道亦如是，使万事万物据以生长消灭。"众窍"则居其所，守其分，力主自养，而儒墨之是非亦属众窍之一呈显。要注意者是，庄子将"众窍"描绘如千态万象千变万化。这正合乎"因以曼衍"的森罗万象绵延不绝，层出不穷的流动相。"众窍"每当遇到"风"之一吹，便应之以"卮言日出"，就像一般人在日常生活中的对话形式即触即发般，许多"发话行为"（locutionary act）① 所发出的语言几乎都不经深虑而发出。这种日常语言的使用情景，正与《庄子》"卮言日出"的界说吻合。"卮言"乃是成玄英所言"无心之言"：

> 卮，酒器也；日出，犹日新也；天倪，自然之分也；和，合也。夫卮满则倾，卮空则仰，空满任物，倾仰随人。无心之言，即卮言也，是以不言，言而无系倾仰，乃合于自

---

① 欧斯汀将人的语言使用区分为两种不同的功能：一、实行式语言（performatives），二、表达式语言（constatives）。Austin, John Langshaw (1911—1960), How to do things with words, London: Oxford University Press, 1962, pp. 1—11. 欧斯汀又指出，人的发话行为由三种不同功能所推行。一、发话行为（locutionary act），二、发话内行事行为（illocutionary act），三、发话效果行为（perlocutionay act）。"发话行为"指说话者在日常生活中合乎语言习惯而发出的具有意义的语言行为；"发话内行事行为"是指发话者在特定语境中赋予有意义而发生效果的发话行为；"发话效果行为"是指说话者的"发话行为"或者"发话内行事行为"在听话者身上所产生效果的发话行为。Austin, How to do things with words, pp. 94—108. 欧斯汀所述的语言规则专以"语用学"的角度去分析语言在日常生活中的交流效果。

然之分也。①

"卮言日出"但要朝向"和以天倪"的交流效果。"众窍"能够得以"和以天倪"须由"吾丧我"入手。当人之心智活动以"吾丧我"迎接"吹万不同"时，便能达至"咸其自取"进而得以"和以天倪"的和平效果。

"卮言"的价值不在尊崇"语意学"（semantics）也不在遵循"词汇集"（lexicon），有时更改"句法"（syntax）等语法规则，"卮言"经常颠覆语法程序所遵循的字面意义。就广义的用法而言，"卮言"最靠近于"隐喻"表达式。其逻辑形式就是"A＝B"。这种逻辑推论方式与西方逻辑学基本推论法则完全不同。演绎逻辑中所得出的结论不可出于大前提所涉及的范围之外。亦即古典逻辑推论三式，诸如同一律"A＝A"，矛盾律"～（A∧～A）"，排中律"A∨～A"，都不外乎"A"所涉及的外延。而"隐喻"表达式的这种逻辑形式，很可能带给演绎逻辑主义者以某种荒唐无稽之感，这都由"卮言"经常发出"荒唐之言""无端涯之辞"所致。他们肯定辩驳道"失去了逻辑严密的意义"。然而，可以设问，随着隐喻式的表达方式真的毫无意义可言吗？演绎逻辑是追求科学知识的推论法式，而隐喻逻辑的推论方式是要追求生活与生命的"意义"。隐喻推论模式对追求科学知识毫无意义，是没有错，但科学推论模式对生活意义而言很多情况里也不大受用。"卮言"就是专门针对"生活意义"和"生命活动"提供"意义"的表达式。

牟宗三在《庄子〈齐物论〉演讲录》中，精辟地分析《庄子》何以要用"谬悠之说，荒唐之言，无端崖之辞"（《天下》）：

---

① 郭庆藩撰：《庄子集释》，台北：华正书局，1997年，第947页。

虽然名、言在一起，但是，名与言不同，名是 term，言是一个 sentence。一个 sentence 才有是、非。庄子说："言恶乎隐而有是非。"言被遮蔽了，因而有是有非。那么，有没有不被隐避因而无是无非的言呢？我们实际生活中都是有是有非的言……不被隐蔽因而无是无非的这种"言"在哪里呢？那种语言是什么语言呢？①

所谓的"儒墨之是非"是由于"隐"而来。在心中原原本本完整公允的语言意义，当脱口而出时，就要经过"众窍"所处的时空与存有环境。那原原本本完整公允的语言意义，便被其"时空环境"的条件所遮蔽。当对方听话者听到脱我之口而发的话语时，由于我的原本话语被我的存有环境所遮蔽，便会导致他仅仅听到其中的一部分的意涵。这种语言交流，很可能促使听话者一知半解，甚至于误解，进而引起"隐而有是非"。"道恶乎隐而有真伪？言恶乎隐而有是非？道恶乎往而不存？言恶乎存而不可？道隐于小成，言隐于荣华。"（《庄子·齐物论》）"道之隐蔽于小成""言之隐蔽于荣华"都是由于生活主体拘束于其存有条件之限制而隐蔽，促使诸子百家各自的小成与各自华丽的言辩与口号，日以嚣张，月焉猖狂，终至"道""言"皆隐蔽而不显。又说：

"恶乎存而不可"言怎么说都可以，都对。究竟有没有这种言呢？……怎么说都对的这种话一定是无是无非的，最好的话。那么，被隐蔽了而有是有非的话就不能是"恶乎存而不可"，就不能怎么说都对。现实世界都是有是有非的语言，

---

① 牟宗三：《〈庄子·齐物论〉演讲录（二）》，《鹅湖月刊》第 27 卷第 8 期。

有所隐蔽的语言。……譬如说，有儒墨的是非那就是负面。①

"言恶乎存而不可"，就是因为其有"隐蔽"完完整整的原本意义。去掉这个"遮蔽"，我们就能见到那"原原本本"的词话了。如何去除此种"遮蔽"？牟宗三接着说，庄子是由"明"概念入手：

"故有儒墨之是非，以是其所非，而非其所是。"这是一整句。接下去进一步说："欲是其所非而非其所固定。则莫若以明。"想要达到"是其所非而非其所是"，最好的办法是"莫若以明"。"明"这个地方就代表那个不隐蔽的道、不隐蔽的一言？下面接着就把这个"明"烘托出来。这就是"齐物论"，就是把是非化掉。从"明"这个层次返过来就可以了解那个不隐蔽的道、不隐蔽的言。这就是庄子的思路。②

"言之遮蔽于荣华"，我是你非，你又辩驳回来，"故有儒墨之是非，以是其所非而非其所是"。但"欲是其所非而非其所是，则莫若以明"（《庄子·齐物论》）牟宗三接着阐明如何去"莫若以明"之法：

依照庄子的想法，你要真正达到"是其所非而非其所是"。你所肯定对方所否定的这个肯定要能肯定得住，你所否定对方所肯定的这个否定要能否定得住，你所采取的相对的立场就不能有。所以，最好是"莫若以明"。那么，这个

---

① 牟宗三：《〈庄子·齐物论〉演讲录（二）》，《鹅湖月刊》第27卷第8期。

② 牟宗三：《〈庄子·齐物论〉演讲录（二）》，《鹅湖月刊》第27卷第8期。

"明"一定比相对的立场高一层。"明"下面就是是非等对。"明"一定在是非、善恶、美丑以外、以上。就是 beyond truth and false, beyond goodness and evil, beyond beauty and ugliness。姑且言之,这就是"明"。究竟"明"是什么意思,你先不要管。①

我们所要使用的语言形式是去除"隐蔽"的语言。去除"隐蔽"的办法是由"明"入手,要人去"莫若以明"。"明"是超越一切的二元对立式的分解局面,进而达到"超越"各种相对性"物论"。那么,这种"不被隐蔽因而无是无非的言"的语言究竟是什么形式的语言呢?牟宗三几乎讲到了这是什么语言,他的结论则如下:

> 庄子的讲法高一层,他是说,你想你肯定的能肯定得住,否定的能否定得住,你得采取这样的态度。要说得对,就通通是对。光说我对,你不对,这肯定不住的。要能否定得住呢?那就是要说不对,通通不对。不单单你不对,我也不对。这是很聪明的办法。这就是智慧,这个就是"明"的层次。在"明"的层次,要是通通是,要非通通非。通通是,那就是没有非与它相对;通通非,那就是没有是与它相对。结果是无是无非。无是无非就是把是非相化掉了。无是无非的这个"言"就是"恶乎存而不可"的言。"言恶乎隐而有是非。"那就是言隐蔽于相对的系统,那才有是、有非。那么,要是通通是,要非通通非的那个"言"就是无是无非之言。无是无非之言就是没有隐蔽之言。那么,你想一

---

① 牟宗三:《〈庄子·齐物论〉演讲录(二)》,《鹅湖月刊》第 27 卷第 8 期。

想,这种言是一种什么状况的言,究竟有没有这种言呢?这不是成了和稀泥了吗?也不一定是和稀泥嘛。一步一步地辩,那还是在是非之中嘛。最后要把一步一步辩之中的那种是非也化掉。这就是庄子所想的。佛教的禅宗也有这个境界。①

牟宗三由"莫若以明"的层次推论"无是无非"的"言恶乎存而不可"的语言,但全篇讲录中都未赋予它适当的命名。依照《庄子》文本内里所隐含着的表达式而言,这种语言非"卮言"莫属,"恶乎存而不可"的言就是"卮言"。能够说得"通通对",说得"通通不对"这种话,正合乎"卮言日出,和以天倪,因以曼衍,所以穷年"的"卮言"界说。这就是"不被隐避因而无是无非的言"的"卮言"特色。

三、卮言模式在新子学运动中的方法论脚色

自2012年起至如今,新子学思想运动起步已有多年。其间"子学精神"的大方向朝着"子学复兴,诸子会通"与"诸子思想的重新解读和扬弃……对传统思想的重新寻找和再创造"② 而掌舵。进而,"发扬多元并立"的"子学精神"③,诸如此般的声明都可以共认的旨趣,毋庸置疑。大方向与大目的有所共认了,那么须是要斟酌

---

① 牟宗三:《〈庄子·齐物论〉演讲录(二)》,《鹅湖月刊》第27卷第8期。
② 方勇:《新子学构想》,载《新子学论集》,北京:学苑出版社,2014年,第10—11页。
③ 方勇:《再论新子学》,载《新子学论集》,北京:学苑出版社,2014年,第22页。

其具体实践路数的时候了。这是实践的方法论议题。此般努力多多益善。《庄子》在《齐物论》点出"万物齐同"的办法。我们也可从借用《庄子》所使用的方法做起，以便吸取其中的智慧，他山之石，可以攻玉：

> 可乎可，不可乎不可。道行之而成，物谓之而然。恶乎然？然于然。恶乎不然？不然于不然。物固有所然，物固有所可。无物不然，无物不可。故为是举莛与楹，厉与西施，恢恑憰怪，道通为一。其分也，成也；其成也，毁也。凡物无成与毁，复通为一。唯达者知通为一，为是不用而寓诸庸；庸也者，用也；用也者，通也；通也者，得也；适得而几矣。因是已。已而不知其然，谓之道。劳神明为一而不知其同也，谓之朝三。何谓朝三？狙公赋芧，曰："朝三而暮四。"众狙皆怒。曰："然则朝四而暮三。"众狙皆悦。名实未亏而喜怒为用，亦因是也。是以圣人和之以是非而休乎天钧，是之谓两行。

我们要脱离"道之隐蔽于小成""言之隐蔽于荣华"的红尘小我，须依靠"因是已"才能"两行"。这里的"因是"当然是"以明"层次的"顺任道而行"。《庄子》所言之"两行"，以"道行之而成，物谓之而然"之一行与"道通为一"而"不知其然"的一行，合为两行。前者乃生活世界层次的"日常行"，是"众窍"层次的"地籁"生活，也是"喜怒为用"的"朝三"的现实生活世界；而后者是超越层次的"道行"，透过无为自然的"因是已"而却"不知其然"的超凡层次的"天钧"境界。"日常行"层次的"地籁"生活，须与"天钧"生活和而为一、通而为一，才是"两行"。只有"道行"不能"与世俗处"，而只有"日常行"残留于红尘小我世界打转。每个人能"两行","万物齐同"因之实现。"圣人和之以是非而修乎天钧",是"万物齐同"的关键。

"'两行'之可能"首先因为"道"有"无所不在"的遍及性（ubiquity）。道之遍在性，《庄子》中，总是离不开"卮言"式的发话行为。我们寻常目睹"卮言"式的语言活动。在《知北游》"东郭子问道"的片段里，就可读到"两行"从扣着"道"的面向去归纳物理世界的情景：

> 东郭子问于庄子曰："所谓道，恶乎在？"庄子曰："无所不在。"东郭子曰："期而后可。"庄子曰："在蝼蚁。"曰："何其下邪？"曰："在稊稗。"曰："何其愈下邪？"曰："在瓦甓。"曰："何其愈甚邪？"曰："在屎溺。"（《庄子·知北游》）

一个"道"从语言符号的活动流程上而言，庄子就透过诸如"蝼蚁""稊稗""瓦甓""屎溺"来赋予"道"以无数多的"变奏"。犹如"道"作为一盏"卮"器般，经过无穷的"倾仰"，透射出诸如上类的方方面面、事事件件。

在《至乐》中，我们还可以读到一个"记意"涉及无穷多的"记表"。所描绘者，"自我转化"无穷连锁的风景：

> 种有几？得水则为㡭，得水土之际则为蛙蠙之衣，生于陵屯则为陵舄，陵舄得郁栖则为乌足，乌足之根为蛴螬，其叶为胡蝶。胡蝶胥也化而为虫，生于灶下，其状若脱，其名为鸲掇。鸲掇千日为鸟，其名为乾余骨。乾余骨之沫为斯弥，斯弥为食醯。颐辂生乎食醯，黄軦生乎九猷，九猷生乎瞀芮，瞀芮生乎腐蠸。羊奚比乎不笋久竹生青宁，青宁生程，

程生马，马生人，人又反入于机。万物皆出于机，皆入于机。

从"水之继"一连串地化为"蛙蠙""陵舄""乌足""蛴螬""胡蝶"等；"胡蝶胥"化为"鸲掇""乾馀骨""斯弥""食醯""颐辂"与"食醯""黄车兄"与"九猷""瞀芮"与"腐蠸"之间有生成关系；"羊奚"生"青宁"，"青宁生程，程生马，马生人"如此种种的转化情景，实在是天马行空，异想天开。尤其，最后庄子以"人又反入于机。万物皆出于机，皆入于机"来总结。对此自然物的转化连锁，史华兹说："这里所赞美的是大自然之轻快的不可穷竭性以及善于变形与转化的特点。"①《庄子》文本使读者得到万物皆"出于机""入于机"的无尽头的转化过程。这岂不是由"卮言"的"倾仰"使然？

鲲之化为鹏，庄周之梦见"蝴蝶"，颜渊的"心斋"与"坐忘"等与道冥合的领悟状态，正由"卮言"无止境的倾仰所致。总之，《庄子》经过"相忘"与"物化"及"两行"过程，使人得以"自我转化""咸其自取"。其最终目的希望，在于"无穷转化"过程得到"天人合一"的逍遥和齐物的精神境界。

要之，新子学运动从《庄子》可吸取的智慧，总不外乎三种"境界"：一是"游"，二是"忘"，三是"化"。"游""忘""化"三种境界都以"卮言"为其发话的出发点，而以"万物齐同"为最终归宿。因此，"万物齐同"与"逍遥游"之境界，以"卮言"作为思维的入手处，以"寓言"为扩张"卮言"的范围，以"重言"为强化"卮言"的力量。如此看来，"卮言"不仅仅是一种话语的表达式，而更是人类心智能力本有的"思维形式"。"卮言"可以使人物我相忘，可以超脱"众窍"现有层次的时空界限而优游于两行，

---

① 本杰明·史华兹著，程钢译：《古代中国之思想世界》，南京：江苏人民出版社，2007年，第228页。

更可以"化而为蝴蝶""化而为鹏""化而进入坐忘""化而得到心斋"以至"化而为至人真人"。职是之故,使人的思维创进无穷的"卮言",正与提倡"多元平等""贵多元共生""多元并立"的"子学精神"① 相符,正是适合新子学运动的思维、话语、实践的方法论。

结　语

本文从《庄子》三言表达式中,扣紧"卮言"作为解读《庄子》文本的关键钥匙,探寻"万物齐同"概念据以实现的方法论。"卮言"层出不穷的倾仰流动,使人得以实现"吾丧我",得以达到"坐忘",得以"心斋",得以"物化"。"卮言"涵容"寓言"与"重言"于其自身中。《庄子》语言表达式以"卮言"为最基础、最典型,"寓言"与"重言"乃是"卮言"许多表达功能中最具独特性的两种类型。

"卮言"这种表达式,不仅仅是语言表达式,更是人最深层的思维能力。正如现代认知语言学家所说的广义的"隐喻"特征。本文认为,"卮言"表达式显得作为一个解读《庄子》的"方法论"毫无逊色。《庄子》所向往的"逍遥游"的境界与"万物齐同"的理想,透过"卮言"的方法论得以实现。笔者认为,"卮言"表达式除解读《庄子》外,还可以解读其他"诸子书"与儒家"经书"以图找回"经书"与"子书"原原本本的初始样貌。所谓的"原儒""原百家学"只能经过让文本本身自己说话,让文本自己朗显出自己

---

① 方勇:《新子学与中华文化重构——在台湾"新子学"国际学术研讨会上的主题讲演》,载《新子学论集》第二辑,北京:学苑出版社,2017年,第20—24页。

本来的"原初意义"（original meanging）。

  一个学术运动或者一个学术流派，理当要有其大方向、思想目标、思想内容。大方向的定向，最终目标的设定，思想内容的奠定，都要有其方法论，否则其完整的目标难以实现。笔者认为，目前的新子学运动理应多讨论并且努力寻找，几项可以使我们实现上述核心内容的方法论。学术运动之所以成功，盖取决于对"方向""目标""内容"和"方法"的全面进行。

  自新子学运动之起步后，所历多年。其间为重建新子学的学术规模，无数多的学者参与与着墨，提出珍贵的高见。于中有的提出新子学的大方向，有的为新子学的内容与精神付出心血，有的则为新子学所要达至的最终归宿而着想。更有的专家者提出新子学可以采用的实践方法论。这些意见都是新子学运动可以参考或者直接拿起使用的共同资产。本文的初衷是为解读《庄子》而寻找一个适切可用的方法论。这个方法论既是可以解读《庄子》文本，进而可以适用于解读其他经书和子书的文本。若更可以适用到新子学运动的实践方法，则固诉愿也，不敢请耳。

  ※本文于2018年11月11日在华东师范大学所召开的第七届新子学国际学术研讨会上宣读发表并会后经由修订而成。

（原载于《管子学刊》2019年第2期，作者单位：成均馆大学儒教文化研究所）

"新子学"视野下的《墨子》"平均主义"思想

王泽宇

墨子,名翟,墨家学派创始人,后学集有《墨子》一书,集中反映出墨子兼爱、非攻等思想。据司马迁在《史记·孟子荀卿列传》中记载:"盖墨翟,宋之大夫,善守御,为节用。或曰并孔子时,或曰在其后。"[1]P2293 对墨子及墨家学派的研究历史上一直处于传统研究阶段,并未以新时代的理论研究视角重新审视。"新子学"即对传统意义上的"诸子之学"进行发展与革新,使其成为一种适应现代社会理论构架与发展需求的学术门类,摆脱经学文化主体一元论,并在当代思想文化与教育普及等诸多方面发挥积极作用。简言之,"'新子学'将承载'国学'真脉,促进传统思想资源的创造性转化。"[2]P4

一、"新子学"视域下的墨子"平均主义"思想内涵及生成背景

墨子所处时代与当今的大不同,看待《墨子》中的平均主义应当用理解的、甄别的、进步的眼光去看待。正如方勇先生所说:"在

当今社会，我们倡导子学复兴、诸子会通，主张"新子学"，努力使之成为"国学"新的中坚力量，非为发思古之幽情，更不是要回到思想僵化、权威严厉的"经学时代"，而是要继承充满原创性、多元性的"子学精神"，以发展的眼光梳理过去与现在，从而更好地勾连起未来。产生于"轴心时代"的诸子之学从来都是当下之学，自汇聚诸子思想的诸子文本诞生伊始，诸子学就意味着对当时社会现实的积极参与。而后人对诸子文本的不断创作、诠释、解构与重建，亦是为了积极应对每一具体历史阶段之现实。子学如同鲜活的生命体，不断发展、演变，生成了一代又一代的新子学。我们倡导"新子学"，正是对诸子思想的重新解读和扬弃，也是借重我们自身的智慧与认识对传统思想的重新寻找和再创造。"[2]P5

作为先秦诸子中的重要代表，也是墨家学说的领袖人物，墨子的思想极具研究与借鉴价值。探讨《墨子》中的"平均主义"思想，首先需要明确何为"平均主义"。据《辞海》解释，平均主义是指"要求平均享有社会财富的思想"，并指出在按劳分配的社会主义社会这种思想是不可能实现且应该破除的。历史上有诸多提倡"平均主义"的事件，在农民起义中尤为明显，比如太平天国运动其平均主义目标为"有田同耕，有饭同吃，有衣同穿，有钱同使，无处不均匀，无人不饱暖"。这是起义者理想的社会，是没有阶级差别、劳动付出差别的绝对平均主义。

中国原本是个以小农经济为主体的农耕文明国家，换言之，是否拥有土地以及土地的多少决定着贫富状况。商周时期实行井田制，几乎是所有的土地都属于天子、诸侯、贵族，仅有一小部分土地分配给劳动力人口。春秋战国，井田制崩坏，各诸侯国进行制度改革，如《左传·僖公十五年》记载子产在郑国实行的"田有封洫，庐井有伍"[3]P401，整顿田地疆界，事实上也是将耕地所有权长期固定化。土地的所有权、使用权以及产出，都仅仅是在为上层社会贡献财富，而大部分劳动者不一定能满足生存所需。再加上国家之间征伐不断，缺少稳定的产出环境，想要维持生活就更为困难。如何解决这一问题？历史上产生过两种方法，第一种，均分土地；第二种，均分土地产出。介于时代所限，先秦的思想家相对整齐地倒向了第二种方法，收入多的将结余分给收入少的，如此一来就能解决贫富差距悬殊、百姓颠沛流离不能自给的状况。

除去土地制度，教育的变化也是重要的一环。所谓"学在官府"，商周时代的知识，尤其礼乐之类的高雅科目是只有王室才能够学习的，平民无非接触一些实用的技能性知识，谈不上教育，更难拥有自己改变社会的思想。进入春秋时期，王室衰微，诸侯国渐趋强大，整个时代礼崩乐坏，正如《左传》昭公十七年所言"天子失官，官学在四夷"[3]P1541。私学兴起，知识与教育范围的逐渐扩大，使得更多的人有幸参与其中，也就为之后对社会的能动思考打下了基础。

墨子本人的经历对于"平均主义"思想的产生也有着极大的影响。《史记》中对于墨子的记载不过一句话，关于墨子其人的生卒年、所属国都尚未有确定答案。学界普遍认为他出生于下层社会，亲自参与劳动，是一名能工巧匠。《吕氏春秋·当染》写道："鲁惠公使宰让请郊庙之礼于天子……其后在于鲁，墨子学焉。"[4]P201《淮南子·要略训》记载："墨子学儒者之业，受孔子之术，以卫其礼烦扰而不说，厚葬靡财而贫民，服伤生而害事，故背周道而用夏政。"[5]P342墨子曾学于儒家，但儒家的烦琐礼节与厚葬形式都让他觉得是在浪费钱财与民力，因此基于自身学习的感悟，提出了兼爱非攻等独特的墨家主张。出身下层，又受到儒家文化熏陶，墨子选择了尧舜禹作为指标，不同于儒家对周礼的推崇。《庄子·天下》中评价墨子学派是"……多以裘褐为衣，以屐蹻为服，日夜不休，以自苦为极"[6]P1071，墨子立足于社会下层小生产劳动者的立场，创立了吃苦耐劳甚至是以自苦为要求的学派。他深知下层人民的艰辛，也同情身处水深火热之中的百姓，他所渴望的是人人可以温饱的理想社会，也就由此引发出其"平均主义"的想法。

二、《墨子》"平均主义"思想的具体内容与社会蓝图

由上节可知，墨子平均主义可以大致分为三个部分：以兼爱为出发点，以尚同、尚贤为途径，以节用、节葬为措施，最终达成人人温饱且具备知识的平等社会。

《墨子·兼爱》共分为上中下三篇，兼爱可谓是墨家思想的核心，既是出发点，也可以视作最终目标之一，贯穿于全书。通过推广不分高低贵贱平等地爱每一个人，达到人人享有爱、付出爱的均衡状态。梁启超在《墨子学案》中说道："墨学所标纲领，其实只从一个根本观念出来，就是兼爱。"[3]P25 这也是墨家与儒家的大不同之处，墨家的爱是没有阶级差别的，兼相爱、交相利就是他的理想，甚至牺牲自己也要达成利人的终极目的。需要指出的是，墨家所爱对象并不包含十恶不赦之人。"当察乱何自起？起不相爱"[8]P220，世间的混乱都来源于人和人的不相爱，来源于损害别人的利益满足自己的利益，更不用谈国与国之间为争夺利益而产生的大范围杀伤。举个例子，若是有人出门在外生死不知，那此人在比较过自己的亲朋好友后，必然是更愿意将妻子家室托付给倡议兼爱之人的。因为对方可以以平等的爱照顾自己的家庭和别人的家庭。反过来说，如何使其他人对自己抱持爱意？自然是以相同程度或者更高等级的爱去对待别人了。如果能够达成兼爱，那么社会的纷争必然会减少。然而事实上能够做到没有私心、牺牲自己的人却是少之又少。墨子对于反对者给予了反驳，他认为兼爱是有益之事，天子、士人等加以

推崇是可以普及的。兼爱普遍之时也就是社会平等之时。每个人都知道要尊重、爱护他人，那有多余的财产会不会分给贫穷的人？有知识会不会教给无知的人？其他人有困难了会不会倾力相助？这些答案都是肯定的。

然而，只有兼爱的思想是不够的，还需要更为有效的途径和更加有用的举措。《墨子·鲁问》篇提道："凡入国，必择务而从事焉。国家昏乱，则语之尚贤、尚同；国家贫，则语之节用、节葬……国家务夺侵凌，则语之兼爱、非攻，故曰择务而从事焉。"[4]P120这段话集中讲述了墨子对于不同病症的国家所要采取的治国措施，也称得上是墨家为治理贫、乱、淫、蛮等社会问题的综合政治策略。当上述问题全部解决，社会也将变得不愁吃穿、充满人情味。其中，尚同、尚贤两者据文中所述应是针对国家混乱的，同时这两者也是实现平等、平均目的的必经之路。尚贤，是诸子学派普遍会提到的治国手段，即举贤任能。《墨子》中的尚贤也展现出墨家的平等均分精神，不论地位高低，不论从事何种职业，只要是有才之人，都应当平等地获得进入朝政的机会。墨子在论证此观点时曾讽刺道，缝衣服、屠宰牛羊时大家都知道要寻找专业人士，到了治国的时候却忘了尚贤使能，反倒是偏袒骨肉之亲，使真正的贤者处于劣势无法获取应有的资源，真是"明于小而不名于大"。墨子对贤者的定义也十分明确："莫若为贤……有力者疾以助人，有财者勉以分人，有道者劝以教人……"[8]P79贤者并不只是有治理国家的才能与高尚的德行，还要有风向标一般的精神与行为准则。以力助人、以财相分、以道教人，他的存在会使整个风气都变得和谐，百姓会在贤者的引领、影响下自觉自发地向平均、平等靠拢，终将形成"饥者得食，寒者得衣，乱者得治……此安生生"[8]P181的和谐社会。

尚同，一定程度上算得上是尚贤的衍生思想。墨子主张让贤德之人管理国家，是从政治运行体制等诸多方面进行考量的。分散到社会各个方面就是天子、三公、诸侯、将军大夫、乡里长等各级官员都应当由贤良智慧之人担任。他们以身作则,带动所治理范围内的百姓共同进步。而处于中间地位的官员也应是上下通情的重要枢纽,既是民情、政策的传达者,也是道德实践的履行者。由此观之,若要保证春秋各诸侯国家庞大的政治机器能够平稳运行,尚贤机制是不可或缺的组成部分。尚同与尚贤可谓相辅相成,举任贤能才能够推动管辖范围内的民众向着"贤人"的方向发展,同时促进公平举荐、发掘贤良的人才体系逐步形成;上下一致的贤良之风便会使众人拥有平等和谐的政治环境,获得均等任职的晋升基础,两者相互促进就能最终实现墨子"饥者得食"的美好夙愿。

平均体现在精神方面,也体现在物质方面。有财相分是必要的,但前提条件在于社会财富足够众人相分。这就需要财富的积累,墨子选择积累的方法就是节约。墨子的节俭想法主要来源有二:一是身处下层社会,所见所感都是基于普通百姓的生存现状所激发出的哲学理念;二是对于儒家注重的礼乐、厚葬、服丧等文化提出针对性反驳。《墨子》中提到物质节约的篇目有很多,其中,《节用》《节葬》两篇表述得最为突出。"其为衣裘何?以为冬以圉寒,夏以圉暑……其为甲盾五兵何以为?以圉寇乱盗贼。"[8]P181在墨子看来,凡事够用即可,多余的部分都是浪费物质财富。尤其是厚葬风气,不但陪葬品是消耗,服丧之时无法从事社会劳动也是社会财富的流失。如果没有能够均分的物质基础,那么贤者再尽心尽力让人民平等也是无法实现的。因此削减温饱之上的部分财富,以满足尚未温饱之人的生存需求是必须践行的。墨子想要的社会很明确,百姓都可以衣食无忧,每个人都懂得兼相爱、交相利的道理,没有浪费的财富积攒下来用以帮助贫困的人,最终由贤能之士引领社会达到盛世的完美形态。

方勇先生在《三论新子学》中曾指出:"诸子学具有恒久的意

义,在于其洞见了文明中的基本事实,其解决问题的方案可能不是唯一的,但最切近中国社会。"[9]P4 先秦时期不止墨家一派有均分的思想,社会时代的大背景催发了他们想要改变现实的欲望与想法。纵观先秦时期,墨家、道家、儒家、农家,都或多或少带有平均的理想主义色彩。若儒墨相比,墨家的平均比较彻底,而儒家的平均则是一种贫富差距的适当调节,例如《论语·季氏》中虽然提到"不患寡而患不均",但事实上这里提到的均等是和儒家的礼制规范、等级差异等因素结合在一起的合理调节贫富差距的方法。若是与农家、道家相比,墨家又显得人性化许多,不像农家要求天下所有人都要毫无差别地耕田劳作;同时也不同于道家提倡的天理自然的无为思想,它更倾向于秩序化的、有领导阶级的社会财富调整。墨子的"平均主义"具有独特性,他不同于同时代的其他学派,也差异于后来的农民起义理想运动。总体来看,墨子的"平均主义"思想主要是受到时代与社会背景、个人所处阶层以及受过教育等诸多影响最终诞生的产物。

《荀子·富国》篇当中曾对于墨子尚同、节俭等思想做出激烈批判,矛头直指其均等分配的思想内涵:"墨子之言昭昭然为天下忧不足。夫不足非天下之公患也,特墨子之私忧过计也。"[50]P145 荀子认为天下财富不足需要共同担忧之类的想法,只不过是墨子个人焦虑过头而已。天下实际的担忧并不在于财富的不足,而在于混乱的环境对人造成的伤害,至于节俭的主张也只会造成天下的贫穷。不可否认的是,《墨子》中也提到过"有力者疾以助人,有财者免以分人,有道者劝以教人"[8]P79 的想法,与太平天国的物质均分十分相似,荀子认为其不合实际也并非没有道理。但需要注意的是,墨子的平均并不是现代意义上的绝对平均,而是由特定的社会背景与劳动阶层的矛盾交互所产生的相对平均,是与"公平"更为相近但不完全一致的政治概念。其最终目标是达到天下人人皆可温饱,而并非每个人所持有的物质资产与知识储备都毫无差别。这是一种社会理想，是针对社会贫富不均，尤其贫穷之人生活困苦，难以为继所提出的带有实践意义的解决方案。先秦时代的主要问题正如墨子在书中所说："民有三患，饥者不得食，寒者不得衣，劳者不得息，三者民之巨患也。"[8]P275温饱劳累是亟待解决的，而当代社会更注重人的全面发展，不仅仅是温饱，更是精神物质的双向满足。"新子学"是针对当代发展概况提出的理论构思，它对于传统子学有着新的时代考量。对于墨家流派的思想，尤其是在尚同、节用等思想视域下表露出的"平均主义"，更应紧扣时代的脉搏，契合现代文化发展趋势，真正达到"发掘元典智慧，以应对当代挑战"的现实目的。[9]P4

三、"新子学"阐释下的墨子"平均主义"当代价值

墨子"平均主义"思想除了能够更好地帮助我们了解墨家学派与理解墨子本人思想外，对现代社会的发展启示与教育功用同样值得我们关注。尤其是方勇先生在提出学术创新要"追溯原典"的口号后，注重对诸子文本的解读与生存背景的认知更成了当代学者研究先秦学术与文化时的重中之重。

由此观之，以新文化、新视角审视墨子及其思想源流就成了现代文明重新理解自身、创新时代的宝贵资源。《墨子》意欲达成平等平均所提出的兼爱、尚同、尚贤、节用、节葬等思想对现代社会的构建有着重要的参看价值。从各方面来说，兼爱以现代眼光看来是极具人道主义精神的，"兼相爱、交相利"是社会主义社会必须要践行的理论基础，如此一来则风气更为和谐；尚贤强调举贤任能，这是在每个时代都需要注重的，人才的创造力是生产力的直接推动，解放人才就是对生产力的有效解放；尚同是社会结构上下一致的发展模式，下情

上达、上情下达，国家政策的制定来源于人民，带给他们便利与保障，并且制约恶行的发生，从而促使社会各阶层以良性互动。精神文明的传导也是一样，需要上下一心，共同支持、践行、传播；节用、节葬更不用说，勤俭节约是中华民族的优秀传统，中央大力宣传节约光荣、浪费可耻的思想观念，更有利于社会财富的积累与公民价值观的良性发展。不过墨子过分的节俭甚至于是苦行主义的观念还是与此有一定差距。对此，我们应当带有理性的、辩证的视野去审视以《墨子》为代表的先秦文化典籍。努力回归原点，在继承之中有所创新。正如方勇先生所说："当代实具备了回归中国思想原点的极佳契机。更重要的是，诸子学本身所具有的多元开放的气质，正是中国思想原创力的突出体现。身处现代语境中的当代研究者，不妨学习和继承先秦时期"处士横议"的原创精神与恣纵气势，摆脱各种固有观念的束缚，汲取元典智慧，融会当代理念，是为学术创新之关键所在。"[9]P2

总体而言，《墨子》的"平均主义"和"绝对平均"是不一样的，反倒是与现今提倡的共同富裕有几分相似。在国家的经济生活中，通过让一部分人先富起来，带动社会共同富裕，这与尚贤、尚同类似，贤者掌握资源之后会将其分给有需要的人；不但要把蛋糕做大，还要分好蛋糕，墨子的节俭正是为了社会财富的积累。只是受到时代、阶级的局限，墨子的财富分配方式还是有所欠缺。

按照历史情况来看，虽然贫弱者有帮助的必要，但完全意义上的"劫富济贫"却是不可取的，也会打击劳动者的积极性，反而造成消极影响。我们在"追溯原典"的同时，亦需要"重构典范"。"中国社会已经深深扎进现代体系之中，文化转型势在必行。学术要大胆创新，要适应时代，有必要对传统做一番大的重构。"[9]P2方勇先生认为："重构的关键在于如何把握先秦时代思想的结构。"[9]P2对过往历史的梳理在于对其文化背景的正确解读，了解诸子的生存时代，才能真正抽取有益于时下的思想养分。取其精华，摈其糟粕，借鉴有用的部分加以改进，这才是《墨子》对于现今社会的意义所在，也正是"新子学"所致力的研究方向。

参考文献

[1]（汉）司马迁. 史记［M］. 北京：中华书局，19590：2293.
[2] 方勇. "新子学"构想［N］. 光明日报，2012-10-22（14）：4，5.
[3] 杨伯峻. 春秋左传注［M］. 北京：中华书局，2016：401.
[4] 陆玖译注. 吕氏春秋［M］. 北京：中华书局，2016：201.
[5] 张双棣. 淮南子校释［M］. 北京：北京大学出版社，1997：342.
[6] 郭庆藩. 庄子集释［M］. 北京：中华书局，2012：1071.
[7] 梁启超. 墨子学案［M］. 北京：中华书局，1989：5.
[8] 方勇译注. 墨子［M］. 北京：中华书局，1989.
[9] 方勇. 三论新子学［N］. 光明日报，2016-03-28（16）：2，4.
[10] 方勇，李波译注. 荀子［M］. 北京：中华书局，2015：145.

（原载于《内蒙古电大学刊》2019年第3期，作者单位：西北师范大学文学院）

"新子学"背景下孙子学文献整理与孙子学重构
——兼评《子藏》对孙子学文献整理的贡献

李桂生

自当代著名学者方勇先生提出"新子学"构想以来,"新子学"思潮洪波涌起,方兴未艾,引起了广泛的响应、争论和辩难,学界正以极大的热情从理论构建到实际推行来践履这一前所未有的伟大构想,而《子藏》的编纂和出版正是"新子学"构想在诸子学文献整理上的具体实践和示范,在理念上具有总结"旧子学"、开示"新子学"之功。兵家作为"百家"之一"家",孙子作为"诸子"之一"子",其学术生成与发展自晚周以降的两千多年来,既有其独特路径,又受到儒家经学的影响,其文本和思想虽然在历代的疏解、注释中得以传承,但是在当今中华优秀传统文化全面复兴的新时代,同样面临重构或再造的时代命题。

一、孙子学、孙子学文献与孙子文献学

《孙子兵法》诞生2500多年来,形成了专门的学问,就是"孙子学"。"孙子学"概念是20世纪八九十年代由许保林、于汝波等学者率先提出,主张要系统研究孙子思想并建构孙子学体系。孙子学是

研究孙武子及其《孙子兵法》的学说。从功能结构看，包括文献研究、思想研究和应用研究；从内容结构看，包括历代孙子其人其书的研究和孙子其人其书研究的研究，是历代孙子其人其书研究的不断层累，是一种开放和发展的学术体系。由于学术的不断层累，故孙子学包括"旧孙子学"和"新孙子学"。旧和新，都是相对而言。"旧孙子学"是前代孙子学，"新孙子学"是后代孙子学。而今日之前代，即昨日之后代；今日之后代，即明日之前代。前后相离而相随，相分而相成。故新旧"孙子学"，实则是动态的前后更替和相继，然而又不是简单的前后更替，而是在思想、方法、体系上的继承和发展。孙子学文献研究主要包括《孙子》版本、目录、校勘、辑佚、辨伪、训诂、注释、阐发、传述等；孙子学的思想研究主要包括孙子的战争指导、战略战术、计谋策略、治兵用兵、军事哲学、军事伦理、军事心理、军事经济、军事地理、军事情报等研究；孙子学的应用研究包括《孙子兵法》应用于现代高技术战争的研究和应用于非军事领域的研究，主要有《孙子兵法》与国防战略、《孙子兵法》与高技术战争、《孙子兵法》与军队管理、《孙子兵法》与核威慑理论、《孙子兵法》与国际关系，以及《孙子兵法》与经营管理、《孙子兵法》与市场营销、《孙子兵法》与体育竞技，以及《孙子兵法》与人生处世等研究。

  孙子学文献是指以《孙子兵法》文本为基础，扩展至战国秦汉产生的托名孙子所作的文献，历代《孙子兵法》校勘、注释、阐述、辑纂等研究性文献，以及对汉代以后孙子研究性文献进行研究的文献，还包括与孙子及其兵法相关的论述性文字，比如序跋、论兵文章等。虽然有些文献托名孙子，但是其文献内容秉承了孙子思想，是对《孙子兵法》的衍增和附会。

  孙子文献学是关于孙子文献研究的专门学问，是指对孙子学文献进行音读、校勘、训释、辨伪、辑佚、汇编、整理等专门学问。目前学界缺乏孙子文献学的理论概括，而比较注重具体的《孙子》文本文献的整理研究，比如《中国兵书集成》搜集影印了部分《孙子》白文文献及注疏文献，谢祥皓、刘申宁辑纂的《孙子集成》搜集自汉代以降至民国凡八十种《孙子》白文本（有的白文本意义不大）及注解本，多数为孙子学文献中的精注、精校、精刻本，基本反映了孙子文献学的时代发展轨迹，但是由于《孙子集成》受到编纂年代条件的限制，仍有许多善本、稀见本未能尽收其中，特别是民国时期一些诠解《孙子》的优秀著述未能全面搜汇，而《子藏》"兵家部"弥补了这一缺憾，搜集自汉代至民国《孙子》白文本、注释本、节选本、校勘本、批点本及研究著作凡一百三十八种，是迄今搜书最全的孙子学文献集成。而其最大的亮点在于补充了《孙子集成》不少漏收的孙子学文献稀见本，比如李宝洤《孙子文粹》（上海商务印书馆1917年《诸子文粹》排印本）、唐代魏征等节选《孙子兵法治要》（民国八年［1919］上海商务印书馆影印日本天明七年［1787］刊本）、张谔《评注孙子精华》（上海子学社1920年《评注皕子精华》石印本）、袁韬壶《新式标点孙子十家注》（上海扫叶山房1926年排印本）、徐容溥《孙子表释附孙膑兵法》（1929年排印本）、徐容溥《孙子表解》（安徽印刷店1935年排印本）、张文治《孙子治要》（上海文明书局1930年《诸子治要》排印本）、许有成《孙子与现代》（上海中新印书局1932年排印本）、公羊寿《孙子兵法哲理研究》（上海国光印书局1933年排印本）、陆翔《孙子精华》（上海世界书局1934年石印《四部精华》本）、吴石《孙子兵法简释》（兵学研究会1936年《战术丛书第一种》排印本）、叶慕然《孙子兵法新诠》（1936年广州排印本）、蔡锷《孙子行军篇》（1937年《曾胡治兵语录》排印本）、张心澂《孙子通考》（上海商务印书馆1939年《伪书通考》排印本）、温晋城撰《孙子浅说补解》（中央政治学校1939年排印本）、朱怀冰《读孙子十三篇阵中笺释》（青年书店1939

年排印本)、李则芬《以孙子兵法证明日本必败》(生活书店 1939 年排印本)、陈华元《孙子新诠》(商务印书馆 1940 年排印本)、吴鹤云《孙子兵法新检讨》(江西上饶战地图书出版社 1940 年排印本)、齐廉《新注孙子兵法直讲》(重庆军学编译社 1940 年排印本)、萧天石《孙子战争理论之体系》(成都大江出版社 1942 年《今古楼全书乙部之一》排印本)、李浴日《孙子兵法之综合研究》(赣县 1944 年排印本)、李浴日《孙子新研究》(世界兵学社 1946 年排印本)、韩一青《浅释孙子兵法十三篇》(西安大东书局 1944 年排印本)、郑麐《孙子兵法》(中国辞典馆 1945 年《英译先秦群经诸子丛书》排印本)、王明长《孙子选注》(青岛蓬莱文化服务社 1945 年排印本)、陈启天《孙子兵法校释》(上海中华书局 1947 年排印本)、郭化若《孙子兵法之新研究》(东北军用图书社 1947 年排印本)、覃孝方《孙子兵法今释》(成都复兴书局民国排印本)、苏荫森《二十世纪苏氏孙子注解》(民国排印本)、关靖《关注孙子十三篇节录》(民国排印本)、李天豪《孙子兵法评注》(台北泰华堂出版社 1972 年排印本)等，均为《孙子集成》之未收者，多为共和国成立以来首次影印出版。

不仅民国时期诸稀见孙子学文献予以收录，而且明清时期孙子学稀有文献亦多予收录。收录的明代稀见孙子学文献，主要有明正德刊本陈珂、陈天策《孙子断注》，清抄本李贽推释《孙武子》，明万历四十四年（1616）刊本焦竑校正《新锲翰林三状元会选孙子品汇释评》，明万历刊本焦竑纂注、陈懿典评阅《两翰林纂解孙武子折衷汇锦》，明万历十六年（1588）刊本赵光裕《新镌孙子标题正义》，明刊本陆可教、李廷机《新镌孙武子玄言评苑》，明崇祯刊本沈应明《注解孙子》，明龚绍山刊本陈元素《标题评释孙子》，明芙蓉馆刊黄献臣《孙子开宗》，明崇祯刊本《衷谷子商骘孙子》等。收录的清代稀见孙子学文献，主要有清康熙五年（1666）刊本彭祖蕫纂辑《孙子全题衷旨合参》，清抄本蒋先庚、彭继耀集注《孙子》，清康熙十年（1671）刊本汪式玉编《增补孙子集注大全》、清康熙刊本丁洪章《孙子诠解》、清道光刊本江有诰《孙子韵读》、清康熙德庆堂刊本谢重纶《孙子全题讲义通考》、清乾隆二十八年（1763）夏振翼辑注《增补孙子体注大全》、清光绪二十年（1894）孙氏《札迻》刊本孙诒让《孙子曹操注札迻》、民国正中书局排印本大纯镇《孙吴兵略问答》，以及清光绪排印本广东将弁学堂编《孙子白话演义》等。这些孙子学文献由于搜求不易，故学者想要研读和引用，殊多不便，今《子藏》汇为一编，不仅是孙子学文献能得以传承之幸，亦是孙子学研究者能加以利用之幸。

《子藏》对孙子学文献较全面的收录影印，既是对孙子学文献一次有效的抢救性保护和整理，又为孙子文献学的深入研究提供了更多有价值的底本。在所收孙子学文献中，有不少是稀见文献，这些稀见文献除了在民国时期有过首次刊印之外，再无刊印过，研究者往往踏破铁鞋无处寻觅，如今尽收《子藏》囊中，可谓惠泽学林，功德无量。

当然，《子藏》在孙子学文献的搜求方面，虽然秉承"全而精"的原则，以求"一网打尽"，但是在具体的实际搜求工作中，难以做到尽善尽美，一些拟收之书未能尽如人意而全部予以收录，故有些孙子学文献在《孙子集成》中有收录的，在《子藏》中未必全有，比如明代王阳明《手批武经七书》、赵本学《孙子书校解引类》、郑二阳《孙子明解》、沈际飞《武经七书会通》、张居正《武经直解开宗合参》，清代徐经《孙吴兵诀》、孙星衍校勘《孙子十家注》、王仁俊《孙子佚文》、陈和祥《评注孙子读本》等文献，编纂者虽拟定了选目，但由于有的馆藏秘不示人，而难以得到相应覆本，加之出版时间紧迫，而未能进行更广范围的藏本搜选，不能不说是一个遗憾。作为编纂者之一，笔者期待在条件成熟时编纂出版《子藏补编》，把漏收和来不及收的重要子学文献尽收其中。尽管白璧微瑕，但就孙子学文献收录总量来说，《子藏》"兵家部"《孙子卷》所收超过《孙子集成》五十余种（不含吴子兵学文献），而且多为善本和稀见本，故"兵家部"《孙子卷》是迄今为止最全的孙子学文献集成。

《子藏》所收孙子学文献，不仅家数增多，而且同一注家的不同版本多有汇集，比如曹操注《孙子》，则有宋刊《校正武经七书》本，明国子监刊《武经七书》本，清嘉庆兰陵孙氏刊《平津馆丛书》本，清咸丰四年（1854）新昌庄氏过客轩刊《长恩书室丛书》本，清同治皖城新建吴氏刊《半亩园丛书》"兵法汇编"本，清道光吴兴凌氏刊《传经堂丛书》本，清光绪二十四年（1898）杭城衢樽石印《兵书七种》本，《齐鲁先哲遗书》本，清王纶光批校本等，汇集诸善本，便于读者比勘，具有重要的文献学价值。再比如，同是郑友贤《孙子遗说》，既有宋刊本、明正统《道藏》本，又有清嘉庆二年（1797）兰陵孙氏刊《岱南阁丛书》本。即使《孙子》白文本，亦收有多种版本以供读者比勘对校，比如有宋刊《武经七书》本、明嘉靖三十二年（1553）刊《校正武经七书》本、明万历间吴勉学刊《二十子全书》本、清顺治十八年（1661）刊《标题武经七书全文》本、清光绪元年（1875）湖北崇文书局刊《百子全书》本、清光绪十二年（1886）文海堂刊《石室秘笈兵书》本、清光绪刊《武经三子全书》、清刊佚名批校本、《武经七书》清抄本、民国十二年（1923）上海千顷堂石印本、民国二十二年（1933）国民党军事委员会委员长南昌行营排印本等。这些版本是宋代以降比较有代表性的精刻、精校或精印本，有较大的版本学价值，可与《孙子集成》所收《续古逸丛书》之《宋本武经七书》影印本、皕忍堂《重刻武经七书》刊本参照使用。

孙子学文献的全面汇纂及整理，必然要求孙子文献学的建立。然而，目前孙子学文献整理本身仍有诸多不足，比如孙子学文献的新释、新诠、辑佚、考辨、章句、训诂、现代解读等仍有许多开掘空间，而流布海外的孙子学文献更难以搜罗汇纂。究其原因，孙子学界普遍重应用研究而轻基础研究，尤其不重文献整理，即使有一些文献整理，也显得零散而不集中，几乎没有形成"团队作战"的力量。在孙子学界，穷年累月投身于孙子文献搜求及整理者，只有极少数学者，如苏桂亮、苏成爱等。由于孙子学文献整理与研究之不足，故孙子文献学本应建立而未能建立，笔者非常期待有志者能在孙子文献学的理论研究上有建树。

二、孙子学是诸子学的一个重要分支

兵书自其产生起，就被统治者所看重。汉代三次整理兵书。史书记载①，第一次是西汉初期，"张良、韩信序次兵法，凡百八十二家，删取要用，定著三十五家。"第二次是西汉武帝时，"军政杨仆捃摭遗逸，纪奏《兵录》。"第三次是西汉成帝时，"步兵校尉任宏校兵书"，且任宏所校兵书成为刘歆向皇帝所奏的《七略》之一略，即《兵书略》。第三次兵书整理形成了兵书置于诸子之外的格局。之所以放在《诸子略》之外，主要因为一是兵书数量多，为了书目编纂方便，需要单独整理；二是因为兵书乃经国治军之公器，为人主者不肯轻易示人；三是兵家不同于一般诸子，其书之思想直接运用于战争，对国家生死存亡有直接关系。以此观之，古兵书本来属于诸子而实用价值又高于诸子，为历代人主所看重。即使在秦始皇焚书之时，也没提到焚毁兵书，且所焚之书乃民间私藏，而非官府所藏。从20世纪70年代临沂银雀山汉墓出土的竹简看，其中有传本兵书《孙

---

① 班固：《汉书》，北京：中华书局，1962年，第1762页。

兵法》《尉缭子》《六韬》，有富含兵法篇章的传世古籍《墨子》《管子》《晏子》，有佚本兵书《孙膑兵法》《守法守令》《地典》（兵阴阳书）；有论兵论政篇章《十官》《五议》《务过》《为国之过》《起师》等。由于兵书为秦汉统治者所倚重，故先秦兵书在汉初流传广泛，为统治者所喜爱。总之，西汉刘歆编撰《七略》之时，把天下图书分为六艺、诸子、诗赋、兵书、术数、方技六类（"辑略"为诸类总要，不算图书分类），把任宏整理的《兵书略》纳入其中，而东汉班固撰著《汉书·艺文志》时，又承袭这一做法，把兵家置于诸子"九流十家"外，故汉魏以降，一般把兵家置于诸子之外，由此以为兵家不算诸子。这一观念一直延续到近代。

然而，汉代班固对兵书的目录学分类不能改变其诸子学性质。孙子是兵家学派的开创者，孙子学是兵学的主干。在中国学术史上，文武既有分途，又有合一，是分与合的统一。兵家学派与先秦诸子学派一样，具有自己的特征和基本范畴。笔者在拙著《诸子文化与先秦兵家》（岳麓书社2009年）中对此有专门论述，读者诸君可以参考。若以刘向、班固等对兵家特征的概括为参照，则有兵权谋、兵形势、兵阴阳、兵技巧四家，而各家特色鲜明，各有优长，班固云："权谋者，以正守国，以奇用兵，先计而后战，兼形势，包阴阳，用技巧者也……形势者，雷动风举，后发而先至，离合背乡，变化无常，以轻疾制敌者也……阴阳者，顺时而发，推刑德，随斗击，因五胜，假鬼神而为助者也……技巧者，习手足，便器械，积机关，以立攻守之胜者也。"① 若就诸子学派中各"子"的思想特质来讲，则《吕氏春秋·审分览第五》对此有生动而准确的揭示："老聃贵柔，孔子贵仁，墨翟贵廉，关尹贵清，子列子贵虚，陈骈贵齐，阳生贵己，孙膑

---

① 班固：《汉书》，北京：中华书局，1962年，第1758—1762页。

贵势，王廖贵先，儿良贵后。此十人者，天下之豪士也。"① 由此看来，即使同为兵家学派，不仅讲究师法，而且讲究家法。所谓师法，即兵家学派之下又有分派；所谓家法，即同一分派之中各"子"之学又有不同。兵权谋、兵形势、兵阴阳、兵技巧即是师法；孙膑、王廖、儿良三者之学各有特征，性格分明，即是家法。这正是诸子复合多元性格特征的体现。

自《孙子兵法》这部伟大著作诞生之后，便形成了源远流长、博大精深的孙子学。先有《孙子兵法》，后有孙子学。《孙子兵法》的产生并不意味着孙子学的形成，因为孙子学是对孙武子及其《孙子兵法》研究的学问。有学者把孙子学等同于《孙子兵法》，认为孙子学孕育产生于远古至春秋，其观点混淆了《孙子兵法》和孙子学的界限。远古至春秋时期发生的战争，产生的军事著作如《军志》、《军政》、亡佚之西周《司马法》，商周至春秋时期的思想文化，以及孙武子自身的军事、政治天赋和家族背景等，都是《孙子兵法》孕育和产生的重要因素。故我们讲孙子学，应该从战国、秦汉讲起，讲兵法则可从商周、春秋讲起。以此之故，若要划分孙子学发展史的分期，则战国秦汉，孙子学初显端倪，为孙子学的发轫期；魏晋南北朝为孙子学的形成期；隋唐五代为孙子学的发展期；宋为孙子学的繁荣期；元为孙子学的沉潜期；明清为孙子学的复兴期；民国为孙子学的转型期；当代为孙子学的新生期，"新孙子学"之建构正当其时。这既与各个时代的政治、经济、思想、文化和军事状况相呼应，又体现了孙子学发展、演变的内在逻辑和学术轨迹。

孙子学在其发展、演变过程中，并非如阶梯式上升，而是表现为比较曲折的波浪式进程，存在着崇抑共存、外轻内重、治衰乱兴、史略相成、文武合璧、雅俗共赏等特点。所谓崇抑共存，就是人们对孙

---

① 吕不韦等：《吕氏春秋》，北京：中华书局，1954年，第214页。

子学既有尊崇倚重者，又有贬抑排斥者；所谓外轻内重，就是统治集团对外秘而不宣、禁止传播，而内部则奉为巩固政权、谋取胜战的圭臬；所谓治衰乱兴，就是治世则孙子学不振，乱世则孙子学繁荣；所谓史略相成，就是既有孙子史学研究，又有孙子谋略研究；所谓文武合璧，就是既有武人论兵，又有文人论兵；所谓雅俗共赏，就是既有专深的理论研究，又有通俗的应用研究。这些特点贯穿着孙子学发展始终。

孙子学作为诸子学的一个重要分支，在其发展过程中，受到诸多因素的影响。虽然不少目录学著作和子学丛书把它列入子学范畴，而且孙子学本身融会了其他诸子思想，但是并没有学者从诸子学的视角来对《孙子兵法》进行阐释和观照，这种现象到了20世纪末才有所改观。这固然由于孙子学逐渐演化为军事学的原因，但在中华大地，有史以来就战争频发，政权高度集中在家族统治集团手中，文化极端专制，人们的思想被多方禁锢，也是影响孙子学发展的重要因素。

孙子学研究战争，以战略战术作为话题中心，但并不等于战争学；孙子学研究军事，举凡军事谋略、军队建设、军事伦理、军事地理、军事后勤等，都有广泛而深刻的认识，但不等于军事学。孙子学中包含了战争学、军事学，但是其话语范围广泛，远远大于二者，涉及政治哲学、人类生存等话语。孙子学以人类历史中不可消灭的社会现象即战争为观察对象和话语依据，而思考和探求如何用战争来制止和消除战争，其终极关怀仍然是人类生存发展和世界和平稳定，与儒家、道家、法家等诸子的理想追求并无二致，体现的是"治道""人道"及"天道"思想，故应该恢复其诸子学的本来面目。

三、"孙子学"提出后的三十多年来海内外孙子学研究现状

自20世纪80年代以来,我国大陆孙子学研究明确了孙子学的内涵,界定了孙子学的研究范围,基本建构了孙子学的理论体系,取得了不少成就。

一是丰富了孙子学理论,建构了孙子学体系。

20世纪八九十年代关于《孙子兵法》思想体系的论述,是孙子学理论体系研究展开的基础,吴如嵩、郭金华、王联斌、于汝波、葛荣晋、施芝华等对此均有论及。21世纪有学界对孙子学的内涵、体系等理论问题进行了创造性地厘定,赵海军、赵国华、吴如嵩等对此均有突出贡献,其中赵海军《孙子学通论》奠定了孙子学的理论基础。

二是孙子学史的研究得到开掘。

既有对孙子学断代史的研究,也有对孙子学通史的宏观探讨。田旭东、于如波等梳理了《孙子兵法》从战国到唐宋的流传,为孙子学的流变研究提供了有益的借鉴;王凤翔等探讨了唐代孙子学的渊源和发展;于如波、魏鸿等系统深入地探讨了宋代孙子学的时代背景和发展轨迹、宋代孙子学与治国方略、宋代孙子学与文人兵学等问题;季德源、皮明勇、阎盛国、毕海林等对明清孙子学的流传、繁荣、规律及特色等作了论述,其中毕海林还结合具体兵书分析探讨了清末民初的孙子学;邵青、侯昂妤等在文本分析基础上,对民国时期的兵学文献、兵学思想及中西兵学融合等问题进行了系统的梳理和反思。于

如波《孙子兵法研究史》,赵国华《中国兵学史》,糜振玉《中国军事学术史》,黄朴民、魏鸿、熊剑平等对孙子学及兵学通史予以宏观关注,对两千多年的孙子学史进行分期,提出了不同的观点。此外,刘庆、赵国华等在探讨中国兵学的历史演进时,对孙子学的历史发展进程多有涉论。

三是孙子学文化渊源及其现代价值研究有突破。

历代学者在注释和阐发孙子思想时,或多或少均会涉及孙子思想的渊源,但对此进行专题研讨,则在20世纪80年代以后,军地学者刘庆、邱复兴、宋清渭、南兵军、姚振文等对孙子思想体系的承继与开新及其现代价值转换进行探讨;苏桂亮、韩胜宝对孙子文化的海外传播作了历史的全面考察;魏鸿对孙子兵学的儒学化及传统兵学建构进行探讨。必须肯定的是,滨州学院孙子研究院组织了两期"孙子兵学文化源流"学术笔谈,对《孙子兵法》的文化溯源与研究流脉、精神特质及当代意义、文本诠释及海外传播等进行研讨,产生了较大的学术影响和社会反响。

四是孙子学文献整理亦有成就。

在孙子学文献整理领域涌现了一批专家学者,如郭化若、吴如嵩、于汝波、苏桂亮、杨炳安、罗颐福、吴九龙、徐勇、何炳棣、刘庆、赵嘉朱、谢祥皓、刘申宁、钮先钟、钮国平、田旭东、陈伟武、宫玉振、刘春生、高友谦等,他们对孙子学文献或注解,或校勘,或辑佚,或考辨,或编书目,或撰提要,或编辞典,或编年鉴,或建资料库,奠定了孙子学理论研究的文献基础。重要成果有谢祥皓、刘申宁《孙子集成》,于汝波、苏桂亮等《孙子学文献提要》,李零《孙子古本研究》及《吴孙子发微》,黄朴民、赵海军《孙子兵法集注》,高友谦《银雀山汉简研究:孙子兵法五十篇》,孙远方等《中外孙子兵学博硕论文备要》、吴如嵩、苏桂亮等《孙子兵学大辞典》、扈光珺等《孙子兵法通释》。此外，《中国兵书集成》收录了几部重要的孙子学文献。最近几年，孙子学界积极推动孙子学文献研究，召开全国学术研讨会，比如 2015 年山东省孙子研究会和滨州学院联合召开孙子兵学文献学术研讨会；自 2004 年来，山东孙子研究会已编辑出版《孙子兵学年鉴》共十几辑。

五是孙子学应用研究热度不减。

20 世纪 80 年代以来，《孙子兵法》应用研究勃兴，或应用于高技术战争；或应用于经营管理；或应用于人生处世及竞技性活动，但存在生搬硬套现象，缺乏理论深度。21 世纪初，不少学者倡议建立"兵法经营学"，并对孙子学经营理论进行探讨，纪洪波、魏占武、宫玉振、姚振文等于此作出了积极尝试，产出了多种成果。

香港孙子学总体上处于委顿状态，自身造血功能不足，其孙子学研究主要依托内地。据笔者统计，近二十年，香港出版的《孙子兵法》译注、图解、应用及研究性著作有六十余部，内地作者约占九成。譬如大陆学者吴如嵩《孙子兵法浅说》、李零《唯一的规则：〈孙子〉的斗争哲学》及《孙子译注》、葛荣晋《孙子兵法与企业经营谋略》等均在香港出版。

与之相反，台湾孙子学呈现繁荣景象，基础研究与应用研究并重。20 世纪中叶以降，既有《孙子兵法》文本阐释，代表性学者有魏汝霖、叶麟、姜馨、柳元麟、左竹然等；亦有孙子兵学思想体系探索，代表性学者有柯远芬、夏信侯、郭寿华、王建东、罗独修、王守常等；又有把孙子思想与现代战争理论融通，代表性学者有李浴日、萧天石、李启明、王长河、韩大勇；还有对孙子学史进行梳理，代表性学者有许俪龄、王长河；更有《孙子兵法》应用性研究，代表性学者有孙本初、吴希艳、李建中、张兵、冯焯炜、秦汉唐、高明等。

然而笔者根据所能见到的资料统计，近三十年台湾出版的孙子学著述中，应用性读物达到九成。

国外孙子学研究，主要有马来西亚、日本、韩国、美国等，多为对《孙子兵法》的外译、注解及应用研究，而缺乏孙子学理论建树，唯有日本学者服部千春在20世纪90年代撰有《关于"孙子学"》，指出《孙子兵法》具有科学的理论体系，但对孙子学的科学理论体系并未进行深刻而系统的总结。

马来西亚既有对孙子文献的校解，代表性学者有郑良树；又有《孙子兵法》的应用研究，代表性学者，一位是吕罗拔，另一位是邱庆河。他们撰写并出版了系列《孙子兵法》应用著作，涉及从社会生活到经营管理等诸方面，影响较广。

日本学者对《孙子兵法》情有独钟，不仅领悟深，历史长，而且成果多。20世纪80年代以来的孙子学著作，或梳理日本孙子学研究史，代表性学者有汤浅邦弘、森下智史；或研究孙子的战略战术思想，代表性学者有藤末健二、小和田泰经、野中郁次、太田文雄、宫崎正弘；或研究兵法经营管理，形成"兵法经营学派"，代表性学者有上山保彦、大桥武夫、武冈纯彦、滨田昭生、铃木拓史、青岛弘幸、中野明、伊丹敬之、铃木博毅等。

20世纪80年代以来，韩国译研《孙子兵法》的著作200多部，但多为应用性研究，代表性学者有许志源、郭勇秀、李宇百、车太雄、车平一和金载夏。

美国孙子学重在《孙子兵法》原著的译介、谋略阐释和管理应用，诸如安乐哲、马克·麦克内利、加里·加葛里亚蒂等，都是有一定成就的孙子兵法研究者，他们各自都有以《孙子兵法》为主题的系列著作。

此外，近二十年来，法国、英国、德国、俄国、泰国、新加坡也出版一些孙子学著作，代表性著述有法国阿德里安·博利厄《战争与贸易：孙子兵法》、英国迈克尔·M.K.张《孙子之赚钱兵法》、德国海纳·莱辛《企业管理中的孙子兵法：战略性的成功》、俄国弗拉基米尔·安德里恩格《古代兵法艺术：兵者国之大事死生之地存亡之道》、泰国编萨克·酷那空巴提《孙武指导致富》及《孙子兵法：商战中的无敌战术》和新加坡 Yong Shin Leow《商界孙子兵法》等。

从三十多年来的研究现状可知，自"孙子学"建构提出之后，海内外学者，主要是中国大陆学者，比较自觉地践行"孙子学"理念，与以往的孙子学研究相比较，具有比较清晰的理论意识和执着的学科精神，企图建立一门具有现代意义的孙子学学科，比如孙子学界提出了"兵法经营学""孙子文献学"，此二者都是"孙子学"提出之后而出现的孙子学分支。孙子学的建立，有赖于孙子学各门分支学术的成熟，除了"兵法经营学""孙子文献学"之外，还有"孙子战争学""孙子政治学""孙子外交学""孙子管理学"以及"兵学批评"等多重多样的理论开掘，而不是局限于传统的注疏模式。对孙子学文本的注疏虽有必要继续存在，因为这是保持经典基因传承的最佳方法，但更多地应该秉承孙子学求新求变的精神，创新和发展孙子学。从这个意义来说，20世纪80年代末自"孙子学"提出之后，学界在孙子学研究上虽然呈现百花争艳式的繁荣景象，但是多数著述不能挣脱旧有的思想藩篱，其著述模式有极大的相似性，呈现"千人一面""千口一音"的现象，孙子学的繁荣只是著述数量的繁荣，而不是著述方式、著述内容、著述思想、孙子理论和孙子学科的繁荣，这不能不说是受到根深蒂固的传统儒学思维的影响。自汉武帝独尊儒学之后，两千多年来的儒家经学著述方式不仅制约了儒学的创新和发展，而且极大地制约了兵学的创新和发展，严重禁锢着国人的思想观念、行为方式，这种制约和禁锢至今仍在起着潜在的作用。因此之故，尽管"孙子学"的提出已有三十多年，但是孙子学研究仍然缺乏与孙武子及其兵法的地位相称的成果，大多数的研究仍然在老旧的轨道上依傍古人，亦步亦趋，孙子学著述多数在重复前人，不管是著述理念，还是著述方式，还是著述内容，许多都是简单的对前人的重复，甚至是今人的互相重复。这种状况反映出孙子学研究中隐藏的巨大忧患和危机。从三十多年来的研究现状看，孙子学正在逐渐背离诸子学之本义，而有向着浅薄而庸俗的方向发展，许多孙子学著述牵强附会地、机械地发挥兵法中的阴谋学，并与社会活动、经济活动、人生处世、婚姻家庭等相附会，有滑向"厚黑学"倾向，而不同程度地疏离和抛弃了诸子学与生俱来的以战止战、治国理政、安邦济世的固有"治道"基因和社会情怀，而存在不少问题和不足。这些问题和不足主要表现在：

一是文献整理零敲碎打，缺乏全面研究的重大成果。

《孙子兵法》是妇孺皆知的兵学经典，被誉为"兵经"；孙武子是名扬海内外的兵家，被誉为"兵圣"，然而孙子学文献在两千多年的历史层累中多有散佚。仅仅汉魏南北朝时期托名孙武子所作、书名冠以"孙子"的孙子学文献就有几十种。虽然这些文献多为兵阴阳学文献，由于其实用性随着时代的推移而逐渐丧失，故其亡佚有其历史必然性，但自汉代兴起至清代覆亡，其间问世的孙子学著述，保守统计当有300余种，然而对其予以汇纂整理者，至今只有宋代吉天保所辑纂之《十一家注孙子》，而南宋以降诸注家之《孙子注》却未有汇纂或辑编，以致孙子书之注疏文献多有失传。由此看来，自宋代以降，对兵学文献整理的轻视实际上也是一种传统，这一传统一直延续到今日，虽然存世文献多有，但多束之高阁，有心者访求不易而望洋兴叹，拥有者视为奇货而待价以沽，以致有的孙子书尘灰蒙于架上，蠹虫生于囊中，而《子藏》编纂者秉承张载"为天地立心，为生民立命，为往圣继绝学，为万世开太平"的"四句教"精神，克服困难，广为购求，抢救性地纂集孙子学文献138种，乃孙武子诞生两千多年来孙子学文献汇纂之盛事。

二是学理研究不够，缺乏理论创新。

就广度而言，现有研究多为《孙子兵法》个案研究，而鲜有孙子学整体研究；就深度而言，对孙子学深层内涵的探讨，多停留于叙述层面，未能对其理论体系进行深刻地抽象和开掘。孙子学在汉魏以降，其传承方式主要是对文本的注疏，而非立足文本的理论再造，所以明代茅元仪评价孙子书，说它"前孙子者，孙子不遗；后孙子者，不遗孙子"，虽然是对孙武子及其兵法的高度赞誉，却又是对孙武子之后兵家兵书某种程度的否定，也就是说孙武子之后并没有产生超越孙子及其兵书的兵家兵法。若孙武子有知，则不知深以为幸还是不幸？时至今日，我们讲兵法，仍然以孙武子兵法为圭臬，而孙武子之后的兵家，所著述者，后人都视之为孙子书之注脚。在儒家经学史上，有所谓古文经学与今文经学之分，古文经学恪守文本，追求本义，今文经学以经学注疏为现实政治服务，二者理路不同，自有门户之别，而兵家经学，就孙武子兵经来说，则一直以墨守文本、阐释原义为要，时至今日，莫不如是。这种治学模式虽是对孙子学的最佳传承，但也在一定程度上阻碍了孙子学的创新和发展，而使之不能跳出"注经"的局限。

三是研究视野不宽广，研究层次不深刻。

研究视野和层次局限于文本注疏和应用研究，这是两个极端，一个极端是仿古主义，另一极端是实用主义，所以所见孙子学注解文献，大同小异，甚至互相传抄，而应用研究则是孙子原文或孙子原理加历史案例或现实案例，千篇一律，脸谱化、程序化、机械化，而缺乏深层次、宽视野的理论探索和理论建树。最需要用心用力进行创新思考和研究的孙子文献学、孙子哲学、孙子战争学、孙子政治学、孙子外交学、孙子管理学、孙子经营学等却缺乏系统而严肃的理论抽象，而显得粗疏浅薄，这说明我们一方面仍然缺乏理论再造的能力，另一方面也验证了我们急功近利的社会生态和学术生态。从孙子学发展史来讲，现有研究多为断代研究，虽有于汝波《孙子兵法研究史》的重要成果，但是仍然缺乏能够彰显孙子学理的通史性成果。

四是研究方法不够多样，而且研究内容分散，舍难求易，舍远求近。

现有孙子学研究比较注重史实叙述和内涵阐释的方法，而孙子学是建立在文献学基础上的兵学、诸子学、文化史、军事史等的跨学科研究，不够多样的研究方法无法承受其学理之重，不建立在文献基础上，其学理就无法令人信服；不作跨学科研究，则难以彰显其多面相，更难以深化其学理以进行多层次多面相的开掘。现有孙子学研究虽然成果数量丰富，但是内容比较分散，不够系统，建立共识不够，各自为政，零敲碎打，缺乏学术引领，缺乏学科交叉、门类贯通的整体研究和重大理论研究。造成这一状况，除了自20世纪80年代以来研究动机急功近利、社会风气浮躁短视等主客观原因外，还有历史传统等原因。以孙子学为代表的兵学诞生以来，既受到统治者的青睐，又受到严密防范，往往在国家危急存亡之际才受到重视，以之作为御敌去患之良方，而在平时，则或束之高阁，或弃之如敝屣，以为无用之物，既不能求富贵，又不能疗疾伤，只有那些志存高远之士才孜孜矻矻、兀兀穷年以传承之、精研之、发扬之。

四、"新子学"背景下孙子学的重构

"新子学"浪潮的时代回响深情而热切地呼唤"新孙子学"的建立。近些年来,"新子学"研讨方兴未艾,逐渐形成了以华东师范大学为核心的国际性学术平台。这个国际性学术平台汇聚了中国大陆(内地)、台湾、香港、澳门,以及新加坡、韩国、日本、美国等诸子学专家,出版《诸子学刊》,召开"新子学"国际学术研讨会和全国"新子学"博士生论坛,编纂《子藏》和诸子学研究丛书,对"新子学"的概念、内涵、外延、范畴、特征及研究对象进行广泛而深入的讨论、争鸣,在诸子学领域形成了新时代的"诸子百家争鸣"。方勇先生多次申论"新子学",奠定了"新子学"的理论构架,认为"当今的世界与先秦诸子时代极为接近,皆处于多国并立、文化异质、竞争与交流并重的时代,因此在思想文化上不可能固守一家独尊,而应当直面现实,选择中华民族传统文化中与之相适应的多元文化因素,通过大力整合和提升,来引领时代文化的走向。我倡导'新子学',不仅意在呼吁革新传统诸子学的研究方式,更主张从'子学现象'中提炼出多元、开放、关注现实的'子学精神',并以这种精神为导引,系统整合古今文化精华,构建出符合时代发展的开放性、多元化学术,推动中华民族文化的健康发展。"① 在"新子学"研究的范围之中,本然地包含着"新孙子学"的内容。"孙子学"建构提出三十多年来,研究实践及现状充分说明孙子学必须重新加以建构,前文所述孙子学研究中存在的诸多问题和不足,即是孙

---

① 方勇:《再论"新子学"》,载《"新子学"论集》,北京:学苑出版社,2014年,第13页。

子学重构的理由和依据。那么，如何重构孙子学，这是摆在我们孙子学同仁乃至诸子学同仁面前必须认真面对、积极思考，并作出不负时代重托的回答的问题。

孙子学既是研究孙子及孙子书的学问，又是研究孙子研究者及其孙子学著述的学问，是关于历代乃至现当代孙子研究及其研究者的学问，是诸子学的一个重要分支。在诸子学复兴以及"新子学"理论体系建构的学术进程中，我们对孙子学予以重新建构，确立其"诸子百家"之"子"的地位。方勇先生阐述"新子学"的内涵时，讲到"所谓子学之'子'并非传统目录学'经、史、子、集'之子，而应是'诸子百家'之'子'。具体内容上，则应严格区分诸子与方技，前者重思想，后者重在技巧，故天文算法、术数、艺术、谱录均不在子学之列。"① 以此之故，我们检视"孙子学"建构提出之后三十多年的孙子学研究状况，深深感到恰恰最应该得到张扬和开掘的具有核心价值的政治、战争、治军、经国、人生、人类发展等思想题材，却被有意无意地忽略和淡化，而技巧性题材却被夸大拔高而泛滥于学界，诸如"孙子教你诈""爱情兵法""股票兵法"及"办公室兵法"等，把本该讲究伦理道德、人性人情的社会关系和社会活动完全斗争化、阴谋化、诡诈化、阴暗化，这不仅是对孙子学的歪曲，也是对社会伦理道德的腐蚀和解构，是孙子学中的浊流，有学术良知和社会责任感的研究者均应予以抵制和批判，而使孙子学回归到以战止战、安国全军、治军用兵及关注人类和平与生存发展的本位上来。

孙子学的重构，还应重新检视孙子学的研究范围，在"新子学"视域中，"诸子百家"不仅指春秋战国的"诸子百家"，也指汉魏以降直至当代的"诸子百家"；不仅指中国"诸子百家"，也指世界

---

① 方勇：《"新子学"构想》，载《"新子学"论集》，北京：学苑出版社，2014年，第4页。

"诸子百家"。从时代来讲，接入当代；从空间来讲，接入世界。就孙子学来说，其研究范围应当扩展至《孙子兵法》之外的所有兵家兵法，即以《孙子兵法》为核心，以《孙膑兵法》为次核心，继之以《孙子兵法》和《孙膑兵法》研究，又加之以战国以降乃至民国与《孙子兵法》《孙膑兵法》有思想联系的兵法及其研究著述。此外，还应把世界杰出兵家兵法置于此视野之内。这便是诸子意义上的兵学及兵法。茅元仪所谓"前孙子者，孙子不遗；后孙子者，不遗孙子"，正是揭示了历代兵法和《孙子兵法》之间的一脉相承的思想关系。从这个角度看，战国以降的兵法都是对《孙子兵法》的继承和发展，也可看作是《孙子兵法》研究成果，故应该纳入孙子学研究范畴之中。换言之，"孙子学"概念可以从狭义和广义来考察。狭义孙子学，就是历代研究《孙子兵法》的学问；广义孙子学，就是以《孙子兵法》研究为核心，扩展至与《孙子兵法》相关联的历代兵法研究以及与《孙子兵法》相关的世界兵法研究，如民国时期兵家李浴日《孙克兵学新论》即如此，它以孙子思想为核心而吸纳糅合德国克劳塞维茨的兵学思想，并比较二者思想之优劣；当然，置于"新孙子学"视野中的兵法兵书不应包含纯粹的兵技巧类内容（兵技巧中的某些思想性内容则不应忽视），而是专讲战略、战术、兵谋、兵略、治道、人道、天道的具有较高思想价值的兵书兵法。

孙子学重构应当融汇现当代战争理论和战争思想，充分吸纳现当代兵学思想和战争理论，所应该解决的是国家战略、国际战略及至宇宙战略等问题，而非具体的武器装备和军事技术，必须着眼于战争哲学、政治哲学以及人类生存哲学层面来进行考量；应当把西方兵学中的优秀思想（比如克劳塞维茨战略战术思想）中国化和孙子化，融会生成"新孙子学"，同时多面而深层地开掘现当代兵学理论中与《孙子兵法》及其后"诸子百家"意义上的诸家兵法中与孙子基因相连贯的内容。所以"新孙子学"是以战争思想、政治思想、经国思想为核心的开放的思想体系，它不仅吸纳我国历代兵家思想的优秀成分，而且吸纳西方兵学中的思想精华，而进行创新和再造。孙子学不是已经过去了的死亡的学术，而是接入当下、与时代紧密相连并融会于时代之中的鲜活的学术，所以它又是发展和开放的思想体系，是以研究战争哲学和生存哲学为基本内容的经世之学，自战国秦汉以来，无不浸润着强烈的现实精神和时代精神。

　　孙子学的重构有赖于对孙子学文献的系统整理和孙子文献学的发展。长期以来，在前贤时彦的努力下，孙子学文献整理取得了不菲成就，先后编纂出版了《中国兵书集成》以及谢祥皓、刘申宁编纂的《孙子集成》等大型兵学文献，但是与其他诸子，例如儒家、道家、法家等文献整理相比，显然不可同日而语，这既有历史原因，也有现实原因。《子藏》广搜力购兵家文献善本及稀见本，把"诸子百家"意义上的"九子"兵书囊括其中，分为三卷（《孙子卷附吴子》《六韬卷附尉缭子司马法》《黄石公卷附武侯心书李卫公问对》），都为一部，即"兵家部"，总成十六开本之五十五册，其体量超过《中国兵书集成》。从传统的注经学术发展看，文献学中的注疏、考据、辨伪、辑佚、校勘、目录、汇纂等方法，固然是孙子学研究的题中之义，也是孙子学重构的文本依据，但是孙子学重构更重要的方面还是要多层次多方位开掘其义理，以此从容面对西学和世界，实现中学与西学的良性对话，实现本土性与世界性的自然融洽，既要力戒以中国学术解释中国学术的自话自语、孤芳自赏，也要力戒以西学为标准来衡量中国学术的崇洋媚外、全盘西化，而要彰显孙子学的中国学术、中国风格和中国气派。中国诸子与西方诸子各有其学术理念、学术思维、学术范畴、学术话语、学术路径、学术体系和学术评价，可以互相借鉴而不可互相替代，可以互相包含而不可互相包含。在当今"春秋战国"时代，传统子学多元共生、异质同求的思想实质和以天下为己任的担当精神，为回应时代呼唤和"新子学"兴发提供了价值导向和理想诉求，为孙子学回归战争哲学和生存哲学本位、为兵学回归战诸子学本位准备了充足的先天基因。

　　孙子学重构既不能全盘否定注经传统，又必须跳出注经传统。自汉代以降，注经是中国传统学术的基本样式，孙子学毫无疑问受到了注经传统的深刻影响并一直被注经传统所左右，而在注解兵学经典时，又受到儒家正统思想的影响，所以自汉代以后的兵家学术是渐趋儒学化的兵学。特别是我们在披览唐宋以后的孙子学注疏时，会发现孙子学就是孔孟之学、程朱之学主道下的兵学经典注疏，其所解释兵家之"道"乃儒家仁政之道，其"诡诈"乃儒家"仁义"统摄之诡诈；伊尹和吕望虽为圣智之人，但在儒学思维的主导下，注家认为"伊挚在夏""吕牙在殷"都不是指二人分别在夏、殷做间谍，因为在儒家看来，做间谍是不光彩的事情，儒家圣人绝不屑为此，儒家用兵，都是"仁者无敌"，无须以诡诈手段获取情报和赢得战争。诸如此类，不一而足。这一状况直到清末民初有所改变。总之，在经学一统中国学术的背景下，兵学注疏儒学化，兵学经典儒经化。虽然现代孙子学得以改变儒学独尊的局面，但是以儒家式注疏作为研究兵学经典的方式方法，却根深蒂固。研究孙子文本，阐明孙子本义，固然重要，但是必须以之与当下结合，开掘其当下意义，这才是最重要的。所以孙子学领域，存在两个极端的研究现象：一是以孙子书为经典（儒学统摄下的武学经典），多以古文经学方法予以注疏，故注疏之作众多而思想阐解、理论构建极少；一是以孙子之术为实用的求利求胜之术，故近代以来特别是现代各种孙子兵法应用研究层出不穷，实际上是假借孙子之外衣，裹着与之不相干的时尚红肚兜。当下孙子学存在两种极端现象，一是尚古崇旧，墨守成规，食而不化；一是尚用求新，生吞活剥，牵强比附，以当代西方各种名目繁多的新"理论"与之嫁接。这两种极端现象若不改弦更张，孙子学重构和创新，必定进无可进，而迷失在狭窄的偏道僻径之中，而失去其兵道、治道、人道之本质。孙子学发展到清末民初，以西方兵学注中国兵学，解释中国兵学，使兵学得以现代转型，这是其积极的一面；但是转型所带来的问题就是简单、机械地以西方兵学为标准、以实用为指南，以中国兵学的内容削足适履地填充西方的学术形式，这是消极的一面。孙子学重构，或者说"新孙子学"的建立，必须对当下及之前的孙子学加以扬弃，既要继承注经传统中好的做法，又要涤除背离孙子学本质的内容及方法。

孙子学的重构，必须把孙子学放置在诸子学的视域或框架之下，消解儒家经学对兵学的长期控制和制约。《孙子兵法》作为"武经"之首，曾有一些见解高远的思想家主张以之与"儒经"相比肩。譬如李贽呼吁以《武经七书》和儒家"六经"融会合一，这在明代后期特定的历史语境中，是一种难得的进步思想。然而，李贽试图把兵家抬高到与儒家相等的高度，让当政者和士大夫都予以重视，这种思想仍然建立在以儒家学术为评判标准的框架之内。兵家之《孙子》《吴子》《司马法》《尉缭子》《六韬》《三略》《李卫公问对》等"七书"，在宋代虽然尊为"武经"，但也是在儒经主道下的武经，其地位实际上从来没有与儒经平等过。故"新子学"视域下的孙子学重构，必须明确兵学非经学，兵学就是诸子学之一种，与其他诸子一样探求"治道"之学派，百虑而一致，殊途而同归，故孙子学的重构必须还原兵学的诸子学本来面目，亦必须把儒家还原为诸子之一家，从学术理念到学术方法全方位地消解儒家的经学地位，重新确认它们地位平等而非统摄和依附的关系。唯有如此，才能深刻而接近真实地理解包括兵家元典在内的诸子元典精神，真正阐释和揭示开放多元、争鸣会通的子学真谛，而不是作孤立之想、封闭之思。兵家本身兼容会通诸子，儒、道、名、法、阴阳等思想元素均吸纳其中，有点近似杂家，举凡治道兵道、策略谋猷，无不涵养包裹，虽以用兵之道为本，然其目的却在治国和人类生存之思。若不明此，则无以重构孙子学。以是之故，孙子学不与诡诈学等同，兵学不与战争学等同，诡诈之学、战争之学只是孙子学和兵学的基本内核，体现为孙子兵学之用，而其真正归宿或高于其用者则在于"以战止战""以杀去杀""止暴去乱"之"治道"，其所构想的社会理想是追求没有战争的和平世界。虽然兵学元典并不直接论述如何治国，但是在其阐述用兵之道中无不以"治道"为归依。

　　孙子学的重构，必须严肃而坦然地面对时代的主流意识形态。近现代以来，马克思主义传入中国，并与中国革命实践结合，逐渐成为中国社会的主流意识形态。在对待优秀传统文化与马克思主义关系时，既不能以坚持马克思主义为由而否定优秀传统文化，也不能以继承优秀传统文化为由而否定马克思主义，而应该秉持开放、包容的姿态，互相吸收和借鉴，互相促进和成就。早在20世纪三四十年代，郭化若等革命知识分子最早以马克思主义理论和方法来理解、阐释、建构孙子思想体系；以阶级分析的方法，唯物地、历史地、辩证地绎解孙子的战争理论，为孙子学研究开辟了一条全新的道路。马克思主义本身既不是封闭的体系，也不是静止的学说，而是开放的理论体系和不断发展的学说。它继承了德国古典哲学、英国古典政治经济学，以及英国、法国的空想社会主义理论，基于资产阶级的腐朽、资本主义社会的衰败，而对无产阶级革命实践予以时代呼应，批判吸收黑格尔辩证法、费尔巴哈唯物思想，以及19世纪初叶最新自然科学成果，而进行的天才性理论创造。孙子学的重构不能回避，也不应该回避时代的主流思想即马克思主义理论，而应该坚持马克思主义唯物思想和辩证思想，历史地发展地对待以往的兵学文化，深化孙子学的唯物因素和辩证法意蕴，而孙子学理论也是马克思主义中国化所应借鉴的重要思想资源之一，其丰富的诸如死生、奇正、虚实、攻守、迂直、动静、主客等相反相成的矛盾范畴，正是马克思主义中国化最有效、最具中国特色和中国风格的重要思想材料。

要之，《孙子兵法》自问世以来，就其著作本身而言，可谓家喻户晓、妇孺皆知，然而就研读者来讲，其目的或为筹策算计，或为势位富贵，或为纸上谈兵，或为经商之用，或为防身之策，而少有以之为诸子学者；偶尔有，亦以之为儒学之附庸，庙堂之走卒，召之即来，挥之即去。历代最高统治者既利用而秘藏之，又防备而禁锢之，往往使之成为边缘之学、禁止之学。故孙子学历两千多年而不能发挥其"述道言治"之功用，而仅仅作为战时息争之"刍狗"，平时则忘于脑后，弃置不用，而不以之为治世之谋谟，此为孙子学之不幸。然而汉代以降，又有诸多学者为之作注，世代流传，广布海内外，此则为孙子学之幸。孙子学之重构，当纠正历史之偏颇，还原其"述道言治"之本貌，消解儒家经学之控制，恢复其用兵治世之本心，置于"新子学"框架内，与其他诸子相会通，与世界诸子对话，以多层多样的开掘方式探索孙子深意、重塑孙子学理论，摒弃浅薄短视之俗见俗用，不作矮人观场之阐解，以还原其恢弘博大之气象、兼容并蓄之本貌，这就是孙子学重构之意义所在。

（原载于《诸子学刊》第二十二辑，作者单位：广西民族师范学院）

从孔老对"道"的同质性理解谈"新子学"的精神

李星瑶

学术创新和人文传承是现今社会的重大诉求,不仅是中国大陆的学者,还有海外致力于中国学术研究的学者,都在关注同一个课题,即如何积极发掘传统文化中的元典精神,解决当代文化发展中的矛盾冲突。方勇先生提出的"新子学"理论应时代的呼吁而生,所关注和解决的,正是传统文化研究如何创新、如何对治现代性的问题。可以说,"新子学"为如何正确认识、评估中国文化的过去,掌握中国文化的现在,开拓中国文化的未来提供了重要的理论支撑和思想动力。

一

方勇先生在《三论"新子学"》一文中提出:"古人的智慧在前,如何融通开新,参与到世界范围的讨论中,这是今天的任务。'新子学'主张,在面对西方文化的背景下,深入把握早期经典中的相通之处,熔铸出新解,这当是学术创新的途径。"[①] 笔者认为这里

---

① 方勇:《三论"新子学"》,《光明日报》2016年3月28日,第16版。

有两层含义：

（一）先秦时期百家争鸣，其中涌现出的蓬勃的子学思潮，是中国思想文化史上的第一股思潮，并成为凝结中国几千年文化发展的主要线索，其重要性体现在其洞见古今，对文明发展过程中的基本问题进行了开创性阐述。

先秦子学思潮对于问题的解决思路可能并不唯一，但却最切近中国的文化民情，是思想文化史发展的基石。从文化的发展史来看，无论是先秦，还是两汉、魏晋、隋唐、宋元明清，每一种新思想的出现，总是一种向原始出发点——诸子学的复归和还原。"然而，也许先贤的思想过于精深，加上历代统治者的作用，使得具有原创性思想的时代不复再现……诠释远远大于原创。"① 文化具有继承性，在诸子学接受过程中，后代人总是在继承前代文化的基础上作出新的诠释。但这种继承势必具有选择接受性，每一种新的思想都是根据变化了的社会现实的需要加以发挥，使得子学的面貌越来越模糊，为人们偏解。所以，文化的发展必须立足于中国思想文化生命的源头，重视诸子学，对诸子的文化典籍给予充满真实和生机的生命，对其真实的心境进行复归。只有回到原始出发点，才能打破目前哲学及文化语境的框架，把握早期中国文化的主脉，寻找背后所隐藏的能量、生命，开拓出新的能够对治现代性的文化。

（二）方法论上，我们必须对思想文化本身有足够的认知和涵养，能够对思潮和观念有全面深刻的反思。

然后对其进行一种理性的处理，通过扬弃前代文化中的某些积累，突破可能已经形成定式的思维模式，并将其应用于实际，使之能

---

① 方松华：《现代多元学术思潮的冲突与融合》，载《相争与相融——中国学术思潮史的主动脉》，上海：上海社会科学院出版社，2003年，第417页。

够对治现代性。无论是中国文化还是西方哲学，作为一种生命之学，它们所面临的问题，完全是由生活和生命体验中而来的。这些问题，就是文化立足的根据，与人的存在同时俱存。这些问题本身并不需要时代性，但提出了解和处理问题的方式却有时代性。因此，我们谈论"新子学"，谈论中国文化的现代化，必须以问题为中心，做一种会通的研究。要抓住核心观念疏通古今，融入现代生活中加以讨论，寻找现代的了解方式、表达方式，并与我们的体验相结合。

本文意从"天人关系"这一观念入题来进行讨论，原因在于，天人关系的研究——如何达到和维持人与天的和谐、人与万物动态的平衡，在中国传统文化范畴系统中是一个核心概念，它在中国文化的发展中贯穿始终，长期起着重要作用，一直是中国古代哲学研究必须面临的一个基本问题。"天"本身只是一个对象，它是抽象的、无法言说的，中国的思想家对于"天"，也很少作盲目的崇拜和无端的怀疑、探索，而是往往和人放在一起，即作天人关系的思考时，才凸显得出其真正的意义。

金岳霖先生曾经指出，在世界的三个大文化区中，中国文化之所以不同于印度文化和希腊文化的特色，关键在于它形成了一个以道为最崇高的概念与最基本的原动力的中坚思想[1]。这里的"道"，就是从对天人整体的根本理解中，抽绎出来的统一原理、核心观念。余敦康对此诠释为，中国人对道的思考，是以外在的宇宙整体为对象的，除了求理智的了解之外，还求情感的满足。由于这种思考的最终目标是追求行道、得道，即不仅通过个人践履，把自己由特殊性提升到道的普遍性的层次，使自己的全身心渗透一种深沉的宇宙意识之外，还

---

[1] 金岳霖：《论道》，北京：商务印书馆，1985年，第15页。

把自己对道的理解推行于天下，使之成就一番事业①。所以，国人对"道"的思考完全打破了主客对立、天人分离的思考方式，以一种天人整体的思想来"育万物，和天下，泽及百姓"。"道"的外延无所不在，是一种囊括天人的十分宏阔的整体之学，其内涵则收缩而为一，这个一即道一之一，天人合一之一。庄子有言："知天之所为，知人之所为，至矣。"②《中庸》有言："思知人，不可以不知天。"③邵雍言："学不际天人，不足以谓之学。"（《观物外》篇）戴震亦曰："天人之道，经之大训萃焉。"（《原善》卷上）凡此皆足反映出天人关系问题在中国传统思想文化中独特的理论意义。

另一方面，在诸子学中，方勇先生十分重视孔、老思想所具有的重要价值。他指出："从文化内部来看，先秦诸家皆能开出思想的新路，光耀一时。如果站在世界文明的维度上，最受瞩目的，则当属以孔、老为代表的原始儒家、道家。其中深藏的历史洞见和思想基因，也是现代文明重新理解自身、创新时代的宝贵资源。由孔、老切入元典时代，自然会在诸子学之外，注意到早期经学的价值。"④较之于其他诸子，老子与孔子的思想交流应该是三百年子学思潮发轫之所在，具有非同寻常的意义。而在今天多元文明的语境下，我们认识到，孔、老之间的同质性是要大于差异性的。由此，本文在"新子学"所倡导的学术研究方法的指导下，分析孔、老关于中国哲学中的基本问题——天人关系的思考，以期把握其中的相通之处，并用这个相通之处来打破儒、道两家的学术壁垒，将

---

① 余敦康：《中国哲学论集》，沈阳：辽宁大学出版社，1998年，第412页。
② 郭庆藩撰：《庄子集释》，北京：中华书局，2012年，第229页。
③ 朱熹撰：《四书章句集注》，北京：中华书局，1983年，第28页。
④ 方勇：《三论"新子学"》，《光明日报》2016年3月28日，第16版。

之融入现代生活加以讨论。

二

纵观先秦，先秦文化一开始就把"道"作为维持人与万物动态平衡的准则、作为中国文化的中心范畴，这绝不是偶然为之。从《周易》中看，真正的易道实际上是"沟通交流"之道，其所谓"易有三训，一训简易，二训变易，三训不易"，足可见一斑。"简易"指的是世界上所有最复杂的事物，都可以用最简单的符号，即阴阳二爻来概括，其实质无非是阴阳相交；"变易"是指世间万物的生存状态虽随时变化，但他们都是通过阴阳相交形式交错生发出来的；"不易"是指万事万物的变化虽形式多样，但始终以阴阳相交为基础，变出万象的原理永恒不变。这些都可以概括为"定其交而后求"（《系辞下》）。彼此之间因交而"通"，故孙子曰："我可以往，彼可以来，曰通。"[①] 章学诚曰："《说文》训通为达，自此之彼之谓也。通者，所以通天下之不通也。"[②] 《吴汝纶全集》中也有相关论述："孔《疏》：'物得开通谓之道'，司马温公云：'反复变化，无所不通'，皆以通训道。扬子《法言》'道也者，通也'，是其义也。"[③] 由此唐君毅先生提出以"通"训"道"的理论，认为"道"作为一种"交道"之道，是以关系性的沟通和交流，即以"对

---

① 杨丙安撰：《十一家注孙子校理》，北京：中华书局，2012年，第272页。

② 章学诚著、叶瑛校注：《文史通义校注》，北京：中华书局，1985年，第377页。

③ 吴汝纶：《吴汝纶全集》，合肥：黄山书社，2002年，第200页。

话"为其根本宗旨和内容的①。

先秦儒家从伦理学取向上切入"道"的概念,而为孔子隆重推出的"仁"的概念正是这种"道"的核心规定。在孔子的学说里,"仁"被界定为"己欲立而立人,己欲达而达人"。他的仁道原则集中表现在如何恰当地处理人我关系问题上:一方面,对自己道德修养的标准十分严苛,"苟志于仁矣,无恶也"②;另一方面,对待他人宽容有度,做到"己所不欲,勿施于人"③。这里的"仁",和"人"成为一个整体里面的两个面,他用"仁"修饰"人",用"人"发挥"仁"。孔子认为"人"与"仁"有相互作用的关系,即相互制约,相互影响。"人"不只能够行"仁",还有追求理性和其他美好品德的能力,而"仁"不只含"人",还有超越"人"这个范围的,能够显示全域和谐、秩序规范的意义。但"人"与"仁"互通,从而能相互充实,相互完成。仁,从字形上即能看出,是二人在一起,表示一个整体内涵的对话和互通,它是人与世界、人与人之间的一种沟通,既可以用来扩大"人"的存在范围,也可以用来解决社会秩序问题。

因此我们可以发现,孔子的"仁"在主、客体之间相互整合、相互作用的实践关系和过程中实现,在这个过程中,"仁"建立了个体与个体之间的相互沟通,实现了一个新的整体和谐秩序。正如谭嗣同"夫仁者,通人我之谓也"这一定义所表明的那样,孔子的"人道"以自我中心主义的消解和人际关系中对话模式的建立为其理论宗旨和使命。

---

① 关于"道"与"通"的关系,可参看唐君毅所著《中国哲学原论·原道篇二》(中国社会科学出版社2006年版)一书。
② 朱熹撰:《四书章句集注》,北京:中华书局,1983年,第70页。
③ 朱熹撰:《四书章句集注》,北京:中华书局,1983年,第132页。

先秦道家从宇宙论取向上切入"道"的概念。在"道"派生天地万物的层面上，老子把"无""有"解释为"众玄之门"，他说："无名，万物之始也；有名，万物之母也。故恒无欲也，以观其眇；恒有欲也，以观其所徼。两者同出，异名同谓。玄之又玄，众眇之门。"① 这里把"无"和"有"看作从无形无名的领域向有形有名的领域转变过程的两个阶段，把"无"看作形成现实性之前的可能性，把"有"看作一种实存的状态。"有"和"无"的相连和沟通显示了"道"产生天地万物的过程，这是从宇宙发生论的意义上讲"道"在关系上沟通的特点。

在体认"道"的层面上，老子认知宇宙万物自然社会的角度十分独特，他推崇在静观默察中用整个身心去感受外物，沟通外物。老子用各种语言来描述这种心物相融对话的交点，例如他提出了"玄同"的概念："知者弗言，言者弗知。塞其兑，闭其门；和其光，同其尘，挫其锐，解其纷，是谓玄同。故不可得而亲，亦不可得而疏；不可得而利，亦不可得而害；不可得而贵，亦不可得而贱；故为天下贵。"② "玄同"是指主体、客体处在玄妙齐同的地位，要获得玄同的体验，需要去掉与物对待的认识角度，融合到物的光辉之中，混同尘世。这时的素朴本性和万物本性内外对话交融，我的素朴融于物，物的自然状态也吸收于我，我与物往返交流、不分彼此。在这样对"道"的认知中，主客一体的心境仿佛是相融的一个点，主体不仅按照万物的自然状态接受客体的契入，同时也把自己素朴恬淡的心境扩散开来，使客体感染主体的性质。客体也用本然状态去感染主体，使主体遨游于运化的客体之中，达到心物一体的境界。由此可见老子以体"道"过程中心、物对话交融的模式，为其体认宗旨。

---

① 高明撰：《帛书老子校注》，北京：中华书局，1996年，第222—227页。
② 高明撰：《帛书老子校注》，北京：中华书局，1996年，第98、99页。

有学者认为:"就基本思路而言,天人整体之学一方面援引天道来论证人道,另一方面又按照人道来塑造天道,实际上是一种循环论证。"①《庄子·大宗师》有言:"庸讵知吾所谓天之非人乎?所谓人之非天乎?"②"故其好之也一,其弗好之也一。其一也一,其不一也一。"③这就是说,由于天人本来就为一体,所以不管研究者的主观喜好以及所遵循的思路如何,其所谓天必然包含人的内容,其所谓人也必然包含天的内容,"天人合一"的关系是根本无法强行分开的。故而,在哲人们的眼中,天道与人道应该是一个"道",而不是两个"道"。中国哲学家在处理思维与存在、人与世界的关系问题时,不大注意双方的对立方面,而特别注意双方的统一方面。正是由于这个原因,天人合一才成为中国传统哲学的基本思路。

总起来讲,尽管老子的"天道"似乎与孔子的"人道"在取向上迥异,尽管老子以"毁仁弃义"为思想旗帜,但就其在"道"中体现的对话主义实质而言,二者之间并无根本性差别。更进一步来说,即便儒家偏重伦理学层面的人道,试图在社会领域中消除人我对立而建立人我统一,而道家偏重宇宙论层面的天道,试图在更为广阔的宇宙领域中,消除种种实在的坚执而走向一种彻底的"齐物主义"。但究其实质,孔、老都是在哲学的不同层面上对"道"做出了理论诠释和阐明。他们都以"天人合一"的整体作为共同的研究对象,以"道"为其皈依、以"道"为其根本纲领。

---

① 余敦康:《中国哲学论集》,沈阳:辽宁大学出版社,1998年,第416页。
② 郭庆藩撰:《庄子集释》,北京:中华书局,2012年,第231页。
③ 郭庆藩撰:《庄子集释》,北京:中华书局,2012年,第239页。

三

先秦时期诸子蜂起，百家争鸣，《庄子·天下》对这个时期的思想作了总结，其言道："天下之治方术者多矣，皆以其有为不可加矣。古之所谓道术者，果恶乎在？曰：无所不在。曰：神何由降？明何由出？圣有所生，王有所成，皆原于一。"①成玄英疏云："原，本也。一，道也。虽复降灵接物，混迹和光，应物不离真常，抱一而归本者也。"②庄子又言："判天地之美，析万物之理，察古人之全，寡能备于天地之美，称神明之容。是故内圣外王之道，暗而不明，郁而不发，天下之人各为其所欲焉以自为。"③释性通《南华发覆·天下》题解云："夫道术者，大而无外，小而无遗。今天下之治道术者，恃一察之明，各自以为至，而不知是卷道术而为方术，不该不遍，一曲之士也。是以庄子不得已，恐后世之学者不幸而不见天地之大全，故历叙百家众技之说，以晓明邪正路头之差别，使学者知有大道之乡，而不迁于曲学阿世、自私自利之途，以丧其身。"④由此可见，庄子认为"道术"的最高层次是天人之学，它体现在各个方面，而"方术"只是时人能够认知得到，关于"道术"的一个局部，只是一方之术。各家都以天人整体之学作为共同的研究对象，都以为自己的方术得到了"道"的全真，自己已经完全体悟了"道"的存在。

---

① 郭庆藩撰：《庄子集释》，北京：中华书局，2012年，第1060页。
② 郭庆藩撰：《庄子集释》，北京：中华书局，2012年，第1061页。
③ 郭庆藩撰：《庄子集释》，北京：中华书局，2012年，第1064页。
④ 转引自方勇、陆永品：《庄子诠评·天下》，成都：巴蜀书社，1998年，第924页。

事实上，他们窥见的只是"古之道术"的某一个局部。由于各家在建立自己的思想体系时割断了"天人合一"在论证方式上的循环而偏于一端，加之后人对其的解释又各执己见，往而不返，标榜自己的观点才是完美纯正的，这才造成了学术的分裂，才造成自先秦以降，中国文化思想分分合合的曲折过程。《荀子·解蔽》有云："凡人之患，蔽于一曲而暗于大理。"① 此言得之。若是把某一家的文化作为中国文化的绝对本质和基础，并想要由此出发来统一整个中华文化的版图，这种对文化的理解不仅是一种排他主义，而且还会致使中华文化变得越来越不宽容，造成和其他文化的冲突。

综上，孔、老两家学说在天人问题上的同质性给二者从对立走向统一——把中国的伦理学与宇宙论加以汇通——提供了理论可能。但是，这种可能在长期以来儒家学说已被定为一尊而日益政治意识形态化的特定历史条件下，实际上却完全是不可能的。因此，要把这种可能变成现实，有待于儒学中的政治意识形态特质的消解，有待于对原始儒家和原始道家的固有精神的重新复兴。这与"新子学"所持的殊途同归、一致百虑的包容原则相一致。这样的包容原则实际上是超越各家的，如果说它有一个立场，可以认为，它是站在"古之道术"的立场、中国文化根本精神的立场对各家的文化创造进行了综合总结。按照《庄子·天下》所说，"古之道术"皆原于一。这个一就是道一之一，天人合一之一。这种"一"既非指向事物间了无干系的绝对差异，也非指向事物间完全重叠、重合的绝对同一，而是以其两两交汇、交合，为我们指向了事物间的异中之同，体现了一种彼此之间因交而通的"通"的真理。

正如李孺义先生所说："圣有圣的价值，王有王的价值，智有智的价值，俗有俗的价值，雅有雅的价值……还圣于圣，还王于王，还

---

① 王先谦撰：《荀子集解》，北京：中华书局，1988年，第386页。

智于智，还俗于俗，还雅于雅。一种真正具有超越胸怀的价值论的形而上学当是生机勃勃的价值之林的'生态平衡'，而不是用一种价值去'平衡'其他的'价值'。价值的超越性衡准乃是以各种价值的独立的精神格局作为它的支撑的。犹如万物都以其独立的格局融通着、体现着、承担着日月之精华、天地之精神、宇宙之灵性，而正因为这样，万物才是'平衡'的，在平衡中，它们是共生的。"① 通观原始儒家、道家，孔子讲"和而不同"，老子讲"玄同"，庄子讲"莫若以明"，都显示了开阔而包容的文化态度，中华文明并不是一枝独秀，中华文明也不低人一等，在差异中寻求共识，在合作中保存特质，这是诸子精神的当代意义。"新子学"不仅把儒道两家的伦理学和宇宙论加以整合，用"道"这个命题概括了中国传统文化中的基本问题，而且作为一种精神，接上了中国文化古老的源头。所以它的综合总结具有更大的普遍性，其中所蕴含的思想精髓与价值理想更能代表中国文化的根本精神。

　　此外，方勇先生指出，"新子学"提倡具有现实指向的价值重建，这样能够使传统文明在国家制度、政策以及个人生活中真正落实其价值，对当代社会产生应有的贡献。思想文化问题是没有时代性的，它本身并不需要现代性，但提出了解和处理问题的方式却有时代性。因此，要想使它对现今社会产生振衰起敝的作用，必须在寻求其原理和本质的基础上，适应现代人的生活要求及思维方式，使中国文化的价值能够在现代人的思想意识中清楚地呈现，同时也能对现代人行为发生实际的影响。结合上文，若把中国的伦理学与宇宙论加以汇通，我们就会看到，为了寻求科学之"道"，在对外在于人的整体作一番客观关照时，我们必须含有一种静妙理性的态度，但为了避免陷

---

　　① 李孺义：《"无"的意义——朴心玄览中的道体论形而上学》，北京：人民文学出版社，1999年，第422页。

入纯粹的知识论领域，我们可以结合儒家阐发理论精神时所包含的热烈人文理想，在寻求科学的过程中，用人文理想以安身立命。这样客观与人文内在融合，就能合天人、通物我，全面把握"道"，对由天人所共同构成的整体有所言说。

终而复始，日月是也，天地始者，今日是也。中国传统文化的发展都是传统的经典与今天的语境之间观点交融、思想对话的产物。中国文化传统在今天的发扬光大，不应体现在对儒、道抑或者其他理论的绝对守护上，而是应该体现在双方相互融合的方式中。"新子学"提倡的这种开放的、融通的、创新的思想形态，对中国文化焕发其理论的青春并真正代表我们民族的时代精神有重要意义，非常值得时人为之深思。

（原载于《诸子学刊》第十六辑，作者单位：华东师范大学思勉人文高等研究院）

"新子学"研究：历史、现状、问题与建议

刁生虎　白昊旭

先秦子学诞生于礼崩乐坏、战争频仍的春秋战国时期，先秦诸子深切关注当时的社会现实，对天下苍生怀有浓厚的人文关怀，致力于解决当时的社会问题，在精神层面构筑起理想世界的模本，阐发一系列治世、修身学说。这些学说构筑起先秦繁荣的文化盛景，对塑造中国人的精神世界产生了深远影响。基于子学的重要性，从古至今中国学界对子学的研究从未中断。当今，我们处于全球化的新时代，因而反映当今时代新特点的"新子学"呼之欲出。2012年10月华东师范大学先秦诸子研究中心主任方勇先生在《光明日报》"国学版"发表《"新子学"构想》[①]一文，明确提出"新子学"的概念和构想，随即受到国内外学术界的广泛关注和热烈响应。由此，有关"新子学"的研究在国内外学界迅速展开。有鉴于此，拙文试图对"新子学"研究的发展历程进行回顾，对"新子学"研究现状及学术成果进行梳理，在此基础上对"新子学"研究存在的问题进行反思并提出建议，唯愿为今后相关研究提供些许借鉴。

---

① 方勇：《"新子学"构想》，《光明日报》2012年10月22日，第14版。

一、研究历史回顾

中华优秀传统文化是当代中国文化复兴的基础,"新子学"继承传统"子学精神",承担着激发新时代百家争鸣的使命。"新子学"自2012年被方勇先生提出后,其研究就获得了国内外学术界广泛的关注。短短数年,有关"新子学"的讨论此起彼伏,"新子学"话题已经成为当前学术界乃至社会的热点且成果颇丰。

(一)方勇先生有关"新子学"论述的发表情况

华东师范大学方勇先生作为"新子学"理念的首倡者与奠基人,对"新子学"的诞生与阶段性发展具有关键性作用。其有关"新子学"的文章每每发表,都引发了学术界对子学研究的热烈讨论与深刻思考。

2012年10月22日,方勇先生在《光明日报》上发表《"新子学"构想》,初步确立了以"新子学"作为子学未来发展方向的设想,探讨了子学的产生发展与"新子学"的内在联系,明确了"新子学"对待西学应该秉承主次有别的态度,对待国学应该寻求创造性的转化与发展等基本观点。

2013年7月,方勇先生在《探索与争鸣》杂志上发表了《"新子学"申论》,该文在2013年华东师范大学"'新子学'国际学术研讨会"讨论成果的基础上,进一步明确了三方面内容:一是"新子学"是中国现代学术之新视角,对重新界定经、子关系,对现代学科分科式研究的修正都具有重要影响;二是中国学术传统的主流是复合多元,现代中国的文明秩序是百家共鸣,"新子学"应该打破儒学独尊的学术氛围与理解方式,以开放包容的心态去看待中国学术资源,挖掘传统学术中的独特智慧；三是"新子学"的产生具有必然性，与当代中国学术转型、多元世界与多元社会的现实有着重要联系，同时在新的时代背景下，"新子学"也承担着以返归自身的方式发掘中国学术基本特性与重要价值的历史使命。同年9月，方先生在《光明日报》发表了《再论"新子学"》，指明了"新子学"不仅是对"子学现象"的正视，而且是对"子学精神"的提炼，"新子学"开放、包容、平等的理念亦是"国学"发展的要义，"新子学"面对当前时代，要处理好中国学术转型、多元与会通、世界性与中国性等问题。这些论述明确了"新子学"在当今时代中的学术定位。

2015年11月9日，方勇先生在《光明日报》发表了《契合子学全面复兴——〈诸子现代版丛书〉总序（摘要）》，指明诸子文献的整理乃是全面复兴子学之根基，《诸子现代版丛书》以"新子学"开放包容的学术理念为指导，兼顾经子，顺应了时代的要求和子学发展的规律，这套书的出版是对"新子学"理念的践行，同时预示着当今子学发展已经步入"新子学"阶段。同年12月10日，《名作欣赏》的编辑对方勇先生进行了专访，在专访中，方勇先生就"新子学"的意涵与推广、诸子学的发展历史、"新子学"对传统思想资源的继承及对其他思想资源的开发、"新子学"与中华文化之重构、"子学精神"的核心理念、"新子学"在国内与海外的传播等问题进行了详细地论述，这些论述构建出比较完整的"新子学"理论框架，为"新子学"的后续发展明确了方向。

2016年3月28日，方勇先生在《光明日报》上发表了《三论"新子学"》，认为传统文化研究与创新必须要回到中国思想的原点，先秦时代的诸子学传统即是关键，"新子学"依托传统思想，汇聚当代理念，是中国传统学术发展、转型与创新的必由之路。"新子学"对传统文化的重构关键在于要把握住先秦时代思想的结构，处理好时代与传统、中国性与世界性的问题。该文章将"新子学"与当代中国学术发展相联系，从"新子学"的角度对中国学术进行了前瞻性的思考。同年8月2日，方先生在《光明日报》发表了《水之积也不厚，则其负大舟也无力》，文章将《庄子·逍遥游》中的名句"水之积也不厚，则其负大舟也无力……风之积也不厚，则其负大翼也无力"与十八大以来，习近平总书记提出的中国梦与"两个一百年"伟大目标相联系，探讨了中国当今学术在国家民族层面应该承担的历史使命与责任，这种具有宏观性、战略性的思考对"新子学"学术定位、理念本质与发展方向的确立具有深远的影响。

2017年3月，方勇先生在《名作欣赏》发表了《追溯原点，重构典范，全面复兴诸子学》，就"新子学"多元性的特点进行阐述，旨在应对当今社会多元化发展格局，推动新时代百家争鸣的出现。

2018年4月7日，方勇先生在《光明日报》上发表了《"新子学"：目标、问题与方法——兼答陆建华教授》，在"新子学"研究五年发展与陆建华先生《"新子学"断想——与方勇先生商榷》质疑之声的基础上，对"新子学"基本问题，即"新子学"的确切内涵，"新子学"研究的中国性、世界性与综合性，"新子学"文献、学术史与思想创造的工作规划等进行了一次系统的阶段性梳理与总结，明确了借助"新子学"寻求中华民族文化发展的大方向的目标。同年4月15日，方达、方勇先生共同在《暨南学报》上发表了《"新子学"与"新子学主义"：由学术体系到实践方向》，旨在推动"新子学"的学术理论研究向"新子学主义"的实践行为转换，使"新子学"研究进一步深化。

（二）有关"新子学"研究的学术会议举办情况

2012年4月13日，由华东师范大学先秦诸子研究中心主办的"先秦诸子暨《子藏》学术研讨会"在上海召开，中国诸子学会、中国庄子学会宣布成立。《子藏》总编撰、华东师范大学先秦诸子研究中心主任方勇教授当选中国诸子学会、中国庄子学会首任会长。在本次会议上，方先生首次提出"全面复兴诸子学"①的口号，获得与会学者的一致认可和高度赞赏，从而为随后"新子学"理念的正式提出奠定了坚实基础。在此基础上，同年10月22日，方先生在《光明日报》发表《"新子学"构想》一文，明确提出"新子学"的概念，力图通过"新子学"这一概念阐释诸子学复兴的途径及其在中华民族伟大复兴中所应承担的文化责任，对深入研究诸子学说具有重要的启发性作用。

2012年10月27日，华东师范大学先秦诸子研究中心首次主办的"'新子学'学术研讨会"在上海举行。苏州大学王钟陵先生、复旦大学徐志啸、陈引驰、刘康德等先生，上海大学郝雨先生，香港浸会大学陈致先生等30多位专家应邀参加会议。此次会议主要有三方面的内容：一是围绕"新子学"的基本问题（内涵、地位）展开讨论；二是针对"新子学"推陈出新的方式进行阐释；三是对"新子学"的可行性和必要性、文化意义和现实意义进行探讨。在会上，众学者都肯定了"新子学"的提出对当今中国社会和文化发展的价值，重点讨论了"新子学"的学科属性、学术体系及未来发展前景。虽然本次会议尚未理清"新子学"的具体内容，但与会学者均为"新子学"的发展积极建言献策，为"新子学"的兴起奠定了基础。

2012年12月1日，上海大学、宁夏银川市文联《黄河文学》杂志社联合主办的"新媒体时代民族文化传承——现代文化学者视野中的'新子学'研讨会"在上海召开，来自复旦大学、中国传媒大学、上海大学、香港浸会大学、苏州大学的数十位学者参加了会议。与会学者从自己擅长的专业领域出发，阐明了自己对"新子学"的认识，丰富了学术界对"新子学"的认识。

---

① 方勇：《"新子学"构想》，《光明日报》2012年10月22日，第14版。

2013年4月13日至14日，由华东师范大学先秦诸子研究中心主办的首届"'新子学'国际学术研讨会"在华东师范大学隆重召开，来自中国大陆、港澳台地区以及新加坡、日本、韩国等国家130多位诸子学专家共同参与讨论，会议共辑录100余篇论文。围绕"新子学"这一中心议题，就子学定位、"新子学"界定、"新子学"传播与发展等问题展开深入研讨。

2014年4月12日至13日，华东师范大学先秦诸子研究中心举办"诸子学现代转型高端研讨会"。130多位来自中国大陆（内地）和港澳台地区，及韩国、马来西亚、新加坡等国家和地区的学者共同参与了本次会议。他们对"新子学"的发展历程、"新子学"理念内涵的界定、"新子学"未来前景的展望及其社会价值展开了深入的研讨。

2014年11月9日，由郝雨先生发起举办的"'新子学'与现代文化：融入与对接——新媒体时代'子学精神'传承与传播"学术研讨会在上海大学乐乎楼举行。本次会议汇聚了文史哲和新闻传播领域的学者，呼吁不同学科背景的专家学者共同参与探讨"新子学"未来发展前景。跨学科视野成为本次会议最大亮点。在当今世界已经进入了互联网时代的大背景下，新媒体在我们每个人的生活中起到日益重要的作用，因此以新媒体作为宣传"新子学"的阵地，充分利用新媒体的优势，对"新子学"理论的普及、"新子学"精神的继承及传播起到了至关重要的作用。

2015年4月17日至19日，由华东师范大学先秦诸子研究中心、中国诸子学会（筹）主办的"第二届'新子学'国际学术研讨会"在上海召开，来自世界各地120多位诸子学专家学者参与会议。这次会议重点阐述了四个内容：一是"新子学"的哲学理路与未来建构；二是诸子学中治国理念与资源的现代转型与创新；三是传统诸子学的当代价值；四是以多元精神指导"新子学"研究。

2016年10月22日台湾高东屏区域教学资源中心在台湾屏东举

办"2016'新子学'国际学术研讨会"。中国大陆和港澳台地区、韩国、马来西亚等国家40余名学者应邀参加会议,对"新子学"各抒己见。本次会议是大陆以外地区首次举办关于"新子学"的专题讨论会,其主要内容是关于"新子学"内涵与"新子学"地域差异性,增加了"新子学"研究的深度和广度,加深了海峡两岸的思想交流和文化共鸣。

2016年11月28日,厦门大学、上海大学、河南省社科院在厦门篔筜书院联合举办了"'新子学'深化:传统文化价值重构与传播国际学术研讨会"。国内外70余位专家学者针对"新子学"与传统文化价值、"新子学"与当代核心价值观、自媒体的碎片化与传统经典阅读的关系展开深入研讨。

2017年10月27日至31日,方勇先生领衔大陆多所高校14位学者组成团队奔赴台湾,参加了一系列"新子学"学术对话活动:一是由台湾"中国文化大学"中文系主办的"第五届'新子学'国际学术研讨会"和由台湾淡江大学中文系主办的"2017两岸'新子学'论坛"两个正式学术会议;二是大陆"新子学"研究团队先后与港台"新儒家"名家及台湾"中研院"经学研究名家举行了两场高规格的学术座谈会。同年11月份,台湾"新庄子学"研究团队与华东师范大学先秦诸子研究中心在上海联合举办了"海峡两岸'新子学'座谈会",掀起两岸"新子学"研究的新一轮高潮。

2018年6月26日至29日,由韩国国立江陵原州大学校、韩国道家道教学会、韩国道教文化学会、韩国中国学研究会联合主办,国立江陵原州大学校人文学研究所、神明文化研究院承办的主题为"21世纪全球视野下的新子学与中国学"的"第六届'新子学'国际学术研讨会"在江陵原州大学召开。此次参会学者共有100多位,分别来自中国大陆及台湾地区和韩国、美国、日本、新加坡等国,本次会议主要研讨了三个问题:"新子学"、道家道教思想新解、21世纪中国学。本次会议有助于推动各国文化交流，使"新子学"的发展更加国际化。

2018年10月24日至26日，由华东师范大学、浙江省浦江县人民政府联合主办的"首届诸子学博士论坛——'新子学'专题"在浙江省浦江县举行。来自中国社会科学院、北京大学、清华大学、华东师范大学等40多所高校的120余名博士及青年学者参加，就诸子学的复兴对于中华文化的传承、诸子学术的革新、浦江诸子学的脉络与成就等问题进行深入研讨。这次会议标志着"新子学"在青年学者群产生了重要影响，为"新子学"的未来发展储备了后续力量。

2018年11月9日至12日，由华东师范大学先秦诸子研究中心举办的"现代诸子学发展与创新国际学术研讨会——第七届'新子学'国际学术研讨会"在上海举行。与会专家共120余名，分别来自中国、美国、韩国、新加坡等国家和地区。本次会议就"新子学"发展、诸子学研究转型、子学的当代价值等话题进行了深入讨论，展现出当代诸子学的系统性、全面性与纵深感。

除上述以"新子学"为主题的会议外，"新子学"还以相关议题的方式出现在其他会议之中，2014年10月上旬在韩国召开的"21世纪道家文化国际学术研讨会"将"新子学"作为研讨会议题之一。2017年4月22日至23日，"第二届庄子国际学术研讨会暨《子藏》第三批成果新闻发布会"在上海召开，来自中国大陆及港澳台地区、韩国、新加坡等国家和地区的120余位学者就"新子学"研究、庄学研究及《子藏》工程的成果进行研讨。

（三）学术期刊有关"新子学"的专栏及论文发表情况

自2012年方勇先生提出"新子学"始，海内外学术界都对这一学术概念产生巨大兴趣，在此期间，有关于"新子学"的诸多学术论文如雨后春笋般纷纷涌现，众多学术期刊亦对"新子学"研究成果抱有极大的热情,保持着持续、高度的关注。

华东师范大学先秦诸子研究中心主办、方勇先生主编的《诸子学刊》自2008年创刊以来,一直是子学研究的重要阵地,每年度刊发一至二辑,至今已出刊十七辑之多。2012年出刊的《诸子学刊》第七辑刊登了方勇先生的《为诸子学全面复兴而努力——在"先秦诸子暨〈子藏〉学术研讨会"上的发言》一文,成为"新子学"的初音,此后该刊陆续以专栏形式刊发了大量与"新子学"相关的研究著述。2013年出刊的《诸子学刊》第八辑、第九辑,2014年出刊的《诸子学刊》第十辑,2016年出刊的《诸子学刊》第十三辑等均刊登了诸多有关"新子学"研究的论述,包括许抗生先生的《谈谈关于建立当代"新子学"的几点想法》、陆永品先生的《〈"新子学"构想〉体现时代精神》、王钟陵先生的《建立中国学术的核心价值》、郭丹先生的《关于"新子学"的几点浅见》、谭家健先生的《对〈"新子学"构想〉的建议》、新加坡严寿澂先生的《新诸子学与中华文化复兴》、韩国姜声调先生的《"新子学"要走进跨学科研究》等100余篇,从而对"新子学"的发展脉络给予了相对完整的呈现。

《探索与争鸣》在2013年就已经关注到"新子学"研究的重要价值,于第7期上刊登了方勇先生的《"新子学"申论》、聂学慧女士与刘思禾先生的《"诸子问题"与帝国逻辑的演绎》等两篇论文。

《江淮论坛》在2013年第5期刊登了玄华先生的《关于"新子学"几个基本问题的再思考》,在同年第6期刊登了曾建华先生的《"新子学"视域下士人与子学的主体间性诠释》,在2014年第1期刊登了刘绍军先生的《论"新子学"的内涵、理念与构架》、高华平先生《"新子学"之我见》,在同年第2期刊登了汤漳平先生的《"新子学"与中华文化之重构》等5篇论文。

《名作欣赏》以从本民族最初的文化源头寻求解决当代人文化困境,推动古典文化与当代人精神需求融合为目的,开辟了"先秦典籍新读：'新子学'专题"专栏，在2015年第1期和第7期刊登了方勇先生的《"新子学"理念提出的前后脉络》、逄增玉先生的《重建当代知识分子的"子学"精神》、郜元宝先生的《对"新子学"三个层面的思考》、景国劲先生的《"新子学"文化源流及其价值诉求》等4篇论文。

《河北学刊》在2015年第5期开设了"新子学研究"专栏，旨在探讨新的历史时期，中国当代与未来的思想基石及文化创造如何平衡历史与现代之间的关系等问题，刊登了孙少华先生的《"新子学"与学术"新传统"建设》、孙以昭先生的《"新子学"与跨学科、多学科学术研究》、刘思禾先生的《探索前期中国的精神和观念——"新子学"刍议》等3篇论文。

《人文杂志》在2017年第5期上开设了"先秦文史新论：'新子学'与中华文化"专栏，刊登了方勇先生的《"新子学"与中华文化重构》、李洪卫先生的《论经学、"新子学"与哲学的当代并立——从当代中国思想学术与文化建设相互关系的视角考察》、谢清果先生的《新子学之"新"：重建传统心性之学——以道家"见独"观念为例》、方达先生与王宁宁女士的《论"新子学"何以成立——中西两种视域的交融》等4篇论文。

《暨南学报（哲学社会科学版）》在2018年第4期开设了"新子学研究专题"专栏，刊登了方达、方勇等先生的《"新子学"与"新子学主义"：由学术体系到实践方向》、张洪兴先生的《中国文化"根性"与"新子学"》、欧明俊先生的《跨界会通——论"新子学"的创新途径》等3篇论文。

《集美大学学报（哲社版）》一直对"新子学"研究成果密切关注，在2016年第3期开设了"'新子学'研究"专栏，从思考如何提升新时代的中华文化软实力出发的角度，在专栏刊登了揣松森先生的《论"新子学"的内涵及其意义——兼谈子学与经学之别》、郝雨先生的《"新子学"与现代文化：融入与对接》、孙广先生与周斌先生的《从共同的问题意识探求子学的整体性——"新子学"刍议》、郑作先生的《以诸子思想之源建构企业文化之魂——"新子学"精神与商道文化的对接与融合》等4篇论文。随着"新子学"探讨的进一步深入，《集美大学学报》2018年第3期再次开设"新子学研究"专栏，刊登了黄燕强先生的《"新子学"的思考与展望》、张永祥先生的《中西方视野下的"新子学"再思考》、张耀先生的《开放性："新子学"理论构建进程中的基本取向》、吴剑修先生的《被遗忘的现实：对于经学化思维的反思——以"新子学"的多元意识为起点》等4篇论文。

《管子学刊》在2018年第4期开设了"'新子学'论坛"专栏，刊登了美国刘纪璐女士的《从"新子学"至"新中国哲学"》、谢清果先生的《新子学的当代转向——以儒家道心、人心的博弈与当代自我传播智慧为例》、刁生虎先生的《"新子学"研究的回顾与反思》、郝雨先生的《"新子学"与民族文化复兴大方向——兼与陆建华先生商榷》、欧明俊先生的《"新子学"的跨国界对话——第六届"新子学"国际学术研讨会综述》等5篇文章。

此外，由华东师范大学叶蓓卿女士主编，学苑出版社出版的2014年《"新子学"论集》及2017年《"新子学"论集》（二辑）对"新子学"相关学术资讯进行系统地汇编，包括学术论文、笔谈、会议纪要、访谈记录、新闻报道等150余篇。

（四）各类报纸及网站有关"新子学"的专访及文章发表情况

自"新子学"提出后，纸媒就以其专业性、准确性、即时性的特点成为"新子学"宣传的重要战场，纸媒对"新子学"的传播主要可以分为三个层面：一是对"新子学"相关专家进行专访，如2015年4月《中国教育报》记者专访方勇先生的《精进开拓　推陈出新——方勇教授访谈录》，2016年12月《福建日报》记者专访方勇先生的《"新子学"将助力当代思想文化建设》等。二是"新子学"会议综述、专著出版及专家发言辑录，如2012年11月15日《文学报》刊登了郝雨先生的《"新子学"研讨会在沪举行》。《光明日报》对"新子学"一直保持着高度的关注，其2013年5月13日刊登了崔志博先生的《"新子学"大观——上海"'新子学'国际学术研讨会"侧记》，2014年5月13日刊登了《新子学：几种可能的路向——国内外学者畅谈"新子学"发展》，同年6月17日刊登了玄华先生的《〈"新子学"论集〉出版》，2015年6月8日刊登了刘思禾先生的《发掘诸子治国理念——第二届"新子学"国际学术研讨会综述》，2016年12月5日刊登了陈志平先生的《海峡两岸学者研讨"新子学"》。2013年4月17日《新疆经济报》刊登了《发扬子学精神推动文化复兴"新子学"国际学术研讨会在沪召开》。2014年5月9日《文汇读书周报》刊登了方达、崔志博先生的《"新子学"稳步推进——"诸子学现代转型高端研讨会"纪实》。2015年5月4日《中国教育报》刊登了《第二届"新子学"国际学术研讨会深入探讨——让诸子智慧真正走入当代生活》等。三是对"新子学"理论的阐述，如2012年11月2日《文汇读书周报》刊登了卿希泰先生的《"新子学"笔谈》，2012年12月17日《文汇报》刊登了郝雨先生的《"新子学"对现代文化的意义》，2013年6月28日《中国社会科学报》刊登了欧明俊先生的《"新子学"概念的界定》，2013年7月23日《深圳特区报》刊登了郝雨先生的《寻找中国文化真正发源起点》等。方勇先生在报刊上发表的文章在前文已有详细阐述，兹不赘述。

与此同时，光明网、新华网、人民网、中国社会科学线上、中国文学网、共识网、上海教育新闻网、四川线上等诸多网站都对"新子学"研究的相关内容进行过详细跟踪报道。网络平台的介入，对

"新子学"研究成果的传播具有重要影响。

（五）各级各类考试有关"新子学"的命题情况

"新子学"提出至今，其影响范围已逐渐从学术界扩展到社会领域，暗示了"新子学"将逐渐从学术影响向社会影响的转变，其中表现最为明显的是"新子学"成为各级各类考试的命题内容，如2018年语文高考真题中出现了以"新子学"命题的现代文阅读题，2018年陕西公务员行测考试中以"新子学"学术体系的构成进行命题等。

由此可见，"新子学"理念已经逐渐从学术层面向社会层面扩散、深入，成为当下中国声势浩大的文化现象与思潮。"新子学"研究也已步入崭新阶段，弘扬光大"新子学"的任务尚需要一代又一代有识有志之士的不懈努力。

二、研究现状综述

当前学术界对"新子学"的研究现状大致可划分为七个层面：一是"新子学"之内涵；二是"新子学"与传统经学、儒学、国学、西学及新儒、道、墨、法、杂家之关系；三是"新子学"之意义；四是"新子学"之精神；五是"新子学"之研究方法；六是"新子学"之当代发展路向、使命与传播；七是"新子学"理念下的实践。

（一）"新子学"之内涵

学界有关"新子学"内涵的探讨可归类为两个层面：一是"新子学"之研究对象；二是"新子学"之"新"的体现。

1. "新子学"之研究对象

"新子学"研究对象的划定一直是"新子学"研究者们争论不休

的话题。主要涉及如下问题：

（1）子学是否包括方技类文献。华东师范大学方勇先生《"新子学"构想》① 对"子学"范畴有比较明确的定义："子学之'子'并非传统目录学'经、史、子、集'之'子'，而应是思想史'诸子百家'之'子'。具体内容上，则应严格区分诸子与方技，前者侧重思想，后者重在技巧，故天文演算法、术数、艺术、谱录均不在子学之列。"方先生强调"新子学"研究对象是诸子思想类著作，而非技艺类著作。而北京大学张双棣先生《诸子学的复兴与"新子学"的建立》② 针对方先生将方技类元典置于"新子学"外的观点，在宏观上给予肯定，但他认为不应排斥方技类著作中蕴含的思想性内容，张先生的观点对"新子学"的研究对象提出了新的思考，对方技类书籍中所提到的哲学思想给予足够的重视。华东师范大学李似珍女士认为方先生的观点从论著收集的角度看是合理的，但从子学思考范围看，不应该将思路限定得过于狭窄。她的《"新子学"的学术针对性、时代意义思考》③ 以戴震为例，说明了子学原创的学术基础方面的贡献。安徽大学孙以昭先生《时代召唤"新子学"》④ 认为思想史资料的确十分丰富，其存在的范围也非常广泛，方技、天文、历数等书籍都涉及思想史的资料，作为"新子学"研究者应对其加以甄别和处理。

（2）"新子学"是"新之子学"还是"新子之学"。"新子学"

---

① 方勇：《"新子学"构想》，《光明日报》2012年10月22日，第14版。
② 张双棣：《诸子学的复兴与"新子学"的建立》，载《诸子学刊》第九辑，上海：上海古籍出版社，2013年，第46页。
③ 李似珍：《"新子学"的学术针对性、时代意义思考》，载《诸子学刊》第八辑，上海：上海古籍出版社，2013年，第382—383页。
④ 孙以昭：《时代召唤"新子学"》，载《诸子学刊》第八辑，上海：上海古籍出版社，2013年，第391页。

研究者对这个话题的讨论,共有四种观点:一是"新子学"是"新之子学"。复旦大学郜元宝先生《对"新子学"三个层面的思考》①认为方勇先生提出的"新子学"是"新之子学"毋庸置疑,而是否可以称"新子学"为"新子之学"尚有存疑,即当今学术研究的气象是否已经达到"轴心时代",当今学者是否能够成一家之言。但是郜先生认为"新子之学"无疑是对未来学术研究的美好期待,即使当今时代尚无"新子之学",也应该有"新子之学"的期待。上海外国语大学陈福康先生《对"新子学"的一些思考》②认为"新子学"一是面对旧子学,以新角度、新理论、新方法对其进行重新解读;二是面对西学,建立独立完整的概念和学术体系。福建师范大学欧明俊先生《"新子学"界说之我见》③认为当今"新子学",是从新观念、新方法、新理论、新学科、新模式、新材料、新视角等层面去研究传统诸子百家的学术理念、学术思想、学术精神,用当今的学术知识去扩充和延伸传统子学的内容。二是"新子学"是"新子之学"。华中师范大学高华平先生《关于"新子学"之我见》④同意方先生所说的"子学之'子'并非传统目录学'经、史、子、集'之'子',而应是思想史'诸子百家'之'子'",但他认为应该对"子"的范畴重新进行界定,如今"新子学"中的"子"不仅是指以往中国思想史上的"为学"诸子,更应该指当代在自己擅长的学术领域有独立思想和创新精神的知识个体。知识个体不必加以明确的学科归

---

① 郜元宝:《对"新子学"三个层面的思考》,《名作欣赏》2015年第7期。

② 陈福康:《对"新子学"的一些思考》,载《诸子学刊》第九辑,上海:上海古籍出版社,2013年,第79页。

③ 欧明俊:《"新子学"界说之我见》,载《诸子学刊》第九辑,上海:上海古籍出版社,2013年,第12—13页。

④ 高华平:《关于"新子学"之我见》,《江淮论坛》2014年第1期。

类，无论是社会人文学科，还是自然学科，只要在学术上有独立创新精神的人都可以称作知识个体，"新子学"由此可以定义为当代各个参与学术活动个体之"学术"。加州州立大学刘纪璐女士《从"新子学"至"新中国哲学"》① 认为"新子学"应该朝着"新中国哲学"的方向发展，以培养当代"诸子"作为核心与重点。虽然"新子学"必须要建立于传统子学关怀理念的基础上，但这并不意味着今日诸子必须"照着讲"或"接着讲"，而应该努力做到在"古哲的思想文化中独创新言"，面对当今世界学术领域新的挑战与问题，提出与时俱进的理论成果与解决方案，成就一家之言。三是"新子学"包含"新之子学"和"新子之学"两部分。方勇先生《"新子学"构想》② 提出"'新子学'正是对诸子思想的重新解读和扬弃，也是借重我们自身的智慧与认识对传统思想的重新寻找和再创造。"这表明方先生认为"新子学"包含"新之子学"和"新子之学"两部分。华南师范大学曹础基先生《"新子学"悬想》③ 对方先生的观点持赞同态度：对子学经典进行诠释，就属于"新之子学"；对子学经典再创造，提出对当代社会具有建设性意义的新思想，就是"新子之学"。福建师范大学郭丹先生《关于"新子学"的几点浅见》④ 认为"新之子学"是诠释之子学，"新子之学"是立说之学，应该都在"新子学"的范围内。四是"新子学"既不是"新之子学"，也不是"新子之学"。三亚学院曾建华先生《"新子学"的本质与使命——围绕

---

① ［美］刘纪璐：《从"新子学"至"新中国哲学"》，《管子学刊》2018年第4期。

② 方勇：《"新子学"构想》，《光明日报》2012年10月22日，第14版。

③ 曹础基：《"新子学"悬想》，载《"新子学"论集》，北京：学苑出版社，2014年，第120页。

④ 郭丹：《关于"新子学"的几点浅见》，载《诸子学刊》第十三辑，上海：上海古籍出版社，2016年，第45页。

子学与士之关系展开》① 对"新子学"是否是"新之子学"还是"新子之学"这个争论持否定态度，他认为"'新子学'不是'新之子学'，也非'新子之学'，就学术层面看，'新子学'是以士人为主体的子学的集大成，是立足于当下，着眼于未来，以期融通古今、贯注中西的子学文化工程；就思想层面看，'新子学'是新时期士人（学科士人与公共知识分子）精神世界的多元重构与角色转换。如果说子学是社会史限定学术史的时代，那'新子学'便是学术史建构自我，刊定社会进程，并影响整个世界的时代。"

2. "新子学"之"新"的体现

"新子学"最重要的也是最突出的特点就是"新"，此"新"体现在三个层面：

（1）"新子学"是新时代的子学。这是从"新子学"产生的时间和社会背景来给"新子学"下定义。方勇先生《"新子学"构想》② 阐发"新子学"是在当今我国综合实力不断增强，全球化趋势不可阻挡的大背景下产生，而"新子学"产生的动机是传统子学与当前社会现实的交融。中国传媒大学刁生虎先生等的《"新子学"断想——从意义和特质谈起》③ 对"新子学"的时间问题也提出了自己的见解。我们当今的时代特征已经不同于传统子学发生的时代特征，传统子学多发生于社会动荡的时期，社会的动荡使经学、政治的控制势力减弱，子学得到很大的发展。而"新子学"是当今和平时代的产物，当代的文化发展不再依附于政治，同时伴随着全球化的趋

---

① 曾建华：《"新子学"的本质与使命——围绕子学与士之关系展开》，载《诸子学刊》第九辑，上海：上海古籍出版社，2013年，第126页。
② 方勇：《"新子学"构想》，《光明日报》2012年10月22日，第14版。
③ 刁生虎、王喜英：《"新子学"断想——从意义和特质谈起》，载《诸子学刊》第八辑，上海：上海古籍出版社，2013年，第370页。

势日益加强，文化多元的特征日益显著，"新子学"在开放包容的环境中更能得到长足的发展。孙以昭先生《时代召唤"新子学"》①对方先生的观点表达了认同，他认为"新子学"正是在当今经济高速发展，文化交流更加密切、资讯传达方便快捷的时代中应运而生的。厦门大学谢清果先生《新子学之"新"：重建传统心性之学——以道家"见独"观念为例》②认为"新子学"之"新"在于"以子学为接引的思想资源，再造在当代的'百家争鸣'"。

（2）"新子学"是新内容的子学。方勇先生认为："子学之'子'并非传统目录学'经、史、子、集'之'子'，而应是思想史'诸子百家'之'子'"以及"对诸子思想的重新解读和扬弃，也是借重我们自身的智慧与认识对传统思想的重新寻找和再创造。"复旦大学徐志啸先生《"新子学"的核心在于新》③认为"新子学"与旧子学本质不同在于"新的含义或概念"。其有两种表现，一是继承传统子学并对其进行新阐释；二是吸收西方学者对我国子学研究的优秀成果，为传统子学赋予新含义。刁生虎先生等的《"新子学"断想——从意义与特质谈起》④认为，相比旧子学，"新子学"不仅分类更加明确，而且研究对象更加广泛，将《论语》《孟子》等原本被朱熹划分到经部的著作，现在重新划归子学的范畴。华中师范大学刘

---

① 孙以昭：《时代召唤"新子学"》，载《诸子学刊》第八辑，上海：上海古籍出版社，2013年，第391页。

② 谢清果：《新子学之"新"：重建传统心性之学——以道家"见独"观念为例》，《人文杂志》2017年第5期。

③ 徐志啸：《"新子学"的核心在于新》，载《诸子学刊》第八辑，上海：上海古籍出版社，2013年，第379—380页。

④ 刁生虎、王喜英：《"新子学"断想——从意义和特质谈起》，载《诸子学刊》第八辑，上海：上海古籍出版社，2013年，第371页。

韶军先生《论"新子学"的内涵、理念与构架》①认为"新子学"之"新",新在学者们是在新的学科体系中经过不同学科的系统学术训练而掌握其知识、理念、方法等。虽然研究材料和"旧子学"相差无几,但是我们关注、认识和解读的内容已经和"旧子学"完全不同。曹础基先生《"新子学"悬想》②指出"新子学""不是新标点,不是新解释,不是新考证,不是新编、新续,主要是新思想",没有新思想就没有"新子学"。上海社会科学院林其锬先生《"新子学"学科定位与杂家精神》③认为"新子学"应该突破传统子学研究的"九流"限制,所有为中华民族文化做出突出贡献的人,无论这些人是汉族还是少数民族,无论是否在"九流"之中,他们的著作都应该放在"新子学"的研究范围内。这是"新子学"的学者首次关注到少数民族之"子",尤其是藏族对中华民族文化的贡献。黄冈师范学院李桂生先生《子学精神与"新子学"建构刍议》④针对新内容在前人的基础上,补充了"世界诸子"的概念。"世界诸子"指在思想领域做出卓越贡献的外国诸子,诸如苏格拉底、亚里士多德、伏尔泰、康德等。

(3)"新子学"是新方法的子学。主要有两种观点:第一,学科综合研究法。林其锬先生《"新子学"学科定位与杂家精神》⑤对学

---

① 刘韶军:《论"新子学"的内涵、理念与构架》,《江淮论坛》2014年第1期。

② 曹础基:《"新子学"悬想》,载《"新子学"论集》,北京:学苑出版社,2014年,第120—121页。

③ 林其锬:《"新子学"学科定位与杂家精神》,《中州学刊》2015年第12期。

④ 李桂生:《子学精神与"新子学"建构刍议》,载《诸子学刊》第十三辑,上海:上海古籍出版社,2016年,第30页。

⑤ 林其锬:《"新子学"学科定位与杂家精神》,《中州学刊》2015年第12期。

科综合研究法进行了介绍:"即打破文、史、哲、经隔阂,甚至也可以打通社会科学和自然科学的界限(即所谓'杂交'),进行综合的研究。"子学产生时期,并没有出现学科的精细划分,在诸子的经典著作中,我们可以看到诸多学科的混杂。如《墨子》有光学、力学、机械学的知识,《庄子》有地理学、养生学、生物学的知识。林先生认为"综合研究法"对研究子学是比较适合的方法,可以充分体现出子学的特点,这一观点对"新子学"研究方法产生影响。刁生虎先生《"新子学"研究需做到四个统一》①认为研究"新子学"必须做到"历史与逻辑的统一、古今与中西的统一、理性与直觉的统一、宏观与微观的统一"。刘韶军先生《论诸子学的范畴、智慧及现代条件下的转化》②认为"要能根据和应用现代学术的各种学科的理论与方法等加以研究和诠释……现代学者研究诸子学的时候,必须具有现代多学科意识,在此基础上形成多学科交叉和融会贯通的研究平台或群体",同时他主张借用现代互联网技术中提出的大资料概念,建立诸子学资料库,充分利用先进的科学技术手段帮助研究者从海量的诸子学研究资料中迅速检索与提取研究者需要的相关资料。孙以昭先生《时代召唤"新子学"》③认为"新子学"在研究传统子学的时候,应该顺应子学的特点,进行"多学科的综合性大文化研究"。第二,采用西方方法论成果。台北大学赖贤宗先生《"新子学"方法论之反

---

① 刁生虎:《"新子学"研究需做到四个统一》,《社会科学报》2012年12月13日。

② 刘韶军:《论诸子学的范畴、智慧及现代条件下的转化》,载《诸子学刊》第十三辑,上海:上海古籍出版社,2016年,第99—100页。

③ 孙以昭:《时代召唤"新子学"》,载《诸子学刊》第八辑,上海:上海古籍出版社,2013年,第391—392页。

思——基源问题研究方法与创造的诠释学的知识建构过程》① 从劳思光先生的基源问题研究法与傅伟勋先生创造的诠释学入手,对"新子学"的研究方法提出新思路,强调文化的共同性与中西文化之间的互补性。刘韶军先生《论"新子学"的内涵、理念与构架》② 引傅伟勋先生创造的阐释学方法,指出"新子学"阐释有五个层次,即"实谓层次""意谓层次""蕴谓层次""当谓层次""必谓层次"。欧明俊先生《"新子学"界说之我见》③ 认为当代专家学者在研究传统经典的过程中,可以借鉴西方研究方法,"用西方阐释学来重新解释诸子思想,用传播学来研究子学的传播,用接受学来研究其接受"。

(二)"新子学"与传统经学、儒学、国学、西学及新儒、道、墨、法、杂家之关系

"新子学"上承先秦子学,用新的视野重新关注传统,将子学与传统经学、儒学、国学、西学及新儒、道、墨、法、杂家合理区分,重新定位子学为当今学术主流。主要涉及如下问题:

1. "新子学"与传统经学之关系。主要有两种观点:

(1) 退经还子。方勇先生《"新子学"申论》④ 认为经学在历史上备受推崇,并非经学自身具有很高的学术价值,而是封建政治强权将其作为维护统治的工具,因此单纯从学术角度来看,子学无疑比经

---

① 赖贤宗:《"新子学"方法论之反思——基源问题研究方法与创造的阐释学的知识建构过程》,载《诸子学刊》第九辑,上海:上海古籍出版社,2013年,第95—112页。

② 刘韶军:《论"新子学"的内涵、理念与构架》,《江淮论坛》2014年第1期。

③ 欧明俊:《"新子学"界说之我见》,载《诸子学刊》第九辑,上海:上海古籍出版社,2013年,第12页。

④ 方勇:《"新子学"申论》,《探索与争鸣》2013年第7期。

学更有价值。"新子学"的任务就是要突破传统四部分类法，对纳入经学的孔子、孟子等思想著作做离经还子的处理。华侨大学杨少涵先生《走出经学时代——儒家哲学现代化的范式转换》① 认为儒学是子学的一部分，儒学研究者必须从"经"的态度与位置转换至"子"，去政治化、去神学化、去章句化，实现儒家哲学的现代化。李桂生先生《诸子形态的流变及诸子范围的界定》② 认为"儒家经学之部分典籍实际上亦应归于子的范畴"，诸如《论语》《孝经》等儒家经典应恢复其子学本来之面目。

（2）经子融合，要肯定经学的价值。中国人民大学韩星先生《新国学的内在结构探析——以新经学、"新子学"为主》③ 认为经学对中华民族精神品质的塑造影响极深，今天各种社会乱象，并非是经学占据了统治地位而导致，恰恰是因为经学地位衰退而造成的。因此我们"不但不能否定经学，反而应当重建经学的'权威'"，应该抱着陈寅恪先生所说的"了解之同情"的态度对传统的经学研究进行深刻的反思，正确客观地看待经学发展繁荣的历史，正确评估经学对当代社会发展的价值和意义，给经学与子学之关系客观合理的定位。复旦大学李若晖先生《熔经铸子："新子学"的根与魂》④ 认为"新子学"的建立和发展必须与经学相结合，从中华民族的本源文化出发，重铸中华文化之魂魄。华东师范大学揣松森先生《论"新子

---

① 杨少涵：《走出经学时代——儒家哲学现代化的范式转换》，《探索与争鸣》2013年第7期。

② 李桂生：《诸子形态的流变及诸子范围的界定》，载《"新子学"论集》，北京：学苑出版社，2014年，第429页。

③ 韩星：《新国学的内在结构探析——以新经学、"新子学"为主》，载《诸子学刊》第九辑，上海：上海古籍出版社，2013年，第239页。

④ 李若晖：《熔经铸子："新子学"的根与魂》，载《诸子学刊》第十三辑，上海：上海古籍出版社，2016年，第291页。

学"的内涵及其意义——兼谈子学与经学之别》①认为反对经学绝对化,但"并非反对它原初作为社会实践经验结晶这个层面的内容"。但他对方先生的观点也给予了支援,同意"新子学"是可以破除经学绝对化的一面。浙江省社会科学院哲学所徐儒宗先生《诸子学的扬弃与开新》②认为:"六经和诸子都是中华传统文化取之不尽的宝库,其间并非对立关系,而是相济相成的互补关系,大可不必扬此而抑彼……六经和诸子之间乃至子与子之间,都应将其置于平等的地位进行研究,就像人格平等那样。"

2. "新子学"与传统儒学之关系。主要涉及两个方面:

(1)"新子学"要打破儒学的束缚。北京大学许抗生先生在"'新子学'国际学术研讨会"③上谈道:"中华民族文化是极其丰富多彩的,绝不是儒家一枝独秀。要全面复兴以诸子百家为代表的中华民族优秀文化。"厦门大学王昀、谢清果等先生《还原、重构与超越——"新子学"视域下传统文化传播策略》④认为"新子学"概念的提出,对我们当今学术界打破固有的以"儒学"作为主导的传统文化传播框架提供了可能性。上海大学郝雨先生《"新子学"与"新儒学"之辨》⑤认为"新子学"的提出,是将对传统文化的研究

---

① 揣松森:《论"新子学"的内涵及其意义——兼谈子学与经学之别》,《集美大学学报》2016年第3期。

② 徐儒宗:《诸子学的扬弃与开新》,载《诸子学刊》第十三辑,上海:上海古籍出版社,2016年,第81页。

③ 崔志博:《"新子学"大观——上海"'新子学'国际学术研讨会"侧记》,《光明日报》2013年5月13日。

④ 王昀、谢清果:《还原、重构与超越》,载《诸子学刊》第九辑,上海:上海古籍出版社,2013年,第402—403页。

⑤ 郝雨:《"新子学"与"新儒学"之辨》,载《诸子学刊》第十辑,上海:上海古籍出版社,2014年,第439—440页。

历来都局限于儒学的现状,转变成对诸子百家思想的研究。

（2）"新子学"和儒学交融。方勇先生《"新子学"与中华文化重构》① 提出:"当今时代,儒学必须要返回到原始儒学上去,将经学的成分尽量排去,之后,儒学中的子学精神将更鲜明地呈现出来,它将表现出平等、多元、善于应变、面对全球等新特质,由此,儒学又将会获得鲜活的生命力。继而,它将作为子学中的一种在当代依旧发挥其重要作用,这种状态下的儒学与'新子学'并不是针锋相对,而是相辅相成,共同致力于中华文化的伟大复兴。"这正体现出"新子学"对诸家学派相容并包的特质。河北保定学院何美忠先生《借力诸子 开拓中国学术新途径》② 认为对"新子学"的提倡,不应该成为当前"儒学热"的对立面,甚至和儒学产生冲突,而应该彼此融合,在争鸣中共同推动中国学术事业和中国文化的向前发展。

3. "新子学"与传统国学之关系。有如下三种观点：

（1）"新子学"将主导国学。方勇先生《"新子学"构想》③ 认为子学自近代以来已经逐渐成为"国学"主导力量。"如今'新子学'对其进行全面继承与发展,亦将应势成为'国学'的新主体。"传统国学以经学为主导,但经学长期受政治控制,导致传统国学存在思想内容僵化保守、创新意识不足、表达形式单一的缺陷,但"新子学"主导下的"国学"将是一个思想多元碰撞和时代同步和谐的状态。方先生目的在于打破经学在国学中的垄断地位,而让国学的发展更加多元化、开放化。张双棣先生《诸子学的复兴与"新子学"的建立》④

---

① 方勇：《"新子学"与中华文化重构》，《人文杂志》2017年第5期。
② 何美忠：《借力诸子 开拓中国学术新途径》，载《诸子学刊》第八辑，上海：上海古籍出版社，2013年，第396页。
③ 方勇：《"新子学"构想》，《光明日报》2012年10月22日，第14版。
④ 张双棣：《诸子学的复兴与"新子学"的建立》，载《诸子学刊》第九辑，上海：上海古籍出版社，2013年，第45—46页。

对方先生的看法持肯定的态度，认为相容并包的诸子学成为国学的主干，是顺应时代和学术发展的事情。

（2）"新子学"不能成为国学的主导。中国社会科学院文学所谭家健先生《对〈"新子学"构想〉的建议》①认为方先生提出的"新子学"只包括诸子百家思想史著作，并不包括中国古代的经学、史学、古代文学和古代自然科学史，但是"在传统目录学中，'新子学'之书只是传统子部中的一小部分"，"新子学"是否可以成为国学新主导或者国学新主体还需要谨慎考量。韩星先生《新国学的内在结构探析——以新经学、"新子学"为主》②认为"新子学"确实具有大力弘扬的必要性，但是我们也应该从史学角度客观看待经学支配中国思想界两千年的事实，对"新子学"给予正确的学术定位。林其锬先生对"新子学"成为国学持有保留意见，其《略论先秦诸子传统与"新子学"学科建设》③有言，"从历史考察，'国学'的概念出现于清末，是针对'西学'提出的"。随着我国愈发重视软实力发展，国际上对于"中国学"的关注与日俱增，"中国学"的研究成了国内外的热门。"中国学"也可以称为"国学"，但是这种"国学"的内容宽泛，观点杂乱，很容易流于空泛。因此，我们当今提倡的"新子学"不一定要去争做"国学"。

（3）"新子学"主导的应该是"新国学"。高华平先生《关于"新子学"之我见》④认为具有独立之思想、自由之精神的知识分子

---

① 谭家健：《对〈"新子学"构想〉的建议》，载《诸子学刊》第八辑，上海：上海古籍出版社，2013年，第404页。

② 韩星：《新国学的内在结构探析——以新经学、"新子学"为主》，载《诸子学刊》第九辑，上海：上海古籍出版社，2013年，第239页。

③ 林其锬：《略论先秦诸子传统与"新子学"学科建设》，载《诸子学刊》第九辑，上海：上海古籍出版社，2013年，第53页。

④ 高华平：《关于"新子学"之我见》，《江淮论坛》2014年第1期。

的学术成果称为"新子学"。因此"新子学"必须主导有别于王官之学的"新国学"。

4. "新子学"与西学之关系。对此有两种观点：

（1）研究"新子学"要慎重对待西学，正确处理好子学与西方文化学术的主次关系。作为"新子学"的奠基者，方勇先生《"新子学"构想》①认为"新子学"的主要构想是以返还传统诸子思想为方向，要平心静气、平等客观地对待诸子百家，把目光重新收回到对元典的精细深入地研究上，挖掘中国学术的基本特质。方先生认为"新子学"的研究一定要对中西结合保持客观冷静的态度。中西结合虽是中国学术界一直以来的美好愿望，但是最后中学往往变成不中不西之学术。"新子学"提出的背景是中国几千年的传统文化和大国背景，因此，在面对强大的西方文化时，不能丧失自信心，坦然面对西方，真正建构起富有生命力的"新子学"体系。林其锬先生《略论先秦诸子传统与"新子学"学科建设》②认为："'新子学'理论建构最为核心的就是要从子学的实际出发，把握民族的思维模式、认知途径和表达方式，摆脱对西方知识体系的依傍，建立具有民族特点的概念、范畴，形成理论体系，绝不能套用西学知识体系简单寻找所谓的'对应点'概念、范畴加以移植、附会。那样不仅无益，而且还会谬误横生。"何美忠先生《借力诸子　开拓中国学术新途径》③以胡适为例，对胡适借诸子学说移植西学观念的做法进行驳斥，认为这是一种缺乏文化自信的表现。何先生认为中国学者须具备主体意识，

---

① 方勇：《"新子学"构想》，《光明日报》2012年10月22日，第14版。
② 林其锬：《略论先秦诸子传统与"新子学"学科建设》，载《诸子学刊》第九辑，上海：上海古籍出版社，2013年，第54页。
③ 何美忠：《借力诸子　开拓中国学术新途径》，载《诸子学刊》第八辑，上海：上海古籍出版社，2013年，第397页。

以中为主，以西为辅，不能有文化移植思想。南阳师范学院张永祥先生《中西方视野下的"新子学"再思考》①认为"新子学"应该植根于我们传统思想文化与历史文献资料，在东西方文明、传统与现代的纠葛中获得自我价值。华东师范大学王宁宁女士《"新子学"对中国哲学反思的再深化——以西方哲学和中国哲学在知识论方面的结合为例》②以当代知识论发展新方向，即理论知识与实践知识的结合为例，说明"新子学"发展应该正确处理中西文化，但是作者强调"用中国自己的方式解释中国典籍和学术势在必行"。

（2）融合中西文化于"新子学"研究。南京大学李承贵先生《一种充满生命力的新学说》③认为"新子学"面对西学时要有客观科学的站位，学术思想要开放，不要本位主义。高华平先生《关于"新子学"之我见》④针对方先生的观点提出异议，认为在当下全球化的时代，"新子学"面对"西学"时思考的似不应该是"摆脱二元对立思考的局限"，而应该是我们如何进行中西文化交流、融合和不断创新的问题。"在某个'新诸子'只一'子'的学术思想中，'西学'可以与他坚守的'中学'观点相对应、甚至相对立；但在作为整体的'新子学'中，'西学'应该已经融汇于其中、并已成为它的一部分或它的血肉。从这个意义上讲，'新子学'之'新'，就在于它乃是一种不中不西、亦中亦西的学术。"赖贤宗先生《"新子学"

---

① 张永祥：《中西方视野下的"新子学"再思考》，《集美大学学报》2018年第3期。

② 王宁宁：《"新子学"对中国哲学反思的再深化——以西方哲学和中国哲学在知识论方面的结合为例》，"首届诸子学博士论坛——'新子学'专题"会议论文。

③ 刘思禾：《新子学：几种可能的路向——国内外学者畅谈"新子学"发展》，《光明日报》2014年5月13日。

④ 高华平：《关于"新子学"之我见》，《江淮论坛》2014年第1期。

方法论之反思——基源问题研究法与创造的诠释学的知识建构过程》①认为"新子学"的提出正是中西文化融合的体现,对扩大中国文化在世界的影响力有所助益。

5. "新子学"与新儒、道、墨、法、杂家之关系。

郝雨先生《"新子学"与"新儒学"之辨》②认为"新子学"概念的提出并非针对"旧子学",如果一定要给"新子学"找个挑战对象,应该就是"新儒学"了。"新子学"和"新儒学"的根本区别就是:"新子学"不认为儒家和儒学是中华文化的核心和根基,而认为诸子百家的思想才是中华文化真正的源头。文化多元化是当今时代发展的必然,因此,"新子学"的提出符合文化发展的潮流和趋势。华北电力大学王威威女士《"新子学"概念系统的建构》③认为,新儒家、新墨家、新法家等都是为了使诸子百家中的某一家思想在当代得到独特的展示与弘扬,"新子学"并不是诸子学派各自独立发展后的简单相加,而是在排除门户之见之后,促进各家思想在争鸣中走向融合,从子学共通性的角度建构思想体系和逻辑框架,诠释"新子学"的现代意义。林其锬先生《"新子学"学科定位与杂家精神》④认为"新子学"发展应该学习杂家精神,取诸家之长,舍诸家之短。

---

① 赖贤宗:《"新子学"方法论之反思——基源问题研究方法与创造的阐释学的知识建构过程》,载《诸子学刊》第九辑,上海:上海古籍出版社,2013年,第95—112页。

② 郝雨:《"新子学"与"新儒学"之辨》,载《诸子学刊》第十辑,上海:上海古籍出版社,2014年,第439页。

③ 王威威:《"新子学"概念系统的建构》,载《诸子学刊》第九辑,上海:上海古籍出版社,2013年,第20页。

④ 林其锬:《"新子学"学科定位与杂家精神》,《中州学刊》2015年第12期。

张双棣先生《"新子学"与杂家》①赞同林先生的观点，认为"新子学"不要因袭杂家，而是借鉴杂家相容并蓄的做法，在诸子多元的基础上，实现统合，成为"新杂家"。浙江科技学院张涅先生《重审先秦诸子思想的当代价值——从新杂家的视角》②指出，在"新子学"的研究工作中，我们应当重视秦汉间杂家杂合诸说的观念和方法，倡导新杂家。新杂家遵循阴阳发展变化的规律，又基于多元价值的认识，基于个体权益、责任、义务等的思考；吸纳现代各家的学说，并融通西方文化精神和诸子思想，如此，新子学方能完成其历史使命。

(三)"新子学"之意义

学界关于"新子学"的相关意义研究，可以概括为四个方面：

1. "新子学"在子学发展过程中起到承上启下的作用。

李似珍女士《"新子学"的学术针对性、时代意义思考》③认为"新子学"的提出体现了冯友兰先生"接着讲"的观点，旨在做好传统文化与现代社会思想之间的衔接。刁生虎先生等的《"新子学"断想——从意义和特质谈起》④认为"新子学"具有重大的理论意义和实践价值：第一，"新子学"是中国历史文化发展的必然产物，是新时代文化的必然选择；第二，"新子学"为中国文化的未来发展提

---

① 张双棣：《"新子学"与杂家》，载《"新子学"论集》（二辑），北京：学苑出版社，2017年，第543页。

② 张涅：《重审先秦诸子思想的当代价值——从新杂家的视角》，《学术月刊》2013年第4期。

③ 李似珍：《"新子学"的学术针对性、时代意义思考》，载《诸子学刊》第八辑，上海：上海古籍出版社，2013年，第381页。

④ 刁生虎、王喜英：《"新子学"断想——从意义和特质谈起》，载《诸子学刊》第八辑，上海：上海古籍出版社，2013年，第369—370页。

供了一种新的走向。

2. "新子学"为当今学术思想和精神提供支撑。

揣松森先生《论"新子学"的内涵及其意义——兼谈子学与经学之别》①认为"新子学"研究不仅有助于当代中国人找到心灵寄托，为我国学术发展提供更广阔、更有深度的思想材料，而且其争鸣多元的精神价值也符合当代多元化国际环境的要求，具有现实意义和价值。

3. "新子学"可丰富现代文化内涵，提供多元文化氛围。

郝雨先生《"新子学"对现代文化的意义》②认为"新子学"将传统文化研究以儒学为主回归到诸子百家的研究，为在现代文化环境中实现民族文化繁荣提供契机，同时有利于我们从诸子百家中找到独特的中国智慧。

4. "新子学"对当代社会主义核心价值观的构建具有积极推动作用。

中共浙江省嵊州市委宣传部杨林水先生《"新子学"理论支持社会主义核心价值观刍议》③谈到"新子学"的当代价值时表示"'新子学'是对两千年来人文科学研究领域优秀成果的创造性提炼与高度概括，与当今倡导的新思想——社会主义核心价值观在思想渊源上一脉相承，两者都以传承和弘扬中华民族优秀思想文化为目的。'新子学'既是系统学术理论，也是国民教育新理论，可以为倡导社会主义核心价值观提供强大的理论支援。"

---

① 揣松森：《论"新子学"的内涵及其意义——兼谈子学与经学之别》，《集美大学学报》2016年第3期。

② 郝雨：《"新子学"对现代文化的意义》，载《诸子学刊》第八辑，上海：上海古籍出版社，2013年，第399—401页。

③ 杨林水：《"新子学"理论支持社会主义核心价值观刍议》，载《诸子学刊》第十三辑，上海：上海古籍出版社，2016年，第208页。

(四)"新子学"之精神

在"新子学"提出之时,研究者们首先对先秦时期的"子学精神"进行了深入地挖掘与阐释,历经了一个不断完善、全面的过程,逐渐催生了"新子学"精神。"新子学"精神以传统"子学精神"作为思想资源加以继承,同时以新时代精神需要作为转型关键,其根本目的在于解决当今时代的精神困境,孕育新时代的百家争鸣。

方勇先生《再论"新子学"》① 指出:"'新子学'是对'子学现象'的正视,更是对'子学精神'的提炼……这种现象的生命力,主要表现为学者崇尚人格独立、精神自由、学派之间平等对话、相互竞争。各家论说虽然不同,但都能直面现实以深究学理,不尚一统而贵多元共生,是谓'子学精神'。"方先生对"子学精神"的概括重在"多元"一词,这也是众多专家学者所公认的,但是除此之外,其他学者又对"子学精神"进行了新的概括和补充。张洪兴先生《"新子学"刍议——以中国文化为本位》② 认为子学精神的基本精神是实践理性,一是子学理论是对现实的折射和反思,二是子学理论对人们的生活具有指导性,是诗化生活的体现。欧明俊先生《论"子学思维"与"子学精神"》③ 将"子学精神"和"史学精神"相比较,指出"子学精神"最重要的特点就是创新精神,并将"子学精神"进一步细化为"大丈夫精神、执着精神、牺牲奉献精神、尚气节精神、仁爱精神、谦虚好学精神、科学精神、自由精神、独创

---

① 方勇:《再论"新子学"》,《光明日报》2013年9月9日,第15版。
② 张洪兴:《"新子学"刍议——以中国文化为本位》,载《诸子学刊》第九辑,上海:上海古籍出版社,2013年,第374页。
③ 欧明俊:《论"子学思维"与"子学精神"》,载《诸子学刊》第九辑,上海:上海古籍出版社,2013年,第12—21页。

精神、争鸣精神、叛逆精神、怀疑精神、批判精神、担当精神、会通精神、开放精神、和谐精神、自省精神、自律精神"一系列宝贵的精神品格。张永祥先生《反者道之动——从子学走向"新子学"》①认为"子学精神"关键字是"自由"。他在文中引用了郭齐勇先生谈子学精神自由性时所说的话，认为郭氏之语"并非专为子学精神而发，对子学精神的总结也显得单一，但他对子学精神中最重要的自由精神的把握却颇为精当。事实上，先秦子学正是以天马行空的自由思考、厚重不迁的独特创造、天人合一的内向超越、忧时伤世的人文情怀以及和光同尘的和谐精神……形成了中国文明发展史上第一次'哲学的突破'"。曾建华先生《"新子学"的本质与使命——围绕子学与士之关系展开》②主张"新子学"应该传承子学的"反叛"精神，将传统"经学"思维带来的僵化落后消解掉。李桂生先生《子学精神与"新子学"建构刍议》③在前人基础上又补充了一个实践理性精神，这也是符合传统"子学精神"的。谢清果先生《说说"新子学精神"》④认为"新子学精神"主要有四个层面：一是"新子学精神"在于能够回应"新时代"命题；二是"新子学精神"在于能够蓄养"新民"；三是"新子学精神"在于能够缔造"新境界"；四是"新子学精神"在于能够呼应"互联网精神"。

---

① 张永祥:《反者道之动——从子学走向"新子学"》，载《诸子学刊》第九辑，上海：上海古籍出版社，2013年，第39页。

② 曾建华:《"新子学"的本质与使命——围绕子学与士之关系展开》，载《诸子学刊》第九辑，上海：上海古籍出版社，2013年，第125页。

③ 李桂生:《子学精神与"新子学"建构刍议》，载《诸子学刊》第十三辑，上海：上海古籍出版社，2016年，第28页。

④ 谢清果:《说说"新子学精神"》，《名作欣赏》2017年第3期。

(五)"新子学"之研究方法

关于"新子学"之研究方法,现有学界的思考如下:

方勇先生提倡"新子学"的研究要用中国方法解决中国问题,以返归自身的方式,借助古人智慧化解学术研究中的内在冲突。[①] 张双棣先生《诸子学的复兴与"新子学"的建立》[②] 认为"新子学"的建立必须在全面复兴诸子学的基础上才能得以实现。林其锬先生《略论先秦诸子传统与"新子学"学科建设》[③] 认为,建构"新子学"最核心的就是从子学实际出发,重视民族的思维模式、认知途径和表达方式,摆脱对西学知识体系的依傍,建立具有民族特点的概念、范畴,形成理论体系。刘韶军先生《论"新子学"的内涵、理念与构架》[④] 认为"新子学"有四个理念:一是以新的价值观、方法等对旧子学进行全新的解读、阐释;二是在"新子学"的研究中,要把不同学科整合、贯通起来,尽量消除各个学科的相对局限性;三是在忠实于"旧子学"留存文本的基础上对其中的丰富内容做出科学的阐释;四是保持学术的独立性和自由性,即不受任何外在于学术之外的因素影响的子学研究。东北师范大学张洪兴先生《"新子学"

---

① 这一观点贯穿方勇先生对"新子学"研究的认识过程之中,方勇先生的《再论"新子学"》将其表述为"返归自身",《三论"新子学"》将其表述为"回归原点",《"新子学":目标、问题与方法》将其表述为"理解'中国性'"等。

② 张双棣:《诸子学的复兴与"新子学"的建立》,载《诸子学刊》第九辑,上海:上海古籍出版社,2013年,第45页。

③ 林其锬:《略论先秦诸子传统与"新子学"学科建设》,载《诸子学刊》第九辑,上海:上海古籍出版社,2013年,第54页。

④ 刘韶军:《论"新子学"的内涵、理念与构架》,《江淮论坛》2014年第1期。

刍议——以中国文化为本位》①认为发展"新子学"要以中国文化为本位，循中国文化之本。孙以昭先生《时代召唤"新子学"》②认为"新子学"研究不能离开传统的训诂和义理两个层面，但是也要和西学比照，同时重视多学科综合性研究。王威威女士《"新子学"概念系统的建构》③认为建构"新子学"不仅要重视子学的多元性，而且要重视其作为一个整体的融合性和统一性。欧明俊先生《跨界会通——论"新子学"的创新途径》④认为"新子学"研究应该跨越学科、时代、不同学术路径的疆界，会通学科、古今，弥合学术分裂，从整体之学的角度观照"新子学"。台湾淡江大学曾昭旭先生《为"新子学"再进一解：借造论开发经中义蕴——以〈孟子〉"圣之时者"章为例》⑤一文在前文《为新子学定性定位》的基础上，就如何构成和促进新一代子学恰如其分的成绩进行深入探讨，曾先生认为当代"新子学"研究者既要借经中之道触发自我生命与心灵，开启智慧，又要在即子即经的前提下重视分析、概念、总结与系统建构，"以我之体道之经验去印证经中义理也"，通过《孟子》"圣之时者"章的具体实践，阐明"新子学"所以为"新"为"子"，正需要现

---

① 张洪兴：《"新子学"刍议——以中国文化为本位》，载《诸子学刊》第九辑，上海：上海古籍出版社，2013年，第375页。
② 孙以昭：《时代召唤"新子学"》，载《诸子学刊》第九辑，上海：上海古籍出版社，2013年，第391—392页。
③ 王威威：《"新子学"概念系统的建构》，载《诸子学刊》第九辑，上海：上海古籍出版社，2013年，第19页。
④ 欧明俊：《跨界会通——论"新子学"的创新途径》，《暨南学报（哲学社会科学版）》2018年第4期。
⑤ 曾昭旭：《为"新子学"再进一解：借造论开发经中义蕴——以〈孟子〉"圣之时者"章为例》，"现代诸子学发展与创新国际学术研讨会——第七届'新子学'国际学术研讨会"会议论文。

代学者将概念分析、理论建构之能力与修身养性、道德实践之工夫相结合。张永祥先生《反者道之动——从子学走向"新子学"》① 提出：一是要有大子学的历史眼光，要将历史性与多样性统一；二是要有大学术的现代意识，既要继承传统学术研究思想的精华，又要汲取西方学术研究方法的优长；三是要有大文化的宏观视野，在探索中确立文化发展新方向。玄华先生《"新子学"——子学思维觉醒下的新哲学与系统性学术文化工程》② 认为"新子学"的研究方法应该"以子学思维与精神为核心，对万物的思考已进入后现代主义阶段。它摒弃人为对本质的先验设定，强调对现象本身的还原与分析，对事物采用内在性、发生性的探索。一切本身都是多元的，事物间是一个互涉文本的关系，没有已死的过去本源，也没有僵化固定的未来终点。一切都是在不断的解构与建构、又重新解构与建构中发生。宇宙没有先验的唯一本源，人也没有抽象固定的本质，都是在永不停休的进化发展中不断实现与呈现"。

（六）"新子学"之当代发展路向、使命与传播

"轴心时代"孕育而生的子学的本质是当下之学，子学传统不仅是我国精神文明的财富，也是珍贵的世界文化遗产。"新子学"与子学一脉相承，其本质是借古人智慧积极应对当前社会的新问题、新挑战。重视"新子学"在全社会的传播，获得国际认可，对我国增强文化软实力和影响力具有重要作用。

---

① 张永祥：《反者道之动——从子学走向"新子学"》，载《诸子学刊》第九辑，上海：上海古籍出版社，2013年，第40—41页。

② 玄华：《"新子学"——子学思维觉醒下的新哲学与系统性学术文化工程》，载《诸子学刊》第九辑，上海：上海古籍出版社，2013年，第89页。

1. "新子学"之当代发展路向

从"新子学"成立至今，众多学者都对"新子学"发展路向问题作出诸多探讨，主要包含三个层面的理解：一是把"新子学"文献典籍整理工作作为"新子学"研究的基础性工程；二是"新子学"研究要与当前社会时代的发展紧密结合；三是"新子学"要走向世界，争取自己的话语权。下面进行详举：

方勇先生自提出"新子学"，就对其发展路向和研究方法进行过阐述，其《再论"新子学"》① 就此归纳为三个方面：一是要结合历史经验与当下学术观念，正确界定"子学"范畴，对诸子学资料进行全面的收集和整理，将散落于各类文献中的有关资料，进行汇集整合；二是依据现代学术规范，对原有的诸子文本进行更为深入的辑佚、钩沉、辑评、校勘、整合、注释和研究；三是阐发诸子各家各派的精义，梳理诸子学发展脉络，从而更好推动"百家争鸣"学术局面的出现。方先生最新著述《四论"新子学"》② 则通过梳理、辨析《汉志》诸说，以诸子时代的文明重建作为参考，认为"新子学"应该以多元视角观照诸子学，在理解好中国文明的基础上，更要处理好文明与现代性之间的关系。许抗生先生《谈谈关于建立当代"新子学"的几点想法》③ 认为建立当代"新子学"应分为三阶段：一是做好先秦子书古籍的整理工作；二是读懂子书，深入研究，在前人研究基础上，提出创新性见解；三是从当代社会的需要出发，建立符合当代社会的"新子学"思想体系。清华大学傅璇琮先生《继往开

---

① 方勇：《再论"新子学"》，《光明日报》2013年9月9日，第14版。
② 方勇：《四论"新子学"》，《光明日报》2018年10月13日，第11版。
③ 许抗生：《谈谈关于建立当代"新子学"的几点想法》，载《诸子学刊》第九辑，上海：上海古籍出版社，2013年，第67—68页。

来　创新学术》①从传统元典、学术创新、国际视野三个层面阐释了"新子学"的发展路向和方法：一是在传统元典上，加快整理子学文献，从综合研究视角梳理"新子学"的发展演变轨迹；二是在学术创新上，对现有的、符合历史实际的理论进行综合、概括和总结，使研究者及时借鉴，在此基础上推陈出新；三是在国际视野上，要尊重和热爱"新子学"中所包含的民族文化价值，同时也要将"新子学"放在世界学术的背景下进行比较研究。在世界学术的大背景中要充分认识到"新子学"既是民族的，更是世界的。张洪兴先生《"新子学"刍议——以中国文化为本位》②认为"新子学"发展主旨是寻找子学文化与中国现代化发展的契合点，在物欲横流、人心浮躁的社会中，充分发挥子学的文化价值，积极践行子学精神。上海政法学院李有亮先生《重返中国传统文化最佳生态现场——对"新子学"的一点理解》③认为"新子学"就是带领我们重新回归先秦诸子的文化现场，继承民族文化精神，以当今新媒体文化作为语境，塑造新的中国现代文化生态环境。张永祥先生《中西方视野下的"新子学"再思考》④将"新子学"未来发展路向归纳为四方面：一是全面整理子学相关文献；二是对全部子学文献进行全方位、多层次的史的梳理；三是"新子学"研究者应当摆脱对文献材料的依赖，言以明道，为中华民族伟大复兴提供新的思想资源；四是超越东西方文化之争，

---

① 傅璇琮：《继往开来　创新学术》，载《诸子学刊》第九辑，上海：上海古籍出版社，2013年，第159—162页。

② 张洪兴：《"新子学"刍议——以中国文化为本位》，载《诸子学刊》第九辑，上海：上海古籍出版社，2013年，第375页。

③ 李有亮：《重返中国传统文化最佳生态现场——对"新子学"的一点理解》，载《诸子学刊》第八辑，上海：上海古籍出版社，2013年，第385页。

④ 张永祥：《中西方视野下的"新子学"再思考》，《集美大学学报》2018年第3期。

对人类未来进行深沉思考是"新子学"的最终设想。东北师范大学郭强先生《重审·重构·转换：新子学视域下诸子研究的三条路径》①以《荀子》为例，从《荀子》地位的再审视、《荀子》价值的再评议、《荀子》作用的再探讨三个方面说明"新子学"研究者首先必须要平心静气地深入诸子元典，重新构建元典价值，才能使中华传统文化实现创造性的转化与发展。吉林大学古籍研究所万佳俊女士《"新子学"的发展要注重出土文献的整理和研究》②从"整理资料夯实研究基础""正本清源'还诸子以原貌'""'跨界会通'再解诸子古籍"、"借助东风发扬中华文化'根性'"四个方面呼吁专家学者们重视出土文献对"新子学"研究的意义。

2. "新子学"之当代使命。

方勇先生《"新子学"构想》③认为"我们倡导'新子学'，正是对诸子思想的重新解读和扬弃，也是借重我们自身的智慧与认识对传统思想的重新寻找和再创造……中华文化的未来，必将是在继承传统的基础上不断地创新发展。诸子学作为中华传统思想文化的主体，必然是未来思想文化的重要组成部分，是促进中国重新崛起为世界中坚的有生力量之一。"郝雨先生《"新子学"与民族文化复兴大方向——兼与陆建华先生商榷》④认为"新子学"不是一个简单确指的研究对象，而是一个学术文化研究范畴，是复兴民族传统文化的一个大方向，这一课题并不仅仅属于古代文化文学、古代哲学与古代思

---

① 郭强：《重审·重构·转换：新子学视域下诸子研究的三条路径》，"首届诸子学博士论坛——'新子学'专题"会议论文。

② 万佳俊：《"新子学"的发展要注重出土文献的整理和研究》，"首届诸子学博士论坛——'新子学'专题"会议论文。

③ 方勇：《"新子学"构想》，《光明日报》2012年10月22日，第14版。

④ 郝雨：《"新子学"与民族文化复兴大方向——兼与陆建华先生商榷》，《管子学刊》2018年第4期。

想史领域，而应该更加宏大，是现代文化研究者努力的方向。因此当代学者应该在"新子学"的感召下，打破学科之间、古今之间的壁垒，寻找中国文化真正的源头，重启中国百家争鸣的文化局面。安徽大学陈广忠先生《"新子学"的历史使命》①概括了"新子学"当前的使命：继承和创新。诸子学说是中国古代学者学术集大成之体现，与同期西方哲学家相比，亦是平分秋色，因此我们当代"新子学"应该继承优秀的子学传统；在深厚子学思想的基础上，"新子学"应该广泛吸纳西学、佛学、中华各民族在各个历史阶段创造的文化优秀成果，推陈出新，建立有利于天下及中国发展的完整理论体系。上海大学葛红兵先生《"新子学"：如何与当代生活对接》②认为"新子学"应与社会现实生活相对接，如何让"新子学"更好地融入现代生活是我们应该思考的问题。曾建华先生《"新子学"的本质与使命——围绕子学与士之关系展开》③认为"新子学"的使命有两个层次：一是从精神层面看，"将继续秉承子学的'反叛'精神，全面而自觉地消解'经学'思维所带来的思想专制与思维局限"；二是从人才的角度看，"'新子学'是子学的自我突破，是传统士人与近代公知逐渐转化为媒介知识分子的内在动力"。

"新子学"当代使命得到关注的同时，"新子学"研究者之素质和使命也得到社会的广泛关注。该研究者是传统子学思想的继承者与创新者、"新子学"思想的践行者与传播者，因此其素质和使命感对"新子学"未来的良性发展至关重要。山西省社会科学院文学研究所

---

① 陈广忠：《"新子学"的历史使命》，《"新子学"论集》，北京：学苑出版社，2014年，第240页。

② 葛红兵：《"新子学"：如何与当代生活对接》，《名作欣赏》2015年第1期。

③ 曾建华：《"新子学"的本质与使命——围绕子学与士之关系展开》，载《诸子学刊》第九辑，上海：上海古籍出版社，2013年，第125页。

耿振东先生《实现中华民族伟大复兴的"新子学"之"关注现实"的思考》①对"新子学"的研究者提出期望：一是希望研究者们不仅在各自擅长的专业领域发展"新子学"，让"新子学"更加科学化和理论化，同时他们应该承担起传播"新子学"的重任，将"新子学"在当代社会中进行普及，使普通民众都可以接受"新子学"；二是研究者要整理代表人类文明发展趋势的古典著作，增强民族文化的自尊心和自信心，让现代文化建立在传统民族文化的基础之上。孙以昭先生《"新子学"与儒学、经学的关系及其在传统文化中的地位》②认为当代"新子学"学者的神圣历史使命就是推动"新子学"研究体系的最终确立，形成"东学西进"的局面。安徽省社会科学院《江淮论坛》杂志社吴勇先生《以诸子的精神面对现实——"新子学"的任务浅议》③阐述了"新子学"研究者的任务：一是整理诸子学典籍和诸子精神面貌相结合；二是摒弃近代以来形成的民族文化虚无感和自负感，理性审视西学和中学的差异和共性，勇敢承认西学的长处与不足；三是认真研究中西方思维方式，吸收西方文化中与中国传统文化共通之，发展出自身的新形态；四是思想既要高屋建瓴，也要脚踏实地，学者们在进行"新子学"研究时，要重视"新子学"与日常生活的联系，实现"新子学"理论到实践的飞跃。宁波广播电视大学蒋门马先生《关于弘扬"新子学"的建议》④认为

---

① 耿振东：《实现中华民族伟大复兴的"新子学"之"关注现实"的思考》，载《诸子学刊》第十三辑，上海：上海古籍出版社，2016年，第174—175页。

② 孙以昭：《"新子学"与儒学、经学的关系及其在传统文化中的地位》，载《诸子学刊》第九辑，上海：上海古籍出版社，2013年，第220—221页。

③ 吴勇：《以诸子的精神面对现实——"新子学"的任务浅议》，载《诸子学刊》第九辑，上海：上海古籍出版社，2013年，第166页。

④ 蒋门马：《关于弘扬"新子学"的建议》，载《诸子学刊》第九辑，上海：上海古籍出版社，2013年，第153页。

中华民族传统文化是治内的精神修养，重在涵养智慧、身心体悟，不在于理论的建构。学习传统文化的人，尤其是"新子学"的研究者，都应该对传统文化经典怀揣敬畏之心，以传统文化滋养身心，指导人生，切实体会人生的幸福感。

3. "新子学"之传播。在此方面主要涉及两个层面的内容：

（1）"新子学"之传播方式。苏州大学徐国源先生《关于"新子学"的几点思考》[①] 认为"新子学"应该充分利用当今新媒体传播媒介和技术手段，将"子学"丰富的思想义理以生动通俗的方式表达出来。韩国中央大学金把路《人工智慧时代的新子学试探》[②] 以数字人文的观念作为基础，提出了"数字《子藏》""数字新子学""新子学人工智慧伦理模型"的设计构想，介绍了分析与解释领域的文本挖掘、社会网络分析、空间分析等数位分析方法及其在人文学的应用。蒋门马先生《关于弘扬"新子学"的建议》[③] 就传播"新子学"提出了五点建议：一是基于翻译者对子学元典的精深研究和对某一门外语的熟练掌握，重新将"新子学"元典翻译成外文，推动"新子学"的海外传播；二是创建"新子学"网上论坛，扩大"新子学"的影响力；三是在九年义务教育中纳入传统文化的学习和训练，要求学生熟读背诵传统文化元典，训练学生以毛笔字进行书写；四是在图书作为载体的基础上，大力开发各种音像制品，尤其要运用好当今的新媒体，以电影、电视形象生动弘扬"新子学"，达到事半功倍的效果；五是将无形的"新子学"思想精神转化为有形的物质商品，

[①] 徐国源：《关于"新子学"的几点思考》，载《诸子学刊》第八辑，上海：上海古籍出版社，2013年，第378页。

[②] ［韩］金把路：《人工智慧时代的新子学试探》，"现代诸子学发展与创新国际学术研讨会——第七届'新子学'国际学术研讨会"会议论文。

[③] 蒋门马：《关于弘扬"新子学"的建议》，载《诸子学刊》第九辑，上海：上海古籍出版社，2013年，第152—158页。

开发符合自己民族特色的产品。杨林水先生《"新子学"应如何进一步走向全球——浅谈"新子学"的跨国传播》①从传播内容、传播媒介、传播主体和传播模式四个方面对"新子学"传播与推广问题进行阐述：一是"新子学"要为国学发声，循序渐进；二是"新子学"应该展开媒介立体式传播，既要继续通过国际学术期刊、国际学术研讨会等传统媒介传播"新子学"，又要利用好互联网等新媒体；三是华东师范大学应该将"新子学"作为人文社科领域的重点项目，积极向国家申请立项，成立"国学国际传播中心"等专门机构，注重和北京大学、清华大学、中国人民大学等兄弟院校合作；四是"新子学"传播应该形成整体互动传播模式，即人际传播系统、大众传播系统和网络传播系统，这三个系统应该共同作用于"新子学"的传播。上海大学李娟女士《文化自信与"新子学"大众传播——兼谈新媒体格局下的经典文化传播路径》②认为"新子学"的发展可以推动中华优秀传统文化的传播与普及，以2018年《中华诗词大会》为例，其成功要素主要是把握到了时代的脉搏、充分发挥了媒体导向作用、充分遵循了传播规律、节目形式的创新与大众化通俗化的走向、国家"文化自信"的强力推动等，"新子学"的传播应该以此为借鉴，大力推动"新子学"走向民间：一是把"新子学"上升到国家战略，通过国家一定计划、资金、政策引导等有效保证；二是充分发挥教育尤其是义务教育的作用；三是将新型主流媒体作为"新子学"传播的主要管道。上海财经大学高等教育研究所助理研究员陈祥龙先生《试论"新子学"教育中教材修编的相关问题——以

---

① 杨林水：《"新子学"应如何进一步走向全球——浅谈"新子学"的跨国传播》，《"新子学"论集》，北京：学苑出版社，2014年，第771—775页。
② 李娟：《文化自信与"新子学"大众传播——兼谈新媒体格局下的经典文化传播路径》，"首届诸子学博士论坛——'新子学'专题"会议论文。

儒家经典教材的演变切入》① 详细梳理了中国教材教本的发展史，明确了传统教本与现代教材之间的差异之处。在"新子学"视域下，作者认为现代教材编订应该超越西方学科规范重新思考经典教材的价值，重新认识经典教材的地位。

（2）"新子学"之传播接受。"新子学"提出后，其理论研究在中国大陆及台湾地区、日本、韩国、美国、新加坡等国家都产生重要影响，韩国圆光大学姜声调先生《在韩"诸子学"发展的反省与重建》② 通过详细梳理韩国"诸子学"的发展概况，检讨目前韩国"诸子学"存在的"客占主位""独尊不容""重方法论"三方面问题，认为重建之道在于"回归文本""搜集文献""正解原义"。作者在文中强调韩国"诸子学"的重建应该借鉴"新子学"研究活动，在新的时代条件下，推动韩国"诸子学"的转型与发展。

（七）"新子学"理念下的实践

在"新子学"理念的指引下，现代学者开展了具体实践：一方面以"新子学"理念对阐释子学经典之前人著述加以评点，另一方面在"新子学"视域下对经典进行再阐释，以期突破传统与西方的桎梏，实现对经典本位的回归。

1. 以"新子学"理念对阐释子学经典之前人著述加以评点。

山东大学邓联合先生《心志、文本及方法——王船山的老庄诠

---

① 陈祥龙：《试论"新子学"教育中教材修编的相关问题——以儒家经典教材的演变切入》，"首届诸子学博士论坛——'新子学'专题"会议论文。

② ［韩］姜声调：《在韩"诸子学"发展的反省与重建》，"现代诸子学发展与创新国际学术研讨会——第七届'新子学'国际学术研讨会"会议论文。

释之学概观》①认为王船山一生的学术事业有二：一是阐释儒家经典，重建儒学"正学"；二是讨伐各种"异端"之学。王船山老庄文本诠释之学的文本形态可分为狭义的内部性诠释文本与广义的外部性诠释文本，在这两种文本形态中，王船山对老庄之学的观点常常发生变化，而这种变化产生的原因一方面是因为王船山作为儒者和遗民所具有的复杂心理，另一方面是因为王船山的著述往往采用经典诠释的方式，又重视"依循对象文本的固有理路以出己意"。王船山虽依据同一种诠释方法，但是对《老子》的诠释是摧破式，对《庄子》的诠释是建构式，在中国哲学经典诠释史上具有独特性。暨南大学黄燕强先生《陈柱墨学思想探析》②认为陈柱的墨学研究将传统乾嘉"由字以通词通道"的方法与民国学界应用西方现代学科体系的时代趋向融会贯通，其不仅"谨守乾嘉'由字通词通道'的实证方法"，而且吸取西方现代学科体系与哲学思想，将墨学思想内蕴转化为具体的教育学、政治学、文学等学科思想，在《墨子之经学》和《墨子与诸子之异同》中，从历史角度讨论墨学与六经、王官学及其他诸子学的关系问题。陈柱的墨学研究是近代墨学史上之代表。澳门大学邓国光先生《超越学术话语霸权垄断：唐文治先生"性理学"重建儒家话语典范意义初识》③从唐文治"性理学"发轫、《性理学大义》之编撰与意义、《紫阳学术发微》之编撰与价值、《阳明学术发

---

① 邓联合：《心志、文本及方法——王船山的老庄诠释之学概观》，"现代诸子学发展与创新国际学术研讨会——第七届'新子学'国际学术研讨会"会议论文。

② 黄燕强：《陈柱墨学思想探析》，"现代诸子学发展与创新国际学术研讨会——第七届'新子学'国际学术研讨会"会议论文。

③ 邓国光：《超越学术话语霸权垄断：唐文治先生"性理学"重建儒家话语典范意义初识》，"现代诸子学发展与创新国际学术研讨会——第七届'新子学'国际学术研讨会"会议论文。

微》之编撰与意义、《性理救世书》之编撰与意义五个方面阐释了唐文治一生精研、实践"性理学",化解学术专业或门户秉具之排他性,对学术话语之重建具有重要的意义,是值得尊重与弘扬的学术典范。国立江陵原州大学金白铉先生《从老子栗谷注〈醇言〉谈儒、道妙合》① 通过栗谷摘抄《老子》中有关于性理学的2098言编为《谆言》,探讨性理学视域下儒道之间的妙合。华中师范大学肖海燕女士《闻一多的庄子研究》② 阐明了闻一多庄子研究本着对庄子的同情理解,在秉承传统训诂考据方法的同时,吸取西方哲学本位的理论与学术分科的方法,在校释考证、文学成就、哲学思想、宗教精神四个层面取得了丰硕成果,在近代庄学史上的地位不容忽视。台北"中国文化大学"王俊彦先生《唐代道教的气论——以吴筠为例》③ 以《玄纲论》为主探讨了吴筠对道、元气、阴阳、神精等概念的理解与阐释。吉林大学焦炳炳先生《初论谭嗣同〈仁学〉作为新子学的先声和经典文本》④ 从文化转型、多元会通、返归自身处理世界性与中国性三个方面论述了谭嗣同《仁学》与"新子学"在处理文化转型、学术融合与中国性等问题上的相似性,肯定了谭嗣同《仁学》作为"新子学"先声和经典文本的价值。

---

① [韩]金白铉:《从老子栗谷注〈醇言〉谈儒、道妙合》,"现代诸子学发展与创新国际学术研讨会——第七届'新子学'国际学术研讨会"会议论文。

② 肖海燕:《闻一多的庄子研究》,"现代诸子学发展与创新国际学术研讨会——第七届'新子学'国际学术研讨会"会议论文。

③ 王俊彦:《唐代道教的气论——以吴筠为例》,"现代诸子学发展与创新国际学术研讨会——第七届'新子学'国际学术研讨会"会议论文。

④ 焦炳炳:《初论谭嗣同〈仁学〉作为新子学的先声和经典文本》,"首届诸子学博士论坛——'新子学'专题"会议论文。

2. 在"新子学"视域下对子学经典进行再阐释。

上海大学郝雨、路阳先生的《"新子学"视野下微观解读一例》① 一文,对《论语·八佾》中孔子与子夏的一段对话进行了全新的解读。作者认为,"新子学"的提出,不仅为传统文化的传承在大方向上提供了新的思路,也在微观上为那些容易产生混淆的文本解读带来了转机。这应当成为我们今后可以借鉴的研究方向。苏州大学王钟陵先生《〈天地〉篇"夫子问于老聃"寓言解》② 采用逐字逐句精读的方式,将该寓言中的字音、字义、文意进行梳理,辨析前家释义与曲说,最终指明《天地》篇"夫子问于老聃"这一寓言"批驳'治道若相放'的有为者,说明只有不去管理万物,不去干预自然的运行,才能融入于自然的运转之中。"台北大学赖贤宗先生《论老庄哲学的"人法"与"道生"》③ 主要阐述了"人法"与"道生"的向上之道与向下之道的诠解之检讨、论方东美等人关于"向上之道"与"向下之道"的诠释、老子哲学的本体进路的诠释、《庄子》对于老子哲学的本体诠释之继续发挥等四个方面,建构起"'道生'与'人法'的相互回环,也就是由'向下之道''道向万物开展的途径'与'向上之道''万物向道回返的历程的双向循环'",言明"'道生'与'人法'所开展的境域是老子对于生态、生活、生命的高度智慧的生命整体观"。中国传媒大学刁生虎先生《比较视域中的

---

① 郝雨、路阳:《"新子学"视野下微观解读一例——重读〈论语·八佾〉》,《"新子学"论集》,北京:学苑出版社,2014年,第500—510页。
② 王钟陵:《〈天地〉篇"夫子问于老聃"寓言解》,"现代诸子学发展与创新国际学术研讨会——第七届'新子学'国际学术研讨会"会议论文。
③ 赖贤宗:《论老庄哲学的"人法"与"道生"》,"现代诸子学发展与创新国际学术研讨会——第七届'新子学'国际学术研讨会"会议论文。

儒道生死学及其现代意义》①对儒道生死哲学进行了详细地梳理，认为儒、道生死哲学共同点有四：一是重生贵生，二是生死必然，三是生死自然，四是生死气化。但在生死态度上，儒家重在乐生哀死，道家重在苦生乐死；在生死价值上，儒家重在伦理，道家重在自然；在生死超越上，儒家重在创造三不朽，道家重在体悟玄虚之道。处于互补状态的儒道传统生死学可以为现代人建立系统的生死哲学和科学的生死观念提供原则与思路，具有重大的理论意义与实践价值。华东师范大学陈赟先生《天道与自由——〈庄子·逍遥游〉对人类自由本质的探究》②从《庄子》文本出发，探讨了自由的两种内涵，在人的权能范围之内，人必定是自由的，没有什么可以阻碍人之自由体验，在人的权能范围之外，虽不能改变现实之境遇，但是可以通过改变主观之认识，维持自由之状态。由此可以看出《庄子》并不是追求一己之个人自由，而是追求"天地之正"，《庄子》中的"圣人"并不仅是普通的个体人格，同时是政治秩序的代表，即"圣人是政治性的人格，他在自正性命的同时，给出常人自正性命的条件"。扬州大学贾学鸿女士《新子学的当代性与研究方法刍议——以〈庄子〉"逍遥"释义为例》③认为"新子学"是以科学的研究方法，对传统子学文献进行符合时代需求的解读。在"新子学"理念的指引下，

---

① 刁生虎：《比较视域中的儒道生死学及其现代意义》，"现代诸子学发展与创新国际学术研讨会——第七届'新子学'国际学术研讨会"会议论文。

② 陈赟：《天道与自由——〈庄子·逍遥游〉对人类自由本质的探究》，"现代诸子学发展与创新国际学术研讨会——第七届'新子学'国际学术研讨会"会议论文。

③ 贾学鸿：《新子学的当代性与研究方法刍议——以〈庄子〉"逍遥"释义为例》，"现代诸子学发展与创新国际学术研讨会——第七届'新子学'国际学术研讨会"会议论文。

贾女士从"逍遥"的语言属性、意象内涵及"鲲鹏"的"逍遥"隐喻三个方面对文字溯源、细读文本的研究方法加以阐释与说明。中南财经政法大学张斌峰先生《墨子法治观的现代阐释》① 阐明墨子的法治观是"治法","治法"即以法之治,"治法"之法是为"仁""兼爱""义正""尚同""天志""法天""中效""谈辩"之法,在此基础上,作者将墨子法治观与现代法治观相结合,认为二者具有高度契合性,墨子的法治主张为中国现代法治与和谐社会的建设提供了"本土资源"。厦门大学杜恺健先生《从"为政在人"到"反身以诚"——"新子学"视角下〈中庸〉的政治传播观》② 认为"新子学"的重要思想之一就是继承传统子学"皆务为治",面对新的社会问题与挑战,能够提出与时俱进的解决方案,基于这一视角,重点探讨了《中庸》的政治传播观。福建师范大学林桢先生《"新子学"语境呼唤建构时代理想人格——以墨子的圣人观为观照》③ 认为墨子理想人格分为代表个人与政治统一的终极理想人格与代表美善品格的一般理想人格,墨子本身在言行上与圣人保持高度的统一,墨子的圣人成分意识、等级意识对后代圣人观具有巨大的启发作用,墨子理想人格的观念对当今建构主人翁意识的理想人格具有重要意义。

---

① 张斌峰:《墨子法治观的现代阐释》,"现代诸子学发展与创新国际学术研讨会——第七届'新子学'国际学术研讨会"会议论文。
② 杜恺健:《从"为政在人"到"反身以诚"——"新子学"视角下〈中庸〉的政治传播观》,"首届诸子学博士论坛——'新子学'专题"会议论文。
③ 林桢:《"新子学"语境呼唤建构时代理想人格——以墨子的圣人观为观照》,"首届诸子学博士论坛——'新子学'专题"会议论文。

三、问题与建议

任何学术思想和理念都有一个逐渐完善、成熟的过程，"新子学"理念和研究也不例外，其自2012年提出至今，尚处于一个不断前进、深化的过程。当前的研究仍存在一些问题和不足，有待学界对此进行反思并提出完善之道。拙文尝试谈点不成熟的想法和建议，权做抛砖引玉之用。

其一，从前文综述可见，"新子学"框架已经初步建立，并且部分学者已经开始尝试在"新子学"视域下观照子学经典以及相关研究著述，这无疑是"新子学"发展中取得的阶段性突破与进步。但是我们亦发现"新子学"基础类研究论文重复率较高，主要集中于"新子学"之意义、"新子学"之研究对象、"新子学"之精神等问题，后期学者对"新子学"基础类问题的认识多是对早期"新子学"研究观点的支持、反对或质疑，少有新的发现与独特见解。诸如"新子学"之组成要素、"新子学"之理论框架、"新子学"之地域差异性等方面的文章尚不多见。这些问题涉及"新子学"理论的本质，同样是"新子学"理论需要解决的关键性问题，也是初学者接触"新子学"理论的必备知识。其次"新子学"诸多意涵还尚无定论，仍有待于学界达成共识。方勇先生本着谨慎、包容、开放的态度，并未对"新子学"下一个指示明确的定义，所以引发部分学者对"新子学"这一命题的质疑，如陆建华先生《"新子学"断想——与方勇先生商榷》①一文对"新子学"进行了否定与质疑。面对质

---

① 陆建华：《"新子学"断想——与方勇先生商榷》，《光明日报》2018年3月24日，第11版。

疑，方勇先生和郝雨先生均发表文章予以商榷，我们认为这正是"新子学"相容并包的魅力所在，一个理论的诞生与发展必然是艰难而曲折的过程，"新子学"亦如是，我们应该正视质疑，从质疑声中找到"新子学"建构的完善之道。

其二，虽然当今对"新子学"研究方法的讨论很多，但是在具体研究中，尚需作进一步思考。当前"新子学"主要面临的两大研究难题分别是传统与当代的平衡问题、中国性与世界性的平衡问题。"新子学"一方面不能局限于前人子学研究的传统，只关注对子学元典整理校对、钻研字义、疏通语义，而忽视子学对当今社会产生的实际影响和实践效果。另一方面"新子学"不是西学，不能将西方的学术思想和方法照搬照抄，不遵从中国学术实际情况，在西学思想的框架下阐释"新子学"。中国近代学术研究受到西学的影响过甚，因而导致中国近代学术界形成"不西学，无研究"的不良风气。我们不能一味迷失在西学中，而失去本民族文化的独特性，将"新子学"变成"不中不西的囫囵之学"。针对传统与当代的平衡问题，我们可以借鉴陈寅恪先生"了解之同情"的观点，即"盖古人著书立说，皆有所为而发。故其所处之环境，所受之背景，非完全明了，则其学说不易评论，而古代哲学家去今数千年，其时代之真相，极难推知。吾人今日可依据之材料，仅为当时所遗存最小之一部，欲借此残余断片，以窥测其全部结构，必须备艺术家欣赏古代绘画雕刻之眼光及精神，然后古人立说之用意与对象，始可以真了解。所谓真了解者，必神游冥想，与立说之古人，处于同一境界，而对于其持论所以不得不如是之苦心孤诣，表一种之同情，始能批评其学说之是非得失，而无隔阂肤廓之论。"① "新子学"研究首先要对子学元典有一个准确的

---

① 陈寅恪：《金明馆丛稿二编》，上海：上海古籍出版社，1980年，第247—252页。

认识和把握，这种精准认识并不只局限于疏通字句，而是回归古人的语境，与古人无隔，从古人角度对子学元典进行深微解读。其次要把握好当今时代的大势，跳出子学原有思想理论的时代局限性，去粗取精，将子学思想内核同当今学术转型、时代精神需要相结合，认识到"新子学"是当下之学、社会之学的本质，注重发掘"新子学"对当今社会发展的价值和意义，重视"新子学"应对当代社会问题与挑战的重要价值。针对中国性与世界性的平衡问题，"新子学"研究者应该坚持中国学术文化本位，使"新子学"生长于中国学术文化传统的沃土中，对西方优秀的研究方法，不能直接照搬照抄，而应该加以改造、创新，使之中国化、本土化，真正实现重建中国学术话语体系。

其三，"新子学"近几年在国内外学术界的影响力呈明显上升趋势，甚至已经逐渐突破学术范畴，向社会范围扩展，这是现阶段"新子学"取得的重要成绩与突破，但是我们认为"新子学"作为中华传统文化与中国学术现代转型的重要推助力之一，其影响力还远远不够。从传播地区与受众看，"新子学"研究热度主要集中于沿海发达城市或者文化底蕴较深厚的内陆地区，比如北京、上海、西安等地，从全国范围看，参与讨论的较少。对"新子学"抱有较高热情的主要是高校的专家学者，而在媒体行业如此发达、便捷的今天，媒体、记者、微博红人等这些宣传能力更强，影响面积更大，有更多受众、粉丝的群体，则很少参与其中。想要寻求这一问题的解决之道，我们首先应该追溯子学发展的历史，子学产生于尚没有精细学科划分的先秦时期，所以子学涵盖的内容非常丰富，不仅包括思想性、哲学性和文学性的内容，同时还包括其他学科的知识，如《庄子》《墨子》等经典子学著作除修身、治世之学外，《庄子》中还包含地理、养生、生物等知识，《墨子》中还包含物理、机械等知识。因此，我们一方面可以呼吁目前参与研究的专业人员要拓宽自己的学科知识面，打通文史哲，增加自己的知识储备，不要对自己擅长领域以外的知识抱有抵触情绪和研究偏见；另一方面，我们应该赋予"新子学"跨界的能力，增强"新子学"对其他领域专家学者的吸引力。从传播方式看，"新子学"目前有两种传播方式，一是以纸质作为传播载体，著书立说，但是弊端在于形式比较死板，缺乏趣味性；二是开办讲座、论坛和研讨会等。这种方式的弊端主要是场地有限，与会人数也有所限制，导致"新子学"向普通人群的传播力度减弱。这两种方式与传统的文化传播方式一脉相承，尽管面对当今时代存在传播弊端，但是这两种方式的存在对把握"新子学"的准确性与专业性具有必要性，亦不可忽视。目前针对这一问题，我们应该在继承传统的传播方式的基础上，寻求突破之道，面对当今网络化的新时代，"新子学"的宣传应该充分利用互联网、手机、ipad 等热门的大众传媒先进技术与科技产品，增加"新子学"的宣传方式，将"新子学"从象牙塔中释放出来，打破其隔阂感与神秘感，使其大众化、民间化。"新子学"从本质上看，也是中国传统文化的一部分，因此可以借鉴当前热门、受众较多的文化类节目的推广宣传方式，如"国家宝藏"、"上新了·故宫"等。将"新子学"研究成果与动漫、影视剧、综艺节目等传播方式相结合，以艺术化的形式展示给广大受众，但是也要避免一味迎合大众口味从而造成对"新子学"的过度消费与误读。

（原载于《诸子学刊》第十九辑，作者单位：中国传媒大学人文学院）

媒体报道

反思《汉书·艺文志》探索早期中国思想
——"第八届'新子学'国际学术研讨会"综述

刘思禾

由西北师范大学文学院、甘肃省先秦文学与文化研究中心举办的"诸子学研究的回顾与反思：第八届'新子学'国际学术研讨会"近日在兰州举行。来自海内外的60余名专家学者聚焦诸子学研究的成绩和不足，探索"新子学"发展的关键问题，尤其以反思《汉书·艺文志》为代表的古典诸子学观念为重点，在诸多问题上取得了进展。

著名文史专家、西北师大教授赵逵夫先生在开幕致辞中指出，"新子学"理念的提出，适应了国家的发展，也让人看到中国文化的世界意义。儒家既是经的代表，也是子的代表，其思想的核心就是仁。仁就是爱人、关心人、体贴人，从当代世界来看，各个民族、各个文化都应如此。中国古代讲战争最多的是孙子，他不提倡侵略性，强调不战而屈人之兵，这些应该是人类共同的文化。旧有的子学多是字句之学，宏观研究上还不够，"新子学"要有新探索，谋求世界范围的发展。华东师大方勇教授指出，诸子学是中国传统中最具现代价值的思想遗产，"新子学"致力于发掘和转化诸子学传统，以推动学术创新和文化变革。他特别强调，中国学术思想在适应现代要求的同时，也要护住中国性的内涵。韩国国立江陵原州大学金白铉教授强调，诸子学不仅是中国的，是东亚的，也是世界的，要重视东亚诸子学与世界诸子学的展开。他认为要推广"新子学"理念的包容性、开放性，以应对东亚各国的文化挑战。

此次会议以反思传统诸子学理念为重心，尤其是反省《汉书·艺文志》的诸子学体系。《汉志》体系集中体现了儒家学者的价值观念与思维方式。与会学者提交了12篇有关《汉书·艺文志》的论文，从子学源起、经子关系、知识谱系与思维方式等方面做了深入探讨。

方勇教授指出，刘歆的诸子学体系保留在《汉书·艺文志》之中，这是对三代及秦汉学术的一次总结，其关键是以六艺该先王之道，此即尊经；而以诸子该战国学术，以子学为六艺之"支与流裔"，此即卑子，这是刘氏的经子关系说。刘歆又进而离析六艺与儒家之别、儒家与诸家之别，以贬低诸子时代的思想传统。此外，刘歆还以王官解释诸子学的源起，以为诸子学出于王官。所谓王官，即王之守官所执之学，与先王之道相对，是刘歆依据《周礼》想象的周代官学。方勇教授认为，今天理解诸子时代学术，需要摆脱《汉志》旧说。三代的文化资源是诸子共享的，诸家之分派不是官守之遗，而是对周文重建有不同想象，皆有其理，皆有其据，皆有其历史之发展。今天应回到一种多元框架之中，在通观之中理解早期中国的思想世界。

针对《汉书·艺文志》的"诸子出于王官说"，厦门大学李若晖教授提出了"诸子入于王官"的新解。他认为，《汉书·艺文志》所论的"诸子出于王官"，不是分析历史上的诸子如何从周代世官世学中分离出来，而是表明汉代王朝如何对待诸子学说。所谓"诸子入于王官"，亦即将汉代现实中的思想自由的诸子重新纳入汉代大一统的王官之中去。因而刘歆等儒者倡诸子出于王官说，据此评议诸子各家之长短，这可套用福柯的话称之为"规训"和"惩罚"。在刘歆的体系之中，子学只允许保留其所出王官之学的内容，即官守之学，而超出官守之学的部分，即天下之学，则必须加以裁抑。汉代官学，正如章学诚所言，乃是"官师治教"合一的体制。汉代建立了中华文化"制度—政"与"思想—教"合一的体制，这成为数千年来笼罩性的政教体系之铁穹。

持与此相近看法的是西北师大韩高年教授，他以"一体多元"和"多元一体"来描述战国和汉代文化格局之变。他认为，子学是一个开放的体系，从历代目录谱系中子学的位置及升降变化，可以看出诸子之学具有依时代政治文化而改变的调适性。从古代目录学来看，在刘氏的"七略"中诸子之学实为核心，故而子学虽为六经之亚，却是古代学术体系之核心。各家都是为解决实际的社会问题而发，有共同的现实指向性，即《庄子·天下》篇所谓"道术将为天下裂"，由"一"变为"多"，故可以说其自身具有"一体多元"的特征。而秦汉之后，从目录学来看，学术思想呈现出"多元一体"的格局，"多"是诸子学，"一"是经学或者制度化的儒学。在后世的发展中，子部兼收"社会人文"和"自然科学"的典籍，内涵不断扩大，显示出知识生产逐渐丰富。故而，诸子学本身具有开放性、包容性、实践性，是一个不断回应时代需求的知识体系。

有的学者对反思《汉书·艺文志》体系表示出相对慎重的态度，福建师大欧明俊教授认为，班固《汉书·艺文志》有完整的诸子学学术体系"建构"。诸子全面成为学术，是在《汉书·艺文志》中完成的。刘向、刘歆父子和班固的"尊经卑子"观念有其"历史局限性"，但其主流、正统地位不可动摇。"诸子出于王官"之说，旨在探讨诸子学术渊源。上古政教合一，官师合一，君师合一，没有私家之学，因而此说具有合理性。西北师大马世年教授在发言中也谈到，对《汉书·艺文志》要抱有谨慎的态度,今天有必要去重新解释,但是不必全盘推翻。他特别强调,要注意从图书分类的角度来看待和理解"诸子出于王官说"。

有学者从先秦和汉代知识谱系的延续性角度解读《汉书·艺文志》。暨南大学黄燕强副教授在《道器之间——〈汉书·艺文志〉的知识谱系及其经子关系论》一文中认为,中国传统学问体系的基本精神是以"治道为中心"来组织学问门类与知识谱系的,遵循一种"以道相从"的分类原则。《汉书·艺文志》中的知识分类深受先秦道器观的影响,其中"艺"与"文"是两大知识系统,前者是知识之源,代表了常道,处于核心地位;后者是知识之流,为常道的流衍,处于从属地位。在此处,"艺文"是"道器"的另一种表述,"艺文"分别对应形而上之道与形而下之器。故而,班固依据儒家的经学正统编撰《汉书·艺文志》,把孔学和六经作为一切知识的本源,由此界定了经与子为源与流的关系,也就是道与器的关系,进而从知识的实用性角度来称扬诸子学,这是《汉书·艺文志》的经子关系论。《汉书·艺文志》所体现的知识谱系特征,与西方根据形式逻辑进行的知识分类存在差异,它为中华文明的长久发展提供了有效的知识支撑。

其他学者则从不同的角度研究反思《汉书·艺文志》。浙江科技学院张涅教授反思《汉书·艺文志》"九流"说存在的问题,指出诸子学派问题的复杂性,并提出了诸子思想分类的新途径。山东师大李华副教授则认为,《孟子》"义利之辨"节置于首章是刘向所改动,这体现了汉代学者尊经的思想立场。复旦大学博士后张耀分析了《汉书·艺文志》所反映的汉代学术思维特征。

此次会议还集中讨论了韩学研究的新进展。西北师大马世年教授在《韩学研究的现状、构想与学术价值》一文中介绍了韩学研究的现状,并对韩学研究的价值和路径提出了详尽的愿景。华中师大刘韶军教授在《〈韩非子〉的文本分析及其思想主旨》一文中，特别强调韩非子所论的依法治国思想的意义。山东理工大学郭丽教授的《〈韩非子〉中的〈管子〉文献初探》、兰州大学杨玲教授的《〈韩非子·内储说上〉篇"孔子言"论法文献脞说》，分别讨论了韩学相关文献问题。

此外，日本熊本县立大学山田俊教授在《〈孟子〉"万物皆备于我"句与道家道教》一文中，通过大数据手段分析宋代道家道教学者对孟子"万物皆备于我"句的解说。中国人民大学曹峰教授在《清华简〈心之谓中〉的心论与命论》一文中，对新出清华简道家文献《心之谓中》进行了深入分析，引起与会学者浓厚的兴趣。扬州大学曾建华副教授在《从"新子学"构想到"新古典学"取向：基于观念史与数字人文的知识谱系建构》一文中集中讨论了"新子学"的研究方法问题。

此次会议收到论文近 50 篇，涉及先秦文学文献研究、先秦儒家道家哲学研究、近现代诸子学研究、出土文献研究、"新子学"研究回顾等。西北师范大学文学院是先秦文学文献研究的重地，第八届"新子学"国际研讨会借助西北师范大学文学院的学科优势，突出了重溯源头的研究特征，以反思重构古典诸子学理念为中心，对深入理解和发展"新子学"具有重要意义。此次会议之前，"新子学"团队参加了在瑞士首都伯尔尼举行的国际中国哲学会第二十一届大会，在这次大会设置的"'新子学'与中国哲学"圆桌会议上向海外学术界介绍了"新子学"的基本理念，与欧洲、日本的学者进行了有效交流。

（原载于《光明日报》2019 年 08 月 24 日第 11 版国学，作者单位：华东师范大学先秦诸子研究中心）

诸子学研究的回顾、反思与展望
——"第八届'新子学'国际学术研讨会"大观

王 浩

2019年7月19至21日,由西北师范大学文学院、甘肃省先秦文学与文化研究中心共同主办的"诸子学研究的回顾与反思:第八届'新子学'国际学术研讨会"在西北师范大学召开。来自中国、韩国、日本、新加坡等国家的60余名专家学者参加会议。

20日上午,会议开幕式在西北师范大学教师发展中心二楼报告厅举行。西北师范大学副校长董晨钟教授、西北师范大学赵逵夫教授、华东师范大学方勇教授、韩国江陵原州大学金白铉教授分别致辞。开幕式由西北师范大学文学院院长马世年教授主持。

赵逵夫教授、方勇教授、金白铉教授、马世年教授、中国人民大学曹峰教授、厦门大学李若晖教授、西北师范大学韩高年教授、华中师范大学刘韶军教授、福建师范大学欧明俊教授、浙江科技学院张涅教授、兰州大学杨玲教授、台湾"中国文化大学"王俊彦教授、日本熊本县立大学山田俊教授分别作了大会发言。同时,参会学者围绕"新子学"研究、《汉书·艺文志》对先秦诸子学定位与建构的反思、韩学文献整理与研究、20世纪以来出土文献与诸子学研究以及其他诸子学研究等论题开展了六场小组讨论与交流。会议圆满成功,取得了比较丰硕的成果。会议共提交论文49篇,对推进"新子学"研究的进一步深化与拓展具有积极意义。

一、"新子学"研究的回顾、响应及其发展方向

自2012年方勇先生提出"新子学"构想以来，学术界对于"新子学"的概念界定、学科内涵、文化立场等已有比较深入系统的讨论与思考，与儒学研究的对话及其在东亚语境中的普适性研究也取得了一定成绩。在此基础之上，有必要切入诸子学内部，做整体性的分析。方勇先生《四论"新子学"》正是基于此种认识而作。文章主要辨析传统诸子学的诸种旧说，分析诸子时代的思想主题，并且以轴心时代的文明形态研究为参照，进一步探索"新子学"的发展方向。

方先生指出，关于诸子学的传统看法是由汉儒塑造的，保存在《汉书·艺文志》之中，刘向、刘歆以及班固各有贡献。向、歆父子的诸子学观念主要集中在两方面：尊经卑子和诸子出于王官。这两点影响至为深远，但却对先秦诸子学的真实图景有所遮蔽，所以，今天理解诸子时代的学术，需要摆脱《汉志》旧说。方先生认为，诸家之分派不是官守之遗，而是对王道或周文重建有不同想象。诸子不同的思潮或流派，及其不同的主张，与上古文化有关但并非其"支与流裔"，而是进入了思想发展的新阶段。诸子时代作为文明的转型期，上承新石器晚期以来的早期文明，下开两千多年的帝制时代，展开了极具原创性的思想历程。诸子学具有根本性、普遍性，是思想发展的一大进步。

因而，方先生强调，可以从"周文重建"引发的思想争论去理解诸子学。诸子思想和分派的不同，其根本问题在于文明重建的依据与路向之争，涉及如何评价周文、文明建构的基本原则及路径、对精

英群体的定位等等。对这些问题链的不同解答，就构成了诸子不同的思想谱系。"周文重建"之争和《淮南子》"救弊"之说在实质上是不同的。诸子各家并不是救周文之弊，而是有着各自独特的文明建构路径。围绕着周文重建的不同方案，出现了诸子学的新旧与南北之争。儒家、墨家、法家都是周文化系统内部的流派，属中原系统，道家则代表南方的边缘系统。儒家、墨家、法家追问的是人文的不同形态，道家则质疑人文本身，与中原系统在根本上相冲突，这才是诸子时代论争的根本。诸子时代是中国文明转进的关键期，后世的文明特质都可以在此找到原点。从多元文明的视角溯源诸子学，从中国文明的现代发展推进诸子学，有希望对时代挑战做出有效响应。方先生建议，应回到一种多元框架之中，在通观之中理解早期中国。

"新子学"构想提出以后，在引发学界和社会舆论广泛关注的同时，部分学者对其文化立场和方法论等曾提出质疑。此次会议上，韩高年和曾建华分别对这两方面的问题作出了响应与建议。

"新子学"在文化立场上主张在坚守中华文明"主体性"的同时，坚持"多元性"。有学者质疑"主体性"与"多元性"很难同时兼容在同一理论框架之下。韩高年教授《目录学谱系中的"诸子"与"新子学"》从"诸子"的语义建构、"诸子"在中国传统学术谱系中的升降及"诸子"的"一体多元"特征等三个方面入手，探讨"诸子"基于响应现实的"自我调适"的理论自足与实践品格，由此证明"新子学"以"主体性"涵纳"多元性"的学理建构的可能性。韩教授认为，"新子学"是对传统"诸子学"的丰富和进一步发展，继承了其与现实的互动性传统，因而具有自我更新和自我调适的特点，可以将主体性与多元性统一在中华文化复兴的伟大实践之中而逐步展开。"新子学"不仅是一种通过论证而得出的学术理论系统，更形成了对当下各种社会思潮的超越，并由此确立了"新子学主义"的实践方向。

有学者曾怀疑"新子学"缺乏具体的方法论指导，难于落实到具体的学术实践与操作过程。曾建华《从"'新子学'构想"到"新古典学"取向：基于观念史与数字人文的知识谱系建构——兼就教于方勇先生》对"新子学"方法论的建构提出了自己的看法和建议。文章认为，突破传统"古典学"的限制，以观念史与数字人文理论相结合，建构一个以"新子学"为基础、不断更新完善的知识谱系，进而开展以传统核心观念范畴为脉络的"新古典学"研究，或将成为"新子学"研究建构自身话语体系与研究范式的重要进路。"新子学"要真正产出返古开新、直面时代的创造性思想，首先便要确立"新"的古典学研究进路，从而担负起融合中、西学术范式，实现传统学术的当代关怀，并促成古典学重构的重任。从宏观层面而言，"新子学"必须以中国自身的问题作为学术的来源和归宿；就具体研究层面而言，"新子学"则应全力建构一个学科交叉、彼此对话的新古典学体系。"新子学"既要面向当下以反思传统，又须立足传统以应对当下复杂多元的文化诉求。这就要求要以新观念、新方法、新材料、新问题和新对象来展开新的研究。首先，要明确"新子学"所指向的是某种适时、多元、开放的"新古典学"的文化精神和思维方式。其次，要构建一个以"新子学"理念为基础的不断更新的数据库体系，促使相关领域学者超出僵化、滞后、封闭的"知识文献"的局限。再次，要以古典学中的核心范畴，建构一个具有"数字人文"模式和观念史性质的生发流变的"知识谱系"。最后，基于精确周备的数据信息和观念史性质的知识谱系，便可自然而然地生成沟通古今、对话世界的"新子学"话语体系，进而向当下生活源源不断地输出新思想。这一看法，对"新子学"理论的方法论建构具有启发性。

此外，刘思禾《"新子学"的十个基本问题》对目前"新子学"研究所涉及的问题进行了全面系统梳理。文章指出，"新子学"的讨论涉及三个方向：诸子学的定义、脉络与地位，"新子学"的框架和发展方向，"新子学"所涉及的价值与文化立场。这三个方向可分为十个问题，具体包括：1. 如何界定诸子学；2. 如何理解经子关系；3. 如何评价诸子学在传统中的地位；4. 如何理解子学精神；5. "新子学"的"新"如何理解；6. 诸子学的学科路径之争；7. "新子学"的学科化建设；8. "新子学"研究的进路与方法；9. "新子学"的文化立场；10. "新子学"与现代价值的对接问题。文章在回顾现有观点的基础上对这十个问题提出了自己的意见和看法，也颇具启发意义。

二、《汉书·艺文志》的诸子学谱系及其价值重估

传统诸子学的体系、认识和评价，在《汉书·艺文志》中已大体奠定，后世受其影响颇深。方勇先生指出，《汉志》的诸子学观念主要是"尊经卑子"和"诸子出于王官"，这两点对诸子学真实的历史面貌都有所遮蔽。"新子学"是对传统诸子学的继承与超越，因而有必要对《汉志》所建构的先秦诸子学谱系进行讨论与反思，从而推动"新子学"研究进一步走向深入。

李若晖《"诸子出于王官说"与中华政教体系》就"诸子出于王官说"提出了新的认识和理解。李教授指出，从历史事实角度来看，"诸子出于王官说"确有疑窦，但其文章关注的重点并非诸子是否出于王官，而是转换思路，探讨汉人为何要提出"诸子出于王官说"。文章认为，因为刘向对董仲舒非常推崇，其提出"诸子出于王官论"，就是要继承董仲舒的未竟之业，彻底完成"罢黜百家，独尊儒术"。"诸子出于王官"所要表达的理念，不是"诸子出于王官"，不是历史上的诸子从周代世官世学中分离出来，而是"诸子入于王

官"，亦即汉代现实中的思想自由的诸子应当重新回到复兴周礼，重建盛世的汉代大一统的王官之中去。与此相应，《汉志》论诸子，便是在其出于某一官守的前提下，评议其长短。其长者往往是合于其所出之官守者；反之，诸家的短处，则是偏离了其所出官守。子学中只允许保留相应于其所出王官之学的内容；而超出于官守之学，以天下为己任者，便必须裁抑。汉代自向、歆父子提出"诸子出于王官"，实则为"诸子入于王官"之论后，逐步建立了"制度—政"与"思想—教"合一的体制，一直影响至整个中国封建王朝。

欧明俊《班固〈汉书·艺文志〉的诸子学"建构"及其对"新子学"的启示》则从学术史建构的视角来理解《汉志》的诸子学体系、价值及其对"新子学"的借鉴意义。欧教授认为，一部学术史即是一部学术"建构"史，班固《汉书·艺文志》有完整的诸子学学术体系"建构"。儒学在先秦为显学，但只是十家之一，不是至高无上，董仲舒抑黜百家，儒学始取得独尊地位。班固尊崇儒家，认为"于道最为高"，《六艺略》最早将《论语》由子升格为经。班固对"九流十家"兼容并包，辩证评价，"九流十家"说深入人心。"九流十家"是"家派"，"一家之言"，是一"家派""学派"之说，不是一人或一家之言。班固尊经，以"六经"权衡诸子百家，以诸子为"六经"之"流裔"，"尊经卑子"成为主流学术观念。今天应反思"尊经卑子"，但经学主流、正统地位不可动摇。班固承继刘歆，提出"诸子出于王官"说，探讨诸子学术渊源。上古政教合一，官师合一，君师合一，没有私家之学，此说具有合理性。诸子学承王官之学而来，继承中创新。胡适否定此说，认为诸子之学皆起于"救世之弊，应时而兴"，是从著述动机和功能视角立论，"诸子出于王官"说是从学术渊源视角立论，两者其实并不矛盾。《汉书·艺文志》的诸子学"建构"对"新子学"启示甚大，应文献与理论结合，重视学术源流和先后轻重秩序，重视学术承继性、延续性，辩证评价优劣高下，诸子学不仅仅是考据之学，也是义理之学、辞章之学、经济之学。"新子学"应是学术总体系的全方位研究，方勇先生倡导"新子学"，呼吁努力重建中国学术范式，每个时代都是带着自己的问题意识"重构"学术史，"新子学"也是如此。

张涅《诸子的学派分类与思想界别问题——读〈汉书·艺文志〉札记》主要检讨《汉志》的诸子学派划分问题。文章指出，班固继承刘向的"九流"说，对司马谈的"六家"说作了发展，完成了诸子学派的分类工作。从现代视角来看，"十家九流"没有涵括所有的思想学派和相应的重要著作，没有注意思想的前后展开和交汇后再发展等问题，不免有历史的局限性。应该抛开"九流"的束缚，从落实于现时代的、多元并列的、由政治而思想文化的三个要求出发，重新认识其思想界别。张教授以德、礼、术、道、无、义、利、法、名、杂等观念为核心，尝试将诸子思想划分为德治主义、礼治主义等十派。

黄燕强《道器之间——〈汉书·艺文志〉的知识谱系及其经子关系论》则以知识谱系建构为切入点讨论《汉书·艺文志》。文章认为，《汉志》在界定知识的分类及各类知识的内在关系时，深受先秦道器观的影响。"艺文"其实是"道器"的另一种表述。《汉志》的知识谱系是一个以儒经及其经学为核心（艺），而以诸子、诗赋等五类知识（文）为支辅的谱系。"艺"与"文"不是平行而是交叉的关系。前者是知识之源，在知识谱系中处于核心地位；后者是知识之流，在知识谱系中处于从属地位。班固不是纯粹地以形式逻辑的方法，根据"以类相从"的原则对知识和典籍进行分类、排序，也并非客观地以史学或思想史的观念来梳理各类知识的本末源流，而是以经学正统的立场来编撰《艺文志》。尊经的知识观念规范着"艺"与"文"的尊卑及整个知识谱系的层次结构。《汉志》"以道相从"的分类原则内含先在的思想立场，由此来决定各类知识的序列，评论各类知识的价值。文章指出，中国传统知识谱系虽不一定科学，但有其一贯的、宗旨明确的原则，且由此建构了一个艺文互补、道器合一的知识系统，为绵延不绝的中华文明提供有效的知识支撑，也为中国学者延续中华文脉输送信心和力量。

张耀《"事理思维"：〈汉志〉"经子观"的思维基础》则从汉代思维方式转变的角度论述《汉志》"尊经卑子"的原因。文章指出，《汉志》"王官说"突出了思想创造者的身份在学说生成过程中的作用。这种对创造者身份的关注与刘歆推崇《周官》有密切关系，由此希望把古今学术都置于王官系统的统摄下。这也与汉代深层学术思维的转向相关。"经尊子卑"是汉代形成的共识，周汉学术主流由"子"到"经"的转变实际上是"'义理思维'（徒托空言）转向史学型的'事理思维'"，即"对思想理论色彩鲜明的'诸子学说'的反动，认为'徒托空言，不如见诸行事'，因而转向积聚过去经验、'实事求是'的'史学思维'"（陈启云《论西汉时期"子学没落""儒学独尊"的问题》）。

学者们从不同角度、运用不同方法对《汉志》的诸子学建构、诸子出于王官、尊经卑子等问题进行了深入讨论，得出了不同的认识和看法。在一些问题上形成了共识，但也存在分歧，说明此一问题的复杂性，有必要展开进一步的讨论和研究。

三、出土文献与诸子学研究

《心是谓中》是《清华大学藏战国竹简（捌）》中的一篇文献，曹峰《清华简〈心是谓中〉的心论与命论》对其主题、产生时代及其意义作了详细讨论。曹教授指出，《心是谓中》的两大主题是心论与命论，但以心论为主，命论是心论统摄下的命论。作者强调身心关系、君民关系中"心"对"四相"、"君"对"民"予以统率、主宰的重要性，可能暗含有五行意识。《心是谓中》既突出心君同构又强调认知功能的心论可能对《荀子》、马王堆帛书《五行》产生了影响，但其心论并不具备伦理指向，又有强烈的现实政治关怀，因此可能也影响了后世突出君权的黄老道家与法家。《心是谓中》提出"取命在人"的论断，即决定人命运的"天命"虽然重要，但由"心"决定的"身命"也很重要，上至君、公、侯、王，下至庶人、平民，都不能轻易地把命运交给鬼神与天，人也可以操纵自己的死生，因此要充分发挥自身的能动性、积极性。这种思想倾向与《逸周书·命训》较为相近，并可能影响到《荀子》。由此推测，此文的撰作时代有可能在战国前期到战国中期之间。因为这段时间正是人的主体性、心的能动性开始大为强化，而普通人之命运的不确定性、命运的可操作性开始广受关注的时代。作为一种没有特定学派倾向的政治思想，《心是谓中》对于促进战国中晚期君权的隆升、对于促进个人身心的解放，都起到了积极的作用。命运可以转变的思想更是塑造了后世中国人的理性精神。

　　宁镇疆、赵争《由郭店简〈成之闻之〉篇申说〈老子〉思想的礼学背景》将郭店简《成之闻之》讲礼学辞让精神的一段简文与《老子》《左传》《国语》《礼记》等文献进行对读，发现其与《老子》强调处下、退守、不争的思想密切关联，进而指出礼学实是《老子》学说基本的知识背景，也决定了老子思想的一些基本倾向。"处下"本来就是礼制原则下的自然选择，所以从阴谋、权术、兵法角度去理解老子思想中的处下、退守和卑弱，都是未中肯綮之论。礼学又是儒家的根柢性学问，所以从总体上讲，儒家和道家其实都是西周官学（包括礼学）下的衍生之学，早期儒、道之间多有相通之处，这与战国中晚期以降两家的势同水火并不一样。由此推断，《老子》一书只可能产生于礼学尚有浓厚影响的春秋时代。

李健《有无新辨：道体之有与道用之无——〈郭店老子甲本〉的体用观》依据《郭店老子甲本》"天下之物生于有、生于无"的原文，讨论《老子》道的内涵、体用关系以及道是否可以言说等问题，进而提出新看法。文章认为，在《老子》思想体系中，"有"是道体，"无"是道用，道是道体之有与道用之无的对立统一。《郭店老子甲本》论道不论德，是"有"为体"无"为用的自洽系统。老子哲学中的道用之无，具体指向治国之道，表现为无事、无为、无名等，具有价值色彩。老子哲学是道体之有和道用之无的对立统一，有无统一于道，但有和无却是对立的，也就是道体和道用并不一致，而是相反的。老子的"道"是可以言说的，认为老子之道不可以言说，是对通行本《老子》"道可道非常道"的误解造成的。"道可道非常道"，不是指道不可言说，反而明确提出"道，可道"，是说真道是可说的，不是静止的恒常不变的伪道（"非'常道'"），道是变化的、辩证的。老子之道是可以言说的，打破了道的神秘主义倾向，体现了老子哲学的理性色彩。

白宪娟《由〈性自命出〉与〈庄子〉情论看先秦儒道的关系融合》以郭店简《性自命出》和《庄子》情论为切入点，在比较分析二者关于情论问题的基础上，进而探讨先秦时期的儒道关系。文章指出，《性自命出》与《庄子》均是先秦情论史上蕴含丰富情感理论的重要文献。《性自命出》对情感自然、强烈属性的凸显，在重秩序、伦理的儒家思想中独树一帜；其对情感教化作用的描述则为后世情教论的滥觞；并且第一次提出了性情一体的观念；同时也强调情感的真实性和情感需引导、文饰的思想。《庄子》具有成体系的、分层级的情论系统，并首次提出了"性命之情"的概念。《庄子》中否定性的情与肯定性的情并存的局面是后世性善情恶的最初来源。《庄子》提出的情感境界理论是对先秦情感质量的升华。《庄子》情论与《性自命出》存在相通、继承性创造、突破三种关系。《性自命出》与《庄子》情论关系体现了先秦儒道在深层思想上的融合。

朱赟斌《地湾汉简〈文子〉残章研究》将地湾汉简《文子》残章与传世本、敦煌写本、定州竹简本《文子》进行仔细比勘，由此进一步探索《文子》的成书时代、体例、流传等问题。文章得出以下结论：第一，地湾汉简《文子》残章并不能证明今本《文子》的成书年代，只能证明今本《文子》部分章节至晚在东汉光武帝建武三年（27）形成并流传。第二，今本《文子》部分章节可能包含"经""传""故训"的内容，"经"的部分可能为文子所为，或者是托言者所为；"传"和"故训"的作者为文子后学，可能并不是一人所为，时代也会有所不同。第三，地湾汉简《文子》残章也不能证明定州汉简《文子》的成书年代，只能证明定州汉简《文子》部分内容与今本《文子》部分内容大体一致，仅仅是文体的不同，而文体的不同可能是因为文子后学根据不同的时代与现实需要编辑而成。第四，定州汉简《文子》与今本《文子》内容相关的部分，可根据今本《文子》相关章节、定州汉简《文子》体例尝试复原，今本《文子》部分内容和定州竹简《文子》都深受《老子》及其思想的影响。第五，今本《文子》部分章节内容包含的"经""故训"基本以《老子》思想为基础，"传"部分可能吸收了"百家言"。"经"的存在可为学者提出的《文子》"祖本"左证。第六，今本《文子》与定州竹简《文子》相似部分的内容，体现出对于《老子》思想的延伸或者"误读"，"因天地"的思想可能是"祖本"文子即"经"的内容，与文子相关；"故训"的作者可能接近文子，即文子弟子，思想上接近文子，多用《老子》来解释"经"的内容，"传"的作者可能为文子再传弟子，思想上已出现杂糅各家的特征。

四、韩学文献整理与研究

马世年《韩学研究的现状、构想与学术价值》在对韩学研究现状进行全面梳理与宏观把握的基础上，对今后韩学研究提出了新的构想和建议。马教授指出，历代韩学研究虽然取得了显著成绩，但对韩学文献的全面整理和深入研究还很不够。目前韩学文献的整理，缺乏对历代韩学文献的全面筛查与系统研究。这不仅影响到对韩学文献本身的认识，也影响到对韩学成就的总体把握。同时，从韩学文献研究本身来说，缺乏系统、深入的综合研究，更多是单纯的文献整理，较少以"文献—文本—思想"的眼光去审视韩学文献以及蕴含其中的学术史意义，从而导致不能充分认识韩非与《韩非子》在中国政治史、思想史、文化史上的地位。马教授认为，韩学文献整理与研究应涵盖三个层面：一是历代韩学文献的全面清理。包括对古代文献进行类编，对现代研究成果进行萃编，对历代韩学基本文献进行叙录，为韩学研究奠定坚实的文献基础。二是《韩非子》文本的重新整理。包括对《韩非子》文本做集成式的校勘、注释与集评，全面反映《韩非子》各版本的面貌与历代注释、评点成就，为学界提供一个更为科学、权威的文本。三是中国韩学史的现代构建。运用现代学术眼光，揭示韩学的内涵、发生、发展和演变，从而构建系统的中国韩学史。文章最后指出，全面清理韩学文献的面貌、品格和文本、思想、学术史等状况，有利于我们进一步理解法家、尤其是韩学思想的实际，从而更好地发掘其现代价值；对历代韩学文献的盘点与清理，有助于我们进一步认识中华优秀传统文化的底蕴、深度理解中国传统文化精神，有助于推动优秀的传统文化创造性转化和创新性发展。

刘韶军《〈韩非子〉的文本分析及其思想主旨》指出，只有在对

《韩非子》全书各篇进行完整的文本分析基础上，才能全面准确地把握《韩非子》一书的思想内涵，避免只从其中部分文本引出思想评论的不足和对古人思想研究的片面性。文章在对《韩非子》全书篇章进行分类的基础上进行文本分析，最后指出：《韩非子》一书的主旨是关于君主以法治国的问题，基本思想是要让君主具有最高的权与势，为此要用一切方法和手段维持君主的权与势，同时用法术来控制臣下，而控制的根本手段就是赏罚并用。韩非子在论君主以法治国的问题时具有全面而完整的思考，用富有逻辑的文本阐述这一思想宗旨，所以许多篇章并非伪作。这些文本的内容，也都可与司马迁对韩非"引绳墨，切事情，明是非，其极惨礉少恩"的评论之语相符。韩非的以法治国要求必须严格执法，不能因人情而让法为之让步，且赏罚都极为明确细致，对犯法或有罪之人，惩罚极为严厉，不讲情面，这就让人们认为韩非的学说"极惨礉少恩"。然仔细分析《韩非子》一书的全部文本，并思考其中的逻辑，就会看出以法治国且严格执法，就不能讲人情，就要"少恩"，这样才使法令得到彻底执行，才能使法令起到应有的治国作用。如果在法治上还要讲人情，为人开恩，那就不是真正的法治。所以用这一点批评韩非的以法治国主张，是不对的。

杨玲《〈韩非子·内储说上〉篇"孔子言"论法文献胜说》针对《韩非子·内储说上》篇的三条"孔子言"论法文献的真实性和可信度进行细致深入地辨析。杨教授认为，表面上，这三条文献所载孔子重法的思想观念与其提倡仁爱、德治的主张相悖，故多被视为伪托。凭借现存相关文献，无论直接证其真还是证其伪，都缺乏具有说服力的论据。所以文章转变思路，采取间接论证的方法。通过阐述孔子的法思想和权变思想证明三条"孔子曰"论法文献与孔子思想不违；通过论述《韩非子》引证文献的特点论证韩非没有杜撰"孔子言"的可能性和必要性；通过分析孔子言论的传播过程说明韩非见到的孔子文献远比《论语》呈现的要丰富得多。杨教授由此推断，《韩非子·内储说上》篇出自孔子之口的三条论法文献是韩非对于别本《论语》或其他先秦儒家文献的引用，具有充足的可信性和真实性。

郭丽《〈韩非子〉中的〈管子〉文献初探》对《韩非子》中所包含的《管子》文献进行了爬梳。文章指出，《韩非子》保存的《管子》文献主要有三类：一为与《管子》内容接近的文献，二为论说《管子》的文献，三为不见于今本《管子》的文献。今本《管子》经过西汉时期刘向校订后，到南宋时已佚文十篇。《韩非子》中包含的今本《管子》不见的相关文献，为《管子》研究提供重要的文献参考。

五、诸子思想阐释与历史考证研究

诸子思想阐释与历史考证一直是诸子学研究的重点，本次会议提交的论文，或对以前的成说提出商榷，或采用新视角进行新阐释，或采用新材料论证新观点，或在仔细辨析文本的基础上推演出新看法，或对前人的成果进行系统梳理与评价，均展现出对诸子思想与历史研究努力开掘和推进的意识。

强中华《论孟子的立场人性论与事实人性论》对孟子的人性论作了进一步辨析和区分。文章指出，孟子的人性论，可以从立场与事实两个层面做出阐释。从立场看，孟子的人性论无疑是特殊立场上的性善论。如果跳出这一特殊立场，分析孟子对人之天性之事实的认识，则又是事实上的性善恶混论：孟子充分认识到人人生而具有善的端倪，但同时也具有易于趋恶的感官欲望，且后者远远强于前者。孟子虽然更多强调人生而具有善端，并且可以通过心的不断反思，逐步扩充这一善端，进而趋向于相对完善；但他同时非常清晰地表明，如果没有来自外界的良好教育，易于趋恶的感官欲望就会遮蔽善端的有效扩充，人也就不可能发展成为相对完善的人。

宋健《老子"执左契"思想辩说》对老子"执左契"的思想内涵进行了阐释。文章结合古代契制规定指出，在债务关系确立后，左契和右契分别由债务人和债权人收执，并以为凭据。在古代社会，持左契的债务人多为弱者，处处被动而受制于人。老子主张"执左契"，正在于左契卑下，合于"处下不争"之道。"执左契"实为老子防怨于未然的指导思想。

王俊彦《汉志诸子略〈管子·内业〉的气论》从自然素朴的气论着手来探讨气论在《管子》书中的思维。文章认为，先秦对形上本体及宇宙论元气的流行着力不多，比较重视的是形器内，故《管子》重视身体的讨论，至汉王充，对宇宙论已相当成熟，内已含本体论。《管子》亦讲道，但其道较非属形上，虽有本体之意味，但仍以形器内之种种状态或道在形器中之本质为同一性质而言。《管子》的道除针对自然之天地山川、五脏六腑、耳目口鼻等自然气论外，尚有价值意义的心静、平和、中正、虚静等，亦收融《老子》之精义。唯《管子》之心静、平和、中正、虚静等皆蕴含了价值义发展之可能性，但其价值义不显著。《管子》认为道仍是本体，道有无限性、特殊性，进到耳目口鼻、五脏六腑则有呈现道某一方所、意蕴的具体功能；仁、义、礼、知、信，乃道在不同具体事物中之表现。这是《管子》从自然之气到道德之气的过程。《管子》少言"性"而言精气，精气乃天所赐予万物之物，故天赋予之性之重点在精气，至宋明性才多由本体位阶说。

王国忠《由气论视角诠释杜光庭心性论》尝试由气论来诠释唐末五代时期著名"道门领袖"杜光庭的心性论。文章认为，杜光庭认为道的内涵即是气，故以道气言之。道是生化的原则，气则具有流行不已的生生作用义，道气需一起发用才得化生宇宙万物。道气落实于人身内在的道性、神、心、情，本自为清静为善，而道气化生具体的人身则容易产生感官知觉的执着，如此执着便是欲，欲则为不善。杜光庭将道性、神、心、情视为本自清静，如能顺畅表现其清静状态，即是善，但若被欲所影响，而陷入执着，便会使清静道性无法通过神、心顺畅表现到情，即为不善。

李玮皓《论孟子与庄子义理视域之比较》以"心性""命""工夫"三个方面为中心，比较孟子与庄子义理视域的差异性。文章指出，孟子与庄子因应时代问题，所提出安身立命之道，各有旨趣。孟子着重的是人与社会伦常之间的互动性，人据此当下之怵惕恻隐之心进而感通互动之动态过程而能成己成人，开创人文世界；庄子则着重的是人与自然之间之超越性，据以排除自我心智之外求，生命中所遇之一切起伏、成败、兴衰，人面对时皆能不卑不亢，进而超拔并优游自在于自然境界之中。

刘阳杰《被忽略的中国"轴心时代"的文化主体与思想图景——论春秋执政卿之于诸子兴起的意义》认为，春秋执政卿与战国诸子前后相继，共同承担了中国"轴心时代"的文化主体。在三代王官之学漫长的下移变迁过程中，由春秋执政卿批判继承又加以发展的王官之学是为诸子兴起的知识资源和思想素材。因此可以说，春秋执政卿的重要意义在于填补了王官至诸子之间文化主体的历史空白，接续了从王官之学到诸子之学的思想史脉络。

此外，吕庙军《论荀子治理概念的提出和形成》对《荀子》一书的"治理"概念进行辨析，认为荀子是中国历史上第一个完整提出"治理"概念的思想家，在世界上也属于首次。王小虎《先秦诸子学发生机制略论》对诸子学的发生、发展、统一和"新子学"特点提出了初步的看法。

王威威和李生滨教授分别对大陆魏晋玄学研究和郭沫若的周秦

诸子学研究作了述评。王威威《魏晋玄学研究的回顾与反思——以大陆学界为主轴》从魏晋玄学的主题、特征、形成、分期、分派、与经典解释的关系、地位、影响等几个方面对中国大陆的魏晋玄学研究情况作了细致回顾和总结。李生滨《郭沫若与周秦诸子研究平议——以〈十批判书〉为中心》认为应将郭沫若早期的学术成就置于近代中国历史研究的具体"语境"下进行考察，文章最后得出三点看法：（一）郭沫若在近代以来的先秦典籍和古文字研究中独成一家，成为中国古代社会研究和马克思主义史学研究的翘楚，至今没有多少研究者能齐及其考释思辨的丰硕成果。（二）郭沫若的周秦诸子研究建立在艰深而细致的古文字、古器物研究的基础上，且具有人文生态的本源性感受和科学探究，非冬烘先生缘木求鱼、抱残守缺之"名山盛业"。（三）民族忧患与个人沉浮成就其研究的现实意义，在民主革命实践的批判认识中，在贯通古今文化奥义的沉潜与张扬中包含了高远的政治情怀、强烈的文化意识和精诚的信仰追求。

历史考辨方面，董芬芬教授和卫云亮博士分别对晋《乘》、楚《梼杌》、鲁《春秋》的得名和馯臂子弓其人进行了考察，提出了新看法。董芬芬《晋〈乘〉、楚〈梼杌〉、鲁〈春秋〉名称考》对《孟子·离娄下》记载的晋、楚、鲁三国史书《乘》《梼杌》《春秋》的得名缘由进行考辨。文章认为，史书的名称包含着褒贬之义，体现着"《春秋》，天子之事也"的意思，《乘》《梼杌》《春秋》的名称反映周天子与三国的关系；进而推测《乘》得名于晋国所承担的甸服的贡赋，《梼杌》得名于周王室对楚国的仇恨与畏惧，《春秋》得名于对天子的朝聘、对祖宗的祭祀等礼仪。

卫云亮《馯臂子弓其人考》认为，馯臂子弓作为孔门易学的第二代传人，是儒家易学在楚国传播的关键人物。通过结合马王堆帛书《缪和》篇对圣人、圣君形象的记载可知，《荀子·非十二子》中荀子称颂的"子弓"即为馯臂子弓，而非孔子弟子仲弓。馯臂子弓也是荀子易学思想的来源。帛书《缪和》篇中的"先生"即为楚人馯臂子弓，馯臂子弓与帛书《易传》之间确有相当密切的联系。

六、诸子文献、文学与文论研究

文献考辨方面，赵逵夫先生对《尉缭子》的姓名、时代、生平以及《尉缭子》的成书时代、性质、学派归属、思想等问题进行了全面、系统、深入地考察；李华从刘向的经学背景出发，从司马迁所见《孟子》首章与传世版本的不同入手，结合《叙录》残文和《汉书·艺文志》的相关记载，以及银雀山汉简等传世文献的左证，对《孟子》的早期传本及其经学化问题提出了新的思考。

赵逵夫《尉缭与〈尉缭子〉考论》认为，尉缭只有一个，即见于《史记》的战国末年至秦始皇前期的尉缭。西汉人整理的《尉缭子》中只见了一次的"梁惠王"本作"梁王"，与《史记》一样本指梁安厘王，后人据《战国策》误以为指梁惠王而加"惠"字。故历来以尉缭为梁惠王时人，有人以为有两个尉缭。《战国策·秦策》中所载见秦王的顿弱与《史记·秦本纪》所载见秦王的尉缭为同一人，"尉"是官名，"顿"是姓氏，"缭""弱"二字先秦时可以通借。《尉缭子》一书中前后内容在思想上不完全一致，其前九篇和第十二篇《战权》着于安厘王早期至中后期，第十七篇至第二十一篇当成于安厘王三十年、三十一年，其他十篇成于任秦之国尉时。《尉缭子》一书自西汉以来不止一种传本，篇目互有出入。

李华《"义利之辨"章"冠七篇之首"——刘向〈汉书·艺文志〉与〈孟子〉早期传本的经学化》认为，司马迁所见的《孟子》七篇是《孟子》的早期传本，但此七篇却不同于赵岐所注《孟子》七篇，在两者之间，还存在着刘向典校群书的过程。正是在这一过程中，刘向对《孟子》早期文本面貌进行了改变，通过置"义利之辨"章于《孟子》之首，别录外书四篇等方式，赋予了《孟子》文本以辅翼经学的意义。《汉志》所著录的《孟子》，正是被赋予了经学意义的刘向典校版。刘向典校书籍的过程中，对《孟子》早期文本的面貌进行了改变，《孟子》一书的经学化特征也最终随着文本的固化而影响后世甚远。在汉代，稷下百家经过了文化选择而最终独尊六经，同时子学的流布过程中也经历了文化筛选、重构和固化，而最终成了六经支裔。刘向、刘歆父子典校群书的工作，正是这一过程的集中代表。这也提醒我们，在进行先秦至刘向典校图书前的文献梳理研究时，应当尽最大可能地恢复到子学典籍的原貌。方勇先生"把子学作为真正的学术思想主流去把握，对于纳入经学的孔子、孟子等作离经还子的处理，明确区分经学化的儒家与子学化的儒家，重新清理和整体考察历代子学，寻绎中国学术的内在肌理"的观点，是非常有见地的真知灼见。唯有在廓清经学迷雾的基础上，我们才有可能真正理解晚周学术的多元性，重新认知诸子之学的价值与意义。

文学研究方面，贾学鸿《儒学之礼在〈庄子〉中的遭遇及文章书写》认为，儒学之礼在《庄子》中遭遇颠覆和消解两种命运。颠覆是对礼的彻底否定，包括从天性自足出发否定礼的必要性和从历史推移切入否定礼的正当性。这种对儒礼的丑化、恐怖化，产生辛辣明快的讽刺效果，行文上以批判性散体议论为主，间用四言诗句式，彰显出声韵之美。消解是用柔性方式对儒礼加以改造，并注入道家的内涵。通过现实超越、减省程序，弱化礼的约束品格和仪式属性，导致礼的虚化；从生命哲学、事象层次、时光流转、畛域变迁等角度，撇开礼的伦理性、崇高性、永恒性和普适性，使礼矮化。寓言故事、警句性命题等书写方式，形成幽默轻松的风格。

李晓敏《人文思潮的复兴与汉末诸子文风嬗变——兼论古代散文研究的一种思路》以东汉诸子政论文的创作为个案，探讨人文思潮的复兴对其产生的影响,并由此反思中国古代散文研究的现状与方法。文章认为,东汉社会中晚期,思想界兴起了轰轰烈烈的社会批判思潮。汉末诸子思想最突出的特点就是人文思想的复兴,主要表现在政治主张中对"民"的意愿和"人"的价值肯定。在这种思潮引导下,政论文作家们改变了"依经立意"的思维方式,杂取各家思想之长,切理务实立论。在论据的选择上重视民意的取向、凸显个体意识。在论证方式上一改解经式的书写,形象说理占据主导地位。同时,在文学风格上表现出放言无忌、气势放纵、悲愤难抑等特点。东汉中后期政论文的这种转变,是人文思潮复兴的必然结果。文章最后指出,将古代散文思想探析与文本研究的对照观察,应该是古代散文研究值得尝试的一种思路。

陈凡《儒道互补与张衡的辞赋创作》认为,汉代是一个文化融通的时代,儒道互补、诗骚汇通、南北合流是汉代文化大交融背景下突出的文化现象。张衡的《二京赋》《思玄赋》《应间》《归田赋》作于不同的仕宦阶段,融汇了儒、道、《诗》《骚》的精神内蕴,展现出作者对于仕宦命运的思考与回答;同时融汇儒、道、《诗》、《骚》精神的辞赋创作,作为文化大交融的文学载体,在文学史与文化史上都具有典范的意义。

王兴芬《从"孔子师"到"国师"——唐前老子传说的衍变及其文化意蕴》对唐前老子故事传说的生成演变进行了细致梳理,并且揭示其所蕴含的文化内涵。文章认为,先秦以及西汉初年的文献中"孔子问礼于老子"事的诸多记载,一方面反映了以老庄为代表的道家学派对本派学说的有意抬高和对孔子及其儒家学说的贬抑,另一方面也体现了儒道二家学说在相互对立和统一的矛盾关系之中的共同发展和共同进步。秦末汉初"老子为孔子师"传说的出现,反映了"孔子问礼于老子"事由历史故事向民间传说的转变。"老子为圣君师"传说则是"老子为孔子师"传说的进一步发展与演变,是汉武帝"罢黜百家，独尊儒术"以来儒家思想占主导，孔子地位被大幅提升之后道家学派及道教徒对老子地位重新确立的具体表现。"老子为国师"的传说出现在汉末魏晋时期，是佛教传入中土以后，道教徒对佛教教祖为国师的刻意模仿。唐前老子传说从"孔子师""圣君师"到"国师"的发展衍变，实际上反映了不同历史时期老子身份及其地位的变化。此外，唐旭东《鹿邑老子故事传说对老子思想的接受》、高睿《鹿邑老子收服青牛传说的研究》则对周口鹿邑老子故事传说从不同角度进行了论述。

高建文《〈山海经图〉的文体形态及功能考辨》认为《山海经》是对《山海经图》的描述和阐释。《山海经图》是以《山经》所记之山系（及其山神、物怪、祭仪等）为骨架，《山经》《海经》所记方国、物怪、神圣地景等散布其中的形态存在的，而《山经》所述之物产知识等则不在图内、付诸口传。与其文体形态相应，《山海经图》的主要功能在于以诸山系山神的祭祀为统摄，来"备百物，知神奸"以为民"立禁"，并实现对天下山川万国的仪式性掌控。它产生于朝贡制度之下，成于王朝巫史之手，并由其职掌。先秦秦汉时代，以《山海经图》为元典，形成了与"《禹贡》体系"相颉颃、有独立的理念与传承脉络的地学知识、文献体系。

文论思想研究方面，王浩《孟子诗学思想新探》认为完整的孟子诗学思想应包含三个方面的命题：即"迹熄诗亡"、以意逆志和知人论世。"迹熄诗亡"说是孟子诗学思想的理论背景和前提。孟子将诗看作王道的载体而非文学作品，从而限定了"以意逆志"解诗方法中"志"的内涵及其说诗的历史化和伦理化倾向。"以意逆志"是阐释诗的主要方法，其目的重在发掘诗的义理性、普世性以及符合儒家思想的道德伦理价值。"以意逆志"方法的旨归是以仁义之道来反观和阐释诗，从而达到读者之"意"与诗本文之"志"的融合。"逆"具有"迎取"和"反思"的双向思维特征。"知人论世"不仅是说诗的方法,也是所逆之"志"的内容之一,因而具有双重性特征。随着文学独立性的加强和文学观念的变化,"以意逆志"和"知人论世"的结合才成为解读诗文本的有效途径之一。

张安《君子言:〈荀子〉言说观中的一个重要理念——兼论其对〈荀子〉文本的影响》对《荀子》中的"君子言"现象及其所代表的理念和对文本的影响进行了讨论。文章指出,"君子言"的内在核心为尊礼,还具备"诚""中"的属性。在尊礼的前提下,《荀子》也详细总结了"君子言"的言说技巧和规范。"君子言"中"好辩"和"中"的特点,也对《荀子》文本产生了一定的影响。

郭晨光《孔子〈诗〉教美育思想对当代诗教美育的价值》在梳理从孔子《诗》教美育到当代诗教美育流变概况的基础上进一步挖掘孔子《诗》教美育思想的内涵,进而探讨孔子《诗》教美育对当代诗教美育的重要价值。范春玲、吴中胜《诸子与古代文论的思辨精神》认为诸子文章的思辨精神、思辨艺术成为后世说理性文字的源头活水,也在一定程度上影响着中国古代文论的言说方式和文体风格。

七、"异域之眼":东亚的"新子学"研究

"新子学"不仅在国内引发广泛关注与热烈讨论,而且引起了韩国、日本、新加坡、德国、美国等外国学者的极大兴趣和持续关注。此次会议,吸引了来自韩国、日本、新加坡的6位学者参会并提交论文,由此可见"新子学"在东亚范围产生的广泛影响。六位学者的论文在主题上侧重于道家与道教思想的讨论;与国内学者稍显不同,除学理层面探讨之外,他们更关注本土诸子学思想资源的发掘以及"新子学"对当代世界文化发展和人类生活的借鉴参考价值和启示意

义，显示出别具一格的"异域之眼"。

[韩]金白铉《从"新子学"的视野看〈庄子·天下篇〉与儒家》认为，21世纪"新子学"通过进一步有深度地研究先秦诸子学，表现出自然性、自由性、开放性、多样性、平等性、包容性、混然一体性等的新自然主义精神。由"新子学"的这一视野出发，作者讨论《庄子·天下》与儒家问题，进而考察21世纪新道学的出路。文章认为，《天下》篇的作者不可能是荀子或荀子的后学，最大可能性是与《天地》篇、《天道》篇、《天运》篇一样，是战国末期受了儒家影响的庄周后学。关于《天下》篇是否推崇儒家，作者列举分析了正反两方面意见后指出，《天下》篇并不特意推崇儒家。金白炫教授认为，21世纪如果只以儒家为中心看东方文化，是找不到人类的出路的。

[韩]金白熙"Daoism and Human beings in The Fourth Industrial Revolution"（《道家哲学对第四次工业革命中人类生活的启示》）认为，"道"是道家思想的基础，是指万物运转的基本规律和动态发展过程，在道家宇宙观中，自然与人类社会均处于变动不居之中，且二者保持了动态平衡的关系。而在当今第四次工业革命带来的信息化时代之中，人类的生活方式都发生了巨大变化，这一变化对自然与人类社会之间的关系提出了挑战。作者认为应借用道家哲学中的自然、无为观念来应对这一问题，保持人类与自然万物的平等关系，并保证二者的动态平衡。

[韩]朴荣雨《逍遥于倾向性与意向性之间：从〈庄子〉视角探望"新子学"时代的自我图存》认为，21世纪已进入"超链接""超高速"的世界，不久未来即将卷入"奇异点"支配日常生活的阶段。人类可能面临两大威胁：一种是被"偶然事态"（contingent events）所突袭，使其日常世界碰遭各种混乱的攻击；一种是如国家机构等公共力量和如"老大哥"级的民间营利机构的力量，在种种

特殊或个别的情况下,变成"施压"和"剥削"的力量。因此身负自我"存活"的"个我"主体,必须求之谋生之路和"存活"之道。作者指出,21世纪新时代需要合乎时代环境之"安时而处顺"的"新道"。处于新时代现实生活世界的"个我"主体之"意向性",理应朝着"真人"人格类型的理想境界,据以培养"真人"境界以使随时发用其"真知"能"生白",以至于新辟一条合乎"新子学"时代的创新之路。

[韩]曹玟焕《论朝鲜徐命膺诠释〈道德指归〉之意义》对古代朝鲜朝儒学者徐命膺(1716—1787)及其《道德指归》所蕴涵的学问观、诠释视角和思想观念进行了论述。文章指出,徐命膺诠释《老子》最根本的特点是扣紧易理来阐明《老子》。基于此一理解,徐命膺提示老子思想和儒家思想之间有不少侧面是互相贯通的。徐命膺学术的这一立场涵盖着从"真理认识"角度追求"广大公平"原则的思维方式,这样的学术立场与朝鲜初期郑道传和权近等努力推展"辟异端"的意识形态相隔极远。徐命膺注释《老子》有自儒家立场去诠释老子思想的特征,这虽有某些程度的"制限点",但其将老子思想当作"真理"之一种,这样的诠释立场在当时朝鲜朱子学当道的时代,可以说为朝鲜后期学术世界辟开了一种新的学术风度。

[日]山田俊《〈孟子〉"万物皆备于我"句与道家道教》通过梳理宋元时期道家道教文献对孟子"万物皆备于我"这一句的接受情况,进而讨论儒道之间的关系。文章指出,唐以前的道家道教文献罕提《孟子》。除了极少例子之外,其他皆属于北宋以后的文献。在几乎同一时期,儒、道两家各个开始注目《孟子》"万物"句。他们皆把"万物"句视为担保万物一体的金科玉律,但适应儒、道不同观点,也有些不同了解。"万物"句是比较明显体现以程朱理学为代表的儒家与道家道教之间的差异。

[新]杨治中《厚积乃化,存异思同——〈齐物论〉"物化"思

想之探析与启示》认为,如何准确地把握庄子在《齐物论》中所提出的"物化"思想是研究庄子其人十分重要的内容。就其文理而言,"物化"思想在《逍遥游》一文中已可见其端倪,《齐物论》的"物化"思想应是从《逍遥游》中鲲鹏之"厚积乃化"的思想承继而来。"厚积乃化"重在变化过程,而"物化"却重在方法和结果。如果将两者结合起来思考,一来可以更好地理解庄子的"物化"思想在内篇中的行文脉络;二来也可以从习拳的实际修行经验中印证其"物化"之精神。由此亦可见子学研究的生命力和现实意义。

(原载于《诸子学刊》第二十一辑,作者单位:西北师范大学文学院)

第八届"新子学"国际学术研讨会在西北师范大学举办

杜 萍

中新网甘肃新闻 7 月 23 日电　7 月 19 日至 21 日，由西北师范大学文学院、甘肃省先秦文学与文化研究中心共同主办的"诸子学研究的回顾与反思：第八届'新子学'国际学术研讨会"在西北师范大学召开。来自中国、韩国、日本、新加坡等国家的 60 余名专家、学者参加会议。

20 日上午，会议开幕式在西北师范大学教师发展中心二楼报告厅举行。西北师范大学副校长董晨钟教授向来宾介绍了学校的历史、文学院中文学科的发展和建设情况，期望文学院能抓住优势学科建设难得的发展机遇，乘势而上，进一步提升中国古代文学学科的建设工作。

西北师范大学赵逵夫教授指出，世界发展的趋势是相互关爱。中国古代的诸子尤其是先秦诸子的思想对人类思想的发展具有重要意义，今天需要将其思想价值进一步发掘出来，对于增强中华民族的文化自信具有重要价值和意义。同时，在学术研究上，要在宏观上联系世界发展趋势来阐发古代诸子的思想。

会议期间，进行了 3 场分组讨论。参会学者围绕《汉书·艺文志》对先秦诸子学定位与建构的反思、韩学文献整理与研究、20 世纪以来出土文献与诸子学研究、"新子学"与中国文化认同以及其他诸子学研究等相关论题进行了深入交流和研讨。

闭幕式上，西北师范大学杜志强教授、扬州大学贾学鸿教授、邯郸学院吕庙军教授分别代表3个小组向大会汇报各组的研讨、交流情况。

诸子学本是中国传统学术和文化的重要组成部分。2012年华东师范大学方勇教授提出"新子学"这一构想和命题以来，不仅得到了国内学界和社会的广泛关注和讨论，也引起了国际学术界的关注。"新子学"提倡关注社会现实、面向未来、重构中华文化，发扬"子学精神"，这是中国传统文化中非常宝贵的内涵，也正契合时代精神。

近年来，西北师范大学主动参与并实施国家和甘肃高校"双一流"建设工作，不断加强中国语言文学和中国古代文学学科建设工作。中国语言文学学科被列入甘肃省优势学科建设计划，为学科建设与发展提供了广阔的发展空间，在第四轮学科评估中获得B等级。

此次国际学术会议的举办，为进一步推进学校国际学术交流、拓展学术合作新途径、巩固和加强与兄弟院校的友好关系、不断提升学术研究水平发挥了重要作用。

（原载于中新网甘肃新闻2019年07月23日http：//www.gs.chinanews.com/news/2019/07-23/320085.shtml）

培养后备人才　凝聚整体力量
——第二届"诸子学博士论坛"综述

苇　杭

"诸子学博士论坛"是由华东师范大学先秦诸子研究中心推出的一个新的大型学术交流平台，旨在"会俊杰于一堂，敷求真是；采谠正于众论，嘉惠学林"，凝聚诸子学研究力量，培养青年诸子学研究人才，推动诸子学进一步发展，以期"反国学之根柢，逆取遗意；开复兴之镃基，倡导新风"，为新一轮中华文化重构注入新鲜血液。2018年11月24日至26日，首届"诸子学博士论坛"在浙江浦江仙华国际会议中心成功举办，来自两岸三地近160位专家学者参加了论坛，取得了良好的社会反响和学术推动。为进一步培养诸子学研究后备人才，凝聚诸子学研究整体力量，在首届"诸子学博士论坛"的基础上，华东师范大学先秦诸子研究中心接次举办了第二届"诸子学博士论坛"。

2019年12月6日至8日，第二届"诸子学博士论坛"在上海华东师范大学闵行校区举行。本次论坛由华东师范大学先秦诸子研究中心主办，共收到来自日本、韩国、新加坡、中国台湾、中国香港以及大陆地区的博士、博士后、青年教师等诸子学研究者的投稿204篇，其中129篇入选参会，近90位博士、博士后、青年教师参加了此次论坛。中国人民大学文学院李炳海教授、复旦大学中文系徐志啸教授、上海交通大学文学人类学中心叶舒宪教授、华东师范大学哲学系陈赟教授、新加坡国立大学中文系劳悦强教授、华东师范大学先秦诸子研究中心主任方勇教授应邀作为本次论坛的评点专家出席了论坛。

一、搭建学术平台，推动子学发展

12月7日上午，第二届"诸子学博士论坛"开幕式在华东师范大学闵行校区大学生活动中心正式举行，由华东师范大学先秦诸子研究中心主任方勇教授主持。

方勇教授在主持语中介绍了发起"诸子学博士论坛"的背景。他说：华东师范大学先秦诸子研究中心的创建，本身就是为了搭建一个诸子学研究的平台。多年以来，也一直致力于此。首先是学术刊物的创办。在先秦诸子研究中心成立之初，便在学校的多方支持下创办了《诸子学刊》，这是诸子学研究领域唯一的专门刊物。经过多年的发展，《诸子学刊》现已入选为CSSCI来源集刊，成为诸子学论文发表、成果交流的重要学术平台。其次是学术资料的集中。自2010年起，先秦诸子研究中心正式启动了《子藏》工程，对历代子学研究文献予以搜集、整理、影印并结集出版，作为诸子学文献的集大成者，极大地方便了学界同仁的诸子学研究。日前，《子藏·兵家部》刚刚发布，发布会上还进一步提出了"《子藏》学"的概念，准备进一步推动学界对《子藏》的研究和利用。从2018年起，先秦诸子研究中心发起"诸子学博士论坛"，正是要在学术刊物、学术资料两大学术平台建设的基础之上，再于学术活动方面，为诸子学研究者搭建一个新的大型平台。青年学者是诸子学研究的后备力量，通过"诸子学博士论坛"，先秦诸子研究中心正试图凝聚这一股力量，共同推进诸子学整体研究的发展壮大。

华东师范大学中文系党委书记吕志峰在欢迎词中也强调了华东师范大学先秦诸子研究中心在平台建设上的努力。他说：先秦诸子研究中心先后推出了一系列学术成果，如集诸子学文献之大成的《子藏》、如倡导诸子学新理念的"新子学"、如最近立项的国家社会科学基金重大项目《中国诸子学通史》等等，对于诸子学研究，起到了极大的推动作用，是当之无愧的诸子学研究重镇。从去年开始，先秦诸子研究中心又推出了"诸子学博士论坛"，正是在打造诸子学研究高地。

华东师范大学哲学系陈赟教授也指出，方勇教授在推动诸子学发展方面可谓不遗余力，《子藏》《诸子学刊》、"诸子学博士论坛"，都是推动诸子学发展的重要平台。

复旦大学中文系徐志啸教授在发言中，从学术历程上梳理了方勇教授对于诸子学学术平台搭建的贡献。他说：方勇教授的学术活动，一直以来都是"大手笔"。所著《庄子学史》，被学界称为"省却后来治庄者半生精力"。后来方勇教授由《庄子》拓展到整个诸子学，进而有了《子藏》工程、"新子学"理念、《中国诸子学通史》等重要的成果。尤其是"新子学"理念，现在已经走向世界。从去年开始，方勇教授又发起"诸子学博士论坛"，可谓是诸子学研究领域一位当之无愧的"举旗者"。

新加坡国立大学中文系劳悦强教授说："诸子学博士论坛"，是方勇教授"己欲立而立人，己欲达而达人"精神的典型体现。

上海交通大学文学人类学中心叶舒宪教授同样认为学术平台的搭建非常重要，对于方勇教授发起"诸子学博士论坛"表示非常认可，并表达了进一步推动的意向。他说：先秦诸子与神话传统有着密切的联系，今后有机会，希望华东师范大学先秦诸子研究中心与上海交通大学神话研究中心能够共同举办"诸子与先秦神话论坛"，推动诸子学研究和神话研究的共同进步。

浦江县文学艺术界联合会主席何金海先生则介绍了方勇教授为浦江文化搭建学术平台所做的贡献。他说：方勇教授主持的《浦江文献集成》是浦江文化的一次总结，为后来人研究浦江文化搭建了一个大型的学术平台。而在重建月泉书院的过程中，方勇教授也做出了非常重要的贡献，为浦江文化在当下及未来的传承和推广，搭建了一个良好的平台和窗口。

博士代表、北京大学哲学博士、清华大学新雅书院博士后李震老师说：中国哲学史断自孔孟而非六经，正是诸子学发展的标志。当下的传统学术研究，子学是最为基本的研究对象，这已经成为学界共识。《诸子学刊》、《子藏》、"诸子学博士论坛"等平台建设，推动的不仅仅是诸子学研究一隅，而是整个传统学术研究。

二、传承子学精神，促进学科交流

本次论坛入选的129篇学术论文涵盖了诸子学研究的各个领域，作者们也处于不同的学科背景和学术阶段，再度呈现了诸子学"百家争鸣""百花齐放"的盛况。徐志啸教授、陈赟教授和劳悦强教授三位评点专家在开幕式讲话中，对不同学科之间的交流分享了自己的观点，给本次论坛的争鸣与研讨提供了切实的理论指导。

徐志啸教授说道："通过论坛，不仅仅可以促进学术交流，帮助青年学者提升学术水平和科研能力，同时还可以提高青年学者的表达交流能力，对于青年学者执教大有裨益，有利于培养更下一代学者。与此同时，各位学者的参会论文选题涉及广泛，还能够把诸子学研究与当今的现实结合起来，对于推动诸子学的发展，有着切实的帮助。"

陈赟教授说："现代诸子学的研究，是在人文学科的框架之下进行的，我们的诸子学研究者，要在面对专业化、时政化、数字化等职业化的情况下，具备应有的危机感，要注意思考其中的意义。目前来看，诸子学正在逐渐下降为一种技术化、职业化的研究，而不再是一种生命化、意义化的研究。诸子学是对文明形态的一个整体性认识，与这个世界本身有着不可分割的关联性。"陈赟教授指出，参加"诸子学博士论坛"的年轻学者要加强交流，在进行诸子学研究时，应当积极面对这些问题，进而有所思考。

劳悦强教授则说："学问要开新，学术研究要与时俱进。当下的传统学术研究，要特别注意'道术关系'——'道'是传统的，'术'是现代的。我们要开出新的'道'，就一定要运用新的'术'。所谓'术'，就是方法，传统的是考据、义理、辞章之学，现代则是文史哲的学术分科。我们要认识到，学术分科的'分'是'分析'之分，而不是'分隔'之分。分隔只能带来局限，而分析则能够推动学术研究的深入和创新。现行的学术分科固然有其'分隔'方面的弊端，但在'分析'方面，也能够给我们带来新的视角。对于现行的学术分科，我们既要避免'分隔'，也要引入'分析'，不宜一概否定或肯定。"

在12月7日下午至12月8日上午的分组论坛中，本次论坛分设四个分论坛，共十六场专题讨论。与会学者们分别宣讲了论文，从不同学科、不同角度，对不同的问题作了充分的阐发，展示了青年诸子学研究者的学术水平。评议人、主持人、旁听学者与主讲者往复研讨，在论文写作、观点争论、材料补充等方面，进行了深入的交流和激烈的争鸣，充分体现了"百家争鸣""唯道是从"的子学精神。

（一）儒家

在《汉志》中，儒家即被列为九流之一，被明确划分为诸子学的范畴。然而在实际的学术史发展过程中，儒学与经学的界限并未得到有效的界定。近代以来，随着经学的衰落和西方学术体系的输入，儒学逐渐回归了其诸子学的本来面目。本次论坛中，便有众多的学者发表了儒家、儒学有关的研究成果。

1. 孔子与《论语》

宋代以降，随着"四书"地位的提升，《论语》逐渐取代《春秋》，成为孔子思想的核心代表。蔡广进博士《言即是行——从"佞"的涵义转变看孔子的慎言观》指出，"佞"本是称赞口才好的褒义词，孔子贬低"佞"而要求"慎言"、追求"无言"，是在强调言语是根植于生活世界的伦理道德。李天啸博士《孰当有恒，何者不占？——〈论语〉"人而无恒，不可以作巫医"之再辨析》结合"人而无恒"章的三层结构和"作"字具有具体从事巫医活动涵义两方面，论证了此章实际上体现的是孔子"重德轻占"的思想。

《论语》学术史的研究也是一个热点问题。李能知博士《〈论语〉的文学批评及其影响》认为，《论语》的文学批评体现出尚用、中庸和"原人论"的特征，其"辞达""兴观群怨""文质"等观念则对后世文学批评产生了深远的影响。何丹博士《海昏侯墓"孔子画像"的弟子排序蠡测（一）》则指出，海昏侯墓"孔子画像"中"前三后四"的弟子排序，体现了刘贺生活的武、昭、宣时期的一种普遍认识，而这一认识来源于孔子"君子道者三"的论述。

传统文化并非博物馆中的展览品，而是对当下的学术和思想有着深刻的启示意义。以孔子为代表的儒家思想如何与现代思想对话，如何与现代社会契合的问题，与会博士们也予以了充分的讨论。章含舟博士《关怀伦理该如何对话儒家伦理》认为，关怀伦理与儒家伦理在多个方面存在合流的可能性，当下对关怀伦理学的研究过分侧重于诺丁斯的关系理论，如果从斯洛特—加龙省的美德视角来界定关怀，关怀伦理就可以与儒家伦理形成更为有效的对话。李志桓博士《〈论语〉的相偶性诠释——以"在世存有"作为解读路径》借由海德格尔以降的哲学资源，沿着相偶性的线索对《论语》予以了诠释，试图为《论语》在当代修养中的作用寻找立足点。马源博士《先秦儒家自由思想蠡测——从先秦儒家道德选择观念切入》指出，先秦儒家思想中的自由体现为德行自主，以"善"为终极目标，其自由是在规矩之下的自由，内涵约束机制，对于当下的自由思想具有很大的启发。

2. 荀子

汉唐学者普遍认为荀子有传经之功，因而对荀子与六经的关系颇多论述。王国明博士《天道、礼治与民本：荀子与〈左传〉关系初探》认为《左传》传授谱系乃后世经师建构，因而从《左传》与《荀子》在思想层面的共通性上探讨荀子与《左传》的关系，认为从《左传》与《荀子》的共通思想及其嬗变，是礼治思想和君子之学发展历程的反映。赵涵博士《帛书〈缪和〉篇自然天道观发微——兼论荀子与〈易〉的关系》对帛书《缪和》篇中的自然天道观进行了论述，认为其观念与《易传》有相通之处，并结合荀子的天论，论述了荀子用《易》、传《易》、借《易》立说的情况。陈志雄博士《荀子〈诗〉学的客观化及其政教意旨——从辨析"中声之所止也"说起》认为，"《诗》者，中声之所止也"是荀子《诗》学之纲领，其旨趣在于纳《诗》于礼，使《诗》成为礼乐治化的客观手段。荀子《诗》学的客观化倾向，进一步推动了《诗》的经典化，最终导向了汉代经学。

荀子思想之大端曰礼，前人研究颇伙；然而其与人性、人情之关系究竟如何，则是当下荀子研究的热点问题。方达博士《"成圣"即"王道"——荀子"礼"的思想特质及生成机制》认为，荀子之"礼"有着深厚的天人论背景，其本质是由"性"而生成，并最终达成个人成圣与群体王治的效果。王若诗博士《从〈荀子·礼论〉看先秦儒学中的"礼养"与"别异"》认为，荀子对"礼"的论述，虽注重其"别异"的表层功能,但其本质立足点是在追求对人情人道的一种养护。于超艺博士《顺人情与制人情:论荀子思想中礼义与人情之关系》从政治维度和人伦维度两个方面来论述荀子礼义与人情之关系,认为政治维度下的节制人情实则有存养人情之效,人伦维度下的顺遂人情亦有节制人情之意,节制人情与顺遂人情共同构成了荀子心中"礼"的基本功用。

此外,如荀子的天人论,刘思源博士《天道、治道与人道——对〈天论〉的再审视》从政治哲学的角度对《天论》进行了解读,认为荀子《天论》从天道论人道与治道,意在从天引申出礼义的政治架构和途径,高扬了人的主体价值,有着明显的政治意蕴。对于荀子的人性论,陈云龙博士《从"性恶论"到养人之情:荀子的性情转化思想——兼与孟子的"性善论"比较》通过比较孟荀人性论,重点指出了荀子将"诚心"作为化解人性与道德的内在冲突、实现人性调养和天人和谐的关键媒介。

3. 明清诸子

明清时期,狭义的"诸子学"虽笼罩在宋明理学之下,但是其中涌现了一大批学者,其"入道见志"之情,亦可视为广义上的"诸子"。席玥桐博士《王阳明万物一体思想的本义澄清》从"尽其体""大其体""同其体""全其体""通其体"五个方面对王阳明万物一体的思想予以了论述,认为王阳明万物一体思想是在伦理关系的推扩中呈现出主体的价值。孙广博士《论杨慎的"非孟"》则以杨慎对孟子的批评为切入点,对明代学者受前代"非孟"思潮的影响、人欲的合理化、圣凡无别几个方面的思想史问题作了简要的论述。李雅萍博士《由非本体到心性本体——熊十力早期思想中的本体论转向》从熊十力的早期著作《唯识学概论》和《新唯识论》出发,对熊十力早期本体论与空、有二宗的关系作了细致的探讨,认为熊十力思想体系受到唯识今学的影响,后来融合陆王与佛学,建构了他的心性本体论。李智福博士《"齐其不齐"与"不齐而齐"——章太炎〈齐物论释〉对康有为大同思想的隐秘响应》通过对章太炎《齐物论释》中与康有为《大同书》相反对的观点的梳理，指出章太炎《齐物论释》试图建构一个"不齐而齐"的"五无世界"，与康有为试图建立的"齐其不齐"的"大同世界"正相对待。贾泉林博士《章太炎对戴震"以理杀人"的诠释》指出，戴震"以理杀人"是基于政治和社会现实来审视理学，而章太炎则将程朱理学与作为意识形态的理学区别对待。

（二）道家

老子是春秋晚期诸子学兴起最为典型的代表之一，以老子为代表的道家学派，也一直影响着中国历史的进程。历代的诸子学研究中，对道家的研究一直是重中之重。本次论坛中的道家研究论文，几乎占到了一半的比例，也正是这一情况的反映。

1. 老子

《老子》虽仅五千言，但版本众多，解读纷纭，对于其文本的阐释一直是老学研究的基础。蔡树才博士《从〈老子〉第三十六章"微明"释译看〈老子〉阐释范式的转换》认为，《老子》"微明"实际是指不为知性所完全把握的事物的自身生成、显现和自然澄明，通过对这一问题的梳理可以看出，突破本体论而回到前形而上学的思考或许是一种中国哲学阐释范式转换的适当路径。龚伟博士《〈老子〉"不尚贤"正诂及与"礼学"的关系补说》从训诂的角度论证了《老子》"不尚贤"之"贤"当训为多，体现的是西周礼学的谦让精神，而老子之反礼亦是反对春秋时期的"繁礼"而非完全否定礼学。

老子思想影响中国两千余年，老学史的研究，也一直是老学研究中的重点。李震博士《从〈太一生水〉看先秦道家天道概念的天文背景》认为,《太一生水》表达的实际上是一种天行观,其天道概念揭示出道家天道观念以天体运动为原始涵义。雷欣翰博士《先秦道家生成论中的"反""复"理念》指出,《老子》首倡的"反""复"理念为战国时期的道家著作所广泛继承,并将其作为生成论的核心范畴,是道家自然哲学向政治哲学转向的重要途径。陈成吒博士《屈原的修仙美政老学——兼论"彭咸"身世》认为屈原赋中的"彭咸"实际是老子、老莱子、太史儋的综合体,而其代表的思想则以老子思想为主,屈原在辞赋中呈现的修仙和美政思想,正是他对老子思想的继承和发展。邓伟龙博士《韩愈非老辨》分析了韩愈非老的复杂心态,指出韩愈非老主要是出于政治上的维护儒家地位,但因儒道本身的互补性以及个人情感和遭遇的原因,其本身则是亲近、认同老子道家的,因而在其诗文中每多呈现出倾向老子道家而不同于儒家之处。王国忠博士《试由气论视角诠释孟安排〈道教义枢〉的宇宙生成观》以气论为视角探讨《道教义疏》的宇宙生成观,认为孟安排虽仍将道作为本体,但他的气论并不认为气是有形的,而是认为气是无形的,其中蕴含了生化万物的无限可能。郑天熙博士《林希逸〈老子鬳斋口义〉的老学思想及其解老得失》对林希逸《老子鬳斋口义》作了全面的梳理,认为林希逸具有融会三教的老学思想,其解《老》导向内心,有突出的心化特点,但也有牵强随意之病。王超博士《栗谷李珥的理气论与对老庄之理解》认为,栗谷李珥的理气论,都与他对老庄的理解紧密相关,其理气论中对气的强调和现实指向是一贯的特点。涂立贤博士《明前期科举指导思想的确立及老学的沉寂》指出,明前期程朱思想被确立为意识形态,老子的"异端"形象被固定在《性理大全》之中,使得明前期老学处于沉寂的状态。

2. 庄子

庄子是老子之后的另一位道家学派的代表人物,对庄子思想的研究一直是道家研究的核心。贾学鸿博士《〈庄子〉方外之友的历史原型及文学塑造》指出，《庄子·大宗师》中的两组方外之友的原型均出自孔门，但在表达之中对其进行了大幅度的艺术加工。林凯博士《"吾丧我"析辨》以"丧"为道家工夫论，进而从"吾""我"之辨的角度论述了"吾丧我"是指一种消除自我偏执而复归自然运动的齐物境界。施海平博士《庄子"辩胜无"的真理观再诠释》认为，《齐物论》中的真理观为人指出的是一条自由之路，即人在造化的背景下勘定自己的位置，并以"息以踵"的方式生存。王晓乐博士《知道、他心与惠施悖论——濠梁之辩的逻辑解析》从知识分析入手，认为濠梁之辩经历了论题转移，涉及三个层次的命题知识，由此探讨庄子与惠施在辩论中的逻辑情况，并在此基础上探讨了其中的逻辑原则。

《庄子》一书，恢诡谲怪，汪洋恣肆，其文学性一直广受重视，对文学史影响深远，对《庄子》文学的研究，也历来都是庄学研究的重镇。郭薇博士《中国文学史中的〈庄子〉书写及其意义》指出，文学史作为一种权力性的书写方式，对《庄子》知识的产生、经典的建立与文学史地位的确立有着极其重要的作用。百年来文学史对《庄子》的书写，不仅折射出百年来《庄子》研究之热，同时也是《庄子》学术史的一个重要组成部分。通过文学史的不断书写，《庄子》的经典地位和知识体系得到了加强，但也遮蔽了《庄子》元典的全面性和文学阐释的丰富性。陈慧贞博士《虚构的力量——〈庄子〉书写策略与美学精神》从虚构性书写的角度探讨了《庄子》的书写策略，认为《庄子》通过高度的语言自觉，在呈现主体质疑与批判精神的同时，彰显着回归自然和追寻自由的美学精神。傅齐纨博士《山水画中的〈逍遥游〉——庄子哲学的图像表达》探讨了《逍遥游》对于山水画在哲学层面的影响，以及山水画对《庄子》哲学思想的呈现，充分展现了庄子哲学的艺术性。

庄子在中国历史上影响深远，历代注释和接受十分广泛。韩占刚博士《王重阳的全真之道及其对庄子全真思想的继承》指出，王重阳的"全真"是指"全真性"，其"全真"思想来源于庄子，同时又借鉴了汉魏以来的老庄学说和儒释两家的心性思想。杨柳青博士《王船山解〈庄〉方法之讨论》从方法论的角度论述王夫之解《庄》的特色，指出王夫之解《庄》以内七篇为依据，采用了"连属其意，约其指归""自说自扫，无所粘滞""格外相求，自成一宗"三种具体的阐释方法。王志俊博士《方法问题与诠释视角——以毕来德〈庄子四讲〉为考察中心》对瑞士汉学家毕来德《庄子四讲》的解《庄》方法作了探析，指出毕来德批评了文本考证、概念辨析和中西比较等传统方法，基于身体经验的共通性，从创造性的翻译入手，重点关注《庄子》中的寓言故事和对话场景，为跨文化的《庄子》研究提供了新的范式。焦炯炯博士《郭象逍遥无待说的文本生成、交错与毁弃》认为，"无待"是郭象自《庄子》文本中提炼出并广泛运用于他的解《庄》实践之中，但受限于文本和理论，产生了多种分歧，因而受到支遁、成玄英等人的批评，郭象自身也意识到这样的问题，因而最终弃"无待"而取"性分"。魏倩倩博士《郭象思想中的养生之"德"》以"中庸之德"切入郭象"性分"的研究，对郭象养生思想的宗旨、理论依据、养生方法、行为实践四个方面进行了论述。何安平博士《唐人元结与郭象〈庄子注〉——庄学史上"性分"思想的个案考察》通过庄学史、玄宗朝的文化政策和敦煌文献，认为唐人元结阅读过郭象《庄子注》，受到了郭象"性分"思想的影响，他之提倡"性分"，是意图在思想上为安史之乱后的帝国秩序重建提供理论资源。

3. 其他道家相关

道家兴起最早，在先秦时期影响非常重大，除了杨朱、庄周一脉，更有黄老一派，在先秦两汉的政治活动中影响巨大。姚裕瑞博士

《在秩序与自由之间——"理"在黄老政治哲学中的意义和作用》指出,"理"是黄老道家政治哲学中的重要概念,"理"代表一种秩序化的诉求,但这种秩序的来源和合法性实则源自天地万物各自之条理,通过"理"这一概念,黄老道家绾合了他们追求秩序和保障自由两方面的诉求。魏永涛博士《先秦黄老道家之道德本义探微》通过梳理先秦文献尤其是黄老道家文献中对"道""德"的论述,指出黄老道家的"道德"实际是指为君之道。曾建华博士《以"精神"统万物:〈文子〉的"神明政治"构想》指出,"神"在《文子》思想体系中具有非常重要的地位,《文子》以精气学说阐释"神"的概念,由一种差序化的人格结构达之天下,进而形成了"神化天下"的社会构想,这种对"神"的解读,是先秦"鬼神"观念变革的集中体现。朱赟斌博士《地湾汉简〈文子〉残章研究》通过对读地湾汉简、定州汉简、敦煌卷子等出土文献与今本《文子·道德篇》,指出今本和简本《文子》可能存在经传之分。

(三) 其他诸子

儒道固诸子之大端,但仅儒道不足为诸子,其他诸子与儒道一起,共同构成了光辉璀璨的诸子之学。

1. 诸子综论

自胡适"诸子不出王官说"以来,以经学、官学为核心的诸子起源说得到了全面的检视,学界从多角度对诸子起源问题进行了论述。王泽宇博士《"新子学"研究范畴的理论起点——以"前诸子"时代的文化愿景与思想主体为中心》认为春秋战国时期的知识分子主体是当时的卿大夫阶层,他们可视作"前诸子"时代,是诸子思想的重要来源。陈雄博士《论老孔对周礼的因循与突破》则认为诸子思想源于对周礼的反思与损益,并在此立场上考察了代表子学兴起的老子、孔子对周礼的因循与突破。

先秦诸子在共同的大背景之下，其旨趣虽各有所在，但在一些具体的观念问题上，也不乏共识与争鸣。王丁博士《战国时期的自然状态观与王权主义——以〈吕氏春秋〉为中心》认为，战国时期的思想家普遍认为原始的自然状态是混乱无序的，圣人终结这种无序状态的重要手段就是设立君主，由此导向了王权主义。高菱博士《先秦"耕稼"观念的变迁》分析了神农、孔、孟、荀、庄对于"耕稼"的价值判断，并由此对当下的"事哲学"进行了反思和参照。

诸子学的成立，除了最为基础的学术见解，还有赖于当时的社会状况与后世的记录整理。宋超博士《诸子学与师道关系》认为随着诸子学的发展，产生了师弟这一新的社会关系及由此而来的"师道"伦理观念，并综合各家对师道的论述，总结了诸子学与师道关系的特点。吴文庆博士《子学谱系中的"说部"建构》认为，传统目录学分类中处于混杂状态的"说部"，实际应当是介于第一级的"子部"和第三级的"小说"与"杂家"之间的第二级目录分类，如此方能让"小说"与"杂家"在"子部"下的辨体彼此自洽。

2. 其他诸子

孟子云："天下之言不归杨则归墨。"墨家在先秦，诚然显学也。马越博士《略论〈墨子〉逻辑思想特点》指出，《墨子》所呈现的逻辑思想涵盖了归纳、演绎、模拟三种论证方式，具有实践性和伦理性，受古代汉语影响很大。韩旭博士《上博简〈鬼神之明〉学派从属新论——兼论南楚墨学对先秦墨学史的贡献》认为，上博简《鬼神之明》多处袭用《墨子》独有的文本句式与思想观念，而且对《墨子》的鬼神观念有所扬弃，其特点更接近南楚墨学，是楚地墨者"俱诵《墨经》而倍谲不同"的直接证据，对于厘清先秦墨家的学派特点具有重要的意义。

法家学说对于中国政治史和思想史的影响尤为巨大，而商鞅和韩非尤为其中巨擘。张晓丹博士《商鞅政治伦理思想探微》对商鞅政治伦理思想的内容和特点予以了概括,认为商鞅政治伦理思想的原则是"贵法"和"尊君",其主体规范是"慎法"和"守法",其治理伦理则在于"赏""刑""教"方面的"一",具有求变求新、重利轻义、重罚轻赏的特点,对于促进依法治国、和谐社会建设和提升伦理主体的道德修养具有重要的参考价值。高源博士《功利、权势、价值与心性——韩非"公私之辨"的四重维度》通过对《韩非子》文本的梳理,揭示出其中"公私之辨"的四重维度:基于国家功利主义的"公利"与"私便"、旨在维护君主专制统治的"公家"与"私门"、体现价值系统革命的"公德"与"私义"、涉及君主个人心性的"道理"与智欲。刘亮博士《〈史记〉韩非子"归本于黄老"雏指》指出,《韩非子》在道论、治术和道术关系等方面皆在不同程度上与司马氏父子对于黄老道德家的描述与评价相符,这是《史记》作出韩非子"归本于黄老"的直接依据,其后"法家"取代了韩非子"黄老"的标签,是法家和道家消长的体现,更对韩非思想的接受产生了重大影响。

在传统的目录分类中,兵家与兵书往往连类不分,但在实际的子学研究中,兵家与兵书在思想性和应用性上的区别,是非常严谨的。本次论坛中的兵家论文,皆重点突出了兵家的思想性特点。李琪博士《以儒为本,贯通法、兵——吴起思想新论》对吴起受曾参、子夏、李克等儒家学派的影响作了梳理,认为吴起思想以儒家为本,进而融通法家和兵家思想。孙德贤博士《〈邓析子〉版本源流考索》对《邓析子》现存版本进行了考察,梳理了《邓析子》的版本源流,指出《邓析子》版本共有《十二子》本系统、《子汇》本系统、刘氏覆宋本系统、《说郛》本系统、重编《指海》本系统、睢阳朱氏刻本系统,并绘制了清晰的源流关系图。杨传召博士《今本〈六韬〉成书问题考辨》指出,今本《六韬》实由两部分组成,《文韬》《武韬》《龙韬》产生于西周早期,《虎韬》《豹韬》《犬韬》则产生于战国之后。张申博士《尉缭其人考辨》通过史料的考察，认为今本《尉缭子》的作者乃与梁惠王问对者，与秦始皇时期秦国尉缭并非同一人。

三、"新子学"：理论探索与力量凝聚并行

为进一步推动"新子学"的发展，探索诸子学的现代转化，"诸子学博士论坛"发起之初，即将"新子学"作为论坛的常设议题。在第二届"诸子学博士论坛"中，部分学者就"新子学"的理论建构和力量凝聚两个方面发表了自己的见解。

12月7日上午举行的第二届"诸子学博士论坛"全体大会，选取了五位提交"新子学"论文的参会代表作大会发言。华东师范大学哲学博士方达老师宣读了他的论文《荀子思想研究与经子关系互证》，在发言中，方达博士指出：清代的荀学研究，不仅提供了当下荀学研究各领域的基本资料，还体现了清人对经子关系的理解。通过对清代荀学研究中体现的经子关系观念的梳理，可以为古典文化架构提供一种理论模型，并由此确证《汉志》对经子关系叙述的思想理路。复旦大学哲学博士后张耀的论文《诸子学之源与"新子学"之"新"——关于子学起源与开新问题的诸类解说路径之分析》通过将传统对诸子学起源的论述进行类型划分，系统地梳理了各种传统说法的关注点和思想立场。张耀老师指出，关于诸子学起源的说法可以划分为偏重历史和偏重时代两个类型，前者之下为"道术说""六经说""周易说""史官说""王官说"五种说法，后者之下为"递变说""谒君说""孔门说""时势说""职业说"五种说法。之所以出现这样的差异，是因为子学产生于一个变革的时代，人们的理解又带有不同的立场。而这种现象同样出现在当下对"新子学"的研究之

中。湖南大学岳麓书院博士后孙柏林老师的论文《"新子学"视域下王闿运老庄异同论发微》则对作为"视域"的"新子学"理念进行了探讨。孙柏林老师分析了作为"视域"的"新子学"的特征，论述了作为"视域"的"新子学"对学术研究的指导意义，并以对王闿运老庄异同论的研究对这一"新子学"视域进行了尝试和检验。华东师范大学中文系博士后袁朗的论文《从"内容史"到"方法史"——"新子学"视域下老学史书写方式的再构》通过对现有老学史的分疏，指出当下的老学史研究，过于注重"内容史"，对于"方法史"的研究涉及较少，也缺乏明确的理论自觉。袁朗老师说，通过对以老子为代表的诸子学"方法史"的梳理，是我们当下"新子学"建构子学研究方法论和话语体系的重要内容，不仅仅是厘清传统诸子学方法，同时也是建构我们当下的诸子学研究方法的必要基础。东北师范大学历史文化学院李琪博士的论文《试论"新子学"的历史性与当下性》认为，"子学精神"包含了"独立·争鸣·汇通"和"道德·担当·实践"两个方面，在历史上对社会产生了积极的影响，对于当下提升民族文化认同和重构中华文化体系有着非常重要的意义。

12月8日下午，"第二届诸子学博士论坛"闭幕式在华东师范大学中文系会议室举行。评点专家代表李炳海教授发表了讲话，论述了他对"新子学"的理解。李炳海教授说：以"新子学"为代表，当下有各种如"新儒学""新国学"等理念，对当下及未来的学术应如何这一问题进行了广泛而深入的讨论。李炳海教授认为，"新子学"应当呈现为"中学为体，西学为用"的面貌。以文艺理论为例，当下的研究非常理论化，但是并不以我们的生命体验为本，这是与中国传统的文艺理论研究完全不同的。对于"新子学"的建设，首先必须要做足基本的文献工夫，要有扎实的基本功。传统的文献、目录、版本、校勘、文字、音韵、训诂等，是读懂古书的前提，是绝对不能舍弃的。其次，要对诸子学的核心范畴、基本概念、重要命题等的历史面貌予以还原和澄清，要杜绝知识的碎片化。再次，要建立中国自身的话语体系，应当是借鉴西方体系，而非依赖于西方体系。如体用关系、本末关系等等，都是中国固有的话语体系，应当一点点地做起来，让它们相互支撑，才能建构属于中国自身的话语体系。

除了理论建构，"新子学"也一直致力于子学研究整体力量的凝聚。复旦大学哲学学院博士后张耀老师作为博士代表在闭幕式上的发言就重点谈及了这一点。张耀老师说：当下的子学研究呈现为一种分裂的状态，一方面是由于学科分类造成的边界与隔阂，另一方面则是由于当代研究者多局限于一家一子的精研，缺乏一个整全的子学研究视野。"新子学"理念的提出，正是要试图解决这种分裂的状态。首先，"新子学"倡导打破学科壁垒，融通各个学科，打造诸子学自身的研究路径。本次参会的许多学者也在做同样的努力，未来可以进一步加入"新子学"的建设之中来。其次，"新子学"提倡子学的整体视野和共同问题意识，从中继承子学精神。现有的许多研究，已经开始重视诸子之间共同性和差异性的比较研究，这正是子学研究整体视野的体现。除了学术之外，我们当下的诸子学研究群体也呈现为一个松散的"共同体"的状态，但是诸子学保持着不断更新的活力，诸子学也有着非常重要的地位，因此，未来的诸子学研究队伍一定会不断扩大，研究群体的凝聚力和向心力也一定会不断增强。

会务组代表孙广博士说：华东师范大学先秦诸子研究中心一直致力于推动诸子学整体力量的凝聚和发展，《子藏》、《诸子学刊》、《中国诸子学通史》、"新子学"、"诸子学博士论坛"等等，都是为推动诸子学发展所做的努力。这些努力，取得了非常丰硕的成果，离不开学界师友的大力支持。请各位师友继续支持华东师范大学先秦诸子研究中心，共同努力，凝聚诸子学研究整体力量，为中华文化重构贡献我们诸子学研究者的力量。

最后，方勇教授在总结陈词中说：华东师范大学先秦诸子研究中心对诸子学整体力量的推动主要是在三个方面。第一，我们要持续推动《诸子学刊》的发行，为青年诸子学学者提供一个发表文章的平台。第二，我们要打造一个大型的诸子学文献数据库，这方面以《子藏》为代表。目前《子藏》已经接近尾声，后续我们还准备用十年时间继续完善这一诸子学文献集成。第三，我们要把诸子学在历史上的发展脉络做一个全面的梳理，这就是《中国诸子学通史》。这一项目实际上从2005年开始启动，到现在也已经接近尾声了。在这些基础之上，我们还要倡导一种新的理念，这就是"新子学"。目前站在各个学科背景上来看，"新子学"的不足还有很多。但正如苏州大学王钟陵教授所说，"新子学"是要在诸子学研究领域竖起一面旗帜。我们致力于这些工作，是想要把目前分散的、小作坊式的诸子学研究，凝聚为整体的"大兵团作战"。"诸子学博士论坛"的发起，正是为了培养人才，凝聚力量。我们深知，只有博士、博士后等后起力量壮大了，才能真正把人才培养的队伍建设推动起来。去年和今年的"诸子学博士论坛"，受到了诸位博士、博士后的积极响应，我们备受鼓舞，今后要争取一直办下去。这一股力量，如果真的凝聚起来，那是不可低估的。而且，只是一小部分人凝聚起来形成的小团体、小团队还不够，要整个诸子学研究领域的学者都团结起来，才能真正推动诸子学整体力量的抬升。希望诸位博士、博士后，积极参与"诸子学博士论坛"，共同推动诸子学整体力量的发展。

"第二届诸子学博士论坛"结束之后，经论坛组委会推荐、《诸子学刊》编辑部审核，共推荐14篇本次论坛的参会论文发表于《诸子学刊》。现将名单附录于后，以飨学界师友。

附："第二届诸子学博士论坛"推荐《诸子学刊》发表论文

序号	姓名	论文题目
1	刘洁	"新子学"视域下文化自信与人类命运共同体之思考
2	孙柏林	"新子学"视域下的王闿运之老庄异同论发微
3	李梦琦	方勇先生《庄子》研究与"新子学"体系建构
4	李平安	以扬雄之"技巧"再论"新子学"之"新"
5	袁朗	从"内容史"到"方法史"："新子学"视域下老学史书写方式的再构
6	张耀	诸子学之源与"新子学"之"新"——关于子学起源与开新问题的诸类解说路径之分析
7	王丁	战国时期的自然状态观与王权主义——以《吕氏春秋》为中心
8	王国忠	试由气论视角诠释孟安排《道教义枢》的宇宙生成观
9	王超	栗谷李珥的理气论与对老庄之理解
10	姚裕瑞	在秩序与自由之间——"理"在黄老政治哲学中的意义和作用
11	高源	功利、权势、价值与心性——韩非"公私之辨"的四重维度
12	张申	尉缭其人考辨
13	陈慧贞	虚构的力量——《庄子》书写策略与美学精神
14	郭薇	中国文学史中的《庄子》书写及其意义

（注：以上排名不分先后）

（原载于《诸子学刊》第二十二辑，作者单位：华东师范大学中文系）

以《子藏》为木铎　开子学之新篇
——首届"《子藏》学"研讨会议综述

何雪利

2019年11月23日上午,"《子藏》第五批成果发布会"在上海隆重举行,标志着历时十余年的《子藏》工程即将完成。为进一步发掘《子藏》价值,切实推动子学研究的发展,构建全面、系统的研究理论和方法,华东师范大学先秦诸子研究中心主任、《子藏》总编纂方勇教授于大会上正式提出了"《子藏》学"概念,为《子藏》工程的理论探索与研究拉开了序幕。

国家图书馆副馆长张志清在大会主题发言《推进古籍整理,再造传世大典》称:"《子藏》以近于《四库全书》的体量,真正实现了再造一部大典的壮举,《子藏》的编纂和'《子藏》学'概念的提出,为古籍再生性保护和学术化的研究利用提供了良好示范,我们期待这一部大典在未来的学术研究和文化再构中能够发挥出其应有的作用。"他对《子藏》工程给予了很高评价,对"《子藏》学"寄予了厚望。

23日下午,"《子藏》学"研讨会如期举行,来自复旦大学、华东师范大学、上海财经大学、兰州大学、河南师范大学、黄冈师范学院、南阳师范学院、台湾"中国文化大学"等高校的30余位专家学者会聚一堂,对"《子藏》学"的概念、研究范围、现实关怀、价值意义及其与《子藏》、子学史和"新子学"的关系等问题进行了深入探讨。对于"《子藏》学"的概念，学者们或从广义上看待，将之定义为"新子学"的理论补充和子学的理论变革；或从狭义着眼，认为"《子藏》学"是对《子藏》本身的研究。关于研究的范围，一部分学者认为"《子藏》学"的研究不必拘泥于《子藏》本身，应当从文化史、社会史、学术史等不同角度全面发掘《子藏》价值，并将团队建设、学术平台搭建也列入其中；还有学者认为应当限于《子藏》本身而兼顾文献和思想两个方面。他们还认为，"《子藏》学"的研究可参考"四库学""敦煌学"的发展思路；学术研究与社会现实紧密相连，"《子藏》学"的研究应当把握学术研究与社会发展的关系，积极思考国家未来的命运。

一、"《子藏》学"概念界定

新概念的提出，首先应当严格界定其内涵与外延。河南师范大学历史系李小白副教授提议寻找具有概括性、严格学术边界的称谓来界定"《子藏》学"的学术内涵和外延，认为如何体现"《子藏》学"的充分性和理论体系自主性，是它成为系统之学的重要前提。他把"《子藏》学"看作"新子学"理论的一部分，是"新子学"研究领域的开拓与重要补充。

泰州学院文学院刘佩德副教授认为，《子藏》集历代子学文献之大成，无论文献研究还是义理研究，都具有不可估量的价值，势必推动子学研究迈上一个新台阶。他指出，"《子藏》学"首先应以《子藏》为核心研究对象，理清子学文献传承的来龙去脉，以子学文献为基础整体推动诸子学研究。"新子学"理念具有很强的理论前瞻性，"《子藏》学"应与"新子学"保持一致，理念上要与"新子学"相呼应。

黄冈师范学院文学院陈志平教授把"《子藏》学"定义为对《子藏》文献编纂进行研究的学问，并认为《子藏》的编纂响应了现代诸子的概念和边界问题，"《子藏》学"以《子藏》为基础，将诸子研究统摄在"《子藏》学"概念中，继承与转化前人研究成果，运用现代学术理论与方法，使散乱的诸子文献研究在自觉、有序的观念下展开，使其具有指导思想和学科意识，由此形成研究诸子文献的一门学问。

华东师范大学中文系孙广博士赞同刘佩德副教授和陈志平教授的观点，认为"《子藏》学"应当以《子藏》为基本研究对象，是对《子藏》的进一步开发与利用。他表示，先秦诸子研究中心在《子藏》基础上已经开掘出国家社科基金重大项目《中国诸子学通史》和"新子学"两大子学研究领域，现在提出"《子藏》学"理念就必须注意"《子藏》学"与诸子学史、"新子学"之间的关系。如果将"《子藏》学"泛化为任何与《子藏》有关的研究，这样的"《子藏》学"将因缺乏核心研究对象而失去其边界和意义。

台湾"中国文化大学"陈惠美副教授认为，从狭义界定"《子藏》学"更为妥帖。从文献角度对《子藏》选材标准、版本、体例等方面进行研究继而撰写提要，将为子学的整体发展奠定坚实基础。

河南师范大学历史系张文瀚副教授把《子藏》同《儒藏》《道藏》并列，认为子学研究偏重于思想，而"《子藏》学"是在新的子学观念指导下形成的一门子学研究的学问。

南阳师范学院文史学院揣松森讲师认为，"《子藏》学"是以《子藏》为中心的诸子文献学，其核心内容与方法均在文献研究，通过文献学研究，考察诸子文本流变规律及其思想成分的复杂性，从而呈现诸子学原生态之多面性、鲜活性，实与"新子学"殊途同归。

二、"《子藏》学"研究范围

学术研究中概念界定明确，相应的研究范围便确定了。李小白副教授从四个方面谈了他对"《子藏》学"研究领域的看法：

第一，"《子藏》学"是新研究领域的开辟。

从客体层面上说，"《子藏》学"是《子藏》客体属性的一个产物。《子藏》收录的是先秦至民国时期子学文献的白文本及其校勘、注释、研究著作等内容，都是历史上留存下来的文字数据，历史性是其固有属性。从主体层面上来看，新研究领域的开拓离不开主体的发掘，是主体从现实出发对客体进行深度挖掘的结果。对此，他从三个方面做了分析：一是"《子藏》学"研究主体的意识结构问题。子学研究者一般具备的认知结构应包含四个方面的内容：第一，子学观，即子学研究者从事子学研究的主导思想；第二，研究者子学认知形成的情境；第三，子学研究者自身的知识构成与思维能力；第四，子学研究者的个人性格与情感。二是研究者主体意识参与"《子藏》学"研究的必要性问题，即研究者的主体意识在"《子藏》学"研究中的渗透和创造性作用。三是"《子藏》学"研究群体主体认识的一致性问题，包括以下几个方面：第一，子学自身的历史发展决定了"《子藏》学"研究群体认识的连续性和继承性；第二，子学的内在理路规定了"《子藏》学"认识主体之间的经验认同；第三，子学研究的基本原则规定着"《子藏》学"主体认识的目的趋同性；第四，子学研究方法的普及和成熟，以及《子藏》等文献史料的开发和沟通，也会对"《子藏》学"主体认识的趋于一致性产生影响。

第二，加强"《子藏》学"重大理论问题的探讨。

探讨"《子藏》学"发展的内在逻辑是一项艰苦的理论工作，一些基本问题是可以尝试拿来讨论的，比如"时代发展推进'《子藏》学'研究进步"，"子学研究理论变革推动'《子藏》学'的发展和进步"，"个人子学著作创造传世名作"等问题，某种程度上呈现了子学发展的规律性内容。"《子藏》学"与社会发展的关系问题，"《子藏》学"观念与历史观念、子学思想、历代子学发展状况的关系问题，都值得思考和深入研究。思考这些问题，有助于从整体上提升子学研究的学术水平和学术品位，改善子学研究的基本状况。

第三，"《子藏》学"的研究思路。

从学术史角度看，子学研究逐渐形成了具有学科特色的研究思路和角度，研究对象因每一次学界的典范转移产生新的变化。有关"《子藏》学"理论方面的"元"研究，《子藏》的编纂研究，《子藏》的历史学价值研究，史学维度下《子藏》文献和子学思想的研究，史学与子学的交汇，历代子书研究者的历史思想、历史观念、历史意识等问题，均在讨论的范围。由此开发"《子藏》学"视野下的社会文化史方面的研究，以子书为中心开展文化史研究，"总目学"研究，阶段性的学术述评，相关研究论著，目录索引，根据《子藏》成果产生的国家级学术课题，与国家人文规划、国家文化工程挂钩的文化继承与创新项目，都可以作为研究的内容。

第四，研究主体的培养与团队建设。

他建议从大方向引导团队的研究方向，扎实学术团队基础，保障团队稳定性，建立自觉的理论体系，这些均是学术带头人思考的范畴。华东师范大学先秦诸子研究中心当依托学校有利条件成立"《子藏》学"研究中心，申办学术刊物，举办学术会议，创建网站等，促进"《子藏》学"的全面发展。

刘佩德副教授认为，《子藏》是以搜集整理历代子学文献为目标的大型古籍整理项目，其中涉及文献选取、目录编撰等一系列问题，反映出编纂者对诸子研究的反思。比如《论语》《孟子》等儒家文献如何归类？传统文献均入经部，但客观来讲，他们的地位只是在汉代以后才逐渐从诸子中独立出来，所以方勇教授主张还经于子，这基本符合《论语》《孟子》的发展过程，也使我们能够客观地看待儒家在诸子中的地位和价值。刘佩德认为李小白副教授提到的几个方面对于"《子藏》学"的构建和深入展开具有重要意义，也是未来"《子藏》学"发展的方向，但就目前来讲，"《子藏》学"仍应以《子藏》本身为中心展开。

陈志平教授认为《子藏》的编纂背景、缘由、版本、历史等是"《子藏》学"的研究范围，《子藏》的编纂回答了子学研究中的"元"问题，目录学中关于子部的划分与收录显得庞杂无序，与思想史渐行渐远，思想史的目录学，应包含社会、思想、哲学等思辨性文字。《子藏》一方面"还经于子"，将《论语》《孟子》等传统经学著作收入其中，尊重先秦时代诸子的实际地位。在对文献范围的处理上，《子藏》尽量收入传世文献，对于出土文献也有所收录，试图重新建立一种符合现代学术理念的诸子学观。在这个继承和转化的过程中，留下了许多值得思考和探究的问题，如诸子百家之"子"与作为图书分类的诸子部类（如道家部、兵家部）如何并存的问题，新的诸子部类的划分是否成功的问题，版本收录完备和恰当与否，均有较大的讨论空间，也是《子藏》需要去积极应对和解决的问题，而这些问题的研究和解决正是构成"《子藏》学"的重要组成部分。

孙广博士认为自从"《子藏》学"概念提出后，《子藏》便已固定为了研究对象，针对其进行的开发利用，自然应当划归到"《子藏》学"的研究范畴。他从两个方面论述研究范围的划定，一方面是发掘编纂理念，建构学术范式，将这些《子藏》编纂经验和理念总结起来，为今后的文献整理树立"《子藏》编纂理念"这一典范。这不仅仅是对《子藏》价值的表彰，更为子学研究提供了一系列基本的理念范畴。例如《子藏》对"子"的界定，直接影响到"子学"的范畴由传统的"子部之学"向"诸子之学"的转变。又如对《论语》《孟子》的收录，更是涉及经子关系等重要学术问题，对于重新厘清学术史有着重要的意义。而这些均有赖于"《子藏》学"的研究来进行系统的梳理和建构。另一方面是开发利用空间，切实推动学术发展。他指出，《子藏》系影印出版，从版本保存和推广的角度来说，确有其重要价值。但是《子藏》目前的利用率还很低，对学术的具体推动尚未产生显著的效果。其原因一则价格高昂，不便于学者获取；二则古籍原本不利于现代学者阅读；三则庞大的数量使得《子藏》难以获得彻底的利用。因此，他例举了对《子藏》作进一步开发利用的四个角度：一是点校整理。如针对《子藏》中部分内容价值高、版本价值高的著作，邀请高水平专业人员进行进一步的点校整理，推出系列单行点校本，这类研究著作将会使《子藏》的成果更便于学者获取，从而真正实现沾溉学林的愿望，推动子学研究迈上新的高度。二是打造诸子定本。可以通过《子藏》的子学文献，在前人基础上对一些子学著作进行一次全方位的总结式校勘，推出诸子定本，为今后的子学研究打下坚实基础。三是《子藏总目提要》研究。对于《子藏总目提要》的研究，"《子藏》学"应当予以足够重视，从而体现当下子学研究的一个侧面。四是《子藏》的数据化。搭建《子藏》数据库，对《子藏》数据进行数字化处理，促进《子藏》利用率的最大化。

张耀博士后认为《子藏》整理过程中的经验总结，工作方法论层面、理论层面的反思，均可成为"《子藏》学"的重要研究内容。

他爬梳历代子学丛书并与《子藏》对比，以彰显《子藏》在汇编方面的新突破和理论上的启发意义，全面总结《子藏》的实践经验及理论体系，将之视为"《子藏》学"的重要研究范围。

揣松森讲师把"《子藏》学"的研究范畴划分为三个方面：一曰诸子著作流传史，探讨文本早期流传和古书通例问题。二曰子籍校雠学，任务包括编制子籍目录、收集整理相关文献、辨章学术源流，涉及目录、辑佚、版本、校勘、书目提要、学术史等。三曰文献学视野下之思想研究，讨论了诸子思想研究方法，并就谱系、征引、互见三种研究手段作了具体分析。

三、"《子藏》学"与子学史、"新子学"的关系

华东师范大学先秦诸子研究中心编纂《子藏》丛书，提出"新子学"理念，并立项国家重大课题《中国诸子学通史》，所有这些都紧紧围绕子学研究的议题。"《子藏》学"理念的提出与诸项工作一脉相承，既有联系，又有区别。李小白副教授认为"新子学"理念为"《子藏》学"研究领域的开辟提供了理论指引，"新子学"理念强调学术史的研究、文献资料的积累以及新思想的创获，这为《子藏》工程指明了方向。同样地，《子藏》工程所提供的诸子学文献成果，为"新子学"理论的深化奠定了丰厚的文献基础。

刘佩德副教授认为，《子藏》的编纂可谓是功在当代，利在千秋。纵观历代子学研究，未有如今天这样大规模诸子文献整理的著作出现，而子学研究的中心问题是文献的搜集与整理。比如熊铁基先生主编的《中国老学史》梳理了《老子》研究史，但通过方勇教授整理的《老子集成》，我们发现《中国老学史》中所涉及的《老子》文献仅为一小部分，很多珍贵的资料未被纳入其中，尚不能称为完整

的老学史。无论是学术史的撰写还是新的学术理念的提出，都要以文献为基础，这也说明了文献在子学研究中的价值和地位。子学或"新子学"研究必定要以"《子藏》学"为基础而逐步展开，但最终的落脚点应当归结到"新子学"。

陈志平教授认为诸子学的文献传统与"《子藏》学"的成立密不可分，《子藏》的编纂必须回答子学研究中的"元"问题——什么是诸子的问题，这是现代诸子学学科建立的根本性问题。回答什么是诸子的问题，一是纯粹理论讨论，试图给诸子下一个定义；另外一种则是通过图书分类，以简单直观的方式让读者自己感知，而不作过多的理论上的论说。诸子只有和六艺、诗赋、兵书、术数、方技一并使用才有意义，必须放回至典籍分类的语境中。图书文献的整理庋藏，是"诸子学"产生的根本，同为诸子图书整理的《子藏》之编纂出版奠定了诸子学学科的基础。

孙广博士对"《子藏》学"与子学史、"新子学"的区别有明确认识。他指出，从《子藏》的角度来说，"《子藏》学"的研究对象是作为整体的《子藏》，研究的是《子藏》这套丛书的整体情况及其理念。子学史的研究对象，则是见收于《子藏》中的具体著作，研究的是这些子学著作当中的学术旨趣和学术价值。从研究方法的角度来说，"《子藏》学"的研究方法，主要是文献方面的研究。这既包含了基本的版本、目录、校勘和后起的点校、数字化等等，也包括进一步的义例研究；而子学史的研究方法则是综合性的，既包括传统的考据、辞章、义理，也包括后起的思想史、哲学史等学术史研究方法。从研究目的来看，"《子藏》学"的研究目的，是以《子藏》为核心，发掘《子藏》的文化价值，建构以《子藏》为代表的学术范式，推动《子藏》落实为具体的学术推动力。而子学史的研究目的，则是厘清诸子学术思想，在不同历史时期、不同领域发生了怎样的变化，其中的接受和诠释情况如何，与历史的互动性如何，发展变化的主体脉络如何等情况。至于"《子藏》学"与"新子学"的不同，从《子藏》的角度来说，《子藏》本身的编纂理念基本上是出于文献整理的考虑，而不是对"新子学"理念的实践；"《子藏》学"所要研究的理念更多的是对传统的具体继承与体系整合；"新子学"所探讨的则是立足当下和未来的社会实际，通过诸子融通和整体性视域对子学思想予以现代转化和创新。从研究方法来看，"《子藏》学"是对《子藏》工程的申发和总结，"新子学"则是对时代需求的呼应。"《子藏》学"的研究方法是"归纳法"，其研究成果是固定的，可以通过研究进行验证；"新子学"的研究方法则是"演绎法"，其研究成果随着时代的发展而发展，是不断更新变化的。

上海财经大学陈成吒讲师认为《子藏》与"新子学"是基础与进一步深化创新的关系，正是《子藏》的编修促成了《中国诸子学通史》的产生，进而深化到"新子学"理念，这些都是一脉相连的。"新子学"理念提出之后，《子藏》变成了"新子学"的一部分，它的意义也通过"新子学"得以体现。

四、"《子藏》学"的现实关怀

本次会议对子学与当代社会发展关系问题进行了充分讨论。华东师范大学中文系助理研究员方达认为，诸子学从明代开始逐渐摆脱异端的角色，清代末期至民国诸子学研究形成浪潮，其原因离不开西方实用主义和实证主义的影响。我们不能单纯把诸子作为平等、多元、独立的形态看，因为先秦诸子本身就产生于多国并存的环境，其实质不是平等多元的问题，而是相互攻伐相互批判的问题，过于强调他者意识，可能不合于当下的时代需求。他认为学术研究离不开现实背景，更离不开当代政治，诸子学的研究最终该往何处去，这不仅是纯粹思维层面的对象化研究，它关系到我们体悟生命、体悟整个家国情怀的问题。

对于方达的发言，刘佩德副教授认为，多元是"一"的层面下的"多元"，中国传统文化即是在"一"中衍生出了"多元"，《易经》中已经有了明确的阐释，老子也从这个角度揭示了宇宙生灭变化的规律。对于国家、民族兴亡的讨论中国历来不乏其人，子学代表了轴心时代所能达到的最高水平，为后来民族的兴亡、国家的发展提供了原动力，奠定了华夏民族发展的思想根基。华夏文明从来不缺少对国家兴衰、民族存亡、生命价值的体悟与思考，"新子学"应当立足于传统，从传统中挖掘有益的成分为今所用，只有理清了诸子发展的来龙去脉，才能更清晰地体认时代赋予我们的新的任务。孙广、陈成吒认为，方达所提出的问题，正是"新子学"传承和发展所需要面对和解决的问题。

五、"《子藏》学"的价值意义

对价值的追问是前行的动力，方勇教授提出"《子藏》学"理念，寄予了他对子学研究的期许与展望。李小白副教授认为随着《子藏》诸子学历史文献集群式地呈现，子学历史发展的脉络因之进一步清晰化，历代诸子学思想史的重大问题和基本思路也由此深入展开，子学研究可能因诸子学历史文献的排列组合、集中汇集而发生某种程度上的升华。

陈志平教授称：《子藏》地位的确立，一方面得益于其成书的体量大，另一方面是它的编纂倾注了编纂者的学术思想，从某种意义上来说更加凸显了诸子地位，改变了子学界研究和诸子学整个学术史的面貌。从学术史上看诸子在历朝历代的变化，可以清楚看到子学与经学研究力量的消长，子学研究背后的推动力量是传统经学体系的衰亡，如何建构当代学术体系，勇于同西方学术平等对话，进而形成具有中国特色的诸子学研究，这是研究者不得不思考的问题。《子藏》之所以值得研究，不仅因为它汇集影印了先秦汉魏诸子的各类版本，代表了诸子版本文献搜集整理的顶峰，更在于它为诸子学学科建立奠定了文献基础。

孙广博士指出，《子藏》在编纂过程中积累了大量实践经验，形成了系统的"《子藏》编纂理念"，"《子藏》学"的研究可以将这些经验和理念总结起来，为今后的文献整理树立典范并提供一系列基本的理念范畴。此外，华东师范大学先秦诸子研究中心先后推出的《中国诸子学通史》和"新子学"理念分别代表了学术研究的义理研究和理念创发，结合"《子藏》学"的文献研究，先秦诸子研究中心已经构建了一个全方位的、立体的子学研究大厦，这在子学研究领域具有标杆性意义。

兰州大学杨玲教授认为盛世修藏，《子藏》是文化传承的大工程，不忘来时路，不负时代梦，为文化研究者提供文献便利，是复兴中华梦的必要之路。

陈成吒讲师认为一门学问至少涉及两个方面，一方面是研究的对象，即物的层面，另外一方面是研究主体，即学人。物的层面从三方面考虑，一是文献本身的价值，二是历史文化的价值，三是思想体系方法论的价值。他把"《子藏》学"与"四库学""敦煌学"对照，认为对其定位和期待不可太高，但是，"《子藏》学"是"新子学"的根柢之一，它的意义将在"新子学"视域中真正体现。

张耀博士后认为，《子藏》的编撰相对传统子学丛书有一些新突破。首先，它将思想性确立为子学的本质并准此择录子书；其次，它把所收子书的时代确立为先秦至六朝并以先秦为主干；再次，它涵盖了这个时期的各类子学著作并进行了合理编排；最后，它将所收文献的类型拓展到历代各类研究材料并追求网罗殆尽。

作为新生事物,"《子藏》学"概念的提出受到了热烈关注,各位学者结合自己的认识积极建言,从概念界定、研究范围、与时代发展的关系及与其他相关概念的辨析等角度提出各自的看法,这些意见和建议将促进"《子藏》学"研究工作更具创造性地展开。

(原载于《诸子学刊》第二十二辑,作者单位:华东师范大学中文系)

"诸子学的返本与开新论坛"纪要

张　耀

2019年9月22日,"诸子学的返本与开新论坛"在上海华东师范大学举行,华中师范大学历史系刘韶军教授、东南大学哲学系许建良教授、上海大学历史系宁镇疆教授、上海师范大学哲学院石立善教授、华东师范大学哲学系陈赟教授、刘梁剑教授,及华东师范大学先秦诸子研究中心的相关人员参与了讨论。本次论坛聚集了文、史、哲不同学科背景的学者,讨论范围涵盖子学的本质与边界、子学研究方法开新、子学与现代学科体系以及"新子学"发展方向等重要问题。

刘韶军教授认为在诸子学的研究中要注意两个"真"。第一个"真"是要追求恢复思想家真实的思想原貌,第二个"真"则是在此基础上来判定他们的思想在多大程度上合乎真理。学者尤其要注意第二种"真",不能因为自己研究什么东西就把它完全认定为真理。儒家、道家或其他都无法完全涵盖真理,那么我们在做评判时,西方的理论也应该引入来参考,诸子学在走向世界的进程中尤其要注意这一点。当前的学术研究应该保持对真理的敬畏与执着,这样来看,诸子研究在内容上是有边界的,但从内涵或价值观念的层面上来看,它是不应该有边界的,它可以对任何事物进行研究,只要这跟真理的探索有关。所以,目前的诸子学研究做一些跨学科的尝试是有必要的,"新子学"系列的文章都讨论到了这个问题,尤其是文史哲在子学研究中应进一步融合，经济学、政治学等社会科学学科也应纳入参考的范围。

许建良教授同样认为诸子学不必设置边界，因为现代的世界是个高度融合化的世界，许多固有的边界正在消失，而边界代表一种限制，受到框限的诸子学未必能适合时代发展。而从中国古代的思想来看，边界也是被质疑的，老子说"道可道，非常道；名可名，非常名"，老子的常道、常名不是理性能够认识的，老子所理解的宇宙是无限的，这与边界的思维正相反。关于诸子研究的方法，许先生认为除了重视学理分析、文本考据外，还要使学理与应用紧密结合起来，尤其要思考诸子思想如何对治当前年轻人的心理问题，比如西方已尝试将道家思想应用到治疗现代人心理压力，"新子学"有必要往这个方面发展。另外，诸子的综合研究也是很有必要，因为就应用的角度来看，儒家思想很难应对所有时代问题，我们要从时代需要出发，把诸子思想中的积极内容提炼出来，形成新的整体思想框架，"新子学"能做到这点，将是很大的突破。最后，许先生还提出目前学科分割过细，不利于诸子学发展，这与世界的趋势恰是相反的，比如日本在2000年左右仍把诸子列为中国哲学展开研究，但现在则变成了中国思想，因为他们感觉"中国哲学"太专，会遮蔽很多内容，这对"新子学"有很大的启发意义。

宁镇疆教授认为诸子学的"返本"包括几个不同的层面：第一是返回文本，做诸子学研究如果没有搞懂文本，那生发出来的东西便是不可靠的。目前的出土文献给我们提供了很多还原子书文本的机会，比如《老子》"执大象"应是"设大象"，"宠辱若惊"应是"宠辱若荣"，这些材料是我们深入理解老子思想的基础。第二是返回时代之本，比如战国晚期诸子与战国早期诸子有着较大的差异，这并不只是思想路数的差异，更是指对待前代文化态度的差异，不同于中晚期《庄子》中的"寓言十九"，处于战国早期的《墨子》对上古史事的叙事是十分严谨的。这就涉及学术风气在时代不同阶段的演变问题，也提醒我们分析诸子思想时要注意具体的时代环境。而至于边界问题，在目前的学科体系下，诸子学是很难被明确归类的，它的边界是模糊的，即使在古代学术格局中，经子的区分也是相对的，比如孔子是六经的整理者，也是私学的开创者，在经学与子学中都有重要的地位。另外，诸子的"边界"也可以理解为诸子研究的"分寸"，因为目前的出土文献挑战了我们原来理解诸子的框架，比如我们现在多依据《汉书·艺文志》来切入诸子研究，《汉志》中没有记载有关子产的子书，但《左传》《国语》中有很多子产的言论，《清华简》中也有《子产》的篇章，可见《汉志》并未涵盖所有战国子书，我们依据《汉志》的诸子研究需要保留一定的余地，这是需要我们拿捏的分寸。至于方法，宁教授认为语言是一个重要路径，杨伯峻的《列子》辨伪成功地运用了这一方法。思想史也是不可忽视的，如有人认为孟子是民本思想的发明者，但从思想史的角度来看，早在西周时期就有了相近的主张，故而此论难以成立。体悟也是一个重要的方法，前些年郭店简出土后，人们对"慎独"有了新认识，古人的很多说法都被推翻了，但有两个人说的是对的，一个是王引之，一个是刘宗周，王引之用的是训诂路径，而刘宗周则用了体悟的方法，理学虽然有玄虚之弊，但它在体悟方面的优长还是值得"新子学"研究借鉴的。

石立善教授着重讨论了日本诸子学研究对"新子学"的启发。日本诸子学成果集中爆发于江户时代，通过《江户日本汉学著作丛目》的编纂可知，当时日本学者关于周汉诸子的学术著作可谓多如牛毛。总体来看，日本乃至整个域外的诸子学研究有以下三个值得关注的点：第一，老庄占据主流，这对于老学研究意义重大，如日本流传有早期的《河上公章句》，较好地保存了原貌。第二，日本读者与学者对中国古人注释诸子的成果颇感兴趣。如南宋林希逸关于《老》

《庄》《列》三书的《口义》系列，在日本风靡了数个朝代。可见中国人所著子学注释的在日流传史也是值得我们去讨论的。第三，日本学者关于子学典籍亦有许多注释，他们产生了哪些新见解，有哪些新突破，这也值得我们研究。但目前，中国对日本汉学的研究与日本对中国的研究相比是很不成比例的，这昭示着一个巨大的学术新空间，由此，"新子学"可以找到一个开新的方向，诸子学的边界也自然会开拓。

陈赟教授认为应在经学的参考下来理解子学，经学的特点是只能去理解、诠释与证成，并能得到制度化的支持，子学则是在论辩、争鸣中发展的，它未必与体制连接，而是一种个人的观点，经子共构的知识谱系导向的是多元与一体的结合，是在维护国家认同、政治共同体的前提下的多元开放。经子这种关系很像西方神学与哲学的关系，西方神学家们都在论证上帝信仰的必要性，而哲学家们则各不相同，每个人都有自己的问题意识与思想体系，彼此虽可沟通，却无法同化。在西方，神学与哲学的关系也一直是其知识结构的大问题。那么在当前，随着经学体系解体，子学的外部条件也有重大变化。新经学现在可分两种，一种是朱维铮先生提倡的"经学的历史研究"，一种是有经学之实而无其名的形态。或者还有一种理解，就是"后经学"，即传统经学已经死亡，现在没有新的经学来给子学的自我界定作参考，所以子学无边界，它可以涵盖一切，一切都可以拿来争论。仅就第一种情况（经学的历史研究）来看，现在的研究把经学纯粹当成了知识，不像古代那样作为经法宪章来看待，这造成了与现实生活的疏离，在这种情况下，与之相对应的子学研究怎么样才能是活的，让自己成为一种被启动的思想参与到当代人生活中去，这是"新子学"值得思考的方向。西方的古典学研究经验能给我们提供很多借鉴，现代的人文科学在展开时不能再完全依靠自然科学中的知识或真理范式，在解释学出现后，整个人文学面临的是一种解释问题，固定化、"真理"式的解释不存在了。郭象、王夫之、章太炎都在解释庄子，但他们各不相同，他们都在响应各自时代的问题，这启发我们应将古典文本作为一种活的文本来对待，只有我们用灵魂来释讲古典，它才能成为活的，也只有这样，诸子才能在我们今天的语境下为我们说话、对我们说话。

刘梁剑教授同样认为新的诸子学研究不能只停留在知识构建的方面，"新子学"应回到传统意义上的那种"学"，更多地体现生命关怀。另外，"新子学"应该注意当代性。一种是方法的当代性，从个人的研究走向团队的研究，"新子学"目前已逐渐形成了团队。另一种是文本方面，这要求我们回归传统文本的同时又能为它引进新的技术，如大数据研究之类。此外，当代性还体现在当代问题与当代关怀上，对于一些当代前沿的科学问题，"新子学"是应该关注的，比如现在有学者将《庄子》与脑科学研究结合起来，这有很大的启发性。最后，当代性意味着要关注当代主张，当代已有新儒家、新墨家、新道家、新法家等等，"新子学"要体现自己的超越性，可以考虑如何更深入地提炼"子学精神"，其中包括争鸣、多元等元素，在此基础上，儒家应被当作子学来对待，这在当代语境中有着非常重要的意义。

刘思禾博士认为目前诸子学研究应打破现代学科壁垒、摆脱一家一子的单一研究模式，真正做到以诸子学为研究对象，在这种意义上，它的研究对象是广泛但却又有边际的。所以，诸子学研究需要注意以下几个问题：第一，要正确理解诸子学的知识类型，它不是一种普世的知识体系，而是一种导师型的思想，即给一部分人的学问，这种知识体系包含着精英性、行动性、指导性等特征。另外，诸子学应界定为春秋末年到战国末年的思想与学术。这里涉及诸子时代的概念。这里的思想学术，包含了后来才兴起的经子关系，各种知识处于一种混合的状态，而以汉代之后的诸子概念去理解是有问题的。第二，诸子学研究所要讨论的主要问题。一方面是关于诸子知识体系的问题，这包括诸子的分派问题、经子关系问题、子与家的理解、诸子之起源等。这些问题关乎诸子知识体系的类型，需要认真关注。另一方面是关于诸子本身所关注的问题。诸子学的研究不是哲学研究，而是思想研究。我们所理解的思想研究，主要是研究中国早期文明的形成/转型中涉及的重要思想特征。比如上下秩序问题，比如度量意识的发展，比如道家的制度化问题，再比如官僚制的发展问题。以最后一个问题为例，孔子私学下移，带来贤能融入政治精英层问题。墨、慎、荀、韩递次展开了讨论，之间有承袭亦有驳斥，构成了一个辩论的链条。从亲贤之争到去贤，这反映了战国制度的一个变化，即原有的贵族体系崩溃后，形成了精英群体的制度想象与一个君主独立控制的制度想象，这可以归纳为委员会制和大首长制，后代如宋代、清代有类似的历史表现。类似的问题尚有十几个，都需要认真解决。第三，研究立场是中国性还是普遍性。在研究诸子学的时候，一种立场是以同情地理解中国文明为主，最大程度上接近诸子时代的思想真相。还原性的理解，背后有一个文化的中国立场。还有一种，就是追求对问题本身的普遍理解，并且尽量去公允地评判或者批判诸子思想，这强调客观的哲学/思想问题，背后是一个普遍的理性态度。二者既有研究思路的不同，也有不同的立场。这二者之间有交集，但是仍旧是不同的方式。如何协调两种立场，是需要去认真思考的。

陈成吒博士认为经子及其关系认知的确是"新子学"所要面对的一个重要问题。单就两者所表现出来的基本特点而言，经学强调"一尊""统一意识""信仰"与"遵从"，子学更多地强调"多元对等""个体性""质疑""辩驳"与"知行合一"。至于两者的关系，在相当长的一段历史时期里，人们基本上遵循"因经而有子""以子而通经"这种观念。但实际这只是刘向、班固等人在经学思想主导下形成的看法，在他们之前，《庄子·天下》作者、司马谈等在论说子学时都不参照经学而言。因此,它并非从来就是如此的固有之见,只是某个历史阶段某些理论家的看法而已,虽然影响很大,但在历史上也造成了许多异化、伤害。今天的我们显然要理解他们,但不该因循,而是做出新的溯源与建构。至于涉及经典的阅读与诠释问题,许多时候人们好像能从中发现放之四海而皆准、古今皆然的"真理"。但这些"真理"究竟是文献的本义,还是读者自身体悟出的人生社会思想呢?这里就又牵扯出"六经注我",还是"我注六经",以及汉学、宋学的论争。但从某些方面来说,人们的"心灵元结构"是相通的,只要正心诚意,就能融合个体与整体、历史与现实,以及汉学与宋学、经学与子学等。当然,就子学而言,四海的差异、古今有别才是更为重要的部分,世界并非"和而不同",而是"不同而和"。另外,眼下兴盛的大数据人文研究,目前尚处于人文数据化阶段,但它将来的影响会更为突出,因为它意味着学术研究主体以及对象的彻底改变,这对子学研究的意义也不可忽视。

方勇教授在总结时提到,目前的学科划分越来越细,各学科间存在着壁垒,这对子学研究极为不利,会极大地损害其整体性,掩盖它的一些重要问题意识。所以诸子研究由分散到融合是其必然的发展方向。这次各位专家能会聚一堂,从各自领域畅谈子学与"新子学",相互交流,共同探讨,对探索子学的综合式研究有着重要的意义。时代在发展,之前子学研究中各守一隅的小作坊模式已面临困境,现在需要学界共同协作、开辟新途。"新子学"将持续推进这方面的工作,使子学研究走向康庄大道,让诸子学实现全面的复兴!

(原载于《诸子学刊》第二十一辑,作者单位:复旦大学哲学学院)

探索中国文化创造性转化"新子学"研究引学界热议

陈 香

本报讯（记者 陈香） 子学产生于文明勃兴的"轴心时代"，是以老子、孔子等为代表的诸子百家汲取王官之学精华，结合时代新因素创造出来的新学术。自诞生以来，子学便如同鲜活的生命体，在与社会现实的不断交互中自我发展。当下，它正再一次焕发活力，呈现出新的生命形态——"新子学"。华东师范大学中文系教授、先秦诸子研究中心主任，《子藏》总编纂方勇先生立志于中国文化的当代重构，倡导"新子学"研究已有十载。近日方勇先生文集《方山子文集》出版之际，其"新子学"研究又一次引发学界关注和热议。

《方山子文集》精装31册，由学苑出版社于今年6月正式出版，包括《藏山集》《子藏纪事》《"新子学"构想》《卮言录》《上林集》《存雅堂遗稿斠补》《南宋遗民诗人群体研究》《庄子十日谈》《庄子书目提要》《庄子学史》《庄学史略》《庄子诠评》《庄子纂要》《庄子今诂》《孟子今诂》《墨子今诂》《荀子今诂》《周汉文钞》《书径掠影》等，皆方勇教授手自校雠，前后历时八载，充分体现了其学术"致广大而尽精微"的特点。该集可大致分为《庄子》研究系列、《子藏》系列、"新子学"系列、文化普及系列、地域文化研究系列和杂纂六个系列。《庄子》研究系列包括《庄子诠评》《庄学史略》《庄子学史》等七种，从注解、学史梳理、文献搜集、史料整理、书目提要到文化普及，展现了方教授由约而丰、多层次展开的庞大庄学研究体系；《子藏》系列主要包括《子藏纪事》，是对《子藏》这一巨型文化工程建设过程的编年式史料搜集与整理，有裨于子学爱好者对这一文化盛事的全面了解；"新子学"研究系列主要包括《"新子学"构想》，该书汇编2012年"新子学"构想提出以来相关重要文章和资料，是对"新子学"近十年发展历程的回顾及长远发展的展望。

在方勇教授看来，商周以来的传统知识系统，实可分为两大部分：一为王官之学。它是以周公为代表的西周文化精英，承上古知识系统并加以创造发明的礼乐祭祀文化，经后人加工整理所形成的谱系较为完备的"六经"系统。一为诸子之学。它是以老子、孔子等为代表的诸子百家汲取王官之学的思想精华，并结合新的时代因素独立创造出来的子学系统。"六经"系统包含了中华学术最古老、最核心的思想智慧，因而在历朝历代均受到重视，西汉以后一直被尊为中华文化的主流思想而传承至今。子学系统则代表了中华文化最具创造力的部分，是个体对宇宙、社会、人生的深邃思考，是在哲学、美学、政治、经济、军事、教育、技术等诸多领域多维度、多层次的深入开掘。它们共同构成中华文化的两翼，为中华文明的薪火相传奠定了深厚思想基础。

方勇教授强调，子学之"子"并非传统目录学"经、史、子、集"之"子"，而应是思想史"诸子百家"之"子"。"新子学"研究应结合历史经验与当下新理念，加强诸子学资料的收集整理，将散落在序跋、目录、笔记、史籍、文集等不同地方的资料，辨别整合、聚沙成塔；同时，深入开展诸子文本的整理工作，包括对原有诸子校勘、注释、辑佚、辑评等的进一步梳理；最终，要在上述基础上，阐发诸子各家各派的精义，梳理出清晰的诸子学发展脉络，并用诸子的思想去解决现当代的实际问题。

此外，近代以来，中国学术文化被迫进入一个长期动荡的转型过程。传统被放弃，现代学术开始完全西化；接着，又全盘苏化；之后，挟"全球化"的雷霆，西化之风暴再次袭来：方法革命接踵而至，新词汇、新理论层出不穷，学界成了西方文化理论的倾销市场。面对这样的学术发展历程，人们当然会感慨万千。

"'新子学'主张的提出，就是对这一困境的反省。要在学术的洪流中辨清方向，我们有必要反观自身，既对传统学术文化有所反省，也对现代的学术文化方向有所反省。"方勇教授表示，其关节点就是要突破两种不同的学术分类法，找到自己的理解框架。今天我们理解中国传统学术的框架有两个，一个是经、史、子、集四部分类法，源出中国早期的目录编纂学，是过去最基本的学术分类。另一框架则是民国以来的现代学制，其中中国学术多划归人文科学范围，也就是常说的文史哲学科。今天的大多数研究还是在这样的学科框架下进行的。而"新子学"要在复合多元的学术森林中找寻中国古代学术思想之真，用批判的视角去看待现代的学科体系，重新划定研究对象，调整研究思路，补上学科框架下剪裁掉的东西。"新子学"还要努力推进具有中国气派的现代学术的生长。

"方勇教授自1999年进入华东师大中文系以来，潜心学术，成果丰硕。方勇教授创建先秦诸子研究中心、创办学术刊物《诸子学刊》、启动《子藏》编纂工程、提出'新子学'的学术理念，引起了学术界的广泛关注和反响。"华东师范大学中文系主任文贵良教授提出，方勇教授的学术研究三位一体——底层是广博的文献整理，中层是独特的阐释创见，顶层是开放的文化关怀，三者形成了他"新子学"构想的学术大厦。而这一学术构想，正是谭嗣同、梁启超、章太炎等晚清学人在中西文化碰撞中所开始的中国文化创造性转化的延续，更是探索中国学术话语主体性的尝试之一。

北京大学哲学系讲席教授陈鼓应先生为《方山子文集》作序。他对方勇教授推动子学发展的贡献给予高度评价，认为《子藏》"为今后诸子学研究奠定了坚实的基础，可谓功德无量"；"新子学"理念的提出和以"新子学"为主题的国际学术会议的持续召开、《"新子学"论集》的出版，"有学术创新与思想变革意义"，"为诸子学整体发展提供坚实而富有生机的新力量"。陈鼓应指出，古人的智慧如何与当下现实相结合，应是"新子学"下一步重点研究的方向。

"'新子学'重在创新，与时俱进，重视诸子学在新时代的应用，解决现实的问题。如果不能用古人的智慧解决现在的问题，那还是做古董研究。"北京大学中文系教授张双棣如是说。

中国社会科学院文学研究所研究员陆永品梳理了方勇教授的学术发展轨迹，谓之学以立其诚，《庄子学史》筑其基，《子藏》壮其功，"新子学"伟其业，并概括其治学特点一是重文献，二是通义理，三是境界大，四是有担当，五是有恒心。陆永品认为，在诸子学近代以来的发展中，胡适先生开现代学术风气之先；魏际昌教授着力于诸子学的文学研究与源流分析；方勇教授注重文献搜集与学史梳理，兼以"新子学"理念为纲领。这是一条代代相传的学术脉络。

（原载于《中华读书报》2020年10月21日第1版）

纵贯诸子之"体",横彰新子之"魂"
——"第九届'新子学'国际学术研讨会"召开

张 愈 贾楚楚

10月23日,由中国台湾地区"中国文化大学"文学院主办、华东师范大学先秦诸子研究中心协办的"第九届'新子学'国际学术研讨会"在中国台北召开,此次会议采取线上线下共同进行的方式举办。来自中国大陆、港澳台地区以及日本、韩国等国家的51位诸子学专家学者及博士生、博士后,就诸子学与当代文明思潮、子学与传统学术转型、"新子学"的发展和"《子藏》学"的定义及拓展,尤其是"新子学"如何由学术理念向文化立场转化等议题,展开了深入探讨。

在会议开幕式上,"中国文化大学"中文系主任王俊彦主任发表了致辞,他表示:"基于对儒、道、法、阴阳家等传统子学的继承与子学回应现代化课题的要求与共同兴趣,'中国文化大学'文学院与上海华东师大先秦诸子研究中心的方勇教授开始了密切的学术与交流合作,以共同推进两岸以及日本、韩国的'新子学'发展为目标。本次会议邀请了台湾地区与大陆以及日本、韩国等38所高校的学者来进行学术交流,大大扩展了'新子学'的国际视野。同时,本次会议还特别开设了博士生专场用以培养诸子学及'新子学'的后备力量,从而使子学文化延绵不绝,薪火相传。"

"中国文化大学"副校长王淑音在大会致辞中也表示："经过多年的推动，新子学已经在两岸三地及日本、韩国等国家落地扎根，并蔚然成为思想界的新的学术风潮，引起了诸多关注与回响。历史上的子学文化博大精深，历代学者面对同一论题时，都会因时代的不同而产生不同的理解。到如今现代化成为全球思潮主流的时候，对孔、孟、老、庄等传统子部之学的解释自然应赋予新的时代意义。"她还指出，"'新子学'会议是上海华东师范大学先秦诸子研究中心方勇主任倡导发起的两岸学术交流项目，已取得重大成就。方勇主任团队并且启动了《子藏》编纂工程，收录各种诸子学著作近4000种，同时对各种诸子著述都撰写了提要，全书约1300册，接近《四库全书》的体量，成为'新子学'的有力支撑。"最后，王校长强调"'中国文化大学'文学院与上海华东师大，有长期轮流举办研讨会的传统，彼此之间已有四次举办学术研讨会的经验。单就我院与上海华东师大先秦诸子研究中心而言，每年都有学术交流活动。此次会议，已是'中国文化大学'第二次举办'新子学'会议，这对推动两岸之间的学术交流有重大意义。"

方勇在致辞时指出："'新子学'不仅是一个学术理念，更是一种文化立场。这一理念意味着要让传统诸子学在当代开出新局面，'新'不仅是研究手法的创新，更是要让子学与新时代对接，在当代形成新的形态。同时以'新子学'为核心，我们还希望可以开出多条路径，切实为子学发展创新局面。我先秦诸子研究中心主持的子学文献集成《子藏》已经接近尾声，第六批成果发布会也即将在下月举行。结合《子藏》，我们提出了'子藏学'理念，期望通过《子藏》的出版带动子学研究在方法和理念层面的创新。在《子藏》项目结束后，我们马上还要启动《子藏·海外编》，我们将对海外子学文献做一个全面的调查和搜集，希望能与在座诸位共同完成复兴子学的理想！"

在之后的主题报告中，方勇以《"务为治"："新子学"的学术理念与价值诉求》为基石，介绍了"新子学"理论发展的最新成果。方教授指出，诸子学研究一直存在"体"之离散与"魂"之缺失的问题。"体"之离散表现在历代学者对诸子学的整体样貌缺乏专门的探讨，忽略了各思想家之间的相互关联，更未注意到相互关联的各家以何种结构共同组成了诸子学，前代学人主要是对某一子做专题研究，很少将其置于先秦诸子的整体中来审视。辑录的佚文及出土的文献虽有助于我们深化对某个关键思想家的理解，继而疏通先秦学术的整体脉络，但要真正呈现出整体的诸子学，尚有待我们自觉的理论建构。自《汉志》以来，历代的子部系统均收录驳杂而又有繁复的'类子学'书目，同时又以僵硬的框架来切割思想家群体，这使得诸子原本浑融一体的文化样貌与理论指归被彻底割裂，这是子学之体的必然离散。所以，把握诸子共同的概念、论域及问题意识，重现诸子整全系统是重寻子学之魂的途径，复归诸子团体原有的"务治"性亦是我们追求的最终目标之一。此外，方勇还指出，子学作为华夏文明的原生理念，在中国文化中具有"继往开来"之姿，围绕着"治"，中国文化在内部可获得一种统一性，在外部可获得一种区别于其他文明的标识。由此路径向旁延伸，可发现西学精神并未能涵括诸子。"新子学"提倡复归诸子的中国性，不能将西学的问题意识作为理解诸子时代思想的理论前提，这二者之间具有较大的文化差池与时代分野。与此同时，诸子所特有的"一体多元"特点，保留了中国文化最原初的理论样式，使中国文化在面对外来文化时既能保持自己的主体性，又能兼顾包容性。因此，"新子学"在当代诸子文化发展中须以争鸣之态登场，以包容之心的审视，以复兴子学为己任，以探索中华文化的新方向为归旨，积极廓清诸子百家的思想主脉，将中华子学之理念转化为中华文化之立场，并且在一体和多元的视域中找到平衡点，以拓宽子学思想的发展渠道。这样，子学精神与子学内涵才能复归于当下，进而构建起一条完整的，富含时代文化生机的诸子学链条。

在后续的分论坛会议中，"《子藏》学"作为一个关键议题被反复提及。国家图书馆副馆长张志清早在《子藏》第五批成果发布会上就已经指出："《子藏》以近于《四库全书》的体量，真正实现了再造一部大典的壮举，《子藏》的编纂和'《子藏》学'概念的提出，为古籍再生性保护和学术化的研究利用提供了良好示范。"上海财经大学中文系主任陈成吒就"新子学"与"《子藏》学"的交互关系发表了个人看法，他认为："《子藏》学的建构及其意义有赖于'新子学'理念的方法论指导，'新子学'的相关成果也依托于《子藏》文本的层级积累，二者属于基础与进一步深化创新的关系。在《子藏》之前，历史上对子学文本的研究总处于孤立、零碎、割裂的状态，但在《子藏》推动起来之后，子学源头'诸子百家'的文本展现在我们面前，并且鲜活地呈现着子学文本的生命性与演化性。此外，《子藏》学凭借新颖的研究宗旨以及'新子学'理念所带来的创新性修编原则和思路，一跃成为当今古文献研究领域中的显学，可与'敦煌学''四库学'等相观照，甚至在某些研究理念和方法层面，还超越了后两者。"他同时提出："《子藏》只是一个代表，它是对子学源头先秦两汉'诸子百家'历史文本的整理。这只是一个开始，我们还要继续梳理魏晋以后各子的历史文献，如《续子藏》"。华东师范大学博士生王泽宇也表示："'《子藏》学'弥补了《汉》《隋》二志在文本理念与辑书实践方面的缺失之处，不仅搜罗了大量被《汉志》《隋志》舍弃的书目，还将傅山以来的'经子平等'发展为'诸子平等'，将儒道等显学与杂家、名家等末流学派平等视之，从而保证了各派思想在当今多元浑融的文化体系中得以进一步传承。"

此外，本次会议还着重探讨了诸子学认知及发展过程中的一些问题，旁涉诸子学的基本原理与现代应用、多学科互融的诸子学研究、诸子思想及学术的专题研究等多个领域，大大开拓了"新子学"研究的内在层次和新的增长点。

（原载于：文汇报官网 http：//www.whb.cn/zhuzhan/xinwen/20211026/430650.html）

纵贯诸子之"体",横彰新子之"魂"
——第九届"新子学"国际学术研讨会成功召开

王若弦

10月23日,由台湾"中国文化大学"主办、华东师范大学先秦诸子研究中心协办的"第九届'新子学'国际学术研讨会"在台北市隆重召开。本次会议共有来自中国大陆、港澳台、日本、韩国等地的38所高校51位专家学者参会。会议议题涉及先秦诸子以及后代诸子在义理、学术史、思想史上的新思考,还有"新子学"与"《子藏》学"的共通性等内容,会议尤其关注了"新子学"的学术理念、价值诉求,以及"新子学"在新时代对文化的接续与使命等问题,与会人员对此进行了集中讨论与思考。

此次会议采取在线、线下同时举行。研讨会开始,首先由华东师范大学先秦诸子中心方勇教授宣读了《"务为治":"新子学"的学术理念与价值诉求》的论文。论文指出,诸子学研究一直存在"体"之离散与"魂"之缺失的问题,使得子学在形态上显得零碎、在理论上缺乏自觉。"新子学"承袭司马谈的理解,视诸子各家为"务为治"之学,并在路径上有"一致而百虑"的特征。而在现代语境下,求"治"可对应为对不同文明形态内部及外部相互关系的整体性理解,由"治"或文明的视角,我们便可把握到诸子学的整体性。客观来说,诸子各家思想是秦汉后中国文明的基石与基调,因此由诸子学的整体性可反观中华文化的主体性，同时由诸子学内部的多样性可以理解中华文化的包容性，基于此，"新子学"由一种学术理念而延伸为一种文化立场。立足此点，"新子学"也在探讨另一种全球化的可能性。方勇教授认为应该将"新子学"放在一个更加宏阔的视野之中，并在文章中阐述了"新子学"在新时代需要担负起的文化使命及其可能性。

很多学者和方勇教授一样秉持着以文化视角来探讨子学与"新子学"的历史及社会价值，如福建师范大学文学院欧明俊教授的《论"子学精神"及其对"新子学"的启示意义》，兰州城市学院刘洁副教授的《"新子学"与中华文化认同》，宁波大学人文与传媒学院讲师张耀的《论"新子学"如何延续诸子学在危机应对上的优势与智慧》，几位学者都在文章中聚焦子学应世的实用价值，注重发掘其内在精神和独特的文化内涵，思考"新子学"及子学精神对中华文化的独特价值，参会学者也一致认为在此基础上，"新子学"的具体含义、理念等方面问题应该被进一步研究与讨论。

另外，值得一提的是，本次研讨会对"《子藏》学"这个新概念进行再度思考阐发。"《子藏》学"是《子藏》总编纂方勇教授于 2019 年 11 月在上海召开的"《子藏》第五批成果发布会"上首次提出的又一学术概念。此后，专家学者不断对这个概念进行思考。

此外，有些学者从文献、学术史的角度观照"新子学"和"子学"、传统学术之间的关系，力图在与传统的接续中来对"新子学"进行价值定位。扬州大学文学院贾学鸿教授认为，要选择适合普通大众个体的接受方式进行有效传播，是当下"新子学"的任务。

从 2012 年方勇教授首次提出"新子学"理念到现在已有九年。到目前为止，海内外发表的"新子学"论文已经有 300 余篇，《"新子学"论集》已经出版三辑,国际学术会议也在上海、厦门、兰州、台湾以及韩国成功举办九届,引起了中日韩及东南亚、欧美多国广泛的参与和思考。

(原载于新民网 http://newsxmwb.xinmin.cn/world/2021/11/08/32059979.html)

"新子学"如何由学术理念向
文化立场转化

贾楚楚　张　愈

10月23日,由台湾"中国文化大学"文学院主办、华东师范大学先秦诸子研究中心协办的"第九届'新子学'国际学术研讨会"在台北召开,此次会议采取线上线下共同进行的方式举办。来自内地和港澳、台湾地区,以及日本、韩国等国家的51位诸子学专家学者及博士生、博士后,就诸子学与当代文明思潮、子学与传统学术转型、"新子学"的发展和"《子藏》学"的定义及拓展,尤其是"新子学"如何由学术理念向文化立场转化等议题,展开了深入探讨。研讨会开幕式由"中国文化大学"中文系主任王俊彦教授主持,"中国文化大学"副校长王淑音、台湾政治大学特聘教授陈逢源、台湾前华梵大学校长高柏园、台湾师范大学国文系副主任郑灿山、华东师范大学大先秦诸子研究中心主任方勇、西北师范大学文学院院长马世年、日本熊本县立大学文学部教授山田俊、韩国成均馆大学校东ACIA学术院曹玟焕等出席了会议。

在会议开幕式上,王俊彦主任发表了致辞,他表示:"基于对儒、道、法、阴阳家等传统子学的继承与子学回应现代化课题的要求与共同兴趣,'中国文化大学'文学院与上海华东师大先秦诸子研究中心的方勇教授开始了密切的学术与交流合作,以共同推进两岸以及日本、韩国的'新子学'发展为目标。本次会议邀请了中国大陆与台湾地区，以及日本、韩国等38所高校的学者来进行学术交流，大大扩展了'新子学'的国际视野。同时，本次会议还特别开设了博士生专场用以培养诸子学及'新子学'的后备力量，从而使子学文化延绵不绝，薪火相传。"

　　王淑音副校长在大会致辞中也表示，"经过多年的推动，新子学已经在中、日、韩等国家落地扎根，并蔚然成为思想界的新的学术风潮，引起了诸多关注与回响。历史上的子学文化博大精深，历代学者面对同一论题时，都会因时代的不同而产生不同的理解。到如今现代化成为全球思潮主流的时候，对孔、孟、老、庄等传统子部之学的解释自然应赋予新的时代意义。"她还指出，"'新子学'会议是上海华东师范大学先秦诸子研究中心方勇主任倡导发起的两岸学术交流项目，已取得重大成就。方勇主任团队并且启动了《子藏》编纂工程，收录各种诸子学著作近4000种，同时对各种诸子著述都撰写了提要，全书约1300册，接近《四库全书》的体量，成为'新子学'的有力支撑。"最后，王校长强调"'中国文化大学'文学院与上海华东师大，有长期轮流举办研讨会的传统，彼此之间已有四次举办学术研讨会的经验。单就我院与上海华东师大先秦诸子研究中心而言，每年都有学术交流活动。此次会议，已是'中国文化大学'第二次举办'新子学'会议，这对推动两岸之间的学术交流有重大意义。"

　　方勇教授在致辞时指出"'新子学'不仅是一个学术理念，更是一种文化立场。这一理念意味着要让传统诸子学在当代开出新局面，'新'不仅是研究手法的创新，更是要让子学与新时代对接，在当代形成新的形态。同时以'新子学'为核心，我们还希望可以开出多条路径，切实为子学发展创新局面。我先秦诸子研究中心主持的子学文献集成《子藏》已经接近尾声，第六批成果发布会也即将在下月举行。结合《子藏》，我们提出了'子藏学'理念，期望通过《子藏》的出版带动子学研究在方法和理念层面的创新。在《子藏》项目结束后，我们马上还要启动《子藏·海外编》，我们将对海外子学文献做一个全面的调查和搜集，希望能与在座诸位共同完成复兴子学的理想！"

在之后的主题报告中，方勇教授以《"务为治"："新子学"的学术理念与价值诉求》为基石，介绍了"新子学"理论发展的最新成果。方教授指出，诸子学研究一直存在"体"之离散与"魂"之缺失的问题。"体"之离散表现在历代学者对诸子学的整体样貌缺乏专门的探讨，忽略了各思想家之间的相互关联，更未注意到相互关联的各家以何种结构共同组成了诸子学，前代学人主要是对某一子做专题研究，很少将其置于先秦诸子的整体中来审视。辑录的佚文及出土的文献虽有助于我们深化对某个关键思想家的理解，继而疏通先秦学术的整体脉络，但要真正呈现出整体的诸子学，尚有待我们自觉的理论建构。自《汉志》以来，历代的子部系统均收录驳杂而又有繁复的'类子学'书目，同时又以僵硬的框架来切割思想家群体，这使得诸子原本浑融一体的文化样貌与理论指归被彻底割裂，这是子学之体的必然离散。所以，把握诸子共同的概念、论域及问题意识，重现诸子整全系统是重寻子学之魂的途径，复归诸子团体原有的"务治"性亦是我们追求的最终目标之一。此外，方教授还指出，子学作为华夏文明的原生理念，在中国文化中具有"继往开来"之姿，围绕着"治"，中国文化在内部可获得一种统一性，在外部可获得一种区别于其他文明的标识。由此路径向旁延伸，可发现西学精神并未能涵括诸子。"新子学"提倡复归诸子的中国性，不能将西学的问题意识作为理解诸子时代思想的理论前提，这二者之间具有较大的文化差异与时代分野。与此同时，诸子所特有的"一体多元"特点，保留了中国文化最原初的理论样式，使中国文化在面对外来文化时既能保持自己的主体性，又能兼顾包容性。因此，"新子学"在当代诸子文化发展中须以争鸣之态登场，以包容之心的审视，以复兴子学为己任，以探索中华文化的新方向为旨归，积极廓清诸子百家的思想主脉，将中华子学之理念转化为中华文化之立场，并且在一体和多元的视域中找到平衡点，以拓宽子学思想的发展渠道。这样，子学精神与子学内涵才能复归于当下，进而构建起一条完整的，富含时代文化生机的诸子学链条。会议现场马世年院长在报告中对"新子学"的价值展开了分析，他认为"'新子学'既是对晚清以来诸子学传统的赓续，也是现代诸子学研究范式的推进与突破，同时也是构建中国学术体系、话语体系的具体实践。在之后的发展过程中，'新子学'必将回归到诸子学史的传统当中，并逐渐成为一个开放、多元的学术系统。"台湾淡江大学中文系教授殷善培指出，"儒家其实绕不开宗教议题，佛学与佛教、道家与道教、儒家与儒教，都各自成一体两面，儒家若恪守士大夫儒学的传统恐怕就只能成为书斋中的学问，无法深入群众，'内圣外王'也就成了空谈。三教、九流、百家'为善殊途，咸归于治'，'各有所施，要在圆融'。时至今日，文化共通的形势愈演愈烈，'毋患多歧，各有所施'、'和以召和，明良类'的融通精神，正是应对儒门淡薄的良药，而'新子学'的精神正是在此！"

在后续的分论坛会议中，"《子藏》学"作为一个关键议题被反复提及。国家图书馆副馆长张志清早在《子藏》第五批成果发布会上就已经指出："《子藏》以近于《四库全书》的体量，真正实现了再造一部大典的壮举，《子藏》的编纂和'《子藏》学'概念的提出，为古籍再生性保护和学术化的研究利用提供了良好示范。"上海财经大学中文系主任陈成吒就"新子学"与"《子藏》学"的交互关系发表了个人看法，他认为"《子藏》学的建构及其意义有赖于'新子学'理念的方法论指导，'新子学'的相关成果也依托于《子藏》文本的层级积累，二者属于基础与进一步深化创新的关系。在《子藏》之前，历史上对子学文本的研究总处于孤立、零碎、割裂的状态,但在《子藏》推动起来之后,子学源头'诸子百家'的文本展现在我们面前,并且鲜活地呈现着子学文本的生命性与演化性。此外,《子藏》学凭借新颖的研究宗旨以及'新子学'理念所带来的创新性修编原则和思路,一跃成为当今古文献研究领域中的显学,可与'敦煌学''四库学'等相观照,甚至在某些研究理念和方法层面,还超越了后两者。"他同时提出,"《子藏》只是一个代表,它是对子学源头先秦两汉'诸子百家'历史文本的整理。这只是一个开始,我们还要继续梳理魏晋以后各子的历史文献,如《续子藏》"。并表示"在此之后,除了做相应的文献整理与文本研究外,还可以撰写各子、各家子学通史,乃至'中国诸子学通史'等等"。华东师范大学博士生王泽宇也表示,"'《子藏》学'弥补了《汉》《隋》二志在文本理念与辑书实践方面的缺失之处,不仅搜罗了大量被《汉志》《隋志》舍弃的书目,还将傅山以来的'经子平等'发展为'诸子平等',将儒道等显学与杂家、名家等末流学派平等视之,从而保证了各派思想在当今多元浑融的文化体系中得以进一步传承。"华东师范大学博士生何雪利更是以"以《子藏》为木铎,开子学之新篇"为题,提交了首届"《子藏》学"研讨会议综述,将专家学者针对"《子藏》学"所提出的各种观点与建议进行了充分吸纳,是目前了解"《子藏》学"最为全面的文章。

在"新子学"的其他议题上,扬州大学文学院贾学鸿教授对"新子学"的学术理念及学术任务发表了看法,她指出,"新子学之新,在于它要在学术大众化时代,发挥对现实世界的引导功能。需要综合传统训诂方法与西方哲学理念,重新考察先秦诸子原典的内涵,作出历史性的阐释,是'新子学'发展的基础。选择适合普通大众个体的接受方式进行有效传播,则是当下'新子学'的任务。"扬州大学文学院讲师曾建华继续就"新子学"的学术理念展开了讨论,他指出,"'新子学'若想真正形成独立的理论体系,首先便要突破

'国学'（空间观念的限制）与'哲学'（学科观念的限制）之范畴，甚至还应突破整个'古典学'（时间观念的限制）的思维局限。"福建师范大学文学院教授欧明俊则立足于"新子学"精神，他表示，"'新子学'所彰显的'子学精神'，还可以具体扩充为诸如"子学精神"还有独立精神、乐观精神、执着精神、理性精神、仁爱精神、平等精神、经世济民精神、弘道殉道精神、超越精神等多种文化因素，这对构建独具中国特点的新的话语体系和理论体系而言，亦具有相应的指导意义。"浙江科技学院中文系教授张涅从方勇教授的《方山子文集》出发，论述了从中脱颖而出的"新子学"理念以及所带来学术影响，并指出"'新子学'是基于对现代文化思潮的宏观认识，属于思想范畴，而并非哲学概念。"南阳师范学院副教授揣松森从《汉志·诸子略》入手，探讨了"诸子"的具体概念，他表示"所谓'诸子'应指思想史中的'诸子百家'，即述道见志而成一家之言者。并且认为诸子一名应包含三义（人、学、书），方勇教授所提'新子学'理念，即承此而来。"

南昌大学国学院讲师王小虎认为，"诸子学是尧舜之道的自觉与舒展，而'新子学'作为一种以呼应时代精神为思想目标的学术理念，亦同似于唐代古文运动、五四新文化等文化运动样式。其深刻的历史原因和思想目标都是对'天下一体''天下为公'的自觉追寻，都是因顺应时代精神而出现。故此，'新子学'作为一种学术思潮当定位在孔子所论'富之''教之'的社会发展阶段，应朝着构建和践行'人类命运共同体'的方向努力。'"兰州城市学院副教授刘洁对"新子学"与"中华文化认同"之间的辩证关系进行了爬梳，并对方勇先生的"务治"说提出了回应。她指出"反省是中华文化自我更新的动力，与多元性、融合性一起构成中华文化的原始基调。诸子各家的最终目的都是以施'治'为要，来推动社会的整体进步和人民的安居乐业。"

上海师范大学外国语学院讲师欧梦越表示，"历代皆有'新子'产生，中国文化的谱系就是在不断地'造经'与'造子'中层累实现的，其中严复作为'新子'代表，其前瞻性、超越性、预流性的学术思想具有开一代风气之先的典型意义，'新子学'须对其着重关注。"宁波大学人文与传播学院讲师张耀提出，"诸子学具有直面危机的核心特质，在这方面应得到'新子学'的继承，其危机应对的智慧也应得到'新子学'的创造性转化。"华东师范大学博士后袁朗从"新子学"内容史到方法史过渡的角度切入，论述了《老子》学史的重构过程，她表示"这既是'新子学'确立主体地位的样板范例，也是建立子学研究中国范式的一次积极尝试。"福建师范大学博士生庄秀婷则提出，"'新子学'不仅要重义理之学、考据之学，还应重视'辞章之学'，要加强子部之学与集部之学、哲学与文学的跨界会通。"

此外，本次会议还着重探讨了诸子学认知及发展过程中的一些问题，旁涉诸子学的基本原理与现代应用、多学科互融的诸子学研究、诸子思想及学术的专题研究等多个领域，大大开拓了"新子学"研究的内在层次和新的增长点。

（原载于澎湃新闻网 2021-10-27 https：//www.thepaper.cn/newsDetail_forward_15082121）

筑牢子学之基　唤醒子学之魂
——第九届"新子学"国际学术研讨会举行

黄　柯

10月23日，由台湾"中国文化大学"文学院主办、华东师范大学先秦诸子研究中心协办的"第九届'新子学'国际学术研讨会"在台北召开。会议采取线上、线下相结合的方式举行。来自中国大陆、港澳台地区，以及日本、韩国等国家的51位诸子学专家学者及博士生，就诸子学与当代文明思潮、子学与传统学术转型、"新子学"的发展和"《子藏》学"的定义及拓展等议题，展开了深入探讨。王淑音、陈逢源、高柏园、王俊彦、郑灿山、方勇、马世年、山田俊、曹玟焕等主办方代表、专家学者出席会议。

王淑音说，经过多年的推动，"新子学"已经在两岸三地，以及日本、韩国等国家落地扎根，并蔚然成为思想界的新的学术风潮，引起了诸多关注与回响。历史上的子学文化博大精深，历代学者面对同一论题时，都会因时代的不同而产生不同的理解。到如今现代化成为全球思潮主流的时候，对孔、孟、老、庄等传统子部之学的解释自然应赋予新的时代意义。

方勇表示，"新子学"不仅是一个学术理念，更是一种文化立场。这一理念意味着要让传统诸子学在当代开出新局面，"新"不仅是研究手法的创新，更是要让子学与新时代对接，在当代形成新的形态。华东师范大学先秦诸子研究中心主持的子学文献集成《子藏》已经接近尾声。结合《子藏》，我们提出了"《子藏》学"理念，期望通过《子藏》的出版带动子学研究在方法和理念层面的创新。

马世年认为，"新子学"既是对晚清以来子学传统的赓续，也是对现代诸子学研究范式的推进与突破，同时也是构建中国学术体系、话语体系的具体实践。在之后的发展过程中，"新子学"必将回归到诸子学史的传统当中，并逐渐成为一个开放、多元的学术系统。

在分论坛中，"《子藏》学"作为一个关键议题被反复提及。陈成吒就"新子学"与"《子藏》学"的交互关系发表了看法："《子藏》学的建构及其意义有赖于'新子学'理念的方法论指导，'新子学'的相关成果也依托于《子藏》文本的层级积累，二者属于基础与进一步深化创新的关系"。《子藏》学凭借新颖的研究宗旨以及"新子学"理念所带来的创新性修编原则和思路，一跃成为当今古文献研究领域中的显学。"《子藏》是对子学源头——先秦两汉'诸子百家'历史文本的整理。这只是一个开始，我们还要继续梳理魏晋以后各'子'的历史文献，如《续子藏》。在此之后，还可以撰写各'子'、各家子学通史，乃至'中国诸子学通史'等。"王泽宇表示，"《子藏》学"搜罗了大量被《汉志》《隋志》舍弃的书目，将儒、道等显学与杂家、名家等学派平等视之，从而保证了各派思想在当今多元浑融的文化体系中得以进一步传承。

谈到"新子学"的学术理念，贾学鸿说，"新子学"之新，在于它要在学术大众化时代，发挥对现实世界的引导功能。需要综合传统训诂方法与西方哲学理念，重新考察先秦诸子原典的内涵，作出历史性的阐释，这是"新子学"发展的基础。选择适合普通大众个体的接受方式进行有效传播，则是当下"新子学"的任务。曾建华认为，"新子学"若想真正形成独立的理论体系，首先便要突破"国学"（空间观念的限制）与"哲学"（学科观念的限制）之范畴，甚至还应突破整个"古典学"（时间观念的限制）的思维局限。欧明俊表示，"新子学"所彰显的"子学精神"，可以具体扩充为诸如仁爱精神、平等精神、超越精神等多种文化因素，这对构建独具中国特色的新的话语体系和理论体系具有相应的指导意义。刘洁对"新子学"与"中华文化认同"之间的辩证关系进行了爬梳，认为"反省是中华文化自我更新的动力，与多元性、融合性一起构成中华文化的原始基调。诸子各家的最终目的都是以施'治'为要，来推动社会的整体进步和人民的安居乐业"。庄秀婷提出，"新子学"不仅要重义理之学、考据之学，还应重视辞章之学，要加强子部之学与集部之学、哲学与文学的跨界会通。

会议还着重探讨了诸子学认知及发展过程中的一些问题，旁涉诸子学的基本原理与现代应用、多学科互融的诸子学研究、诸子思想及学术的专题研究等多个领域，大大开拓了"新子学"研究的内在层次和新的增长点。各学科专家学者为诸子学及"新子学"的未来发展建言献策，充分彰显了当代子学文化与子学精神的强大号召力。通过此次会议的成功举办，也大大推动了海内外诸子学及"新子学"联盟的建设。这对推动诸子学及"新子学"的发展，具有重要意义。

（原载于《文艺报》2021年11月10日第2版：理论与争鸣）

第九届"新子学"国际学术研讨会举行

孙　闻

本刊讯　10月23日，由中国台湾地区"中国文化大学"文学院主办、华东师范大学先秦诸子研究中心协办的"第九届'新子学'国际学术研讨会"以线上线下结合的方式成功举办。研讨会开幕式由"中国文化大学"中文系主任王俊彦主持，"中国文化大学"副校长王淑音、台湾政治大学特聘教授陈逢源、台湾前华梵大学校长高柏园、台湾师范大学国文系副主任郑灿山、华东师范大学先秦诸子研究中心主任方勇、西北师范大学文学院院长马世年、日本熊本县立大学文学部教授山田俊、韩国成均馆大学校东ACIA学术院曹玟焕等出席了会议，就诸子学与当代文明思潮、子学与传统学术转型、"新子学"的发展和《子藏》学的定义及拓展，尤其是"新子学"如何由学术理念向文化立场转化等议题展开了深入探讨。"新子学"会议是上海华东师范大学先秦诸子研究中心主任方勇倡导发起的两岸学术交流项目，已取得重大成就。《子藏》收录各种诸子学著作近4000种，同时对各种诸子著述都撰写了提要，全书约1300册。王淑音表示，"新子学"已经在日本、韩国等国家落地扎根，并蔚然成为思想界的新的学术风潮，引起了诸多关注与回响。

（原载于《文化月刊》2021年第11期）

第九届"新子学"国际学术研讨会举行

李子木

本报讯（记者李子木） 华东师范大学先秦诸子研究中心等单位近日通过线上线下联动的方式举办第九届"新子学"国际学术研讨会。

《子藏》系列图书编纂工程，是我国继《儒藏》之后又一个超大型古籍文献整理工程，是依托图书馆馆藏资源进行古籍整理与研究的又一个重要项目。汇辑影印海内外所存先秦汉魏六朝诸子白文本和历代诸子注释、研究专著约5000种，并为每种著述撰写提要、考述著者生平事迹、揭示著作内容、探究版本流变情况。这一重大学术文化工程项目于2010年5月启动，由华东师大先秦诸子研究中心负责组织实施，是对中国传统文化和国家重要古文献的一次大规模整理。

华东师范大学先秦诸子研究中心主任方勇在致辞时表示，先秦诸子研究中心主持的子学文献集成《子藏》已经接近尾声，第六批成果即将发布，期望通过《子藏》的出版带动子学研究在方法和理念层面的创新。

（原载于《中国新闻出版广电报》2021年11月11日第2版：要闻）

第九届"新子学"国际学术研讨会举行

李桂杰

中国青年报客户端讯（中青报·中青网 李桂杰） 日前，由台湾"中国文化大学"文学院主办、华东师范大学先秦诸子研究中心协办的"第九届'新子学'国际学术研讨会"采取线上线下共同进行的方式在台北举办。

来自中国大陆、港澳台地区以及日本、韩国等国家的51位诸子学专家学者及博士生、博士后，就诸子学与当代文明思潮、子学与传统学术转型、"新子学"的发展和"《子藏》学"的定义及拓展，尤其是"新子学"如何由学术理念向文化立场转化等议题，展开了深入探讨。

"中国文化大学"副校长王淑音在发言中指出，"新子学"会议是上海华东师范大学先秦诸子研究中心方勇主任倡导发起的两岸学术交流项目，已取得重大成就。方勇主任团队启动了《子藏》编纂工程，收录各种诸子学著作近4000种，同时对各种诸子著述都撰写了提要，全书约1300册，接近《四库全书》的体量，成为"新子学"的有力支撑。

"中国文化大学"中文系主任王俊彦表示，此前，"中国文化大学"文学院与方勇教授开始了密切的学术与交流合作，以共同推进两岸以及日本、韩国的"新子学"发展为目标。本次会议邀请了台湾与大陆以及日本、韩国等38所高校的学者来进行学术交流，大大扩展了"新子学"的国际视野。同时，本次会议还特别开设了博士生专场用以培养诸子学及"新子学"的后备力量，从而使子学文化延绵不绝，薪火相传。

方勇教授在会上发表了《"务为治"："新子学"的学术理念与价值诉求》演讲，介绍了"新子学"理论发展的最新成果。他指出："'新子学'不仅是一个学术理念，更是一种文化立场。这一理念意味着要让传统诸子学在当代开出新局面，'新'不仅是研究手法的创新，更是要让子学与新时代对接，在当代形成新的形态。同时以'新子学'为核心，开出多条路径，切实为子学发展创新局面。"

方勇表示，在《子藏》项目结束后，将启动《子藏·海外编》的编纂工作，对海外子学文献做一个全面的调查和搜集。

在"新子学"的其他议题上，扬州大学文学院贾学鸿教授对"新子学"的学术理念及学术任务发表了看法，她指出，"新子学之新，在于它要在学术大众化时代，发挥对现实世界的引导功能。因此，在学术研究上，如何综合传统训诂方法与西方哲学理念重新考察先秦诸子原典的内涵并作出历史性的阐释，是'新子学'发展的基础。而选择适合普通大众个体的接受方式进行有效传播，则是当下'新子学'的任务。"

据悉，本次会议还着重探讨了诸子学认知及发展过程中的一些问题，涉及诸子学的基本原理与现代应用、多学科互融的诸子学研究、诸子思想及学术的专题研究等多个领域，大大开拓了"新子学"研究的内在层次和新的增长点。

（原载于中国青年报客户端2021年11月06日 http：//news.cy-ol.com/gb/articles/2021-11/06/content_ A5XZLszLN.html）

编 后 记

自 2012 年方勇教授在《"新子学"构想》一文中提出"新子学"理念后，学界关于"新子学"的讨论至今已进行了整整十个年头。《"新子学"论集》第一、二、三辑收录了 2019 年之前的相关文章 160 余篇，本辑则收录了 2019 年后的新增文章，亦包括 2019 年之前的一些未曾收录的文章，共 40 余篇。

2019 年至 2022 年，学界召开了多次与"新子学"相关的学术会议。2019 年 7 月 19 日至 21 日，"诸子学研究的回顾与反思：第八届'新子学'国际学术研讨会"由西北师范大学文学院举行，海内外的 60 余名专家学者聚集兰州，讨论历代诸子学之得失，尤其针对《汉书·艺文志》所代表的传统诸子学观念展开反思。2019 年 9 月 22 日，"诸子学的返本与开新论坛"在上海华东师范大学举行，论坛讨论范围涵盖子学的本质与边界、子学研究方法开新、子学与现代学科体系以及"新子学"发展方向等重要问题。2019 年 11 月 23 日，"《子藏》第五批成果发布会"与"'《子藏》学'研讨会"在上海举行，众多学者就"《子藏》学"与"新子学"的关系展开了讨论。2019 年 12 月 6 日至 8 日，华东师范大学先秦诸子研究中心在上海举办了"第二届诸子学博士论坛"，近 90 位博士、博士后、青年教师参加了此次论坛，有多篇文章专门针对"新子学"展开了讨论。2021 年 10 月 23 日，由台湾"中国文化大学"文学院主办、华东师范大学先秦诸子研究中心协办的"第九届'新子学'国际学术研讨会"在台北召开，会议采取线上、线下相结合的方式举行，来自中国大陆、港澳台地区，以及日本、韩国等国家的 51 位诸子学专家学者及博士生，就诸子学与当代文明思潮、子学与传统学术转型、"新子学"的发展和"《子藏》学"的定义及拓展等议题，展开了深入探讨。

受篇幅所限，本辑未能全部收录新发表的"新子学"讨论论文，所收论文在排列时主要结合各自主题的关联性以类聚之。此外，本辑亦收录了相关的媒体报道与会议综述共 10 余篇，以具体展示近些年"新子学"的发展历程。

在"新子学"提出的第十个年头编成本辑是有纪念意义的，在过去十年中，"新子学"的讨论涉及了学术、思想、文化诸多方面的重大问题，体现了学界对于学术研究方法的自觉、对于思想变迁及创造的思考、对于传统文化传承与开新的担当。可见，"新子学"深度融入到了新时代中国人文社科领域的探索征途中，在下个十年中，"新子学"又能开出哪些新空间、生成哪些新论题，我们翘首以待！

张　耀

2022 年 10 月